박영사

한국국가정보학회 엮음

국가 정보학

National Intelligence

머리말

인류의 탄생과 더불어 시작된 정보활동은 국가의 활동영역이 확대됨에 따라 그 중요성이 날로 증대되고 있다. 오늘날 정보활동은 국가의 제반 활동 가운데에서도 그 중요성이 점점 증대되고 있으나 이 분야에 대한 학문적 연구는 그에 상응하게 발전하지 못한 측면이 있다. 그러한 이유는 여러 측면에서 살펴볼 수 있다. 우선 국가정보를 셔먼 켄트(Sherman Kent)가 정의한 것처럼 "국가정책 운용을 위한 지식, 활동, 조직"으로 이해한다고 할지라도 국가정보학의 연구범위를 어떻게 규정할 것인가에 대해서는 학자마다 이견이 존재하기 때문이다. 이러한 점에서 본다면 국가정보학은 현재 학문적 정체성을 찾아가고 있는 과정에 있다고 할 수 있다.

국가정보학 연구가 크게 발전하지 못한 또 다른 이유는 자료 활용이 자유롭지 못하여 학문적 엄밀성과 분석의 치밀성이 보장되기 어려웠기 때문이다. 정보활동은 가능한 한 영원히 비밀에 부쳐져야 한다는 오랜 믿음 그리고 정보활동의 성공사례를 쉽게 공개할 수 없는 정보업무의 현실이 학문적 인과관계 규명에 필요한 자료획득의 어려움과 학문적 발전의 저해를 초래하였던 것이다.

그럼에도 불구하고 미국을 비롯한 선진국에서는 국가정보학을 체계적으로 연구하려는 노력이 꾸준히 이루어져 왔다. 우선 학술논총의 발간을 중심으로 국가정보학 연구가 활성화되기 시작하였고 그런 연구의 축적을 통하여 국가정보학의 체계적인 연구가 가능할 수 있었다. 특히 『정보연구(Studies in Intelligence)』, 『정보와 국가안보(Intelligence and National Security)』, 『정보 · 방첩 국제논총(International Journal of Intelligence and Couterintelligence)』 등의 학술연구는 국가정보활동에 대한 체계적 연구에 기여하였으며, 『테러리즘과 정치적 폭력(Terrorism and Political Violence)』, 『갈등 · 테러리즘 연구(Studies in Conflict and Terrorism)』 등은 국제테러리즘의 체계적인 연구를 가능하게 하였다. 더욱이 최근에는 냉전체제의 해체와 더불어 정보활동에 대한 비밀자료의 해제가 이루어지면서 국가정보를 보다 체계적으로 연구할 수 있는 환경이 조성되고 있다. 이러한 점에서 향후 국가정보학의 학문적 전망은 밝다고 할 수 있다.

우리나라도 이와 같은 추세에 힘입어 국가정보포럼, 국가정보연구회 등을 중심으로 국가정보학 연구가 이루어져 왔고, 2007년 한국국가정보학회 창립 이후 학술지 『국가정보연구』가 정기적으로 출간되면서 국가정보에 대한 본격적인 연구와 토론이 활발하게 지속되어 왔다. 뿐만 아니라 최근 국가정보와 관련된 여러 권의 서적들이 출간되면서 우리나라도 이제 신흥학문으로서 국가정보학이 르네상스를 맞이한 것처럼 보인다.

국가정보포럼에서 발간한 『국가정보학』을 비롯하여 국내에 이미 출간된 국가정보학 관련서적이 우리 국가정보 연구 및 교육의 길라잡이로 활용되고 있으나, 이번에 우리 한국국가정보학회가 중심이 되어 새롭게 발간하는 교재는 몇 가지 점에서 중요한 차이가 있다.

첫째, 본서의 저자들은 국내외에 축적된 정보활동 제 분야에 대한 연구 업적을 망라하였을 뿐만 아니라 이를 한국적 실정에 적합하게 해석하려고 노력하였다. 본서의 저자들은 국내외 학술논문에 나타난 다양한 연구방법과 주제들을 폭넓게 섭렵하고 업데이트하였으며 이러한 연구 성과들이 한국이 처한 정보환경에 적합하도록 저술함으로써 국가정보연구의 토착화를 이루려고 하였다. 특히 외국에서 출간된 국가정보학 저서나 교재들의 주요 내용을 재해석하여 한국적 상황에 적합한 저술이 되도록 노력하였다.

둘째, 정보환경의 변화에 따라 확장되고 있는 정보활동의 새로운 영역을 단순히 소개하는 데 그치지 않고 그 분야에 대한 심도 있는 논의를 통하여 국가정보 연구를 더욱 확장시키고 심화시키려고 하였다. 탈냉전 체제로 전환되면서 국제사회의 주요 관심이 이른바 고위정치(High Politics)에서 저위정치(Low Politics)로 전환됨에 따라 새로운 관심 영역으로 부각된 산업보안은 물론 9 · 11 이후 관심이 증폭된 국제테러 및 국제범죄를 비롯하여, 전통적 방첩영역에 속하지만 잘 다루지 않았던 안보수사 분야까지 심도 있게 다루었다. 특히 정보활동에 대한 통제문제와 이에 선행되는 정보활동의 윤리문제까지 새롭게 다룸으로써 정보활동의 정당성 문제도 논의하고자 하였다.

셋째, 국가정보학의 정체성 확립을 위하여 국가정보의 핵심개념 및 연구방법론, 국내외의 연구 동향을 비중 있게 다루면서 국가정보의 변천과정과 역사, 해외정보체계 및 정보기구에 대한 내용을 추가적으로 보완하여 국가정보 연구와 교육의 기본토대를 강화하고자 하였다. 집필진 각자 국가정보활동의 주제에 대한 논의를 전개한 후 각 저자들이 바라보는 그 분야의 활동에 대한 미래상황이나 연구가 해결해야 할 과제를 제시하고 전망해 봄으로써 국가정보학 연구를 전체적으로 조망하고자 하였다.

넷째, 국가정보연구의 기존 연구영역이라고 할지라도 국내외 학계에서 새롭게 조명되거나 연구된 부분, 정보환경의 변화나 법령 및 제도의 변화에 따라 새로운 해석이 필요한 부분, 또는 정보활동의 공개가 진행되면서 새롭게 밝혀진 부분 등을 다양하게 포함시킴으로써 가장 최신의 자료를 활용한 국가정보 연구를 시도하였다.

다섯째, 본서는 학문적 엄밀성을 유지함과 동시에 정보활동의 정책 실무에도 기여할 수 있도록 노력하였다. 학문적 엄밀성이 요구되는 분야의 저술은 주로 학자들이, 그리고 실무적 경험이 요구되는 분야는 정보활동 업무에 밝은 전문가들이 저술하게 함으로써 정보활동에 대한 학문적 엄밀성과 실무적 경험이 조화롭게 반영되도록 하였다. 이는 정보활동에 대한 학문적 이해를 높이면서 동시에 정보활동의 실제 업무에도 도움이 될 수 있도록 하자는 취지에서였다.

여섯째, 본서는 국내외 정보환경의 변화에 대응하여 국가정보활동이 어떻게 이루어져야 바람직한 것인가에 대한 국가정보의 방향성을 모색하고자 하였다. 국가정보활동에 대한 국민적 지지는 국가정보활동이 지향하는 바에 대한 다양한 논의와 합당한 평가가 이루어질 때 가능하다는 점을 감안하여, 국가정보가 어떠한 방향으로 나아가야 바람직한가를 모색함으로써 우리 국가정보의 발전에 기여하고자 하였다.

마지막으로 이 책이 출간되기까지 편집과정에서 각 저자들의 원고를 수정 · 보완해 주신 허태회 박사, 이길규 박사, 유동열 박사, 이기덕 박사, 김광린 박사께 감사를 드리며 아울러 세심한 교정에 애쓴 이지현 간사에게도 감사의 마음을 전한다.

우리 학회의 땀과 노력으로 발간되는 본서가 국가정보 교육과 연구의 길라잡이로서뿐만 아니라 정책실무 일선에도 도움이 될 수 있기를 기대하며, 이를 통하여 국가와 사회의 발전에 기여할 수 있기를 감히 기대해 본다.

2013년 5월

한국국가정보학회 회장

이화여자대학교 교수 김왕식

차 례

제1편
국가정보학 총론

제2편
국가정보 활동론

제3편
국가정보 기구론

제4편
국가정보 정책론

제5편
국가정보의 향후 과제

부록

National Intelligence Studies > > >

제1편

국가정보학 총론

|제1장| 국가정보학 개관

제1절 국가정보학의 의의

1. 국가정보학의 개념

정보활동은 인류의 탄생과 더불어 시작되었으며, 국가가 생성되면서 그 중요성이 증대되었다. 오늘날 국가차원의 정보활동은 국가의 국내외 활동 중 매우 중요한 부분을 차지하고 있다. 이렇게 국가차원의 정보활동이 국가의 중요한 행위가 되고 있음에도 불구하고, 이 분야에 대한 학문적인 연구는 매우 부족한 상황이다. 영국과 미국의 경우에도, 두 차례의 세계대전을 치르면서 효과적인 정보활동이 전쟁에서 승리하는 데 결정적인 요인이었음에도, 정보활동에 관한 자료는 일반인들의 접근이 어려웠기 때문에 국가정보에 대한 학문적 연구는 비교적 최근에야 시작되었다.

그런데, 냉전 종식과 더불어 과거 비밀로 분류되었던 국가정보 자료들이 다수 공개되면서 영미학자들을 중심으로 국가정보에 대한 연구가 활성화되었다. 또한 9 · 11 테러와 이라크 전쟁을 계기로 국가정보는 국가안보의 핵심적인 요인으로 부각되었으며, 이에 따라 정보활동에 대한 학계의 관심이 증가하고 연구도 활발히 전개되었다. 이에 따라 국가정보를 연구대상으로 하는 국가정보학(National Intelligence Studies)은 학문의 한 분야로 발전되기 시작하였다. 게이츠(Robert M. Gates) 부장의 지시로 1986년 중앙정보부(CIA : Central Intelligecnce Agency)는 하버드대 케네디 연구소와 공동으로 국가정보학연구 과정을 개설하여 국가정책 결정과정에 있어서의 정보의 역할에 대한 사례연구를 시작하였다. 이에 따라 국가정보에 대한 체계적인 연구가 활성화되었다.[1)]

---

1) Stephen Marrin, "Training and Educating U.S. Intelligence Analysts," *International Journal of Intelligence and CounterIntelligence*, Vol.22, No.1(Spring 2009), pp.131–146.

국가정보학이란 국가적 차원에서 수행되는 정보활동과 관련된 제 현상에 관한 학문으로서 국가정보의 체계, 정보활동의 본질, 정보활동의 주체, 정보활동의 역사 등을 연구하는 학문이다. 국가정보학의 연구목적은 국가정보에 대한 올바른 이해를 통해 국가정보활동의 정당성 · 필요성 · 유용성 등을 규명하고 이를 합리적이고 효율적인 방향으로 발전시키는 데 있다. 국가정보학은 사회과학의 한 분야라고 할 수 있으나 행정학 · 경영학 · 정치학 · 법학 등의 사회과학뿐만 아니라 수학 · 통계학 · 화학 등의 자연과학 그리고 전자공학 · 기계공학 등의 공학적 연구가 함께 이루어지는 학제간 연구(interdisciplinary research)가 필요한 학문이다. 또한 학문을 크게 순수학문과 응용학문으로 구분할 때, 국가정보학은 하나의 응용학문으로서 다른 인접학문에서 개발된 이론을 수용하고 이를 바탕으로 새로운 이론을 만들어 내거나 현실문제의 해결을 목표로 하는 학문이다.

2. 국가정보학의 기능

학문의 한 분야로서 국가정보학은 국가정보활동에 대해 다음과 같은 기능을 수행한다. 첫째, 국가정보학은 연구대상인 국가의 정보활동을 체계적으로 이해하기 위해 지식을 체계화하는 것이다. 그동안 정보학자들이 국가정보활동의 본질과 실체를 설명하기 위해 노력해 온 결과, 최근에야 이론적인 틀을 갖추게 되었다. 국가정보학은 국가정보활동에 대한 연구분야와 연구방법을 개척하여 합리적인 연구방향을 제시하고 연구능력을 제고토록 해 주며, 연구지식을 체계화하여 이론적 틀을 발전시키는 데 기여한다.

둘째, 국가정보학은 국가정보활동에 대한 합리성과 효율성을 제고시켜 준다. 국가정보학의 연구를 통하여 제한된 정보자산의 범위 내에서 선택과 집중을 통하여 국가정보활동의 효율성을 높이고 불필요한 낭비를 줄일 수 있다. 또한 국가정보학은 세계 각국의 정보활동의 역사적 사례에 대한 연구를 포함하고 있는데, 정보활동의 성공사례에 대한 연구를 통하여 정보활동의 수행에 있어 성공에 필요한 요건과 상황 등을 알게 한다. 또한 실패사례의 분석을 통해 실패원인을 확인하고 반복적인 실패를 회피할 수 있는 지혜를 얻고 정보활동의 합리성을 제고할 수 있게 된다. 이와 같이 국가정보학은 정보활동의 성공과 실패에 대한 사례연구를 통해 정보활동의 순기능과 역기능

에 대한 인식의 폭을 넓힐 수 있으며, 국가정보활동에 대한 합리적 판단을 가능케 해 준다.[2)]

셋째, 국가정보학은 정보활동에 대한 정당성을 부여한다. 국가정보활동은 원칙적으로 실정법에 기반하여 전개되어야 한다. 오늘날 민주화 시대에는 정보활동의 합법성이 매우 강조되는데 이러한 국가정보활동의 법적 근거에 대한 연구를 통하여 정보활동에 대한 정당성을 확보할 수 있다. 또한 국가정보가 국가안보와 국익을 위해 어떻게 기능하는가를 연구함으로써 국민들의 정보기관에 대한 부정적인 인식을 불식시킬 수 있고 국가정보활동의 순기능과 필요성에 대한 인식도 제고시켜 줄 수 있다. 이와 같이 국가정보학은 국가정보활동에 합리성과 적법성을 부여함으로써 국민적 지지기반을 확보해 주고 신뢰성을 부여하여 국가정보에 미칠 제반 법적 · 제도적 위협을 막아 주고 국가정보활동의 진정한 발전을 도모할 수 있게 해 준다.

끝으로, 국가정보학은 국가정보활동의 바람직한 방향을 제시해 준다. 국가정보학은 국가정보활동에 대한 연구와 분석을 통해 국익에의 합당여부, 합법성, 도덕성 등을 학문적으로 논의할 수 있도록 해 준다. 역사적으로 각국은 정보활동의 비밀성을 악용하여 권력을 남용하기도 하고 국민의 인권을 유린하는 등 국익에 저해되는 활동을 한 경우도 많이 있다. 비합법적이고 비도덕적인 정보활동은 통치자와 정부의 도덕성을 손상시킴으로써 국민의 정부에 대한 신뢰를 상실케 한다. 따라서 국가정보학은 국가정보활동에 대한 연구를 통해 국가정보활동의 부정적 측면에 대한 비판을 가할 수 있게 해 준다. 국가정보활동에 대해 학문적으로 연구하는 것이 국가의 비밀활동을 위축시키고 저해하는 요인으로 보는 견해도 있으나, 사실은 국가정보학은 국가정보활동의 발전을 촉진하는 역할을 한다. 국가정보학은 효율적인 정보기구, 첨단화된 정보활동, 제도화된 관리 및 통제메커니즘 등에 대한 연구를 통해 국가정보활동의 선진적인 발전방향을 제시해 준다. 국가정보활동에 대한 비교 연구를 통해 자국의 국가정보활동을 발전시킬 수 있는 방향을 제시해 줄 뿐만 아니라 발전을 위한 대안들을 제시해 준다. 따라서 국가정보학은 국가정보활동의 바람직한 방향을 제시함으로써 국가정보활동의 발전을 촉진하고 나아가서 국가발전에도 기여한다.

---

2) 김윤덕, 『국가정보학』, (서울: 박영사, 2001), p.6.

제2절 국가정보학의 연구범위와 대상

국가정보학은 국가정보를 그 대상으로 한다. 그리고 국가의 정보활동은 국가안보와 국익을 위한 활동이므로 국가정보학의 연구대상은 국가의 전 영역에 걸친 정치적, 경제적, 사회적, 문화적, 역사적, 법적 제반문제를 포괄한다. 그러나 국가정보학에서 국가활동 전 분야를 연구한다는 것은 사실상 어려울 뿐 아니라 무의미한 것이므로 다음과 같이 그 연구대상을 국가정보의 본질과 체계, 국가정보활동과 조직, 국가정보정책, 국가정보의 역사 등으로 한정하는 것이 바람직하다.

첫째, 국가정보학은 국가정보의 본질과 체계에 대한 연구를 한다. 국가정보학은 국가정보의 개념과 특성, 구비요건 등 국가정보의 본질에 대한 연구가 기본이다. 또한 국가정보학은 국가정보의 기능과 역할을 연구대상으로 한다. 그리고 정보요구 · 수집 · 처리 · 분석 · 배포 등 정보의 순환과정에 대한 연구와 같은 국가정보의 전반적인 체계와 과정도 국가정보학의 주요 연구대상이 된다.

둘째, 국가정보학은 국가차원의 모든 정보활동을 연구의 대상으로 한다. 정보활동의 영역은 대체적으로 첩보수집, 정보분석, 비밀공작, 방첩 등 네 가지 분야로 집약된다.[3] 이러한 정보활동의 영역은 대부분의 국가들이 수행하고 있는 정보활동을 총체적으로 포함한다고 볼 수 있다. 국가정보학에서는 주로 사례연구를 통해서 첩보수집, 분석, 방첩, 비밀공작 등 정보활동이 전개되는 배경, 과정, 그리고 그 결과에 대해서 연구한다. 비밀공작은 원칙적으로 외국을 대상으로 하는 활동이지만 독재국가나 권위주의 정부의 경우처럼 정보기관이 자국민을 대상으로 공작을 수행하기도 한다. 그런데 일부 정보학자들은 비밀공작을 국가정보의 개념에 포함시키지 않으려 하며, 이로 인해 비밀공작에 대한 정보학계의 연구가 상대적으로 부진한 실정이다.

셋째, 국가정보학은 각국의 정보기관에 대한 체계적인 연구를 한다. 국가정보학은 각 국가들의 다양한 형태의 정보기구들에 대한 연구를 포함하고 있다. 세계 각국의 정보기구들은 각기 다른 시대적 상황에서 국가적 필요에 의해 창설되어 시대에 따라 많은 변화를 겪어 왔으며, 다양한 모습으로 발전되어 왔다. 지금도 새로운 환경 속에서

---

3) Abram N. Shulsky and Gary J. Schmitt, *Silent Warfare: Understanding the World of Intelligence*, (Washington, D.C.: Potomac Books, Inc., 2002). pp. 1–3.

지속적인 변화를 계속하고 있다. 국가정보학은 정보기구의 설립과 변천과정, 각국이 운영하고 있는 정보기구들의 종류, 조직구조, 조직문화, 주요 활동, 관리체계 등 정보조직과 관련된 분야를 연구대상으로 삼고 있다. 국가간 정보기관의 조직문화의 특성과 상이성을 상호 비교하고 정보활동의 양상이 어떻게 다르게 나타나는가를 분석하는 연구도 국가정보학의 연구범위에 포함된다.

넷째, 국가정보학의 연구대상에는 국가정보 정책이 포함된다. 국가정보학은 첩보 수집과 분석과정을 거쳐서 생산된 정보가 국가의 정책결정에 어떤 영향을 미치는가에 대해 연구한다. 즉 일련의 정책결정과정인 정책환경의 진단, 정책수립 및 조정, 정책의 선택, 정책의 집행 등의 제 과정에서 정보가 기여하는 다양한 기능에 대한 연구를 포함한다. 또한 정보생산자와 정보사용자와의 관계, 국가정보기구에 대한 감독과 통제, 국가정보와 윤리문제 등도 국가정보학의 주요 연구대상이 된다. 그리고 정보환경의 변화에 따른 국가정보의 대응이나 국가정보기관의 문제점과 개선방안에 대한 연구 등도 국가정보학의 연구범위에 포함된다.

끝으로, 국가정보학의 연구대상에는 정보활동의 역사가 포함된다. 정보활동에 대한 역사적 연구는 정보활동의 변천과 발전과정을 파악할 수 있게 해 준다. 또한 정보활동의 사례들은 성공과 실패에 대한 원인을 알 수 있도록 해 주며, 그 파급효과를 추론할 수 있도록 해 준다. 정보활동에 대한 역사적 연구는 현재의 정보활동을 위한 중요한 지식과 교훈이 된다는 점에서 국가정보학의 중요한 연구대상이 되고 있다.[4]

제3절 국가정보학의 연구방법

국가정보학에서 다루고 있는 연구대상은 매우 다양하기 때문에 연구방법도 다양하게 적용될 수 있다. 국가정보학 연구에 활용되는 연구방법은 학자들에 따라 다양하게 제시되고 있다. 토마스(Stafford Thomas)는 국가정보학 연구에 활용되는 연구방법을 역사적 접근, 기능적 접근, 구조적 접근, 정치적 접근 등 네 가지로 분류했다.[5] 루드

4) 김윤덕(2001), p.9.

5) S. T. Thomas, "Assessing Current Intelligence Studies," *International Journal of Intelligence and*

너(Martin Rudner)는 역사적 · 사례연구적 접근, 기능적 · 과정적 접근, 구조적 · 조직적 접근, 정치적 · 정책결정적 접근으로 분류하고 이들 연구방법 중 대표적인 것이 기능적 · 과정적 접근이라고 설명했다.[6] 여기서는 토마스와 루드너의 분류를 바탕으로 하여 역사적 접근, 기능적 접근, 구조적 접근, 정치적 접근 이외에 법적 접근을 추가하여 다섯 가지로 분류하였다.[7]

1. 역사적 접근

역사적 접근(historic approach)은 정보활동의 역사적 전개과정과 정보활동의 사례를 중심으로 연구하는 방법이다. 영국의 역사학자들은 주로 이 방법을 사용하여 국가정보를 연구해 왔다. 정보활동의 역사적 전개과정과 정보활동의 사례연구는 국가정보를 전체의 틀 속에서 체계적으로 이해하는 데 매우 유용한 방법이 된다. 각국의 정보기관들이 주체가 되어 수행해 온 정보활동의 사례에 대한 연구는 정보활동을 이해하고 개선하는 데 유용한 접근방법이며, 각 국가가 수행하고 있는 다양한 정보활동의 특성은 물론, 정보활동의 능력과 수준도 파악할 수 있게 해 준다. 또한 정보활동의 성공사례와 실패사례들에 대한 원인과 결과에 대해 연구함으로써 향후 정보활동에 유용한 행동지침을 제시해 줄 수 있다. 이와 같이 정보활동에 대한 역사적 접근 내지 사례연구는 정보활동 연구의 필수적인 방법이다.

2. 기능적 접근

기능적 접근방법(functional approach)은 과정적 접근이라고도 하며 국가정보 연구의 가장 대표적인 연구방법이라고 할 수 있다. 국가정보기관이 수행하는 정보생산, 보

Counterintelligence, Vol.2, No.2(1988), pp.236–238.

6) Stephen H. Campbell, "A Study of the U.S. Market for Intelligence Education," *Intelligence Journal of Intelligence and Counterintelligence*, Vol.24(2011), p.326.

7) Wesley Wark는 research project, historical project, definitional project, methodological project, public policy project, civil liberty project, investigative journalism project, popular culture project 등 여덟 가지 유형으로 세분화하였다. Wesley K. Wark, "Introduction: The Study of Espionage: Past, Present, Future?" in Wesley K. Wark,(ed.), *Espionage: Past, Present, Future? Case Series: Studies In Intelligence*, (Portland: Frank Cass, 1944), pp.2–8.

안방첩, 비밀공작 등의 기능에 대한 연구와 국가정책에 있어서 정보활동의 역할에 대한 연구는 국가정보를 이해하는 데 기본이 된다. 또한 국가정보활동은 체계적인 정보의 순환과정을 거쳐 이루어진다. 정보의 요구, 수집, 처리, 분석, 배포 등 일련의 정보 순환과정에 관한 연구는 국가정보에 있어서 유용한 접근방법이다.

3. 구조적 접근

구조적 접근(structural approach)은 조직적 접근이라고도 하며 국가정보기구에 대해 연구하는 방법이다. 국가정보학은 국가정보기구에 대한 전반적인 이해가 요구된다. 국가정보기구의 조직구조에 대한 전반적인 이해 없이는 국가정보에 대한 이해가 어렵기 때문이다. 정보기구는 구조를 가진 단위체이며, 정보활동에 따른 기능별로 구조가 분화되어 있기 때문에 정보활동을 이해하기 위해서는 정보기구의 구조에 대한 연구가 매우 유용하다. 정보기구에 대한 연구는 관련국가의 정보활동수준, 정보활동의 분화상태, 각 조직의 지휘체계, 정보활동의 방향, 지원활동 등 전반적인 정보활동에 대한 이해를 제고해 준다. 각 정보기구의 구조적 연구를 통해서 기능별 분화상태를 파악할 수 있으며, 정보활동의 규모와 방향을 파악할 수 있다. 각국 정보기구의 구조와 조직에 대한 비교분석적 연구를 통하여 자국 정보기구의 문제점과 취약점을 이해하고 바람직한 방향으로 발전을 유도할 수 있게 된다.

4. 정치적 접근

정치적 접근(political approach)은 정책결정적 접근(policymaking approach)이라고도 하며 국가정보활동의 정치적 측면을 중심으로 연구하는 방법이다. 영국에서는 국가정보를 연구하는 데 주로 역사적 접근방법을 활용하였으나 미국은 주로 정치학자들을 중심으로 정치적 접근방법을 많이 활용하였다. 정치적 접근방법은 정보활동의 성공과 실패에 대한 모델을 구축하거나, 정보의 정치화 등을 주로 연구하게 된다. 그리고 정보와 정책과의 관계, 정보수요자와 생산자와의 관계, 정보의 통제메커니즘 등에 관해 연구하는 데 주로 정치적 접근방법이 활용된다.

5. 법률적 접근

국가정보학 연구에 있어서 국가정보활동에 대한 법률적 접근방법(legal approach)은 필수적이라고 할 수 있다. 대부분 국가들은 정보활동과 관련된 법을 제정해 왔으며, 정보기구의 설립은 법적 근거를 통해서 합법성을 인정받고 있다. 정보기구의 다양한 활동과 임무, 기능 등은 법에 의해 구체적으로 규정되어 있다. 그러나 국가정보활동 중 비밀공작을 수행하는 과정에서 때로는 합법성의 문제가 제기되고 국민의 기본권이 제한받게 되는 경우가 있다. 또한 정보의 통제메커니즘은 주로 국회에 의해 이루어지고 있으며, 국회의 정보활동에 대한 감시기능은 법에 의해 규정되어 있다. 따라서 국가정보에 대한 연구는 정보기구와 정보활동과 관련된 법률적 연구가 매우 중요하다.

제4절 국가정보학의 연구동향

1. 해외 연구동향

(1) 시기별 연구동향

1) 1950년대-1960년대

정보활동의 역사는 오래되었지만, 그에 대한 본격적인 연구는 20세기 후반에 들어서서 비로소 시작되었다. 제2차 세계대전 중 CIA의 전신인 OSS에서 근무한 경험을 바탕으로 셔먼 켄트(Sherman Kent)가 1949년에 『미국 외교정책을 위한 전략정보』(*Strategic Intelligence for American World Policy*)라는 책을 저술하였는데 이것이 정보 관련 최초의 체계적인 저서로 평가되고 있다.[8] 그 후 힐스만(Roger Hilsman)의 『전략정보와 정책결정』(*Strategic Intelligence and Decision Making*, 1956), 덜레스의 『정보의 기술』(*The Craft of Intelligence*, 1963)[9] 등 책자가 발간되면서 국가정보에 대한 학문적

8) Michael Herman, *Intelligence Power in Peace and War*, (Cambridge: Cambridge University Press, 1996), pp.1–2.

9) 알렌 덜레스는 1953–1961간 CIA 부장을 역임했으며, 이 책은 2006년 증보개정판이 발간되었을 정

연구가 발전되었다. 한편 CIA는 1955년부터 켄트의 주도하에 『정보연구』(*Studies in Intelligence*)라는 내부 저널을 발간하기 시작하였다. 여기에는 주로 CIA 요원들의 정보활동 사례연구가 주류를 이루었고 학술적인 내용의 논문들도 다수 게재되었는데 이것은 그 후 정보관련 연구들이 발전할 수 있는 토대가 되었다.[10] 이 시기는 냉전시기로 정보기관 내부에서의 연구는 비교적 활발히 진행되었으나 학계의 연구는 상대적으로 저조했다고 볼 수 있다.[11]

2) 1970년대-1980년대

1970년대 들어서면서 영미 학계에서 국가정보학에 대한 연구가 활발해지기 시작했다. 이 시기에 미국 정보기관의 활동이 공개되고 정보기관에 대한 국민들의 비판과 불신감이 고조되는 가운데 정보기관의 불법성과 윤리성에 대한 논의가 활발히 전개되었다. 이와 더불어 1979년 국가안보 문제에 관심을 가진 다양한 학문적 배경을 가진 학자들로 구성된 '국가정보연구협의회'(Consortium for the Study of Intelligence)가 설립되었다.[12] 동 협의회는 『1980년대를 위한 정보요구』(*Intelligence Requirements for* the 1980s)를 편찬하여 국가정보학의 학문적 발전에 기여했을 뿐만 아니라 미국의 정보활동 방향을 실질적으로 개선하는데 크게 기여하였다. 이 시기에 영국에서도 정보기관의 업무에 대한 저술이 발간되기 시작했다. 마스터맨(J. C. Masterman)은 1972년에 제2차 세계대전 당시 영국의 첩보활동을 다룬 『더블크로스 작전』(*Double Cross System*)[13]을 저술했고, 윈터보담(F. C. Winterbotham)[14]은 1974년 『울트라 공작의 비밀』(*The Ultra Secret*)을 출간하였다.[15]

1980년대에 발간된 주요 저서로는 CIA부장을 역임한 터너(Stansfield Turner)

도로 인기가 높다.

10) Loch K. Johnson(ed.), *Strategic Intelligence*, (London: Praeger Security International, 2007). pp.418–419.

11) 염돈재, "한국에서의 국가정보연구: 어제, 오늘, 그리고 내일", 『국가정보연구』, 제1권 1호(2008), p.29.

12) Roy Godson, (ed.), *Elements of Intelligence*, (Washington D.C.: National Strategy Information Center Inc., 1979), p.4, p.85.

13) J.C. Masterman, *Double-Cross System in the War of 1939-1945*, (London: Yale University Press, 1972).

14) F.C. Winterbotham, *The Ultra Secrets*, (London: Weidenfeld and Nicolson, 1974).

15) 염돈재(2008), p.31.

의 자서전 『비밀과 민주주의』(*Secret and Democracy*, 1985), 버코위즈와 굿맨(Bruce D. Berkowitz and Allan E. Goodman)의 『미국 국가안보를 위한 전략정보』(*Strategic Intelligence for American National Security*, 1989) 등이 있다.[16)]

1980년대 영국에서는 역사학자인 앤드류(Christopher Andrew)가 이 분야 연구를 주도했으며, 그는 1986년 국가정보에 관한 학술지 『정보와 국가안보』(*Intelligence and National Security*)를 창간하였다.[17)]

1970년대에서 1980년대에는 미국에서 국가정보관련 연구가 폭발적으로 증가했다. 특히 1980년대에는 1970년대에 대폭 공개된 정보기관 관련 문서를 토대로 학술적 연구가 활발하게 이루어짐으로써 국가정보관련 연구가 점차 하나의 학문적 영역으로 정착되기 시작했다고 볼 수 있다.

3) 1990년대

1990년대는 냉전이 종식되어 국가정보의 중요성에 대한 인식이 약화되었으나 냉전시기 비밀로 분류하여 일반에게 공개하지 않았던 자료들이 대폭 공개되면서 국가정보에 대한 연구가 활성화되고 다양화된 시기라고 볼 수 있다. 이 시기에 영 · 미 학계를 중심으로 국가정보학 연구가 활성화되면서 많은 이론서들이 출간되었다. 이 시기에 출판된 대표적 서적으로는 슐스키(Abraham Shulsky)의 『소리없는 전쟁』(*Silent Warfare*, 1993), 홀트(Pat M. Holt)의 『비밀정보와 공공정책』(*Secret Intelligence and Public Policy: A Dilemma of Democracy*, 1996), 로웬탈(Mark Lowenthal)의 『국가정보: 비밀에서 정책까지』(*Intelligence: From Secret to Policy*, 2000) 등이 있다.[18)]

이 시기에는 정보개혁 문제가 이슈화되어 학계의 연구도 정보기관의 규모와 역할에 관한 문제를 다루었으며, 동시에 냉전종식 이후 새로운 안보위협으로 등장한 테러, 대량살상무기의 확산, 산업스파이, 조직범죄 등에 대해서도 연구하는 등 연구의 내용이 훨씬 다양화되었다. 또한 이 시기 냉전시대의 정보활동 관련 자료들이 공개되면서 냉전시대 전개되었던 첩보활동, 비밀공작, 전쟁 지원 등 역사적 사건에 관한 사례가 활

16) 위의 글, p.32.

17) Len Scott, "Sources and Methods in the Study of Intelligence: A British View," *Intelligence and National Security*, Vol.19, No.2(2004), pp.189–192.

18) 전웅, "탈냉전기의 국가정보학 : 학문적 기원, 위상, 그리고 한계", 『국제정치논총』, 제46집4호(2006), p.16.

발하게 연구되었다.[19)]

한편, 이 시기에 영국에서도 정보연구가 활발해지기 시작했다. 그간 영국에서는 정보업무에 대한 논의는 금기시되어 왔으나, 1994년 정보관련 법률이 제정되면서 정보기관의 존재가 공개되어 정보연구에 대한 인식도 바뀌게 되었고, 정보연구에 대한 관심도 증가되었다. 그 결과 영국에서는 처음으로 정보기관의 업무를 종합적으로 소개한 책자인 허만(Michael Herman)의 『평화와 전쟁시기의 정보력』(*Intelligence Power in Peace and War*, 1996)이 발간되었다.[20)] 한편 1980년대 말 및 1990년대 초 캐나다에서도 정보연구가 활발해지기 시작하였다.

4) 2000년대-현재

2000년대 초부터 9 · 11테러와 이라크 대량살상무기에 대한 정보조작 문제가 중요한 정치적 쟁점으로 부각되면서 특히 정보실패 문제가 중요한 학문적 이슈로 대두되기 시작했다. 이 시기에 출판된 정보실패 관련 주요 저술로는 터너(Michael Turner)의 『정보실패의 원인』(*Why Secret Intelligence Fails*, 2005)이 있다.[21)]

한편 이 시기는 정보화라는 변화된 정보환경에 부응하여 정보기관의 개혁 필요성을 제기하는 논의도 활발히 전개되었다.[22)] 스틸(Robert Steele)은 『국가정보: 개방사회에서의 첩보원과 비밀성』(*On Intelligence: Spies and Secrecy in an Open World*, 2000)에서 정보화시대에 공개정보의 중요성을 강조하였고,[23)] 버코위츠와 굿맨(Bruce Berkowitz and Allen Goodman)은 그의 저서 『최고의 진실』(*Best Truth: Intelligence in the Information Age*, 2000)에서 정보기구를 기존의 비효율적이고 경직된 수직 · 계층적 조직구조를 탈피하여 보다 융통성 있게 변화를 수용하는 수평적 · 네트워크 형태의 조직구조로 변화할 것을 제안하였다.[24)]

---

19) 염돈재(2008), p.32.

20) Michael Herman, *Intelligence Power in Peace and War*, (Cambridge: Cambridge University Press, 1996).

21) 염돈재(2008), p.34.

22) 전웅(2006), p.9.

23) Robert David Stelle, *On Intelligence: Spies and Secrecy in an Open World,* (Fairfax, VA: AFCEA International Press, 2000).

24) Bruce D. Berkowitz and Allen E. Goodman, *Best Truth: Intelligence in the Information Age,* (New Heaven, CT: Yale University Press, 2000).

이 시기는 국가정보관련 연구가 더욱 세분화, 전문화되는 경향을 보이고 있다. 비밀공작 문제를 다룬 도거티(William Daugherty)의 『극비활동』(*Executive Secrets*, 2004), 정보분석 기법에 관한 클라크(Robert Clark)의 『정보분석: 목표중심 접근방법』(*Intelligence Analysis: A Target-Centric Approach*, 2004), 정보활동의 윤리문제를 다룬 골드만(Jan Goldman)의 『첩보의 윤리』(*Ethics of Spying*) 등이 대표적 저술이다.[25)]

이 시기에 영국에서도 지하철 테러, 이라크 대량살상무기 관련 정보의 조작 등을 계기로 정보의 중요성에 대한 관심이 높아졌으며 영국정부도 정보업무의 원활한 수행을 위해서는 국민의 지지가 중요하다는 것을 인식하기 시작했다. 이러한 인식변화를 계기로 정보공개 문제에 소극적이던 영국정부와 정보기관들은 정보공개에 적극적인 자세를 보이게 되었다.[26)]

(2) 국가정보학의 교육현황

1970년대까지 미국의 대학에서 국가정보 관련 교과목이 개설된 곳은 극소수에 불과하였으나 1970년대 중반 베트남전쟁과 워터게이트 사건 등으로 정보기관의 활동에 대한 일반인들의 관심이 높아지고 학계의 정보관련 연구가 활발해지게 됨에 따라 대폭 증가하게 되었다. 또한 2000년대 들어서서 9 · 11위원회(National Commission on Terrorist Attacts upon the United States)와 WMD위원회(Commission on the Prevention of Weapons of Mass Destruction)는 정보교육을 위한 예산 증액을 건의하였다. 이에 따라 CIA대학에는 2005년 정보관련 강좌가 300여 개까지 개설되었으며, 군정보교육기관에는 1,417개까지 개설되었다고 한다. 그리고 100여 개 대학에서 840여 개의 정보관련 강좌가 개설되었다.[27)]

---

25) http:// intellit. muskingum.edu/index. html(검색일: 2012년 5월20일).

26) Scott(2004), p.197. 영국에서의 정보학 연구에 관해서는 Michael S. Goodman, "Studying and Teaching about Intelligence: The Approach in the United Kingdom," *Studies in Intelligence*, Vol.50, No.2, 2006, pp.57-65. 참조, 국가정보학의 시기별 연구동향에 대해서는 Len Scott and Peter Jackson, "The Study of Intelligence in Theory and Practice," Loch K. Johnson and James J. Wirtz(eds.), *Intelligence and National Security: The Secret World of Spies*, (New York: Oxford University Press, 2008) 참조.

27) Campbell, "A Study of the U.S. Market for Intelligence Education," *International Journal of Intelligence and Counterintelligence*, Vol.24(2011), pp.308−309.

9 · 11 사건 이후 미국 내 정보학 교육은 세 가지 유형으로 나타난다.[28] 첫째, 정보분야에 필요한 요원양성을 위한 대학내 정보학과의 개설이다. 둘째, 시간과 장소를 초월한 정보교육을 위해 원격교육과정의 개설 등 인터넷을 활용한 교육 프로그램의 개발이다. 셋째, 정보학 교육과정의 표준화이다. 2006년 미국은 국가정보장(DNI) 산하에 국가정보대학교(National Intelligence University)를 창설하여 정보공동체에 소속된 정보기관 간 정보교육의 표준화 및 정보기관 간 인적 네트워크의 형성을 도모하고 있다.

의사나 법조인은 임용 전 전문교육이 필수적이나, 정보요원은 언론인처럼 임용 전 교육이 선택적이다. 군 정보요원들은 통상 임용 전 교육을 받고 임용 후 보다 심화된 교육을 이수한다. 그러나 일반적인 정보요원은 채용 전 주로 사회과학이나 인문학 등을 전공하고 선택적으로 정보학을 이수하며, 채용 후 직무교육을 받게 된다. 미국의 경우 정보학관련 학문적 수요는 높으나 교수요원은 부족한 실정이다. 정보관련 연구, 저술을 하거나 정보업무와 직접 관련된 강의를 담당하는 교수요원들은 대부분 CIA 등 국가정보기관과 정부 및 군 기관 등에서 정보업무를 담당했던 경력을 가진 사람들이다. 미국 내 정보학 교육기관은 주로 워싱턴 지역에 집중되어 있다. 그러나 CIA가 1985년부터 객원교수 파견 프로그램(Officers in Residence Program)을 운영함으로써 미국 내 전지역으로 정보학 강좌가 확산되었다.[29]

정보요원들에게 필요한 전문적인 지식은 외국의 역사 · 언어 · 문화, 정확한 분석을 위한 심리학적 소양 및 분석기법, 그리고 과학적이고 기술적인 전문지식 등이다. 이러한 지식들을 위해 필요한 학문분야는 사회과학, 인문학, 자연과학 및 공학 등이다. 사회과학과 인문학 분야는 일반적인 정보업무에 필요한 보다 넓은 시각과 관점을 제공해 주며, 자연과학과 공학은 특수한 정보업무 분야에 필요한 지식을 제공해 준다. 정치학자들은 정보의 실패와 성공, 기습공격에 대한 사전 예방의 어려움, 정보의 정치화 등을 설명하기 위한 개념적 모델을 구축하려고 시도하였다. 이것은 미국에서의 정보학 연구의 지배적인 접근방법이었다. 한편, 역사학자들은 전시와 평시에 정책결정자들의 정책결정에 정보가 어떤 영향을 미쳤는가를 설명하려고 노력했다. 이러한 접근방법은 문헌연구에 중점을 두고 역사적 사례연구에 중점을 두었는데, 이는 주로 영국에서의 지배적인 접근방법이었다. 미국과 영국에서의 정보학 연구방법의 이러한 차이는

28) 위의 글, p.310.
29) 위의 글, p.313.

대표적인 정보학 학술지에서 찾아볼 수 있다. 대학에서 널리 사용되는 교재로는 로웬탈(Mark Lowenthal)이 저술한 『국가정보: 비밀에서 정책까지』(*Intelligence: From Secret to Policy*)가 있으며,[30] 정보학관련 대표적 학술지로는 『정보와 방첩』(*International Journal of Intelligence and CounterIntelligence*), 『정보와 국가안보』(*Intelligence and National Security*), 그리고 CIA에서 발간되는 『정보연구』(*Studies in Intelligence*) 등이 있다. 그리고 대테러분야의 학술지로는 『테러리즘과 정치적 폭력』(*Terrorism and Political Violence*)과 『갈등과 테러리즘 연구』(*Studies in Conflict and Terrorism*) 등이 있다.[31] 정보학 연구자들은 비밀이 해제되었거나 정보공개법에 따라 공개가 승인된 정부문서, 개인의 회고록 및 저술, 주요 인물과의 인터뷰, 언론보도내용 등을 주로 연구자료로 활용한다.

(3) 국가정보학 연구와 정보기관

CIA는 1955년 9월 켄트(Sherman Kent)의 주도하에 『정보연구』(*Studies in Intelligence*)라는 학술지를 창간하였는데, 창간 후 50여 년간 총 1,200건을 상회하는 정보관련 논문을 게재하여 정보활동 기법을 발전시키고 국가정보를 학문적 차원에서 체계적으로 연구하는 토대를 마련하는 데 중요한 역할을 담당하였다.[32] 한편 1990년대 중반 이후 비밀 해제된 많은 논문들을 CIA의 홈페이지를 통해 일반에게 공개함으로써 학계의 연구와 정보업무에 대한 일반인들의 이해 촉진에 크게 기여하였다.

---

30) 위의 글, pp.328-329. 그 외 인기있는 부교재로는 존슨과 위츠(Loch Johnson and James J. Wirtz)가 편집한 *Strategic Intelligence: Windows Into a Secret World*와 *Intelligence and National Security: The Secret World of Spies*가 있다. 미국 정보공동체에 관한 교재로는 리첼슨(Jeffrey T. Richelson)의 *The U.S. Intelligence Community*, 심스와 게버(Jennifer Sims and Burton Gerber)의 *Transforming U.S. Intelligence* 등이 있다. 정보분석 관련 교재로는 휴어(Richards Heuer)의 *Psychology of Intelligence Analysis*, 휴어와 퍼슨(Richards Heuer and Randy Pherson)의 *Structured Analytic Techniques* 등이 있다. 방첩관련 교재로는 갓슨(Roy Godson)의 *Dirty Tricks and Trump Cards*, 심스와 게바(Jennifer Sims and Burton Gerber)의 *Vaults, Mirrors and Masks* 등이 있다. 기술정보와 관련해서는 클라크(Robert Clarks)의 *The Technical Collection of Intelligence*가 있고, 신호정보와 관한 교재로는 밤포드(James Bamford)의 *The Shadow Factory* 등이 있다.

31) 위의 글, p.328.

32) Dujmovic Nicholas, "Fifty Years of Studies in Intelligence," in http://www.cia.gov/library/center-for-the-study-of-intelligence/csi(검색일: 2012.5.20), pp.1-4.

1974년 CIA는 국가정보학연구센터(CSI : Center for the Study of Intelligence)를 설립하여 관 · 학 교류협력을 통한 국가정보학 연구 활성화를 추진하였다. 이를 통해 대학 내 국가정보학 강좌관련 프로그램을 지원하고 국가정보학 연구 프로젝트도 추진하며 외부 학자들과 공동 학술세미나도 정례적으로 개최하였다. 또한 CIA는 학계의 정보연구와 교육 지원을 위해 1985년 이후 대학에 객원교수 파견 프로그램을 마련하여 매년 8명 내지 12명의 간부 요원을 2년 기한으로 대학에 파견하는 제도를 운영해 오고 있다. 이들은 객원교수 신분이며 보수는 CIA 본부에서 지급받고 대학측에서는 사무실을 제공받는데 그들은 정보학관련 강의나 연구를 수행한다. 이들은 현재 하버드대, 프린스턴대, 조지타운대, 오레곤대 등 전국 50여 개 대학에 100여 명이 파견되어 대학의 정보교육과 연구활동을 지원하는 한편, CIA와 학계간의 유대를 강화하는 데도 기여해 오고 있다. 또한 국가정보학연구센터(CSI)는 전직 정보요원들의 모임인 전직정보관협회(AFIO : Association of Former Intelligence Officers)와 협력하여 대학에 학술교류 프로그램을 지원하기도 한다.[33)]

또한 CIA는 대학과 합동으로 연구를 수행하거나 CIA 요원에 대한 교육을 대학에 의뢰하기도 한다. 1987년의 경우 CIA는 하버드대 케네디 스쿨(Kennedy School)에 40만 달러를 지원하고 3년간 정보분석에 관한 연구와 교육을 담당해 주도록 의뢰했으며, 이에 따른 모든 연구결과는 하버드대에 의해 일반에도 공개되었다.[34)] 그 외 주요대학에 정보학 강좌와 관련 프로그램을 개설하도록 권유하고 실적이 우수한 대학을 선발하여 기금을 지원해 주기도 한다.

2. 국내 연구동향

국내의 국가정보학 연구는 비교적 최근에 시작되었다. 1980년대 들어 군사정보관련 학위 논문들이 발표되면서 초보적인 연구가 시작되었다고 볼 수 있다. 1995년 일부 대학 교수들이 윌리엄 콜비 전 CIA부장과 러시아, 일본 등의 정보기관의 전직 고위간부를 초청하여 'Post-Cold War, Democratization, and National Intelligence' 제하로

33) William C. Spracher, "Teaching Intelligence in the United States, the United Kingdom, and Canada," in Robert A. Denemark, ed., *The International Studies Encyclopedia,* (Blackwell Reference Online, 2010), http://www.isacompendium.com(검색일: 2012.5.15).

34) New York Times, 4 December 1987.

한국 최초의 정보관련 국제학술회의를 개최하였다. 이를 계기로 그 해 국가정보에 관심 있는 인사들을 중심으로 '국가정보연구회'가 창설되어 국가정보 연구의 분위기가 조성되기 시작했다. 그리고 1997년 한국 최초로 연세대와 중앙대에서 '국가안보와 정보' 강의를 개설하였다.[35)]

2000년대 접어들면서 정보연구 실적이 대폭 증가하고 대학교재용 교과서들이 발간되고 대학에서 국가정보 관련 강좌도 대폭 증가하는 등 국가정보학 연구가 활성화되기 시작하였다. 2002년에는 '국가정보포럼'이 창설되어 매년 국가정보학 관련 관·학 공동 학술세미나를 개최하였고, 2006년에는 『국가정보학』 교재도 출간되었다. 2007년 이후 주요 대학에서 국가정보 관련 강좌가 대폭 증설되어 2007년도에 18개 대학에 30여 개 강좌가 개설되었다. 한편 2007년 '한국국가정보학회'가 창립되어 국가정보학 연구의 중심 역할을 수행함으로써 국가정보학 연구가 활성화되고 있다. 국내에서의 국가정보학 연구는 2000년대 이후 활성화되고 있으나, 국가정보학이 독자적인 학문영역으로 확고히 정착하기 위해서는 양적, 질적 측면에서 보다 많은 연구가 이루어져야 할 것이다.

제5절 국가정보학의 과제

국가정보학은 다른 학문에 비해 아직 초보적인 단계를 벗어나지 못한 수준이며, 이제 새롭게 시작되고 있는 학문분야이다. 따라서 아직 이론적인 분석이나 연구가 체계적으로 되어 있지 않으며, 연구대상에 대한 기술적 설명을 위주로 지식을 체계화하고 있는 단계이다. 국가차원의 정보활동이 국가안보에 중요한 영향을 미치고 있음에도 불구하고 국가정보에 대한 학문적 연구가 부진했던 주요 요인은 다음과 같다. 첫째, 국가들이 정보활동에 대해 엄격히 비밀을 유지함으로써 자료의 접근성이 극히 제한되었기 때문이다. 국가정보활동의 주체가 되고 있는 정보기관의 실체와 비밀정보활동이라는 연구대상이 비밀에 싸여 있어 학문적인 연구를 한다는 것이 쉽지 않다. 그런데 냉전의 종식과 더불어 과거 비밀로 분류되었던 자료들이 대거 공개되면서 국가정보학

35) 염돈재(2008), p.41.

연구가 보다 활성화되는 추세를 보이게 되었다. 둘째, 정보기관에 대한 부정적인 인식과 정보업무를 경원시하는 문화이다. 셋째, 연구내용이 광범위하고 국가정보활동에 대한 전체적이고 일반적인 체계를 수립하는 것이 쉽지 않다는 것이다.

향후 국가정보학에 대한 연구를 활성화하기 위해서는 다음과 같은 노력이 필요하다. 첫째, 학제간 연구(interdisciplinary research)가 필요하다. 국가정보학은 광범위한 정보활동의 분야를 다루고 있어 보다 발전된 인접학문을 통해서 연구를 발전시킬 수 있다. 국가정보학의 인접학문으로는 국제관계학, 정치학, 행정학, 정책학, 역사학, 외교사, 전쟁사, 군사학, 법학, 사회학, 심리학 등 사회과학뿐 아니라 첩보수집분야에서는 전자 · 컴퓨터 · 사진 · 우주 · 항공 · 해양 등 자연과학과 공학분야를 망라한다.

둘째, 국가정보관련 연구자료에 대한 접근성을 확대할 필요가 있다. 미국 CIA의 경우는 보존 자료를 주기적으로 검토하여 공개하고 있으며 30년 이상 경과한 자료는 원칙적으로 공개하고 있다. 우리나라의 경우에도 일정기간이 경과한 자료들은 보안성 검토를 거쳐 공개하여 연구자료에 대한 접근성을 보다 수월하게 하는 것이 바람직하다.

셋째, 정부차원에서 국가정보학 분야에 대한 학문적 연구를 장려하고 적극적으로 지원해 주는 노력이 필요하다. 미 CIA에서는 대학에 객원교수 파견 프로그램를 운영하고 국가정보학관련 프로그램을 지원하며 국가정보학 연구와 발전을 위해 대학측에 발전기금 등 예산지원을 하고 있다. 우리나라도 국가정보학 연구의 활성화를 위해 정부차원에서 대학측에 국가정보학관련 과목개설 및 학과개설을 지원하고 국가정보학회도 적극 지원하여야 한다. 그리고 현재 국정원과 기무사 신입직원 채용과목으로 국가정보학을 채택하고 있는 것을 여타 공무원 채용시험에도 확대함으로써 대학측에 국가정보학에 대한 과목개설 및 학과개설을 간접적으로 유도할 필요가 있다.

>> 참고문헌

National Intelligence Studies

국가정보포럼. 『국가정보학』. 서울: 박영사, 2007.

김윤덕. 『국가정보학』. 서울: 박영사, 2001.

염돈재. “한국에서의 국가정보연구: 어제, 오늘, 그리고 내일”. 『국가정보연구』, 제1권 1호(2008).

전웅. "탈냉전기의 국가정보학 : 학문적 기원, 위상, 그리고 한계". 『국제정치논총』, 제 46집4호(2006).

Andrew, Christopher. *Her Majesty's Secret Service: The Making of the British Intelligence Community*. London: Heinemann, 1985.

Benson, Robert Louis. *VENONA, Soviet Espionage and the American Response, 1939-1957*. Washington D.C.: Central Intelligence Agency, 1996.

Berkowitz, Bruce D. and Goodman, Allan E. *Best Truth: Intelligence in the Information Age*. New Heaven, CT: Yale University Press, 2000.

Berkowitz, Bruce D. and Goodman, Allan E. *Strategic Intelligence for American National Security*. Princeton: Princeton University Press, 1989.

Campbell, Stephen H. "A Study of the U.S. Market for Intelligence Education." *International Journal of Intelligence and Counterintelligenc*,. Vol.24(2011).

Godson, Roy(ed.). *Elements of Intelligence*. Washington D.C.: National Strategy Information Center Inc., 1979.

Clark, Ransom J. "The Literature of Intelligence: A Biography of Materials, with Essays, Reviews, and Comments" in http:// intellit. muskingum.edu/index. html(검색일: 2012.5.20).

Michael S. Goodman. "Studying and Teaching about Intelligence: The Approach in the United Kingdom." *Studies in Intelligence*. Vol.50. No.2(2006).

Herman, Michael. *Intelligence Power in Peace and War*. Cambridge: Cambridge University Press, 1996.

Holt, Pat M. *Secret Intelligence and Public Policy: A Dilemma of Democracy*. Washington D.C.: Congressional Quarterly Inc., 1995.

Johnson, Loch K.(ed.), *Strategic Intelligence*. Westport, CT: Praeger Security International, 2007.

Kent, Sherman. *Strategic Intelligence for American World Policy*. Princeton, NJ: Princeton University Press, 1949. 1965 재판.

Lowenthal, Mark. *Intelligence: From Secret to Policy*. Washington, D.C.: Congressional Quarterly Press, 2000.

Marrin, Stephen. "Training and Educating U.S. Intelligence Analysts." *International Journal of Intelligence and CounterIntelligence*. Vol.22, No.1. Spring 2009.

J. C. Masterman. *The Double-Cross System in the War of 1939-1945*. New Haven:

Yale University Press, 1972.

Scott, Len. "Sources and Methods in the Study of Intelligence: A British View." *Intelligence and National Security*. Vol.19. No.2. 2004.

Scott, Len and Jackson, Peter. "The Study of Intelligence in Theory and Practice." Loch K. Johnson and James J. Wirtz(eds.). *Intelligence and National Security: The Secret World of Spies*. New York: Oxford University Press, 2008.

Shulsky, Abram N. and Schmitt, Gary J. Schmitt. *Silent Warfare: Understanding the World of Intelligence*. 3rd ed. Washington, DC: Potomac Books. Inc, 2002.

Steele, Robert David. *On Intelligence: Spies and Secrecy in an Open World*. Fairfax, VA: AFCEA International Press, 2000.

Thomas, S. T. "Assessing Current Intelligence Studies." *International Journal of Intelligence and Counterintelligence*. Vol.2. No.2(1988).

Wark, Wesely K. "Introduction: The Study of Espionage: Past, Present, Future?" *Intelligence and National Security*. Vol.8, No.3(1993).

New York Times. 4 December 1987.

http://www.isacompendium.com(검색일: 2012.5.15).

http://www.cia.gov/library/center-for-the-study-of-intelligence/csi(검색일: 2012.5.20).

http://intellit.muskingum.edu/index.html(검색일: 2012.5.20).

|제2장| 국가정보의 의의

제1절 국가정보의 개념

1. 국가정보의 정의

정보(intelligence)에 대한 정의는 다양하며, 아직까지도 많은 논란을 유발하고 있다. 그러나 국가정보학 분야의 이론정립과 발전을 위해서 정보에 대한 개념정의는 필수적이다. 정보의 개념에 대해서 학자 및 전문가들은 다양한 견해를 제시하였다. 우선 웹스터 사전은 'intelligence'를 "군사적인 목적을 위해 수집된 비밀첩보(secret information)"라고 정의하고 있다. 미국의 정보 전문가 제프리 리첼슨(Jeffrey T. Richelson)은 "현재 또는 잠재적으로 국가안보에 중요한 영향을 미칠 수 있는 국가들이나 작전지역에 대한 첩보자료들을 수집, 평가, 분석, 종합, 판단하여 생산한 결과물"로 정의하고 있다.[1] 또한 제니퍼 심스(Jennifer Sims)는 "행위자 또는 정책결정자를 위해 수집, 정리, 분석된 첩보(information)"라고 정의하였다. 아브람 슐스키(Abram N. Shulsky)는 "근본적으로 외부 집단이 숨기려고 노력하는 첩보자료에 접근하고자 하는 것"이라고 하면서 정보를 비밀성이 포함된 것만으로 제한해야 한다고 주장했다.[2] 한편 마이클 허만(Michael Herman)은 정보는 정보활동과 목표의 비밀보호 노력간의 경쟁 사이에 위치한다고 주장하면서, "정보는 모든 종류의 첩보자료를 활용하지만 기본적으로 끝없는 은폐와 기만으로 가득 찬 부분을 꿰뚫고자 하는 노력"[3]이라고 정의했다.

1) Jeffrey T. Richelson, *The U.S. Intelligence Community*, (Lexington, MA: Ballinger, 1985), pp.1-2.
2) Abram Shulsky and Jennifer Sims, "What is Intelligence?" A Paper presented on the Working Group on Intelligence Reform (Consortium for the Study of Intellignece, 1994), p.21.
3) Michael E. Herman, "British and US Concepts of Intelligence: Barriers or Aids to Cooperation?" BISA/ISA conference, (London, March 1989), p.28.

상기 학자들의 견해를 종합해 보면 정보는 국가안보와 국가이익과 관련한 문제 중에서 상대세력이 숨기려고 하는 그 무엇인가를 획득하여 알게 된 지식이라고 할 수 있다. 즉 정보란 아국의 국가안보와 국가이익을 도모하기 위하여 필요한 것으로서, 현재의 적국 또는 잠재적 적국이나 적대세력, 또한 경쟁 상대들에 대한 의도와 저력 및 활동상황, 그리고 예상되는 활동방향 등에 대한 평가되고 정제된 지식이라고 할 수 있다.

국가정보학의 대부인 셔먼 켄트(Sherman Kent)는 '국가정보'는 '전략정보'(strategic intelligence)가 되어야 한다고 강조하면서, 이를 '작전 또는 전술정보'(operational or tactical intelligence)와 구분하였다.[4] 그리고 '적극적 고차원의 외교정보'가 아닌 정보행위들은 국가의 안보를 지키는 데 있어서 필수적인 것이 아니므로 '국가정보'가 될 수 없다고 했다. 즉 국가정보는 군대조직이나 정부 일부 부처의 업무 차원을 넘어서 보다 고차원적인 국가 차원에서 생산되고 활용되는 지식 또는 국가적 차원의 안전보장이나 이익을 실현하는 목표를 달성하기 위한 활동이라고 볼 수 있다.

한편 켄트는 "정보란 지식(knowledge), 활동(activity) 및 조직(organization)을 포괄하는 개념"이라고 정의하였는데, 이것이 오늘날까지 각국 정보기관은 물론 학계에서도 널리 인정되고 있다. 슐스키는 정보를 지식(information), 활동(activity), 조직(organization)이라고 하였고, 로웬탈도 정보는 생산물(product), 과정(process), 조직(organization)이라고 하였다. 이와 같이 국가정보라는 용어는 일종의 지식이며 그러한 지식을 수집하는 행위(또는 상대방의 수집행위를 저지하는 것), 그리고 수집 또는 저지 기능을 수행하는 조직 등을 포괄한다고 볼 수 있다.[5]

지식으로서의 정보는 정보활동 과정에 따른 최종 산출물을 말한다. 일반적으로 정보라고 하면 지식으로서의 정보를 말한다. 공개 자료든 비공개 자료든 최초 수집된 첩보(information)는 생자료(raw data)라고 하며, 이것이 분석 및 평가과정을 거쳐서 정보(intelligence)가 되는 것이다. 여기서 첩보가 정보화되는 일련의 과정을 정보순환과정(intelligence cycle)이라고 한다.[6] 이러한 정보순환과정에서의 산출물 그 자체 또는 인지 가능한 형태로서의 생산물이 지식으로서의 정보인 것이다. 정책결정권자가 필요

---

4) Sherman Kent, *Strategic Intelligence for American World Policy*, (Princeton, NJ: Princeton University Press, 1965), pp.3-4.

5) 국가정보포럼, 『국가정보학』, (서울: 박영사, 2007), p.7.

6) Bruce D. Berkowitz and Allan E. Goodman, *Strategic Intelligence for American National Security*, (Princeton: Princeton University Press, 1989), p.31.

로 하는 것은 바로 이와 같은 분석과정을 거쳐 생산된 정보이며, 최종 생산된 정보가 정책에의 활용을 위한 지식이나 인식된 자료로서 얼마나 유용한가에 따라서 정보기관의 역량이 평가된다고 할 수 있다.

활동(activity)으로서의 정보는 과정으로서의 정보라고도 하는데 첩보수집과 정보분석 등을 포함한 정보의 생산활동과 더불어 방첩(counterintelligence)과 비밀공작(covert action)을 포함하는 개념이다. 즉 정보수요자의 요청에 따라 첩보가 수집되고 분석되고, 그리고 제공되는 전 과정 그 자체를 정보라고 보는 것이다. 수집은 인간 또는 기술을 통한 생자료의 입수를 지칭하는 것으로 정보활동의 대표적 개념이다. 정보를 획득하는 방법과 획득된 정보 자체가 활동의 결과이고, 그 활동이 바로 정보라고 할 수 있다. 또한 정보분석을 통해 상대방의 능력, 의도, 행동방책 등에 대한 종합적인 평가가 곧 정보 생산물이 되는 것이다.

또한 국가정보의 개념에는 이러한 모든 활동을 수행하는 조직인 정보기관이 포함된다. 정보기관의 가장 중요한 임무는 사용 가능한 모든 수단을 동원하여 국가안보를 위하여 필요한 첩보를 수집하고, 수집된 자료들을 과학적이고 체계적으로 분석하여 사용자가 필요로 하는 정보를 생산하는데 있다고 본다. 정보기관은 이러한 정보생산 활동 외에도 방첩활동과 국가의 외교 · 안보적 목표를 달성하기 위한 비밀공작 등을 수행한다.[7)]

요컨대, 국가정보란 국가정책과 국가안전보장에 관한 광범위한 분야를 대상으로 하는 정보로, 외교 · 국방 · 경제 · 사회 등 국가안보와 관련된 제 분야의 정책수립과 집행에 필요하거나 국가적 안보위협으로부터 국가이익을 수호하는 데 요구되는 정보이며, 단순한 지식의 차원을 넘어 활동과 조직을 포괄하는 개념으로 이해해야 할 것이다. 이러한 세 가지 분야(지식, 활동, 조직)는 상호 유기적으로 관련되는 바 대체로 정보의 기본적인 목표는 지식의 생산에 있고, 활동 및 조직은 지식을 생산하기 위한 수단으로써의 의미를 가진다고 볼 수 있다. 이와 같이 국가정보(national intelligence)의 용어 속에는 지식, 활동, 조직 등 3가지 요소가 다 포함되어 있으나, 일반적으로 '국가정보'라고 할 때는 통상 지식만을 의미하고, 활동은 국가정보활동, 조직은 국가정보기관으로 구분하여 사용하는 경향이 있다.

지금까지 국가정보의 개념에 대해 살펴보았는데, 정보(intelligence)와 첩보

---

7) 국가정보포럼(2007), p.12.

(information)를 구분할 필요가 있다. 오늘날 정보라는 용어는 지식의 총칭이라고 볼 수 있으나, 정보공동체나 정보학에서는 정보라는 용어를 엄격하게 정의하고 일반 분야의 정보와는 구별되는 개념으로 사용하며, 자료(data), 첩보, 정보라는 용어를 구분하여 사용하고 있다.

자료는 생자료라고도 하는데, 특정한 목적에 의해 평가되어 있지 않는 단순한 사실이나 기호를 의미한다. 자료는 사용하는 사람에 따라 그 가치가 달라지며, 일반적으로 언론자료, 인터넷자료 등 모든 공개자료와 기상관측 통계, 농산물 생산량, 국민소득 등이 여기에 속한다.

첩보는 목적성을 가지고 의도적으로 수집한 자료를 말한다. 즉, 그 의미의 타당성이 검증되지는 않았지만, 분석 및 평가과정을 거치면 목적에 맞게 이용될 수 있을 것이라고 믿고 수집된 자료이므로 잠재적으로 필요한 자료 또는 지식으로 볼 수 있다. 아무리 정교한 내용이라도 일단 전문 정보기관에서 정제되지 않으면 첩보로 간주한다. 첩보라는 용어는 필요한 지식이기는 하지만 가공처리되지 않았고 타당성이 검증되지 않았다는 점에서 정보와 구분된다. 사회에서 통용되는 정보라 하더라도 정보기관에서 검증되지 않은 자료로 취급하여 수집하면 첩보인 것이다.

정보는 특정 목적을 달성하기 위해 첩보를 수집 · 평가 · 분석한 후 그 타당성을 검증한 것을 말한다. 수집된 첩보를 정보기관에서 정책결정자의 수요에 맞게 요약되고 검증한 내용이어야 비로소 정보가 된다. 온갖 첩보를 전문 정보기관 요원이 전문성을 발휘하여 정확하고 신뢰성 있는 내용으로 정리해 정책결정자에게 이해가 되고 도움이 될 때, 비로소 확실한 정보로서 진가를 발휘하게 된다.

일반 사회에서 사용되고 있는 '정보'(information)는 정보공동체나 정보학계에서 다루고 있는 '정보'(intelligence)에 비하여 보다 포괄적인 개념으로서, 자료(data), 뉴스(news), 출처(source), 지식(knowledge), 정보(intelligence) 등의 의미를 포함하고 있으며, 때로는 이들과 혼용하여 사용되기도 한다. 이에 비해 정보공동체나 정보학계에서는 사용하는 '정보'(intelligence)는 어떤 현상의 의미가 분석 및 평가과정을 거쳐 타당성이 검증된 지식(knowledge)이며, 주로 국가정책이나 국가안전보장을 위한 것으로 통상 군사상의 첩보나 비밀 내용을 담은 지식을 말한다. 일반적인 지식 또는 정보와는 달리 정보학계에서 사용하는 정보(intelligence)는 '비밀성'을 포함하고 있는 점에서도 명백히 구분되는 용어이다. 이렇게 볼 때 로웬탈이 규정한 것처럼 정보(intelligence)는 넓은 의미에서 사회에서 통용되는 정보(information), 즉 정보공동체에서 규정하는 첩보의 부분집합으로서 모든 정보(intelligence)는 첩보(information)이지만, 모든 첩보가 정보인 것은 아니다.[8)]

2. 국가정보의 특성

국가의 안전보장과 국익보호에 필요한 국가정보는 비밀성, 합목적성, 전방위성 등의 특성을 가지고 있다. 첫째, 국가정보는 비밀성을 갖고 있다. 국가정보의 가장 큰 특징은 비밀성에 있다. 정보수집과정에 있어서 상대방의 보안방책을 뚫고 접근을 거부하고 있는 자료를 입수해야 하기 때문에 도청, 절취, 매수 등 극단적인 수단까지 동원해야 하는 경우도 있어 극도의 비밀성이 유지되어야 하며, 정보활동의 목적과 의도 및 방법이 노출될 경우 상대방의 허위정보 제공 등 기만술책에 말려들 우려가 있기 때문에 비밀유지가 필요하다. 또한 비밀성은 정보의 사용에 있어서도 사용자의 판단과 집행의 효율성을 보장하기도 한다. 정보의 내용이 누설될 경우 반대와 모략, 상대방의 사전 대비 등이 가능하여 올바른 정책수행이 불가능하기 때문이다.

둘째, 국가정보는 합목적성을 갖고 있다. 정보활동은 국익을 전제로 한 전향적이고 적극적인 활동이다. 따라서 정보활동의 성공여부는 원칙적으로 합법적으로 처리하였느냐가 아니라 국익에 얼마나 보탬이 되었느냐에 달려 있다. 물론 그 정보활동의 불법성이나 부도덕성이 폭로되어 문제가 되었다면 국익에 보탬은 커녕 반대로 국가나 정부의 막대한 이미지 손상을 초래하기 때문에 최대한 합법성을 유지해야 함은 물론이다.

셋째, 국가정보는 전방위적 성격을 갖고 있다. 국가정보는 유기적이며 종합적인 실용지식이다. 예를 들면, '경제정보'라 하여 경제 한 분야만을 떼내어 볼 수는 없다. 정치, 경제, 사회, 군사, 환경 등 모든 분야가 영향을 미치고 관련성을 갖기 때문이다. 또한 '해외정보'라 할지라도 국내와 밀접한 상관관계를 가지고 있다.

---

8) Mark Lowenthal, *Intelligence: From Secret to Policy*, (Washington, D.C.: Congressional Quarterly Press, 2000), p.20.

3. 국가정보의 구비요건

정보의 가치는 정책결정과정에 어느 정도 기여했는가에 의해 평가될 수 있다. 정보가 정책결정과정에 기여하기 위해서는 몇 가지 요건들이 구비되어야 한다. 첫째, 정보는 적시성(timeliness)이 있어야 한다. 정보는 시간에 따라 그 가치가 변화하기 때문에 정책결정이 이루어지는 시점에서 그 효용성이 가장 크다고 볼 수 있다. 정보는 정책결정이 이루어지는 필요한 시점에 제공되어야 가장 가치 있게 사용되기 때문이다. 적시성을 높이는 것은 바로 정보의 가치를 높이는 것이기 때문에 자료의 수집, 처리, 분석, 생산, 배포의 모든 정보활동과정이 적시성에 초점을 맞추어 이루어져야 한다.

둘째, 정보는 정확성(accuracy)이 있어야 한다. 정보가 정확해야 올바른 정책결정을 수립할 수 있고 적합한 대책을 강구할 수 있기 때문에 정확성은 정보의 생명과도 같다. 정보의 정확성이 높을수록 가장 최선의 정책결정이 가능하고, 최대효용의 국가이익을 추구할 수 있기 때문이다. 정보의 정확성을 제고하기 위해서는 수집된 첩보에 대한 신뢰성이 확보되어야 한다. 또한 첩보의 내용 중 확인된 내용과 확인되지 않은 내용을 고려하여 정보를 정확하게 분석해야 한다. 그리고 현재까지의 변화의 흐름을 정확하게 분석하여 전망에 대한 예측성을 높여야 한다. 마지막으로 대응방안을 제시할 때 여러 대안을 종합적으로 검토해야 하며, 최적의 대안을 선택하기 위해서는 정보가 정확해야만 한다.

셋째, 정보는 객관성(objectivity)이 있어야 한다. 정보는 정책결정에 필요한 판단의 근거를 제공하는 매우 중요한 역할을 하기 때문에 객관성을 유지해야 한다. 생산자나 사용자의 의도에 따라 정보가 주관적으로 왜곡될 때 정보는 국가이익을 위한 정책결정에 기여하는 것이 아니라, 생산자나 사용자가 선호하는 정책을 합리화하는 도구로 전락하게 된다. 정책결정자가 국가이익에 바탕을 둔 객관적인 판단을 할 수 있도록 제공되는 정보는 객관성이 있어야 한다.[9)]

끝으로, 정보는 적합성(relevance)이 있어야 한다. 정보가 필요한 사안의 정책결정에 어느 정도 관련되어 있는가를 나타내는 것이 적합성이다. 정보가 정책결정에 기여할 수 있을 때 적합성이 있다고 할 수 있다. 정보의 목적 자체가 국가정책의 형성과 집행에 도움이 되고, 정책결정에 기여할 수 있을 때에 가치가 있기 때문이다. 따라서 정

9) 김윤덕, 『국가정보학』, (서울: 박영사, 2001), pp.18−19.

보생산자는 적합성을 추구하기 위해 정책결정에 필요한 제반사항, 즉 관련사안의 상황, 변화의 흐름, 향후 전망, 대책 등 관련사항에 대해 지속적인 관심을 기울여야 한다.

제2절 국가정보의 기능과 역할

1. 조기경보 기능

정보의 조기경보 기능은 잠재적국의 전략적 기습(strategic surprise)을 피하는 것이다. 전략적 기습은 전술적 기습(tactical surprise)과는 차원이 다른 것으로, 전술적 기습은 국가안보에 충분한 정도의 위협을 줄 수 없는 경우이나 전략적 기습은 국가안보에 치명적 위협을 줄 수 있는 경우를 말한다. 정보는 조기경보(early warning)를 통해 국가가 전략적 기습을 당하지 않도록 하는 역할을 한다. 실질 또는 가상 적국의 기습공격 의도를 사전에 파악하고 이에 대해 적시에 효과적으로 대응할 수 있는 능력이 국가정보의 최우선적 임무라 할 수 있다.[10] 정보는 사전에 잠재적국의 움직임을 탐지하여 국가존립에 위협을 줄 수 있는 위협상황을 추적하여 경보기능을 수행한다. 가상 또는 실질적국의 전략, 전술, 전쟁계획, 전력구조, 군사배치, 그리고 무기체계 등에 대한 정보를 사전에 획득하여 비상시에 대비케 하는 것도 국가정보의 역할이다. 잠재적 적대국의 군사적 동향뿐만 아니라, 국제적 규모에서 발생하는 금융위기, 환경재난, 전염병, 국제범죄 등도 조기경보의 대상이 된다.

2. 국가정책 지원

(1) 정책환경 진단

모든 국가는 국가이익의 증대와 안전보장 추구라는 전략적 목적을 달성하기 위해 적극적인 대내외 정책을 추진하고 있다. 이러한 정책을 추진하기 위해서 가장 우선적

10) Lowenthal(2000).

으로 추진되어야 할 과제는 국내외 환경을 진단하는 것이다. 정보는 국내의 다양한 요인들은 물론 국제정세의 흐름을 파악하여 정책결정자로 하여금 정책환경을 바르게 진단하도록 다음과 같은 중요한 역할을 담당한다. 첫째, 정보는 국익증대를 위한 국내외의 다양한 여건을 진단한다. 오늘날 국가는 국익증대를 위해 국내외의 정치 · 경제 · 군사 · 과학기술 · 사회 등 광범위한 분야의 정보가 필요하다. 정보는 제반정책분야에 대한 진단을 통해 정책결정자로 하여금 현재의 상황을 인식하게 한다. 둘째, 정보는 자국에 대한 잠재적국의 위협을 평가하여 안보유지에 필요한 정책을 수립하는 데 기여한다. 잠재적국의 군사적 위협에 대한 정확한 진단은 대응정책을 수립하는데 필요한 판단자료가 된다는 측면에서 중요한 기능이라고 할 수 있다. 셋째, 정보는 자국의 국익 및 안보적 취약성을 진단하는데 기여한다. 국익적 취약성에 대한 진단이란 산업기술 · 외환 · 금융 · 통상 · 과학기술 등 국가의 전략적 분야에서 타국과의 경쟁에서 낙후되고 있는 원인과 배경에 대한 진단을 하는 데 정보가 중요한 역할을 한다는 것을 의미한다. 또한 정보는 외교 · 군사적 측면에서 자국의 안보적 취약 요소를 진단하는 데에도 기여한다. 그리고 방첩분야에서도 타국정보기관의 정보활동으로부터 취약한 부분을 진단하는 데도 정보는 중요한 역할을 한다.

(2) 정책의 수립 및 조정

첫째, 정보는 정책을 수립하고 조정하는 데 유용한 지식을 제공한다. 정보는 관련 대상국가에 대한 다양한 국익확대 요소와 안보위협 요소 등에 대한 지식을 생산하고 제공함으로써 자국의 외교안보정책 수립에 기여한다. 정책수립을 검토하는 과정에서 중요한 것은 정책의 성공여부와 정책 추진시 제기되는 문제점 등을 검토하는 것이다. 정책의 수립 및 조정은 정확한 정책환경에 대한 진단을 바탕으로 이루어지며, 정보는 정책환경의 변화로 국익증대 여건과 안보 연건이 변화되면서 발생한 현 정책의 문제점을 파악하도록 해준다. 정보는 변화된 정책환경에 대응하기 위한 새로운 정책수립과 시행되고 있는 정책의 조정방향에 대한 필요한 판단을 제공하기도 한다.

둘째, 정보는 정책수립과 조정과정에서 정책 추진에 필요한 제약 요인을 검토하는 데 요구되는 판단을 제공한다. 대외정책은 외교적, 군사적, 경제적, 심리적, 문화적 수단 등 다양한 수단의 동원을 통해 이루어진다. 이때 정보는 이러한 수단을 활용하는

데 따르는 제약요인을 평가하는 데 필요한 판단을 제공한다. 제약요인에 대한 검토는 예산, 인력, 조직 등 내부적인 자체능력에 대한 검토를 통해 이루어지며, 추진하려는 정책에 대한 국제여론, 국민여론 등에 대해서도 검토가 필요한데 정보는 이러한 검토에 필요한 자료를 제공한다.

(3) 정책선택

첫째, 정보는 정책담당자들에게 유용한 정책대안의 범위를 밝혀 주고 판단을 내릴 수 있도록 해 준다. 정책의 수단이 다양한 만큼 정책대안은 매우 다양할 수 있는데 정책선택의 범위가 클수록 당연히 정책을 선택하는 데는 많은 어려움이 따른다. 정보는 국익과 안보를 위해 가장 효용성이 큰 다양한 정책 대안들을 검토하여 정책을 선택하는 데 필요한 판단을 제공하기도 하고 각 대안들의 장단점, 향후 파급영향 및 결과를 분석하여 비교 검토하는 데 필요한 판단을 제공한다. 정책의 선택에 있어서 정보의 역할이 중요한 까닭에 대부분의 국가들이 수준높은 정보를 얻기 위해 노력하는 것은 당연하다. 그러나 훌륭한 정보가 반드시 훌륭한 정책선택의 결과로 나타나는 것을 의미하는 것은 아니며, 이는 종종 중요한 정보가 정책결정자의 의지나 판단에 의해 활용되지 않는 경우가 있기 때문이다.

둘째, 정보는 국력을 효과적으로 사용하는데 기여한다. 국가가 정책을 결정한다는 것은 결국 모든 분야에 있어서 국가가 갖고 있는 능력을 가장 효과적으로 사용하여 국가의 발전을 도모하는 것을 말하는데, 정보는 이와 같이 국력을 효율적, 경제적, 집중적으로 사용하는 데 필요한 판단을 제공하는 역할을 한다. 정보는 국력을 사용해야 할 상황을 정확하게 분석함으로써 가장 적절한 시기에 국력의 사용이 수행되도록 한다. 모든 조건이 동일한 상태에 있을 때 불확실하고 불충분한 정보는 국력의 낭비와 소모를 초래하여 국력의 분산 요인으로 작용될 수 있기 때문이다.

셋째, 정보는 현재의 정책환경을 바탕으로 미래에 전개될 새로운 상황을 예측하는 데 필요한 판단을 제공한다. 미래의 정책환경은 불확실하고 가변적인데, 정책의 선택은 이런 상황을 예측하면서 이루어지는 것으로, 미래의 변화상황에 대한 정확한 예측은 쉽지 않은 것이 사실이다. 그러나 국익추구라는 목표와 불확실한 안보적 상황이라는 관점에 최선의 정책을 선택하기 위해서는 정확한 미래상황 예측이 필수적이다.

이는 상황변화에 따라 정책적 대응방안과 전략수립의 목표가 달라질 수 있기 때문이다. 정보는 향후 전개될 수 있는 가능한 시나리오를 분석하고 개연성이 가장 큰 순서대로 분류한 후 전개상황에 대한 분석을 통해 미래예측에 대한 판단을 제공함으로써 합리적 정책의 선택이 이루어지는 데 기여한다.

(4) 정책집행 및 평가

첫째, 정보는 정책의 집행시기를 판단하는 데 기여한다. 정책을 집행하는 데에는 적절한 시기에 대한 판단이 요구되는데 아무리 훌륭한 정책이라 할지라도 집행시기에 따라 그 결과가 달라지기 때문이다. 정책의 집행이 정확한 시기에 이루어지지 않고 지연됨으로써 정책의 효과가 반감될 수도 있으며, 경우에 따라서는 실패를 초래할 수도 있다. 특히 급박한 상황하에서 정책집행 시기를 잘못 판단하는 경우 엄청난 국익과 안보적 손실이 초래되기도 한다. 시의적절한 정보는 올바른 정책집행의 가장 정확한 시기를 결정하는 데 중요한 역할을 한다.

둘째, 정보는 정책 평가에 대한 판단을 제공한다. 정보는 현재 진행되고 있는 정책의 문제점, 효과, 그리고 반응 등을 판단하는데 기여한다. 이 세상의 어느 국가나 정부도 완벽한 정책을 수립할 수는 없다. 어떤 정책이든 장점과 단점이 있기 마련이며, 그 효과 또한 긍정적 혹은 부정적 측면을 포함하고 있다. 정보는 현재 시행되고 있는 정책이 국익과 안보에 어느 정도 기여를 하고 있는가를 평가하는 데 기여한다는 측면에서 중요하다고 하겠다.[11)]

3. 협상체결 및 국제조약 검증

협상은 국가 간에 매우 중요한 외교적 수단이며 협상력의 정도는 바로 정확한 상대국에 대한 정보가 좌우한다. 국가 간의 군축협상, 무역협상, 국제회의 등에서 이익이 상충할 때 정보는 상대국의 양보여지, 입장수정 및 수용정도 등에 대해 알려 줄 수 있다. 협상대상국에 대한 충분한 정보는 협상을 유리하게 이끌어 국익에 도움을 줄 수 있다. 국제안전도모를 위해 행해지는 분쟁국에 대한 개입과 중재 등에 있어 정보가 중

11) 김윤덕(2001), pp.35-46.

요한 역할을 한다. 미국의 개입과 중재능력은 강력한 정보력에 바탕을 두고 있다. 미국은 분쟁중인 이집트와 이스라엘 양측에 U-2기의 영상정보를 제공함으로써 1979년 이집트와 이스라엘 간에 평화조약을 체결하는 데 기여한 바 있다.[12)]

또한 국가정보는 국제조약에 있어서 준수의무가 부과된 관련 상대국의 조약 이행을 감시하고 평가하는 데 기여한다. 미국은 군축협정에 대한 구소련의 준수 여부, 핵무기확산금지조약에 대한 세계각국의 준수 여부, 반도체협약에 대한 일본의 준수 여부 등을 검증하기 위해 정보를 사용하였다.[13)] 강제 집행력이 결여된 국제조약의 경우에는 사실 국제기구나 국제NGO에 의한 한정적인 모니터링 활동 이외에 마땅한 통제와 감시 수단이 없다. 그러나 각국의 정보기구는 상대방의 조약이행을 감시하고 평가하는 임무를 수행하고 이를 통해 체결된 국제조약이 차질없이 이행될 수 있도록 해줄 수 있다. 1960년 말 동서간의 핵무기 감축 협정시 구소련에 의해 현장검증이 받아들여지지 않아 원거리에서의 검증을 위한 정보능력이 당시 가장 중요한 문제였다. 결국 미국의 구소련 군사력에 대한 정보수집능력에 대한 확신으로 1960년대 말과 1970년대 초 전략무기감축협상을 시작하게 되었다. 정보수집능력은 감축의 기준을 제시하였으며, 군감축의 형태를 결정하였다.[14)]

제3절 국가정보의 분류

국가정보는 여러 가지 기준에 따라서 다양한 방식으로 분류될 수 있다. 그런데 이러한 분류 방식이나 기준들은 학자에 따라 다양하며 때로 상반된 입장을 보이기도 한다. 다양한 각도에서의 정보의 분류는 국가정보에 대한 체계적 이해를 위해 필요하다. 국가정보는 통상 다음과 같이 사용목적, 대상지역, 요소, 사용주체, 시계열적 특성, 수집방법 등을 기준으로 분류되고 있다.

12) Michael Herman, *Intelligence Power in Peace and War*, (Cambridge: Cambridge University Press, 1996), pp.156–157.

13) 위의 책, pp.158–162.

14) 김윤덕(2001), p.44.

1. 사용목적에 따른 분류

국가정보는 그 사용목적에 따라 정책정보(policy intelligence)와 보안정보(security intelligence)로 구분된다. 정책정보는 국가이익의 증대와 국가안전보장을 위한 정책의 수립과 집행을 지원하는 정보를 말한다. 국가의 외교, 국방, 경제, 과학, 환경, 보건복지 등 국정 전반에 걸쳐 정책결정과 집행에 지원되는 정보로서 정책정보의 생산은 국가정보기관의 중요한 기능이라 할 수 있다.

보안정보는 방첩정보라고도 하는데, 국가의 안전보장에 위해가 되는 간첩, 기타 반국가활동세력과 그 추종세력의 행위에 대한 정보로서 국가경찰기능을 위한 정보이다. 보안정보는 자국에 관계되거나 영향을 미칠 국내외의 안보사항을 총망라하는 것이라 할 수 있다. 외국정보기관의 조종을 받는 세력이나 그 추종세력들의 아국 상대 첩보수집, 전복, 테러, 태업 등 반국가행위를 방지하기 위한 정보를 말한다. 다시 말하면, 외국정보요원을 찾아내기 위한 조사 및 감시, 그리고 상대방 정보기관에 관한 정보를 의미한다. 통상 방첩활동은 국내에서 이루어지는 것으로서 국내정보기구의 중요한 업무가 된다. 정보 실무에서 사용하는 외사정보나 대공정보 등도 보안정보에 속하는 것이다.

2. 대상지역에 따른 분류

국가정보는 대상지역에 따라서 국내정보(domestic intelligence)와 국외정보(foreign intelligence)로 구분된다. 국내정보와 국외정보의 구분은 정보활동이 이루어지는 물리적 공간에 따라 구분되는 것이 아니고 정보목표의 대상지역에 따라 구분되며 행위의 주체가 내국인인지 외국인인지가 중요한다. 국내정보는 국외정보에 대칭되는 개념으로 자국내의 사항을 대상으로 하는 정보이며, 국내보안정보와 국내정책정보로 구분된다. 국내보안정보는 국내에 침투한 간첩이나 반국가 세력의 안보위협으로부터 국가의 안전을 유지하는 데 필요한 정보를 의미하며, 국내정책정보는 국내 경제, 사회, 과학기술 등 국가내부의 정책결정에 필요한 정보를 의미한다. 국가정보원법 제3조에서는 국가정보원이 수행하는 정보활동 중 국내보안정보활동으로 대공, 대정부전복, 방첩, 대테러, 국제범죄조직을 예시하고 있다.

국외정보는 해외정보라고도 하는데, 외국의 사항을 대상으로 하는 정보이다. 국외정보도 국내정보와 마찬가지로 국외보안정보와 국외정책정보로 분류한다. 국외보안정보는 자국의 안전에 위협을 야기하는 대상국가의 간첩, 테러, 선동 활동에 관한 정보뿐만 아니라 상대국 정보기관의 조직, 활동방법, 활동목표 등을 탐지하는 것도 포함된다. 국외정책정보는 타국의 정치, 경제, 사회, 군사, 과학 등에 관한 정보를 의미한다. 즉, 외국이 자국의 국익과 안전보장에 대한 행위 또는 정책의 방향을 어떻게 계획하고 있는가를 알아내기 위한 정보를 말한다. 북한지역은 헌법상 대한민국의 합법적 영토이지만 현실적으로는 우리의 통치권이 미치지 못하며, 북한이 우리와 함께 UN에도 가입하여 국제사회에서 주권국가로 인정받고 있기 때문에 북한정보는 국외정보로 분류되고 있다. 그러나 우리나라에서 북한에 관한 정보의 비중이 크므로 국내 정보기관에서는 북한정보를 일반 국외정보와 별도로 구분하여 취급하고 있다.

그런데 국내와 국외 중 어떤 대상에 중점을 두어 정보활동을 수행하는 것이 바람직한 것인가를 두고 학자들간에 다소 상반된 논의가 있다. 켄트(Sherman Kent), 허만(Michael Herman), 리첼슨(Jefrey Richelson) 등 대부분의 학자들은 국가정보의 활동범위를 국내보다는 해외에 중점을 두어야 한다고 강조한다.[15] 그러나 슐스키는 오늘날 국내정치와 국외부문과의 연계로 인해 외교와 국내정치를 구분하기 어려워져 국외정보만을 국가정보로 한정하기 곤란하다고 주장한다.[16] 특히 테러, 국제범죄조직, 마약문제 등 초국가적 안보위협은 국내와 국외가 밀접히 연계되어 전개되고 있기 때문에 국내보안정보 역시 국가정보의 중요한 요소로 간주된다.[17]

3. 요소에 따른 분류

국가정보는 요소별 기준에 따라 대체로 정치정보(political intelligence), 경제정보(economic intelligence), 군사정보(military intelligence), 과학기술정보(scientific and technological intelligence), 사회정보(social intelligence) 등 다섯 가지로 분류된다.[18] 그런데 탈냉전 이후 환경 · 생태문제와 사이버 문제가 부각되면서 환경정보(environmental

15) Kent(1965), pp.3–4.; Herman(1996), p.34.; Richelson(1989), p.1.

16) Shulsky(1991), pp.171–173.

17) 국가정보포럼(2007), p.15.

18) Richelson(1999), pp.5–6.

intelligence), 사이버정보(cyber intelligence)도 새로운 정보요소로 추가되는 경향이 있다.

정치정보(political intelligence)는 한 국가의 정치적인 요소에 관한 정보로서 정치적인 능력, 취약점 및 가능한 행동방책 또는 의도에 관한 판단을 포함하는 정보이다. 정치정보에는 정치권력 구조, 국민들의 정치적 태도, 정치 지도자들의 성향, 정당, 선거, 쿠데타, 분쟁 등 국내정치 동향은 물론 외교정책, 주요국과의 관계, 외교 형태 등 대외정책 등이 포함된다.

경제정보(economic intelligence)는 한 국가의 경제적인 요소에 관한 정보로서 현재의 경제수준과 잠재성장력 등 국가의 경쟁력을 대상으로 하는 정보이다. 탈냉전과 더불어 경제문제가 중요한 안보 이슈로 부각되고 있기 때문에 경제정보는 국익에 매우 중요한 영향을 미친다. 경제정보는 국내외 경제정책, 전략자원의 수급 실태, 국제경쟁력 확보 등에 관한 정보이며 국내 중요 산업기밀을 보호하기 위한 산업보안활동도 넓은 의미로 여기에 포함된다.

군사정보(military intelligence)는 한 국가의 군사적인 요소에 관한 정보로서 군사적인 능력, 취약점, 가능한 행동방책 또는 그 의도에 관한 정보이다. 군사정보는 대상국의 군사력과 관련된 총체적 지식을 말하는 것으로 상대국의 물리적 군사력, 군사전략, 군사정책, 군 지휘권, 방위산업과 군비관리, 국방비, 군사제도 등이 포함된다.

과학기술정보(scientific and technological intelligence)는 한 국가의 과학기술의 요소에 관한 정보로서 주로 대상국의 군사력에 영향을 줄 수 있는 요소에 중점을 두고 있다. 과학기술정보는 군사 분야의 첨단무기체계의 개발 동향에 관한 정보뿐만 아니라 컴퓨터공학, 생명공학, 과학, 레이저, 원자력, 우주항공 등 민간분야의 과학기술 발전에 관한 정보수집 및 분석 활동도 포함한다. 핵무기 개발은 어느 국가이든 자국의 안보와 밀접한 관계가 있기 때문에 미국을 비롯한 선진국 정보기관들의 과학기술정보 관련 수집우선순위는 핵무기관련 정보이다. 과학기술정보의 주요 내용으로는 대상국의 과학기술정책, 과학 전문인력, 과학기술 협력관계, 과학기술 수준 및 과학기술 능력 등이 포함된다.

사회정보(social intelligence)는 한 국가의 사회적 요소에 관한 정보로서 대상국 내부의 사회 구조, 문화제도, 사회변동, 사회집단들의 성격과 활동 등에 관한 내용을 포함한다. 사회정보의 주요 내용으로는 사회구성원, 문화, 사회적 속성, 사회집단, 사회계층, 사회운동, 사회복지 등이 포함되며, 한 국가의 정치 및 군사정보와 밀접한 관계를 가지고 있다.

한편 정보화 시대에 들어서서 사이버정보(cyber intelligence)도 새로운 정보요소로 주목받고 있다. 사이버정보란 인터넷 상의 가상공간에서 일어나는 제반 요소에 관한 정보를 말하는데, 컴퓨터와 네트워크에 관련된 비밀첩보를 수집하고 이에 대한 보안 대책을 강구하는 것을 내용으로 한다. 현대사회에서는 인터넷없이 생활을 할 수 없기 때문에 인터넷 문제는 국가안보와 직결되고 있으며 사이버정보는 국가정보기관의 주요한 업무대상이 되고 있다.

또한 최근 기후변화 등 환경문제가 인류의 생존을 위협하는 국가안보와 직결되는 문제로 대두됨에 따라 환경정보(environmental intelligence)가 국가정보기관의 주요 임무 중 하나로 부상하게 되었다. 국가안보의 범위가 환경, 인구, 자원, 식량 등으로 확대됨에 따라 이 분야에 관한 첩보수집 및 정보분석활동이 보다 활발하게 수행되고 있다.

그리고 테러, 마약, 조직범죄 등은 행위자가 국가가 아닌 집단이라는 점에서 전통적인 안보와 구별되는 초국가적인 안보이슈로서 오늘날 정보활동의 새로운 요소로 부각되고 있다. 특히 미국의 경우 9 · 11테러 이후 국제테러리즘을 국가정보목표의 최우선 순위로 선정하고 있으며, 이를 위해 예산과 인원을 대폭 증강시켜 대응활동을 강화하고 있다.

사실 국가정보는 정치, 경제, 군사 등 요소별로 엄격히 분류되지 않는다. 수집활동과 관련하여 한 가지 수집수단으로 여러 가지 정보요소들을 동시에 수집할 수도 있다. 예를 들어, 위성정보는 군사, 경제, 정치 등 여러 가지 정보요소들을 동시에 수집하는 임무를 수행하게 되는바, 이 경우 요소별 분류가 무의미하다.[19] 냉전이 종식된 이후 정보요소의 비중이 기존의 군사정보 중심에서 경제정보의 중요성이 증가하고 최근에는 환경정보 · 자원정보 등의 중요성도 증대되고 있다. 비록 군사정보의 비중이 점차 줄어들기는 하였지만 아직도 군사정보는 요소별 정보 중 큰 비중을 차지하고 있다.

4. 사용주체에 따른 분류

국가정보는 사용자의 수준에 따라서 국가정보(national intelligence)와 부문정보(departmental intelligence)로 분류될 수 있으며, 그러한 정보를 생산하는 조직을

19) 국가정보포럼(2007), p.16.

각각 국가정보기관(national intelligence organization)과 부문정보기관(departmental intelligence organization)이라 한다. 국가정보란 국가정보기관에서 생산하는 정보로서 국가적 목적을 위해 생산되는 정보를 말한다. 일반적으로 외교, 국방, 경제 등 국가정책의 수립과 집행에 필요하거나 국내외로부터 국가의 안보와 이익을 수호하는 데 요구되는 정보이다. 또한 국가정보는 국가의 최고정책결정권자의 필요나 요구에 따라 제공되는 정보로서 어느 특정부처의 권한이나 필요를 넘어선 높은 수준의 종합적 정보라고 할 수 있다. 국가정보기관은 대부분 국가정보의 생산을 원칙으로 하고 있으나, 개별 행정부처에 소속된 부문정보기관도 국가정보를 생산하는 경우가 있다.

부문정보는 단위 행정부처에 소속된 개별적인 부문정보기관들이 소속부서의 업무수행을 위해 생산하는 정보로서 통일, 외교, 국방, 경제, 환경 등 어느 특정부처의 필요와 요구에 따라서 생산되는 정보를 의미한다. 그러나 미국의 경우는 국가안보국(NSA), 국가정찰국(NRO), 국가지리공간정보국(NGA) 등 개별 행정부처인 국방부에 소속되어 있으면서도 원칙적으로 국가정보를 생산하는 것이 주된 책임인 정보기관도 있다. 따라서 국가정보기관과 부문정보기관을 구분하는 것은 정보기관의 소속이 문제가 아니라 그 기관의 기능이 국가정보의 임무를 수행하느냐 단위 행정부처의 업무수행을 위한 정보를 생산하느냐가 기준이 된다고 할 수 있다. 대표적인 국가정보기구로는 미국의 국가정보장(DNI), 한국의 국가정보원 등이며, 미국의 국방정보국(DIA)을 비롯한 군 정보기구와 한국의 국군기무사령부(기무사), 국군정보사령부(정보사) 등 군 정보기구와 경찰청 정보국 · 보안국 등이 부문정보기구에 해당된다.

5. 시계열적 특성에 따른 분류

국가정보는 분석대상의 시계열적 특성에 따라 기본정보, 현용정보, 판단정보로 구분될 수 있다. 켄트는 과거, 현재, 그리고 미래의 시간적 요소를 중심으로 정보분석의 최종 결과물로서 정보분석 보고서의 형태를 '기본정보형'(basic-descriptive form), '현용정보형'(current-reportorial form), '판단정보형'(speculative-evaluative form) 등 세 가지 유형으로 분류하였다.[20]

기본정보(basic-decriptive intelligence)는 정보대상에 대한 틀을 형성하는 구조적이

20) Kent(1965), p.8.

며 기초적인 내용에 대한 정보로서 정적인 상태를 정리해 놓은 정보이다. 기본정보는 각국의 지역특성, 정치제도, 군사력이나 경제력과 같이 비교적 변화가 적은 고정적인 상황에 관한 내용을 포함한다. 따라서 기본정보는 과거의 사실이고 백과사전과 같은 상세한 지식을 정리해 놓은 정보이며 대부분 공개출처에서 입수가능한 정태적 사실이다. 대표적인 기본정보로서 CIA에서 정기적으로 발행하는 『세계각국총람』(*Country Factbook*)을 들 수 있겠다.[21)]

현용정보(current-reportorial intelligence)는 기본정보를 바탕으로 하여 동태적으로 변화한 사실과 그 변화된 사실이 가지는 현재적인 의미를 분석한 정보를 말한다. 현용정보는 최근에 무슨 일이 일어났고 현재 어떤 일이 진행되고 있는가에 관한 내용을 포함하는 것으로서 대부분의 정보분석보고서가 여기에 속한다. 그러므로 정확하고 구체적인 기본정보 없이 현용정보를 생산하는 것은 불가능하다.

판단정보(speculative-evaluative intelligence)는 정보대상에 대한 과거와 현재의 상황과 그 정보를 포함한 제반 판단자료를 면밀히 분석하여 미래의 전개 상황에 대한 추세를 판단하거나 예측하는 정보를 말한다. 판단정보는 대체로 사용자에게 제공된 첩보자료의 의미를 평가해 주고, 장래 발생할 일에 대한 판단을 제시하는 내용들을 포함하고 있다. 미국의 경우 대표적인 판단정보로는 국가정보회의(National Intelligence Council)가 5년마다 생산하는 국가정보평가서(NIE: National Intelligence Estimates)가 있다.

6. 수집방법에 의한 분류

국가정보는 첩보수집 방법에 따라 인간정보(HUMINT: Human Intelligence), 기술정보(TECHINT: Technical Intelligence), 공개출처정보(OSINT: Open Source Intelligence)로 구분할 수 있다. 인간정보는 공작원, 협조자, 망명자, 여행자 등 인간출처로부터 획득된 정보를 말한다. 과학기술이 발달하면서 기술정보의 비율이 대폭 증대되었지만 아직도 인간정보는 필요하며 그 중요성 또한 인정되고 있다.

기술정보는 항공기, 인공위성, 도청장치, 레이더, 레이저 등 과학기술 장비를 동원하여 수집한 정보를 말한다. 기술정보에는 지리공간정보(GEOINT), 신호정보(SIGINT),

21) 국가정보포럼(2007), p.17.

징후계측정보(MASINT) 등이 포함된다.

공개출처정보는 신문, 방송, 인터넷, 학술지, 국제회의내용 등 공개된 출처로부터 수집한 정보를 말한다. 공개출처정보는 합법적으로 이루어지는 것이므로 어디서나 쉽게 얻을 수 있고 그 수집방법도 매우 쉬운 것이 장점이다.

>> 참고문헌

National Intelligence Studies

국가정보포럼. 『국가정보학』. 서울: 박영사, 2007.

김윤덕. 『국가정보학』. 서울: 박영사, 2001.

Berkowitz, Bruce D. and Goodman, Allan E. *Strategic Intelligence for American National Security*. Princeton: Princeton University Press, 1989.

Herman, Michael. *Intelligence Power in Peace and War*. Cambridge: Cambridge University Press, 1996.

Herman, Michael E. "*British and US Concepts of Intelligence: Barriers or Aids to Cooperation?*" BISA/ISA conference. London. March 1989.

Holt, Pat M. *Secret Intelligence and Public Policy: A Dilemma of Democracy*. Washington D.C.: Congressional Quarterly Inc., 1995.

Kent, Sherman. *Strategic Intelligence for American World Policy*. Princeton, NJ: Princeton University Press, 1949. 1965 재판.

Lowenthal, Mark. *Intelligence: From Secret to Policy*. Washington, D.C.: Congressional Quarterly Press, 2000.

Richelson, Jeffrey T. *The U.S. Intelligence Community*. Cambridge, MA: Ballinger, 1989.

Shulsky, Abram N. and Schmitt, Gary J. Schmitt. *Silent Warfare: Understanding the World of Intelligence*. 3rd ed. Washington, DC: Potomac Books. Inc., 2002.

Shulsky, Abram and Sims, Jennifer. "*What is Intelligence?*" A Paper presented on the Working Group on Intelligence Reform, Consortium for the Study of Intelligence. 1994.

F. W. Winterbotham. *The Ultra Secrets*. London: Weidenfeld and Nicolson, 1974.

|제3장| 국가정보 활동의 역사

제1절 고대 및 중세의 정보활동

인간의 가장 오래된 활동 중의 하나로 꼽히는 정보활동은 그 이름에 걸맞게 고대 및 중세에도 이미 활발히 전개되었다. 오늘날 정보활동의 모체가 되는 다양한 정보활동들이 이 시기에 활발히 나타나기 시작했다. 문헌상에 나타난 정보활동의 대표적인 사례와 정보활동의 특징들을 살펴 보면 다음과 같다.

우선 BC 1299년 이집트와 히타이트 사이에 벌어진 카데시(Kadesh)전투에 나타난 정보활동의 사례를 살펴보자. 카데시전투[1]에서는 스파이를 활용하여 거짓 정보를 흘림으로써 전쟁에서 우위를 점하려 했던 사례가 나타난다. 히타이트의 무와탈리스왕은 이집트의 람세스 2세를 매복 기습작전으로 공격하기 위해 스파이를 통해 그에게 히타이트군이 카데시로부터 상당히 먼 거리에 있다는 거짓정보를 흘렸다. 이에 속은 람세스 2세의 군대는 카데시 근처에서 휴식을 가질 계획이었다. 그런데 이집트군 장교가 스파이들을 심문해 히타이트군이 카데시 성곽 뒤쪽에 기습을 위해 대기 상태라는 사실을 알아냈고, 람세스 2세는 즉각 카데시를 향해 진격했다. 그러나 람세스 2세는 히타이트군에게 상당한 손실을 입었으며 히타이트군 배후를 공격한 이집트 예비 병력에 의해 간신히 구조되어 돌아왔다.

성서의 기록에도 정보활동을 나타내는 귀절을 찾아볼 수 있다. 구약성서에 나타난 정보활동은 정보수집 초기 단계의 모습을 보여준다. 구약성서에 기록된 여러 정보활동 중 가장 대표적인 것이 구약성경 민수기에 나온 모세의 정찰병 사례이다. 모세는 이집트로부터 유대인을 탈출시켜 '약속의 땅' 가나안에 정착시키기 위해 12지파의 부족장 아들을 한 명씩 선발하여 40일간 정찰을 보냈다. 이때 정찰대장격인 호세아를 여호수

1) http://preview.britannica.co.kr/(검색일: 2012.8.14).

아로 개명시키고 어떤 정보를 수집해 돌아와야 하는지에 대한 임무를 부여하였다.[2] 모세는 가나안 지역에 대한 정확한 평가와 어떻게 하면 최소한의 희생으로 가나안을 점령할 수 있는지에 대한 전략이 필요했기 때문이다.

또한 구약성경 여호수아서에는 정보협조자에 대한 처우에 대해 자세히 기술하고 있다. 여호수아가 보낸 2명의 스파이가 여리고성에서 체포될 위기에 처했을 때 라합이라는 창녀의 도움으로 위기를 모면했다. 두 명의 스파이는 라합에게 자신의 군대가 여리고성을 공격하더라도 정보협조 대가로 라합의 집에 있는 사람들의 생명과 안전을 보장하겠다고 약속하고 돌아왔다. 이를 보고 받은 여호수아는 여리고성을 공격해 함락시키는 과정에서 다른 모든 여리고 사람들은 몰살했으나 라합의 집에 있던 사람들은 살려주었다.

고대 동양에도 정보활동은 중요한 활동으로 간주되었으며, 특히 병법의 발전과 더불어 정보활동은 군사활동을 뒷받침하는 중요한 영역의 하나로 자리를 잡았다. 고대 동양의 병법서[3]에 정보활동과 관련된 내용들이 다수 있으나 그 중 손자의 병법이 가장 유명하다. 손자는 손자병법 용간편에서 스파이 활용의 중요성을 기술했다. 손자는 전쟁을 경제적인 관점에서 해석하고 정보수집 비용을 아끼지 말라고 했다. 그리고 적에 대한 결정적 정보는 오직 그 정보을 가지고 있는 자에게서만 얻을 수 있다고 강조했다. 스파이를 활용에 따라 향간(鄕間), 내간(內間), 반간(反間), 사간(死間), 생간(生間)으로 분류하고 각각의 활용방법을 설명했다. 그러나 사람을 알아보는 총명한 지혜가 없으면 스파이를 이용하지 못하고, 인자함과 정의감이 없으면 스파이를 부리지 못하며, 능력이 없으면 정보의 진실을 파악하는 데 실패하기 때문에 스파이 활용을 성공하기 위한 리더의 자질이 더 중요하다고 지적했다.

그리스와 페르시아의 전쟁에서도 정보활동이 전쟁의 승패를 좌우하는 결정적 역할을 하였음을 알 수 있다. 이 전쟁에서 조기경보시스템과 기만공작의 중요성을 발견하게 된다. BC 480년 세계 역사의 흐름을 결정한 전쟁에서 그리스가 승리를 할 수 있

---

2) 민수기 13장에 의하면 모세는 가나안 땅을 정찰하라고 그들을 보내면서 말하였다. "저기 네겝지방에도 올라가 보고, 산악지방에도 올라가 보아라. 그 땅이 어떤지 살펴보고, 그곳에 사는 백성이 강한지 약한지, 적은지 많은지, 그들이 사는 땅이 좋은지 나쁜지, 그들이 사는 마을들이 천막으로 되어 있는지 요새로 되어 있는지, 그 땅이 기름진지 메마른지, 그곳에 나무가 있는지 없는지 살펴보아라. 용기를 내어라. 그리고 그 땅의 과일을 가져오너라."

3) 『육도』, 『삼략』, 『손자병법』, 『오자병법』, 『사마법』, 『울료자』, 『이위공문대』, 『삼십육계』 등.

었던 것은 결정적 정보활동이 있었기 때문이다. 스파르타는 페르시아의 침공에 대한 사전 경보를 받아 전쟁준비를 할 수 있었다.[4] 이 사전 경보는 스파르타에서 추방된 데마라토스(Demeratus)가 페르시아의 크세르크세스(Xerxes) 1세의 책사로 있으면서 크세르크세스의 그리스 침공의도를 확인하고는 이를 적은 목판을 밀랍으로 코팅하여 스파르타 왕에게 보냈다. 데마라토스가 보낸 밀랍 코팅 목판에 중요한 내용이 있을 것이라 확신한 사람은 레오니다스(Leonidas) 왕의 부인 고르고(Gorgo) 왕비였다. 왕비는 밀랍 코팅을 제거하고 페르시아의 공격계획을 파악했다. 스파르타는 즉각 페르시아 대군의 침공에 대한 방어계획을 수립하고 데르모필레스에서 방어전선을 구축하였다. 레오니다스 왕은 데르모필레스에서 이곳의 약점이 노출되기 전까지 300명이라는 소수의 전사로 페르시아 대군을 막았다.

그러나 에피알테스(Epialtes)의 배신으로 스파르타 전사 300명이 방어하던 데르모필레스 전선이 무너지자 그리스는 상황이 어렵다고 판단, 아테네 시민들을 스파르타로 이주시키고 기적을 기다렸다. 이때 델파이(Dephi) 신전에서 "너와 너의 자식들의 안전은 나무의 벽이 지켜 주리라"는 예언이 나오자 이를 따르기로 한다. 여기서 나무의 벽은 배를 뜻하는 것으로 해석하고 해전을 결정한다. 함선 수에서 열세에 있던 그리스는 전투장소를 살라미스 섬 주변의 좁은 해협으로 정하고, 페르시아 함대를 살라미스의 좁은 수로로 유인하기 위해 첩보전을 펼친다. 그리스를 배신한 것으로 위장한 그리스 스파이는 "그리스는 군부에 친페르시아파와 반페르시아파가 있는데 페르시아와 해전이 시작되면 두 파벌 사이에 내전이 발생하거나 야간에 서쪽의 좁은 수로로 도주할 가능성이 높다"는 거짓 정보를 제공했다. 페르시아 지휘부는 이 정보를 믿었다. 페르시아 지휘부가 그리스의 첩보전에 쉽게 넘어간 것은 에피알테스의 배신으로 자신들이 어렵게 진행하던 데르모필레스 전투를 쉽게 이길 수 있었기 때문에 그리스 배신자가 제공한 조작 정보에 대해 신뢰했던 것이다. 이윽고 페르시아 해군은 살라미스 섬 주변의 좁은 수로로 진입했고 이 틈을 이용한 그리스의 해군의 반격이 시작됐다. 당황한 페르시아 함대는 서로 충돌하는 등 제대로 힘도 써보지 못하고 대패하고 철수했다. 이 전쟁으로 말미암아 페르시아는 쇠퇴의 길을 걷게 되었고, 그리스는 서양문화의 기초를 형성하여 헬레니즘문화를 꽃피우게 되었다.

---

4) Terry Crowdy, *The Enemy Within: A History of Spies, Spymasters, and Espionage*, (NY: Osprey, 2006), pp.22–26.

헬레니즘 시기에도 정보활동은 중요한 것이었다. 헬레니즘시기 대표적 정보활동으로는 알렉산더 대왕의 우편검열을 들 수 있다. BC 334년 할리카르소스(Halicarnassus) 포위작전이 장기화되면서 군의 사기가 떨어질 기미가 보이자, 알렉산더는 군사들의 충성도를 살펴보고자 우편검열을 실시했다.[5] 당시 전쟁중 집에 서신을 보내는 것은 대단한 특전이었는데 알렉산더 대왕은 이 점을 활용, 군인 모두에게 집에 편지를 보낼 수 있는 특혜를 주었다. 대왕의 의도에 대해 아무것도 모르는 군인들은 자신들의 상황을 솔직히 적었다. 대왕은 부하를 시켜 편지의 내용을 세심히 확인한 후 장기간 원정에서 문제를 일으킬 가능성이 높다고 판단되는 군인들은 모두 마케도니아로 돌려보냈다. 이런 방식으로 원정에 대한 강한 신념과 알렉산더 대왕에 대한 충성도가 높은 군인들만이 원정군에 남게 되었기 때문에 장기간의 원정을 성공적으로 수행할 수 있었다.

로마시대에는 다양한 정보활동이 이루어졌다. 대표적인 정보활동으로 점령지 관리를 위한 원거리 정찰, 기만공작, 비밀경찰의 활용 등을 들 수 있다. 알렉산더 이후, 유럽을 재패했던 로마의 주요 정보활동으로는 BC 299년 로마군의 네쿠니엄(Nequinium) 포위작전에서 비밀 지하터널을 활용한 정찰활동을 하고 이 터널로 소규모 병력을 침투시켜 성문을 장악한 뒤 대규모 병력이 성안으로 진입, 성을 함락시켰다.[6] 로마군은 포위작전을 빨리 끝내기 위해 성곽 근처에 집을 가진 사람을 포섭하여 내부까지 은밀히 지하터널을 뚫었다. 집주인은 로마군이 성곽 내부를 정찰할 때 안내원으로 협조하기도 했다. 그러나 로마 정찰병은 안내를 맡은 집주인을 완전히 신뢰할 수 없었기 때문에 정찰병이 무사히 돌아올 때까지 다른 가족을 인질로 삼았다. 정찰병은 성 내부를 충분히 정찰하고 돌아왔고 그 날 밤 300명의 로마군은 지하터널을 이용해 성문 하나를 접수해 성문을 열었다. 열린 성문으로 나머지 로마군이 진격하여 성을 함락시켰다.

로마의 본토까지 침략했던 카르타고의 한니발(Hannibal) 장군은 BC 203년 그의 마지막 전투인 자마(Zama)전투에서 로마군의 주둔지 위치와 배치 상황을 파악하기 위해 두 명의 스파이를 보냈지만 이들은 로마군에게 잡혀 스키피오(Scipio) 장군에게 끌려갔다.[7] 스키피오 장군은 군단 사령관에게 한니발이 보낸 두 스파이에게 진영을 자

5) 위의 책, p.26.
6) 위의 책, p.34.
7) 위의 책, p.36.

세히 보여주고 만족할 때까지 설명해 주게 했다. 이들이 질문하면 의심이 풀릴 때까지 필요한 모든 정보를 제공했다. 그리고 이들을 다시 한니발 장군에게 돌려보냈다. 되돌아간 스파이들은 자신들이 수집한 정보를 상세히 한니발 장군에게 보고했다. 한니발 장군은 스키피오 장군 진영의 기마군단에 약점이 있다고 판단했고 기마군단을 공격하는 작전을 수립했다. 그런데 한니발 장군은 자마전투에서 스키피오 장군에게 대패하였다. 이유는 한니발 장군은 자신이 습득한 정보에서 로마의 강력한 기마군의 존재를 예상하지 못했는데 이는 스키피오 장군이 스파이들을 돌려보낸 후 이틀에 걸쳐 최대 취약점인 기마군 6천을 신속히 배치함으로써 기동성의 우위를 확보했기 때문이었다. 한니발 장군은 자마전투 패배 후 장기전[8]에 따른 재정 압박으로 카르타고에 귀국했으며, 이후 로마의 카르타고의 압박으로 망명생활을 하다 음독자살로 생을 마감하였다. 얼마후 카르타고는 로마제국에 의해 지구상에서 영원히 사라지게 되었다.

로마가 번성하던 BC 71년 스파르타쿠스(Spartacus) 노예반란을 진압하면서 유명해진 크라수스(Crassus)는 경제정보를 수집하는 경제스파이 네트워크를 운영하며 방대한 부를 축적했다.[9] 크라수스는 자신의 정보 네트워크를 통해 부와 직결될 수 있는 소식을 정했고, 이를 신속히 경제활동과 연결하는 방식으로 로마에서 제일가는 부자가 되었다. 그가 사설 화재진압회사를 운영하면서 부를 축적한 방법 중 하나는 화재가 발생하면 해당 건물의 소유주가 다른 건물을 시가보다 낮은 가격에 넘기겠다고 계약하기 전까지 화재 진화를 미루는 것이었는데, 이를 통해 그는 엄청난 부동산을 확보했다.

삼두정치의 일원이었던 줄리어스 시저(Julius Caesar)는 갈리아 지방의 점령지와 전장관리를 위한 체계적인 군사정보 수집을 위해 여러 종류의 정찰병을 운용하였다. 시저의 정찰병은 육군이 행군을 할 때 최전방을 담당하는 프로쿠르세토레스(procursatores), 장거리 정탐활동을 하는 익스플로레토레스(exploratores), 그리고 엘리트 정찰병 출신으로 현지 언어에 능숙하고 신분을 위장하여 적 깊숙이 침투하여 정보를 수집하는 스페큘레토레스(speculatores)로 분류된다.[10] 스페큘레토레스는 수집한 정

---

8) 2차 포에니 전쟁에서 한니발 장군이 해전이 아닌 육전으로 이베리아반도를 정복하고 알프스를 넘는 9개월의 기간 원정을 한 이유는, 1차 포에니 전쟁에서 2번의 해전, 밀래해전과 에크노무스해전에서 로마의 코르부스 전법에 패배했기 때문이다. 결과적으로 지중해의 지배권을 로마에게 빼앗겼기 때문에, 1~3일이면 바다를 건널 것을 9개월 동안 돌아간 것이다.

9) 위의 책, p.37.

10) 위의 책, pp.37–38.

보를 시저에게 직접 보고했기 때문에 이들은 암호(coded or cipher)로 모든 문서를 작성했다. 시저는 로마의 모든 지역을 스페큘레토레스의 정보보고를 받아 관리했고 한 지역에 적어도 10명을 배치했다. 시저를 이은 아우구스투스(Augustus)는 로마제국 전체를 연결하는 전령 통신망(state-run messenger service)을 구축, 정보 수집과 전파에 획기적인 변화를 주었다.[11] 일반 업무는 육군에서 차출된 연락병(courier)이 맡았으나 특수임무는 정찰병(speculatores)이 담당했다.

로마제국 시기 황제는 대부분 암살의 위협에 노출되어 있었다. 그래서 로마제국 시대 첩보활동은 국경이나 제국 외부보다 내부에 있는 정적에게 집중되었다. 당시 정적의 음모를 사전에 탐지하고 반란세력이나 용의자를 체포하는 방법은 황제의 근위대(Praetorian Guard)를 위장신분으로 정적 집단에 잠입시켜 그들을 감시하다 결정적 순간 색출하는 것이었다. 이런 기능을 특화시켜 11대 황제였던 도미티아누스(Domitian, 통치기간: AD 81-96)는 프루멘타리(frumentarii)라는 비밀경찰(secret police)을 조직하였다. 최초의 비밀경찰은 보직이 없는 장교와 백부장(centurion)[12]을 핵심 요원으로 프루멘타리 조직을 만들었다. 백부장의 수장(princeps peregrinorum)이 프루멘타리를 지휘했고, 비밀활동 내용을 황제에게 직접 보고했다. 프루멘타리는 세금징수, 통신, 곡물 공급과 통제권도 가졌다. 이들은 비밀경찰 임에도 제복을 입고 존재도 공개됐다. 1~2세기 프루멘타리의 주요 임무는 장군, 원로원의 의원과 기독교 반체제인사를 밀착 감시하는 것이었다. 디오클레티안(Diocletian) 황제(AD 284~305)는 프루멘타리의 권력 남용을 문제 삼아 해산시켰다. 대신 인원을 대폭 늘려 로마시민을 중심으로 한 일반요원(agents in rebus) 제도를 신설하기에 이르렀다. 이러한 일반요원 제도도 권력 남용의 문제에서 벗어나지는 못했으나 대안이 없는 가운데 비잔틴제국(Byzantine)에서 7세기 후반까지 존속했다.[13]

이슬람 세계에서도 정보활동은 중요하게 활용되었다. 특히 이슬람 세계에서는 당시 많이 사용되었던 암호를 과학적으로 해독하는 방법들이 발전되었다. 7세기 중반, AD 634년 비잔틴제국 쿨부클아르(Qulbuqlar) 장군은 다마스커스(Damascus) 포위작전에 앞서 무슬림군의 전투력을 평가하기 위해 아랍계 기독교인을 활용했다. 같은 외모

11) 위의 책, p.38.
12) 로마시대 때 100인의 병사를 지휘하는 중간 간부.
13) 위의 책, pp.38–39.

를 가졌기에 무슬림 진영에 침투해도 별 의심을 받지 않으리라 생각한 것이었다. 실제 이들은 무슬림 진영에서 자유롭게 정보를 수집을 하는 데 어려움을 겪지 않았다. 무슬림군에 대해 정찰활동을 무사히 마치고 돌아온 아랍계 기독교인은 무슬림에 대해 "무슬림 전사는 밤에는 수도사 같고 낮에는 전사다. 지도자 아들이 도둑질을 하면 손을 자르고 성범죄를 저지르면 돌로 쳐 죽인다"라고 보고했다.[14)]

그로부터 1세기 후, 최초의 과학적 암호해독(code breaking)이 이루어졌다. 이슬람 아바스왕조(Abbasid Caliphate, AD 750~950) 시대 문화와 과학의 중심지였던 바그다드에서 지혜의 집(House of Wisdom)으로 알려진 도서관에서 그리스 철학을 번역하던 이라크 학자 킨디(Abu Yusuf al-Kindi)에 의해 시작되었다. 그리스의 많은 편지를 번역했는데 번역작업 과정에서 특정 문자가 나타나는 빈도수가 다른 문자의 빈도보다 높다는 사실을 발견했다. 그는 빈도분석법(frequency analysis)을 이용한 암호해독방법을 발견했다. 이는 일반적으로 편지의 문장에서 알파벳 'e'의 빈도수가 가장 높은 점에 착안, 암호화된 편지에서 가장 빈도수가 높은 알파벳을 'e'로 치환하고 그 다음 빈도수의 알파벳을 치환하는 식으로 암호화 된 편지를 평문으로 해독하는 것이었다.[15)]

고대 후반부터 중세에 이르는 기간에는 인간정보 수집이 다양한 형태로 발전하였다. 몽골에서는 상인을 이용하여 정보를 수집하기도 하고, 종교인이나 예술가 등으로 가장하여 정보활동을 벌이기 시작하는 등 다양한 형태의 인간정보수집 활동이 이 시기에 크게 발전하였다. 뿐만 아니라 중세시기에는 상주대사제도가 정착됨에 따라 타국에 상주하는 외교관이 공식채널을 통해 정보를 수집하는 형태의 정보활동이 발달하였다.

1221년 몽골의 수부타이 장군은 유럽 공격에 필요한 정보 수집활동을 위해 베니스 상인을 스파이로 활용했다. 몽골군은 생소한 유럽 지형과 도시구조 그리고 정치·군사정보가 필요했다. 몽골 원정군[16)]은 베니스 상인에게 몽골군이 통제하고 있던 실크로드 독점 무역권과 전시 베니스 상인에 대한 안전을 보장해 준다는 비밀 조약을 맺고, 헝가리, 폴란드, 보헤미아[17)]의 지도와 정보를 얻을 수 있었다.[18)]

14) 위의 책, p.42.
15) 위의 책, p.45.
16) 1221년 2월부터 2년간 수부타이와 제베가 2만의 병력으로 서부지역을 정찰했다.
17) 오늘날의 체코.
18) 위의 책, p.49.

정보수집활동은 베니스 상인의 경우처럼 의심을 받지 않고 자유롭게 여행을 할 수 있을 때 수월하다. 그래서 중세의 스파이는 상인, 종교인, 예술가 등으로 위장했다. 중세 후기에는 외국 궁정에 대한 정보 수집을 위해 점진적으로 외교관을 파견하기 시작했다. 이를 계기로 정보활동에 종사하는 직업 외교관이 자연스럽게 생겼는데 이것이 상주대사(resident ambassador) 제도다.[19] 상주대사는 외교관 신분으로 비교적 여행이 자유롭고 주재국의 고위직 관료와 접촉이 쉽고, 주재국 학자, 상인, 종교인 등 다양한 현지인과의 교류도 비교적 쉽기 때문에 자신만의 정보원 네트워크를 구축할 수 있었다. 상주대사는 수집된 주재국의 최신 뉴스나 정보를 외교 통신 · 연락망을 이용해 신속하고 안전하게 본국에 보낼 수 있었다. 영국의 경우 1505년부터 상주대사를 정보활동에 활용한 것으로 알려졌다. 15~16세기는 해상무역을 통해 국부를 축적하고 무역로를 보호하기 위해 해군력이 중요하던 시대였다. 영국은 프랑스의 해군력 증강을 감시하기 위해 당시 영국령인 칼레항에 토머스 스핀들리(Thomas Spinelly) 대사를 상주시켜 정보수집을 했다. 여기서 얻은 정보는 도버해협을 통해 신속히 영국에 보고되었다.

제2절 르네상스와 근세의 정보활동

르네상스 시대에 접어들면서 정보활동에 많은 변화가 있었다. 이 시기에 나타난 정보활동의 주요 변화는 다음과 같다. 첫째, 통치자를 대신하여 정보활동을 총괄하는 스파이마스터가 출현하였다. 둘째, 통신보안을 위한 암호가 보편적으로 활용되었다. 셋째, 정보활동이 점점 확대되면서 정보예산의 규모도 커지기 시작했다. 넷째, 상주대사와는 별개로 각국은 정보수집을 위하여 해외에서 신분위장 스파이망을 운영하기 시작했다. 다섯째, 정보활동의 증가와 함께 방첩활동 또한 증가했다. 여섯째, 정보가 국가안보에 중요하다는 점에 유념하여 각국은 군사작전에서 정보참모조직을 운용하였을 뿐만 아니라 국내정치의 안정을 위해 치안정보활동을 위한 행정조직을 확립하였다. 일곱째, 비정규전의 출현과 함께 지형정보의 중요성이 부각되었다. 여덟째, 적국을 상대로 감시활동과 기습작전을 펼치기 위한 특수부대가 창설되었고, 소수 정예의 비

19) 위의 책, pp.58−59.

밀요원들의 첩보활동이 두드러졌다.

이러한 정보활동의 주요 변화들은 국가별로 상이한 모습을 보여주었다. 르네상스 시대에 나타난 정보활동의 변화를 각 국가별로 살펴보면 다음과 같다. 첫째, 이탈리아에서는 정보활동의 통신보안을 위한 암호체계가 발달하였다. 마키아벨리(Machiavelli, 1469-1527)가 활동하던 이탈리아에서는 편지가 중간에 가로채이는 일이 빈번하였기 때문에 외교가에서 암호가 널리 사용되었다. 당시 두 명의 유명한 암호전문가가 있었는데 한 명은 1506년 베니스공국의 암호 책임자 지오바니 소로(Giovanni Soro)였다. 그는 암호해독 전문가로서 바티칸에서조차 자신들이 만든 암호문이 풀리는지 여부를 그에게 문의할 정도로 유명세를 탔다. 또 다른 한 명은 새로운 암호체계를 만드는 전문가로서 당시까지 암호해독에 널리 사용되던 빈도분석법(frequency analysis)으로 풀리지 않는 암호체계 사이퍼디스크(Cipher Disk)를 만든 알베르티(Leon Battista Alberti)였다. 웰싱햄이 이탈리아 체류 기간 알베르티의 암호 매뉴얼을 구해 숙지할 정도로 당시 알베르티의 암호 매뉴얼은 외교가의 필독서였다.[20]

둘째, 영국의 정보활동을 보면 이 시기에 정보활동을 총괄하는 스파이마스터가 출현했을 뿐만 아니라 국가수준의 정보예산도 편성되었음을 보여준다. 영국에서는 정보활동(secret service)이 르네상스 시대인 엘리자베스 1세(1533~1603) 여왕의 제위기간에 시작되었다.[21] 웰싱햄 경(Sir Francis Walsingham, 1530~1590)이 전설적인 활약으로 여왕을 보위해 영국 국교를 지켰고, 스페인 무적함대(Armada)를 격퇴시켜 영국의 해상지배력 강화의 초석을 다졌다. 그는 국무부 장관(Secretary of State)을 맡아 정보활동 총괄 책임자로 여왕을 보위했다. 그의 정보활동 목표는 엘리자베스 여왕의 생명에 대한 안전을 보장하며 여왕직을 지속적으로 유지하게 하는 것이었다. 웰싱햄은 이탈리아에서 암호전문가 알베르티의 암호 매뉴얼을 통해 암호술을 익혔다. 그리고 귀국 후에는 암호화된 서신이 가로채여도 사전에 약속된 숫자의 뜻을 모르면 해독이 어렵게 '76'은 퀸(Queen)으로 '23'은 'A'과 같이 문자나 특정인을 숫자로 적는 변형된 암호를 사용했다. 웰싱햄은 암호기술을 적당히 활용해서 스코틀랜드 메리 여왕을 제거했고 이를 통해 엘리자베스 여왕의 왕권을 강화했다. 이후 스페인 무적함대의 공격을 늦추기 위해 당시 유럽 왕실에서 인기를 얻고 있던 오컬트(Occult) 마법사를 스파이로 고용, 유럽왕

20) 위의 책, p.62.

21) 위의 책, pp.61–75.

실 정보를 수집하고, 거대한 폭풍에 관한 예언 등 여러 유언비어를 확산시켜 1년이라는 전쟁준비 시간을 확보했다. 결국 스페인 무적함대는 영국해군에 의해 거의 궤멸되었다. 그러나 아이러니한 것은 웰싱햄의 정보활동은 많은 성과를 거두었으나 그 자신은 그 정보활동 때문에 몰락했다는 점이다. 그것은 웰싱햄이 정보활동을 수행하면서 사용했던 막대한 비용은 국가가 지원한 것이 아니라 웰싱햄 자신이 충당했기 때문이었다. 이로 인해 웰싱햄은 매우 많은 빚을 지고 죽었다.

영국에서 정보예산 편성은 크롬웰(Cromwell, 1599~1658)이 자신의 암살을 막고 왕당파들의 왕정 복귀 음모를 좌절시키기 위해 연간 7만 파운드[22]를 집행한 것이 시초이었다.[23] 정보예산은 크롬웰의 정보책임자 존 썰로(John Thurloe, 1616~68)에 의해 크롬웰의 암살을 막고, 왕당파의 음모를 분쇄하기 위해 집행됐다. 썰로는 이미 공개된 외교관이나 상주대사로는 주어진 정보 목표를 달성하기 어렵다고 판단하고 유럽 전역에 노출되지 않을 새로운 스파이망을 구축했다. 동시에 스파이들의 통신 비밀유지를 위해 암호전문가이자 수학자인 존 월리스(John Wallis, 1616~1703)를 책임자로 암호국(cryptographic service)을 가동했다. 1655년에는 왕당파 지지자의 음모를 파악한다는 명분으로 서신검열을 하기 위해 우체국까지 접수하였다.

셋째, 프랑스에서는 정보활동을 군사작전의 일부로 활용하였다. 18세기 군사 전략가로 프랑스 육군 대원수(marchal general des camps et armees de roi)였던 모리스 삭스 백작(Maurice, comte de Saxe, 1696~1750)은[24] 군사정보활동을 군사작전의 일부분으로 간주했다.[25] 이 무렵 소전투(petit guerre)라는 기존과 다른 교전 형태가 나타났는데 이런 교전방식은 오스트리아군에 소속된 비정규군(irregulars)이 처음으로 사용하였다. 전투는 주로 소규모의 수색병과 전초기지 사이에서 벌어졌기 때문에 스파이가 활동할 여지가 거의 없었고 정찰병이 적의 위치를 찾거나 의도를 파악하기가 쉽지 않아 기존의 정보활동이 상당히 위축되었다. 이러한 소전투에 대비하기 위해 부대 지휘관은 독립적으로 정찰병을 운용해야 했고, 부대의 안전한 전술기동을 위해 근거리 전술정보를 확보하고 적에게 피해를 입힐 주요 표적정보를 수집하는 데에 운용 목적이 있었다. 이러한 배경에서 군 총사령관이 필요했던 적 지휘부와 관련된 정보를 전략첩보

22) 상원에는 보고한 정보예산은 70파운드지만 실제 7만 파운드의 예산을 집행했다.
23) Terry Crowdy(2006), pp.75–76.
24) 저서 Mes Revieres에서 군사정보 관련 스파이 활용에 대해 설명하고 있다.
25) Terry Crowdy(2006), p.80.

(strategic espionage)라 하고 소전투에 필요한 전투정보를 전술첩보(tactical espionage)라 부르기 시작하였다.

넷째, 미국도 독립전쟁 중에 다양한 정보활동을 펼쳤다. 영국으로부터 독립을 쟁취하기 위해 미국은 1775년부터 1783년까지 독립전쟁을 했다. 그러나 전쟁 시작 10년 전부터 영국군은 독립세력에 대해 첩보전을 시작했다.[26)] 북미의 영국식민지에 주둔하던 영국군 게이지 장군(Thomas Gage, 1719~87)은 북미에서 반란의 징후를 포착, 1763년부터 미국 독립세력(Patriots) 속에 스파이망을 구축하기 시작했다. 그러나 독립세력은 1775년 가을까지 영국군 스파이 처치박사[27)](Dr. Benjamin Church)가 워싱턴 장군에게 체포되기 전까지 독립세력에 침투한 스파이망의 존재를 알지 못했다. 독립세력은 1775년 초 30명 규모의 녹색드래곤그룹(Green Dragon Group)[28)]을 결성했는데 이들의 임무는 보스턴 주재 영국군의 움직임을 감시하는 것이었다. 보스턴 주둔 영국군을 감시한 이유는 자신들의 보급창고가 영국군의 급습으로 파괴되는 것을 막기 위해서였다. 이 감시조직의 결성은 보스턴 비밀조직[29)]과 연합한 소규모 감시위원회가 구성되면서부터 시작됐다.

1775년 6월 워싱턴 장군(George Washington, 1732~99)은 독립군(Continental Army)의 총사령관이 됐다. 워싱턴 장군은 영국군의 생각을 뛰어 넘고, 정보활동은 영국군보다 우위에 있어야 독립전쟁에 승산이 있다고 판단, 1776년 위험한 비밀 임무를 수행할 150명 규모의 기습공격부대(Ranger)[30)]를 창설했다. 이 부대가 최초의 미군특수부대다. 후일 이를 기반으로 육군 정보부대(US Army Intelligence Service)가 창설됐다.[31)]

1778년 뉴욕시를 중심으로 독립세력 최고의 첩보조직 컬퍼 링(Culper Ring)이 만들어졌다.[32)] 컬퍼 링은 탈머지 소령(Major Benjamin Tallmadge)이 직접 요원선발(recurit)을 했고 첩보작전도 직접 지휘했다. 탈머지 소령은 자신이 관리할 비밀요원으로 우드헐(Woodhull)을 선발하고 우드헐은 다시 우드헐이 조정할 또 다른 비밀요원 타

26) Terry Crowdy(2006), pp.90−106.

27) 녹색드래곤그룹(Green Dragon Group)의 지도자에 포함되며 워싱턴 장군에 의해 독립군의 병원장으로도 활동을 했던 독립군의 가장 핵심세력까지 침투한 영국군 스파이였다.

28) '기계공'(The Mechanics)이라는 별명으로도 불린다.

29) 자유의 아들들(Sons of Liberty).

30) 놀튼 중령(Thomas Knowlton, 1940~76)에 의해 창설, 놀턴의 레인저(Knowlton's Ranger).

31) Terry Crowdy(2006), p.94.

32) 위의 책, pp.94−96.

운센드(Townsend)를 선발했다. 이들은 각기 다른 지역에서 정보활동을 하며 각기 상부(Samuel Culper)와 하부조직(Samuel Culper Jr.)의 개념을 가지고 정보와 방첩활동을 수행했다. 타운센드는 신분위장을 위해 영국에 호의적인 사람으로 위장했다. 그 중 하나가 독립에 반대하는 잡지에 사설을 기고하는 것이었다. 주요 정보를 수집하기 위해 영국계 인사들이 거주하는 도심에 커피숍도 운영했는데 이는 영국 인사들의 회합장소를 제공하고 이들의 대화를 엿듣기 위해서였다. 컬퍼 링은 서신 통신에 워싱턴 장군이 제안한 특수잉크를 사용했고 동시에, 탈머지 소령이 고안한 암호방식을 사용했다. 탈머지가 고안한 암호방식은 공격은 '38', 워싱턴 장군은 '711' 등으로 치환해서 사용하는 것으로 웰싱햄도 이와 유사한 암호를 사용했었다. 컬퍼 링은 조직의 안전하고 신속한 연락망 구축을 위해 선술집 매니저를 연락요원으로 선발하였다. 선술집 매니저는 소모품 구입을 위해 여행을 자주해도 별 의심을 받지 않기 때문이었다. 또한 이들은 조직의 안전을 위해 자신들만 약속된 신호를 통해서 접선했다. 컬퍼 링 최고의 성과는 1780년 영국군이 프랑스 원정군을 공격할 것이란 결정적 정보를 입수하여 워싱턴 장군에게 전달했고 워싱턴 장군은 이 정보를 기반으로 뉴욕시에 있는 영국군을 위장 공격하는 작전을 펼쳐 영국군이 프랑스 원정군을 공격하는 것을 막은 것이었다. 또 컬퍼 링은 독립군 아놀드 장군(Benedict Arnold)의 반역을 밝히는 방첩활동과 영국군 정보장교 안드레 소령(Major John Andre)을 체포하여 처형하는 일에서도 주도적 역할을 했다.

미국 독립세력의 정보활동은 영국군에 비해 독립군의 군사적 역량이 미비하다는 점을 인정하고 이에 적합한 정보작전을 펼쳤다. 영국군의 기습으로 인한 피해를 줄이기 위해 영국군의 군사활동을 감시하는 조직을 구축하면서 정보활동을 시작하였다. 그 후 독립세력은 소규모 병력으로 적이 예상 못하는 곳에서 치명적인 피해를 가할 수 있는 기습공격용 특수부대를 신설했다.[33] 그리고 영국군이 독립세력 깊숙이 스파이망을 구축하고 있다는 사실을 확인한 후에는 영국군에 노출되지 않도록 가급적 소규모로 비밀조직을 만들어 방첩활동을 포함한 포괄적 첩보활동을 수행했다.[34]

이들 독립세력 첩보조직은 영국 방첩요원들에게 노출되는 것을 막기 위해 점조직 형태로 활동했다. 비밀요원은 1:1 방식으로 선발하여 연락 요원끼리만 신원을 확인할 수 있는 점조직을 구축하고, 조직의 노출을 막기 위해 지역단위로 활동했으며, 다른 지

33) 특수부대에 소속된 부대원은 지원자로만 구성되었다.

34) 위의 책, p.96, pp.105–106

역에서 활동하는 조직에 정보를 전달하는 과정에서도 조직원을 보호할 수 있도록 보안절차를 적용했다. 문서는 약속된 숫자를 사용하는 웰싱햄식 변형 암호기술을 사용했기 때문에 영국군 암호전문가가 문서를 해독하는 데 어려운 암호체계를 사용했다. 그리고 당시 영국인의 사교장소인 커피숍을 운영하면서 영국 주요 인사의 대화를 엿듣는 방식으로 자연스럽게 고급정보를 수집할 수 있었다.

다섯째, 혁명기의 프랑스에서는 군사정보활동과 더불어 국내치안을 위한 정보활동도 활발히 전개되었다. 프랑스 혁명 후 혼란시기였던 1799년 나폴레옹은 군사 쿠데타로 정권을 잡았다. 나폴레옹은 정권유지를 위해 반대세력에 의한 암살 기도를 사전에 막아야 했고, 국내에 기반을 둔 나폴레옹 반대세력의 군사쿠데타[35] 모의를 사전에 색출해야 했다. 또한 왕정복귀를 위해 외국정부가 지원하는 국내 반대세력을 색출하고 제거해야 했으며, 성공적으로 원정전쟁을 치르기 위해 국내정치의 안정이 무엇보다도 절실했다. 따라서 나폴레옹은 정권을 유지하기 위해 치안정보활동에 많은 비용을[36] 사용하였을 뿐만 아니라 치안과 정보에 높은 전문성을 가진 책임자를 중용해야 했다.[37]

나폴레옹은 1차적으로 치안까지 담당할 정보조직 구축을 위해 치안행정조직과 운용 측면에서 당대 프랑스 최고라는 조셉 푸셰(Joseph Fouche, 1763~1820)를 불러 경무총감을 맡겼다. 푸셰는 나폴레옹에 의해 발탁되기 전인 1793년부터 창의적 정보활동을 펼치고 있었다. 그는 교회가 왕당파를 지원한다는 이유로 기독교세력을 약화시키기 위해 사이비종교단체[38]를 만들어 전도활동을 했는데 당시로는 상당히 파격적인 활동이었다. 나폴레옹은 푸셰의 치안정보 재능은 인정했으나 푸셰의 치안정보조직에 대한 견제는 필요하다고 판단하였다. 이에 그는 자신이 직접 지휘하면서 푸셰가 보고하는 정보내용을 대조·확인할 수 있도록 푸셰의 정보조직과 경쟁할 수 있는 비밀경찰인 '비밀부'(Secret Part)를 조직·운영했다.[39]

경무총감 푸셰는 지방 말단 행정조직까지 통제 가능한 네트워크를 구축했다. 푸

35) 당시 군사 쿠데타의 성공여부는 육군의 군사적 지원과 조직간 사전모의(conspiracy)의 결과가 중요했다.

36) 나폴레옹은 치안정보활동을 위해 연간 수백만 프랑의 예산을 집행했다.

37) Terry Crowdy(2006), pp.122-126.

38) 이성의 하나님(The Goddess of Reason).

39) 위의 책, p.124.

셰는 치안과 안보 업무를 효율적으로 관리하기 위해 휘하에 4명의 고문관(Councillor of State)을 두었다. 고문관은 지사(prefect)[40]들을 통제하고, 지사는 자신이 관리하는 지역(region)을 다섯 개의 구역으로 분할하여 각각의 구역에 부지사(sub-prefect)를 임명하여 통제하는 방법으로 정보 보고라인을 구축했다. 각각의 구역은 효율적으로 관리가 가능한 규모의 행정단위로 분할하여 관리했다. 기본적으로 행정단위는 5천 명 수준의 공동체를 중심으로 기초단체를 구성하고 단체장과 경찰감독관은 중앙정부가 임명했다. 이렇게 구축된 정보라인을 통해 기초단체에서 수집된 정보는 보고라인을 따라 단체장으로부터 부지사에게, 부지사는 지사에게, 다시 지사는 고문관에게 고문관은 푸셰에게, 푸셰는 최종적으로 나폴레옹에게 보고했다. 푸셰는 보고서 책임 소재를 확실하게 하기 위해 푸셰에게 제출하는 보고서에는 담당 고문관이 직접 서명하여 제출하도록 했다.[41]

나폴레옹에게 보고되는 정보내용은[42] 궁정 가십, 새로 공연되는 연극에 대한 청중들의 반응, 증시 현황, 군인 탈영 현황, 외국 스파이의 체포와 심문 결과, 범죄관련 뉴스, 군인 범죄, 화재사건, 헌병(Gendarmerie)에 대한 반항, 서신 검열 내용, 저명인사의 활동, 전쟁에 대한 대중의 반응, 선적 현황, 푸셰 반대파의 실수나 문제될 만한 사건, 주요 계약과 입찰 내용, 징집반대로 인한 소요사태, 자살 사건, 교도소 동향, 건설 현황, 실업률, 정부부처의 내부서신에 대한 발췌, 구금자나 특별 감시대상자 동향 등이었다.

치안정보활동을 위해 나폴레옹의 정보망은 외국의 주요 도시와 각국의 왕실과 궁정에도 구축되었다.[43] 외국 주재 정보원과 스파이는 주재국의 왕실과 정치인의 활동, 군부 움직임과 언론동향을 파악하는 것은 물론 공문과 서신도 비밀리에 개봉해 내용을 보고했다. 프랑스 국내에 구축한 정보망을 통해 반대세력이 수감된 교도소 내의 움직임을 감시하고, 군부와 헌병의 동향을 파악하고, 스파이로 의심되는 이민자와 반란모의 용의선상에 있는 사람들을 사찰했다. 뿐만 아니라 여러 정치세력, 정부부처의 장관과 심지어 나폴레옹의 부인 조세핀과 치안정보책임자인 푸셰까지도 감시했다.

'비밀부'(Secret Part)에 관한 보다 구체적인 내용은 당시 실무를 담당했던 티에보(General Paul Thiebault, 1769~1846) 장군이 1800년과 1813년에 출간한 군사매뉴얼

40) 지사(prefect)는 96개로 나눠진 각각의 지방 행정구역을 통치한다.
41) 위의 책, p.126.
42) 위의 책, p.126.
43) 위의 책, p.127.

(*Manual des Adjudans Générau*)을 통해 살펴볼 수 있다.[44] 비밀부의 보고체계는 비밀부 총괄 책임자가 사단별로 수집한 정보와 첩보활동을 사단 참모장으로부터 보고를 받고 그 내용을 참모총장에게 보고하고 최종적으로 참모총장은 총사령관에게 수집된 정보를 요약해서 브리핑하는 형식이었다.

티에보 장군은 매뉴얼에서, "전쟁의 목표를 달성하기 위해, 적군이 아군의 움직임을 지속적으로 오판하게 만들어야 한다. 그리고 적의 숨은 의도를 파악해야 한다. 적군의 작전을 파악하기 위해선 적이 진정 아군의 어떤 부분에 관심이 있는지 파악해야 한다. 이 일을 수행할 유일한 수단은 스파이를 활용하는 것 밖에 없다"며 스파이 활용의 중요성을 강조했다.[45]

티에보 장군의 매뉴얼에는 인물 특성으로 스파이를 분류했고 그들에게 부여할 정보요구(intelligence requirement)에 대해 자세히 설명하고 있다. 티에보 장군은 스파이를 5가지 부류로 설명하고 있다.[46] 첫 번째는 정부에 반감을 가진 부류이다. 이들은 대개 고학력자이며 사회적으로 높은 위치에 있는데 매뉴얼은 이런 인물을 활용할 것을 적극적으로 추천하고 있다. 두 번째는 책임감을 가지고 국가에 기꺼이 충성하는 부류이다. 이들은 자신의 위험을 무릅쓰고 적진에 침투하는 것이 가능하다. 이런 스파이는 돈보다는 명예를 중시하기 때문에 이들의 명예를 존중해야 한다고 설명했다. 세 번째는 주변에서 흔히 찾을 수 있는 인물[47] 중 명예를 중요하게 생각하지 않고, 원칙 없는 삶을 살며, 자신의 화려한 삶을 위해 조국을 기꺼이 배반할 수 있는 인물이다. 그리고 가톨릭 국가에서는 성직자와 여성에게 경계심이 적고 이유 없이 신뢰를 주기 때문 이들을 스파이로 활용하도록 강력히 추천했다. 네 번째는 이중스파이이다. 이중스파이의 활용은 위기 상황에서 적이 오판하도록 거짓 정보를 적에 줄 때 활용하지만 이중스파이를 활용해서 목표를 달성하기 위해서는 고난이도의 첩보기술이 필요하다고 적었다. 다섯째는 두려움에 떨고 있는 스파이다. 이들은 포섭은 쉬우나 심문관이 듣고 싶어 하는 내용만 그것도 그들의 신변을 보장 할 수 있다고 믿는 정보만 제공한다고 적었다.

티에보 장군은 선발하거나 포섭된 스파이에게 그들이 수집해서 보고해야 할 정

44) 위의 책, p.130.
45) 위의 책, pp.130-131.
46) 위의 책, pp.131-132.
47) 승려, 성직자, 음란하고 사치를 좋아하는 여자, 정부에 우호적인 사람, 부정하고 부패한 사람, 수입에 비해 부채가 많은 자, 도박에 빠져 사는 자, 과시를 좋아하는 장교 등.

보로 '적 총사령관과 사단장의 본부, 적 장군의 위치, 이름, 성격', '포병본부(artillery field)와 기병대의 주둔지 위치와 병력', '각 군단의 이름과 병력, 국적과 총기보유 현황', '적이 집결하는지 분산하는지 여부', '보급수준 · 수송능력 · 병원 현황', '사병의 부식 · 군복 · 월급사기 · 부상자 수 · 군 전염병', '군 기동 형태(주간, 야간, 규모)', '병력을 증강했는지, 병력지원을 기대하고 있는지 여부', '군 사열의 종류(검열, 야전 기동)', '방어시설 건설에 투입된 작업인원수' 등을 들었다. 마지막으로 스파이가 보고한 첩보 중 한 명이 보고한 내용을 전적으로 신뢰하지 말 것과, 서로 존재를 모르는 복수의 스파이들로부터 수집된 첩보를 활용하되 반드시 확인과정을 거친 내용만 신뢰하라고 강조하였다.[48)]

여섯째, 영국에서는 소수정예로 구성된 탐사장교의 정보활동이 활발히 전개되었다. 1803년 프랑스의 침공에 대비하기 위해 영국 전쟁부장관(Secretary-of-War)이 군사지식보급소(Depot of Military Knowledge)를 신설하였으나 전쟁에 필요한 정보를 제공할 수 있는 수준은 아니었다. 결국 1808[49)]년 프랑스가 스페인을 침공했고 영국도 대응 차원에서 웰링턴(Duke of We1lington, 1769~1852) 장군을 이베리아반도로 파견하였다. 이때 웰링턴 장군은 런던으로부터 지원받을 수 있는 지형정보가 없다고 판단하여 독자적인 정보활동을 수행했다.[50)] 이를 위해 소수 정예의 정찰장교(exploring officers)를 구성하여 운용했다. 이들의 목표는 정확한 군사지도제작과 군사정보 수집이었다. 이들은 현장 상황에 따라 조금 차이는 있었으나 기본적으로 승마에 뛰어난 자, 통역, 기자, 지형스케치를 위한 미술가와 현지 안내원 등으로 구성되었다. 그리고 체포시 처형을 면하기 위해 군복을 착용하였다. 정찰장교를 통해 얻은 정보를 기반으로 웰링턴 장군은 프랑스군을 상대로 소규모 기습작전을 전개했다. 현지 지형에 익숙하고 지역주민의 지원을 받아 활동하는 스페인 유격대는 프랑스 후방에서 게릴라전을 수행했다. 웰링턴 장군은 프랑스군의 의도를 파악하고자 스페인 게릴라들의 도움을 받아 프랑스군 공문(dispatch)을 확보했다. 프랑스군 공문은 암호로 작성돼서 암호를 해독하기 위해 암호해독 전문팀도 운용했다. 웰링턴 장군은 1813년 프랑스군을 이베리아반도에서

48) 위의 책, p.133.

49) 나폴레옹은 프랑스의 영국 봉쇄에도 불구하고 영국과 무역을 한다는 이유로 25만 군을 동원하여 1808년 스페인을 침공하고 마드리드를 함락시켰다. 그러나 이후 영국의 웰링턴 장군이 참전하여 1813년 프랑스군을 격퇴하였다.

50) Terry Crowdy(2006), pp.151-157.

몰아내고 1815년 워털루(Waterloo)전투를 통해 영국의 승리를 이끌었다. 워털루전투가 끝나자 영국의 군사지식보급소는 지형통계국(Topogrphical and Statistical Department)으로 전환되었다.

제3절 근대의 정보활동

근대에 접어들면서 정보활동은 보다 체계적인 형태로 전개되었으며 다음과 같은 특징을 보인다. 첫째, 군사정보나 치안정보에 집중되었던 정보활동의 영역이 방첩 영역으로까지 확대되었다. 둘째, 인간정보수집에 치중되었던 정보수집활동이 기술정보 특히 신호정보 수집으로까지 확대되었다. 셋째, 상주대사뿐만 아니라 언론인들도 인간정보수집의 주요 행위자로 활동하였다. 넷째, 국가안보를 위한 정보활동에 민간회사도 참여한 바 있으나 각국의 정보활동이 본격적인 정보조직을 중심으로 이루어지기 시작했다.

19세기 전반 군사이론가들은 주로 나폴레옹 전쟁을 근거로 군사이론을 정립했다. 군사이론가들의 정보활동에 대한 견해는 크게 「전쟁론」(*On War*, 1832)의 저자 클라우제비츠(Carl von Clausewitz)의 견해와 「전쟁술」(*The Art of War*, 1838)을 저술한 앙투안 앙리 조미니(Antoine Henri Jomini)의 견해로 나뉜다.

클라우제비츠는 「전쟁론」(*On War*, 1832)에서 '정보에 대한 정의', '정보의 불확실성', '불확실한 정보를 극복할 지휘관의 자질', 그리고 '공포환경에서 인간의 비이성적 판단'에 대해 설명했다.[51] 정보는 "적과 적국에 관해 갖고 있는 모든 지식"으로 정의했으며 이 정보를 기초로 사고와 행동을 한다고 기술하고 있다. 그러나 그는 "전쟁에서 수집된 정보의 많은 부분은 모순된 것이고 더 많은 부분은 틀린 정보이며 가장 많은 부분은 불확실하다"는 의견을 제시했다. 그래서 지휘관은 사실, 지식, 판단에 기초한 개연성의 법칙을 따르는 '명확한 식별력'이 필요하다고 했다. 그리고 대부분의 정보는 틀린 정보이며 인간의 공포심은 틀린 정보를 허위 정보로 증폭시키는 작용을 하기 때문에 일반적으로 인간은 좋은 것보다는 나쁜 것을 더 믿으며 나쁜 것을 과장하는 경향

51) 카를 폰 클라우제비츠(유제승 옮김), 『전쟁론』, (서울: 책세상, 2005), pp.99-101.

이 있다고 설명하였다.

조미니는 「전쟁술」(*The Art of War*, 1838)에서 군사통계와 군사지리학,[52] 그리고 첩보획득 수단에 대해 설명하고 있다.[53] 조미니는 첩보활동(espionage), 정찰, 심문, '개연성이 있는 가설'을 첩보를 얻을 수 있는 기본적인 방법으로 보았다. 이와 함께 전기통신, 기구(balloon)를 이용한 공중정찰 방법도 소개하였다. 정보에 대한 조미니의 관점은 클라우제비츠와 조금 다르다. 그는 첩보획득 수단이 아무리 불완전하고 모순된다고 할지라도 이를 배가시킴으로써 그 속에서 진실을 얻을 수 있다고 주장했다. 조미니는 여러 가지 수단으로도 정확한 첩보를 얻기 쉽지 않기 때문에 지휘관은 부대가 처할 수 있는 상황을 고려하여 '개연성 있는 가설'을 세우고 이를 근거로 '몇 가지 방책을 설정'한 다음에 부대를 이동해야 한다고 설명했다.

영국은 1854년 러시아와의 전쟁(Crimean War, 1854~56)을 위해 유명무실한 지형통계국을 폐지하고 비밀정보국(SID: Secret Intelligence Department)을 신설했다. 대러시아 정보활동 강화를 위해 신규로 스파이를 선발함과 동시에 대러시아 정보망을 구축했다. 영국정부는 당시 많은 수의 러시아 스파이가 영국군 내부 깊숙이 침투했다고 믿고 있었기 때문에 러시아 스파이 색출을 위해 방첩기능을 강화하였다. 그러던 중 영국군의 예민한 정보들이 전혀 예상하지 않았던 자국 대중매체를 통해 유출되었다. 언론 기사를 통해 영국군 작전에 영향을 줄 수 있는 '크림반도에서의 파병 부대의 상륙과 기동 상황', 전투서열, 환자 수, 보급문제 등과 함께 국민 여론에 악영향을 줄 수 있는 '형편없는 병영 환경'이 드러난 것이다. 이 시기 언론에는 탐사보도가 유행이었는데 이런 탐사보도는 영국 독자뿐만 아니라 러시아 또한 쉽게 읽을 수 있었다. 언론사별 자체 검열제도도 별 소용 없었다. 당시 언론도 '생존'을 위해 '군 관련 대형 스캔들'이나 '정부의 중대한 실수' 같은 주제를 다루었기 때문이다. 이런 이유로 이 무렵부터 기자와 언론인들도 상주대사와 함께 합법적 스파이의 범주에 포함됐다.[54]

언론의 정보활동은 지금도 진행되고 있는데 본격적인 시작은 미국 남북전쟁 때부터이다. 미국의 남북전쟁(Civil War, 1861~65) 기간 중 북부군 언론은 북부군의 이동과 전투 상황에 대해 신속히 보도했는데 그 이유는 후방에 있는 전쟁 이해당사자와 고향

---

52) 앙투안 앙리 조미니(이내주 옮김), 『전쟁술』, (서울: 책세상, 2010), pp.50-53.

53) 위의 책, pp.327-337.

54) Terry Crowdy(2006), pp.162-164.

에 있는 가족들이 전쟁의 진행 상황을 신속히 알고 싶어 했기 때문이다. 이런 신속한 보도를 위해 북부군(Union Army)을 취재하는 종군기자가 150명이 넘었다. 북부군에 관한 신속한 보도는 북부군 가족뿐만 아니라 남부 연합군(Confederate Army)에게도 신속히 전달되었다. 남부군은 신문을 통해 북부군의 정보를 대부분 파악할 수 있었고 동시에 종군기자의 위험성도 인식했다. 그래서 남부군 지휘부는 자신들의 군사정보 유출을 막기 위해 종군기자의 취재를 허용하지 않았다.

남북전쟁을 승리로 이끌었던 링컨(Abraham Lincoln, 1809~85) 대통령은 후보시절부터 암살위협에 시달렸는데, 암살 음모를 제일 먼저 파악한 핑커턴(Allan Pinkerton, 1819~94)이라는 탐정회사에 경호정보활동을 일임했다.[55] 핑커턴사 탐정들은 철도운행의 보호와 흉악한 현상범 추적으로 명성을 쌓았고 여기서 터득한 노하우를 경호정보활동에 활용했다. 핑커턴 탐정들은 링컨 대통령의 신변경호와 함께 남부군 군사동향을 파악하는 비밀임무도 수행했다. 링컨 대통령의 신변경호는 철도이동로의 안전을 통해 확보했다. 이를 통해 대통령의 일정을 변경하고, 전신 통신선을 차단하여 연락 수단을 없애고, 야간 이동시 경호원이 배치된 노선만을 이용했다. 탐정들은 위장잠입을 통해 남부군 깊숙이 숨어들어 고급정보를 수집했다. 그러나 핑커턴 탐정들은 군 경력이 없어 전쟁 수행에 필요한 군사정보 분야에서 한계를 보였다. 주요 전투를 앞두고 남부군의 전투서열, 즉 병력에 대해선 제대로 파악하지 못해 북부군의 작전에 막대한 지장을 주었다. 결국 군사정보는 1862년 맥클랜(McClellan) 장군이 맡게 되었다.

미국에서 남북전쟁이 진행중이던 1862년 비스마르크(Otto von Bismarck, 1815~1898)는 빌헬름 1세(Wilhelm I., 1797~1888)의 지명으로 프러시아의 총리에 취임했다. 그리고 1863년 비스마르크 총리는 오스트리아와의 전쟁을 준비하기 위해 스티버[56](Whilhelm Stieber, 1818~1892)에게 오스트리아 육군의 준비태세에 관한 보고서 제출을 지시했다.[57] 스티버는 비스마르크의 비밀임무 수행을 위해 잡상인으로 위장, 한 달 동안 오스트리아 전역을 여행하며 오스트리아 군사 기지와 병참에 관한 지도를 작성하

55) 위의 책, pp.164-170.

56) 변호사(barrister) 출신의 위장잠입전문(undercover) 범죄수사관으로 1851년 연방 범죄경찰의 책임자로 재직 시 칼 마르크스(Karl Marx)가 주도하는 국제공산주의동맹(International Communist League)의 전체 활동 정회원 명단을 위장 수사를 통해 확보하였다. 1853년 베를린 보안 책임자가 된 다음 직업여성재활기금(Prostitutes Recovery Fund)을 조성하여 경제적 지원을 통해 범죄정보를 제공받았다. 비스마르크의 암살 음모를 파악한 공로로 정보책임자로 발탁되었다.

57) Terry Crowdy(2006), pp.181-187.

여 비스마르크와 몰트게(General von Moltke) 장군에게 보고했다. 보고에 만족한 비스마르크는 오스트리아 전역에 위치한 오스트리아군의 동향을 파악할 수 있는 스파이 네트워크 구축을 지시했고 스티버는 기존방식과는 전혀 다른 스파이 네트워크를 구축했다. 스티버가 구축한 스파이 네트워크는 1명의 스파이가 잡혀도 적은 아무것도 알 수 없고, 몇 명이 잡혀도, 전제 스파이 네트워크가 무엇을 하는지 알 수 없고, 이미 구축된 스파이 네트워크가 입는 피해는 무시해도 좋을 정도로 소규모 정보 밖에 노출되지 않는 조직을 구축했다. 스티버는 오스트리아를 여러 지역으로 세분하고 현지에서도 전혀 의심을 받지 않을 해당지역 출신 인사를 중심으로 상주스파이(resident spy: 고정간첩)를 구축했다. 각 지역에 안착한 상주스파이는 자신의 정보제공 네트워크를 통해 최신 정보를 지속적으로 프러시아 본부에 보고했다. 보고된 첩보 중 본부가 관심을 갖는 첩보에 대한 추가 조사는 특별스파이(special spy: 직파간첩)가 오스트리아에 특파되어 상주스파이의 도움을 받아 추가적인 첩보를 수집함으로서 이루어졌다. 지역을 잘 알고 있는 상주스파이의 존재는 특파된 특별스파이의 활동을 수월하게 해줬다. 상주스파이는 기본적으로 지역 언론인 중에서 선발했다. 이것이 어려우면 최소한 상주스파이의 정보제공자로라도 고용할 수 있도록 했다. 스티버가 언론인을 상주스파이로 선호했던 이유는 미국 남북전쟁 기간 중 언론인의 활동을 보았기 때문이다. 또 다른 이유는 언론인은 기본적으로 의심받지 않으며 정보를 수집할 수 있고, 원하는 답을 끌어낼 수 있도록 정확한 질문을 할 수 있고, 직업상 정부나 군부 내부 사정을 잘 아는 인사들과 친분이 있다는 것과 지역 언론인이 항상 경제적 어려움을 격고 있다는 약점 또한 잘 알고 있었기 때문이었다.

비스마르크는 영국의 로이터 통신사의 영향력을 알고 있었기 때문에 외형상 언론사의 형태를 띤 새로운 형태의 스파이망을 활용하고 싶어 했다. 당시 로이터는 국제 뉴스를 독점하며 국제 여론을 이끌어 가고 있었다. 언론사 형태의 스파이망은 조직 확장은 쉬우나 비용이 너무 크다는 단점이 있었다. 비스마르크는 엄청난 비용문제를 오스트리아 위조지폐를 만들어 충당했다. 당시의 오스트리아 방첩기능이 무능을 넘어 존재감 자체가 없다는 것을 파악한 비스마르크는 선전공작을 실시했다. 언론을 통해 퍼진 선전내용은 급속히 오스트리아에서 여론을 형성했고 결국 프러시아에게 유리한 국면을 조성했다. 선전에 사용된 내용은 '오스트리아도 독일의 통일을 원한다', '오스트리아는 전쟁을 바라지 않고 전쟁 준비도 하지 않는다', '오스트리아 국민은 전쟁에 반대한다', '오스트리아 육군의 전쟁 준비 기간은 러시아보다 2주의 기간이 더 필요하다', '오스트리아 무기는 구형이라서 러시아의 신형 무기에 대항할 수 없다' 등이었다. 그 결과 오스트리아 정부가 프러시아에 대한 적대적 정책을 펼치면 펼칠수록 오스트리아 정부에 대한 국민적 반감이 확대되고 정부 지지율이 하락했다.[58)]

비스마르크는 보-오전쟁(러시아와 오스트리아 간 전쟁) 승리로 전쟁 준비와 국제 여론 조성에는 정보활동이 중요하다는 것을 인식하였다. 그러나 전쟁 승리의 결정적 요인은 성능이 뛰어난 신형 무기가 더 중요하다는 사실 또한 확인했다. 그래서 비스마르크는 주변국의 신형무기 개발 현황과 성능에 대한 군사정보 수집활동 또한 게을리 하지 않았다.[59)]

비스마르크는 보-오전쟁 승리 후 프랑스와의 전쟁을 결정했다. 전쟁 준비를 위한 대프랑스 정보활동의 비밀을 유지하기 위해 프랑스에 구축될 스파이망 비용은 하노버 왕실 자금을 사용했다.

프랑스에 구축할 스파이망은 언론사 형태의 상주스파이망으로 기본 수집네트워크를 구성하고, 기존 방법으로 수집하기 어려운 프랑스 고급정보를 수집하기 위해 고급정보에 접근할 수 있는 프랑스 고위인사를 추가적으로 포섭하기로 했다. 신규 스파이의 선발은 프랑스 고급정보에 접근할 수 있는 인물들의 재정 상태를 체계적으로 조사해 후보들을 물색했고 이들 가운데 엄청난 양의 돈을 필요로 하는 장교나 관료들에게 아주 저렴한 이자로 하노버은행에서 대출을 받을 수 있도록 주선 해 주는 것을 통해 쉽게 접근할 수 있었다. 이렇게 관계가 형성된 프랑스 고위인사들은 대부분 협조적으로 고급정보를 제공했다. 이런 방식으로 제1차 세계대전 직전까지 프랑스에 구축한 상주스파이는 15,000명 정도였다.[60)]

비스마르크는 보오전쟁(1866)과 보불전쟁(1870~71) 기간 동안 왕과 국가 지휘부를 보호하고 점령지에서 안전한 이동을 보장할 비밀경호대(Field Secret Police)를 신설했다. 보불전쟁 기간에는 군사작전의 비밀유지를 위해 종군기자(embedded reporter) 감독과 우체국을 통한 서신검열도 강화했다. 일주일에 두 번씩, 스티버로 하여금 빌헬름 1세에게 프랑스 내부에서 수집한 정보를 보고 하도록 지시했다.[61)]

58) 위의 책, pp.182–183.
59) 위의 책, pp.184–185.
60) 위의 책, pp.184–191.
61) 위의 책, pp.184–187.

프러시아 정보부는 정치인, 장군, 외교관들이 투숙하는 최고급 호텔을 운영하면서 이곳에 위장요원을 배치하여 주요 인사의 대화를 엿듣고 비밀서류를 복사하거나 가져오게 하였다. 그리고 베를린에 상류층 매음굴을 설치하고 이곳에 이용가치가 있는 주요 인사를 초청, 약점을 잡아 협조를 얻어 내는 정보활동도 수행하였다.[62)]

보불전쟁 이후 유럽에서는 독일 스파이에 대한 공포가 확산됐고 그 결과 프랑스에서는 드레퓌스(Dreyfus) 사건이 발생하였다. 이 무렵 영국은 보어전쟁(1889~1902)에서 고전하고 있었다. 보어전쟁에 정보장교로 참전한 베이든 파월(Robert Baden-Powell, 1857~1941)은 보어전쟁 배후에 독일이 있다고 주장하고 독일 스파이를 영국적 관점에서 분류했다.[63)] 그는 독일 스파이를 평시에 영국 식민지에 침투해 정치와 군사 상황을 연구한 다음 전시에 현지 주민의 반발을 일으켜 불안상황을 조성해 영국군을 철수시키게 만드는 '전략스파이'(Strategic Agent), 군의 준비태세, 교통시설, 지형, 군사 시설을 조사하는 '전술스파이'(Tactical Agent), 정찰임무를 수행하고 전시에 적의 움직임을 보고하는 정찰병으로 위장해 활동하는 '현장스파이'(Field Spy), 부유층으로 신분을 위장해 활동하며 주로 연락을 담당하는 '상주스파이'(Residential Spy), 언어 연수생을 가장하여 일을 배운다는 핑계로 영국의 주요 교역 제품의 제조 비밀을 알아내는 '상업스파이'(Commercial Spy) 등 다섯 가지로 분류했다.

보어전쟁 후 1903년부터 1909년까지 영국에선 독일 스파이 관련 서적 출간이 유행처럼 번졌고 주요 언론사에선 독일 스파이를 찾는 보도가 경쟁적으로 이루어졌다. 이런 사회적 분위기 때문에 수천 건의 제보가 경찰에 접수되는 상황이 생겼다. 급기야 영국에는 6만 6천 명의 독일군이 암약하고 있다는 소문이 돌아 사회적 분위기마저 좋지 않았다. 이에 영국정부는 "영국의 전통 적국은 프랑스이지 독일이 아니기 때문에 독일이 스파이를 보낼 이유가 없고, 이런 루머는 독일과의 관계를 악화시키기 위한 세력들의 악의적 음모일 뿐이며, 정부가 확인한 결과 영국에서 암약하는 독일 스파이가 없다"는 내용까지 발표해야 했다.[64)]

영국 내 독일 스파이의 실존 여부를 떠나 당시 영국인들이 독일 스파이에 대한 두려움을 느끼고 있었기 때문에 내각을 책임지고 있는 아슈스(Prime Minister Asuith) 총리는 정부차원의 대응을 해야 했다. 후속 조치로 영국제국 방위위원회(Imperial Defence

62) 위의 책, p.192.
63) 위의 책, p.194–196.
64) 위의 책, pp.200–201.

Committee)는 독일스파이 위협에 효과적으로 대응할 수 있는 새로운 정보국의 설립을 결정, 1909년 비밀 방첩국 MO5를 창설했다. MO5는 초기에는 단 두 명이었다. 책임자와 보조 한 명이 전부였다. 초기 방첩활동은 영국경찰 특수부[65]의 협조를 받아 공조수사를 진행했다. 1910년 빌헬름 2세(German Kaiser, Wilhelm II)가 에드워드 7세(King Edward VII) 장례식 참석차 영국을 방문했을 때 수행원이 먼 거리에 위치한 이발소를 방문하는 것에 의문을 품고 이발사의 서신검열을 통해 이발사가 독일 상주스파이임을 확인했다. 이 과정에서 발신인의 신원조사를 위해 MI1C(해외정보부)의 도움을 받았다. 상주스파이의 존재를 확인한 후 스파이망 전체를 검거하기 위해 그 움직임을 감시하다 독일의 대프랑스 선전포고 직전인 1914년 8월 3일 영국에서 암약하던 독일 상주스파이 전원을 체포했다. 후일 MO5는 MI5로, MI1C는 MI6로 확대 발전되었다.[66]

근대의 주요 정보활동을 요약하면, 전쟁기간 언론인의 정보활동, 링컨 대통령의 경호정보를 담당했던 핑커턴 탐정회사, 비스마르크의 통일을 위한 정보활동 리더십, 비스마르크의 스파이마스터 스티버의 현대적 정보활동, 독일 스파이 공포가 만들어 준 영국의 정보부 MI5, 통신감청을 통한 신호정보활동의 효시인 영국의 40호실(Room 40 : 암호해독실)의 활약이 있었다. 근대 정보활동의 특징은 주요 정보활동 영역이 군사정보, 치안정보와 방첩 그리고 신호정보에 있었고, 정보활동은 정보조직을 중심으로 이루어지기 시작했다는 것이다. 미국의 경우 링컨 대통령 재임부터 정보활동이 본격적으로 시작됐다. 그리고 미국은 남북전쟁에서부터 현대에 이르기까지 정보활동을 민간회사에 용역을 주는 전통을 가지고 있었다. 그리고 언론인도 이때부터 상주대사와 함께 합법적 스파이 범주에 포함되었다.

제4절 현대의 정보활동

제1, 2차 세계대전, 그리고 냉전체제를 겪으면서 주요 국가들의 정보활동은 비약적으로 발전하였다. 첫째, 정보활동 영역의 확대가 이루어졌다. 기존의 정보활동은 정

65) 1883년 북부 아일랜드 폭탄테러와 종교민족분규로 지역 소요에 대비한 런던경찰청(Scotland Yard)에 대내정보수집, 보안담당 정보기구를 설치했다.

66) 위의 책, pp.200−202.

보수집이나 방첩활동 등이 주된 것이었으나 냉전체제를 거치면서 비밀공작 역시 주요 정보활동으로 자리 잡으면서 활발히 수행되었다. 둘째, 정보통신기술의 발전과 더불어 각국의 정보수집 능력의 비약적 향상이 이루어졌다. 특히 통신감청, 컴퓨터에 의한 암호체계의 비약적 발전, 그리고 첨단과학기술을 이용한 정보수집능력의 비약적 발전이 이루어졌다. 첨단기술의 발전으로 인한 기술정보수집능력의 향상은 냉전체제의 심화로 인간정보수집으로 불가능했던 정보수집능력을 보완할 수 있었다. 셋째, 현대 정보활동에서는 선전활동이 정보활동의 한 영역으로 포함되었으며, 이중스파이와 방첩 그리고 기만공작이 중요한 정보활동으로 인식되어 많이 활용되었다. 넷째, 각국은 정보능력의 향상을 위하여 본격적인 국가정보기구를 설치하여 운용하기 시작했다. 각국의 정보기구들은 대체적으로 정보활동에 있어 놀라운 능력을 보여주었다. 물론 각국은 정보실패도 경험하였다. 그러나 각국은 정보실패 경험을 통해 교훈을 얻고 실패를 극복할 수 있는 정보능력을 개발하고, 새로운 위협에 효과적으로 대응할 수 있도록 정보조직을 지속적으로 발전시켜 왔다.

정보활동영역, 정보수집능력, 그리고 정보기구의 비약적 발전이 이루어진 현대의 정보활동의 역사를 여기서는 소련, 미국, 영국, 독일의 정보활동을 중심으로 살펴보도록 한다.

1917년 러시아 볼셰비키 혁명 후, 레닌은 반혁명세력을 관리하기 위하여 체카[67](Cheka)라는 정보기관을 창설했다. 그러나 1918년 연합군과 영국 정보부가 개입한 레닌 저격미수 사건 후 체카는 체포와 처형[68] 권한까지 부여받았다. 체카는 1922년 GPU(국가정치보안부), 1923년 OGPU(합동국가정치보안부)를 거쳐 1934 NKVD[69](내무인민위원회)로 발전하였고 스탈린이 추진한 1936년부터 1938년까지의 대숙청을 주도했다.[70]

---

67) 전러시아 비상위원회(All-Russian Extraordinary Commission to Combat Counter-revolution and sabotage), 베체카(Vchk).

68) 모스코바에서 500명, 상트페테르부르크에서 700명을 처형했다. 소련 국가보안기관은 러시아 오흐라나(Okhrana)의 고문, 암살과 1922년 솔로베츠키섬에 최초의 강제수용소 설립으로 숙청이라는 새로운 통제 수단을 갖게 됐다.

69) 1941년 NKVD에서 NKGB(인민국가보안위원회)가 분리됐다. 그리고, 1946년 NKVD는 MVD(내무부)로, NKGB는 MGB(국내치안부)로 변경됐다. 1953년 스탈린 사망 후, 1954년 KGB(국가안전위원회)가 신설됐다.

70) 운노 히로시(안소현 옮김), 『스파이의 세계사』, (서울: 시간과 공간사, 2005), pp.190-193.

반면 군대를 권력기반으로 가졌던 트로츠키는 체카와 경쟁할 정보기관으로 GRU(정보총국)를 신설했다. GRU는 러시아 혼란기에도 독일 주재 일본대사관에 대한 통신감청과 암호해독을 수행, 1936년 독일과 일본의 반코민테른협약 체결을 파악하는 등 자신의 역할을 충실히 수행했다.[71)]

1930년대의 소련 스파이는 종전의 스파이와는 달랐다.[72)] 그 이유는 소련의 정치 목표가 공산주의를 세계 곳곳에 수출하고, 자신들의 주도하에 전세계 노동자 계급을 결속하는 공산주의 세계혁명에 있었기 때문이다. 공산주의 세계혁명을 완수하기 위해 소련 스파이는 선교사업하듯 평생을 침투한 국가에서 인간적인[73)] 스파이의 삶을 살았다. 이들은 기본적으로 공산주의 이념을 신봉하는 철저한 혁명주의자들로 레닌의 선전선동술[74)]로 무장하고 전 세계에서 장기간 신분을 속이고 활동했다. 소련 스파이의 장기간 활동으로, 제2차 세계대전 후, 미국 맨하탄 프로젝트에 참가한 핵폭탄기술자들도 속아 소련에 핵기술을 넘기기까지 했다. 소련 스파이들의 '위장 인생'에 속아 서방정보기관에는 공산주의 사상에 동조하고 소련에 협조하는 이중스파이들이 자생적으로 생기기까지 했다. 이로 인해 비밀이 사전에 소련측에 알려지면서 CIA가 초기 정보작전을 벌일 때마다 실패로 끝나곤 했다. 미국정부는 이로 인해 많은 정치적 부담을 져야 했다.

독일은 제1차 세계대전 패전 후인 1921년 군정보부 압베르(Abwehr)를 신설하고 1928년 독일 해군정보부와 통합했다가 제2차 세계대전 개전 후, 기능에 따라 3개로 분할하여 운용했다.[75)] 압베르 I은 첩보작전(espionage operation), 압베르 II는 적 후방 군사시설에 대한 사보타지(sabotage operation)작전과 선전활동(propaganda),[76)] 압베르 III는 보안과 방첩을 담당했다. 압베르는 독일 내에 23개 지부(Asts)를 두고 각 지부가 해

71) 위의 책, pp.194–195.

72) 위의 책, pp.189–200.

73) 사상과 신념, 삶의 방식이 연결돼서 결혼도 하고 아이를 낳는 안정적인 생활로 장기간 적국에서 스파이 활동을 전념할 수 있는 방식.

74) 레닌의 선전기술은 폭로전술, 압축전술, 선전과 조직의 통합전술로 요약된다. 레닌은 정치적 목표 달성을 위해 거짓과 왜곡으로 내용을 바꾸고, 음모와 위협 수단도 과감히 사용했다.

75) Terry Crowdy(2006), pp.234–236.

76) 선전활동은 선전부 장관 괴벨스(Joseph Goebbels)가 전권을 가지고 주도했다. 영국은 이미 제1차 세계대전 기간 첩보작전에 선전활동을 포함시켰다. 그 이유는 정보를 찾는 것과 정보를 흘리는 것은 분리할 수 없기 때문이다. 선전활동 방법은 영국이 먼저 확립했고 나치가 이를 모방했다.

당 국가를 담당했다. 각 지부는 임무에 따라 하위 지부를 설치했다. 그리고 마드리드, 리스본, 베른, 스톡홀름, 헬싱키, 자그레브, 앙카라, 카사블랑카, 부쿠레슈티, 상하이 등 10개의 중립국에는 해외지부(KO)도 설치했다.

나치는 국내 정보와 보안을 담당하는 SD(Amt III), 모든 위협에 대한 조사권을 가진 게슈타포(Gestapo, Amt IV), 정치와 무관하지만 중대한 범죄에 대해 조사하는 탐정기관 크리포(Kripo, Amt V), 그리고 군정보부 압베르와 직접 경쟁하면서 국외 정보·방첩·수사기능까지 가진 SS(Amt VI)를 운영했다. SS는 비스마르크 시절 스티버가 운영하던 상류층 매음굴[77]도 운용했다. 제2차 세계대전 기간에는 보안본부(RSHA)가 중앙에 조직돼 7개의 암트(Amt, 산하부서)를 관리했다.

영국 해군정보부는 제1차 세계대전 이전부터 무선통신을 감청하고 암호를 해석할 수 있는 40호실(Room 40)을 설립 운용하고 있었다.[78] 제1차 세계대전의 시작과 동시에 영국 해군정보부는 독일군의 무선통신을 감청하여 독일군의 작전을 파악하기로 하였다. 이를 위해 영국 해군은 독일군의 해저 통신케이블 2곳을 의도적으로 절단하여 독일군의 유선 통신을 차단시켰다. 독일이 무선통신에 의존할 수밖에 없도록 만들고 그 무선통신내용을 감청하게 된 영국군은 독일군의 움직임을 상세히 파악할 수 있게 되었다. 개전 초 러시아군이 독일 암호(code book)를 제공했기 때문에 별 어려움이 없이 감청했으나 1915년 초 독일군이 암호를 갑자기 변경했다. 새로운 독일 암호체계를 알아내기 위해 해외에서 활동하던 MI6요원들의 도움을 받았다. 40호실은 1917년에는 독일의 외교 전문을 감청하는 데 성공하였고, 그 감청 내용을 미국에 제공함으로써 당시 중립을 지키던 미국을 연합군으로 참전하게 했다. 제1차 세계대전 종전 후 40호실은 1919년 육군 MI1B와 함께 GCCS(Government Code and Cyber School)로 통합됐고, 1922년부터 외무성 소속으로 외교전문을 집중 처리했다.

제1차 세계대전 당시 독일 정보부는 정치정보부, 해군정보부, 군사정보부를 두고 있었다.[79] 정치정보부에는 최고 엘리트 정보요원을 배치, 국가별 정치정보를 수집 분석하여 내각에 직접 보고하게 했다. 해군정보부에는 정보국, 군사정치국(Military-Political Branch), 해외해군국, 관찰 및 암호분석 지원국(Observation and Crypt Analytic

77) 비스마르크시대는 그린하우스(Green House), 나치는 살롱키티(Salon Kitty)를 설치했다.
78) 위의 책, pp.205–206.
79) 위의 책, pp.190–192.

Service)과 같이 해군작전에 필요한 정보활동을 수행했다. 군사정보국은 독일 스파이들(고위스파이, 상주스파이, 임무요원)을 직접 관리했다. 비스마르크 이후 추가된 고위스파이는 3~4개 외국어를 유창하게 구사하며 군사교육을 받은 은퇴 장교 중에서 선발했다. 베이든 파월의 분류에 따르면 전형적인 전략스파이였다.

영국은 제2차 세계대전 기간 중 감청[80]을 통해 영국 내에서 활동하던 독일 스파이들을 색출했다. 이중 일부는 전향시켜 이중스파이로 역이용했다.[81] 이들은 MI5의 부서 중 'B' 디비전(division)에서 관리하였다. 영국은 이들을 이용해 독일에게 치명상을 입힐 기만작전을 구상하고 있었다. 기만작전을 위해서는 이들이 영국에서 성공적으로 스파이 활동을 수행하고 있는 것처럼 보여야 했고 이들이 독일에 보낼 정보가 필요했다. 이 정보는 군이나 정부에서 나와야 했다. 더 큰 문제는 독일 공군이 폭격할 표적까지 결정해 제공해야 했다. 영국정부는 기만작전에서 발생한 문제를 해결하기 위해 1941년 20위원회(XX, double cross)를 구성했다. 20위원회는 총사령부(GHQ), 본토방위군, 공군정보부, 공군기만부, 해군정보부, MI5, MI6 등 관계당국이 모여 기만작전(deception operation) 성공을 위해 전향한 독일 스파이가 송신할 내용을 제공했다. 그리고 검거 되지 않은 독일 스파이가 20위원회가 제공한 내용과 다른 내용을 독일에 송신하는 것을 방지하기 위해 통신보안부(RSS, Radio Security Service)를 설치했다. 이런 일련의 조치로 영국 정보부는 독일 스파이를 이중스파이로 활용할 수 있었다. 영국의 거대한 기만작전으로 독일군은 1944년 연합군이 노르망디로 상륙할 수 있다는 여러 징후가 존재 했음에도 불구하고 독일 스파이들이 보낸 송신내용만 믿고 칼레로 병력을 집중하여 연합군의 노르망디 상륙을 허용했다. 나치 독일 정보부[82]가 영국 정보부의 기만작전에 속아 패전의 길로 가게 된 가장 큰 이유는 독일군 정보부 압베르(Abwehr)와 나치 보안본부(RSHA) 간 조정기능이 없었고 두 기관을 동시에 통제할 중앙 조직도 없었기 때문이었다.

제2차 세계대전 후 유럽 지역에서는 냉전의 징후가 보이기 시작했다. 미국은 소련

80) 1939년 영국의 GCCS는 런던 북방 80Km 위치한 블레칠리 파크(Bletchley Park)로 이전하여 제2차 세계대전 기간 대략 10,000명의 요원이 감청과 암호해석(code breaking)에 종사하여 전쟁 승리에 주요한 역할을 했다.

81) Terry Crowdy(2006), pp.250–252.

82) 전체주의 국가는 기능이 다른 두 개의 정보기관이 발달하게 된다. 나치 독일의 암트(Amt, SD), 압베르(Abwehr)와 소련 볼셰비키의 체카와 트로츠키의 GRU처럼, 독재당과 군이 정보기관을 각각 보유하게 된다.

위성국가들의 정보활동에 대응하기 위해 미군 정보부 통제하에 독일군 전직 정보장교를 중심으로 베를린에 소규모 정보기구를 구성하고 방첩활동 위주의 소극적 정보활동을 시작했다. 하지만 여전히 공산권 국가에 대한 정보가 부족했다. 트루먼 대통령은 공산세력 확장을 막고 효과적인 정보활동을 위해 제2차 세계대전 당시 활동하던 OSS(전략사무국) 같은 첩보조직을 상설 조직으로 만들 필요가 있다고 판단했다.[83] 1947년 트루먼 대통령은 국가안보법(National Security Act)을 제정했고 이 법률을 근거로 국가안전보장회의(NSC), 중앙정보부(CIA), 국방부(DOD) 등을 신설했다. 트루먼 대통령은 중앙정보부가 효율적인 정보기관으로 기능할 수 있도록 정부 부처간 조정기능과 비밀공작의 조정기능을 부여하고, 정보기관이 권력화 하는 것을 막기 위해 정보 독점방지기능을 갖추었다. 당시 중앙정보부는 국내정보는 간여할 수 없었고 수사권도 없었다. 오직 국외정보업무에만 집중했다.

이때 중앙정보부(CIA)에 정보조정기능을 부여한 이유는 국가위기상황이 발생하기 전에 조기경보를 할 수 있도록 하여 위기상황에 효율적으로 대비하기 위해서였다. 만약 제2차 세계대전 당시 군이 가지고 있던 일본군 정보를 국무부에 제공하고, 국무부는 일본과의 협상내용을 군에 제공하는 등 군과 행정부 간에 적절한 정보소통이 이루어졌다면, 진주만 공격을 막을 수도 있었다고 믿었기 때문이다.

베를린 봉쇄사건 이후 미국은 공산세력 확장을 막기 위해 모든 수단을 사용할 수 있는 비밀공작이 필요했다. 1949년 CIA 부장은 공무원법과는 별개로 요원을 비밀리에 고용할 수 있도록 CIA규정을 개정했다. 개정된 CIA규정에 의하면 비밀리에 선발된 요원의 신원과 급여, 규모는 모두 비공개로 처리할 수 있었고, 비밀공작 예산은 의회의 사전승인이나 사후보고 절차 및 영수증 없이도 집행할 수 있었다. 그럼에도 1950년 중앙정보부는 북한군의 기습남침을 예측하지 못했다. 연이어 1951년 1월 중공군의 반격에 대한 사전인지도 실패했다. 이를 계기로 1952년 10월 군에 있던 통신감청부대인 AFSA(Armed Forced Security Agency)를 모체로 육 · 해 · 공군에 산재해 있던 신호정보부대를 통합, 국가차원의 통신정보 수집기관인 NSA(National Security Agency)를 신설했다.

6 · 25를 시작으로 냉전이 심화되던 1950년대 CIA는 남유럽을 비롯한 여러 국가에서 공산세력 확장을 저지하기 위한 비밀공작을 주도했다. 그러던 1960년 5월 소

83) 김권혁, "국가정보공학 인력육성 및 지원점검", (서울: 국회입법조사처, 2007), pp.18-23.

련상공에서 미국 첩보기 U-2가 SA-2 미사일을 맞고 추락하는 사건이 발생했다. 미국은 이 일을 계기로 소련 대공미사일의 사정거리에 대한 걱정 없이 핵미사일정보를 수집하기 위해 스파이 위성 '코로나'를 개발하였다. 그리고 스파이 위성을 비밀리에 발사하고 운용하기 위해 NRO(National Reconnaissance Office)를 1960년 8월 신설했다. NRO는 현재 모든 군사용 위성의 발사와 운용을 담당하고 있다. 또한 코로나위성과 U-2, SR-71이 수집한 영상을 분석하기 위해 NPIC(National Photographic Interpretation Center)를 1961년 1월 신설했다. 이 NPIC가 바로 쿠바와 세계에 위치한 소련의 핵미사일 기지를 확인했던 곳이다. 1961년 쿠바 피그만 사건 이후 미국은 소련의 군사적 팽창에 대한 적극적이고 공세적인 조치가 필요했고, 군사원조를 병행한 비밀 군사작전도 펼쳤다. 각 군에 있던 정보기관들의 역량으로는 이를 수행하기 부족했다. 그 결과 1961년 10월 국방부에 DIA(Defense Intelligence Agency)가 신설됐다.

월남전 후 군사작전에서 공지전 개념이 폭넓게 적용되기 시작하고 순항미사일이 개발되면서 지도 및 영상의 수요가 급증했다. 이에 따라 미국은 1972년 DMA(Defence Mapping Agency)를 신설했고 같은 시기 NSA에 CSS(Central Security Service)의 암호기능을 포함시켰다. 이후 중앙정보부를 해외정보처(Foreign Intelligence Agency)로 축소하자는 의견, 중앙정보부장의 정보기관 조정기능강화 제안, 국회의원과 보좌관의 비밀누설에 대한 강화된 처벌 요구, NSA와 NRO를 TCA(Technical Collection Agency)로 만들자는 제안, 1970년대 오일쇼크와 브레턴우즈체제 해체 등으로 인한 경제위기와 대량살상무기의 확산 가능성, 신기술의 발전에 맞춘 조직의 개편 요구, 비밀공작이 국가안보에 필요하다는 점을 인정하고 비밀공작의 유지결정, 냉전 후 도래할 새로운 국제질서에 대한 준비 제안 등이 있었으나 기본 틀의 변함없이 냉전 해체를 맞았다.

1991년 이라크는 쿠웨이트 국경지대의 유전 소유권을 주장하며 쿠웨이트를 침공했다. 미군 주도의 다국적군이 참전, 쿠웨이트를 수복하고 이라크에 비행금지선을 지정했다. 1차 걸프전은 C4ISR과 정밀폭격으로 전쟁의 새로운 장을 열었다. 동시에 적의 컴퓨터 망을 감시하며 적 컴퓨터나 시스템장비 또는 소프트웨어의 오작동을 유발하고, 적의 장비를 무력화 시키는 스파이프로그램[84]도 처음 사용되었다.

84) 냉전기간 소련이 미국에서 운용하는 효율적인 파이프라인 통제프로그램에 관심을 갖고 있다는 사실을 확인한 미국은 표시나지 않게 오작동하는 스파이프로그램을 소련 스파이에게 제공하여 결국 시베리아를 관통하는 파이프라인을 폭발시킨 적도 있었다(Thomas C. Reed, *At the abyss : Insider's history of cold war,* (Ballantine Books, 2005)).

대표적인 사례가 이라크로 수출하는 레이저프린터에 스파이프로그램(agent software)을 심어 판매한 것이다. 스파이프로그램은 미국 공습 시간에 이라크 방공장비와 지휘통제장비를 오작동하게 만들었다. 미군은 이라크군의 저항 없이 공습을 감행할 수 있었다. 덕분에 미군과 연합군 전사자는 소수에 불과했다. 문제는 소수의 전사자 중 상당수가 아군포화에 의해 사망했다는 사실이었다. 이유는 미국이 사용하는 좌표체계와 나토군이 사용하는 좌표체계가 서로 달라 오폭이 일어난 것이었다. 이 사건을 계기로 미군은 탈냉전 후 새로 추가된 분쟁지역에 대한 높은 신뢰도의 표적정보와 나토군을 비롯한 주요 우방국과의 연합작전에 필요한 지형정보체계의 구축이 필요했다. 이에 1996년 CIA의 영상정보와 DMA의 지형정보, 그리고 기타 관련 부서의 정보자산을 모아 NIMA(National Imagery and Mapping Agency)를 창설했다.

1차 걸프전 이후의 국제사회는 구소련의 핵안전문제, 냉전 붕괴를 틈탄 불량국가들의 부상, 냉전체제 이전 상태로 독립을 원하는 민족간 인종청소문제, 이슬람 극단주의자의 테러활동, 남미 반군의 불법행위, 다국적 조직범죄의 급증, 컴퓨터 해커들의 사이버 공격 등과 같은 다양한 정보환경을 발생시키기 시작했다. 이 시기 정보기관은 대규모 구조조정 때문에 발생하는 문제를 해결해야 했으며, 동시에 새로운 정보수요와 정보환경[85]에 적응하기 위해 나름대로의 혁신을 시도하고 있었다.

그러던 2001년 9월 11일 알카에다가 미국 본토 뉴욕무역센터에 테러공격을 가했다. 미국 본토가 공격당한 것은 처음 있는 일이라 미국뿐만 아니라 세계가 경악했고 미국은 즉각 테러공격에 대한 응징차원에서 아프카니스탄과 이라크를 순차적으로 공격했다. 테러집단을 후원하는 반군세력과 독재정부를 제거하고 그곳에 민주정부가 들어설 때까지 군정을 실시했다. 군정기간 주변 각국에 은신중인 테러 조직들이 아프카니스탄과 이라크로 집결, 험준한 산악지역과 민간인 속에서 숨어 테러활동을 계속했다. 테러와의 전쟁 현장에서 신속한 정보 배포가 필요했는데 국가급 정보기관에서 처리된 정보는 비밀등급 분류로 인해 전투 현장에는 배포하기 어려웠다. 미국 국방부는 이런 문제를 해결하고 테러와의 전쟁에 효과적인 정보지원을 위해 정보참모본부를 창설했다. 같은 맥락에서 2003년 4월에는 국방부 산하 8개 정보기관의 조직과 예산을 담당하는 차관(USDI, Under-Secretary of Defense for Intelligence)직도 신설했다. 같은 해

85) 탈냉전으로 군사용 첨단기술의 상업화로 산업스파이의 활동이 증가했고, 정보통신의 급속한 발전으로 고성능의 PC, 전자우편, 인터넷, 그리고 휴대전화기의 보급과 함께 사이버위협 또한 증가했다.

11월 테러와의 전쟁에 필요한 전투정보의 효율적 융합을 위해 NIMA를 NGA(National Geospatial-Intelligence Agency)로 변경하고 임무 수행에 적합한 본부 건물을 신축하고 기능을 확대했다.

9 · 11테러 이후, 테러와의 전쟁을 수행하면서 한편으로는 정보기구 개혁에 대한 논의가 지속적으로 이루어졌다. 핵심 이슈는 '알 카에다'가 항공기를 이용해서 미국본토를 공격한다는 사실을 사전에 알고 있었는데, 정보공동체의 어떤 기능이 부족해서 언제 어디를 공격할 것인지에 대한 전술적 조기경보를 못했으며 왜 막지 못했냐는 것이었다. 결국 미국의 정보공동체(IC: Intelligence Community)에 대한 9 · 11테러 책임론'에 대한 여론이 높아지자 미정부와 의회는 결국 정보시스템 전반을 개편하기 위해 3년 동안 광범위한 조사[86]와 연구를 거쳤다. 결국 2004년 대대적인 정보기관 개편으로 16개 정보기관의 예산편성을 총괄하고 지휘 · 감독하는 국가정보장실(ODNI: Office of the Director of National Intelligence)을 신설했고 테러에 대한 신속한 전술경보와 대응을 위해 대테러센터(NCTC)도 설립했다. NCTC는 그 때까지 분산됐던 국내외정보 중 테러관련 정보를 통합관리하게 되었고, 정보와 수사의 협조체제도 강화되었다. 그리고 카터 정부가 법으로 금지시킨 암살도 사실상 허용하게 됐고 대테러 비밀공작을 위해 CIA와 DIA의 인간정보(HUMINT) 능력을 강화했다. 2007년 15개 기관에 분산된 테러관련 정보공유에 효율성을 높이기 위해 정보공유상황실(ISE)도 신설했다. 테러와의 전쟁에서 정규전 중심의 대반군작전(COIN: Counterinsurgency) 수행과 동시에 무인 정찰기와 특수부대를 동원해 정밀타격을 하는 대테러작전을 동시에 수행했다. 그 결과 파키스탄에 은신하고 있던 빈라덴은 미해군 특수부대에 의해 2011년 5월 사살되었다.

---

86) 미국은 국가정보기관 개편에서 다음과 같은 교훈을 얻었다고 한다. 먼저 도덕성의 잣대로 판단해서는 안 되는 비밀공작은 반드시 필요한 것이지만 규정을 만들어 그대로 진행해야 한다는 점, 핵 문제의 최전선은 정보에 있지 군사력이 아니라는 점, 한 명의 유능한 요원을 교육시키고 훈련하는데 많은 시간과 노력 그리고 인내심이 필요하다는 점, 무능하고 경험도 없으며 상상력마저 부족한 지휘관들은 조직에 전혀 도움이 안 된다는 점, 훌륭한 인재를 선발하는 것이 정보활동에서 가장 중요하다는 점, 정보기관끼리 경쟁을 하면 업무는 중복되고 효율성은 떨어지게 된다는 점, 그리고 통신 감청팀과 비밀 공작팀, 외교부는 긴밀히 협조해야만 한다는 점, 정보 분석관은 자의식 때문에 타 기관의 정보나 의견을 무시하는 경향이 있다는 점, 정보기관은 자기 기관의 관점에서 정보를 평가한다는 점. 정보의 종합 · 판단 과정에서 편견을 버리고 다양한 시각을 가져야 한다는 점, 정보수집도 경제원리를 따라야 한다는 점 등이 그것이다. 김권혁(2007), p.23.

>> 참고문헌

National Intelligence Studies

국가정보포럼. 『국가정보학』. 서울: 박영사, 2007.

김권혁. "국가정보공학 인력육성 및 지원점검". 서울: 국회입법조사처, 2007.

앙투안 앙리 조미니(이내주 옮김). 『전쟁술』. 서울: 책세상, 2010.

운노 히로시(안소현 옮김). 『스파이의 세계사』. 서울: 시간과 공간사, 2005.

최평길. 『국가정보학』. 서울: 박영사, 2012.

카를 폰 클라우제비츠(유제승 옮김). 『전쟁론』. 서울: 책세상, 2005.

Jennifer E. Sims and Burton Gerber, ed. *Transforming US Intelligence*. Washington DC: Georgetown University Press, 2005.

R.M Sheldon. *Espionage in the ancient world*. Jefferson, NC : Mcfarland & Co., 2008.

Roger Z. George & Robert D. Kline. *Intelligence and the National Security Strategist*. Maryland : Rowman & Littlefield, 2006.

Terry Crowdy. The Enemy Within: *A History of Spies, Spymasters, and Espionage*. NY: Osprey, 2006.

|제4장| 국가정보의 순환과정

제1절 국가정보 순환과정의 의의

모든 생명체는 외부의 환경변화에 잘 적응하고 생존해 나가기 위해 고유의 정보 순환체계를 지닌다. 예를 들어 곤충과 같은 단순한 생물에게 더듬이나 신경망은 충분한 정보순환체계가 된다. 그러나 국가의 경우에는 매우 복잡하고 정교한 정보순환체계가 필요하다. 이를 갖추지 못한 국가들은 적자생존의 냉혹한 국제사회에서 생존과 안보를 위협당할 수밖에 없기 때문이다. 강력한 경찰력을 보유한 상위 권위체가 없다는 점에서 국제사회는 본질적으로 무정부상태이다.[1] 따라서 각 국가는 주변국의 움직임을 늘 경계하며 안보를 위한 자구책(self-help)을 강구하게 되고, 이를 위해 국가 차원의 정보기구를 설립하며 체계적으로 정보를 수집 · 분석하여 순환시킨다.

정보의 순환과정(intelligence cycle)은 정보의 요구와 함께 시작된다. 정보수요가 발생하면 국가정보기구는 필요한 첩보수집 계획을 수립한다. 국가수반, 국방부, 혹은 기타 국가안보기구 등의 최고책임자가 요구한 정보를 국가정보목표 우선순위(PNIO)에 따라 분류하고, 적합한 방법의 첩보수집 수단을 선택한다. 이에 따라 정보관이 수집한 내용을 '첩보'(information)라고 하며 이는 신뢰성과 기밀성을 확보한 '정보'(intelligence)와는 구별된다. 첩보에서 정보로 가공되어 부가가치가 형성되기 위해서는 우선 분석관이 이해할 수 있는 형태로 해독되는 첩보처리 과정을 거친다. 이해될 수 있도록 처리된 첩보는 전문 정보분석관의 손에 들어가면서 정보의 생산과정이 시작된다. 수많은 사실들과의 연관관계와 그 의미를 해석할 수 있는 사람이 아니면 해독된 자료라도 정보로 완성될 수 없다.

1) Kenneth Waltz, *Theory of International Politics*, (Reading, MA: Addison-Wesley Publishing Company, 1979).

그림 4-1 정보의 순환과정

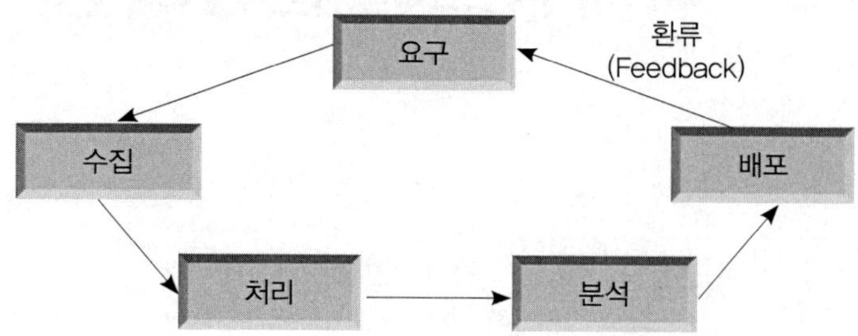

분석이 완료되어 생산된 정보는 곧바로 정보소요 제기자에게 전달되며 이렇게 첩보수집과 분석을 통하여 생산된 정보가 정보수요자에게 전달되어 정책결정에 활용되는 순간 하나의 정보순환과정이 완료되는 것으로 본다. 정보순환과정은 일회성이 아닌 경우도 많다. 정보가 불완전하거나 불확실할 경우에 원래의 정보요구에 추가적인 요구가 덧붙여져서 새로운 정보소요가 발생한다. 이때 해당정보의 효용가치에 대한 정보수요자의 평가가 내려지게 되며 이러한 과정을 정보의 환류(Feedback)라고 부른다.

이상의 내용을 정리하여 보면, 정보순환 과정은 요구-수집-처리-분석-배포의 과정을 되풀이 한다는 사실을 알 수 있다.

정보가 순환되는 속도는 나라별로 다르다. 빠른 정보순환 과정과 동시에 양질의 정보를 생산하는 국가가 있는 반면 그렇지 못한 국가도 있는 것이다. 역사를 돌이켜 보면 정보의 순환과정이 빠른 나라는 운동신경이 뛰어난 권투선수가 사각의 링에서 승리자로 영광을 누리듯이 우승열패의 국제사회에서 승자로 군림하였다. 반대로 정보순환과정이 마비되어 있거나 느린 국가는 급변하는 국제정세에 적응하지 못하고 도태되는 운명을 맞이하였다. 19세기 한국과 중국은 국제정세의 새로운 흐름을 읽지 못하고 해외정보에 어두워 결국 국난을 맞이한 바 있다.[2)]

정보공동체의 역량(Intelligence Community Capacity)은 정보순환의 속도를 가름하는 역할을 한다는 점에서 매우 중요하다. 정찰위성의 유무 또는 영상 해상도와 같은 정보기술의 격차 외에도 국가정보공동체 모사회(母社會)의 정보수집 문화와 같은 요소

---

2) Key-Hiuk Kim, *The Last Phase of the East Asian World Order: Korea, Japan, and the Chinese Empire*, 1860-1882, (Berkeley: University of California Press, 1980).

도 정보역량의 차이를 낳는다. 즉 물을 잘 빨아들이는 스펀지와 같은 사회가 있는 반면 고무처럼 정보를 잘 소화하지 못하는 사회가 있다. 최근 한국 사회는 국제 통신기기 시장의 실험무대(Test Bed)와 같은 역할을 하고 있다. 스마트폰의 기능이나 처리 속도가 가장 빠르며 인구대비 보유 대수도 많다. 그만큼 한국 사회는 다른 나라보다 많은 정보가 소통되고 소비가 되는 정보대국이라고 할 수 있다. 이처럼 효과적인 정보통신 인프라와 높은 정보 소비욕구를 지닌 시민사회가 테러분자 색출이나 산업정보 방첩을 위한 정보순환 네트워크의 일부로 기능할 수 있다면, 이는 강력한 민관정보공동체의 발전으로 이어질 수 있을 것이다.[3)]

제2절 정보요구

정보는 반드시 대립적인 상황, 즉 외부의 위협을 파악하여 그에 대응하기 위해서만 필요한 것은 아니다. 군비감축이나 공동기술 개발 등 국제적인 협력을 위해서도 정보는 요구된다. 타국과의 협력을 성사시키려면 해당 국가의 의도와 숨겨진 역량을 알아야 하기 때문이다. 죄수의 딜레마(Prisoners' Dilemma Game) 이론은 상대방의 의도를 알지 못하는 데에서 발생하는 협력기회의 상실을 설명해 준다. 이것은 또한 정보의 부족이 국제사회의 협력을 방해할 수 있음을 시사한다. 정보는 국가안보를 위한 자산일 뿐 아니라, 국제협력을 촉진하고 유지하는 중요한 인프라가 된다. 국가뿐만 아니라 국제협력의 주체인 기업이나 국제기구 등의 비정부기구(NGO)들도 정보순환과정에 참여하여 정보를 요구할 수 있다. 최근에는 군이나 대테러 기관 같은 국가기관 외에도 시민사회가 정보순환 과정에 참여하는 경우가 증가하고 있다. 특히 민주화된 사회일수록 투명한 정보의 공개를 요구하는 경향이 강해서, 시민들이 자발적으로 정보생산에 참여하는 경우도 있다. 이처럼 확장된 정보공동체의 시각에서 보면 국가정보의 요구주체는 국가원수나 군 지휘관뿐 아니라 비정부기구와 개인까지 포함된다. 그러나 이

3) 이러한 테러방지를 위한 민관협력 대응네트워크는 기존의 테러 개설서에도 아직 충분히 소개되어 있지 않다. 大泉光一 저, 강영숙 · 이민용 역, 『테러의 이해』, (서울: 백산출판사, 2002); Gus Martin 저, 김계동 외 역, 『테러리즘-개념과 쟁점』, (서울: 명인문화사, 2008).

책에서는 정보요구의 주체를 국가와 국가의 핵심 의사결정자로 한정하기로 한다.

정보공동체의 역량은 제한되어 있어 모든 정보요구를 충족시킬 수가 없으므로, 정보공동체의 총책임자는 연간 정보활동의 지침이 되는 국가정보목표순위(PNIO: Priorities of National Intelligence Objectives)를 부문정보기관에게 전달한다. 정보우선순위가 결정되면 각 부문 정보기관은 상위 지침에 의거하여 수집활동의 순위를 정한 첩보 기본요소(EFI: Essential Element of Information)를 작성하며, 이에 따라 통상적인 정보활동이 시작된다. 그러나 정보환경의 급격한 변화로 인하거나 새로운 정보수요가 발생하여 정보수요자가 별도의 정보요구를 하게 될 경우에는 이런 정보요청을 별도정보요청(OIR: Other Intelligence Requirements)이라고 한다.[4] 한편 정보요구를 충족시키기 위해 분석부서 또는 본부에서 수집부서에 대해 구체적인 첩보수집을 요청할 경우에는 특별첩보요청(SRI: Special Requirements for Information)이라고 부르며 이렇듯 시급하게 요구된 사항은 우선적으로 처리된다.[5]

정보요구의 성격은 다양하다. 역사적으로 조선시대 선조의 정보요구는 방어적 정보요구의 대표적인 사례이다. 일본 도요토미 정권이 전쟁 도발의 징후를 보이자, 선조는 도요토미 히데요시의 조선 침략 의지를 파악하기 위해 사신을 보낸다. 이때 황윤길과 김성일이 각각 정사와 부사로 파견되었다. 그런데 김성일은 당시 집권세력인 동인에 속해 있었다. 따라서 당파적 이해관계에 얽매인 그가 선조에게 일본의 침략가능성이 없다고 보고하자 결과적으로 조선 왕조는 존망의 위기에 처하게 되었다.

또한 어떤 경우에는 해당 정보를 요구하는 이유가 무엇인지 분명하게 파악되지 않기도 한다. 정보요구의 기저에 겉으로 드러나는 것보다 포괄적이고 장기적인 목적이 존재하기 때문이다. 제국주의 일본이 러일전쟁에 승리하고 요동반도의 주요 거점을 장악한 뒤 설립한 만주철도주식회사에게 부여된 과제가 여기에 속한다. 당시 일본은 동경대 출신의 엘리트를 모아 관동군 참모부 정보부서와 긴밀한 협조하에 만주지역에 대한 세밀한 인문지리와 역사에 대한 연구를 지시하였다. 일본은 이를 통해 생산된 정보를 바탕에 두고, 1931년의 유조구 사건을 빌미삼아 만주국을 수립하였으며, 사실상 만주를 지배하는 제국주의 팽창을 시도하였다.[6] 이때의 정보요구는 정책결심을

4) 국가정보포럼, 『국가정보학』, (서울: 박영사, 2006), p.40. 별도정보요청은 기타정보요청이라고도 한다.
5) 위의 책, p.40.
6) 이기택, 『국제정치사』, (서울: 일신사, 1983), pp.332-337; 성황용, 『근대동양외교사』, (서울: 명지사, 1993), pp.422-443.

위해 필요한 단순명료한 사실관계에 대한 것이 아니라 종합적이고 심층적인 정보의 집합으로서 학문적인 조사보고서에 가까운 것이었다. 특별히 국방정보에서는 이처럼 상대편 국가의 주요 인물정보, 경제정보, 정치사회 정보, 운송 및 통신체계 정보, 지리 정보를 종합적으로 요구하는 것을 전략정보라고 하는데,[7] 이는 현재 상황에서 즉시 처리할 현안이 없는 경우임에도 장기적인 목적에서 정보를 생산하는 것을 의미한다.

제3절 첩보수집

각 정보기관의 첩보수집부서는 첩보 기본요소에 따라 계획을 수립하고 실행한다. 첩보의 수집은 국가정책의 수립 및 집행을 지원하는 정보생산을 위한 1차적인 정보활동이자 기본 토대가 된다. 효과적인 첩보수집을 위해서는 다양한 첩보의 출처(Sources of Information)를 확보하고 이용하는 것이 중요하다. 일반적으로 첩보의 출처란 "첩보를 획득할 수 있는 사람, 장치, 시스템 또는 활동"을 의미하는 데 대체로 사람을 활용하는 수집방법(HUMINT), 기술적인 수단에 의존하는 방법(TECHINT), 공개출처수집방법(OSINT) 등이 있다.[8]

역사적으로 가장 오래 되고 빈번하게 사용되는 수집유형은 인간정보(HUMINT) 활동이다. 춘추전국시대 말기 연나라의 장수 진개는 고조선에 인질로 잡혀 있는 동안 군비태세를 샅샅이 눈에 익혀두었다가 본국에 귀환하자 이 정보를 활용하여 고조선을 한때 위기에 처하게 했던 적이 있다.[9] 인간정보 활동에는 위험한 침투공작이 수반되기도 하므로 정보원의 신분이나 의도를 속여야 하는 경우가 많다. 일례로 고구려 장수왕 때 백제 개로왕의 측근이 되기 위해 침투한 승려 도림이 있다. 도림은 바둑을 좋아하는 개로왕의 취미를 이용하여 그에게 가까이 접근한 뒤, 백제에 대한 모든 기밀정보를 수집하고는 도주하였다. 백제의 외교 상황과 지형 및 국내 정황을 완벽하게 파악한 장수왕은 손쉽게 백제의 한성을 점령하고 이어서 충주(중원)까지 세력을 확장할 수 있었다.

7) US DIA Joint Military Intelligence Training Center, *Intelligence Analyst Course Textbook 2000*, (Washington, D.C.: Joint Military Intelligence Training Center, 2000), p.II-3-2.

8) 국가정보포럼(2006), pp.40-41.

9) 신채호 저, 박기봉 역, 『조선상고사』, (서울: 비봉출판사, 2006), pp.125-126.

인간정보 활동은 정보관, 공작원, 협조자 등 다양한 유형의 사람을 통해 이루어진다. 전시의 경우에는 포로 역시 중요한 정보 수집원이 되고, 여행자,[10] 유학생, 이중첩자,[11] 망명자나 상대국의 불만세력 또한 중요한 정보 제공자가 될 수 있다. 각국에 존재하는 언론사에서도 정보원의 역할을 찾아 볼 수 있는데, 이는 그들이 신뢰할 만한 정보를 매일 시장에 내놓기 때문이다. 이는 정보기관의 업무 중 상당부분을 민간조직이 수행하고 있는 것으로 해석할 수 있는데, 실제 국가정보의 원천으로서 효용가치가 높다. 대학교수나 연구소 연구원들의 역할도 중요한데, 이들은 개인의 학술조사 활동을 바탕으로 한 전문지식과 폭넓은 연구네트워크를 가지고 있기 때문에 이들에게 전화나 면담 등의 방법을 통해 고급 정보를 얻는 것이 가능하다. 특히 언론인이나 학자들은 공무원들이 접근할 수 없는 인물 및 조직에 네트워크를 가지고 있는 경우가 많기 때문에, 이들을 통한 인간정보 확보는 비용대비 효과가 높은 중요한 수단이 될 수 있다.

인터넷에도 무한한 정보가 유통되고 있으며 데이터 마이닝 기법으로 조사하면 눈에 보이지는 않지만 의미가 있는 중요한 정보를 찾아내는 것이 어렵지 않다. 유효한 네트워크를 찾아내기 위해 정보기관이 민간 연구소에 서베이 방식의 연구용역을 발주할 수도 있다. 예를 들어 일본 기업인들에게 저녁 9시에 술을 마신다면 누구와 하겠는지 3명을 써보라고 설문조사를 하고 네트워크 분석기법을 적용하면 숨겨진 인맥지도를 찾아낼 수 있다.

과거에는 인간정보(HUMINT)가 주요한 첩보수집방식이었으나 오늘날에는 과학기술의 발달과 함께 다양한 종류의 기술정보(TECHINT) 활동이 활용되고 있다. 기술정보의 대표적인 방식으로는 영상정보(IMINT), 신호정보(SIGINT), 징후계측정보(MASINT)가 있다. 우리나라의 경우, 백두 · 금강과 같은 정보인프라 구축사업을 통하여 유인정찰기 및 무인정찰기, 그리고 인공위성에서의 촬영 등으로 영상정보수요를 충족시키고 있다. 과거 미국이 쿠바의 미사일 위기를 감지해 낼 수 있던 것도 유인정찰기와 정찰위성으로 소련의 미사일 설치 장면을 촬영할 수 있었기에 가능했다. 현대의 정찰위성은 나날이 그 성능이 발전하고 있다. 미국의 경우 지상위의 지름 10cm에 이르는 물체까지 식별할 수가 있고 신문의 제목도 확인할 수 있다고 한다. 또한 위성에서는 광학장비 뿐 아니라 위성전자사진이나 레이더 영상사진 등 다양한 수단으로 첩보활동이

---

10) 김훈, 『KGB와 공작활동』, (서울: 대왕사, 1989), pp.45-79.

11) 염돈재, "첩보수집론", 문정인 편저, 『국가정보론』, (서울: 박영사, 2002), pp.92-99.

가능하다.[12)]

한편 상대국의 의도를 파악하기 위하여 통신, 전자, 레이다 등 신호를 통해 전달되는 첩보를 수집하는 활동을 신호정보(SIGNIT: Signal Intelligence)수집이라고 한다. 이러한 신호정보에는 유무선 통신매체로 전달되는 내용을 수집하는 통신정보(COMINT)와 전자정보(ELINT), 레이더정보(RADINT) 수집 등이 포함된다. 불법적인 통신정보활동을 도청이라고 하고 합법적인 절차를 거치면 감청이라고 하는데 미국의 경우 NSA 에셜론(Echelon)이 방대한 감시 체계를 통해 이러한 기능을 담당하고 있다. 전화와 이메일 같은 통신정보(COMINT) 외에도 다양한 신호정보가 모두 첩보 수집의 대상이 된다. 레이더 신호, 레이저 정보, 적외선 정보, 핵물질 관련 정보 등이 여기에 포함된다. 또한 암호화된 통신정보를 해독하는 것도 기술정보에 포함된다. 제2차 세계대전 당시 미국이 일본 해군의 암호를 해독하여 미드웨이해전에서 승리한 것은 암호해독(cryptanalysis)의 중요성을 잘 말해 준다.

징후계측정보(MASINT: Measurement and Signatures Intelligence)는 영상도 아니고 통신도 아닌 기타 유형의 정보로서 적대국의 무기보유량이나 산업활동 실태를 파악하는 데 이용된다. 북한 영변 원자로의 핵활동을 추정하기 위해 주변 지역의 토양을 추출하거나 핵실험 후 지진파로 위력을 측정하는 것, 그리고 공기 중의 물질 검출을 통해 핵실험 여부를 측정하는 것이 여기에 포함된다.[13)]

비록 기술정보활동은 인간정보활동에 비해 비용이 많이 들고 수집체계 구축에 많은 시간이 소요되지만, 정보를 신속하게 수집하고 분석하여 배포할 수 있다는 장점을 가지고 있다. 미국이 ISR 등 탐지체계에서 수집된 정보를 최적의 타격체계에 실시간에 전달하여 고템포 작전을 가능하게 함으로써 전투력을 극적으로 증폭하려는 노력을 군사혁신(RMA: Revolution in Military Affairs)이라고 불렀다. 특히 짧은 시간에 방대한 군사정보를 처리하여 기민하게 대응수단을 식별해야 하는 미사일요격작전에는 기술정보가 가장 중요하다. 첩보수집에는 이처럼 다양한 수단이 있으나 신뢰도 높은 정보를 생산하기 위해서는 기술정보와 인간정보를 상호 보완적으로 활용하는 것이 요구된다.

12) J. T. 리첼슨, 조용관 역, 『칼과 방패-소련의 정보전략』, (서울: 고려원, 1989), pp.99-127.

13) Mark Lowental 저, 김계동 역, 『국가정보: 비밀에서 정책까지』, (서울: 명인문화사, 2008), pp.123-125.

제4절 첩보처리

첩보처리란 수집된 첩보를 분석에 이용될 수 있는 형태로 전환시키는 과정을 말한다.[14] 정보관이 해외에서 수집한 첩보는 본국으로 전달되는 과정에서의 노출을 피하고, 혹은 노출되더라도 그 내용이 유출되는 것을 막기 위해 주로 암호화된다. 따라서 암호화된 첩보는 이후 정보수요자가 이해할 수 있도록 암호해독장치를 통해 일반적인 문장으로 전환되어야 한다. 고대에 전서구(통신용 비둘기)나 봉화를 통해 적의 침입을 알릴 경우에도 사전에 약속된 방법에 따라 전방의 상황을 해석하였다. 또한 이순신 장군이 일본과 해전을 벌이는 동안 하늘에 띄웠던 연에도 이와 유사한 의미체계가 있었다. 일본군은 연을 보아도 그것이 뜻하는 바를 알 수 없었으나 아군은 전장의 상황을 인식할 수 있었던 것이다. 현대에도 해외 주재 외교관이 본부에 첩보를 보낼 때 암호전문으로 보내는 것이 기본이고 본부에서는 비암호화되어 일반 문서형태로 전달된다. 이처럼 첩보의 처리는 분석에 앞서 필수적인 정보순환 과정의 일부이다.

인간정보 수단에 의해 수집된 암호화된 자료를 해독하거나 비암호화하는 과정에는 다양한 기법이 있다. 또한 정보 수집수단이 인간정보에서 기술정보로 진화하면서 첩보처리의 기술과 처리 용량도 비약적으로 발전하고 있다. 일례로 영상정보의 경우, 이를 해독하는 사람에게는 오랜 기간 관찰 지역과 물체를 해독해 본 경험이 요구된다. 미공군이 고고도 정찰기인 U-2나 SR-71에서 촬영한 항공사진을 전문적으로 판독하는 부서를 운용하듯이 대부분 나라의 공군은 전문 사진판독가를 양성한다. 전파나 레이더와 같은 신호정보의 경우에는 보다 특정한 해독장치나 기술이 필요한 경우가 많다. 사람이 이메일을 쓸 때 컴퓨터 자판을 눌러 일반 문서를 작성하면 컴퓨터가 인식할 수 있는 기계어로 전환되고 반도체의 물리적 특성을 활용한 저장과정을 밟게 된다. 이때 저장된 정보는 2진법으로 표현된 신호체계인데 이메일을 받은 사람이 읽을 수 있도록 평상어로 도와주는 프로그램이 바로 첩보처리 기능에 해당된다.

군사작전이 수행되는 경우를 예로 들면 수집되는 첩보의 양이 방대하고 그 대상도 매우 많다는 것을 알 수 있다. 수중에서는 잠수함이 발생시키는 수중 소음 및 그것이 이동할 때 발생하는 해류의 변화, 대형 금속성 물체가 발생시키는 자장의 변화, 잠

14) 국가정보포럼(2006), p.43.

수함간 통신 등의 첩보가 발생하며, 공해를 관찰하는 레이더 스크린을 통해서도 항공기, 순항미사일, 탄도탄 등에 관한 첩보를 얻을 수 있다. 오늘날 적의 움직임을 파악하는 탐지체계는 지상레이더, 수상함의 레이더, 공중조기경보기 등으로 다양하기 때문에, 막대한 첩보를 작전사령관에게 간명하고 체계적으로 전달하기 위해 의미 있는 첩보를 선택하여 정보로 변환하는 작업은 무엇보다 중요하다. 지역 사령관은 작전사령부의 대형 화면에 현시된 전장상황의 흐름을 파악하며 자신에게 주어진 군사작전 목표를 충족하기 위해 노력하게 된다. 이때 수많은 군사첩보들이 실시간으로 처리되어 의미 있게 표현되도록 하는 장치가 통합전술지휘자동화체계(C4I: Command, Control, Communication, Computer and Intelligence)이다. 과거에는 입체도면 위에 적과 아군의 세력 모형을 수동으로 옮기며 전장상황을 파악하고 작전을 지휘했다. 하지만 현대에는 디지털화된 전장정보를 컴퓨터의 고속정보처리 능력을 활용하여 실시간에 처리하는 것이 보편화되어 있다.

최근에는 해외에서 발행되는 신문이나 잡지 등 공개간행물을 스캔한 뒤 해당 외국어 문자를 인식해서 자동번역기를 통해 번역하는 것이 기술적으로 가능해졌다. 미국의 국제정치학계 일부에서는 인공지능 연구의 일환으로서 궁극적으로 해외 사건발생에 대한 공개정보 속에서 패턴과 트렌드를 추적하여 위기를 예측하거나 상대국의 외교정책을 예측하는 시스템을 개발하고 있다. 이 과정에서 과거에는 기술적으로 불가능했던 일이 디지털정보 전환기술이 발전됨으로써 가능해지고 있다.

제5절 정보분석

1. 정보분석 절차

수집된 첩보 그 자체로서는 정보(intelligence)가 되지 못한다. 속담에 구슬도 꿰어야 보배라는 말이 있듯이 첩보는 분석과정을 거쳐서 정책결정자의 결심을 도와주는 기능을 할 수 있어야 의미 있는 정보가 된다. 현장에서 아무리 높은 가치의 첩보를 수집하였더라도 분석과정에서 면밀하게 그 의미를 해석하고 신뢰도를 평가받지 않으면 정보의 반열에 들지 못한다. 따라서 수집처리된 첩보는 공장에서 물건이 만들어지는 것과 같이 체계적이고 면밀한 분석의 과정을 거치게 된다. 정보분석은 이처럼 첩보로부터 중요한 사실관계를 확인하고 결론을 도출하여 정보를 생산해내는 과정이라고 할 수 있다.[15] 통상 이 과정은 평가→분석방법 선택→분석 실행→종합→해석/판단→보고서 작성으로 진행된다. 이 과정에서 중요한 것이 역정보나 기만정보를 걸러내기 위하여 지속적인 평가와 비교를 해야 한다는 것이다. 고대로부터 첩자를 통하여 거짓정보를 의도적으로 상대에게 누설하여 적을 기만하는 방법이 많이 사용되었다. 손자병법에 나오는 용간책 중에 사간(死間)이 바로 역정보를 흘리는 역할을 하는 사람이다.[16] 첫 단계의 평가뿐 아니라 당초에 제기된 정보요구에 비추어서 관련된 첩보를 융합하면서 분석할 때에도 기존의 가설 혹은 정설의 사실관계와 다른 것을 상호 비교하여 신뢰도의 평가를 거쳐야 한다.

정보기관에서 시행하는 해석과 분석의 방법론은 학계에서 활용하는 사회과학 연구방법과 유사하다. 단 국제정치학에서는 국가, 국제기구와 개인의 정치적 행동의 집합 속에서 일반적 법칙을 찾아내려고 하는 반면, 정보기관은 특정한 정보요구를 만족시키는데 집중하는 점이 다르다.

2. 정보분석 방법

분석의 방법은 분석 대상에 따라 달라질 수 있는데 단순한 상황중심의 현용정보는 고도의 분석 기법을 요하지 않는다. 적성국의 특정 무기개발 현황을 조사하기 위해서는 이론보다는 현장에서 확보되는 민감한 정보가 더욱 중요할 것이다. 이러한 유형의 정보요구는 무기 거래상과의 접촉, 관찰대상 과학자의 동향, 부품생산 공장의 가동, 관련 예산의 증감 등 여러 관련 정보를 종합해야 판단이 가능하기 때문이다.

관찰대상 국가의 미래의 행동, 장기적인 예측을 요하는 분석이나 트렌드의 변화를 식별하기 위해서는 경쟁적인 모델을 만들어 분석하는 경우가 많아지고 있다. 사회

15) 국가정보포럼, pp.44–45.

16) 死間은 병법36계의 反間計에 해당하는 것인데, 수집된 첩보 가운데 기만정보와 역정보를 판단하기 위해서는 36계에 있는 다양한 계략이 아닌지 하나씩 검토하는 것이 효과적이다. 瞞天過海, 聲東擊西, 無中生有, 暗渡陳倉, 笑裏藏刀, 金蟬脫殼, 上屋抽梯, 樹上開花, 空城計, 苦肉計 등이 기만책과 역정보 술책에 속한다. 오현리 편, 『병법36계』(서울: 김&정, 2008).

과학이 그러하듯이 방대한 자료 속에서 패턴과 법칙을 찾아내는 작업에는 계량적 연구방법이 효과적이다. 독립변수와 종속변수를 식별하고 이 변수들 간의 인과관계를 찾아내는 것은 사회과학에서 흔히 사용하는 통계학적 접근이다. 예를 들어 중국의 경제성장률을 판단하거나 예측하기 위해 경제성장에 영향을 주는 상호독립적인 독립변수들을 찾아내어 함수식으로 표현한 것이 다중회귀분석 방법이다. 반면 인간의 합리성을 전제로 기본적인 공리에 입각하여 행동의 원리를 만들어내고 이것으로 국가들의 행동을 설명하고 예측하는 기법도 발전되고 있다. 미국의 부르스 부에노 드 메스키타 교수가 선도한 기대효용이론은 높은 예측적중률을 인정받으면서 특정한 사안에 대한 예측수단으로 활용되고 있다.[17] 첩보가 빈약한 중국이나 북한의 권력실세의 위상 변화를 분석할 때는 공개자료를 모아 내용분석(content analysis) 기법[18]을 사용한다. 북한의 노동신문의 관련 기사 속에 특정인물의 등장 빈도, 최고 권력자와의 연관 언급 빈도 등을 시계열적으로 비교하는 방법이 한 예이다. 이 밖에 베이지안 기법, 의사결정 나무 기법, 시계열 분석, 추세분석, 델파이 기법, 시스템 다이나믹스 기법 등도 엄밀한 확률론이나 통계학적 기법을 사용하는 양적인 분석방법에 들어간다.[19]

또 다른 방법은 흔히 질적분석 방법(qualitative analytic technique)이라고 하는데 역할 연기 기법(role playing)이나 정치군사모의실험(PolMil game)과 같은 시뮬레이션 기법도 여기에 해당한다. 해당 지역 전문가를 마치 그 국가의 최고정책결정자인 것처럼 역할과 임무를 부여하고 특정 사안이 발생하였을 경우 어떻게 반응하고 또 상호작용하는가를 회의실에서 모여 입체적으로 모의실험해 보는 기법이다. 브레인스토밍(brain storming) 기법은 상상 가능한 모든 가설을 도출해 보기 위해 종종 사용한다. 이 밖에 핵심판단 기법, 경쟁가설 기법, 인과고리 기법, 분기분석(divergent analysis), 목표지도 작성(objectives mapping), 계층분석(hierarchy analysis), 역사사례 비교 기법 등도 질적 분석기법으로 분류한다.[20]

최근에는 양자역학의 발전에 따라 새롭게 정립된 존재론에 영향을 받은 복잡계이론이 정보학에 도입되고 있는데 프랙탈 이론, 네트워크 이론, 카오스 이론이 주목받고

17) Bueno de Mesquita, Bruce, *The War Trap*, (New Haven: Yale University Press, 1981).

18) 김웅진 외, 『정치학조사방법』, (서울: 명지사, 1996), pp.203-239; David Nachimias and Chava Nachimias, *Research Methods in the Social Sciences*, (New York: St. Martin's Press, 1987), pp.332-339.

19) 최평길, 『국가정보학』, (서울: 박영사, 2012), pp.331-367.

20) 국가정보포럼(2006), pp.96-101.

있다. 특히 논리실증주의의 기계론적 한계를 극복하는 과정에서 해석학, 현상학, 비판이론, 제한합리론, 정의론 등이 발전되어 중장기 정세예측에 선택적으로 활용되는 경향이 있다.[21)]

3. 정보분석 실패

분석 부서에서 생산한 정보가 모두 진실인 경우는 드물다. 여러 정보기관 전문가들이 치밀하게 분석한 정보라도 상대의 역정보 공작에 당하거나 중요한 첩보를 놓쳐 엉뚱한 예측을 하는 경우가 종종 있다. 이러한 정보실패는 왜 발생하는 것일까? 대표적인 이유는 거울효과 같은 인간의 인식과정의 결함에 있다. 보통 인간은 자신이 생각하고 행동하는 대로 상대도 그렇게 할 것이라고 믿는 경향이 있다. 이러한 결함을 극복하지 못하고 분석된 정보 보고는 사실은 자신의 희망사항을 고백한 것에 불과할 수 있다.

다른 유형의 대표적인 정보실패는 일본의 진주만 공격과 같이 징후가 계속 보고됨에도 불구하고 집단사고 증후군에 걸려 그 가능성을 묵살한 경우이다. 집단사고(group think)는 조직의 내부 단결을 중시하고 소수의견을 존중하지 않는 조직문화가 자리 잡고 있을 때 발생하기 쉽다. 유사한 정보실패가 조직 이기주의 때문에 발생할 수도 있다. 정보기관 간에 분석결과를 놓고 합의를 하는 과정에서도 정보실패가 발생한다. 예산획득에서 뒤지고 있다고 믿는 정보부서는 경쟁 정보부서가 높은 평가를 받는 것을 방해하다가 결국 정보실패를 낳는 경우도 있다.

정보실패는 분석관의 능력 결핍에서 오는 경우도 배제할 수 없다. 첩보전은 무력을 동원하지 않는 "지혜의 싸움"이다.[22)] 적대적인 A, B 두 개 나라가 정보전쟁을 하면서 치열하게 기만전술과 역정보를 교환할 때 누군가는 당하게 마련이다. 이러한 승패는 결국 전문성, 통찰력, 직관력, 판단력 등 지적인 능력의 차이 외에는 설명할 수 없

21) 최평길(2012), pp.368–393; 해석학과 구성주의의 문제의식을 반영하여 남송 대 주희의 우주론과 통합하여 국제사회의 거대담론인 핵 군비통제의 미래 전망에 적용한 연구로서 Chang-hee Nam, Kay-soon Chang, Heike Hermanns, "Nuclear Arms Control and the Hado-Nakseo model: a constructivist elements in the Yin-yang inversion process," Pierre Chabal ed., *Institutionalising Regions: East-Asian and European Perspectives on Regional Regime Dynamics*, (Paris: Apopsix, 2010), pp.217–235.

22) 최명호 편저, 『세계의 정보기관들』, (서울: 대왕사, 1988), pp.101–107.

다. 삼국지의 제갈공명은 상대 적장이나 책사보다 한수 위에서 기만하고 역정보를 능수능란하게 활용하여 늘 승리를 이끌었다.[23] 정보공동체의 수집역량 부족 혹은 정보공동체 내의 협조체계의 미비도 정보실패로 귀결되는 경우가 많다. 테러 계획과 연관된 조각 정보들은 많았으나 미국의 정보기관간의 협조와 공유가 미비하여 9 · 11 뉴욕테러라는 대형 정보실패로 이어졌던 것이 비근한 예이다.

4. 정보보고서 작성

적절한 분석방법을 잘 사용하여 정보실패의 온갖 함정을 극복하여 결정적인 정보를 생산했다고 하더라도 보고서로 완성되지 않으면 의미가 없다. 보고서는 알기 쉽게, 그리고 정보요구자의 궁금한 점을 충족시킬 수 있도록 최대한 맞춤형(tailored)으로 전달되어야 한다. 분량도 정보요구자가 소화할 수 있을 만큼 압축되어야 한다. 분석관에게는 그 보고서가 업무의 전부일지 모르지만 대통령이나 국방장관 같은 의사결정자에게는 수많은 검토보고서의 하나에 불과하기 때문에 장황한 보고서는 금물이다. 이렇게 완성된 보고서는 소요 기한을 넘기지 말고 적시에 전달되어야만 빛을 볼 수 있다. 그리고 정보요구자가 정보의 가치를 인정하고 추가로 제기할 사항에 대한 사전 준비를 하고 있다면 정보주기를 줄여서 정책판단 소요에 기민하게 부응할 수 있을 것이다.

제6절 정보배포

국가정보의 순환과정은 정보의 최종 수요자인 정보요구자에게 적시에 전달됨으로써 완결되는데 이처럼 최종적으로 정보가 전달되는 과정이 정보배포이다. 그러나 이런 정보배포가 정보순환과정의 마지막 단계이긴 하지만 이 과정에서 추가적인 정보수요가 발생할 경우에 다시 정보순환과정의 출발점인 정보요구로 환류(Feedback)가 되어지는 연계과정이기도 하다.[24] 정보배포시 특별히 고려해야 할 것은 어떤 정보를

23) 무경칠서인 육도삼략, 손자병법, 오자병법, 사마법, 울료자, 이위공문대는 모두 정보력과 보안을 승전의 요체로서 중시한다. 이충렬 편역, 『무경칠서』, (서울: 선, 1995).

24) 국가정보포럼(2006), p.46.

어떤 사람에게 어느 정도의 분량으로 보고하며 얼마나 신속하게 하고 어떤 형태의 보고를 취할 것인가이다. 매일매일 생산되는 수많은 정보 중에서 어떤 정보를 어떤 보고체계로 보고할 것인가는 이론적으로는 명확하게 규정할 수 있을지 모르지만 실무상에 있어서는 쉽게 결정하기가 어렵다.[25)]

대체로 현용정보의 순환주기는 하루나 일주일 정도로 짧지만 추이분석과 미래예측에 관련된 국가전략정보의 주기는 분기별, 연도별이 되고 장기 국가정보의 경우 몇 개년으로 길어질 수도 있다. 정보의 배포선은 I급 비밀문서(Top Secret)의 경우 최고정책결정자와 핵심 인물로 그 대상이 매우 제한된다. II · III급 비밀 또는 대외비는 배포선의 폭이 넓어지고 보안기준과 관리방법도 차별적으로 적용된다. 보고의 방법도 여러 가지가 있는데 전통적인 보고서 형식이 있고 보고 속도를 높이기 위해 전자문서 보고나 이메일에 첨부된 암호화된 문서로 할 수도 있다. 고도로 비밀이 요구되거나 민감한 사안일 경우 독대를 포함한 구두보고가 가능하다. 또한 파워포인트로 작성된 프레젠테이션이나 다수가 원격에서 공유할 수 있도록 화상회의를 이용하거나 동영상이 필요할 경우 영상자료화된 보고도 있다.[26)]

정보배포는 정보의 신뢰도와 가치에 대한 평가와 밀접한 관련이 있다. 귀중한 정보가 적시에 정보요구자에게 공급되면 위기의 극복, 외교적 성과, 전쟁의 승리, 협상의 성공 등 국가이익의 증대로 이어질 것이다. 백제의 근초고왕 때 산동성과 하북성 지역의 전연의 세력이 약화되자 고구려와 백제가 이 지역으로의 영토확장을 위해 경합하게 되었다. 369년 고구려의 고국원왕이 기선을 제압하기 위하여 기보병 2만명으로 백제의 치양을 공격하였다. 이때 고구려에서 도망갔다 다시 귀국한 사기라는 인물이 고구려의 군사훈련 실태와 주력부대의 위치에 대한 고급 정보를 백제군 사령관에게 보고하였다. 백제군은 붉은 깃발을 가진 부대가 고구려의 주력군이고 나머지는 오합지졸이라는 정보에 따라 주력부대에게 공격을 집중한 결과 예상대로 승전할 수 있었다. 백제는 이어 승세를 몰아 고구려에 앞서 대륙의 요서 진평으로 세력을 확장하여 발해만 전체에 대한 해상물류네트워크를 선점하는 이득을 얻게 되었던 것이다.[27)]

25) 위의 책, p.46.

26) 마이클 본 저, 신현돈 역, 『백악관 상황실-세계를 움직이는 중추신경센터』, (서울: 북키앙, 2003), pp.200−282.

27) 중국의 宋書, 梁書, 資治通鑑, 太白逸史와 고구려국본기, 삼국사기, 삼국유사에 백제의 요서 진평 통치와 중국 남조와의 동맹관계 및 동북아 패권을 둘러싼 정보전, 심리전에 대한 풍부한 기록이 나온다.

많은 정보들이 첨단 통신망을 통해 실시간으로 유통되게 되면서 정보의 배포 속도가 군의 전투력 증진에 중요한 역할을 하게 되었다. 미국이 선도했던 군사혁신은 감시체계인 센서(sensor)와 타격체계인 슈터(shooter) 간에 전투정보를 고도로 발전된 통합전술지휘자동화체계(C4I)를 통해 실시간에 최적으로 배분하는 구조를 발전시키는 노력을 의미한다. 실제 전투력 증폭효과가 입증되면서 미군은 군사변환(military transformation)이라는 이름하에 군사기획과 군 조직 운용에 전반적인 개혁을 추구하였다.[28] 전쟁 수행에 있어서도 모든 감시체계와 타격체계를 빈틈없는 체계로 묶어 정보의 생산자와 수요자간의 순환주기를 단순화하고 단축하는 네트워크 중심전(NCW, Network-Centric Warfare)의 개념이 발전되었다. 이러한 노력도 정보화 시대에 군의 효과적인 전투력 발휘에 있어서 정보 배포 속도가 얼마나 중요한가를 잘 말해 주고 있다.[29]

>> 참고문헌

National Intelligence Studies

권영근. 『미래전과 군사혁신』. 서울: 연경문화사, 1999.

국가정보포럼. 『국가정보학』. 서울: 박영사, 2006.

김웅진 외. 『정치학조사방법』. 서울: 명지사, 1996.

김훈. 『KGB와 공작활동』. 서울: 대왕사, 1989.

Lowental, Mark 저. 김계동 역. 『국가정보: 비밀에서 정책까지』. 서울: 명인문화사, 2008.

J. T. 리첼슨. 조용관 역. 『칼과 방패-소련의 정보전략』. 서울: 고려원, 1989.

마이클 본 저. 신현돈 역. 『백악관 상황실-세계를 움직이는 중추신경센터』. 서울: 북키앙, 2003.

Martin, Gus 저. 김계동 외 역. 『테러리즘-개념과 쟁점』. 서울: 명인문화사, 2008.

---

28) Office of Force Transformation, DoD, *Military Transformation: A Strategic Approach*, (Washington, DC: Department of Defense, 2003); Office of Force Transformation, DoD, *Elements of Defense Transformation*, (Washington, DC: Department of Defense, 2004); Office of Force Transformation, DoD, *The Implementation of Network-Centric Warfare*, (Washington, DC: Department of Defense, 2005); Donald Rumsfeld, "Transforming the Military," Foreign Affairs, Vol.81, No.3(2002 May/June).

29) 권영근, 『미래전과 군사혁신』, (서울: 연경문화사, 1999), pp.86-101.

문정인. 『국가정보론』. 서울: 박영사, 2002.
오현리 편. 『병법36계』. 서울: 김&정, 2008.
이근욱. 『왈츠 이후- 국제 정치이론의 변화와 발전』. 서울: 한울, 2009.
이기택. 『국제정치사』. 서울: 일신사, 1983.
이충렬 편역. 『무경칠서』. 서울: 선, 1995.
최명호 편저. 『세계의 정보기관들』. 서울: 대왕사, 1988.
최평길. 『국가정보학』. 서울: 박영사, 2012.
클라우제비츠 저. 류제승 역. 『전쟁론』. 서울: 책세상, 1998.
大泉光一 저. 강영숙 · 이민용 역. 『테러의 이해』. 서울: 백산출판사, 2002.
성황용. 『근대동양외교사』. 서울: 명지사, 1993.
손자. 박일봉 역. 『손자병법』. 서울: 육문사. 1982.
신채호 저. 박기봉 역.『조선상고사』. 서울: 비봉출판사, 2006.

Bueno de Mesquita, Bruce. *The War Trap*. New Haven: Yale University Press, 1981.

Chabal, Pierre ed.. *Institutionalising Regions: East-Asian and European Perspectives on Regional Regime Dynamics*. Paris: Apopsix, 2010.

Kim, Key-Hiuk. *The Last Phase of the East Asian World Order: Korea, Japan, and the Chinese Empire*, 1860-1882. Berkeley: University of California Press, 1980.

Mearsheimer, John. *The Tragedy of the Great Power Politics*. New York: Norton & Com, 2001.

Nachimias, David and Chava Nachimias. *Research Methods in the Social Sciences*. New York: St. Martin's Press, 1987.

Nam, Chang-hee, Kay-soon Chang, Heike Hermanns. "Nuclear Arms Control and the Hado-Nakseo model: a constructivist elements in the Yin-yang inversion process." Pierre Chabal ed. *Institutionalising Regions: East-Asian and European Perspectives on Regional Regime Dynamics*. Paris: Apopsix, 2010.

Schweller, Randall. "Bandwagoning for Profit: Bringing the Revisionist State Back In." *International Security*. Vol.19. No.1(Summer). 1994.

__________. *Deadly Imbalances: Tripolarity and Hitler's Strategy of World Conquest*. New York: Columbia University Press, 1998.

US DIA Joint Military Intelligence Training Center, *Intelligence Analyst Course Textbook 2000*. Washington, D.C.: Joint Military Intelligence Training Center, 2000.

Waltz, Kenneth. *Theory of International Politics*. Reading, MA: Addison-Wesley Publishing Company, 1979.

National Intelligence Studies > > >

| 제2편 |
국가정보 활동론

|제1장| 첩보수집

제1절 첩보수집 개관

1. 첩보수집의 개념

첩보수집은 모든 정보활동의 출발점으로서 정보생산, 비밀공작, 방첩활동 등에 필요한 첩보를 입수하여 공급하는 과정을 의미한다. 고대의 첩보수집 활동의 역사적 기록으로는 약 4,000여 년 전 고대 이집트에서 국경을 순찰중이던 바눔이라는 장군이 파라오의 명을 받아 적정을 탐지한 기록이 신성문자라고 하는 히에로글리프(hieroglyph)로 남아 있는 것이 있다.[1] 구약성서 민수기 13장에도 토착인들의 정세를 파악하기 위해 각 부족 대표 12명을 선발하여 탐지한 사례가 있다.[2] 첩보수집은 적이나 상대국의 상황을 파악하고 그들에 대한 정보활동을 전개하기 전에 수행해야 하는 필수 활동이다. 2,600여 년 전 손자는 손자병법 용간(用間)편에서 첩보수집의 중요성을 강조하였고[3], 600여 년 전 마키아벨리는 군주론에서 군주는 항상 조언을 잘 들어야 하고 정보와 의견을 구해야 한다면서 첩보의 중요성을 설파하였다.[4]

1) 손관승, 『우리는 그들을 스파이라 부른다』, (서울: 여백미디어, 1999), p.18.

2) 『구약성서』 민수기 제13장 참조.

3) 손자는 손자병법(孫子兵法) 용간편(用間篇)에서 "적의 정황은 귀신의 도움을 받거나, 장수의 지난 경험에 비추어 보고 추측할 것도 아니며, 더욱이 별자리를 보고 점을 쳐서 알 수 있는 것도 아니다. 적의 정황은 오직 그 정황을 아는 첩자를 통하여서만이 얻어질 수 있다. 첩자에는 인간(因間), 내간(內間), 반간(反間), 사간(死間), 생간(生間)의 다섯 종류가 있다(先知者, 不可取於鬼神, 不可象於事, 不可驗於度, 必取於人, 知敵之情者也. 故用間有五, 有因間, 有內間, 有反間, 有死間, 有生間)"고 하였으며, 인간(因間)은 향간(鄕間)이라고 해석되어 왔다. 손무(孫武), 유동환 옮김, 『손자병법』, (서울: 홍익출판사, 2005), pp.196-199.

4) 니콜로 마키아벨리, 강정인 옮김, 『군주론』, (서울: 까치, 1998), p.162.

첩보수집은 국가정보 요구를 충족시키기 위해 필요한 각종 자료를 입수하는 것으로 국가정보목표 우선순위(PNIO)에 따라 수집한다. 첩보수집 기관이 수집한 첩보는 정보생산에만 필요한 것이 아니라 비밀공작, 방첩 등의 여타 정보활동을 수행하는 데에도 필수적이다. 비밀공작을 완벽하게 성공하기 위해서는 공작계획에서 뿐만 아니라 전 공작과정의 단계마다 정확한 첩보가 필요하다. 방첩활동을 성공적으로 전개하기 위해서도 상대 정보기관이나 국제테러조직과 관련된 인물과 활동 등에 대한 충분한 첩보가 확보되어야 한다. 정보활동이 비밀공작, 방첩 등으로 분화되고 첩보의 진위를 검증하고 종합하는 분석기능이 발달하기 이전에는 첩보수집이 곧 정보활동 그 자체를 의미하였다. 오늘날에는 국가안보와 국가이익 증진을 위한 국가정보 생산을 위해 정보 분석관도 필요한 첩보를 직접 수집하기 위해 관련 전문가를 접촉할 수 있는 협조망(인적 네트워크)을 스스로 구축할 필요성도 증대되고 있다.

첩보수집의 종류에는 사람을 출처로 하여 첩보를 수집하는 인간정보(HUMINT: Human Intelligence)수집, 기술적 수단에 의해 첩보를 수집하는 기술정보(TECHINT: Technical Intelligence)수집, 외교경로, 언론, 출판, 인터넷 등 공개출처를 통해 수집하는 공개출처정보(OSINT: Open Source Intelligence)수집이 있다.[5] 정보를 생산하기 위해서는 적절한 첩보수집 방법을 선택해야 하는데 첩보수집 방법들 가운데 어느 하나를 선택할 것인가, 다양한 방법을 선택하여 결합하는 방법을 선택할 것인가를 결정하여야 한다. 첩보수집방법은 각각의 장단점과 특성을 가지고 있기 때문에 정보목표에 따라 적절한 수집방법을 선택하고 결합하여 효율적인 첩보수집을 도모하여야 한다.

2. 첩보수집 계획 수립

첩보수집을 하기 위해서는 사전에 일정한 절차를 통해 준비를 하여야 한다. 첩보수집을 위한 예산을 확보하고, 수집체계와 수집방법을 선택해야 하며, 긴급한 과제를 파악하여 수집의 우선순위를 결정하고, 수집출처와 수집방법 보호방안을 검토하는 등의 준비가 필요하다. 모든 정보활동과 마찬가지로 수집활동도 철저한 사전계획을 수립하고 확실한 성공을 전제로 하여 단계적으로 수행하는 것을 원칙으로 한다.

---

5) Abram N. Shulsky & Gary J. Schmitt, *Silent Warfare: Understanding the World of Intelligence*, (Washington DC: Potomac Books Inc., 2002), p.11.

첩보수집을 위해서는 수집목표에 따라 다양한 수집체계를 구성하고 인원, 장비, 시스템을 갖추는 데 많은 비용이 들기 때문에 상당한 정보예산이 필요하다. 인간정보수집과 기술정보수집의 예산을 비교해 보면 일반적으로 기술정보수집은 고가의 장비와 시설 등을 갖추는 것이 필요하여 인간정보수집보다 비용이 많이 든다.

인간정보수집을 위해서는 적절한 첩보원을 물색하여 훈련시키고 목표에 접근하는 데 상당한 시간과 비용이 든다. 목표에 따라서는 수년에 걸친 준비와 실행기간이 필요하기도 하기 때문에 장기적 관점에서 사전에 충분한 예산을 확보해 두어야 한다. 기술정보수집에는 통신정보, 영상정보, 징후계측정보를 수집하기 위한 지상기지, 수집함정, 수집항공기, 정찰위성 등을 갖추고 전문요원을 양성하여야 하므로 국가경제가 뒷받침할 수 있는 범위 내의 예산을 확보하는 것이 중요하다. 미국은 전 세계를 대상으로 광범위한 첩보수집 활동을 전개하고 있으며 CIA와 국가안보국(NSA), 국가정찰국(NRO), 국가지리공간정보국(NGA) 등이 공동으로 추진하고 있다. 특히 기술정보수집을 담당하고 있는 군 정보기관은 미국 정보공동체 예산(2010년도 801억 달러)의 80%를 사용하고 있다. 그러나 미국에서도 냉전 종식 이후 의회를 중심으로 기술정보수집 예산을 축소하여야 한다는 논의가 제기되고 있다.

정보요구에 적합한 정보를 생산하기 위해서는 최선의 첩보수집 방법을 선택할 필요가 있다. 요구사항과 사안에 따라 "무엇을 수집하고, 어떻게 수집할 것인가"를 토론하고 결정해야 한다. 예를 들면 인간정보수집으로 할 것인가, 인간정보수집과 기술정보수집을 동시에 병행할 것인가, 기술정보수집의 결과를 인간정보수집을 통해 확인할 것인가 등을 결정하여 계획을 수립하여야 한다.

최근 첩보수집 활동에서 인간정보수집과 기술정보수집이 시너지 효과를 보여준 대표적 사건이 2011년 5월 CIA의 오사마 빈 라덴 제거 공작이었다. CIA는 인간정보수집, 러시아와의 정보협력 등으로 빈 라덴이 아프가니스탄에서 파키스탄 아보타바드로 이동하여 은신하고 있다는 정보를 수집하고, 빈 라덴의 측근에 접근하여 2,500만 달러의 현상금으로 유혹하였다. 또한 기술정보수집 방법을 활용하여 빈 라덴 연락책의 휴대전화 통화 내용을 감청(NSA)하였고 이를 분석하여 은신처를 확인(NGA)하였다. 이 과정에서 국가지리공간정보국(NGA)은 위성에서 찍은 사진(NRO)과 차세대 무인 항공기(공군정찰대)가 촬영한 사진을 토대로 빈 라덴 은신처의 모형도를 제작하였고 네이비실(Navy Seals)은 NGA가 제작한 빈 라덴 은신처의 모형을 대상으로 실전 연습을 실시하였다.[6] CIA가 본부에서 원격 조정을 통해 빈 라덴 제거 공작을 성공적으로 수행할 수 있었던 것은 전문 정보기관의 첨단 정보기술에 의한 첩보수집과 정보기관 간 원활한 협력이 이루어졌기 때문이다. 이 사례는 인간정보수집과 기술정보수집을 적절히 결합함으로써 시너지 효과를 극대화하여 정보활동을 성공시킬 수 있었다는 것을 보여주었다.

3. 첩보수집의 우선순위

정책결정자들은 정보기관이 어떠한 요구도 충족시킬 수 있다고 과신하는 경향이 있고, 정보기관은 정책결정자가 요구하는 사안에 대해 어떠한 방법을 동원해서라도 충족시키려 하고 있다. 그러나 인간정보수집에서는 첩보원의 숫자가 한정되어 있다거나 가용 출처가 제한되어 있는 경우도 있고, 기술정보수집에서도 수집기술체계가 부족하거나 불완전한 경우도 있어 정보기관이 필요로 하는 첩보수집에 한계가 있을 수 있다.

이와 같이 정보기관의 수집 시스템에는 한계가 있으므로 국가정보목표 우선순위(PNIO: Priority of National Intelligence Objectives) 등에 입각하여 중요한 첩보를 우선하여 수집하여야 한다. 국가정보목표우선순위는 정보기관이 수집하여야 할 정보요구를 규정한 것으로서 미국은 1993년 '정보수권법'에 따라 CIA부장이 겸임하는 중앙정보장(DCI)이 결정해 왔으나, 2004년 '정보개혁법'에 따라 국가정보장(DNI)에게 이관되었다. 우리나라에서는 '정보 및 보안업무 기획 · 조정 규정'에 따라 국가정보원장이 PNIO를 작성한다.[7]

첩보수집은 시급한 문제부터 먼저 착수하여야 하지만 사안에 따라서는 시급한 문제 때문에 중요한 문제가 뒤로 미루어지거나 정상적으로 다루어지지 못할 경우도 있다. 어떤 수집요구가 충족되게 되면 다른 수집요구가 충족되지 못하는 '제로섬'의 결과를 초래할 수도 있다는 점을 고려하여야 한다. 또한 우선순위가 높은 정보요구의 경우에는 인간정보수집, 신호정보수집, 영상정보수집 등 각급 정보기관들이 모두 여기에

6) NGA는 은신처에 있는 사람의 숫자, 성별, 키 등의 신체 정보까지 파악할 수 있는 첨단기술 능력을 보유하고 있으며, 레티셔 롱 NGA국장은 빈 라덴 은신처를 찾아내고 제거작전을 준비하는 과정에서 NGA가 핵심적인 역할을 수행했다고 발표하였다. 『세계일보』, 2011.5.7; 『중앙일보』, 2011.5.9.

7) 「정보 및 보안업무 기획 · 조정 규정」(대통령령 제21214호) 제4조.

초점을 맞추어 수집하게 되면 과잉 수집하게 될 수도 있다. 정보예산의 효율적 사용이라는 면에서 첩보수집의 우선순위 체계를 세우는 동시에 효율적인 분담시스템을 구축하는 것도 필요하다.

효율적인 정보생산과 연계된 첩보수집을 하기 위해서는 첩보수집 기관 또는 부서가 수집 목표와 방법 등을 설정할 때 정보분석 기관 또는 부서를 참여시키거나 의견을 수렴하는 것이 바람직하다. 즉 첩보수집 우선순위를 정할 때 분석관들의 참여가 바람직하다는 것인데 이것은 정책결정자의 정보요구를 분석관들이 보다 잘 파악하고 있는 경우가 많기 때문이다. 정보수요를 충족시킬 수 있는 정확한 정보를 생산하기 위해서는 수집관과 분석관이 주어진 사안에 대해 서로 의견을 나누고 입장을 이해하는 관계가 이루어져야 한다. 분석관들은 수집부서와 수집관들의 첩보수집을 신뢰하고 있지만 분석관들 자신도 첩보수집을 위한 노력을 기울여야 한다.

4. 첩보수집의 출처

정보기관이 첩보를 수집하기 위해서는 첩보를 제공해 주는 대상에 접근하여야 하는데 이 대상을 첩보의 출처(source)라고 한다. 즉 첩보수집 출처(source)란 첩보를 획득할 수 있는 사람, 장치, 시스템, 활동 등을 의미한다.[8] 인간정보수집에 있어서는 사람이 첩보출처가 되고 기술정보수집에 있어서는 장치, 시스템 등이 첩보출처가 된다. 공개적인 방법으로 수집이 가능한 출처를 공개출처(overt sources 또는 open sources)라고 하고, 공개적인 방법으로는 수집이 불가능한 출처를 비공개출처(covert sources) 또는 비밀출처(clandestine sources)라고 한다.

정보기관은 비공개출처로부터 첩보를 수집하는 것을 주요 임무로 하고 있다. 독일 연방정보부(BND)의 창설자인 겔렌(Reinhard Gehlen)은 그의 회고록에서 첩보수집 활동의 본질은 비밀을 추적하는데 있다고 하면서[9] 정보기관의 비밀 첩보수집을 강조하였다. 그러나 CIA 부장을 역임한 덜레스(Allen W. Dulles)는 필요한 첩보의 20% 정도는 비밀수집이 필요하지만 80%의 자료는 공개되어 있다면서 공개출처의 중요성을 강

8) Leo D. Carl, *CIA Insider's Dictionary*, (Washington DC: NIBC Press, 1996), pp.598-599.

9) Reinhard Gehlen, 赤羽龍夫 監譯, 『諜報・工作』(*The Service-The Memoirs of General Reinhard Gehlen*), (東京: 讀賣新聞社, 1973), pp.225-226.

조하였다.[10] 또한 켄트(Sherman Kent)도 국가정보의 일부는 비밀수집에 의해 생산될 것이지만, 많은 부분은 공개적이고 광범위한 관찰과 연구에 의해 생산될 것이라고 하였다.[11]

이와 같이 정보기관은 국가정보 생산에 유용한 많은 첩보를 비공개출처 외에 공개출처로부터 입수하여 활용해 왔는데, 탈냉전 이후 세계화 · 민주화 · 정보화의 흐름 속에서 공개출처의 중요성은 더욱 강조되고 있다. 특히 1990년대 이후 인터넷의 확산에 따라 공개출처에서 획득할 수 있는 자료의 중요성은 획기적으로 증가하였다. 인터넷을 통한 사이버 공간은 정치체제, 인종, 종교, 언어, 문화를 초월하여 전 세계에 걸쳐 방대한 자료를 지속적으로 생성하고 축적하고 있다. 또한 인터넷은 누구나 저렴한 비용으로 즉시 활용할 수 있다는 점에서 경제성과 접근성도 우수하다. 인터넷 자료의 활용은 경쟁정보(competitive intelligence)조직을 운용하는 기업뿐만 아니라 행정기관, 군, 법집행기관, 정보기관도 이를 수집 · 분석하여 업무에 활용하는 전담조직을 운영하고 있다.[12] 정보기관은 공개출처로부터 관련 첩보를 수집 · 분석함으로써 분석하고자 하는 중요과제와 관련된 전문가의 평가 또는 여론을 미리 확인할 수 있고 비공개출처로부터 획득된 첩보의 진위와 가치를 판단하는 데에도 활용할 수 있다.

그러나 정보기관이 국가안보와 국가이익을 확보하기 위해 정확하게 상대국의 국가전략과 정책을 파악하고 자국에 대한 외교 · 협상 전략 또는 위협의 정도를 판단하기 위해서는 비공개출처 첩보가 반드시 필요하다. 세계의 모든 국가는 자국의 국가안보와 국가이익을 보호하기 위해 중요한 자료들을 비밀로 분류하여 관리하기 때문에[13] 비공개출처 첩보를 수집하지 않으면 정확한 의도를 파악하기 어렵다.

미국 의회가 1996년 3월 발표한 '미국 정보공동체 역할 및 능력 평가위원회' 보고서에 의하면 다음과 같은 이유로 비공개출처 첩보수집이 불가피하다고 하였다. 첫째, 외부에서 자국에 접근하지 못하도록 차단하고 있는 국가가 있다는 것, 둘째, 적대행위를 계획하는 국가들은 그들의 의도를 밝히는 경우가 드물고 그들의 준비 상황을 숨긴

10) 국가정보포럼, 『국가정보학』, (서울: 박영사, 2006), p.54.

11) Sherman Kent, *Strategic Intelligence for American World Policy*, (Hamden, Connecticut: Archon Books, 1965), pp.3–4.

12) http://en.wikipedia.org/wiki/Open-source_intelligence(검색일: 2012.8.16).

13) 우리나라의 경우에도 보안업무규정(대통령령 제1664호) 제2조는 "비밀이라 함은 그 내용이 누설되는 경우 국가안전보장에 유해로운 결과를 초래할 우려가 있는 국가기밀"이라고 규정하고 특별히 보호하도록 하였다.

다는 것, 셋째, 대부분의 국가들이 세부적인 군사능력 및 군사력 증강계획을 공개하지 않는다는 것, 넷째, 테러, 마약거래, 스파이 활동 등은 공개적으로 추진하지 않고 비밀스럽게 진행한다는 것 등이다.[14] 이것은 냉전이 종식되고 정치적 민주화가 진전됨에 따라 국가체제를 직접 위협하는 요소들은 약화되었다고 할 수 있으나, 국가안보와 국가이익을 위해서는 공개출처 첩보 이외에 여전히 비공개출처 첩보수집이 필요하다는 것을 의미한다.

정보기관은 수집한 첩보를 비밀로 보호할 뿐만 아니라 수집출처 보호를 위한 출처보안을 중요하게 다룬다. 수집출처 및 수집내용에 대한 보안은 상대국이 자국의 기밀이 유출되고 있다는 사실을 알지 못하게 함으로써 지속적으로 첩보를 수집할 수 있도록 하기 위한 것이다. 그러나 정치적인 이유 등으로 수집된 첩보내용이나 출처가 노출될 경우 어렵게 구축해 온 인적 및 기술적 첩보출처가 제거되거나 가치가 없게 되어 치명적인 결과를 가져올 수 있다.

제2절 인간정보수집

1. 인간정보수집의 주체

인간정보(HUMINT: Human Intelligence)수집은 사람을 출처로 하는 첩보수집 활동이다. 인간정보수집은 정보관이 주도하는 첩보수집 활동 또는 비밀수집 활동이 중심이지만 일부의 공개출처정보수집 활동도 여기에 포함된다. 예를 들면 과학자, 사업가 또는 여행자 등은 유용한 지식을 보유한 첩보출처가 될 수 있고 이들로부터 첩보를 입수하는 것은 비밀활동에 의한 첩보수집이 아니지만 인간정보수집에 해당한다.

인간정보수집 활동을 담당하는 주체는 세 종류로 나눌 수 있는데, 정보기관의 기간요원으로서 첩보수집의 중심적 역할을 수행하는 정보관(IO: Intelligence Officer)과

14) Commission on the Roles and Capabilities of the United States Intelligence Community, *Preparing for the 21st Century: An Appraisal of U.S. Intelligence*, 1996.3.1, pp. 9-10. http://www.access.gpo.gov/intelligence/int/pdf/report.html(검색일: 2004.8.26).

정보관과 계약관계에 있으면서 출처에 접근하여 수집활동을 전개하는 첩보원(agent), 그리고 정보관과 계약관계 없이 자발적으로 수집활동에 조력하거나 첩보를 제공하는 협조자(free-lance agent 또는 walk-in)가 있다.[15] 협조자는 제공하는 지식이나 자료에 대해 금전적 보상을 요구하는 경우도 있으나 대가없이 제공하는 경우도 있다.

(1) 정보관(IO: Intelligence Officer)

정보관은 첩보수집 활동의 주관자로서 첩보원을 지휘, 통제하여 수집목표를 달성하지만 때에 따라서는 자신이 직접 첩보를 수집하기도 한다. 정보관은 주로 활동하는 지역의 사람들을 첩보원으로 모집하고 운영하는데 다음과 같은 5단계의 첩보원운용과정에 따라 이루어진다. 첫째, 첩보원 물색단계는 정보목표에 접근 가능한 사람을 탐색하여 채용대상을 파악하는 것이다. 둘째, 첩보원 평가단계는 채용대상으로부터 신뢰를 얻을 수 있는 방법, 대상자의 약점 그리고 채용에 응할 가능성 등을 평가하는 것이다. 셋째, 모집단계는 정보관과의 일정한 관계를 제시하여 접근을 시도하는 것으로서 제안을 받아들이는 일반적인 이유는 금전적 이유, 자국 정부에 대한 불만, 모험심 등이다. 넷째, 관리단계는 첩보원을 교육하고 운용하여 실제로 첩보를 수집하는 것이다. 다섯째, 해고단계는 일정한 사유가 발생했을 때 첩보원과의 관계를 종료하는 것으로서 수집요구의 변화, 첩보원의 신뢰성 상실, 첩보원의 출처 접근성 상실 등이 원인이 될 수 있다.[16]

유능한 전문 정보관을 육성하는 데에는 많은 시간이 필요하다. 정보관은 외국어 구사능력, 첩보원 모집 및 운용기술, 방첩활동 회피기술, 비밀연락 등을 위한 통신기술, 각종 무기 활용법, 첩보장비 운영기술 등이 필요하고 유사시 실수 없이 능숙하게 구사하기 위해서는 지속적인 반복과 숙달이 필요하다. 미국의 경우 인간정보수집을 위한 정보관 양성에 7년이 걸린다는 보고가 있다.[17]

정보관이 주목을 받지 않고 비밀활동을 수행하기 위해서는 적절한 가장을 갖추어

---

15) Abram N. Shulsky & Gary J. Schmitt, 신유섭 옮김, 『국가정보의 이해: 소리 없는 전쟁』, (서울: 명인문화사, 2007), p.20.

16) Mark M. Lowenthal, 김계동 옮김, 『국가정보: 비밀에서 정책까지』, (서울: 명인문화사, 2008), p.126.

17) 위의 책, pp.126–127.

야 한다. 가장(cover)이란 특정 지역에서 활동하기에 적절한 직업 등의 신분으로서 본부로부터 재정지원을 받을 수 있는 수단이 되고 출처에 접근가능한 첩보원과 접촉할 수 있는 명분 등의 역할을 하게 된다.

가장은 공직가장(official cover)과 비공직가장(non-official cover)으로 나눌 수 있다. 공직가장은 정보관을 정부 공무원으로 파견하는 것으로 대표적인 것이 외교관이다. 외교관으로 공직가장을 하는 것은 외교관으로서의 특권이 부여되기 때문에 국제법의 보호를 받을 수 있고, 주재국 정부 공무원이나 주재국에 파견된 다른 나라의 외교관들을 자연스럽게 접촉할 수 있어 다양한 출처에 접근하기 용이하다. 또한 공직가장은 주재국 국민이 파견국 정보기관과 접촉할 수 있는 자연스러운 통로를 제공해 주고 첩보수집・보고에 필요한 통신수단, 자금 및 활동비를 수령하기에도 편리하다. 공직가장을 위한 신분을 부여할 경우에도 첩보수집 목표와 내용에 따라 적절한 직급과 직책을 부여하여야 출처에 효과적으로 접근할 수 있다. 예를 들면 외교관 신분이라고 하더라도 상응하는 직급과 직책이 뒷받침되지 않으면 적절한 출처 접근과 효과적인 수집활동이 곤란할 수 있기 때문이다.

외교관 신분으로 첩보수집 활동을 전개하는 것은 유럽에서 상주대사제도가 시행되면서 시작되어 오늘날 대부분의 국가에서 널리 활용되고 있다. 즉 13세기경 이탈리아 도시국가들 사이에서 시작되어 15세기에 와서는 대부분의 유럽국가에서 정보관이 외교관으로 상주하였고 오늘날에는 거의 대부분 국가에서 실시하고 있다.[18)]

공직가장의 가장 큰 취약점은 주재국 공관에 근무하는 공무원이 비교적 소수이기 때문에 주재국 방첩기관에 의해 누가 정보관인지를 쉽게 판명될 수 있다는 점이다. 그러므로 중요하고 예민한 핵심 인물과 직접 접촉하거나 첩보원을 통해 접근하는 것이 어려워질 수도 있다. 그리고 외교관계가 단절되거나 전쟁이 일어나면 모든 외교관이 철수하여야 하기 때문에 장기간 구축해 온 첩보수집체계가 와해될 수도 있다.

비공직가장은 사업가, 언론인, 여행가 등의 민간인 신분으로 활동하는 것으로 다양한 직업과 신분을 선택할 수 있기 때문에 유용한 출처에 폭 넓게 접근할 수 있다. 미국 CIA는 제너럴 일렉트릭(GE)이나 아이비엠(IBM)과 같은 기업의 해외 주재원으로 활동하는 비즈니스맨 신분을 활용하고, 구소련 KGB는 국영항공 아에로플로트 직원이나

---

18) Michael Herman, *Intelligence and Power in Peace and War*, (Cambridge: Cambridge University Press, 1966), pp.19–20.

타스통신 특파원 신분으로도 활동한 것으로 알려지고 있다. 비공직가장은 국적을 변경하여 제3국인 신분을 취득하거나 이민자 신분으로 입국할 수도 있다.

비공직가장은 활동하는 신분이 파견국 정부와의 관계가 명확하지 않기 때문에 주재국 감시에서 벗어나 광범위한 출처에 쉽게 접근할 수 있는 장점이 있다. 비공직가장 정보관들은 외교관계가 단절되어도 현지에서 계속 활동할 수 있는 장점도 있다. 그러나 비공직가장의 단점은 적절한 가장을 제공해 줄 수 있는 민간기업의 협조를 얻기 어렵고, 자체적으로 회사를 설립하거나, 스스로 체류할 수 있는 신분을 획득하기 위해서는 많은 시간과 비용이 소요된다. 현지 공관의 통신시설을 이용할 수 없기 때문에 중요하고 긴급을 요하는 수집첩보를 본국에 전달하기 어렵고, 가장 구실에 적합한 활동도 병행하여야 하므로 본연의 임무인 첩보수집 활동이 제한을 받게 될 가능성도 있다. 또한 체포되었을 경우에는 외교관과 같은 보호를 받기 어렵기 때문에 형사처벌 등의 위험에 처할 수도 있다.

정보관을 백색정보관(white)과 흑색정보관(black)으로 분류하기도 한다. 이러한 분류는 정보관의 신분을 주재국에 공개했느냐 여부에 따른 것으로 구소련의 KGB에서 사용했던 '백색 까마귀'(white crow), '흑색 까마귀'(black crow)라는 용어에서 유래하였다.[19] 백색 정보관이란 일종의 연락관(liaison officer)으로서 테러, 마약, 국제범죄 문제 등과 관련하여 주재국 정보기관과 협력하는 창구역할을 하는 정보관이다. 흑색 정보관은 공직 가장, 비공직 가장에 관계없이 주재국에 신분을 공개하지 않은 정보관이다.

정보관을 합법 정보관(legal)과 비합법 정보관(illegal)으로 나누기도 하는데, 합법 정보관은 공직가장을 사용하는 정보관을 지칭하며 비합법 정보관은 중(重)가장(deep cover)을 사용하는 정보관을 말한다. 중가장이란 장기적이고 비합법적인 공작을 수행하기 위해 직업, 신분, 업무 등과 관련하여 철저하게 준비된 가장을 의미하며 외교관이나 공무원으로 가장한 경(輕)가장(thin cover)과 대비된다.[20]

정보관을 공직가장으로 할 것인가 비공직가장으로 할 것인가를 선택하는 데에는 수집하여야 할 첩보 내용, 첩보출처, 첩보수집 환경 등에 따라 달라진다. 냉전시대 미국은 소련 정치지도자들의 대외 안보정책 방향, 군사정책과 군사력, 정보기구의 대외 정보활동 등을 집중 수집하였다. 소련의 방첩기관들은 모든 외국인에 대해 철저하게

---

19) 국가정보포럼(2006), pp.68–69.

20) Leo D. Carl(1996), p.148.

감시를 하였기 때문에 비공직 가장 정보관이 고위층 출처에 접근하는 것은 대단히 어려웠다. 결국 이와 같은 첩보는 대부분 공직가장 정보관들에 의해 이루어졌다.

이와는 대조적으로 중국은 첩보를 수집할 때 비공직가장 정보관을 다수 활용하고 있다. 중국은 인간정보를 수집할 때 기업인, 학자, 학생, 비즈니스맨, 학술대표단 등과 같은 다양한 신분의 비공직가장 정보관을 활용할 뿐만 아니라, 각종 회의참석 등으로 외국을 방문하는 학자나 기업인 등 민간인들의 협조를 받아 일상적으로 첩보수집에 활용하고 있다. 중국은 특히 미국의 선진 기술정보 획득에 첩보수집의 중점을 두어왔는데 미국 사회가 상대적으로 개방되어 있고 영주권 획득이 쉬우며 미국 내에는 상당수의 중국계 미국인들이 있다는 점 등을 활용하여 비공직가장 정보관들을 활용하여 왔다.[21)]

정보기관 상호간에는 상대국에 연락관(liaison officer)을 파견하여 상호 정보협력을 하는 경우가 있다. 연락관은 외교관 신분을 가지고 주재국에 정보관임을 밝힌 백색정보관이라고 할 수 있는데 주재국과의 정보협력 업무를 담당하게 된다. 냉전 종식 이후 세계화와 정보화가 심화되면서 테러, 마약, 국제범죄, 사이버 범죄 등에 대응하기 위한 국가 간 정보협력의 필요성이 증대하고 있다. 국가 간 정보협력은 인간정보수집의 중요 수단으로서 정보기관 간 공통 관심사에 대한 정보교환이 주로 이루어지고 있다.

(2) 첩보원(agent)과 협조자(freelance agent, walk-in)

첩보원(agent)은 정보관과 계약관계를 맺고 출처에 접근하여 첩보를 수집하여 정보관에게 전달하는 사람이다. 정보관은 고급 출처에 접근할 수 있고 유용한 첩보를 안정적으로 공급해 줄 수 있는 첩보원을 확보하기 위해 필요한 직위나 직책을 가진 인물을 대상으로 다양한 설득방법을 동원한다. 첩보원이 정보관에게 첩보를 제공하게 되는 이유는 금전적 대가제공이 가장 일반적이지만, 이외에도 자국 정부의 행동이나 이념에 실망하였거나, 협조하는 국가에 더욱 강한 이념적, 인종적, 종교적 충성심을 가졌거나, 때에 따라서는 약점에 대한 협박에 굴복하여 협조하는 경우도 있다.

소련에 첩보를 제공한 영국인과 미국인의 동기를 살펴보면 1930년대 이후 상당기간은 이념적 동기가 우세하였으나 1970년대 이후에는 금전적 동기가 우세한 것으로

21) Abram N. Shulsky & Gary J. Schmitt, 신유섭 옮김(2007), p.29.

나타나고 있다. 1930년대에는 영국의 캠브리지 대학 등을 중심으로 집안 배경이 좋은 학생들이나 교수들이 사회주의에 우호적이었기 때문에 이념적인 이유로 인해 소련에 협조하는 사람이 많았다. 그러나 1970년대 이후에는 이념적 동기보다는 소련이 제공하는 금전적 동기 때문에 협조하는 경우가 많았고, 일부는 자신을 해고한 정보기관에 대한 복수를 위해 협조하는 경우도 있었다.[22)]

구소련 KGB는 첩보원으로 협조하게 만드는 방법으로 약점조성과 협박을 자주 이용하였다. 여성 첩보원을 양성하여 미인계로 수집목표에 접근하고 이를 이용하여 협박하는 방식을 흔히 사용하였는데, 미인계 이외에도 약점을 조성하고 위협을 가하는 방법으로 여러 가지가 동원될 수 있다.

독일연방정보부(BND) 창설자인 겔렌은 정치적 이념을 위해 목숨을 걸고 첩보활동을 하는 첩보원과 단순히 금전적 동기에 의해 첩보활동을 하는 자를 구별해야 한다며 전자의 경우를 높이 평가하였다. 냉전기 서방측에 자진 협조한 공산권 인물들은 사회주의체제에 염증을 느끼거나 서방사회에 거주하기를 희망하는 경우가 대부분이었다.[23)]

협조자(freelance agent, walk-in)는 정보관과의 계약관계 없이 자발적으로 정보기관을 찾아와 첩보수집에 협력하는 사람이다. 협조자 중에는 경제적 이익을 목적으로 자신이 획득한 정보를 판매하고자 하는 사람(freelance agent)과[24)] 외국공관을 찾아와 자발적으로 첩보를 제공하기를 희망하는 사람(walk-in)으로 나눌 수 있다. 외국공관을 자발적으로 찾아오는 경우에는 정치적 망명이나 보호를 요청하는 경우도 있다.[25)] 경제적 이익을 목적으로 첩보를 판매하려는 사람(freelance agent)은 이중스파이 가능성과 함께 허위정보를 제공하여 기만하려는 것은 아닌지 판단하여야 한다. 공관으로 자발적으로 찾아 온 사람(walk-in)은 주재국 정보기관에 의해 배후 조종되고 있을 가능성이 있고 상대 정보기관의 첩보수집 방식 등을 탐지하거나 정보관을 체포하거나 추방하기 위한 함정일 수도 있다. 또한 이들이 제공하는 첩보가 불확실하거나 과장된 첩보일 수도 있고 언제든지 배신할 소지도 있다. 그러나 자발적 협조자를 너무 의심하게 되면 좋은 첩보수집의 기회를 놓칠 수도 있다.

첩보원 또는 협조자를 지칭하는 용어는 그들의 임무와 역할, 활동여건 등에 따라

22) Abram N. Shulsky & Gary J. Schmitt, 신유섭 옮김(2007), p.32.
23) Reinhard Gehlen, 赤羽龍夫 監譯(1973), pp.217-219.
24) Leo D. Carl(1996), p.15.
25) Leo D. Carl(1996), pp.689-690.

스파이, 공작원, 첩보원, 정보공작원, 비밀공작원, 정보요원, 간첩, 첩자, 간자, 밀정, 제5열 등 다양하게 사용되고 있다. 비밀을 지키는 입장에서는 자신의 비밀을 수집하려는 사람들에 대해 적개심을 가지고 비난하는 용어를 사용하게 된다. 특히 스파이, 간첩, 밀정, 제5열과 같은 용어는 적국의 첩보수집활동을 비난하고 규탄하는 용어로서 부정적 이미지가 강하다.[26]

손자병법 용간편(用間篇)이 제시하고 있는 간자(間者)의 분류는 오늘날에도 첩보원과 협조자를 이해하는데 참고가 된다. 손자는 간자를 5종류로 분류하였다. 첫째, 인간(因間)은 향간(鄕間)이라고도 하며 적국의 평범한 주민을 첩자로 이용하는 것이다. 둘째, 내간(內間)은 적국의 관리를 포섭하여 첩자로 이용하는 것이다. 셋째, 반간(反間)은 적국의 첩자를 매수하거나 역이용하는 것이다. 넷째, 사간(死間)은 거짓정보를 주어서 적에게 허위정보를 흘리도록 하는 자이다. 다섯째, 생간(生間)은 적국을 정탐하고 살아 돌아와서 첩보를 보고하는 자이다.[27] 손자는 간자를 운영하는 방법에 대해서도 적을 공격하거나 적의 요인을 제거하고자 할 때에는 반드시 미리 첩자를 파견하여 적정을 파악하여야 하고, 아측에 침투한 첩자는 반드시 색출하여 회유한 다음 반간으로 활용하여야 하며, 사간으로 하여금 허위정보를 유포하는 한편 반간을 활용하여 첩자 간 접촉을 원활하게 함으로써 생간으로 하여금 많은 첩보를 수집하여 기일 내에 귀환할 수 있도록 하여야 한다고 가르치고 있다.[28]

2. 인간정보수집의 절차

인간정보수집 활동은 상대국에 정보관을 파견하는 것으로부터 시작되며 정보관은 정보목표를 달성할 수 있는 첩보 출처를 고려하여 첩보원을 채용한다. 인간정보수집 활동의 성공 여부는 출처 접근에 적합한 첩보원이나 협조자를 얼마나 확보할 수 있느냐에 달려 있다. 정보관은 첩보원과의 신뢰관계를 조성 · 유지하면서 이들을 관리 · 운용하여 첩보를 수집하며, 상황에 따라서는 정보관이 직접 기밀문서를 입수하거나

26) 오늘날 밀정, 제5열은 별로 사용되지 않지만 스파이, 간첩은 자주 사용되고 있는 용어이다. 다만 이러한 용어들은 적국의 첩보수집 활동을 비난하는 부정적 이미지가 강하기 때문에 자국의 첩보수집 활동에 대해서는 사용하지 않는 것이 바람직하다. 국가정보포럼(2006), pp.71-72 참조.

27) 손무(孫武), 유동환 옮김(2005), pp.197-199.

28) 앞의 책, p.200.

감청장치를 설치하는 활동을 수행하기도 한다.

첩보의 순환과정을 중심으로 인간정보수집 활동을 살펴보면 수집요구, 수집계획 수립, 수집활동, 첩보보고의 단계를 거치면서 수집되고 보고된다.[29)]

(1) 수집요구

국가차원의 첩보수집 계획이 수립되고 체계적으로 첩보수집 활동이 전개된 것은 제2차 세계대전 이후의 일이다. 그 이전에는 개별 정보기관이 각자 필요한 첩보를 수집하였고 정보기관 간 정보공유도 거의 이루어지지 않았다. 제2차 세계대전 이후 냉전 체제가 지속되면서 전략정보 차원의 국가정보 개념이 정립되고 군사정보보다 광범위하고 장기적인 국가적 관점의 첩보수집 수요가 증가하였다. 국가안보 차원의 다양한 정보수요에 부응하기 위해 인간정보수집 활동이 활발하게 전개되었으며 과학기술 발달에 따른 첨단장비와 장치에 의한 기술정보수집이 비약적으로 증가하였다.[30)]

첩보의 수집요구는 국가정보목표 우선순위(PNIO: Priority of National Intelligence Objectives), 첩보기본요소(EEI: Essential Elements of Information), 별도정보요청(OIR: Other Intelligence Requirement),[31)] 특별첩보요청(SRI: Special Requirement for Information) 등으로 구분된다. PNIO는 국가의 모든 정보기관이 수행하여야 할 연간 첩보수집 활동의 목표로서 국가정책지원을 위한 정보수요, 정보활동 방침, 첩보수집 능력 등을 감안하여 수집의 우선순위를 미리 결정하여 두는 것이다. 미국은 1993년 정보수권법에 따라 중앙정보장(DCI)이 결정해 왔으나, 2004년 정보개혁법에 따라 국가정보장(DNI)에게로 이전되었다. 우리나라는 국가정보원장이 PNIO를 수립하도록 하고 있다.[32)]

국가정보원장이 수립한 PNIO는 국가의 모든 정보기관에 배포되고, 각 부문 정보기관들은 부처의 정책수립이나 군의 작전계획 등을 고려하여 연간 첩보수집 계획을 작성하게 되는데 이것을 첩보기본요소(EEI)라고 한다. PNIO 작성 당시에는 예측할 수 없었던 정보환경의 변화가 있거나 새로운 정보수요가 제기되었을 때 새로운 첩보수집

29) 국가정보포럼(2006), p.57.

30) 염돈재, "첩보수집론", 문정인 편, 『국가정보론』, (서울: 박영사, 2002), pp.84-85.

31) 별도정보요청은 기타정보요청이라고도 한다.

32) 「정보 및 보안 업무 기획 · 조정 규정」(대통령령 제21214호, 2008.12.31) 제4조 3항.

요구를 하는 것을 별도정보요청 또는 기타정보요청(OIR)이라고 한다. OIR은 PNIO에 포함되지 않았거나 포함되어 있더라도 우선순위가 낮은 첩보수집 요구에 대해 특별히 우선하여 수집하도록 하는 것이다. 한편 정보기관의 본부가 일선 수집부서에 대해 특별한 첩보수집 지시를 내리는 것을 특별첩보요청(SRI)이라고 한다. SRI는 특별한 정보생산 요구 등에 부응하기 위해 필요한 첩보수집 지시를 하달하는 것으로서 수집부서는 우선적으로 처리할 필요가 있다.

정보기관의 수집요구가 대외에 노출되면 국가의 정보목표가 드러나게 되어 국가안보에 치명적인 결과를 초래할 수 있다. 그러므로 정보기관은 정보관에게 수집요구를 전달할 때에는 비밀리에 전달하여야 하고 이를 위해 암호화한 통신망을 이용하는 것이 일반적이다.

정보기관의 첩보수집 요구가 노출된 역사적 사건으로는 영국의 이중스파이 포포프(Dusko Popov)의 예를 들 수 있다. 포포프는 제2차 세계대전 중 독일 정보기관 압베르(Abwer)의 스파이였으나 영국으로 전향하여 이중스파이로 활동하였다. 포포프는 미국 내에 스파이망을 구축하라는 독일 정보기관의 지시에 따라 진주만 공격 4개월여 전인 1941년 8월 12일 미국에 입국하였다. 포포프는 독일 정보기관으로부터 동맹국인 일본의 요청에 따라 하와이 지역의 항구, 수심, 잠수함 기지, 무기저장소 등에 관한 수집목록을 전달받았다. 영국 정보기관은 미국 FBI에 포포프가 이중스파이라는 점과 독일이 하와이의 군사시설 수집에 관심이 있다는 점을 통보하였다. 그러나 후버(Edgar Hoover) 국장은 포포프를 의심하여 미국 내 활동을 제한하였기 때문에 진주만 공격에 관한 추가 첩보를 얻는데 실패하였다.[33] 포포프의 사례에서 보는 것처럼 정보기관의 수집목록이 노출되면 국가적 정보목표가 드러나게 된다. 다만, 이것을 정확하게 파악하고 전략적으로 활용할 수 있는 능력의 문제는 별개라고 할 수 있다.

(2) 수집계획 수립

정보관은 수집요구에 따라 첩보를 수집하기 위한 계획을 수립하여야 한다. 첩보수집 계획에는 정보목표 또는 수집요구에 따라 지속적으로 수행하는 연간, 월간, 주간 수집계획 등과 특정한 수집요구에 따라 수시로 수립되는 특별 수집계획이 있다. 수집

33) Norman Polmar & Thomas Allen, *Spy Book: The Encyclopedia of Espionage*, (New York: Random House, 1997), pp.445–446.

계획에는 정보수요, 요구사항, 수집사항, 여건개책 및 수집방법, 예상 문제점과 대책, 보고방법과 보고시기 등이 포함된다.

첩보수집 계획을 수립하기에 앞서 목표분석(target analysis)이 선행되어야 하는데 목표분석이란 각종 공개 · 비공개 자료를 종합하여 첩보수집 활동의 대상이 되는 인물, 단체, 지역 등에 대해 수집활동의 기초자료를 준비하는 것이다. 목표분석은 수집대상 목표의 기본사항과 최근 동향을 정리 · 분석함으로써 수집목표를 정확히 파악하고 수집여건을 개척하는 데 도움을 주며 첩보수집 계획을 수립하는 기초가 된다.

목표분석을 할 때에는 기본정보사항, 현용정보사항, 목표접근방안으로 나누어 검토한다. 기본정보사항이란 수집목표의 정적인 상태를 기술하는 것으로서 비교적 변화가 적으면서 목표를 특정할 수 있는 기본적이고 중요한 내용을 말한다. 현용정보 사항이란 수집목표의 동적인 상태를 기술하는 것으로서 현재의 상황 및 활동 동향을 파악하는 것이다. 목표접근 방안에는 수집목표의 성향과 취미, 관심사항, 취약점 등이 포함되며 목표접근 방안은 구체적인 첩보수집계획 작성의 방향을 제시해 주는 중요한 사항이 된다.[34)]

(3) 수집활동

인간정보(HUMINT)수집 활동은 출처인 사람으로부터 필요한 첩보를 수집하는 것으로 출처를 접촉하기 위한 준비활동, 출처와의 접촉활동 그리고 출처로부터 첩보내용을 입수하는 첩보획득 활동 등으로 나누어진다. 접촉준비 활동은 출처와 접촉할 수 있는 장소와 여건을 확보하기 위한 활동으로서 사전정찰 등이 필요하다. 출처와의 접촉활동은 출처를 직접 만나는 인원회합과 출처를 직접 만나지 않거나 만나더라도 문건이나 물자만을 주고받는 비인원연락이 있다. 마지막으로 첩보를 획득하는 활동은 문건 또는 물자를 입수하거나 관찰, 면담 등을 통해 필요한 첩보를 확보하는 것이다.

첩보수집 활동의 중심이 되는 출처접촉 준비, 출처와의 접촉, 첩보내용 파악 등은 주재국 방첩기관의 끊임없는 관찰대상이 되는 행동으로 합법, 불법을 불문하고 비밀리에 은밀하게 진행하여야 한다. 그러므로 모든 정보기관은 비밀 첩보수집 기법과 기술을 개발하고 지속적인 반복과 훈련을 통해 전문 정보관 양성을 위해 노력하고 있다.

---

34) 국가정보포럼(2006), pp.61–62.

미국의 경우 전문 수집관을 양성하는데 7년 정도의 기간이 필요하다고 하는데[35] 고도의 첩보수집 기법을 숙달하기 위해서는 많은 시간과 비용이 필요하기 때문에 장기적 관점에서 체계적으로 교육과 훈련을 실시하는 것은 물론 양성된 전문인력이 유실되지 않도록 관리하는 데에도 많은 노력이 필요하다. 결국 훈련되고 양성된 전문 정보관의 규모와 역량이 그 국가의 인간정보수집 역량이라고 할 수 있다.

인간정보수집은 출처가 사람인 수집활동을 의미하는데, 경우에 따라서는 첩보수집 목표가 사람이 아니라 특정한 지역의 지형을 파악하거나 특정 시설물을 관찰 · 확인하는 경우도 있다. 정보관 또는 첩보원이 이러한 수집목표 달성을 위해 현장을 방문하여 사진을 촬영하거나 관찰하는 활동 등은 인간정보활동이 아니다. 미국에 있어서도 이러한 경우는 인간정보수집이 아닌 비밀첩보수집(espionage)이라고 한다. 그러므로 정보관 또는 첩보원이 수행하는 모든 첩보수집 활동이 인간정보수집 활동이 아니고 또한 모든 인간정보수집 활동이 반드시 비밀이거나 불법인 것도 아니다. 이것은 학자 또는 전문가 접촉 결과와 같이 공개출처정보(OSINT)수집 중에 사람을 출처로 하는 첩보가 포함되어 있는 것을 보더라도 알 수 있다.[36] 그러나 미국의 비밀첩보수집은 비밀수집수단에 의해 이루어지는 활동으로서 그 지역의 법률에 의해 불법으로 규정된 활동을 의미한다.[37]

(4) 첩보보고

첩보보고는 수집된 첩보를 수요자에게 전달하는 과정이다. 첩보보고는 첩보수집 활동을 마무리하는 단계로서 구두로 보고하는 경우도 있으나 문서로 보고하는 것이 일반적이다. 첩보보고는 수집요구의 핵심내용이 누락되지 않도록 하고, 수집 내용의 원형을 유지하여 객관적으로 보고하는 것이 중요하다. 분석보고와 달리 첩보보고는 검증, 종합, 평가하기 보다는 입수한 내용 그대로 신속하고 정확하게 보고하는 것이 중요하다. 첩보보고 역시 정책결정자의 정보수요를 충족시키기 위한 활동이므로 보고의 적시성에 대한 고려가 중요하다. 마지막으로 첩보보고는 원칙적으로 암호화하여야 하며 입수한 문건 등을 송부할 때에는 외교행랑이나 직접 인편을 통해 전달하는 등 보안

35) Mark M. Lowenthal, 김계동 옮김(2008), pp.126-127.

36) 앞의 책, p.136.

37) Leo D. Carl(1996), p.197.

에 유의하여야 한다.

3. 인간정보수집 보안수단

인간정보수집 보안수단은 정보관이 첩보수집 활동을 전개하는 과정에서 주재국 방첩기관에 포착되지 않도록 비밀리에 활동하기 위한 각종 방법을 말한다. 정보관을 주재국에 파견할 때에는 신분보안을 위해 가장(cover)이 필요하고, 첩보원을 모집하거나 협조자 등과 접촉할 때에는 비밀연락 수단을 강구하여야 하며, 위험성 여부를 표시하기 위해 신호를 사용하고, 첩보조직 보호를 위해 차단(cutout)과 부분화 조치(compartmentation)를 하며, 수집첩보를 보고하기 위해 암호통신을 사용하는 등 인간정보수집의 거의 모든 단계에서 보안수단이 필요하다.

가장은 앞에서도 본 바와 같이 정보관이 주재국에 거주하면서 첩보수집활동을 전개할 수 있는 신분이다. 수집목표에 적합한 가장을 선택하여야 하며 특히 비공직가장의 경우에는 가장에 부합하게 행동하는 것은 물론 가장을 뒷받침할 수 있는 문건까지 완벽하게 갖추어야 한다.

비밀연락은 정보관과 첩보원 또는 협조자가 서로 비밀리에 접촉하거나 수집된 첩보를 은밀하게 전달하기 위한 방법으로서 사람이 직접 만나는 인원회합(personal meeting)과 첩보수집 주체가 직접 만나지 않고 중간에 매개인이나 매개체를 넣어 간접적으로 접촉하는 비인원연락(impersonal communication)이 있다.

정보관과 첩보원 또는 협조자가 서로 만나는 인원회합은 보안을 위해 가급적 하지 않는 것이 바람직하지만 중요한 첩보나 물자를 직접 전달하거나 교육, 지시, 인수인계, 브리핑, 감독, 위로 등을 위해 만나야 하는 경우도 있다. 인원회합은 안전하고 은밀하게 만날 수 있는 장소 선정이 중요한데 방첩기관의 감시를 회피할 수 있도록 특별히 관리하는 안전가옥(safe house)에서 만나는 경우가 많다. 안전가옥이라고 하더라도 방첩기관에서 이미 주변에서 감시활동을 개시한 경우에는 인원회합을 연기하고 신호 등을 통해 관계자가 접근하지 않도록 조치하여야 한다.

비인원연락의 수단으로는 수수자(收受者, live drop, live letter box), 편의주소 관리인(accommodation address custodian), 연락원(courier), 수수소(收受所, 무인 포스트, dead drop, dead letter box), 드보크(debok), 카토스(car toss), 풋토스(foot toss), 브러시 패스

(brush pass) 등이 있다. 수수자는 사전에 협조된 제3자를 사이에 두고 첩보를 주고받는 방법으로 예를 들어 첩보원이 편의점 점원에게 전달할 문건을 맡기고 정보관이 잠시 후에 수령하였다면 편의점 점원이 수수자가 된다. 편의주소 관리인은 비밀연락을 위해 우편물을 수령하고 관리하는 사람으로서 차단장치의 역할을 하며 반드시 실제로 존재하는 인물일 필요도 없다. 연락원은 첩보조직의 일원으로서 첩보 관계자 사이의 연락업무를 담당하는 사람이다. 수수소는 다른 첩보 관계자가 찾아갈 수 있도록 비밀자료를 은닉하여 두는 장소로서 가장 많이 활용되는 전통적인 방법이다. FBI에 체포된 한센(Robert Hansen)은 자신이 FBI 방첩관이었으나 소련 KGB와 러시아 SVR 정보관에게 무려 25년 동안이나 비밀자료를 넘겨주고 돈을 받았는데 직접 접촉하지 않고 주로 수수소를 이용하여 주고 받았다. 한센은 2001년 2월 18일 북부 버지니아의 폭스스톤 공원의 다리 끝 아래에 '엘리스'라는 무인포스트를 설치하다가 현장에서 체포되었다.[38] 카토스는 달리는 자동차에서 일정한 장소에 물건을 던져서 회수해 가도록 하는 방법이고, 풋토스는 걸어가면서 일정한 장소에 물건을 던져서 회수해 가도록 하는 방법이다. 브러시패스는 서로 스쳐지나가면서 물건을 주고받는 방법인데 같은 모양의 가방을 가지고 가다가 서로 교환하는 방법도 여기에 속한다.

불가피하게 전화, 전신, 우편, 전보, 이메일 등을 이용할 때에는 암호나 음어 또는 비밀서법, 마이크로 다트(micro-dots),[39] 사이버 드보크(cyber debok) 등의 방법을 사용한다. 최근에는 인터넷을 이용하여 비밀서신을 만들기도 하고 그림에 은닉하는 방법을 사용하기도 한다.

차단(cutout)이란 첩보조직의 보호를 위해 첩보활동에 참여하는 사람들 간에 직접 접촉을 하지 못하게 하고 서로 알지 못하게 하는 것을 말한다. 차단을 철저하게 하면 최악의 경우에 검거되거나 폭로되어도 피해를 최소화할 수 있다. 비밀연락 수단으로 활용하는 매개인이나 매개물은 차단을 위해 활용하는 수단이 된다. 매개인을 차단으로 활용할 경우 의식적 차단과 무의식적 차단으로 나눌 수 있다. 의식적 차단은 자

---

38) W. Thomas Smith, *The Central Intelligence Agency*, (New York: Checkmark Books, 2003), pp.120–121.

39) 마이크로 다트는 미세축소사진이라고도 하며 수집한 첩보를 사진으로 제작하여 현미경을 통해서만 보일 수 있는 크기로 축소하여 우편소인 아래나 편지봉투의 접힌 부분 또는 인쇄된 편지의 마침표 위치 등 특정 위치에 감추는 방법이다. 최근에는 인터넷이나 이메일을 이용하여 사진을 보낼 때에 사용하기도 한다.

신의 행위가 비밀연락의 매개행위라는 사실을 알면서 역할을 하는 것으로서 첩보수집 지시, 활동자금, 보급품, 보고서 등을 수수, 보관, 전달하는 연락원과 편의주소 관리인 등이 여기에 속한다. 무의식적 차단은 자신의 행위가 비밀연락의 매개행위라는 사실을 알지 못하고 호의로 메시지나 물자를 운반해 주는 사람으로 원칙적으로 비상시에 한번만 사용하여야 한다.

4. 인간정보수집의 장점과 단점

인간정보 수집의 장점은 상대방의 의도와 생각을 파악할 수 있다는 점이다. 인간정보수집은 기술정보수집으로는 파악할 수 없는 상대국가의 전략적 의도와 정책추진 방향, 아직 구체화되지 않은 계획 등을 파악하는 것이 가능하다. 인간정보수집은 기술정보수집에 비해 비용이 적게 든다. 기술정보수집에 필요한 수집 시스템과 장비를 운영하는 데에는 많은 예산과 기술력의 뒷받침이 필요하다.

인간정보 수집의 단점은 첫째, 수집된 첩보의 진위를 확인하기 어렵다. 첩보원이 보수를 더 받기 위해 첩보를 과장, 왜곡, 조작하는 경우도 있고 장기간 활동한 첩보원 중에는 실제로 출처에 접근하여 첩보를 입수하지 않고 과거에 보고한 내용을 일부 수정하여 다시 활용하거나, 공개적으로 입수할 수 있는 자료를 포장하여 보고하는 경우도 있다. 월남전에서 CIA 정보관이 운영하던 어떤 첩보원은 수년 동안이나 위험지역인 베트콩 근거지에 침투하여 첩보를 수집하지 않고 근처에 가서 적당히 상황을 파악하고 돌아와 내용을 조작하여 보고한 것이 그 후에 발각이 된 적이 있다. 둘째, 정보관과 첩보원 간의 신뢰관계는 항상 파탄 가능성이 있다. 첩보원이 정보관을 기만하거나 상대국 정보기관에 고용되어 이중공작원(double agent)으로 역정보를 제공하는 경우도 있다. 셋째, 대상국가 또는 대상조직의 보안체계가 강한 경우에는 첩보출처에 접근하는 것이 어렵다. 특히 독재국가와 같은 폐쇄 국가에서는 비공직 가장 정보관의 활동은 거의 불가능하고, 공직가장 정보관도 철저한 감시를 받고 있어 효율적인 수집활동을 하기 어렵다. 또한 결속력이 높은 테러조직이나 국제범죄 조직에 대한 인간정보수집 활동도 쉽지 않다. 넷째, 첩보수집 활동이 종료된 이후에 공작원이나 협조자가 과거의 협조를 미끼로 계속 정치적, 금전적 요구를 하거나, 비밀활동을 공개하여 정보기관이나 정부의 입장을 어렵게 하는 경우가 있다. 손자병법 용간편(用間編)도 “총명한 군

주와 현명한 장군만이 가장 뛰어난 지혜를 가진 인물을 간자로 채용하는 것이 가능하다"(名君賢將 能以上智爲間者)고 하여 첩보원 활용의 어려움을 이야기하고 있다.[40)]

제3절 기술정보수집

기술정보(TECHINT: Technical Intelligence)수집이란 과학기술적 수단을 통하여 첩보를 수집하는 방법으로서 신호정보(SIGINT: Signal Intelligence)수집, 지리공간정보(GEOINT: Geospatial Intelligence)수집, 징후계측정보(MASINT: Measurement and Signature Intelligence)수집 등이 포함된다.

신호정보수집은 인간정보수집으로 접근할 수 없는 상대국의 정치 지도자나 군사지도자 간의 통신 또는 주요 시설에 접근하여 자국에 대한 의도를 파악하는 것이다. 즉 상대국의 의도를 예측하기 위해 통신, 전자, 레이더 등 신호를 통해 유통되는 첩보를 비밀리 수집하여 생산하는 정보와 관련된 수집활동 전반을 말한다. 지리공간정보란 항공기, 인공위성 등에 탑재된 촬영 장비를 통해 지상의 물체를 촬영한 후 이를 비교 · 분석하여 생산하는 정보이며 이에 필요한 첩보를 수집하는 과정을 지리공간정보수집이라고 한다. 지리공간정보는 이전에는 영상정보라고 불리었다. 징후계측정보는 측정정보라고도 하며 영상자료나 통신신호가 아닌 예를 들면 적외선이나 자외선, 자기장, 화학적 물질, 방사능 등을 측정하여 분석함으로써 획득하는 정보를 말하며, 이에 필요한 첩보수집 과정을 징후계측정보수집이라 한다.

기술정보를 수집하는 수단에는 인공위성, 항공기, 선박, 지상기지 등이 있다. 인공위성은 국경에 관계없이 전 세계 모든 지역의 첩보를 수집할 수 있는 장점이 있다. 엄격한 보안조치를 하거나 접근을 거부하는 지역에 대한 첩보를 수집할 경우에는 특히 유용하다. 그러나 다른 수집수단에 비해 비용이 많이 들고 일정한 궤도에 따라 일정한 시간에 한하여 목표물을 관찰할 수밖에 없다는 단점이 있다. 항공기는 인공위성의 단점을 보완하는 수집수단으로서 비용이 저렴하고 근접 수집이 가능하며 시간의 제약을 받지 않고 일정 지역에 머물면서 반복적으로 수집할 수 있으며 영상뿐만 아니라 통신

40) 손무(孫武), 유동훈 옮김(2005), p.202.

신호나 각종 전파 등을 수집하는 것도 가능하다. 최근에는 조종사나 승무원에 대한 위험 없이 첩보수집을 하는 무인 항공기 이용도 증가하고 있다. 이외에도 선박이나 특수자동차를 이용하거나 지상기지를 건설하여 통신신호나 전자파 등을 수집하기도 하고, 소형의 감청장비나 감지장치를 정보관이 은밀하게 접근하여 설치하는 등 다양한 첩보수집 방법이 활용되고 있다.

기술정보수집체계를 수립하기 위해서는 계획을 작성하고 시설을 건설하여 시험가동하고 실제로 활용하는 데까지 상당한 시간이 걸린다. 오늘날에는 기술발전 속도가 빠르기 때문에 최초 계획을 수립했을 때 적용하려던 기술이 구형이 되어 곧 바로 새로운 기술을 채택해야 하는 경우도 있다.

1. 신호정보(SIGINT)

신호정보(SIGINT: Signal Intelligence) 수집은 수집대상인 신호의 종류에 따라 통신정보수집, 원격측정정보수집, 전자정보수집 등으로 구별된다.

통신정보(COMINT: Communication Intelligence)수집은 적대 국가나 범죄조직 등의 전화, 전신, 텔렉스, 컴퓨터, 팩시밀리 등 각종 전기적 통신신호를 수집하는 활동이다. 통신내용을 중간에 입수하게 되면 무엇을 논의하고, 계획하고, 생각하는지를 직접 알 수 있기 때문에 상대방의 전략적 의도를 파악하는데 매우 효과적이다. 지리공간정보는 분석을 통하여 의미를 해석하고 파악하여야 하는데 비해 통신정보를 통해서는 직접 전략적 의도와 목적 등을 파악할 수 있다. 통신정보는 내용과 함께 목소리의 고저장단, 톤, 단어 선택, 액센트 등도 확인이 가능하여 상황을 정확히 파악하는데 유용한 단서를 제공해 준다. 전통적으로 통신정보수집은 외국의 외교통신과 군사통신 수집에 많은 노력을 기울여 왔다. 그러므로 각국은 자국의 통신체계를 관리하고 암호통신기술을 발전시키는데 주력하고 있다.

통신정보수집은 제1차 세계대전을 전후하여 각국이 상대방 군사통신을 감청하기 시작함으로써 본격화 하였다. 당시는 무선통신이 본격적으로 사용되기 시작하는 시기로서 대부분의 통신은 지하케이블이나 해저케이블에 의존하고 있었다. 영국은 독일의 해저케이블을 파괴함으로써 무선통신을 사용하지 않을 수 없도록 만들어 무선통신을 감청하여 전쟁에 활용했다. 영국은 독일의 짐머먼(Zimmermann)[41] 전보를 해독하여 미국으로 하여금 1917년 4월 6일 제1차 세계대전에 참전하도록 유도하였다. 미국은 제2차 세계대전 중에 일본의 암호통신체제인 퍼플(Purple)을 해독하여 일본의 정보망을 체포하는데 활용하였으며, 태평양전쟁에서도 미드웨이 해전 계획을 사전에 파악하여[42] 일본함대를 격파하는데 활용하였다. 냉전기에는 미국과 소련이 서로 상대국의 통신내용을 탐지하고자 하는 경쟁이 격화되었으며, 냉전이 종식된 이후에도 통신정보 수집활동은 지속되고 있다.

현대에는 다양한 통신기기가 발달하고 통신의 양도 대폭 증가하였는데, 특히 인터넷이 사용되고 광케이블을 사용하게 되면서 통신의 양이 폭발적으로 증가하게 되었다. 이에 따라 통신정보 수집의 양도 증가되고 이 문제를 해결하기 위해 슈퍼컴퓨터와 키워드 검색 방법을 사용하고 있다. 주요한 키워드가 통신체제에 포착되면 자동으로 추적하는 방식으로 중요한 정보를 수집하고 있다. 테러와의 전쟁에 있어 테러조직이 사용하는 통신은 장거리 신호정보 감지장치로는 쉽게 포착하기 어렵다.[43] 그러므로 테러조직에 근접하여 통신신호를 포착하기 위해 인간정보수집과 연계하는 방법이 연구되고 있다. 통신정보를 충분히 활용하기 위해서는 대상자의 언어에 능통하여야 하지만 정보기관이 필요한 만큼 외국어 전문요원을 확보하기는 쉽지 않다. 9 · 11 테러를 사전에 방지하지 못한 것도 정보기관의 외국어 구사능력 부족에도 일부 원인이 있는 것으로 지적되었다.

원격측정정보(TELINT: Telemetry Intelligence)수집은 미사일과 같은 실험장비와 지상기지 간에 이루어지는 교신내용을 수집하기 위한 것으로서 수집하는 내용이 언어가 아니라 탑재된 센서가 송신하는 다양한 신호라는 점에서 통신정보수집과 다르다. 실험장비의 속도, 부품별 온도, 연료유출 속도 등을 종합적으로 분석하게 되면 실험장비의 성능을 파악하고 이를 개선하는데 활용할 수도 있다.[44]

---

41) 짐머먼 전문은 독일 외무장관인 Arthur Zimmermann이 1917년 1월 16일 멕시코 주재 독일대사에게 보낸 전문으로 멕시코 정부와 접촉하여 미국에 대항하는 동맹을 맺을 것을 제안하도록 지시한 전문이다.

42) 미국 해군정보부대 산하의 '히포기지'(HYOP Station)는 1942년 4월, 일본군의 무전교신 증가에 주목하는 한편 작전목표 AF가 미드웨이섬을 지칭하는 암호라는 것을 확인하여 미국 해군이 사전에 일본의 작전계획을 간파하고 기습공격을 가능하게 함으로써 미국 함대보다 훨씬 강력한 일본 함대를 물리치고 태평양에서의 제해권을 장악하는데 결정적인 역할을 하였다.

43) Mark M. Lowenthal, 김계동 옮김(2008), p.122.

44) Abram N. Shulsky & Gary J. Schmitt, 신유섭 옮김(2007), p.62.

전자정보(ELINT: Electronic Intelligence)수집은 외국 군사시설이나 장비로부터 방출되는 각종 전자파 등을 탐지하고 수집하는 것으로 외국기기신호정보(FISINT: Foreign Instrumentation Signals Intelligence)수집이라고도 한다.[45] 지상기지 또는 함정, 항공기에서 방출되는 전자파나 레이더 신호를 수집하면 장비나 무기의 성능을 분석할 수 있다. 특히 레이더 신호를 수집하게 되면 레이더 장비의 최대 운용범위를 파악하는 등 성능을 판단할 수 있다.[46] 이와 같이 전자정보수집은 군사적 수집목표물의 성능을 파악하는데 유용하며, 각종 무기와 레이더 등에 탑재된 전자장비에서 발생하는 각종 전자파, 출력신호, 무선 원격제어 신호 등을 수집하는 것이다. 오늘날 많은 통신이 위성시스템을 이용하여 이루어지기 때문에 이를 감청하기 위해 안테나를 탑재한 위성을 우주공간에 배치하거나 지상기지를 세워 위성에서 지상기지로 송신하는 신호를 감청하고 있다.

2. 지리공간정보(GEOINT)

지리공간정보(GEOINT: Geospatial Intelligence)수집은 이전에는 영상정보(IMINT: Imagery Intelligence)수집이라고 불리던 것으로, 그 이전에는 사진정보(PHOTINT: Photo Intelligence)수집이라고 하였다.[47] 지리공간정보는 광학적 수단 또는 전자적 수단으로 사람 또는 사물의 모습을 재생하는 것으로 인공위성, 항공기, 사람 등이 수집수단으로 활용된다. 현대적 의미의 지리공간정보수집은 제1차 세계대전 당시 군용기에 사람을 태워 카메라를 이용하여 전장과 적후방의 동태를 촬영하는 방식으로 시작되었다. 미국은 제2차 세계대전 중에 B-17, B-24 등의 비행기를 이용하여 광범위하게 항공사진을 촬영하여 작전에 활용하였다.[48] 오늘날에는 U-2, SR-71, RC-135 등의 정찰기가 사용되고 있고, 최근에는 프레데터(predator), 글로벌 호크(global hawk) 등의 무인 항

45) Mark M. Lowenthal, *Intelligence: From Secret to Policy*, (Washington DC: CQ Press, 2009), p.91.

46) Abram N. Shulsky & Gary J. Schmitt, 신유섭 옮김(2007), pp.63–64.

47) Mark M. Lowenthal(2009), p.82.
우리나라도 2011.7.1. '국방지형정보단'을 창설하여 지리공간정보 생산을 위한 시스템을 갖추었다. http://bbs1.agora.media.daum.net/gaia/do/debate/read?bbsId=D003&articleId=4407851(검색일: 2012.8.19).

48) Jeffrey T. Richelson, *The U.S. Intelligence Community*, (Boulder, Colorado: Westview Press, 1999), pp.150–152.

공기(UAV: Unmanned Aerial Vehicles)도 사용되고 있으나 인공위성이 널리 활용되고 있다. 항공기를 사용하는 것은 인공위성에 비해 근접 촬영이 가능하기 때문에 정밀한 영상자료 수집이 가능하고, 인공위성은 항공기에 비해 보다 넓은 지역의 영상자료 획득이 용이하다.

미국에 있어서는 국가정찰국(NRO)이 인공위성 개발과 수집업무를 담당하고 국가지리공간정보국(NGA)이 지리공간정보를 분석하고 생산한다. 지리공간정보 생산에 필요한 첩보수집은 인공위성을 통한 수집 및 국방부에 의한 항공기 수집 그리고 일부 첩보수집 요원들에 의한 직접 촬영 등으로 이루어진다. NGA는 지리공간정보를 '자연물체이거나 인공물체를 불문하고 지구상에서 관찰될 수 있거나 알려진 것을 식별하기 위한 정보로서 국가안보에 중요한 것'이라고 정의하였다.[49)]

광학적 수집체계는 기후에 영향을 많이 받아 목표물을 정확하게 확인하기 어렵기 때문에 기후에 영향을 적게 받는 다양한 수집체계를 발전시키게 되었다. 수집 대상의 열을 추적하여 영상을 만들 수 있는 적외선 수집체계, 구름을 투시하여 영상을 만들 수 있는 레이더 수집체계, 분광분석을 통해 영상을 만들어내는 다중분광영상정보(MSI: Multi-Spectral Imagery) 또는 초미세분광영상정보(HSI: Hyper-Spectral Imagery)수집체계로 발전하고 있다.

지리공간정보는 수집목적에 따라 다양한 공간해상도(spatial resolution)[50)]가 필요하다. 해상도란 영상에서 구분할 수 있는 최소한의 물체의 크기를 말하는 것으로, 분석관이 요구하는 해상도는 대상목표의 특성과 정보의 유형에 따라 달라진다. 해상도가 70cm일 경우, 한 픽셀이 가로, 세로 70cm 영역을 표현한다는 의미로 보통 승용차 정도 크기의 물체를 판독할 수 있다. 해상도가 1m일 경우에는 인공물체나 지형지물의 외부 변화 등을 어느 정도 분석할 수 있다. 해상도가 10m일 경우에는 상세한 부분을 나타내지는 못하지만 큰 설비의 정찰과 건물의 유형을 판별하는 정도가 가능하다. 해상도가 20~30m인 경우에는 더 넓은 범위의 지역을 커버하며 공항, 공장, 기지와 같은 대규모 복합시설들을 판별할 수 있다. 따라서 정보요구에 따라 해상도를 조정해야 한다. 미국의 최신 정찰위성 KH-12이나 라크로스(Lacrosse) 위성은 공간해상도가 수십

49) Mark M. Lowenthal(2009), p.82.

50) 공간해상도(Spatial Resolution)는 영상의 한 화소(Pixel)가 가로, 세로 일정 크기의 영역을 표현하는 것으로 70cm 해상도는 가로, 세로 70cm 크기의 물체가 하나의 점으로 표시되는 것을 의미한다.

cm까지 발달한 것으로 알려지고 있다.

지리공간정보는 정밀하고 생생하게 볼 수 있는 영상을 제공해 주는 점이 최대의 장점이다. 최근에 수집되는 영상자료는 정책결정자에게 목표물을 생생하게 보여 줄 수 있어 영상자체가 정보가 된다. 그러나 영상에는 전문가가 아니면 알아차릴 수 없는 상황이 숨어 있을 수 있기 때문에 유의할 필요가 있다. 대상목표의 영상을 통해 부수적인 주변상황에 대한 정보도 제공할 수 있는데 인공위성이나 항공기는 수집하는 과정에서 주변의 수많은 목표를 동시에 수집하는 것이 가능하다. 지리공간정보는 훈련된 영상 전문가가 아니면 판독하기 어렵고, 특정한 시간과 장소에서 촬영된 정태적 자료이기 때문에 전후의 상황을 알려주지 못하는 단점이 있다. 그러므로 분석관은 과거의 영상자료와 비교하면서 현재 상황의 의미를 분석하고 앞으로의 변화 가능성을 예측할 수도 있다. 최근에는 컴퓨터가 영상을 비교 · 검토하는 자동변화추출(automatic change extraction)프로그램을 이용하여 분석의 오류를 줄이고 있다.[51] 상대국가는 지리공간정보수집을 기만하기 위해 위장 모조물체를 설치하거나 의도적으로 특정 행동을 취할 가능성도 있기 때문에 기만 또는 허위정보에 속지 않도록 유의하여야 한다.

3. 징후계측정보(MASINT)

징후계측정보(MASINT: Measurement and Signatures Intelligence)수집은 대량살상무기 개발, 화학무기 개발, 군비통제, 환경오염, 마약제조 등과 관련된 활동을 감시하고 통제하기 위한 정보를 생산하는데 필요한 첩보를 수집하는 방법이다. 예를 들면 특정 공장에서 배출되는 가스나 폐기물 등을 수집하여 화학무기 개발 여부를 분석하는 것과 같다. 전자정보(ELINT)수집과 원격측정정보(TELINT)수집이 징후계측정보수집 발달에 많은 기여를 하였다.[52]

징후계측정보수집에는 여섯 개 분야가 있다. ① 전자광학(electro-optical) 분야는 적외선, 편광, 분광, 자외선, 가시광선과 같은 다양한 유형의 빛과 레이저를 포함하여 스펙트럼의 적외선에서부터 자외선 부분에 이르기까지 방출되거나 반사되는 에너지의 성질을 수집해 분석한다. ② 지구물리학(geophysical) 분야에서는 가청음, 중

51) M. Lowenthal, 김계동 옮김(2008), p.111.

52) 앞의 책, p.123.

력, 자기장, 지진과 같은 지구 표면 혹은 그 근처에 있는 여러 장소들의 비정상성과 변화를 수집하여 분석한다. ③ 물질(materials) 분야에서는 화학적, 생물학적, 핵관련 물질 표본들을 포함하여 기체, 액체 또는 고체의 성분을 판별한다. ④ 핵 방사능(nuclear radiation) 분야에서는 감마선, 중성자, X선 등의 특징을 수집하여 분석한다. ⑤ 레이더(radar) 분야에서는 가시거리 레이더, 가시거리 외 레이더, 합성개구(synthetic apertures) 레이더와 같은 여러 유형의 레이더들을 포함해 목표 혹은 물체로부터 반사되는 전자파의 특성들을 수집, 분석한다. ⑥ 무선주파수(radio frequency) 분야에서는 물체에서 방출되는 전자기 신호(electromagnetic signals)들을 수집, 분석한다.[53)]

징후계측정보수집은 미국에서 가장 발달하였으며 인공위성과 RC-135S 등의 전자정찰기를 동원하여 핵 또는 화학적 폭발로 발생하는 전리층의 압력을 감지하거나 화학적 반응을 탐지하는 활동 등에 활용하고 있다.

4. 기술정보수집의 장점과 단점

기술정보수집의 장점은 정보관이 접근하기 어려운 지역에 관한 첩보를 원거리에서 수집할 수 있을 뿐만 아니라 단시간 내에 수집목표에 접근하는 것이 가능하다는 점이다. 미국의 경우 1970년대 후반 인간정보를 과소평가하고 기술정보를 높게 평가하면서 기술정보 수집역량을 대규모로 확충하였다.

기술정보수집의 단점은 막대한 비용이 든다는 점이다. 막대한 비용에도 불구하고 기술정보 수집수단이 필요한 이유는 주로 접근이 거부되거나 강력한 보안조치로 필요한 군사 · 안보 첩보를 수집하기 어렵기 때문이다. 미국의 경우에도 과거 소련시절에는 강력한 보안조치 때문에 인공위성을 비롯한 많은 기술정보 수집수단을 활용하는 것이 불가피하였다. 그러나 냉전 붕괴 이후에는 과거에 비해 기술정보수집 필요성이 많이 감소하였다. 이에 비해 한국의 경우에는 북한에 대한 접근이 어렵고 핵 · 미사일 등 군사 · 안보 첩보에 대한 보안조치가 강하기 때문에 많은 비용에도 불구하고 기술정보 수집수단 확충이 필요하다.

기술정보수집은 너무 많은 자료를 수집하게 되어 선별하고 처리하는 것이 어렵다. 수집첩보 중에서 필요한 첩보를 추출해 내는 문제를 '밀과 왕겨'(wheat versus

53) 앞의 책, p.124.

chaff)로 표현하는 학자도 있다.[54] 미국의 경우 국가안보국(NSA)은 매일 약 650만 건의 첩보를 수집하는데 이 중에서 1만 건 가량이 보고서 생산에 활용된다고 한다.[55] 그러나 선택되지 않은 첩보 중에서도 중요한 내용이 있을 수도 있기 때문에 대형 슈퍼컴퓨터를 활용하여 수집한 디지털 영상이나 비디오 영상을 자동 저장하고 필요한 자료를 찾아내는 기술을 도입하고 있다.

기술정보수집의 경우, 수집대상을 식별하고 추적하는 것이 쉽지 않다는 문제도 있다. 수집대상을 소형화 또는 유동화하거나 지하에 건설하는 경우도 있고, 다른 장비 또는 시설과 유사하게 건설하여 판별을 어렵게 하는 경우도 있다. 특히 일정한 시설이나 통신망을 가지고 있지 않은 테러조직에 대해서는 수집대상을 파악하는 것이 쉽지 않다. 이러한 경우에는 인간정보수집을 통해 수집대상의 위치를 확인하는 것이 필요하게 된다.[56]

제4절 공개출처정보수집

공개출처정보(OSINT: Open Source Intelligence)수집은 공개된 출처에서 첩보를 입수하는 활동을 말한다. 공개출처정보수집에 활용될 수 있는 공개출처에는 다음과 같은 것이 있다.[57]

첫째는 언론 미디어로서 라디오, TV, 신문, 잡지, 인터넷 기반 언론매체 등이 여기에 속한다. 둘째는 인터넷 기반의 단체 및 개인이 생산하는 자료로서 각종 소셜 네트워킹 사이트(social networking sites), 동영상 공유 사이트, 블로그(blogs) 등이 포함된다. 셋째는 공공자료로서 각종 정부보고서, 예산이나 인구조사와 같은 공식 통계, 청문회 자료, 법률안 토의자료, 언론배포 자료, 각종 연설문, 해상 또는 항공안전을 위한 경고문, 환경평가자료 등 행정기관 발표자료 등이 있다. 넷째는 전문가 · 학자의 연구 · 학

54) Mark M. Lowenthal, 김계동 옮김(2008), p.93.

55) 앞의 책, p.94.

56) Abram N. Shulsky & Gary J. Schmitt, 신유섭 옮김(2007), p.77.

57) Mark M. Lowenthal, 김계동 옮김(2008), p.135; http://en.wikipedia.org/wiki/Open-source intelligence(검색일: 2012.8.17).

표 1-1 〉〉 공개출처정보의 수집 출처

분류	출처
언론 미디어	라디오, TV, 신문, 잡지, 인터넷 기반 언론매체 등
인터넷 자료	소셜 네트워킹 사이트(social networking sites), 동영상 공유 사이트, 블로그(blogs) 등
공공자료	정부보고서, 통계자료(예산 · 인구 등) 청문회 자료, 법률안 토의자료, 언론 배포 자료, 정부 관계자 연설문, 행정기관 발표자료(해상안전경고, 테러경고, 환경평가 등), 기자회견 자료 등
연구 · 학술 자료	컨퍼런스 자료, 세미나 자료, 연구논문, 직종별 전문협회 자료, 과학 · 기술 전문가 보고서 등
기술정보적 자료	상업위성 수집영상, 웹사이트 분석결과(특정 웹사이트 방문인원 및 빈도조사 등), 민간 측정 지구물리학 자료(지진강도 측정 등)
인간정보적 자료	정부 관계자, 외교관, 군인, 학자, 전문가, 사업가, 정치망명자, 피난민 등에 대한 공개 면담자료

출처: Mark M. Lowenthal, 김계동 옮김, 『국가정보: 비밀에서 정책까지』(서울: 명인문화사, 2008), pp.135-136; http://en.wikipedia.org/wiki/Open-source intelligence(검색일: 2012.8.17) 등을 종합하고 분류.

술자료로서 컨퍼런스 자료, 세미나 자료, 연구논문, 직종별 전문협회 자료, 과학 · 기술 전문가 보고서 등이 포함된다. 다섯째는 기술정보적 자료로서 상업위성으로부터 수집한 영상, 웹사이트 분석결과(예: 특정 웹사이트 방문자 및 빈도조사 등), 민간에서 측정한 지구물리학 관련 자료(예: 지진강도 측정 등) 등이 여기에 속한다. 여섯째는 인간정보적 자료로서 공개적인 방법으로 정부 관계자, 외교관, 군인, 학자, 전문가, 사업가, 정치망명자, 피난민 등을 면담하여 입수한 자료 등이 포함된다. 이러한 공개출처를 정리하면 〈표 1-1〉과 같다.

미국은 1941년 해외방송모니터링서비스(FBMS: Foreign Broadcast Monitoring Service)를 설립하여 제2차 세계대전 기간 동안 외국방송을 청취하여 공개출처정보를 생산하였다. 제2차 세계대전이 종료된 후 FBMS는 1947년 CIA 과학기술국 산하의 해외방송정보서비스(FBIS: Foreign Broadcast Information Service)로 재편되어 라디오, TV, 출판물을 수집하고 모니터링하는 역할을 수행하여 왔다. 1999년 코소보 사태와 관련하여 밀로세비치 정부에 반대하는 일부 세르비아 사람들이 미국 정보기관에 NATO 공습상황, 베오그라드 분위기 등에 대한 이메일을 보내 왔다. 처음에는 이와 같은 방법으로 입수된 첩보들의 신뢰성에 대해 논란이 벌어졌으나, 일부 출처의 자료는 신뢰성이 있고 상황파악에 유용했던 것으로 판명되었다. 이 사건은 공개출처정보를 새롭게 인식하는 계기를 제공해 주었다.[58] 2004년 발표된 9 · 11테러 진상조사 보고서는 공개출처정보기관 설치가 필요하다는 의견을 제시하였고, 2005년에 발표된 대량살상무기 정보능력평가 위원회(The Commission on the Intelligence Capabilities of the United States Regarding Weapons of Mass Destruction, 일명 Robb-Silberman Commission)보고서는 CIA 내에 공개출처정보국을 신설할 것을 권고하는 등 공개출처정보를 전문적으로 수집 · 분석하는 조직 창설의 필요성이 제기되었다. 이와 같은 권고에 따라 2005년 CIA의 FBIS를 흡수하여 국가정보장(DNI) 산하에 '공개출처센터'(Open Source Center)를 설립하였다.[59] 공개출처센터는 라디오, TV, 언론, 인터넷, 데이터베이스, 비디오자료, 지리공간 데이터(geospatial data), 사진, 상업 영상자료 등을 수집하고 이를 보다 효율적으로 활용할 수 있는 분석방안을 찾고자 노력하고 있다.[60]

공개출처정보는 인간정보수집이나 기술정보수집과 달리 그동안 전문 수집관, 처리 담당관, 개발 담당관 등이 존재하지 않았다. 정보분석관이 필요에 따라 스스로 수집하여 활용하는 것이 대부분이었기 때문에 공개출처정보는 다양한 관점에서 충분히 활용되지 못하였다. 공개출처정보는 첩보수집 활동의 출발점으로서 어떤 자료가 공개출처로부터 수집가능한가를 파악함으로써 비밀수집 활동이 필요한 범위와 방향을 설정할 수 있고, 때에 따라서는 수집방법을 결정하는 데에도 참고할 수 있다.

공개출처정보에 대한 일반적 오해는 공개출처정보가 무료라는 생각과 인터넷이 주된 출처라고 생각하는 것이다. 공개출처정보는 방대한 양으로 인해 효율적으로 조사하고 수집, 분류, 관리하는 데에는 많은 비용이 소요된다. 또한 공개출처정보 전문가에 의하면 인터넷에서 입수할 수 있는 자료는 전체 공개출처정보의 3~5%에 불과하다고 한다.[61]

공개출처정보의 장점은 출처의 공개성으로 인해 접근이 편리하다는 점, 다양한 출처로 인해 인간정보에 비해 기만과 조작이 어렵다는 점, 인간정보와 기술정보의 수

58) M. Lowenthal, 김계동 옮김(2008), 앞의 책, p.139.

59) http://www.opensource.gov(검색일: 2012.8.17).

60) http://en.wikipedia,org/wiki/Open-source intelligence(검색일: 2012.8.17).

61) M. Lowenthal, 김계동 옮김(2008), 앞의 책, p.138.

집방향을 제시해 줄 수 있고 수집된 비밀첩보의 해석과 평가에 유용하다는 점 등이다. 공개출처정보의 최대의 단점은 양이 너무 많다는 점이다. 전 세계의 수많은 출처에 걸쳐 다양한 자료가 흩어져 있어 필요하고 유용한 자료를 탐색하고 수집하는 데에는 많은 시간과 비용이 소요된다.

제5절 첩보수집의 과제와 전망

국가정보의 수집역량 개선을 위해서는 국가가 필요로 하는 정보 분야와 그 수준을 파악하고, 현재의 수집역량을 평가한 다음, 부족한 수집역량을 개선하는 방안을 강구하는 것이 필요하다. 즉 한국은 어떠한 국가정보 수요가 있고 또 어느 정도 필요한가에 따라서 첩보수집 시스템의 규모와 역할이 결정될 것이다. 또한 현재 국가정보의 수집역량이 어느 정도이고 어느 정도 충족시키고 있는가에 대한 평가도 필요하다.

냉전 종식 이후 과거의 이데올로기 대립은 해소되었다. 현재는 공산주의에 의한 세계 적화를 주장하는 사람도 없고 이를 우려하는 사람도 없다고 할 수 있다. 또한 세계화의 진전에 따라 국경의 장벽이 낮아지고 경제적 · 사회적 · 문화적 활동영역이 넓어진 것도 사실이다. 그러나 국가는 여전히 사람들의 생활공간의 토대인 동시에 삶의 질을 좌우하는 중요한 제도이다.

그러나 한반도 안보정세는 남북 간 대치상황이 여전히 지속되고 있고 북한의 핵 · 미사일 개발과 미국의 안보전략 변화 및 경제적 영향력 감소 등으로 오히려 냉전 기간보다 악화된 측면도 있다. 전통적 국가정보의 역할은 오직 국가안보만을 목적으로 하였으나 국가 간 경제전쟁의 격화에 따라 경제 · 통상 · 자원 · 과학기술 등의 분야에 대한 정보활동이 중요한 비중을 차지하게 되었다. 우리나라의 경우 남북 대치상황 지속에 따른 안보위협 대응과 국가경쟁력 강화라는 두 가지 목표를 동시에 추구하지 않을 수 없는 상황이다.

첩보수집 수단으로서 인간정보수집, 기술정보수집, 공개출처정보수집은 각각 장단점을 가지고 있다. 미국이 기술정보수집을 위한 인공위성 개발에 주력한 이유는 소련의 보안체제가 강력하여 인간정보수집으로 필요한 군사 · 안보적 첩보수집이 어려웠기 때문이었다. 그러나 오늘날 러시아나 중국은 과거의 소련처럼 기술정보수집에 의존하지 않을 수 없을 정도로 첩보수집이 어려운 상황은 아니다.[62] 그 결과 미국에서는 기술정보수집 시스템의 과잉투자 문제가 논란이 되고 있다. 그러나 한반도에 있어서 북한에 대한 첩보를 얻는 것은 과거의 소련만큼 어려운 과제라고 할 수 있고, 주변의 중국이나 일본과 비교할 때도 기술정보수집 역량은 대단히 미흡한 단계에 있다. 그러므로 북한의 핵·미사일 등 군사·안보 첩보수집을 위한 기술정보수집 역량을 지속적으로 증강시킬 필요가 있다.

인간정보는 상대방의 생각과 의도를 파악할 수 있다는 것이 최대의 장점인데, 평화적인 통일을 준비하면서 남북한 관계를 발전시키고 주변국의 이해관계를 파악하기 위해 더욱 역량을 강화하고 체계적으로 관리해 나가야 한다. 인간정보수집 역량은 단기간 내에 양성되는 것이 아니기 때문에 적어도 남북통일 이후를 내다보고 장기적인 계획을 수립하여 체계적으로 육성해 나가야 한다.

또한 한반도 문제를 넘어서 경제·자원·에너지·환경 등 범세계적 문제에 있어서도 보다 전략적 사고로 접근하는 것이 필요하다. 셔먼 켄트가 주장한 바와 같이 국가정보는 전략정보가 되어야 하는데, 이것은 바로 범세계적 문제에 국가가 어떤 정책으로 대응할 것인가를 지원하는 정보가 되어야 한다는 것이다. 이제 한국도 세계적 문제에 대해 국가의 입장을 밝히고 필요한 경우 일정한 기여를 하여야 할 때가 온 것이다.

마지막으로 공개출처자료를 수집하고 분석하여 효율적으로 활용할 수 있는 시스템을 구축하여야 한다. 이전부터 많은 사람들이 공개출처자료의 중요성을 강조하였으나 국가의 정보기관이 체계적으로 이를 수집하고 분석하는 조직을 운영하는 곳은 많지 않다. 미국이 2005년부터 운영하기 시작한 공개출처센터(Open Source Center)와 같이 단순히 공개출처자료를 수집만 하는 것이 아니라 분석을 통해 공개출처정보를 생산하고 활용하기 위한 연구와 훈련이 필요하다.

>> 참고문헌

국가정보포럼. 『국가정보학』. 서울: 박영사, 2006.

62) Abram N. Shulsky & Gary J. Schmitt, 신유섭 옮김(2007), p.73.

니콜로 마키아벨리. 강정인 옮김. 『군주론』. 서울: 까치, 1998.

Lowenthal, Mark M. 김계동 옮김. 『국가정보: 비밀에서 정책까지』. 서울: 명인문화사, 2008.

손관승. 『우리는 그들을 스파이라 부른다』. 서울: 여백미디어, 1999.

손무(孫武). 유동환 옮김. 『손자병법』. 서울: 홍익출판사, 2005.

Shulsky, Abram N. & Schmitt, Gary J. 신유섭 옮김. 『국가정보의 이해: 소리 없는 전쟁』. 서울: 명인문화사, 2007.

염돈재. "첩보수집론." 문정인 편. 『국가정보론』. 서울: 박영사, 2002.

Gehlen, Reinhard. 赤羽龍夫 監譯. 『諜報・工作』. The Service-The Memoirs of General Reinhard Gehlen. 東京: 讀賣新聞社, 1973.

Carl, Leo D. *CIA Insider's Dictionary*. Washington DC: NIBC Press, 1996.

Commission on the Roles and Capabilities of the United States Intelligence Community. *Preparing for the 21st Century: An Appraisal of U.S. Intelligence*. 1996.3.1.

Lowenthal, Mark M. *Intelligence: From Secret to Policy*. Washington DC: CQ Press, 2009.

Herman, Michael. *Intelligence and Power in Peace and War*. Cambridge: Cambridge University Press, 1966.

Kent, Sherman. *Strategic Intelligence for American World Policy*. Hamden, Connecticut: Archon Books, 1965.

Polmar, Norman & Allen, Thomas. *Spy Book: The Encyclopedia of Espionage*. New York: Random House, 1997.

Richelson, Jeffrey T. *The U.S. Intelligence Community*. Boulder, Colorado: Westview Press, 1999.

Smith, W. Thomas. *The Central Intelligence Agency*. New York: Checkmark Books, 2003.

Shulsky, Abram N. & Schmitt, Gary J. *Silent Warfare-Understanding the World of Intelligence*. Washington DC: Potomac Books Inc., 2002.

http://www.access.gpo.gov/intelligence/int/pdf/report.html(검색일: 2004.8.26).

http://bbs1.agora.media.daum.net/gaia/do/debate/read?bbsId=D003&articleId=4407851(검색일: 2012.8.19).

http://en.wikipedia.org/wiki/Open-source_intelligence(검색일: 2012.8.17).

http://www.opensource.gov/(검색일: 2012.8.17).

|제2장| 정보분석

제1절 정보분석의 의의

1. 정보분석의 개념

정보분석이란 국가적 현안해결을 위해 수집된 첩보를 분석하여 사실관계를 파악하고 앞으로의 전망과 파급영향을 예측하며 필요한 대응방안을 강구하는 활동을 말한다. 정보분석은 정보순환과정의 한 단계로서 지식으로서의 정보를 생산하는 활동이다.

정보분석의 첫 번째 단계는 수집된 첩보를 통해 현안문제와 관련된 사실관계를 파악하는 것이다. 정보분석이 필요한 문제는 사실관계가 불확실한 경우가 많다. 사실관계가 불확실한 이유는 문제의 당사자가 비밀로 하고 있거나 명백하게 밝히지 않는 경우[1] 또는 그동안에는 별로 관심이 없어 파악하지 않은 경우 등이 있다. 사실관계를 파악하여 분명히 한다는 점에서 정보분석의 첫 단계는 일반적인 연구조사방법과 유사하다.

정보분석의 두 번째 단계는 파악된 사실관계를 기초로 앞으로의 전개방향을 전망하고 파급영향을 예측하며 필요한 대응방안을 강구하는 것이다. 정보는 당면한 문제를 해결하기 위한 지식으로서 현재의 상황을 파악하여야 할 뿐만 아니라 미래에 전개될 상황을 전망하고 파급영향을 예측하여 대책을 제시하는 것이 필요하다. 의미를 평

1) 많은 국가나 조직이 군사·안보 등을 이유로 공개하지 않거나 비밀로 숨기는 사실이 있기 때문에 국가정보기관은 비공개출처를 통해 필요한 첩보수집을 하지 않을 수 없게 된다. 국가의 비공개출처 첩보수집 활동 필요성에 대해서는 Commission on the Roles and Capabilities of the United States Intelligence Community, *Preparing for the 21st Century: An Appraisal of US Intelligence*, 1996.3.1, pp.9-10. 참조. http://www.access.gpo.gov/intelligence/int/pdf/report.html(검색일: 2004.8.26)

가하고 대응방안을 강구하는 것은 동일한 사실관계를 기초로 하더라도 분석하는 사람의 입장에 따라서 결과가 상이하게 된다. 이러한 점은 정보수요자를 위한 지식생산이라는 정보분석의 고유한 현상으로 일반적인 학문연구나 연구조사와 다른 점이다.

국가정보에 있어 정보분석은 국가의 현안문제와 관련하여 정책결정자의 의사결정에 활용할 수 있는 지식을 제공하는 것을 목적으로 한다. 국가정보의 분석은 국가현안과 관련된 정보를 생산하여야 한다는 점과 국가정책을 담당하는 정보수요자의 소요(needs)에 부합하여야 한다는 점이 고려되어야 한다.

2. 정보분석의 목적

정보분석의 목적은 국가적 현안문제에 대한 의사결정에 도움이 되는 지식을 생산하기 위한 것이다. 국가정보학의 체계를 수립한 미국 CIA의 분석관 켄트(Sherman Kent)는 정보는 지식이라고 하면서, 국가정보는 두 종류의 국가정책을 지원하기 위한 것이라고 하였다. 첫째는 생존경쟁이 치열한 국제사회에서 적극적으로 국가번영을 이룩하기 위한 정책이고, 둘째는 자국의 번영과 발전에 적대적 태도를 가진 국가에 대한 방어적 정책이라고 하였다. 그리고 국가정책을 결정하는 정책지도자들은 어떤 종류의 정책을 결정할 때에도 반드시 정보의 조언을 받을 필요가 있다고 하였다.[2]

국가정책을 결정하는 정책지도자들이 궁극적으로 지향해야 할 정책의 목표가 바로 국가이익이다. 국가이익은 국가의 목적인 동시에 국가의 존재이유가 된다.[3] 국가이익의 개념은 17세기 주권국가 등장 이후 탄생하였고 20세기에 들어와 정치학의 연구대상이 되었다. 비어드(C. Beard)는 국가이익의 개념을 발전시키는 데 크게 기여하였는데 국가이익(national interest)과 공공이익(public interest)으로 구분하여 국가이익은 대외정책의 기준으로, 공공이익은 대내정책의 기준으로 제시한 바 있다. 또한 스나이더(R. Snyder)는 '국민이 원하고 필요로 하는 것이 정책결정자의 행위에 반영'된 것이 바로 국가이익이라고 하였다.[4]

---

2) Sherman Kent, *Strategic Intelligence: for American World Policy*, (Hamden, Connecticut: Archon Books, 1965), pp.4–5.

3) 국가이익(national interest)은 프랑스어 raison d'etat에서 유래하였는데, 국가의 존재이유(reason of the State)를 의미하였다.

4) 박현모, 『국제정치학』, (고양: 인간사랑, 2000), p.371.

오늘날 국가이익에는 국가 안전보장과 영토보존, 경제적 번영과 발전, 국민보호와 자긍심 고양을 포함시키는 것이 일반적이다.[5] 국가 안전보장과 영토보존은 주로 대외정책과 밀접한 관련을 갖고 있고, 경제적 번영과 발전 및 국민보호와 자긍심 고양은 대내외를 불문하고 국가정책의 목표가 되고 있다. 특히 경제적 번영·발전과 국민으로서의 자긍심 고양은 인간다운 삶을 추구하는 복지국가를 지향하는 현대국가에 있어 더욱 중요한 국가정책의 목표가 되고 있다.

국가는 다양한 국가이익을 추구하게 되는데 어떠한 국가이익을 우선하여 추구할 것인가 하는 국가이익 우선순위의 문제가 발생하고 이것은 결국 국민에 의해 선택된 정책결정자의 판단에 좌우된다. 이러한 현상을 두고 스나이더는 "국가이익은 가치개념으로 구성되기 때문에 객관적 측정이 어렵다"고 하였다.[6] 그러나 국가이익의 우선순위를 판단하는 데 가치판단이 필요하다는 것과 국가정책을 통해 추구하여야 할 국가이익이 존재한다는 것은 별개의 것이다.

국가이익의 우선순위에 대해 모겐소(H. Morgenthau)는 핵심적 이익(vital interest)과 부차적 이익(secondary interest)으로 구분[7]하였고, 뉴에터라인(D. Nuechterlein)은 사활적 이익(survival interest), 핵심적 이익(vital interest), 중요한 이익(major interest), 지엽적 이익(peripheral interest)으로 구분[8]하였다.

사활적 이익이란 국가의 존립을 위협하는 사태와 관련된 것으로서 일반적으로 국가간 전쟁과 같은 상황이 여기에 해당된다. 사활적 이익과 관련된 상황에서는 대통령의 깊은 주의와 결단 및 신속한 조치가 필요하다. 핵심적 이익은 국가의 안전보장과 안녕질서, 경제적 기반 등에 치명적 손실을 초래할 우려가 있는 상황과 관련된 것으로서, 대통령의 깊은 관심과 주의에 입각하여 행정부가 단시일 내에 강력한 대응방안을 강구하여야 한다. 중요한 국가이익은 적절하게 대응하지 않고 방치할 경우 심각한 손실이 예상되는 것으로서 정부의 지속적이고 광범위한 대책강구가 필요하다. 마지막으

5) 구영록 교수는 국가안전보장, 경제적 번영과 발전, 국민의 보호 및 국위선양을 포함시키고 있다. 구영록, 『한국의 국가이익』, (서울: 법문사, 1995), p.41.

6) 박현모(2000), p.371.

7) Hans J. Morgenthau, *The Impasse of American Foreign Policy*, (Chicago: University of Chicago Press, 1962), p.191. Michael G. Roskin, "National Interest: From Abstraction to Strategy," US Army War College, 1994.5.20, p.6 재인용.

8) Donald E. Nuechterlein, *American Overcommitted: United States National Interests in the 1980s*, (Lexington, KY: University of Kentucky Press, 1985), p.15. Michael G. Roskin(1994), p.11 재인용.

로 지엽적 이익은 방치하더라도 비교적 적은 손실만이 예상되는 경우로서 주의 깊게 관망하는 자세가 요구된다.[9)]

제2절 정보분석 부서와 정보분석관

1. 정보분석 부서

오늘날 정보기관은 대부분 내부조직으로 정보분석 부서를 운영하고 있다. 특히 국가정보기관은 국가차원의 중요한 사안에 대한 종합적 분석 · 판단을 위해 국가적 분석역량을 망라한 정보분석 조직을 운영하고 있다.

오늘날 대표적 정보분석 부서를 운용하고 있는 미국의 경우를 보면, 1941년 7월 루즈벨트(Franklin D. Roosevelt) 대통령이 도노반(William J. Donovan)을 정보조정관(COI: Coordinator of Information)으로 임명하면서 최초로 국가차원의 정보분석 조직을 운영하게 되었다. 정보조정관은 대통령과 그가 임명한 사람들에게 국가안보와 관련된 정보를 분석하여 제출하기 위해 다른 정부기관과 부처로부터 각종 자료를 요청할 수 있는 권한을 가졌다. 제2차 세계대전 발발 이후 설립된 전략정보국(OSS: Office of Strategic Services)에도 유사한 정보분석 부서가 유지되었다.[10)] 1947년 7월 성립된 국가안전보장법(National Security Act)은 해외정보를 통합적으로 수집 · 관리하고 전략정보를 분석 · 생산할 수 있는 권한을 중앙정보부(CIA)에 부여하고 CIA의 수장인 중앙정보장(DCI: Director of Central Intelligence)에게 정보공동체(Intelligence Community)를 조율하도록 하였다.[11)]

미국 정보기구에서 정보분석을 담당하는 부서로는 CIA의 정보분석국(DI), 국방부의 국방정보국(DIA), 그리고 국무부의 정보조사국(INR) 등이 있다.[12)] 이들 정보분석

9) 구영록(1995), pp.31–32.

10) Commission on the Roles and Capabilities of the United States Intelligence Community(1996), pp.A4–A5.

11) K. Lee Lerner & Brenda Wilmoth Lerner, *Encyclopedia of Espionage, Intelligence, and Security*, (Farmington Hills, MI: The Gale Group, 2003), p.307.

12) Mark M. Lowenthal, *Intelligence: From Secrets to Policy*, (Washington DC: CQ Press, 2009),

부서는 수집부서로부터 첩보를 공급받아 독자적인 정보분석 업무를 수행한다. 2004년 정보개혁법이 제정되기 이전에는 정보공동체를 관리하는 중앙정보장(DCI)이 필요에 따라 CIA 이외의 정보기관의 협조를 요청할 수 있었는데, 대표적인 것이 국가차원의 국가정보평가서(NIE: National Intelligence Estimate)를 생산하는 국가정보회의(NIC: National Intelligence Council)에 분석관을 파견토록 요청하는 것이다. 정보공동체 내부의 정보분석관들과 민간의 정보전문가들로 구성된 국가정보회의(NIC)가 미국의 전략적 이해관계가 걸린 중요한 사안에 대한 정보분석 업무를 수행한다. 현재는 2004년 정보개혁법(Intelligence Reform Act)에 의해 정보공동체 관리책임이 국가정보장(DNI: Director of National Intelligence)에게 이관되었고 국가차원의 정보분석 업무를 수행하는 국가정보회의도 국가정보장 산하로 이관되었다.

국가차원의 정보분석 업무를 수행할 경우 고려하여야 사항으로 경쟁적 분석과 협조적 분석이 있다. 경쟁적 분석은 분석부서를 보유하고 있는 정보기관 상호간의 경쟁을 유도하여 특정 정보기관의 오판을 방지하고 장기적으로 국가의 정보분석 능력향상을 도모하는 것이고, 협조적 분석은 각 정보기관의 분석역량을 통합하여 공동으로 분석업무를 수행하게 하여 중요한 현안에 대해 최선의 정보생산을 가능하게 하기 위한 것이다. 경쟁적 분석의 경우에는 중복된 업무수행으로 국가자원 낭비의 우려가 있고 국가기관 간 서로 다른 의견이 제시되어 명확한 판단을 내리기 어렵다는 단점이 있고, 협조적 분석의 경우에는 여러 정보기관이 참여하여 합의를 도출할 때에는 기관 간 거래 또는 타협가능성이 존재하고,[13] 여러 정보기관에서 파견을 받아 별도의 분석조직을 운영할 때에는 우수한 인재를 파견하지 않으려고 하는 현상이 나타난다. 일례로 현재 DNI 산하에 있는 국가테러대응센터(NCTC: National Counterterrorism Center)의 경우 1990년대 초 게이츠(Robert Gates) DCI에 의해 창설될 때부터 CIA의 테러담당 부서인 테러대응센터(Counterterrorism Center)와 경쟁관계가 형성되어 우수한 인재를 확보하는 데 어려움을 겪었다.[14]

정보분석 부서를 조직하는 원칙은 지역을 기준으로 하는 방법과 요소를 기준으로 하는 방법이 있다. 지역을 기준으로 하는 방법은, 예를 들면, 미주지역, 아시아지역, 유

pp.125–126.

13) Mark M. Lowenthal(2009), pp.124–125.

14) 위의 책, p.127.

럽지역, 중동 및 아프리카지역 등으로 나누는 방법이고, 요소를 기준으로 하는 방법은 정치, 경제, 군사, 과학기술, 문화 · 사회 등으로 나누는 방법이다. 어느 하나를 주요 분류기준으로 하고 다른 것을 보조 분류기준으로 하는 것이 일반적이다. CIA 정보분석국(DI)은 1차적으로 지역을 기준으로 분석조직을 배치하고, 국제범죄 · 마약, 비확산 · 무기통제, 테러리즘 등 중요 요소별 분석조직을 별도로 편성하고 있다.[15)]

이와 같이 정보분석 부서를 지역과 요소라는 두 가지 기준에 의해 복합적으로 조직하는 것은 평소에 덜 중요하던 사안이 갑자기 정책결정자들의 관심사로 부상하는 경우에 대처하기 위한 최소한의 준비라는 측면과 현안으로 문제가 되고 있는 사안을 보다 심도 있게 분석하기 위한 측면이 있다. CIA의 경우에도 지역을 기준으로 전 세계의 모든 상황을 파악하면서도 정책결정자들의 관심사항인 중요 요소에 대해서는 별도로 조직을 구성하여 심층 분석을 하고 있다.

정보분석의 질적 수준향상을 위해서는 분석조직과 분석관의 관계에 대한 연구가 필요하다.[16)] 일반적으로 정보분석의 질을 향상시키는 방법으로 분석관의 전문성 강화방안을 우선 고려하는 경향이 있지만 정보분석 부서 및 조직을 어떻게 운용할 것인가를 검토하는 것도 중요하다.

예를 들면, 분석관에 대한 보직 · 경력 관리방법은 정보분석의 질을 좌우하는 중요한 요소가 된다. 분석관에게는 전문성 배양과 경력관리라는 두 가지 측면을 고려한 보직관리가 필요하다. 업무를 파악하고 전문성을 갖추는 데 소요되는 시간은 개인의 능력 및 업무의 강도 등에 따라 달라진다. 다만, 전문성 배양을 위해서는 너무 빈번하게 보직을 변경하는 것은 바람직하지 않다. 전문성이 갖추어지기 전에 자주 보직변경을 하게 되면 진정한 전문분석관으로 성장하지 못하고 단지 상식이 풍부한 분석관을 벗어나기 어렵게 된다. 반면 한 분야에서 너무 오래 근무하게 되면 전문지식을 심화시키기보다 정체되는 현상을 초래하기 쉽고 장차 고위직으로 성장하는 데 장애요소가 될 수 있다.[17)]

---

15) https://www.cia.gov/offices-of-cia/intelligence-analysis/organization-1/index.html(검색일: 2012.6.20).

16) Stephen Marrin, "CIA's Kent School: A Step in the Right Direction", International Studies Association Conference, 2002.3.18. http://isanet.ccit.arizona.edu/noarchive/marrin.html(검색일: 2012.6.21).

17) Mark M. Lowenthal(2009), pp.119–120.

분석관 승진문제도 분석부서를 운용하는데 있어 중요하다. 승진의 기준은 재직기간보다는 실적과 능력을 기초로 하여야 한다. 구체적으로는 정보분석의 정확성, 보고서 작성능력, 외국어 및 지역 · 요소에 대한 지식, 특별 연구과제 참여실적 등의 항목에 대해 어떠한 기준으로 평가할 것인가를 사전에 검토해 두어야 한다. 분석능력과 실적이 우수하면 승진에 유리하다. 그러나 분석능력과 실적이 우수하다고 하여 반드시 분석부서의 우수한 관리자 역할을 할 수 있는 것은 아니다. CIA의 경우에는 관리자의 보직을 받지 않고도 분석능력과 실적에 의해 최고위직 전문분석관으로 승진할 수 있는 고위분석관직 제도를 운용하고 있다.[18]

2. 정보분석관

정보분석관에게 필요한 소양으로는 다음의 세 가지를 들 수 있다.[19]

첫째, 정보분석의 목적인 국가이익과 이것을 구체화하는 국가정책에 대한 올바른 이해가 필요하다. 국가이익에 대한 올바른 이해를 위해서는 국가가 처해 있는 국내외 현실을 직시하고 국가적 현안이 무엇인가를 알아야 한다. 또한 국가이익 실현을 위해 추진되고 있는 국가정책의 방향을 이해하고 구체화시키겠다는 의지와 능력이 있어야 한다.

국가이익과 국가정책을 비교해 보면 국가이익은 국가가 처해 있는 국내외적 상황에 따라 규정되는 것으로서 다소 원론적이고 추상적인 성격을 갖지만, 국가정책은 정부가 국가이익을 구체화하기 위해 채택하는 방법으로서 구체적이고 실천적인 성격을 갖는다. 그러므로 국가정책에 대한 국민들의 시각은 서로 다를 수도 있고 토론과 협의가 필요한 경우도 있다. 그러나 정보분석관은 자신의 시각과는 무관하게 국가이익이 최대한 실현되도록 국가정책을 지원하는 자세가 필요하다. 그러나 정보분석의 객관성을 무시하고 무리하게 국가정책을 지원하는 정보의 정치화로 변질되어서는 안 된다. 정보의 객관성을 무시하고 정치적 편견이 개입된 정보를 생산하는 정보의 정치화는 정보실패를 초래하는 중요한 원인이기 때문에 정보분석관은 이를 최대한 경계하여야 한다.

---

18) 위의 책, p.120.

19) 국가정보포럼, 『국가정보학』, (서울: 박영사, 2006), p.89.

둘째, 담당업무에 대한 요소별 또는 지역별 심층 전문지식과 분석기법의 숙달이 필요하다. 정보분석관은 정치학, 경제학, 군사학, 과학기술학, 리더십, 지역학 등 자신의 담당업무와 관련이 있는 전문지식을 습득하는 한편 정보기관이 발전시켜 온 분석기법을 숙달함으로써 특정한 분석사안에 대해 이 두 가지를 효과적으로 융합시켜 활용할 수 있는 능력이 필요하다.[20)]

업무와 관련된 심층 전문지식은 학문적 연구성과와 이론을 이용하여 특정 문제의 분석틀을 발견하는데 유용하다. 예를 들면, 특정 국가의 무기체계를 분석하기 위해 군사학 이론을 이용하고, 국가 지도자의 행위패턴을 분석하기 위해 리더십 이론을 검토하는 것과 같다. 이에 비해 분석기법은 정보기관이 분석업무를 하면서 축적해 온 전문기술의 결정체이다.[21)] 분석기법에는 인간사고의 한계를 극복하는 방법, 분석적 사고방법, 적의 부인과 기만을 간파하는 방법, 쟁점이 되는 현안을 도출하는 방법, 복잡한 문제를 간단 · 명료하게 정리하는 방법, 시간제약 · 자료수집 한계 등으로 인해 불완전한 자료수집 상태에서 최선의 결론을 도출하는 방법, 분석적 오류를 줄이기 위한 대안분석 방법, 미래상황에 대한 예측방법 등이 포함된다.

셋째, 숙달된 보고서 작성기술이 필요하다. 정보분석의 결과를 정보수요자에게 전달하는 방법은 브리핑과 같은 구두보고도 있지만 대부분 문서로 된 정보보고서로 이루어진다. 정책결정자들은 바쁜 일정 때문에 간략하고 명확한 보고서를 선호하므로 가능한 한 간결하고 명료한 보고서를 작성할 수 있어야 한다. 간결하고 명료한 보고서 작성이란 단순히 짧은 보고서가 아니라, 정책결정자가 보고서 내용을 최소한의 노력으로 이해할 수 있도록 작성하여야 한다는 것이다. 그러므로 전문가를 대상으로 하는 학술논문과는 달리 전문용어보다는 평이한 용어와 문장을 사용하여 알기 쉽게 작성하여야 한다.

현용정보는 보고서 분량이 짧고 심도 있는 분석이 필요하지 않은 것이 보통이지만, 판단정보의 경우에는 분량이 길고 심도 있는 분석이 필요하다. 판단정보는 일반적으로 당면한 현안이 아니어서 정책결정자들의 관심을 끌지 못하는 경우가 많다. 그러나 현용정보 보고서만을 강조하게 되면 전문교육을 통해 심층지식과 전문분석기법을

20) Stephen Marrin(2002)은 CIA의 Kent School이 초임 분석관교육 프로그램을 획기적으로 개선하였는데, 필요한 업무관련 전문지식과 분석기법 교육을 통해 분석업무의 전문성을 향상시키고 있다고 하였다.

21) CIA에서는 이것을 DI Tradecraft(정보분석국 특수기술)라고 한다.

연구 · 발전시킬 동기가 약해져서 결국은 전반적인 분석의 수준과 전문성이 떨어지게 된다.[22)]

숙달된 보고서 작성기술은 단기간에 습득하기 어렵고, 초임 분석관의 경우에는 선임 분석관의 지도가 반드시 필요하다. 정보보고서는 언론기사나 학술논문 등과는 다른 문장전개 방식과 문체를 사용하고 있어서 이에 대한 별도의 숙달과정이 필요하기 때문이다.

정보분석관의 분석전문성을 향상시키기 위해서는 분석관 자신의 지속적인 자기계발 노력과 함께 분석부서 또는 정보기관 차원의 제도적 뒷받침이 필요하다. 예를 들면, 분석관의 전문성을 향상시킬 수 있는 체계적 교육제도를 정비하고 공정하고 합리적인 인사제도를 운영하는 것은 분석관의 전문성 향상 및 정보보고서의 질적 향상과 직접 관련이 있는 중요한 요소이다.

제3절 정보분석의 절차

정보의 생산과정은 정보순환과정(intelligence cycle)으로 설명되는 요구, 수집, 처리, 분석, 배포의 5단계를 거치면서 이루어진다.

정보분석은 현안문제와 관련하여 의사결정을 필요로 하는 정보수요자에게 필요한 지식을 제공하기 위한 것으로서 정책결정자들이 적극적으로 필요한 정보요구를 제기하는 것이 바람직하다. 그러나 이러한 공식적인 정보요구는 별로 많지 않기 때문에 정보분석관들은 교육 · 업무경험 등을 통해 터득한 판단과 예측에 의해 정보를 생산하고 제공하게 된다.[23)] 정보요구가 있게 되면 정보분석관은 수집부서에 관련 첩보수집을 요청하거나 스스로 첩보를 수집하여 이를 분석하고 종합 평가하여 정보를 생산하

22) Stephen Marrin(2002)은 제도적으로 짧은 현용정보보고서만을 선호하게 되면 현재의 사실이나 일어나고 있는 사건에 대한 지식은 증가할 것이지만, 새로 발생하는 현상을 종합적으로 이해하고 비교 · 분석하여 정확하게 해석 · 예측할 수 있는 능력은 감소할 것이라고 하였다. 또한 CIA는 1997년 종전의 현용정보보고서 생산에 치우친 관행을 바로 잡고 분석관의 전문성 약화를 개선하기 위한 노력을 전개하였다.

23) Mark M. Lowenthal, *Intelligence: From Secrets to Policy*, (Washington DC: CQ Press, 2003), p.88.

고 정책결정자에게 배포한다. 이 과정에서 정보분석관은 첩보를 분석 · 판단하고 정확한 보고서 작성을 위해 각종 정보분석기법을 활용한다. 이와 같이 정보분석관은 정보생산 시스템의 중심에 위치하고 있다.[24)]

정보요구가 제기된 이후에 정보분석관이 정보분석을 진행하는 과정은 분석과제 정의, 가설설정, 첩보수집, 가설검증, 결론도출의 단계를 거쳐 정보보고서 작성으로 넘어가게 된다.[25)] 이하에서는 정보분석의 각 단계에 대해 살펴보기로 한다.

1. 분석과제 정의

분석과제 정의는 정보분석이 필요한 이유와 정보요구의 배경을 파악하는 것이다. 정보분석이 필요한 궁극적인 이유는 국가이익을 증진시키는 것이지만, 정보수요를 제기한 정책결정자가 정보분석관에게 요구하는 구체적인 내용이 무엇이고, 왜 요청했는가를 검토하여야 한다. 일반적인 정보요구의 유형은 복잡한 현안에 대한 상황파악, 사태의 파급영향 분석, 미래에 대한 예측, 가능한 대안제시 등이다. 분석과제를 정의하는 것은 분석의 결과가 정책결정과정에서 어떻게 활용될 것인가를 판단하는 것이기도 하다.

정보분석관이 정확하게 분석과제를 정의하기 위해서는 정보요구를 전달하는 간부에게 다양한 관점에서 요구사항에 대한 질문을 하는 것이 바람직하다. 이 경우에 당초에 요구받은 정보분석의 방향과는 다른 시각의 접근방법과 대안에 대해서도 의견을 제시하여 반응을 청취한 다음 최종적으로 자신이 진행할 정보분석의 방향과 목표를 설정하는 방법도 있다. 이 과정에서 검토하여야 할 사항은 정책결정자가 정보요구를

24) 콜비 CIA부장은 "정보시스템의 중심에 분석관이 있으며 모든 첩보는 분석관에게 전달되어 이를 검토하고 평가한다"고 하였다. William Colby, "Retooling the Intelligence Industry", *Foreign Service Journal*, Jan 1992, p.21.

25) Richards J. Heuer, Jr., *Psychology of Intelligence Analysis*, CIA, 1999, pp.174-177 참조. 이외에 대표적인 정보분석과정에 대한 설명으로는 다음과 같은 것이 있다. 켄트는 문제대두, 문제분석, 자료수집, 자료평가, 가설설정, 결론제시의 6단계를 제시하였다. Sherman Kent(1965), pp. 159-179. 플랫은 개괄조사, 문제정의, 첩보수집, 첩보해석, 가설설정, 결론도출, 보고서 작성의 7단계로 이루어진다고 하였다. Washington Platt, 田畑正美 譯, 『戰略情報』, (東京: 政治經濟研究所, 1963), p. 159. 허만은 NATO의 정보분석과정으로서 첩보정리, 첩보평가, 첩보분석, 첩보통합, 첩보해석 또는 판단을 소개하고 있다. Michael Herman, *Intelligence Power in Peace and War*, (Cambridge: University of Cambridge, 1996), p.100.

제기했을 때 충분히 많은 생각을 하였고 올바른 방향으로 접근하고 있는 것인가, 정책결정자의 요구사항이 전달되는 과정에서 의식적 또는 무의식적으로 잘못 전달된 부분은 없는가 하는 점 등이다. 정보분석관은 정책결정자보다 더 많은 사실을 알고 있거나 더 좋은 정책대안을 제시할 수도 있다.[26] 또한 정책결정자의 정확한 의도를 파악하고 정보분석에 착수하는 것은 시간과 자원을 효율적으로 활용하고 정보실패를 줄이는 데 중요한 요소가 된다. 그러므로 질문을 통해 정보의 분석과제를 정의하는 것은 대단히 중요하다.

분석과제 정의단계에서 분석에 소요될 시간과 동원가능한 자원을 판단한 결과, 분석보고서가 제출되어야 하는 시점까지 모든 쟁점사항을 검토하기 어려울 때에는 분석의 범위나 수준을 제한하여 진행할 수 있도록 사전 조정하여야 한다. 정보는 적시성이 중요하므로 필요로 하는 시기에 맞추어 생산하는 것이 필요한데 제한된 시간에 효율적인 정보분석을 수행하기 위해서는 우선적으로 처리하여야 할 중요사항과 분석범위를 사전에 정의해 두는 것이 바람직하다.

2. 가설설정

정의된 분석과제에 대해 존재할 수 있는 모든 가능성을 고려하여 최대한의 가설을 설정한다. 가설을 설정할 때에는 평가를 유보하고 생각할 수 있는 많은 가설을 도출해 내는 것이 중요한데, 주변 사람들이나 외부 전문가를 활용하여 다양한 의견을 수렴하는 브레인스토밍(Brainstorming)과 같은 방법을 활용하는 것이 바람직하다.

가설은 검증을 거치지 않은 추측에 의한 명제로서, 분석과제를 판단하고 평가하는 기초자료이다. 가설은 그럴듯한 것뿐만 아니라 엉뚱하고 기발한 것까지 포함시켜야 하는데, 이것은 특히 적대국가나 경쟁상대의 의도적 기만행위를 간파하는데 유용하기 때문이다. 또한 설정된 가설 중에는 적대국가나 경쟁상대가 의도적으로 개입하여 우리 측의 오판을 유도하기를 원하는 가설이 포함될 수도 있다.[27] 가설은 분석과제를 검토 가능한 구체적인 문제로 전환시켜 주고, 체계적이고 객관적으로 판단할 수 있는 기초를 제공해 주는 역할을 한다.

---

26) R. Heuer(1999), p.174.
27) R. Heuer(1999), p.174.

가설검증에 적절한 가설의 숫자는 정해진 것이 없으나, 일반적으로 불확실성이 높거나 중요한 사안일수록 많은 가설을 검증하게 될 가능성이 높다. 그러나 가설이 일곱 개를 넘어가게 되면 가설검증이 어려워지기 때문에 비슷한 가설을 그룹화하여 통제가능한 수준으로 축소하는 것이 필요하다.[28] 이 경우에 유의해야 할 점은 단지 뒷받침할 수 있는 증거가 없거나 부족하다는 이유로 그럴듯한 가설을 검증대상에서 제외하는 것은 적절하지 못하다. 적대국가나 경쟁상대가 고의적으로 자신의 의도 또는 정책을 숨기고자 하는 할 때에는 특별한 수집활동을 전개하지 않는 한 증거가 입수되기 어려울 것이기 때문이다.

3. 첩보수집

분석과제에 대한 가설이 설정되었으면 이를 검증할 수 있는 첩보를 수집하여야 한다. 첩보수집 시스템에 의해 수집되는 첩보가 정보분석관에게 전달되고 있어 어느 정도 관련 첩보가 축적되어 있을 것이지만 가설검증을 위해 추가로 첩보를 수집할 필요가 있는 경우가 대부분이다.

첩보수집은 정보분석관의 판단에 따라 적절한 방법을 활용하게 되는데, 수집부서에 관련 첩보수집을 요청하거나, 첩보처리 부서에 관련 첩보지원을 요청할 수도 있고, 민간 전문가와 접촉하여 자료를 입수하거나 의견을 청취하고, 외국언론 또는 전문잡지 등의 데이터베이스를 검색할 수도 있다.

첩보를 수집할 때에는 가장 유력한 가설을 검증하는 첩보만을 수집해서는 안 되고 설정된 모든 가설을 검증할 수 있도록 충분한 첩보를 수집하여야 한다. 유력하다고 생각하지 않았던 가설을 검증하는 과정에서 정보분석관이 평소에 별로 관심을 갖지 않았던 중요한 사실을 파악하게 되는 경우도 있다. 예를 들면, 적대국가나 경쟁상대의 기만공작으로 인해 설정되었을 가능성이 있는 가설을 평가할 때에는 그들이 기만공작을 수행하는 이유나 동기, 기만공작에 사용할 수 있는 수단과 활용방법 등에 대해 첩보를 수집하고 평가하게 된다. 이 경우에는 사전에 우리 측 수집체제와 수집능력의 강점과 약점을 충분히 파악하고 대응할 필요가 있다.[29]

28) R. Heuer(1999), p.98.
29) R. Heuer(1999), p.175.

수집된 첩보에 대해서는 내용분석에 앞서 신뢰성 평가를 하여야 한다. 첩보가 어떤 출처에서 입수되었고 작성자는 누구이고 작성목적은 무엇이며 내용에 오류나 모순이 없는지 등을 살펴보는 것이다.[30] 첩보의 신뢰성 평가는 적대국가나 경쟁상대가 기만공작의 일환으로 작성하여 유포한 기만첩보를 가려내는데 유용하며, 기만첩보는 내용분석 이전단계에서 제거하는 것이 중요하다. 기만첩보는 내용이 그럴듯하게 꾸며져 있는 경우가 많고, 사람의 판단작용은 한번 강력하게 인식되고 나면 나중에 거짓으로 판명되더라도 지속적으로 영향을 미치는 경우가 많기 때문이다.

기만첩보를 제외한 다른 모든 첩보에 대해 가설검증을 시작하기 이전에는 가치판단을 유보하여야 한다. 사람의 판단작용은 일부의 부분 첩보에 기초하더라도 어떤 가설을 한번 유력하다고 생각하게 되면, 이러한 판단이 인식을 선점하여 이후에는 좀처럼 바뀌지 않는 특징이 있다(anchoring effect). 그러므로 만약 가설검증을 시작하지도 않았는데 이미 사실이 파악되었고 문제가 해결되었다는 생각이 든다면 스스로 왜 그렇게 생각하게 되었고 그 근거가 되는 첩보자료가 무엇인지를 찾아내야 한다.[31]

가장 유력한 가설 외에는 별로 검토할 가치가 있는 가설이 없다고 하더라도, 만약 유력한 가설이 사실이 아니라고 할 경우에 가장 가능성이 있는 가설을 발굴하여 의식적으로 사실일 가능성이 있도록 발전시켜 보는 노력이 필요하다. 이러한 노력을 하다가 보면 나중에 발전시킨 가설이 더욱 유력한 가설로 발전하는 경우도 있다. 첩보자료를 다양한 시각에서 검토하고 유력한 가설뿐만 아니라 그렇지 않은 가설에도 적용시켜보려고 노력하는 것은 새로운 발견을 하고 훌륭한 분석결과를 도출하는 데 있어 필수적인 요소이다.

4. 가설검증

수집된 첩보로 가설을 검증할 때에는 가장 유력하다고 생각되는 가설만을 집중적으로 검증해서는 안 된다. 가장 유력한 가설을 입증할 수 있는 증거자료는 동시에 다른 가설도 충족시킬 수 있다는 점을 잊어서는 안 된다. 그러므로 어떤 증거가 어떤 가설을 충족시키는가를 중시하기보다는 어떤 증거가 어떤 가설과 상충되고 배치되는가

30) 국가정보포럼(2006), pp.91–92.

31) R. Heuer(1999), p.175.

를 중점 검토하여야 한다.[32] 아무리 많은 증거가 어떤 가설을 뒷받침한다고 하더라도 그 가설을 완벽하게 입증할 수 없는 반면 많은 증거가 뒷받침하는 가설이라고 하더라도 결정적인 하나의 증거와 배치된다면 그 가설은 성립되지 않는다는 것이 입증되기 때문이다.

가설을 검증하는데 있어 수집된 첩보자료와의 일치성을 검토하는 외에 정보분석관 스스로 생각하는 논리적 추론도 활용할 수 있다. 논리적 추론은 정보분석관이 합리적으로 판단했을 때 어떤 사람이나 조직이나 국가가 취할 것으로 예상되는 의도, 목적, 행동패턴 등으로서 당연하다고 생각되는 결론이라고 할 수 있다. 논리적 추론은 가설을 검증할 때 강력한 영향력을 발휘하는 경우가 많기 때문에 의식적으로 증거목록에 포함시켜 객관화하는 노력이 필요하다.[33]

논리적 추론을 가설검증에 활용할 경우 정보분석관의 인지적 편견을 배제하는 것이 중요하다. 특히 다른 국가의 관점에서 어떤 상황을 판단하여야 할 때 잘못된 판단을 하기 쉽다. 예를 들어, 어떤 국가가 특정 상황에서 어떻게 판단할 것인지 확인되지 않았을 때 우리 정부라면, 우리 국민이라면 이렇게 결정할 것이라고 생각해서 부족한 부분을 보충하고 이를 논리적 추론이라고 생각하기 쉽다. 그러나 모든 국가가 이상적 목표를 추구하고 합리적 의사결정과정에 따라 활동한다고 가정해서는 안된다. 정부의 정책결정은 때로는 경쟁적인 부처 간 타협의 산물인 경우도 있고, 사고발생이나 내부 혼란 등으로 정상적인 행정절차를 준수하지 않고 이루어지는 경우도 있다.

5. 결론도출

증거자료와 일치하는 가설을 중점적으로 검토하기 보다는 증거자료와 배치되는 가설을 제외하는 방법으로 검증을 실시하여, 배치되는 증거가 가장 적은 가설을 가장 유력한 가설로 검토한다. 최종 결론을 도출할 때에는 일람표를 작성하여, 가능성이 낮은 가설에 대해서는 가능성이 적다고 판단한 이유를 기록하고, 가능성이 높은 가설에 대해서는 이를 뒷받침하는 증거를 기록한다. 이 일람표에는 각 가설의 확실한 정도를 표시하기 위해 가능성의 정도 또는 확률을 기록한다.

32) R. Heuer(1999), p.104.
33) R. Heuer(1999), p.99.

정보분석 판단은 항상 잠정적이라는 점을 고려하여 일단 결론을 도출한 다음에도, 분석을 진행하는 동안에도 상황이 변화하였을 가능성을 고려하는 동시에, 새로이 입수되는 첩보가 가설판단 결과에 영향을 줄 수 있는지 검토하여야 한다. 특히 새로이 입수된 첩보가 충격적인 내용이라면 최종 선택한 가설을 부정하고 다른 가설을 선택해야 하는지 심사숙고하여야 한다. 지극히 작은 사실이라고 하더라도 충격적인 첩보가 입수되었다면 정보분석관이 아직 전체상황을 충분히 파악하지 못했거나, 결론을 수정해야 하거나, 아니면 결론이 완전히 틀렸을 수도 있다는 것을 의미한다.

만약 정보분석관이 어떤 일이 발생할 가능성이 있으려면 최소한 3분의 1 이상의 확률은 있어야 한다고 생각한다고 가정해 보자. 그러면 25%의 확률이 있는 가설은 가능성이 없다고 보고 폐기하게 될 것이다. 그러나 25% 정도의 확률이 있는 가설이라 하더라도 일단 발생하게 되면 심각한 파급영향을 미칠 수 있는 경우에는 추가 첩보수집을 요청하여야 한다. 예를 들면, 미국이 1998년 인도 핵실험 가능성을 분석하는 과정에서 '새로운 인도정부가 다음 선거에서 핵실험 공약을 할 가능성이 있다'는 가설은 비록 25% 이하의 가능성 밖에 없었다고 하더라도 파급영향을 고려하여 검증 분석가설에 포함시키고 추가 수집활동을 전개하여야 할 필요가 있었던 것이다.[34]

제4절 정보분석기법

정보분석 진행과정에서 당면하게 되는 각종 문제점들을 합리적이고 과학적으로 해결하기 위한 생각의 도구가 정보분석기법이다. 모든 사람은 성장과정, 교육경력, 직업 및 사회경험, 지식, 신념, 희망사항 등이 서로 다르기 때문에 같은 사물이나 현상을 보더라도 자신의 관점에서 관찰하고 평가하게 된다. 이와 같이 사람들이 자신의 경험이나 지식을 기초로 사물이나 현상을 판단하고 평가하는 것은 일상적인 생활이나 일반적인 업무에 있어서는 복잡하고 다양한 일들을 신속하게 판단하고 처리하는데 도움을 주지만, 정보분석과 같이 적대국가나 경쟁상대의 의도를 평가하고 기만전술을 파악하고자 할 때에는 간과하는 부분이 생기거나 함정에 빠질 위험이 있다. 미국은 국가

34) R. Heuer(1999), p.182.

적 대형사고가 발생하게 되면 이를 사전경고하지 못한 원인을 규명하는 노력을 해 왔는데, 많은 경우에 과학적 분석기법을 철저하게 적용하지 못한 결과 발생한 정보분석관의 인지적 편견을 중요 원인의 하나로 지적하였다.[35)]

분석과제를 정의하고 가설을 설정하는 단계에서는 정보수요자의 요구사항이 무엇이고 이를 충족시키기 위해 무엇을 확인해야 하는지 심층 검토하여야 한다. 수집된 첩보를 분석하고 가설을 검증할 때에는 입수된 첩보의 내용들을 작은 구성부분으로 나누어 고찰하는 분해작업을 하고, 가설을 중심으로 사실관계를 재구성하는 구조화 작업이 필요하다. 이 과정에서 한 번에 생각할 수 있는 사고능력의 한계를 보완하기 위해 개념지도, 인과관계, 영향력 관계, 사건흐름 등을 나타내는 그림이나 도표를 작성하기도 하고, 분석기법을 사용하여 불분명한 부분을 확인하기도 한다.[36)] 마지막 결론 도출 단계에서는 가장 유력한 가설을 선택한 것이 기존의 상식이나 고정관념에 기초한 것은 아닌지 검증하는 것이 필요하다. 상식적으로 타당하고 논리적인 결론이지만 적대국가나 경쟁상대의 의도적인 기만이나 조작을 간파하지 못했을 수도 있기 때문이다. 유력가설이나 잠정결론을 검증하고 재검토하기 위한 목적으로 개발된 것이 각종 대안분석기법(Alternative Analysis Techniques)이다.

종래에는 정보분석기법을 질적 분석기법과 양적 분석기법으로 나누어 설명하여 왔다.[37)] 질적 분석과 양적 분석은 연구조사방법의 두 가지 접근방법으로서, 질적 분석은 어떤 현상의 인과관계를 중시하면서 내부로부터 이해하는 접근방법이고, 양적 분석은 어떤 현상의 경험적 · 객관적인 법칙을 중시하면서 외부로부터 설명하는 접근방법이다. 양적 분석은 자료를 계량화 · 객관화하여 법칙을 발견하는 것을 중시하는 결과 사회제도적 연구 또는 구조적 이해에 적합하고, 질적 분석은 어떤 현상의 배경과 인과관계를 중시하는 결과 행위자의 주관적 의도를 파악하는 데 유용하다.

정보분석에 활용되는 질적 분석기법에는 브레인스토밍, 핵심판단기법, 경쟁가설기법, 인과고리기법, 역할연기기법, 분기분석기법, 목표지도작성법, 계층분석기법, 사

35) 9 · 11테러 조사보고서에 의하면 '대테러센터는 피랍되거나 폭발물을 실은 항공기가 무기로 활용될 수 있는 가능성을 분석하지 않았다'고 지적하고 있는데 이것은 분석관의 인지적 편견에 기인한 오류에 해당한다. 국가정보원, 『9 · 11 Report(Ⅱ)』, 2004, p.226 참조.

36) Roger George & James Bruce, 박동철 옮김, 『정보분석의 혁신』, (파주: 한울, 2010), pp.383-386; 국가정보포럼(2006), pp.92-95 참조.

37) 국가정보포럼(2006), p.96 참조.

례연구기법 등이 있고, 양적 분석기법에는 베이지안 기법, 폴리콘(Policon)과 팩션즈(Factions), 의사결정나무 기법, 통계분석기법, 기타 각종 OR기법 등이 있다.[38)]

이하에서는 각종 분석기법 가운데 실무적으로 널리 활용되는 기법을 진단기법, 검증기법, 아이디어 창출기법으로 나누어 설명하기로 한다. 진단기법이란 각종 첩보와 가정을 평가하고 가장 유력한 가설을 추출하기 위한 기법이고, 검증기법은 가장 유력한 것으로 생각되는 가설이나 잠정결론을 반박하고 재검토하기 위한 기법이며, 아이디어 창출기법은 정보분석관의 인지적 한계를 극복하여 새로운 시각과 관점을 발전시킬 수 있는 기법을 말한다.[39)] 이러한 분류는 단순히 설명의 편의를 위한 것으로서, 예를 들면, 아이디어 창출기법인 브레인스토밍 기법을 진단과 검증에 활용하는 것도 가능하고 실제로도 많이 이용되고 있다.

1. 진단기법(Diagnostic Techniques)

(1) 핵심가정 점검(Key Assumptions Check)

기초적 상황판단을 좌우할 수 있는 핵심가정을 문장으로 표현하고 사실 여부를 집중 검토하는 방법이다. 핵심가정이란 정보분석관이 사실이라고 받아들인 가정으로서 상황판단 또는 평가의 기초가 되는 중요한 가설을 의미한다. 정보분석관은 현재 상황을 판단하거나 미래의 전개방향을 전망하는 과정에서 불완전하거나 불확실한 증거, 때로는 기만적인 증거를 어떻게 해석할 것인가 하는 문제에 부딪히게 된다. 이러한 문제를 해결하기 위해 핵심가정을 수립하게 되는데, 기존의 지식이나 과거의 정보보고 등 상당히 신뢰할 만하다고 생각되는 것을 기초로 한다. 예를 들면, 어떤 국가의 의도 또는 능력, 행정부의 의사결정방법, 정치세력 간 역학관계, 핵심출처의 신뢰성, 새로운 상황변화 가능성 등을 미리 상정하여 두고 이를 기초로 불확실한 증거 등을 해석하는 것이다. 정보분석관은 의식적이든 무의식적이든 핵심가정을 일단 사실로 받아들이고 나면 좀처럼 재검토하거나 바꾸려고 하지 않는 경향이 있다. 그러므로 핵심가정을 의식적으로 분명한 형태로 추출하고 이것이 성립하게 된 기초가 확실한가, 변화되었을

38) 국가정보포럼(2006), pp.96-105 참조.

39) US Government, *A Tradecraft Primer: Structured Analytic Techniques for Improving Intelligence Analysis*, March 2009, p.5.

가능성은 없는가 등을 철저하게 검토하는 것이 중요하다.[40)]

예를 들면, 2002년 워싱턴에서 발생한 총기 저격사건 범인수사와 관련 수사관들은 초동 현장점검 결과를 기초로 '범인은 단독범으로서 군사훈련을 받은 경험이 있는 백인 남성이며 흰색 밴을 운전하고 있다'는 가정을 수립하였다. 그리고 이러한 가정에 입각하여 수사대상을 설정하고 범행증거를 해석하고자 하였다. 잘못된 핵심가정을 수립한 결과 수사관들은 범인을 조기에 검거하지 못하고 희생자가 늘어나는 결과를 초래하였다. 범인에 대한 핵심가정을 수립할 때 또는 수립한 다음에도 수시로 핵심가정을 면밀하게 검토하였다면 보다 신속한 범인검거가 가능하였을 것이다.

(2) 변화징후 검토(Indicators of Change)

변화의 징후를 사전에 파악하여 지속 관찰하고 모니터링 함으로써 새로운 상황변화를 신속하게 파악하는 방법이다. 징후란 장차 나타나게 될 변화를 미리 포착할 수 있는 관찰가능한 현상이나 사건 등을 의미한다. 징후는 대상국의 정치적 불안정 사태, 인권위기 상황, 임박한 군사공격과 같은 바람직하지 않은 상황 도래를 미리 파악하는 데에도 활용할 수 있고, 경제상황 개선이나 민주화 진전과 같이 바람직한 상황을 미리 파악하는 데에도 활용할 수 있다. 이러한 징후를 파악하고 관심을 가지고 관찰하면 자칫 간과할 수 있는 의미 있는 변화를 조기에 포착하는 것이 가능하다. 어떤 상황판단에 대해 서로 의견대립이 있는 경우 징후목록을 공유하고 함께 추적하게 되면 자연스럽게 이견을 해소할 수 있는 경우도 있다.[41)]

〈표 2-1〉은 어떤 국가의 정치적 불안정성 평가를 위해 행정부 운영능력, 통치체제의 정당성, 반정부활동 동향, 경제상황, 체제변화 촉발사건 등으로 항목을 나누어 나타날 수 있는 징후를 정리하고 분기별 점검표를 작성한 예이다.

40) 앞의 자료, p.7.
41) 앞의 자료, p.12.

표 2-1 >> 특정 국가의 정치적 불안정성 평가 징후목록(예)

분 야	징 후	2012				2013			
		I	II	III	IV	I	II	III	IV
행정부 운영능력	통치능력, 정부조직 운영상태	◎	◎	◎	●	⊙	◎		
	공공수요 대응능력	◎	◎	⊙	◎	◎	○		
	기초 생필품 조달능력								
	조직보안 능력								
통치체제 정당성	사법 · 경찰 시스템 가동력								
	정치참여의 폭과 깊이	○	○	○	◎	◎	◎		
	부패 정도	◎	○	○	○	◎	◎		
	인권침해 정도	○	○	○	○	○	○		
	시민사회 건전성								
	국제범죄조직 침투정도								
	정부에 대한 외국 지지도								
……	………								

△ 무시 가능 ○ 낮은 관심 ◎ 보통 관심 ⊙ 높은 관심 ● 심각(우려)

출처: US Government, *A Tradecraft Primer : Structured Analytic Techniques for Improving Intelligence Analysis*, 2009, p.13.

(3) 경쟁가설분석(ACH: Analysis of Competing Hypotheses)

경쟁가설분석은 분석사안에 대해 최대한 많은 가설을 도출하고 가설과 모든 증거자료의 일치 여부를 검토하는 방법으로서, 가장 그럴듯한 가설을 입증하는 데 중점을 두는 것이 아니라 각종 증거와의 배치가 적은 가설을 중심으로 결론을 도출하는 방법이다. 경쟁가설분석은 많은 자료가 있으면서도 불확실한 상황이 지속되는 복잡한 사안을 판단하는데 유용하며, 오판 가능성을 줄여주는 기법이다. 또한 경쟁가설분석은 대안적 가설을 설정하여 기만가능성을 검증하는데 유익하며, 정보분석관 또는 정보분석 조직 간 의견이 대립할 때 경쟁가설 행렬표를 이용하여 견해차이의 원인을 객관

적으로 파악할 수 있게 함으로써 주장의 비인격화와 원활한 의사소통을 가능하게 한다.[42)]

경쟁가설분석의 절차는 다음과 같다.[43)] 1단계, 정보분석관은 브레인스토밍 등을 활용하여 다양한 관점의 가설을 최대한 많이 도출한다. 2단계, 분석사안과 관련된 모든 증거와 주장의 목록을 작성한다. 3단계, 가장 위쪽에 가로 방향으로 가설을 기록하고 가장 왼쪽에 세로 방향으로 증거를 기록한 행렬표(matrix)를 작성하고, 각각의 증거와 가설이 서로 일치하는가, 배치되는가, 상관관계가 없는가를 판단하여 표시한다. 4단계, 추가되어야 할 새로운 가설은 없는지, 추가로 입수되어야 할 증거는 없는지를 검토하여 행렬표를 수정한다. 5단계, 각각의 가설과 일치하는 증거와 배치되는 증거의 숫자를 계산한다. 이 경우에 많은 증거와 일치하는 가설보다 증거와의 배치가 가장 적은 가설에 유의하면서 분석사안에 대한 가장 설득력 있는 가설을 판단한다. 6단계, 분석결과에 가장 큰 영향을 미치는 중요한 증거가 무엇인가를 파악하고, 만약 이 증거가 잘못되었다든지, 잘못 해석되었다든지, 적대세력의 기만결과라고 할 경우에 어떤 영향을 미칠 것인가를 분석한다. 특히 유력할 것으로 예상되었던 가설을 뒷받침하는 증거가 입수되지 않았다면 적대세력의 부인과 기만에 의해 증거가 은폐되었을 가능성이 있는지 판단한다. 7단계, 추가 첩보수집에 의해 확인이 필요한 가설을 포함하여 가능성이 있는 모든 가설을 기초로 하여 결론을 도출한다. 이 경우 가능성이 있는 모든 가설에 대해 실현될 가능성의 정도를 평가하는 것이 필요하다. 8단계, 결론에 포함된 모든 가설이 장차 시간 경과에 따라 사실로 판명되거나 거짓으로 판명될 수 있는 징후를 결정하여 두고 이를 지속적으로 점검한다. 이 경우 어떤 가설과 일치하지 않는 자료가 입수될 경우 그 의미가 무엇인가에 대해 탐구한다.

2003년 미국이 이라크 공격을 앞두고 이라크 핵 프로그램에 대해 경쟁가설분석을 진행하였다면 다음과 같이 될 것이다.[44)] 이라크 핵 프로그램에 관한 가설은 세 가지이다. 첫째 가설은 이라크 핵무기 개발 프로그램은 1991년 걸프전 이후 중단된 상태가 지속되고 있다. 둘째 가설은 이라크가 핵 프로그램을 재건하기 위한 비밀활동을 재개하였으나 핵무기 제조기술을 거의 확보하지 못하였다. 셋째 가설은 이라크 핵 프로그

42) Roger George & James Bruce, 박동철 옮김(2010), p.391.

43) US Government(2009), pp.14−15; R. Heuer(1999), pp.95−107.

44) Roger George & James Bruce, 박동철 옮김(2010), pp.387−388.

램이 비밀리에 진행되어 3년 이내에 핵무기를 보유할 것이다. 이와 같은 세 가지 가설과 각종 증거자료를 행렬표로 작성하면 〈표 2–2〉와 같다.

표 2–2 >> 이라크 핵 프로그램에 대한 경쟁가설분석 행렬표

증 거	출처	신뢰도	관련성	중단폐기 (H1)	개발재개 (H2)	보유임박 (H3)
후세인의 UN사찰단 협력거부 및 미국 정보활동에 대한 거부 · 기만 프로그램은 무엇인가 숨기고 있다.	추론	H	H	I	C	C
후세인이 1991년 걸프전 이전 핵무기 개발을 시도한 것으로 볼 때 재개 가능성이 있다.	가정	M	H	I	C	C
비밀 수입한 고강도 알루미늄관은 핵과 비핵에 모두 사용할 수 있는 이중용도 물품이다.	정보보고	H	H	C	C	C
니제르에서 옐로우케익(우라늄정광)을 수입하려는 시도가 보고되었다.	인간정보	L	M	I	C	C
UN사찰단은 핵무기 프로그램 재건에 관한 물증을 찾지 못했다.	정보협조	M	H	C	C	I
미국 정보기관은 핵무기 프로그램 재건에 관한 물증을 찾지 못했다.	정보부재	H	H	C	I	I
정통한 고위 이라크 망명자가 후세인이 WMD 프로그램 폐기를 명령했다고 보고했다.	인간정보	M	H	C	I	I
핵 프로그램 재개를 위해서는 다수의 수입금지품목을 비밀리에 입수할 필요가 있을 것인데 현재 확인된 것은 알루미늄관과 옐로우케익뿐이다.	추론	M	H	C	C	I
이라크의 은폐공작은 핵개발 은폐가 목적이 아니라 쿠르드족, 시아파, 이란, 이스라엘에 대해 핵무기 포기를 숨기기 위한 목적이다.	검증가설	L	H	C	I	I

H: 상, M: 중, L: 하, C: 일치, I: 불일치

출처: Roger George & James Bruce, 박동철 옮김(2010), 『정보분석의 혁신』, p.388.

경쟁가설분석은 1980년대 중반 CIA 분석관 교육을 위해 개발된 이래 현재는 미국의 모든 정보공동체 교육기관에서 교육되고 있으며, 2006년에는 컴퓨터 소프트웨어로 개발되어 보급되었다. 해군정보실 등의 지원을 받아 팔로알토 연구소(Palo Alto Research Center)에 의해 개발된 소프트웨어는 현재 비밀이 해제되어 장차 정보공동체 또는 법집행기관에서 근무하기를 희망하는 사람들을 위해 대학교육에서도 사용되고 있다.[45)]

2. 검증기법(Contrarian Techniques)

(1) 악마의 변론(Devil's Advocacy)

악마의 변론은 중요한 정보사안과 관련하여 분석방향 또는 핵심전제가 거의 결정되었으나, 간과한 검토사항이 있는지 확인하고 중요한 분석전제가 잘못되지는 않았는지 점검하기 위해 활용되는 기법이다. 전쟁 또는 군사적 공격여부를 결정하는 것과 같은 중요한 사안에 대해 이미 상당기간 동안 정보분석이 진행되어서 주류를 형성하고 있는 분석팀의 분석방향이 결정되어 있다면, 개인적 의견제시를 통해 새로운 관점을 도입하거나 분석방향을 수정하는 것은 어려운 경우가 많다. 이 경우 정보관리자가 악마의 변론기법을 도입하여 어떤 분석관 또는 분석팀에게 문제점과 새로운 관점을 발굴하도록 임무를 부여하면 생각하지 못했던 분석의 약점을 보완하고 기존 분석팀의 고정관념을 재검토할 수 있는 기회가 된다.[46)]

악마의 변론은 다음과 같은 방법으로 진행된다. 첫째, 기존 분석팀의 중요한 판단내용과 핵심적 가정을 파악하고 이러한 분석판단에 도달하게 된 증거자료를 확인한다. 둘째, 기존의 분석판단과 배치되는 결과를 도출할 수 있는 한 개 이상의 가정을 수립한다. 이 가정은 기존의 분석과정에서 검토된 것일 수도 있고 검토되지 않았던 것일 수도 있다. 셋째, 첩보를 재검토하여 타당성이 의심스러운 것, 기만첩보의 가능성이 있는 것, 중요한 첩보 중 입수되지 않은 것이 있는지 등을 확인하고, 기존의 분석판단과 배치되거나 대안가설을 지지할 수 있는 증거를 집중 발굴한다. 넷째, 기존 분석팀에게 잘못된 가정과 부실한 증거자료 또는 기만자료 등을 제시한다. 다섯째, 기존 분석팀이

45) Roger George & James Bruce, 박동철 옮김(2010), p.391.

46) US Government(2009), p.17.

중요한 분석결함을 수정하지 않을 경우에는 별도의 검증 보고서를 제출한다. 별도의 검증 보고서를 제출할 경우에는 기존 분석판단의 핵심을 분명히 제시하고 악마의 변론기법에 입각하여 도달하게 된 결론임을 밝히면서 새로운 문제를 제기하여야 한다. 그렇지 않으면 분석보고를 받는 사람에게 혼란을 야기할 수도 있기 때문이다.[47)]

악마의 변론을 활용하면 기존 분석팀이 특별한 환경에서 전개될 수 있는 상황을 고려하지 못하여 핵심가정을 잘못 설정하는 것을 수정할 수 있고, 중요한 분석판단을 도출한 첩보나 논리의 오류를 확인하여 대안가설을 제시할 수 있는 장점이 있다. 그러나 악마의 변론에 의한 의견제시는 대부분의 경우 전통적 분석에 의한 분석결론보다 설득력이 부족한 경우가 많고, 정보기관 고위급 간부 또는 정책결정자에 의해 채택되기 쉽지 않은 측면이 있다.

(2) A팀 · B팀 분석(Team A/Team B)

A팀 · B팀 분석은 중요한 분석사안에 대해 처음부터 두 가지 견해가 비슷한 비중을 가지고 대립할 경우에 유익하게 활용할 수 있다. 악마의 변론은 유력한 가설이 하나만 있을 때 이것을 검증하기 위한 방법인데 비해, A팀 · B팀 분석은 유력한 가설이 두 개로 나뉘어서 서로 대립할 때 이를 검증하기 위한 방법이다. 이 기법은 정책결정자에게 서로 다른 전문적 분석시각을 보여줄 수 있고, 정보기관 고위간부에게 정보분석관들 사이에 이견이 없는 최소한의 공통분모적 의견만을 보고하는 대신 설득력 있는 상반된 주장을 보고할 수 있는 기회를 제공해 준다. 정책결정자는 두 개 팀의 핵심가정과 이를 뒷받침하는 첩보의 차이점을 분명하게 파악하고, 스스로 장단점을 판단하거나, 정보분석관에게 추가질문을 하여 판단을 내릴 수도 있다.[48)]

A팀 · B팀 분석은 1단계인 분석단계와 2단계인 토의단계로 이루어진다. 1단계인 분석단계는 A팀과 B팀이 각자 정보분석을 진행하는 것이다. 우선 비슷한 설득력을 가진 서로 다른 가설이나 관점을 발전시킬 두 개의 팀 또는 분석관을 임명한다. 각 팀은 각자의 입장과 관련된 기존 첩보를 검토하고 가설을 입증하는 데 필요한 첩보를 수집한다. 핵심가정과 증거 그리고 뒷받침하는 논리를 분명하게 제시하여 각자의 주장을 구조화한다. 2단계인 토의단계는 각 팀이 각자의 주장을 프레젠테이션하면서 상대

47) 앞의 자료, pp.17-18.

48) US Government(2009), p.19.

팀의 반박에 대해 방어하는 것이다. 토의를 진행할 때에는 브레인스토밍 효과가 날 수 있도록 충분한 시간을 주고, 발표내용에 대해 질문하는 독립적인 평가단을 참석시켜서 어느 쪽 주장이 더 설득력이 있고 추가로 조사할 사항 및 수집할 자료 등에 대해 의견을 청취한다.[49]

(3) 고위험 · 저확률 분석(High-Impact/Low-Probability Analysis)

고위험 · 저확률 분석은 실현될 가능성은 낮지만 만일 실현될 경우에는 중대한 파급영향을 초래할 가능성이 있을 때 이를 검증하는 기법이다. 이 기법은 실현가능성이 낮기 때문에 평소에는 그 파급영향에 대해 거의 검토하지 않는 사안에 대해 정책결정자에게 경고할 수 있는 기회를 제공한다. 예를 들면, 이란 팔레비 왕정몰락, 소련붕괴, 독일통일 등은 많은 사람들이 실현 가능성이 낮다고 생각하여 분석주제로 삼지 않았지만, 실현될 경우에 어떤 파급영향을 미치고 어떤 과정을 거쳐 실현될 것인가를 분석하였다면 많은 의미가 있는 결과를 도출할 수 있었을 것이다.[50]

고위험 · 저확률 분석은 실현될 경우 초래될 위험한 결과를 밝히는 것이 중요하다. 이것이 바로 실현가능성이 낮은 데도 불구하고 분석을 실시하는 이유이다. 이러한 사태가 발생할 경우에 거치게 될 경로(pathways) 또는 변화의 전체모습을 설명할 수 있는 모델을 검토하고, 변화를 촉발시킬 사건이나 계기를 상정한다. 역사적인 대규모 사건의 예를 보면 변화촉발의 계기는 자연재해, 핵심적 지도자의 건강문제, 새로운 정치 · 경제적 사건발생 등이 있다. 급격한 변화를 촉발시킬 수 있는 계기를 찾아낼 때 다양한 경험을 가진 정보분석관들과 브레인스토밍을 하는 것이 유용하다. 사태가 전개될 수 있는 경로를 시나리오로 작성하고, 시나리오별 징후 또는 관측가능한 현상을 규정하여 두면 실제로 사태가 발생되었을 때 어떤 시나리오에 해당되는지 확인할 수 있다. 또한 바람직한 방향으로 사태가 발전되도록 촉진시키는 요소와 악화시키는 요소를 구분해 두는 것도 바람직하다.

---

49) 앞의 자료, p.21.
50) 앞의 자료, p.22.

3. 아이디어 창출기법(Imaginative Thinking Techniques)

(1) 브레인스토밍(Brainstorming)

브레인스토밍은 광범위하게 활용되고 있는 아이디어 창출기법이다. 브레인스토밍은 정보분석을 시작할 때 분석과제와 관련하여 다양한 가설을 도출하는 데 사용되며 다른 분석기법을 적용하는 과정에서 보조적으로 사용되기도 한다.

브레인스토밍은 정보분석팀 및 관련 그룹이 함께 참석하는 것이 바람직하다. 정보분석 프로젝트를 시작할 때 또는 중요한 분석 포인트에 대해 브레인스토밍을 하게 되면 많은 시간이 필요하지만, 다양한 의견을 참고하여 분석주제를 구조화하는 데 많은 도움이 된다. 브레인스토밍은 정보분석관의 고정관념을 완화시켜 주고 습관적인 업무관행을 재검토하게 하는데 특히 유용하다. 또한 새로운 아이디어를 도출해내고, 분석과제에 대해 종합적인 시각을 갖도록 하며, 불분명한 부분들이 무엇인지 가려내고, 어떤 가설에 대해 성급하게 판단하는 것을 방지할 수 있다.[51)]

브레인스토밍을 진행할 때 준수하여야 할 기본원칙은 다음과 같다. 첫째, 질보다는 양을 우선한다(다다익선). 둘째, 제안되는 의견에 대한 판단을 유보한다(비판금지). 셋째, 비록 엉뚱한 생각이라도 받아들이도록 노력한다(자유분방). 넷째, 타인의 사고를 수용하고 자신의 의견을 개진한다(아이디어의 조합과 개선).[52)]

정보분석을 위한 브레인스토밍은 2단계로 나누어 진행하는 것이 효과적이다. 1단계는 새로운 아이디어와 시각을 창출하는 확산적 사고단계(divergent thinking phase)이고, 2단계는 도출된 아이디어를 핵심개념 중심으로 그룹화하고 조직화하는 수렴적 사고단계(convergent thinking phase)이다.

확산적 사고단계는 다음과 같은 방법으로 진행한다. 분석의 핵심과제를 문장으로 표현하여 제시하고, 참석자들에게 메모지와 펜을 지급한다.[53)] 그리고 한 장의 메모지에 해결방안을 한 개씩 기록하여 모두가 볼 수 있도록 벽이나 보드에 부착한다. 참석자의 아이디어가 더 이상 나오지 않더라도 추가 아이디어가 나올 수 있도록 시간을 부

51) 앞의 자료, p.27.
52) 국가정보포럼(2006), p.97.
53) 전형적인 정보분석 브레인스토밍은 10~12명 정도가 적당하며, 포스트잇과 같은 용지를 사용하면 편리하다.

여한다. 모든 아이디어가 제출되었다고 생각되면 수렴적 사고단계로 넘어간다.

수렴적 사고단계는 다음과 같이 진행한다. 우선 참석자들에게 공통점이 있거나 유사한 내용의 메모지를 그룹화 하도록 한다. 이 경우에 한 장의 메모지 내용이 두 개 그룹에 해당될 때에는 복사하여 사용하도록 한다. 그룹화가 마무리되면 각 그룹의 특징을 고려하여 이름을 붙인다. 어느 그룹에도 속하지 않는 아이디어가 있을 경우에는 주제와 무관한 것인지 아니면 새로운 그룹화가 필요한 내용인지를 판단한다. 브레인스토밍 결과 도출된 새로운 아이디어가 무엇인지 확인하고 추가로 브레인스토밍이 필요한 부분이 있는지 확인한다. 참석자들에게 가장 주목하여야 할 그룹의 아이디어가 어느 것인지 질문하고 그룹별 순위를 부여한다.[54]

(2) 홍팀 분석(Red Team Analysis)

홍팀 분석은 외국의 지도자나 의사결정 그룹이 결정한 내용을 파악할 때 거울 이미지(mirror image)에 의한 왜곡현상을 줄이고 최대한 실제에 가깝게 파악하기 위한 기법이다. 정보분석관들은 어떤 이슈에 대해 외국의 행위자들도 자신들과 유사하게 이해하고 같은 동기와 가치관으로 행동할 것이라고 생각하는 경향이 있다. 전통적 사고에 의하면 위협과 기회가 있을 때 외국의 지도자들도 자신과 같이 합리적으로 생각할 것이라는 전제에서 분석하였다. 그러나 역사적으로 볼 때 외국의 지도자들은 문화적, 조직적, 개인적 경험이 상이하기 때문에 정보분석관의 판단과는 다르게 반응한 경우가 많았다. 홍팀 분석은 분석대상인 개인 또는 그룹과 유사한 문화적, 조직적, 개인적 요소를 의식적으로 설정하고, 유사한 환경하에서 판단을 이끌어내는 방법이다.[55]

홍팀 분석은 다음과 같은 방법으로 진행된다. 정보분석관은 분석을 위한 홍팀을 구성함에 있어 분석대상 정보환경에 대한 깊은 지식이 있고, 분석대상이 되는 인물이나 집단의 개성을 잘 파악하고 있으며, 이들의 평소 사고방식에 익숙한 사람들로 구성하여야 한다. 홍팀 구성원들은 단순히 해당 외국어를 할 수 있는 사람이 아니라 그 문화를 체험한 사람들이어야 하고 인종적 배경을 공유하거나 비슷한 정보환경에서 활동한 사람들이어야 한다. 홍팀은 분석대상이 처해 있는 것과 같은 환경하에 있다는 것을 전제로 의사결정을 한다고 생각하여야 한다. 분석대상이 자신에게 할 것으로 예상

54) US Government(2009), p.29.

55) 앞의 자료, p.31.

되는 일인칭 질문을 발굴하여야 한다. 예를 들면, "새로 들어온 정보에 대해 나는 어떻게 생각해야 하는가?", "내가 개인적으로 관심이 있는 것은 무엇인가?", "나는 누구에게 의견을 물어보아야 하는가?"와 같은 것이다. 그리고 분석대상인 외국이나 적대세력의 지도자가 할 것으로 예상되는 특별한 결정이나 권고사항 또는 조치사항을 구체적으로 표현하는 정책결정서를 작성한다. 정책결정서에 분석대상에 대한 문화적 · 개인적 특성이 정확하게 반영될수록 분석과제에 더 많은 유익한 시사점을 제시해 줄 수 있다.[56)]

(3) 대안 미래분석(Alternative Future Analysis)

대안 미래분석은 현재 전개되고 있는 상황이 매우 복잡하고 유동적이어서 미래에 출현할 것으로 예상되는 모습이 대단히 불투명할 때 활용되는 기법으로 미래 시나리오 분석(Future Scenarios Analysis)이라고도 한다. 대안 미래분석은 복잡하게 전개되는 사건이나 상황에 대해 합리적인 결과를 예측가능하게 함으로써 정보분석관이나 정책결정자가 대책을 검토할 수 있도록 해 준다.

대안 미래분석은 불확실한 미래상황을 예측하기 위해 핵심 행위자들 사이에 존재하는 요소, 추동력, 촉진제 등이 서로 어떻게 영향을 미치고 작용하는지를 파악하는 구조화된 모델화 방안을 모색한다. 미국 정보공동체의 경험에 의하면 정책결정자들은 불확실한 미래상황을 판단한 대안 미래분석의 결과를 비교적 원만하게 수용하였으며 핵심적 사항을 파악하지 못할 경우에 초래될 위험에 대해서도 수월하게 이해하였다고 한다.[57)]

대안 미래분석은 다음과 같은 방법으로 진행된다. 첫째, 분석주제와 관련된 업무를 수행하는 전문가와 공직자 등을 대상으로 체계적인 인터뷰를 진행하여 핵심이슈가 무엇인지 파악한다. 둘째, 내부 및 외부전문가 그룹을 구성하여 핵심이슈에 영향을 미치는 주요 요소와 추동력을 파악하고 토의하기 위한 브레인스토밍을 진행한다. 셋째, 가장 큰 영향을 미치는 두 개의 요소를 도출하고 두 개의 축으로 배열한다. 이 경우 축의 양 끝에는 그 요소의 극단적인 상황을 상정한다. 예를 들면 경제성장이 가장 중요한 요소라고 한다면 경제성장 축의 양 끝은 '고성장'과 '저성장'이 되거나 '개혁적 성장'과 '안정적 성장'이 될 수 있을 것이다. 넷째, 두 개 축을 바탕으로 서로 조합하여 네

56) 앞의 자료, p.31.
57) 앞의 자료, p.34.

그림 2-1 미국에 대한 테러공격 가능성 대안 미래분석

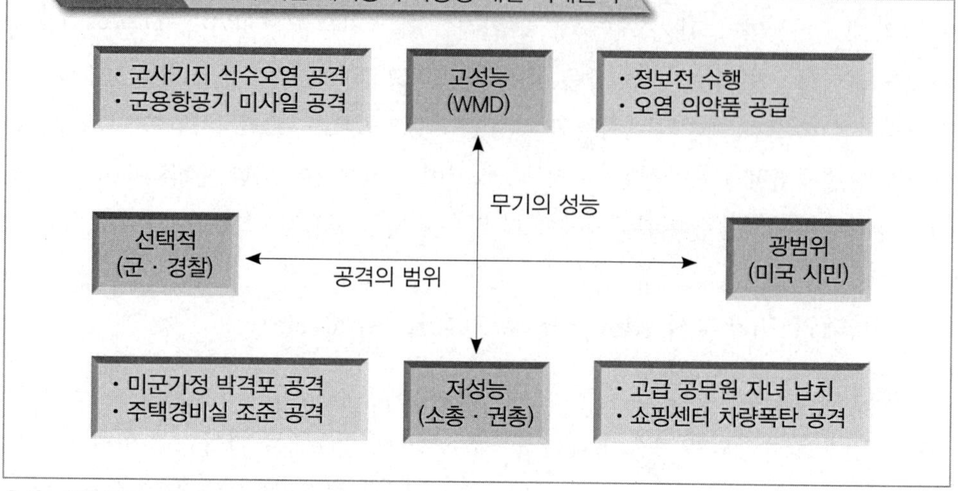

출처 : US Government, *A Tradecraft Primer: Structured Analytic Techniques for Improving Intelligence Analysis*, March 2009, p.35.

개 영역의 미래모습을 도출한다. 각각의 미래모습에 대한 구체적 시나리오를 구성하고 현실적으로 실현될 때 나타날 수 있는 징후나 특징적 현상들을 점검한다. 다섯째, 정보분석관 또는 정책결정자는 네 개 영역으로 나타나는 미래의 모습에 대응하여 어떠한 정책이나 전략을 수립할 것인지를 검토한다.

예를 들어 미국에 대한 테러공격 가능성을 대안 미래분석으로 검토하면 〈그림 2-1〉과 같다. 브레인스토밍 결과로 도출된 테러공격의 핵심요소인 '무기성능과 종류', 그리고 '공격대상의 범위'를 X축과 Y축에 배열하고, 2×2 행렬표의 네 개 영역에 잠재적 공격행태를 기록하였다. 예를 들면, 테러단체가 WMD를 가지고 광범위한 공격을 시도한다면 예상되는 행위는 컴퓨터 네트워크를 공격하여 마비시키거나 국내 의약품 공급망을 통해 오염된 의약품 공급을 시도하는 것 등을 상정할 수 있다.[58]

58) 앞의 자료, p.35.

제5절 정보보고서의 작성

정보요구에 대한 정보분석이 완료되면 이를 필요로 하는 정책결정자에게 배포하여야 한다. 정보를 보고하는 수단은 구두보고, 영상자료 등에 의한 특수매체보고도 있으나 서면으로 보고하는 정보보고서가 일반적이다. 정보보고서에 의한 보고도 정보보고서를 배송하거나 전송하는 등 보고서만 배포하는 방법이 있고, 보고자가 정보보고서를 제출하고 브리핑하는 방법이 있다.

정보보고서를 작성할 때 준수하여야 할 원칙에는 적시성, 적합성, 명료성, 간결성, 정확성, 완전성, 객관성, 일관성 등이 있다.

적시성은 정책결정을 할 때, 즉 정보를 필요로 할 때 제공되어야 한다는 원칙이다. 정보의 적시성은 각종 첩보를 망라하여 좀 더 완전한 내용으로 보고서를 작성하는 것보다 훨씬 중요하다.[59)]

적합성은 정책결정자의 요구에 초점을 맞추어 맞춤형 정보생산물로 작성되어야 한다는 것이다. 보고서에 대해 지적되는 문제점으로 내용이 장황하고 초점이 없다거나 근본적인 문제의식이 없다는 것이 있는데 이것은 바로 적합성을 충족하지 못했다는 의미이다.[60)]

명료성은 결론을 분명하게 제시해야 한다는 것이다. 정보판단은 상황파악 또는 미래예측의 한계 때문에 어느 정도 불확실성 표현을 내포하게 된다. 이러한 경우에도 정보판단의 전제가 되는 가정이나 조건을 분명하게 제시하고 불확실성의 정도를 숫자로 표시하는 방법을 검토하는 것이 바람직하다.[61)]

---

59) M. Lowenthal, 김계동 옮김, 『국가정보: 비밀에서 정책까지』(서울: 명인문화사, 2008), p.195.

60) 보고서들이 가지고 있는 일반적인 문제점으로 기본적인 틀을 갖추고 있지 않다, 내용이 장황하고 초점이 없다, 읽을수록 오히려 궁금한 것이 생긴다, 근본적인 문제의식이 안 보인다 등이 제기되고 있다. 대통령비서실 보고서품질향상 연구팀, 『대통령보고서』(서울: 위즈덤하우스, 2007), p.26.

61) 미국 CIA는 NATO 장교들을 대상으로 정보보고서에 나타난 불확실성 표현을 숫자로 나타내기 위한 조사를 실시한 적이 있다. 그 결과에 의하면 '거의 확실'(Almost Certainly)은 85% 이상, '높은 가능성'(Highly Likely)은 80% 전후, '상당한 가능성'(Probable)은 70% 전후, '보통 이상의 가능성'(Better Than Even)은 50~60% 사이, '가능성도 존재'(About Even)는 50% 전후, '의심스러움'(We Doubt)은 10~30% 사이, '거의 가능성 없음'(Almost No Chance)은 10% 이하 등으로 조사되었다. R. Heuer(1999), p.155.

간결성은 불필요한 내용과 표현을 최소화하여 가능한 한 짧은 보고서를 작성하는 것이다. 현대인은 정보의 홍수 속에서 생활한다고 하는데 특히 정책결정자를 위한 정보보고서는 핵심적 내용을 집약하여 경제적으로 전달하는 것은 대단히 중요하다.

정확성과 완전성도 시간의 제약범위 내에서 최대한 확보되어야 한다. 아무도 정보가 부정확하기를 바라지는 않지만 사람들은 정보의 특성 때문에 부정확하고 불완전한 정보가 나올 수 있다고 인정하고 있다.[62] 그러나 9 · 11테러 사건이나 이라크전쟁 관련 정보와 같이 사회적 파장이 큰 정보에 있어서는 정보의 정확성과 완전성이 더욱 강하게 요구된다.

객관성은 정보가 정치적 입장과 무관하게 중립성을 견지하여야 한다는 것이다. 정보에 있어 객관성은 원래 중요한 요소가 아니었고 감시의 대상도 아니었다.[63] 그러나 오늘날에는 정보의 객관성이 중요하다는 인식이 널리 퍼져 있고 당연한 것으로 받아들여지고 있다.

일관성은 하나의 정보보고서는 하나의 주제에 대해서만 내용을 구성하여야 한다는 것이다. 일관성 있는 보고서작성을 위해서는 보고의 초점이 분명하게 드러나도록 논리적으로 보고서를 전개하면서 반드시 필요한 내용만 포함되도록 하여야 한다.

국가 및 정보기관에 따라 다양한 내용과 형태의 정보보고서가 생산되고 있다. 정보보고서는 보고시기를 기준으로 정기보고서와 수시보고서로 구분하고, 정기보고서는 일간보고서, 주간보고서, 월간보고서, 연차보고서 등으로 나눌 수 있다.

정보보고서는 시간적 특성에 따라 기본정보(basic intelligence), 현용정보(current intelligence), 판단정보(intelligence estimate)로 나눌 수 있는데, 이와 같은 분류는 셔먼 켄트(S. Kent)가 처음으로 사용한 이래 오늘날 널리 사용되고 있다.[64]

기본정보는 상황 또는 사물의 정적인 상태를 기술하는 것으로서 기본적 항목에 대해 기술하는 것이다. 예를 들면, 대상국가의 국가기본정책, 국가지도자 인적사항, 정당현황, 종교분포와 특성, 인종구성과 갈등관계 등과 같이 비교적 단기간에 변화하지 않는 기본적 사항을 백과사전식으로 작성한 정보로서, 현용정보 또는 판단정보를 생산하는데 필수 불가결한 기초가 된다.

62) M. Lowenthal, 김계동 옮김(2008), p.197.

63) 위의 책, p.196.

64) 켄트는 보고서 형태를 세 가지로 나누어 basic descriptive form, current reportorial form, speculative-evaluative form으로 분류하였다. Sherman Kent(1965), pp.7–8.

현용정보는 어떤 조직이나 사건에 대해 현재 시점의 정세나 동향을 설명하는 것이다. 현용정보는 정책결정자가 가장 관심이 있는 정보로서 적대국가 또는 적대세력의 위협에 대한 경고정보도 현용정보에 속한다. 또한 일간, 주간, 월간 등의 정기 보고서는 대부분 일정 기간을 단위로 새로 발생한 사건 또는 진행중인 사건의 현재 정세나 동향을 보고한다는 점에서 현용정보에 속한다. 수시로 발생하는 많은 사건을 분석하여 보고하는 현용정보는 정보기관이 수행하는 중요한 임무 중의 하나이지만, 현용정보에 대한 과도한 수요증가는 장기적 기획이 필요한 판단정보 또는 경고정보와 같은 전략정보 생산에 부정적인 영향을 미친다.

판단정보는 현재의 상황파악을 기초로 앞으로 어떻게 전개될 것인가를 예측하고 선택 가능한 정책대안을 검토하는 것이다. 판단정보는 미래에 도래할 상태를 예측하고 판단한다는 점에서 현재의 상황만을 판단하는 현용정보와 차이가 있고 깊이 있는 배경지식과 함께 고도의 추리력과 논리적 사고력 등이 필요하다. 나아가 판단정보는 미래예측을 바탕으로 선택 가능한 정책대안을 제시하기도 한다.[65]

정보보고서의 구성상의 특징은 중요한 내용 또는 결론을 앞쪽에 기술(두괄식)하고 표준화된 양식에 따라 작성한다는 것이다. 중요한 내용이나 결론을 앞쪽에 기술하는 것은 정보사용자의 관심을 끌고 시간을 절약할 수 있도록 하기 위한 것으로 제목을 선정하고 표현하는데 많은 노력을 기울이게 된다. 제목은 전체 내용을 파악할 수 있도록 압축적으로 표현하고 주어와 술어가 포함된 문장형식으로 구성한다.

정보보고서의 표현상의 특징은 많은 양의 정보를 압축하여 요약형태로 표현하고, 수동태보다는 능동태를 주로 사용한다는 점이다. 학술논문은 과학적 법칙을 도출하기 위해 논증 중심의 상세한 기술을 위주로 하지만, 정보보고서는 불확실한 상황을 판단하고 국가이익에 미치는 영향을 평가하기 위해 특징 중심의 요점기술을 한다. 정보보고서에 능동태를 주로 사용하는 것은 보다 간결하고 직접적인 표현이 가능하며 분석결과에 대한 자신감을 나타낼 수 있기 때문이다.[66]

65) 현용정보의 경우에도 정책제안이 가능하지만 장기적 관점의 미래상황 예측이 포함되는 판단정보에서 전형적인 정책제안이 가능하다. 다만, 정보와 정책의 바람직한 관계 및 정보의 정치화 우려 등의 관점에서 정보의 정책제안 기능에 대해서는 논란이 있다. M. Lowenthal, 김계동 옮김(2008), pp.247-267; Abram Shulsky & Gary Schmitt, 신유섭 옮김, 『국가정보의 이해: 소리없는 전쟁』, (서울: 명인문화사, 2007), pp.272-286.

66) 미국 CIA는 정보보고서를 작성할 때 다음과 같은 10가지 원칙을 준수하도록 하고 있다. ① 전체 구도를 결정한다.(Determine the big picture) ② 결론을 먼저 제시한다.(Put conclusions first)

제6절 정보분석의 과제와 전망

20세기가 수집의 시대였다면, 21세기는 분석의 시대가 될 것이라는 말이 있다.[67] 오늘날에는 사회의 모든 분야에서 분석의 중요성이 강조되고 있다. 컴퓨터 네트워크에 의해 연결된 글로벌 사회를 맞이하여 빅데이터를 비롯한 각종 자료분석에 커다란 관심이 모아지고 있다. 특히 미국은 9 · 11테러와 이라크전쟁을 계기로 정보분석을 개선하기 위해 많은 자원을 투입하였고, 대학과 전직 정보관들을 중심으로 사회과학적 연구를 통하여 정보실무에 활용할 수 있는 각종 분석기법들을 개발해 왔다. 미국 정보공동체도 최근 수년 동안 악마의 변론, A팀 · B팀 분석, 시나리오 분석, 경쟁가설분석 등과 같은 체계적 분석기법을 실무에 적극적으로 도입하고 있다.

정보실패 사례연구에 의하면 정보분석관의 인지적 오류, 잘못된 가정설정, 첩보수집 시스템의 한계에 대한 이해부족 등이 정보분석의 실패원인으로 계속 지적되어 왔고 이것은 1940년대 이후 지속적인 미국 정보공동체의 과제가 되고 있다. 동일한 정보분석 실패원인이 반복적으로 지적되고 있다는 것은 원인을 파악하는 것보다 이를 개선하기 위해 새로운 분석방법을 도입하고 조직문화를 바꾸는 등 실천하는 것이 어렵다는 것을 말해 준다.

정보분석의 실패를 최대한 줄이고 지속적인 정보분석 업무의 발전을 위해 다음과 같은 노력이 필요할 것이다.

첫째, 정보분석관에 대한 전문직업 교육을 강화하여야 한다. 오래 전부터 정보전문가는 전문직업인이라기보다는 상식이 풍부한 사람이라는 인식이 강했다. 미국의 헤이든(Michael Hayden) CIA부장은 2007년 정보공무원들이 재직중 받는 훈련기간이 수

---

③ 논리적으로 구성한다.(Organize logically) ④ 보고서 형태를 구분하여 이해한다.(Understand different format) ⑤ 적합한 용어를 사용한다.(Use specific language) ⑥ 단순하고 간결하게 생각한다.(Think simple and concise) ⑦ 명료하게 생각한다.(Strive for clarity of thought) ⑧ 능동태를 사용한다.(Use the active voice) ⑨ 스스로 검토한다.(Self-edit) ⑩ 정보수요를 파악한다.(Know the reader's needs)

67) Anthony Campbell 전 캐나다 총리실 정보평가실장은 2002년 미국 국가전쟁대학 강연에서 냉전기간에는 정보수집 시스템이 급속도로 발전하여 정보공동체의 수집역량이 신장되었는데, 이제는 이러한 수집시스템을 통해 입수되는 첩보를 최대한 활용하여 유용한 정보를 생산하는 분석구조를 구축하는 것이 과제라고 하였다. Roger George & James Bruce, 박동철 옮김(2010), p.446.

개월에 불과하고, 자신의 전문성을 발전시키기 위해 근무시간 외에 따로 시간을 할애하는 사람이 극소수라는 사실을 알고 놀랐다고 한다.[68] 이에 비해 직업군인인 장교의 경우에는 군사전략과 전술, 국제관계, 미국 외교정책, 국가정보학 등에 대해 20년 재직할 경우 3~4년 동안 지휘 · 참모학교 또는 국방대학교 등에서 교육을 받는다.

미국 정보공동체는 2004년 정보개혁법에 따라 국가정보대학교(National Intelligence University)를 설립하고 장차 국방대학교를 모델로 하는 정보공동체의 전문직업 교육기관으로 발전시키기 위해 노력하고 있다. 정보공동체가 더욱 긴밀하고 단일화된 정보문화를 형성하기 위해서는 통합된 교육기관에 의한 정보의 역사, 윤리, 표준기법 등의 교육이 필요하다고 판단하고, 국가정보장에게 실시에 필요한 권한을 부여하였다. 다만, 국가정보대학교가 본격적인 역할을 하기 이전에는 각 정보기관이 운영하는 교육프로그램을 통해 전문직업 교육을 강화할 것으로 보인다.

정보분석관을 전문직업인으로 육성하기 위해서는 정보기관이 자체적으로 운영하는 교육기관에 의한 전문교육이 필수적이다. 정보전문요원 양성은 정보기관이 아니면 할 수 있는 곳이 없기 때문이다. 이를 위해서는 정보기관의 고위 간부들이 직원의 전문교육 필요성을 인식하고, 우수한 교수요원을 확보하여 전문교육 프로그램을 개발토록 지원하는 것이 필요하다.

둘째, 심층 전문지식을 개발하기 위해 외부 교육기관 · 연구소와의 교류확대가 필요하다. 정보분석의 핵심적 역할은 정책결정자에게 정치 · 경제 · 안보 등과 관련된 세계정세의 흐름을 파악하고 정책결정에 필요한 정보를 제공하는 것이다. 세계정세의 흐름이나 담당업무에 대한 전문지식이 부족하게 되면 입수된 첩보를 제대로 해석하지 못하고 의미를 파악하지 못하게 되어 정보분석의 실패를 초래하게 된다.[69] 또한 심층 전문지식이 부족하게 되면 자기도 모르는 사이에 고정관념에 빠지거나 추측 또는 불확실한 가정에 입각하여 정보판단을 하는 인지적 오류를 범하게 된다.

정보분석관에게 필요한 심층 전문지식은 정보공동체 내부에서 얻을 수 있는 것이 아니라 대학교 · 연구소 · 씽크탱크 등과의 교류를 통해 획득할 수 있다. 외부의 교육 · 연구기관은 글로벌 과제에 대해 오랜기간 동안 연구와 교육을 하고 있기 때문에 시대의 큰 흐름을 파악하고 필요한 심층지식을 획득하는 데 대단히 유용하다. 외부 교

68) 위의 책, p.449.

69) 위의 책, p.451.

육기관 · 연구소와의 교류협력에는 정보기관 고위 간부의 결정이 중요한 역할을 한다. 교류협력이 필요한 분야를 결정하고 파견인원을 선발하여야 하며 경우에 따라서는 전일제 언어훈련도 실시하고 전문 학술회의 참석 등 학술활동도 허용하여야 한다.

심층지식을 개발하는 다른 방법으로 외부학자를 일정기간 동안 초빙하여 분석기관에 상주하게 하면서 공동으로 업무를 하게 하는 방법도 있고, 정보분석관을 일정기간 대학교 · 연구소 등에 파견하여 교수 또는 연구원으로 학술활동을 하게 하는 방법도 있다.

셋째, 정보분석 조직의 리더십 변화가 필요하다. 정보분석 부서 간부들은 젊은 직원들의 사기를 높이고 새로운 분석문화 진작을 위해 직업전문 교육이나 외부기관 교육 · 파견 기회를 과감히 확대하고, 새로운 분석기법을 습득하여 업무에 활용하도록 적극 장려하여야 한다.[70)]

분석관들이 협동 또는 팀으로 분석 프로젝트를 수행하거나 소프트웨어와 같은 도구를 이용하여 분석업무를 할 수 있도록 환경을 조성하고 외부 학자 및 해외 전문가 등과 접촉할 수 있도록 제도를 개선해 나가야 한다.

전문직업인으로서 정보분석관의 업무능력과 자부심을 높이는 것은 탈냉전 이후 유동화된 국제정세 속에서 국가안보와 국가이익을 극대화하고 평화적 통일을 이룩하는 데 필요한 국가정보 역량을 강화하는 지름길이 될 것이다.

>> 참고문헌

National Intelligence Studies

국가정보포럼. 『국가정보학』. 서울: 박영사, 2006.

구영록. 『한국의 국가이익』. 서울: 법문사, 1995.

대통령비서실 보고서품질향상 연구팀. 『대통령보고서』. 서울: 위즈덤하우스, 2007.

Lowenthal, Mark. 김계동 옮김. 『국가정보: 비밀에서 정책까지』. 서울: 명인문화사, 2008.

박현모. 『국제정치학』. 고양: 인간사랑, 2000.

Shulsky, Abram & Schmitt, Gary. 신유섭 옮김. 『국가정보의 이해: 소리 없는 전쟁』. 서울: 명인문화사, 2007.

70) 위의 책, p.461.

George, Roger & Bruce, James. 박동철 옮김. 『정보분석의 혁신』. 파주: 한울, 2010.

Platt, Washington. 田畑正美 譯. 『戰略情報』. 東京: 政治經濟研究所, 1963.

Colby, William. "Retooling the Intelligence Industry." *Foreign Service Journal*. Jan.1992.

Commission on the Roles and Capabilities of the United States Intelligence Community. *Preparing for the 21st Century: An Appraisal of US Intelligence*. 1996.3.1.

Herman, Michael. *Intelligence Power in Peace and War*. Cambridge: University of Cambridge, 1996.

Heuer, Jr., Richards J. *Psychology of Intelligence Analysis*. CIA. 1999.

Kent, Sherman. *Strategic Intelligence: for American World Policy*. Hamden, Connecticut: Archon Books, 1965.

Lerner, K. Lee & Lerner, Brenda Wilmoth. *Encyclopedia of Espionage, Intelligence, and Security*. Farmington Hills, MI: The Gale Group, 2003.

Lowenthal, Mark M. *Intelligence: From Secrets to Policy*. Washington DC: CQ Press, 2009.

Marrin, Stephen. *CIA's Kent School: A Step in the Right Direction*. International Studies Association Conference. 2002.3.18.

Morgenthau, Hans J. *The Impasse of American Foreign Policy*. Chicago: University of Chicago Press. 1962.

Nuechterlein, Donald E. *American Overcommitted: United States National Interests in the 1980s*. Lexington, KY: University of Kentucky Press, 1985.

Roskin, Michael G. *National Interest: From Abstraction to Strategy*. US Army War College. 1994.5.20.

US Government. *A Tradecraft Primer: Structured Analytic Techniques for Improving Intelligence Analysis*. March 2009.

http://isanet.ccit.arizona.edu/noarchive/marrin.html(검색일: 2012.6.21).

http://www.access.gpo.gov/intelligence/int/pdf/report.html(검색일: 2004.8.26).

https://www.cia.gov/offices-of-cia/intelligence-analysis/organization-1/index.html(검색일: 2012.6.20).

| 제3장 | 비밀공작

제1절 비밀공작의 개념

1. 비밀공작의 정의[1)]

비밀공작(covert action)은 정보기관이 수행하는 비밀활동(clandestine operation)의 일부로서, 미국 정보공동체의 정의에 따르면 "자국의 대외 정책 목표를 달성하기 위해 다른 나라의 정치, 사회 상황 및 사건 등에 영향을 미칠 목적으로 수행하는 정치적, 경제적, 군사적 활동과 선전 활동을 포함하는 것"이다.[2)] 조지아대학 교수인 존슨(Loch K. Johnson)은 비밀공작을 "다른 나라의 문제에 은밀하게 개입하여 자국의 대외정책 목표를 달성하는 것이다"[3)]라고 정의하고 있다. 또한 CIA는 "미국 정부의 개입 사실을 숨길 수 있는 범위 내에서 대외 정책을 지원하기 위해 수행되는 특수 해외활동(special activity abroad)"[4)]이라고 정의하고 있다. 이러한 정의에 따르면 미국은 비밀공작을 자국내 정치 상황이 아닌, 외국의 상황에 영향을 미칠 목적으로 수행되는 비밀활동으로 국한하고 있음을 알 수 있다.

하지만 비밀공작에 대해서는 나라마다 서로 다른 개념과 용어를 사용하는 것이 일반적이다. 예를 들어 영국의 경우 '특수정치활동(special political action)'[5)]으로, 러시

1) 제3장 비밀공작편은 국가정보포럼, 『국가정보학』(2006)의 비밀공작편을 수정 · 보완한 것임.

2) Leo D. Carl, *The CIA Insider's Dictionary of US and Foreign Intelligence, Counter-intelligence & Tradecraft*, (NIBC Press, 1996), p.128.

3) Loch K. Johnson, "Covert Action and Accountability: Decision-Making for America's Secret Foreign Policy," in Loch K. Johnson and James J. Wirtz, *Strategic Intelligence: Windows Into a Secret World*, (Los Angeles, CA: Roxbury Publishing Company, 2004), p.370.

4) Allan Swenson and Michael Benson, *The Complete Idiot's Guide to the CIA*, (Indianapolis, IN: Alpha Books, 2003), p.118.

5) John Bruce Lochhart, "Intelligence: A British View," in K.G. Robertson(ed.), *British and American Approaches to Intelligence*, (London: Macmillan,1987), p.37.

아는 '적극적 조치'(active measure)라는 용어를 각각 사용하고 있다. 이 중에서 '적극적 조치'는 보다 광범위한 의미로서, 다른 나라의 내정에 영향을 미치기 위해 비공개적인 방법을 사용하는 것은 물론 공개적인 수단을 사용하는 경우까지 포함한다는 점에서 미국이나 영국의 개념과는 차이가 있다.[6] 이스라엘의 대표적인 정보기구인 모사드의 공식명칭은 영문으로 Institution for Intelligence and Special Assignments인데 여기서 특별임무(Special Assignment)는 비밀공작을 의미한다.

한편 미국의 경우에도 카터 행정부(1977~81) 당시에는, 비밀공작에 대한 부정적인 인식 때문에 비밀공작에 대해 '특수활동'(special activity)이라고 완곡하게 표현하기 시작하였다.[7] 미합중국 대통령령 제 12333호는 특수활동은 "해외에서 국가대외정책의 목표를 지원하기 위해 행해지는 활동으로서 미국정부의 역할이 불명확하거나 공개적으로 인정되지 않도록 계획되고 실행되는 활동"을 말한다[8]라고 정의하고 있다. 이후에도 미국에서는 행정 문서 또는 일반에게 공개되는 문서의 경우, 비밀공작에 대해 언급할 때 종종 '특수활동'이라는 용어가 사용되기도 한다. 또한 비밀공작은 CIA에서 수행하는 '조용한 방안'(quiet option) 또는 '제3의 방안'(the third option)이라는 용어를 사용하기도 한다. 미국의 결정적인 국가이익이 걸려 있는 경우 평화적인 외교활동으로 해결하려고 하는 것을 '제1의 방안'(the first option)이라 하고, 직접적인 군사개입을 하는 것을 '제2의 방안'(the second option)이라 하는 것에 비해 '제3의 방안'은 비밀스러운 중간 수준의 조치를 의미하는 뜻으로 사용되는 완곡어법이다.[9] 전 미 국무장관 키신저(Henry Kissinger)는 비밀공작을 고려하여 "군사작전이 적합하지 않고 외교활동이 불가능한 복잡한 상황에서 미국 국익 보호를 위해 정보공동체가 필요하다"고 언급한 바 있다.[10]

국가정보기구의 비밀활동(clandestine operation)에는 비밀첩보수집활동(information collection), 방첩활동(counter intelligence)과 비밀공작(covert action)이 모두 포함된다. 첩보수집에서의 비밀활동은 다양한 분야에서 특별한 임무를 완수하기 위해 비밀리에

---

6) Richard H. Schultz and Roy Godson, *Dezinformatsia: Active Measures in Soviet Strategy*, (McLean, VA: Pergamon Brassey's, 1984), p.193.

7) Mark M. Lowenthal, *Intelligence: From Secrets to Policy*, (Washington DC: CQ Press, 2000), p.106.

8) Executive Order No. 12333 of United States Intelligence Activities, 1981. 3.4(h).

9) Johnson(2004), p.370.

10) 위의 책.

수집활동을 추진할 경우에 취해지는 계획과 활동을 말한다. 그리고 방첩에서의 비밀활동은 외국정보기관의 침투를 차단하는 방어활동과 이중스파이를 이용한 역용공작 등 공격적인 활동이 포함된다.[11] 비밀공작은 비밀첩보수집활동과 방첩활동을 제외하고 정보기관이 대외정책목표 달성을 위해 수행하는 비밀활동을 의미한다.

이처럼 비밀공작에 대해 나라마다 다른 용어를 사용하거나, 또는 동일한 국가에서조차 서로 다른 용어를 사용하고 있는 것은 비밀을 유지하려는 측면과 법제화하는 과정에서 완곡어를 사용하게 되면서 나타난 현상으로 보인다.

2. 비밀공작의 특징

국가정보기구에서 수행하는 비밀공작(covert action)은 다음과 같은 특징을 가진다. 첫째, 비밀공작은 대외 정책 목표를 달성하기 위한 정책수단이라는 점에서 여타 비밀활동과 근본적인 차이가 있다. 일반적으로 정보활동이라고 하면 주로 첩보 수집 및 분석 등을 통해 정책 결정권자에게 필요한 정보를 제공하는 등의 지원기능을 수행하는 데 반해, 비밀공작은 정책을 집행하는 기능을 수행한다.[12] 즉 비밀공작은 대상국가에 대한 지식의 습득인 첩보수집에 머무르는 것이 아니라 국가의 외교 및 국방정책상의 목적을 직접적으로 달성하는 데에 초점이 모아져 있다는 점에서 가장 큰 특징이 있다.

둘째, 비밀공작은 공작의 결과가 노출될 수밖에 없다는 점에서 첩보수집활동과 다르다. 즉 첩보수집활동의 경우는 정보 자체가 목적이기 때문에 공작원의 신원은 물론 활동 내용이나 결과 등 모든 것을 숨기는 데 중점을 둔다. 반면에 비밀공작은 외국의 정책 방향 등이 자국에 유리하게 전개될 수 있도록 공작원으로 하여금 조치를 취하도록 한다는 점에서 다르다.[13] 즉 국가정보기구의 일반적인 첩보수집활동은 그 자체의 비밀성 유지에 중점이 있는 데 반해 비밀공작에서는 공작의 배후세력, 즉 행위주체가 누구인지를 모르게 은폐하는 데 중점이 있는 비밀활동이라는 점에서 차이가 있다. 선전, 암살, 파괴공작, 준군사작전의 전개 등 비밀공작의 내용은 어차피 알려질 수밖

11) 김윤덕, 『국가정보학』, (서울: 박영사, 2001), p.169.

12) Abram N. Shulsky and Gary J. Schmitt, *Silent Warfare Understanding the World of Intelligence*, (Washington DC: Potmac Books Inc., 2002), pp.75–76.

13) Gregory F. Treverton, *Covert Action: The Limits of Intervention in the Postwar World*, (New York: Basic Books, Inc., 1987), pp.30–31.

에 없는 활동으로 활동 자체를 은폐하기는 어렵다. 그러나 비밀공작에서는 과연 누가 그런 일을 했는가라고 하는 배후 실행자의 정체를 은폐하는 것이 중요하다. 이 점에서 일반 첩보수집활동이 언제 어떤 방식으로 어떤 내용의 첩보를 수집했는지에 대해 비밀을 유지하는 것과 차이가 있다.

셋째, 비밀공작은 국가정보기관만이 수행한다. 일반적으로 비밀활동은 정보기관만이 행하는 활동은 아니다. 특히 외교활동이나 군사활동 분야에서는 비밀활동들이 많다. 그러나 비밀공작은 일반 행정부처의 비밀활동과는 다르다. 미국의 경우 비밀공작은 원칙적으로 CIA만이 수행할 수 있도록 되어 있으며, 정부 내 타부처 정보기관, 예를 들면 국방성 등의 정보기관이 비밀공작을 수행하려 할 경우 대통령의 특별승인을 거쳐 의회의 사전승인을 받아야 한다.[14] 비밀공작은 국가정책을 집행하는 업무이기 때문에 정보활동의 범주에 포함될 수 있는지 여부에 대해 논란이 있기도 하지만 여전히 비밀공작은 정보기관에서 수행하는 것이 일반적이며, 이는 비밀공작의 보안유지와 효율성을 기하기 위해서이다. 또한 비밀공작에 참여하는 공작관 및 공작원은 대체로 첩보수집공작에도 관여하는 것이 보통이며, 정보기관은 비밀공작에 필요한 통신 체계 및 안가 등의 보안 장비 및 시설을 보유하고 있다.

제2절 비밀공작의 목적과 필요성

1. 비밀공작의 목적

비밀공작은 어느 한 국가가 대상국가를 상대로 대외정책의 목적을 공작적 방법으로 달성하려는 활동이다. 비밀공작으로 달성하기 위한 대외정책 목적은 다음과 같다. 첫째, 비밀공작은 대상국의 정책결정과정에 영향력을 행사하기 위한 것이다. 비밀공작은 대상국가의 정책결정이 공작수행국가의 이익에 유리한 방향으로 결정될 수 있도록 유도하는 데 목적이 있다. 통상 대상국가의 정책결정과정은 정책을 결정하는 주체, 정책을 뒷받침할 수 있는 법률의 제정, 이를 지지하거나 비판하는 국민들의 여론 등에

14) 정영철, "비밀공작론", 문정인 편저, 『국가정보론』, (서울: 박영사, 2002), p.153.

의해 많은 영향을 받게 된다. 그러므로 비밀공작을 수행하는 정보기관은 대상국가의 상황에 따라서 대상국가의 정책형성에 가장 많은 영향력을 미칠 수 있는 대상을 상대로 다양한 수단을 동원하게 된다. 통상 영향을 미칠 수 있는 대상은 비밀공작 대상국가의 정책결정 주체, 국회의원, 여론주도층, 언론기관, 시민단체 및 이익단체 등이 해당되는데 이들에 대한 영향공작 및 지원공작 등을 통해 영향력을 행사하게 된다.

둘째, 비밀공작은 대상국의 정치체제 전환을 모색한다. 적대국가나 대립적 관계에 있는 국가들에 대한 비밀공작의 목표 중 하나는 권력의 핵심세력을 다른 대체세력으로 전환시켜 정치체제를 변화시키는데 있다. 이는 적대적이거나 비우호적인 대상국의 권력핵심세력을 제거하는 것이며, 이를 대신할 새로운 세력을 세우는 것이다. 비밀공작에 이용되는 대체세력은 공작 수행국가에 대해 우호적인 입장을 가지고 있는 세력이거나 현정권에 반대하는 세력이 포함된다. 그러나 비밀공작 대상국가의 정권을 바꾸는 것은 가장 어려운 목표이다. 미국의 CIA는 냉전시대에 대립적이거나 적대적인 국가의 정치체제 전환을 위해 비밀공작을 활발히 전개하였다. 정치체제의 전환을 위한 비밀공작의 방법으로 선전공작, 테러공작, 전복공작, 준군사공작 등이 정치공작과 연계되어 수행되곤 한다.

셋째, 비밀공작은 전시에 적국의 전략 및 전술에 영향력을 행사하기 위해 수행된다. 전시에 비밀공작은 적국을 대상으로 이루어지며, 적국 지휘부의 전략과 전술을 교란하여 전쟁의 국면을 유리하게 이끄는 데 목적이 있다. 전시에 적국의 전략과 전술에 영향을 줄 수 있는 비밀공작 방법으로는 기만공작, 위장공작, 심리전공작 등이다. 기만공작과 위장공작은 적국이 공격하려는 목표를 교란하거나 자국의 공격목표를 적국이 혼동하도록 하는 것이다. 또한 심리전공작은 적국을 대상으로 사기를 저하시키고 내부적인 균열을 유도하기 위해 적국의 지휘부, 군인, 일반 국민들을 대상으로 광범위하게 이루어진다.[15)]

2. 비밀공작의 필요성

비밀공작은 정보기관의 활동중에서 가장 논란이 되고 있는 분야이다. 비밀공작은 흔히 더러운 기술(dirty trick), 더러운 전쟁(dirty war)으로 표현되며, 대부분의 비밀공

15) 김윤덕(2001), pp.171-172.

작이 비합법적이기 때문에 공개적이고 민주적인 대외정책과는 양립될 수 없는 활동으로 여겨지기도 한다. 대부분의 비밀공작이 사실상 다른 나라에 대한 '은밀한 내정간섭'(covert intervention)이라는 점에서 유엔 헌장에 위배되는 데다, 그 구체적인 수법에 있어서도 매수, 기만, 폭력, 납치, 살해 등과 같은 범죄 수단이 동원될 수 있다는 측면에서 문제점을 내포하고 있기 때문이다. 뿐만 아니라 비밀공작은 개입 사실이 노출될 경우, 국제적인 비난 여론은 물론 대상 국가와의 외교 단절 사태도 초래할 수 있다는 점에서 위험부담도 적지 않다.[16)]

그럼에도 불구하고 미국과 러시아 등을 비롯한 많은 국가의 정보기관들은 비밀공작을 수행해 온바, 그 이유는 다음과 같은 장점이 있기 때문이다.

첫째, 비교적 신속하면서도 조용한 가운데 외교 목표를 달성할 수 있다는 것이다. 일반적으로 외교 수단은 비교적 원만하게 정책 목표를 달성할 수 있는 장점이 있으나 그 효과가 느린데다 때로는 효과가 거의 없을 수도 있다는 한계성을 내포하고 있다. 반면에 파병 등과 같은 직접적인 군사 개입은 신속한 문제해결이 가능하다는 장점은 있으나 파병에 따른 국내외적인 비난 여론을 초래하는 것은 물론 최악의 경우에는 격렬한 군사적 저항에 부딪힐 우려마저 있다. 이에 비해 비밀공작은 외교 수단보다는 목표 달성이 신속하면서도, 직접적 군사 개입보다는 조용히 외교 목표를 달성할 수 있다는 장점이 있다. 이러한 배경에서 비밀공작은 '제3의 방안'(the third option), 또는 '조용한 방안'(quiet option)이라고 불리어지기도 한다.

둘째, 비밀공작은 비용이 적게 든다는 장점이 있다.[17)] 비밀공작은 일반적으로 오랜 시간이 걸리는 외교 교섭이나, 또는 대규모 군대를 동원해야 하는 군사 개입보다는 적은 비용이 소요된다. 예를 들어, 외교교섭을 전개하기 위해서는 장기간에 걸친 정치·경제적 압력을 행사하는 것이 보통이며, 군사 개입을 위해서는 해외 파병에 따른 물질 및 인명 피해를 감수해야 하는 부담이 수반되기 때문이다.[18)]

비밀공작은 정책담당자가 어떠한 외교 및 국방목적 달성을 도모하기 위해 비밀공작을 동원하는 것이 가장 바람직하다고 판단한 정책적 고려에 의해 이루어지는 정책

---

16) 문정인, 『국가정보론』, (서울: 박영사, 2002), pp.159–160; 국가정보포럼, 『국가정보학』, (서울: 박영사, 2006), p.113.

17) Loch K. Johnson and James J. Wirtz, *Strategic Intelligence: Windows into a Secret World*, (Roxbury Publishing Co., 2004), p.253.

18) 국가정보포럼(2006), pp.113–114.

수단이다. 그러나 비밀공작이 아무리 위와 같은 장점이 있다할지라도 비밀성이 노출된다면 비밀공작은 그 의미를 상실하게 된다. 따라서 비밀공작의 장점을 살리면서 정책 목표를 달성하기 위해서는 무엇보다도 자국의 개입 사실을 숨기는 것이 긴요하다. 이러한 배경에서 미국은 '그럴듯한 부인 가능성(plausible deniability)'을 달성할 수 있는지 여부를 비밀공작 개념의 중심에 두고 있는 바, '그럴듯한 부인 가능성'이란 비밀공작 수행국가가 개입 혐의를 받을 경우 이를 설득력 있게 부인할 수 있는 가능성을 말한다. 그러나 '그럴듯한 부인 가능성'은 비밀공작이 보다 대규모적이거나 또는 폭력적 양상을 보일수록 달성하기 어려워지는 것이 일반적이다.[19]

제3절 비밀공작의 유형

'비밀공작'을 외국의 정책이나 상황에 비밀스럽게 영향을 미치려는 것으로 이해하는 경우, 아국에 우호적인 정부에 대해 기술적인 지원을 비밀스럽게 제공하는 단순한 것에서부터 암살이나 쿠데타를 지원하고 선동하는 것과 같이 극단적인 것에 이르기까지 다양한 종류의 활동을 포괄한다. 따라서 정보기관들이 수행해 온 비밀공작의 유형들을 모두 제시하는 것은 쉬운 일이 아니다.[20] 이러한 비밀공작의 유형은 학자별로 다소간의 차이가 있다. 슐스키(Shusky)는 비밀공작을 우호정부에 대한 비밀지원, 외국정부의 인식에 대한 영향, 외국의 사회인식에 대한 영향, 우호적 정치세력에 대한 지원, 정치적 사태에 폭력수단을 통한 영향력 행사 등과 같이 목표위주로 다섯 가지로 분류하였다.[21] 그리고 존슨(Loch K. Johnson)은 선전공작(propaganda), 정치공작(political covert action), 경제공작(economic covert action), 준군사공작(paramilitary covert action) 등 네 가지로 분류하였다.[22] 한편 로웬탈(Lowenthal)은 비밀공작을 선전공작, 정치공작, 경제공작, 쿠데타공작, 준군사공작의 다섯 가지로 분류하였다.[23] 여

19) Shulsky and Schmitt(2002), pp.132–133; 국가정보포럼(2006), p.114.
20) Shulsky and Schmitt(2002), p.77.
21) 위의 책, pp.78–90.
22) Johnson and Wirtz(2004), pp.372–373.
23) Lowenthal(2000), pp.221–243.

기에서는 선전공작(propaganda), 정치공작(political operation), 기만공작(deception operation), 경제공작(economic operation), 준군사공작(paramilitary operation)의 다섯 가지로 분류하여 살펴보기로 한다.

하지만 이러한 구분은 때로 경계선이 명확하지 않은 경우가 종종 있는데, 이는 모든 유형의 비밀공작이 궁극적으로는 정치적 성격을 갖고 있다는 것과, 자국에 우호적인 정치 세력을 지원하고 적대적인 정치 세력을 견제하는 등의 공통점을 갖고 있기 때문이다.

1. 선전공작(propaganda)

정부에서 공개적으로 수행하는 선전 활동은 출처를 숨길 수 없을 뿐만 아니라 허위 정보 또는 역정보(disinformation)를 제공하기에 적합하지 않다는 한계가 있다. 이와 같은 한계를 극복하기 위해 추진하는 것이 선전공작이다. 즉 선전공작이란 라디오, 신문, 전단 살포, 인터넷 등을 통해 조작된 정보를 흘려서 대상국내 여론을 자국에 유리하도록 조종하려는 비밀활동을 말한다.

선전공작은 모든 비밀공작의 기본이 되는 활동으로서 장기적인 측면에서는 정치공작 및 준군사공작 등을 전개할 수 있는 기반이 된다는 점에서 중요하다. 실제로 CIA의 경우 평상시에는 공작활동의 중점을 자신들이 원하는 기사를 써줄 수 있는 공작 자산을 개척하는 데 두고 있다.[24] 일례로 냉전기간 중 미 CIA가 수행한 전체 공작 중에서 선전공작이 약 40%를 차지했으며 그 다음은 정치공작(30%), 준군사공작(20%), 경제공작(10%)의 순이었다고 한다.[25] 한편 선전공작은 외국 언론인 또는 학자 등에게 금품 제공을 함으로써 자국에 유리한 기사 및 사설 게재를 유도하는 수법을 주로 사용하며 경우에 따라서는 언론사에 광고 형태로 보조금을 직접 제공하거나 또는 직접 방송사 및 언론사를 운영하기도 한다.

하지만 폐쇄사회의 경우에는 철저한 감시 체제로 인해 현지 언론인에게 접근하기가 쉽지 않으며, 이로 인해 이들을 활용한 언론 공작이 거의 불가능한 것이 사실이다.

---

24) 여기에서 말하는 '공작자산'이란 주로 언론 분야에 종사하고 있는 주재국 저널리스트를 의미한다.

25) 이 통계는 1980~87년간 CIA직원들과의 인터뷰를 실시하여 파악한 것이다. Johnson(2004), p.388; Gregory F. Treverton(1987), pp.14–15.

이때에는 기구 또는 항공기 등을 이용하여 전단 등을 살포하거나 별도로 라디오 방송을 운영함으로써 외부 소식을 전달하기도 한다.[26)]

한편 선전공작의 경우 때로는 '역류'(blowback)라는 부작용이 발생할 수 있는데, 역류란 정보기관에서 대상국내 여론을 조작할 목적으로 게재한 기사를, 자국 언론사가 이를 모르고 '외국의 시각'이라는 형태로 국내에 소개하는 현상을 말한다. 이 경우 비밀공작은 국내가 아닌 국외에서 전개해야 한다는 원칙에 어긋나기는 하지만 이러한 부작용은 불가피한 측면이 있다.

선전공작은 출처를 정직하게 밝히느냐 여부에 따라 백색선전(white propaganda)과 흑색선전(black propaganda)으로 구분한다. 백색선전은 출처를 정직하게 공개하는 방식을 말하는데, 주로 정확한 정보를 제공함으로써 자국의 신뢰를 높이려고 할 때 사용된다. 러시아의 Radio Moscow가 바로 이러한 예에 속한다. 그렇다고 해서 백색선전이 항상 정직한 내용만을 전달하는 것은 아니며, 경우에 따라서 다소간의 과장 또는 허위 정보를 유포하기도 한다.

반면에 흑색선전이란 출처를 숨기는 방식을 말하는데, 주로 허위 정보나 폭로 정보 등을 제공할 때 사용된다. 정보기관이 외국 신문사 등에 자국에 유리한 내용의 기사를 게재토록 하는 것이 흑색선전의 대표적인 수법이며, 이러한 흑색선전 방식을 선택하는 이유는 다음과 같다.

첫째, 설득력을 높이기 위함이다. 대상국 국민들을 설득하는 데 있어 출처를 숨기는 것이 보다 설득에 유리할 수 있다. 예를 들어 영국 정보기관은 제1차 및 제2차 세계대전 기간 중 미국의 참전을 유도하기 위해 선전공작을 전개하였는데 당시에 사용된 수법이 흑색선전이었다. 즉 미국 내 참전 여론을 확산시키려면 전쟁 당사국인 영국정부 명의로 홍보하는 것보다 출처를 숨기는 것이 효과적이었기 때문에 친영국 성향의 미국 언론매체인 프로비던스 저널(the Providence Journal)을 내세웠던 것이다.[27)]

둘째, 외교적 이유 때문이다. 예를 들어 1979~81년 사이에 발생했던 이란 인질 사태 기간 중 구소련은 UN 무대에서는 국제법 및 관례에 따라 이란의 인질 사태를 비난하였지만, 내면적으로는 흑색 라디오 방송인 '이란 민족 방송'(the National Voice of

26) Johnson and Wirtz(2004), p.254.

27) G. J. A. O'Toole, *Honorable Treachery: A History of U.S. Intelligence, Espionage and Covert Action from American Revolution to the CIA*, (New York: Atlantic Monthly Press, 1991), pp.236–239.

Iran)을 동원하여 이란 내 반미 감정을 부채질한 적이 있다. 이와 같이 외교적 문제가 발생할 소지가 있을 때에도 흑색선전을 사용하는 것이다.[28)]

끝으로 백색도 아니고 흑색도 아닌, 그 중간에 속하는 모든 선전방식은 회색선전(grey propaganda)이라고 통칭한다. 출처를 완전히 숨기지는 않았다 할지라도 여전히 출처를 정직하게 공개하지 않았다는 점에서 회색이라고 분류하는 것이다. 이러한 예로는 한때 CIA가 운영했던 Radio Free Europe(1949년 설립) 및 Radio Liberty(1951년 설립) 등이 있다. 이들 기관은 미국정부에서 운영하는 방송이라고 밝히지 않은 채 동유럽 공산주의 국가의 국민들에게 외부의 소식을 전달하고 공산주의 내부에서 벌어지는 소식 등을 전달하는 형태를 취했던 것이다. 뿐만 아니라 출처 가장을 위해 설립 과정도 민간 기관인 것처럼 위장한 데 이어 설립 기부금을 모금하는 형식도 갖추었다.[29)] 이들 방송국이 미국과 연계되어 있다는 점이 은폐될 경우 방송이 보다 효과적일 수 있을 것이라고 생각되었기 때문에 CIA가 이 두 방송국을 이러한 형태로 설립하고 운영하게 되었다.[30)]

2. 정치공작(political operation)

정치공작이란 특정 국가의 내부 정세를 자국에게 유리한 방향으로 바꾸기 위한 공작으로서 주로 자국에 우호적인 세력에게 비밀리에 재정 지원을 하는 방법을 사용한다.[31)] 주로 대상국 내에서 진행되는 선거에서 특정 후보의 당선을 지원하거나 또는 정권 담당자의 장기 집권을 돕거나 축출하기 위해 특정 정당 또는 특정 후보에게 은밀하게 재정 지원 등을 해 주는 비밀공작이다.

하지만 정치공작이라고 해서 정치인이나 정당만이 대상이 되는 것은 아니다. 정치적 영향력을 행사할 수 있는 청년 단체, 노동 단체 및 종교 지도자는 물론 비정부 단체(NGO) 등도 대상이 될 수 있다. 예를 들어 1980년대에 미국은 폴란드의 자유노조

28) Shulsky and Schmitt(2002), p.85.

29) Roy Godson & James J. Wirtz, *Strategic Denial and Deception: The Twenty-First Century Challenge*, (Transaction Publishers, 2002), p.18.

30) Ray S. Cline, *The CIA: Reality vs. Myth, rev. ed.*, (Washington, D.C.: Acropolis Books Inc., 1982), p.151.

31) Treverton(1987), p.13.

(Solidarity)에 대한 비밀지원공작을 전개했다. 당시에 미국정부는 폴란드정부가 1981년 12월 계엄령을 선포한 뒤에도 Solidarity가 계속 폴란드의 민주화 운동을 주도해 나갈 수 있도록 지원하기 위해 로마 카톨릭 교회와 미국 노조의 협력을 얻어 자유노조에 대한 재정 지원과 비밀 통신장비 등을 제공한 적이 있다.[32)]

한편 정치공작의 방식 중에 영향공작이란 것이 있다. 영향공작이란 대상 국가의 정치 세력 판도에 영향을 미치려는 것이 아니라 대상 국가의 특정 정책이 자국에 유리하게 결정되도록 영향을 미치는 데 목적이 있다. 이러한 영향공작에 활용되는 공작원을 영향공작원이라고 하며, 대상 국가의 정책 결정에 영향을 미칠 수 있는 정부의 고위관료, 여론지도자, 그리고 언론에 쉽게 접근할 수 있는 정계의 요인 및 언론인 등이 그 대상이 될 수 있다.

영향공작의 사례로는 1970년대에 구소련의 KGB에게 협조한 혐의로 처벌을 받은 프랑스 언론인 '삐에르 샤를 빠스'(Pierre-Charles Pathe) 사건을 들 수 있다. 그는 1976년 KGB로부터 자금지원을 받아 프랑스 정치인들을 주요 독자로 하는 뉴스레터 'Synthesis'를 발행하였다. 그는 비록 고급 정보에는 접근할 수 없었으나, 프랑스 정계 내부 사정에 정통했던 관계로 자신의 전문지식을 이용해서 프랑스 정치인들의 정책 판단에 영향을 미치려고 시도했던 것이다. 예를 들어 프랑스와 미국 등과의 이해관계가 일치하지 않는 측면을 집중 부각하거나 과장하는 반면, 구소련과 소련의 동맹국들의 입장은 변론하는 식이었다. 그러나 그는 파리 교외에서 KGB 공작관과 은밀히 접선하던 도중 현장에서 발각되어 5년 형을 선고받았다.[33)]

한편 정치공작은 특히 위험 부담이 크다는 점에서 신중을 기해야 한다. 개입 사실이 노출될 경우에는 우선 다른 나라의 내정에 개입했다는 비난 등으로 인해 자국 외교정책의 후퇴를 초래할 수 있는 위험성이 있다. 또한 당초 지원하고자 했던 외국의 정치 세력으로 하여금 외세에 협조했다는 비난을 받게 만듦으로써 오히려 공작을 착수하지 않은 것만 못한 상황을 초래할 수 있다는 문제점도 있다.

따라서 정치공작은 그 어떤 공작보다도 자국의 개입 사실을 숨기는 것이 긴요하다. 이러한 목적에서 정치공작을 전개할 때는 공작관(case officer)과 공작원(agent)간의 직접 접촉을 자제하고 중간에 차단장치(cut-out)[34)]를 개입시키는 것이 보통이다. 예를

32) Shulsky & Schmitt(2002), p.86.

33) 위의 책, p.81.

34) 'cut-out'이란 공작보안을 위해 공작관과 비밀공작원 사이에 차단할 목적으로 중간에 개입시키는

들어 1964년 칠레의 대통령 선거에서 미 CIA는 마르크스주의자인 아엔데 후보를 낙선시키기 위해 경쟁 후보인 기독교민주당의 후보를 지원할 때 차단장치를 개입시켰던 것으로 알려졌다. CIA는 반공 성향의 미국 내 부호(cut-out)에게 자금을 송금하면, 그 미국 부호가 제3국의 기민당(cut-out)에게 송금하고, 제3국의 기민당은 최종 수혜자인 칠레의 후보에게 국제 연대(solidarity)라는 명분을 내세워 송금을 하는 식으로 여러 단계의 차단장치를 개입시켰던 것이다.[35]

3. 기만공작(deception operation)

기만이란 국가가 자신의 능력이나 의도에 관해서 현재적 또는 잠재적인 적국에 그릇된 인식을 주기 위한 일체의 책략을 총칭하는 광범위한 개념이다.[36] 다시 말해서 기만은 적국으로 하여금 그들이 직면하고 있는 정치, 경제, 군사 상황에 관한 그릇된 정보분석을 하도록 유도하는 시도로서 적국이 그 그릇된 정보분석에 기초하여 적국의 이익보다는 아국의 이익에 발전이 되는 방향으로 행동하도록 유도하는 것이다. 기만은 자신의 약점을 숨기고 적으로 하여금 실존하지 않는 힘이 있는 것처럼 속이기 위해서, 또는 적이 인지하고 있는 내용을 왜곡시키기 위해서 시행한다.

기만은 종종 이중공작원을 이용한 역용공작을 통해 이루어진다. 기만은 전시에 빈번히 행해지며, 평화시에도 행해지나 이는 잘 알려지지 않는 경향이 있다. 전쟁중이나 전쟁개시 직전에 특정의 공격지점에서 적의 주의나 경계가 빗나가도록 한다든지, 전혀 공격의도가 없는 것처럼 보이게 하거나, 단순히 자국의 계획이나 의도에 대해서 적을 혼란시키는 것 등을 들 수 있다. 제2차 세계대전 중 노르망디 상륙작전의 상륙지점에 관해 독일의 오류를 유도해 냈던 연합군 측의 기만작전 등이 예가 될 수 있다.[37]

1950년대와 1960년대 초반에 구소련은 미국으로 하여금 실제보다 더 많은 공격전술 핵무기를 보유하고 있다고 확신하도록 만들기 위한 기만공작을 수행했다. 예를 들면, 1955년 7월에 열린 경축행사에서 소련은 28대의 비슨(Bison) 폭격기를 과시했는데, 이는 당시 소련이 가지고 있던 전체 대수보다 많은 것이었으며, 소련은 첫 번째 폭

사람 또는 기관을 의미하는 공작용어이다.

35) Holt(1995), p.145.

36) Schusky and Schmitt(2002), p.117.

37) 위의 책, pp.116–121.

격기 편대가 관람인들의 시야에서 사라진 후 다시 두 번째 편대로 돌아오도록 하는 방법을 사용하였다.[38] 마찬가지로 1950년대 후반, 우주 계획을 최초로 성공시킨 자부심에 고취된 소련 지도자들은 소련의 ICBM 계획에 관한 일련의 과장된 주장을 내놓았다.[39] 이런 식으로 소련은 미국 내에서 폭격기 및 미사일과 관련된 소련과의 격차에 대한 우려가 일어나도록 유도했다. 소련의 이와 같은 기만공작은 서방 국가들로부터 얻어내기 힘든 정치적 양보를 얻어내려고 한 것이었다.

기만은 장기간에 걸친 철저한 준비가 필요하다. 먼저 정보활동에 의해서 적이 무엇을 생각하고, 무엇을 예측하고 있는지를 파악해 둘 필요가 있다. 적으로 하여금 그릇되게 하기 위하여 들여보내는 정보는 충분한 설득력이 있는 것이 아니면 안 되며, 적이 그 계획의 실행 가능성이 충분히 있다고 인정하는 범위를 벗어나는 것이어서는 아니 되기 때문이다.

4. 경제공작(economic operation)

경제공작은 대상국의 경제 기반을 붕괴시키는 데 초점을 맞추는 비밀활동이다. 경제적 혼란과 사회 불안을 야기하고, 궁극적으로는 정치적 불만 또는 폭동을 유발하려는 것이다. 예를 들어 파업을 부추기거나 전기 공급망 또는 유류 저장고 등을 폭파하거나 위조지폐를 발행하는 것 등이 경제공작의 수법이다. 그 외에도 대상국의 주요 수출품에 대한 국제 가격을 고의로 폭락시킴으로써 대상국의 대외 교역조건을 악화시키는 것도 경제 공작에 속한다. 이러한 경제공작을 추진할 때에는 통상 '생필품이 부족하다'는 등의 흑색 선전공작을 병행하는 것이 보다 효과적이다. 통상 경제적 불안은 정치적 불안으로 이어지는 경우가 많다.

수 년 동안 미국은 간접적인 무역봉쇄조치를 사용하여 쿠바의 경제를 직 · 간접적으로 공격했다. 또한 1970년대 초반 칠레의 경제적 불안을 조장하여 아옌데(Salvador Allende) 정부를 붕괴시켰다. 한 국가의 경제를 불안정하게 만드는 것은 쿠바와 같은 독재정부보다 칠레와 같은 좀 더 민주적인 정부에 대항해 사용될 때 더 효과적일 수

38) John Prados, *The Soviet Estimate: US Intelligence Analysis and Russian Military Strength*, (New York: Dial Press, 1982), pp.42–43.

39) Arnold L. Horelick and Myron Rush, *Strategic Power and Soviet Foreign Policy*, (Chicago: University of Chicago Press, 1966), pp.42–116.

있다. 그 이유는 쿠바와 같은 독재정권은 자국민들에게 가해지는 경제적 곤란에 비교적 관심을 적게 가지며, 민중들의 저항을 관용하거나 이에 응답하여 조치를 취할 의사가 상대적으로 적기 때문이다.

냉전기간 중에 있었던 대표적인 경제공작으로는 레이건 행정부 당시에 추진되었던 소위 별들의 전쟁 계획으로 알려진 '전략 방위 구상'(Strategic Defence Initiative)을 들 수 있다. 전략 방위 구상이란 미국 본토를 향해 발사되는 대륙간탄도미사일을 발사 초기 단계에서부터 탐지하고 이를 요격 미사일 등을 이용해서 요격하는 방어장비 개발계획이다. 그런데 레이건 행정부는 1984년에 실시했던 실험 결과를 과장 발표함으로써 소련으로 하여금 이에 대응하기 위해 막대한 예산을 낭비하도록 유도했으며, 그 결과 소련의 붕괴가 약 5년 정도 앞당겨졌다고 한다. 이와 관련 소련의 외무장관인 알렉산드로 베스메르티니흐(Alexandr Bessmertnykh)도 미국의 전략 방위 구상으로 인해 소련의 몰락이 앞당겨졌다고 인정한 바 있다.[40]

한편 오늘날과 같은 정보화시대에는 대상국의 컴퓨터 시스템을 교란시키는 것이 새로운 경제공작의 수법으로 부각되고 있다. 교묘한 해킹 기술을 이용하여 특정 국가나 단체의 거래 내역을 혼란시키거나 은행 예금을 인출시키는 것 등이 그러한 예에 속하는데, 이러한 공격 수법은 군사적 공격 못지않게 많은 피해를 입힐 수 있다는 점에서 매우 중요하다.[41]

5. 준군사공작(paramilitary operation)

준군사공작은 규모가 크고 가장 폭력적이며 위험한 공작으로서 적에게 직접적인 타격을 가할 목적으로 대규모 무장단체에게 장비를 지원하거나 이들을 훈련시키는 것을 말한다. 대상국 정부를 전복할 목적으로 군사력을 이용한다는 점에서 공작 유형 중 가장 과격한 유형이며, 다른 공작에 비해 보안 유지가 어렵고 정치적 위험부담이 수반된다. 이 때문에 처음부터 준군사 공작에 착수하기보다는, 일단 정치공작을 시도한 다음에 별다른 성과가 없을 경우에 준군사공작으로 발전하는 것이 일반적인 양상이다.

미국의 경우 준군사공작의 성공 사례로는 1980년대 아프간 반군에 대한 지원공

---

40) 위의 책, p.142.

41) Johnson & Wirtz(2004), p.257.

작을 들 수 있다. 구소련이 1979년 지지기반이 취약한 친소 정권을 지탱시켜 주기 위해 아프간을 무력 침공하게 되자 미국은 반군(무자헤딘)에게 무기 등을 제공, 반군들의 반소 투쟁을 지원해 주었다. 그 결과 반군의 격렬한 저항에 부딪힌 구소련군은 철수할 수밖에 없었다.

반면에 1961년의 피그만 침공 사건은 대표적인 실패 사례이다. 당시 미국은 쿠바의 카스트로가 공산 혁명에 성공하면서 쿠바 내 미국 기업을 국유화하는 등 노골적인 반미 정책을 추진하자 무력으로 카스트로 정권을 전복시키기로 결정하였다. 이를 위해 CIA는 미국에 망명중인 반공 성향의 쿠바인들을 모집하여 군사훈련을 시켜서 쿠바의 중남부 해안 피그만에 상륙시켰지만, 오히려 사전 정보 누설과 미국정부의 우유부단한 태도 등으로 인해 상륙 부대원 전원이 사살되거나 포로로 잡히는 참패를 당하게 되었다. 이 사건은 이듬해인 1962년 쿠바 미사일 위기 사태 전개에 중대한 영향을 미치게 되었을 정도로 미국 정계에 상당한 충격을 주었다.

한편 준군사공작에는 암살공작도 포함되는데, 암살에 대해서는 사안의 민감성으로 인해 '집행공작'(executive action), '극단적 편견의 종식'(terminating with extreme prejudice) 또는 '무력화'(neutralize) 등과 같은 완곡한 표현을 사용하기도 한다. 미국의 경우 1961년부터 1965년 사이에 CIA는 쿠바의 카스트로를 암살하기 위해 8차례나 시도했으나 실패하였다. 1976년 이후 외국 정치 지도자에 대한 암살은, 방법의 직 · 간접 여부에 관계없이 금지되어 왔던 관계로 사실상 암살공작은 거의 중단되다시피 했다.[42] 그러나 최근 들어 미국은 테러와의 전쟁을 수행하는 과정에서 테러리스트에 대한 암살공작을 다시 전개하기 시작하였는데, 이러한 예가 바로 2003년에 있었던 알 카에다 요원에 대한 암살공작이다. 당시 CIA는 예멘 사막지대 상공에 떠 있던 무인 정찰기 프레데터(Predator)를 이용하여 헬파이어(Helfire) 미사일을 발사함으로써 자동차로 이동하던 알 카에다 조직원을 암살하였던 것이다.[43]

또한 쿠데타공작도 준군사공작에 포함시킬 수 있는데, 쿠데타공작의 핵심은 대상국 군대로 하여금 정부 전복을 부추기거나 고무시키는데 있다. 이때 가장 중요한 것은 개입 흔적을 남기지 않는 것이며, 이를 위해 CIA의 경우 간접적이면서도 애매모호한 암시를 통해 군부를 자극하는 수법을 사용하기도 한다. 상황에 따라서는 CIA 대신 미

42) Schulsky & Schumitt(2002), pp.135–136.
43) Johnson & Wirtz(2004), p.258.

국대사가 직접 군부를 접촉, 미국정부의 지지 입장을 간접적으로 암시함으로써 쿠데타를 유도하기도 한다.[44] 미국은 1953년 이란과 1954년 과테말라에서 쿠데타를 성공적으로 활용하였다. 비록 칠레 아옌데 정부의 붕괴는 칠레 내부에 그 연원을 두고 발생한 것이긴 했지만, 미국은 칠레의 아옌데 정부의 토대를 침식시키는 데에도 관여했다.

제4절 비밀공작의 결정 및 수행

1. 비밀공작의 계획수립

비밀공작은 추진하기에 앞서 계획수립 단계에서 신중한 사전 검토가 요구된다. 즉, 비밀공작의 정당성과 공작수행능력을 검토하고 비밀공작의 위험도를 점검하고 과거에 수행되었던 유사공작 등을 검토해야 한다.[45] 이를 구체적으로 살펴보면 다음과 같다.

(1) 정당성 검토

비밀공작의 계획을 수립하는 데 있어 가장 중요한 것은 비밀공작에 대한 정당성을 검토하는 것이다. 비밀공작의 계획은 정책결정자가 외교나 군사적 수단 등 다른 수단으로는 성취할 수 없는 특별한 정책적 목적을 완수하기 위해 선택될 때 정당성을 인정받는다. 비밀공작이 외교나 군사적 수단보다 유리한 것은 대상국의 외교적 반발이나 국제적인 비난여론을 촉발하지 않으면서 자국에 필요한 결과를 얻을 수 있기 때문이다. 그러나 현재의 국가적 위기를 비슷한 비용으로 유사한 결과를 달성할 수 있는 공개적 대안이 있다면 비밀공작은 지양되고 공개적 대안이 사용되어야 한다.

국가간의 상호 의존도가 더 높아지고 있고 국제 규범이 일층 강화되고 있는 상황에서 비밀공작은 때로 득보다 실이 더 많을 수도 있다. 비밀공작이 정책적 목적과 밀접하게 일치하지 않으면 정책공동체(Policy Community)로부터 심각한 저항을 받게 된

44) 국가정보포럼(2006), p.123.

45) Davies(2005), pp.110-111.

다. 공작계획관은 정책입안자들과 공작계획을 밀접하게 사전 조율해야 한다. 비밀공작을 계획하는 과정은 국가안보 이익과 목표가 위험에 처해 있음을 명백하게 규명하고, 또한 비밀공작이 특정 목표를 달성하는 데 최선의 수단이자 실행 가능한 수단이라는 점을 확신할 때 시작되어야 한다.

(2) 공작수행능력 검토

비밀공작을 추진하기 위해서는 정당성 검토와 함께 공작수행능력을 점검해야 한다. 아무리 정당성이 인정되어도 이를 실현할 수 있는 토대가 없다면 현실성이 없기 때문이다. 공작수행능력은 공작기획능력, 공작여건개척능력, 공작원 확보능력, 예산의 확보능력, 공작지원능력 등이 포함된다. 비밀공작을 수행하기 위해서는 인적 · 물적 자원이 확보되어야 한다. 즉 유능한 공작원과 협조자를 확보하여야 하며, 휴대장비, 이동수단, 위조문서, 기타 지원 물품 등이 항상 구비되어야 한다. 또한 연락공작원과 감시공작원, 무인 수수소(dead drop), 안가, 장비 및 기술지원 등 공작지원체계도 구축되어야 한다.[46] 이러한 준비 역량을 만들고 유지하는 데에는 많은 시간과 비용이 필요하다. 수개월 또는 더 긴 시간이 걸릴지도 모르는 비밀공작을 고려할 때, 금전적 비용에 대한 고려는 매우 중요하다. 공작 추진상의 미비점과 제약요인을 사전에 철저히 파악하는 것은 무엇보다 중요하다.

(3) 비밀공작의 위험도 점검

정책결정자들과 정보관들은 비밀공작을 실시하기 전에 최소한 두 가지 위험성을 점검해야 한다. 첫째는 노출에 따른 위험도 점검이다. 비밀공작은 언젠가는 노출된다는 사실을 깨달아야 한다. 공작 수행중에 노출되거나 활동이 종료된 직후 노출되는 비밀공작과 수년 뒤에 밝혀지는 비밀공작 간에는 명백한 차이가 있다. 하지만 오랜 기간 알려지지 않았던 비밀공작활동이 노출되는 경우에도, 정치적으로 큰 손실이 야기되는 곤란한 상황이 발생할 수 있다.

둘째는 비밀공작의 실패에 따른 위험도 점검이다. 비밀공작이 실패했을 경우, 공작수행 국가와 대상국과의 외교적 문제와 국제적 비난뿐 아니라 직접적인 인명손실과

46) 이를 공작용어로 '공작지원활동'(plumbing)이라 한다.

국내 정치적 위험부담도 따른다. 따라서 정책결정자들은 당면한 자국의 이익을 고려하면서 비밀공작 수행의 상대적 위험성을 평가할 수 있어야 한다. 만약 당면한 자국의 이익이 매우 중대하고 다른 대안이 없을 때에는 위험성이 수반된다하더라도 비밀공작을 수행한다.

(4) 유사공작 검토

새로 제안된 비밀공작을 평가하는 데 있어서 정책결정자들은 과거에 수행되었던 유사한 공작들을 검토해야 한다. 과거의 사례는 현재에 대해 많은 교훈과 지침을 주기 때문에 과거의 유사사례 연구를 통해 성공과 실패의 요인을 분석함으로써 현재 계획 중인 공작의 취약점을 보완할 수 있다. 사례연구를 통해 얻어진 지침들은 현재 계획 중이거나 추진중인 공작의 점검 리스트로 활용할 수 있고 성공적인 지침들은 보다 발전적인 방향으로 응용할 수도 있다. 과거 공작과 비교할 때 사용될 수 있는 점검 리스트로는 동일한 국가 혹은 동일한 지역에서 시도되었던 유사 공작이 있었는가? 그들의 결과는 어떠했는가? 공작 수행에 따르는 위험요소들은 그 전과 다른가? 착수하려는 비밀공작 유형과 유사한 공작이 다른 곳에서 시도된 적은 없었는가? 만약 있었다면, 그 결과는 어떠했는가? 등이 있을 수 있다. 이와 같이 과거 유사공작과 비교 및 평가해 봄으로써 계획중인 비밀공작에 대한 교훈을 얻을 수 있다.[47)]

2. 비밀공작의 결정

비밀공작이 최종적으로 어떻게 결정되는지는 국가마다 다르다. 여기서는 미국의 절차를 중심으로 살펴보고자 한다.

(1) 대통령의 승인

비밀공작은 공식적인 승인을 필요로 한다. 대통령은 제안된 공작이 국가의 구체적인 외교정책 목적을 지원하는 데 필수적이고 국가이익에 중요하다는 확신에 기초하여 승인명령에 서명한다.[48)] 미국의 경우 대통령의 승인은 법률적 의무사항이며, 반

47) Lowenthal(2000), pp.107-111.

48) 이를 미국 정보공동체의 전문용어로 대통령 승인 또는 대통령 재가를 뜻하는 '프레지덴셜 파인딩'

드시 서면으로 승인되어야 한다. 그러나 비상시에는 예외이나 서면기록이 보관되어야 하며, 48시간 내에 승인서가 만들어져야 한다.

(2) 의회의 예산승인 및 통제

대통령 승인서는 공작수행기관에 전달되며, 의회의 상 · 하원 정보위원회에 통지서(memo of notification)를 통해 전달된다. 정보공동체는 의회에 예산을 요청할 때 1년간의 비밀공작 활동계획을 함께 제출해야 하기 때문에 의회는 일반적으로 예산심의를 통해 공작의 내용을 알게 된다. 의회는 예산지원을 거부하는 방법으로 공작추진에 제동을 걸 수는 있으나 비밀공작에 대한 승인권한은 없다. 의회는 또한 반군과 테러 지원국에 대한 무기나 훈련지원을 금지하는 법이나 암살을 금지하는 대통령 명령에 위반한 비밀공작 등에 대해서는 법적으로 승인을 거부할 수 있다.

만약 위원회 소속의 의원들이나 참모들이 심각한 문제를 제기하면, 비밀공작 브리핑 팀은 이러한 사실을 집행부에 보고한다. 이 경우 집행부는 공작을 그대로 계속 진행시키는 결정을 하거나 의회의 우려를 고려하여 공작계획을 변경할 수 있다. 미국에서의 비밀공작에 대한 감독은 점차 강화되어 가고 있다. 1947~1974년에 이루어진 비밀공작은 느슨한 감독 하에 수행되었으나, 1974년 12월 휴즈-라이언 법(Hughes-Ryan Act)의 제정으로 비밀공작의 인가와 모니터링 과정에서 새로운 인원을 포함시켜 결정과정이 보다 공식화되었다. 그리고 1975~1980년간 의회와 행정부가 비밀공작에 대한 통제를 하였는데, 이는 1980년 정보감독법(Intelligence Oversight Act)이 제정되면서 더욱 강화되었다. 또한 최근 행정부의 비밀공작이 물의를 일으키면서 비밀공작에 대한 감독이 더욱 강화되고 있다.[49)]

3. 비밀공작의 수행

비밀공작 수행은 정보기관이 주도하고 일반적으로 담당 공작관[50)]이 공작원(agent)을 활용하여 추진한다. 공작원[51)]은 공작기관 또는 공작관과의 비밀관계에 동의하고,

(presidential finding)이라고 한다.

49) Johnson and Wirtz(2004), p.386.

50) 공작관은 공작용어로 case officer 또는 agent handler라고 한다.

51) 공작원을 통상 주공작원(principal agent), 지원공작원(support agent), 접근공작원(access agent)

공작관의 지시와 통제를 받을 수 있어야 한다. 비밀공작부서에서 공작지령이 하달되면 공작담당관은 공작 수행계획을 수립하고 공작을 수행하기 위한 공작원을 획득하여 이를 조종함으로써 비밀공작을 수행하게 된다. 따라서 비밀공작의 성공을 위해서는 우수한 공작원을 획득하는 것이 무엇보다도 중요하다. 그러나 새로운 공작원을 모집할 때는 항상 위험이 따른다. 상황에 따라 모집을 시도하는 공작담당관을 난처하게 만들기도 하고 정부로 하여금 매우 난처한 입장에 처하도록 하기도 하고 당사국을 비롯한 관계국가들 간의 관계까지도 악화시키는 경우도 있기 때문에 주의를 요한다. 공작원 획득의 성공률을 높이고 실패했을 경우 정부에 끼치는 피해 가능성을 최소화시키기 위해 공작원을 포섭할 때는 다음과 같은 여섯 단계의 절차를 거치게 된다.

첫째, 목표분석(target analysis) 단계로서 공작목표인 외국의 조직이나 시설물에 관한 자료를 수집하고 평가한다. 둘째, 물색(spotting) 단계로서 공작원 후보자(agent candidate)가 될 수 있는 특정인물들을 파악한다. 셋째, 조사(investigation) 단계로서 공작원 후보자 개인에 관한 배경첩보를 수집하고 분석한다. 넷째, 평가(assessment) 단계로서 공작원으로서 적성과 자격을 구비하고 있는지, 공작원으로서의 모집제의를 받아들이도록 설득할 수 있는지 등을 평가한다. 다섯째, 여건조성(development) 단계이다. 공작원 후보자와의 지속적 접촉을 통해 모집제의를 받아들이도록 하는 상황을 만드는 동시에 제의가 실패했을 경우 일어날지도 모를 피해를 감소시키기 위한 조치를 취한다. 끝으로, 모집(recruitment) 단계로서 공작원 후보자를 비밀조직에 가담시키고 공작임무를 수행하도록 설득한다.

공작원으로 포섭하기 위해서는 설득, 매수, 약점조성을 통한 협박 등 다양한 방법이 동원된다. 먼저, 설득은 공작원 대상자와의 잦은 접촉을 통해 공작 수행국가나 공작 수행 정보기관과 협력하는 것이 대상국이나 공작원 대상자를 위해서도 유리하다는 점을 인식시켜 포섭제의를 받아들이도록 하는 것이다. 설득을 통해 이념이나 가치관을 공유함으로써 향후 배반이나 부작용을 줄일 수 있기 때문에 설득은 포섭을 위해 가장 좋은 방법이라 할 수 있다. 공작담당관은 설득에 필요한 친화력이 있어야 하며 광범위한 지식이 요구된다. 둘째, 매수는 정치적, 경제적, 사회적으로 어려운 처지에 있는 대상자를 포섭하기 위해 주로 사용되는 방법이다. 정치적으로 어려운 처지에 있는 자에게 해외망명을 주선하거나 경제적으로 어려운 대상자를 돈으로 매수하거나, 사회적으

등으로 분류한다.

로 어려운 처지에 있는 대상자를 취업이나 승진 또는 해외 유학을 주선해 줌으로써 포섭하는 것이다. 셋째, 약점조성을 통한 협박도 효과적인 수단이 될 수 있다.[52] 이 방법은 공작원 대상자가 설득이나 매수를 통해 포섭될 가능성이 희박한 경우에 주로 사용하는 방법이다. 각종 불법행위나 미인계를 활용한 성적 관계를 폭로하겠다고 협박하거나 신변에 위협을 주는 방법을 통해 협조를 유도하기도 한다.[53] 특히 공작원을 포섭하여 활용하는 경우, 대상자가 상대국가의 정보기관에 이미 포섭된 이중공작원(double agent) 여부를 철저히 확인[54]해야 하며, 배신할 경우에 대비한 대책 등을 철저히 강구하고 수시로 점검하여야 한다.

공작원으로 포섭이 되면 공작임무 수행에 필요한 교육훈련을 철저히 시켜야 하며, 임무가 종료되면 공작원을 해고하게 된다. 공작원을 해고할 때는 포섭할 때와 마찬가지로 세밀한 데까지 주의와 관심을 가져야 한다. 해고시에는 공작원에게 행한 모든 약속을 지켜야 하며 가능하다면 우호적인 방식으로 이루어지도록 노력해야 한다.

공작 추진에 소요되는 시간은 공작수행능력을 갖추는 데 소요되는 시간에 달려 있다. 경우에 따라서는 공작원을 훈련시키는 데 많은 시간을 투자해야 한다. 또한 가장신분[55]의 확보, 가장업체의 설립[56] 등 공작을 지원하는 체제를 갖추는 데도 공작여건에 따라 소요되는 시간이 달라진다. 공작여건이 양호할 경우에는 지원에 필요한 시간이 적게 소요되나, 여건이 불량할 경우에는 공작여건을 만들기 위해 많은 시간을 투자해야 한다.

또한 비밀공작의 수행과정에서 중요한 것은 비밀유지이다. 공작의 계획과 수행과정에서 비밀이 노출되면 이미 공작은 실패한 것이다. 비밀의 노출은 공작에 참여하고 있는 관련자들의 인명에 손상을 줄 수 있다. 따라서 비밀공작에 참여하는 관련자들에 대한 보안성검토가 매우 중요하다. 자국 공작원의 변절이나 상대국 공작원의 침투 등

52) Barry Davies & Richard Tomlinson, *The Spycraft Manual*, (St. Paul, MN: Zenith Press, 2005), pp.20−27.

53) 위의 책, p.22.

54) 이중공작원 여부를 확인할 때 전문 방첩요원을 활용하는 경우가 많은데, 통상 사용하는 방법은 신규 채용된 공작원에게 민감한 첩보를 제공한 후 이 첩보가 어떻게 전파되는지를 파악하는 것이다.

55) 가장신분에는 외교관이나 공무원으로 가장하는 공작가장(official cover)과 사업가, 언론인, 여행자로 가장하는 비공직가장(nonofficial cover)이 있다. Davies(2005), pp.19−20.

56) 가장업체는 각종 비밀공작활동의 지원을 위해 장보기관이 운영하는 상업적인 업체를 말하는데, 정보수집, 공작요원의 은닉 및 비밀연락 등을 위해 사용되기도 하고 공작원 및 장비의 수송이나 공작자금의 조달을 위해 사용되기도 한다. 문정인(2002), pp.172−173.

에 의해 공작이 노출될 수 있기 때문에 각종 테스트 등을 통해서 공작원에 대한 점검이 이루어져야 한다. 비밀유지의 방법으로 비밀 연락기술을 사용하고, 차단의 원칙에 따라 연락망을 점조직형태로 운영하기도 한다. 또한 공작보안을 위해 관여 인원을 최소화하고 어떠한 증거물도 남기지 않는 것이 이상적이다. 그러나 민주주의 국가들의 경우, 국가정보기관의 권력남용이나 인권침해 등을 방지하기 위해 공작내용을 문서상으로 기록을 남기는 것을 의무화하고, 의회의 사후조사를 받게 하고 있는 관계로 공작보안 유지가 어려운 것이 사실이다.

제5절 비밀공작의 한계

1. 정당성의 문제

비합법 및 불법적인 수단이 동원되는 비밀공작이 민주주의 국가의 정당한 정책집행 방법으로 사용할 수 있을 것인가 라는 정당성에 대한 논의가 전개되었다. 이에 대해 이상주의자들과 현실주의자들의 견해가 상반된다. 이상주의자들은 비밀공작은 본질적으로 주권국가에 대한 내정간섭으로 국제법적으로 용인되지 않는 불법이라는 입장이다. 비밀공작은 본질적으로 주권국가의 정체성을 부인하는 것으로서, 우호 선린을 지향하는 국제사회에서 개별주권 국가의 국제적인 행동의 준거로서는 받아들일 수는 없다는 것이다. 이러한 견해는 내정간섭을 야기하는 비밀공작은 주권국가의 평등을 선언하고, 권리평등과 자결권을 존중하며 우호 선린관계를 유지함이 세계평화 유지를 위한 첩경임을 밝히고 있는 유엔 헌장과 국제규범에 명백히 반하는 불법행위로 결코 정당성을 인정받을 수 없다는 견해이다. 이들은 또한 냉전이 종식되어 비밀공작의 필요성이 대폭 감소했을 뿐만 아니라 각종 국제규범이 강화되고 있는데다 비밀공작에 대한 일반의 인식도 좋지 않기 때문에 비밀공작을 통해 얻을 수 있는 것보다 잃은 것이 더 많다고 주장한다. 따라서 비밀공작이 더 이상 국가정보기관의 임무로 유지되어서는 안 된다는 주장을 제기한다.[57] 특히 미국에서는 비밀공작이 미국의 민주적,

57) Roy Godson(ed.), *Intelligence Requirements for the 1990's*, (Lexington Books, 1989), p.271.

개방 문화와 배치되고 불법, 기만 및 부정직한 관행을 초래했을 뿐 아니라 비밀공작이 제대로 성과를 낸 적도 없다는 주장이 자주 제기되고 있다.[58] 또한 정보기관이 비밀공작을 위해 개발하고 훈련한 기법이 관련요원들에 의해 불순한 사적인 목적으로 사용되고 있다는 문제점도 지적되고 있다.[59]

이에 비해 현실주의자들은 이상주의자들의 논의를 받아들이면서도 국가안보를 위한 정책수단으로서의 비밀공작은 불가피할 뿐만 아니라, 경우에 따라서는 전쟁을 회피한 차선책으로 선택됨으로써 오히려 세계평화에 기여하는 것이라고 주장한다. 그러므로 비밀공작은 현실적인 필요성에 의해 정당성을 가지는 수단으로, 비밀공작의 적법성은 실정법적으로 규정만 되면 인정된다는 견해이다. 또한 역사적으로도 비밀공작은 다수 국가에 의해 무수히 사용되어 왔고 각국이 용인하는 관행으로 이미 국제법상의 관습이 되었다는 입장이다. 이들은 일반적으로 대외정책을 수행함에 있어 외교적인 활동이나 공개설득, 군사적 위협 혹은 군사력의 동원 등을 통해 문제를 해결하는 것이 바람직하나, 냉전의 종식에도 불구하고 외교적 및 군사적 활동으로 해결할 수 없는 문제들이 여전히 남아 있고, 특히 국제 테러 등 각국 및 세계 안보를 위협하는 여러 가지 새로운 문제들을 해결하기 위해서는 여전히 비밀공작이 필요하다고 주장한다.[60]

이상의 논쟁에도 불구하고 다양한 대외정책 목표를 달성하기 위해서는 공개적인 방법이나 외교적인 노력만으로는 불가능한 일이 많기 때문에 비밀공작은 필요하다는 것이 현재까지의 지배적인 견해이다. 특히 안보위협이 절박하고 안보를 보장할 수 있는 가용한 수단이 제한되어 있는 나라들의 경우에는 비밀공작을 더욱 필요로 하고 있다.

미국은 냉전의 맥락 속에서 비밀공작을 사용하기 시작하였다. 트루먼(Harry S. Truman, 1945~1953) 대통령과 아이젠하워(Dwight D. Eisenhower, 1953~1961) 대통령 재임기간 동안 소련의 위협이 매우 크고 다양했기 때문에 비밀공작의 정당성에 대한 문제가 거의 제기되지 않았다. 어쨌든 당시 정책결정자들은 유럽이나 아시아에서 전쟁 가능성을 높이는 것보다 비밀공작을 수행하는 것을 선호했다.

비밀공작이 수용될 수 있는 정책적 선택이라 할지라도 정당성의 문제는 논의의 여지가 많다. 비밀공작 수행은 대상국가의 특성으로 인해 제한을 받을 것인가? 예를

58) Roy Godson(1989), p.170.

59) Holt, Pat M., *Secret Intelligence and Public Policy: A Dilemma of Democracy*, (Washington D.C.: Congressional Quarterly Inc., 1995), p.162

60) Godson(1989), p.170.

들면, 미국은 카스트로 정권의 쿠바와 아옌데 정권의 칠레를 상대로 경제적 불안을 조성하는 비밀공작을 수행했다. 둘다 공산주의자였지만, 카스트로는 게릴라 전쟁을 통해 권력을 잡았고, 아옌데는 칠레 헌법에 따라 선거를 통해 대통령으로 선출되었다. 카스트로는 쿠바를 미국에 적대적인 소련의 기지로 만들었으나, 아옌데는 카스트로와 소련의 동맹국들에게 우호적인 신호만을 보냈고 이는 미국을 불안하게 만드는 정도에 불과했다. 서반구 지역에 소련의 두 번째 위성국 칠레가 탄생하는 것을 막기 위하여, 미국은 아옌데 정권을 반대하는 쿠데타가 조성되리라 기대하면서 아옌데 정권을 불안정하게 만드는 옵션을 선택했다. 아옌데가 칠레헌법에 따라 당선되었다는 사실이 미국의 비밀공작의 정당성을 배제할 수 있는가? 아니면 국가안보에 대한 우려가 비밀공작을 정당화시키는 데에 있어서 충분한 이유가 되는가? 이러한 문제들이 제기될 수 있다.

한편 각국 정보기관들은 비밀공작의 수단으로 암살(assassination)을 사용해 왔는데, 평시에도 암살을 유효한 비밀공작활동의 하나로 인정할 것인가에 대해서도 논란이 있다. 암살 금지조치를 찬성하는 사람들은 국가가 특정한 개인을 제거의 대상으로 간주하고 이를 실행하는 것은 도덕적으로도 옳지 않은 것으로 암살은 어떤 경우에도 금지되어야 한다고 주장한다. 이에 반해 암살 금지조치를 반대하는 사람들은 암살이 특별한 경우에는 최선의 선택으로 피해를 최소화할 수 있는 첩경이고 오히려 도덕적으로도 정당한 것으로 받아들여질 수 있다고 주장한다. 소련과 이스라엘은 암살공작을 수행해왔던 것으로 알려져 있다. 미국의 정보활동에 대한 정부의 행위를 연구하기 위해 1975년 결성된 처치(Church)위원회는 CIA를 통해 미국이 1960년대와 1970년대 여러 암살공작에 관여해 왔다는 점을 밝혀냈다. 그 중 가장 유명한 암살공작은 카스트로 암살공작이었다. 1979년 이래 미국은 직접적으로 미국이 수행하거나 제3자에 의해 실행되거나에 상관없이 암살의 사용을 공식적으로 금지했다. 2001년 9 · 11 테러사건 이후 암살 금지조치에 대한 논쟁이 재개되었다. 미국은 테러리스트들과 전쟁상태에 있다고 여기기 때문에 대상의 성격과 무력 사용에 대한 정당성의 개념이 바뀌면서 암살에 대한 논쟁이 다소 변화를 겪었다.

암살 금지조치가 선별적으로 해제될지라도 암살수행에 대해 유용한 기준을 설정하는 것은 지극히 어려운 일이다. 어느 정도의 범죄와 적대행위를 했을 때 암살이 합법화되는가 하는 것은 어려운 난제이다. 그러나 미국에서 오사마 빈 라덴과 다른 테러리스트 지도자들의 경우, 암살은 논쟁거리가 되지 못한다. 결국, 미국은 테러와의 전쟁

을 선언하고 테러분자들에 대한 암살이 적법화 되었다고 할 수 있다.[61]

2. 위장부인의 문제

비밀공작에서 논의되는 것 중의 하나로 위장부인, 또는 '그럴듯한 부인'(plausible denial)의 문제가 있다. 즉, 비밀공작으로 인해 발생한 사건들에 대한 자국의 개입을 그럴듯하게 부인하는 것을 말한다. 비밀공작은 비밀리에 수행되는 활동이란 점에서 사건에 개입한 것을 감출 필요가 있다. 만약 공개적으로 해결될 수 있는 상황이라면, 자국의 역할이 드러나는 것은 그다지 문제가 되지 않을 것이다. 비밀공작은 활동 그 자체보다는 후원자의 정체 은폐가 중요하다. 따라서 만약에 비밀이 누설되어 어느 나라에 의해 수행되었는지를 알게 된 경우에도, 그 나라의 어느 수준의 책임자까지 관여되었는지에 따라 외교적 파장에 큰 차이가 있을 수 있다. 때문에 단계별로 은폐할 수 있는 장치가 중요한데, 그 은폐를 위한 대표적 장치가 바로 '그럴듯한 부인'이다. 미국의 경우 비밀공작의 가장 중요한 핵심은 어떠한 변명으로 미국과의 연계를 차단할 수 있는가 하는 문제이다. 국제법적으로 특정주권 국가의 내정을 간섭하려 했다는 '더러운 일'(dirty action)을 미국이 했다는 오욕을 쓰고 싶지 않았던 것이다. 만약 공작행위가 적발된 경우에도 그를 부인하는 미국의 설명이 그럴듯해서 미국의 연계사실이 드러나지 않아야 하는 것을 우선시 했고 그것을 위해 위장부인이 필요했다.

'그럴듯한 부인' 원칙이 효과적으로 적용되기 위해서는 비밀공작에 대한 관여는 가능한 한 최소한의 정부 관료들로 한정되어야 할 뿐만 아니라 그러한 활동을 승인하는 공식적인 절차나 그러한 승인이 기록된 문서가 존재하지 않아야만 한다. 비밀공작 자체도 가능한 한 최소한의 기록을 유지하면서 수행되어야 하며, 활동중 작성된 문서들은 어떠한 것이라도 활동이 종료된 후 파기되어야 할 것이다. 이러한 조건들이 달성될 경우 비밀공작이 승인되었는지 여부가 제대로 파악될 수 없고 불분명해지는 상황이 조성될 것이다.[62]

CIA 부장이었던 헬름즈(Richard Helms, 1966~1973)는 '그럴듯한 부인'이 비밀공작에 절대적으로 필요한 것이긴 하지만, 감독과 통제에 대한 광범위한 요구로 인해

61) Lowenthal(2000), pp.113−117.

62) Shulsky and Schmitt(2002), pp.130−131.

이 개념은 시대에 뒤떨어진 개념이 되고 있다고 언급하였다. 미국의 경우 1950년대와 1960년대에는 위장부인이 유지될 수 있었으나, 1974년 휴즈-라이언법(Hughes-Ryan Act)에 의해 위장부인이 어렵게 되었다. 이 법은 비밀공작을 대통령이 서면 승인하도록 요구하고 대통령이 승인한 비밀공작에 대해 상·하원 정보위원회에 보고서를 제출할 것을 명시하고 있기 때문이다. 또한 1980년의 정보감독법(Intelligence Oversight Act)은 의회에 모든 비밀공작을 보고할 것을 요구하고 있다.[63]

위장부인은 책임의 문제를 유발한다. 만약 비밀공작이 실행될 수 있다는 전제 중 하나가 자국의 역할을 부인할 수 있는 것이라면, 공작관은 실패한 비밀공작에 대해 책임을 회피할 수 있는가? 비밀공작을 승인한 대통령이 책임을 져야 하는가? 사안별로 결론은 다를 수 있겠으나, 여전히 정책실패에 대한 정치적 책임을 모면할 수는 없다고 할 것이다. 비밀공작은 국가정책 목적달성을 위한 특별한 비밀활동으로 외국의 외교, 군사, 경제 또는 사회적 환경 등에 영향을 주고자 행해지는 제반 활동으로서, 수행국가의 관여가 비밀이거나 불투명하게 보여야 외교적 파장을 최소화하고 국제적 비난을 회피할 수 있다. 그러므로 추후 어느 국가의 개입 사실이 밝혀진 경우에도 최소한 대통령 등 국가수반은 그럴듯하게 부인할 필요가 있다.

비밀공작의 가장 중요한 요건은 대상국가가 비밀공작을 수행하는 주체를 모르게 하는 것이다. 비밀공작이 정보기관에 의해 수행되는 가장 중요한 이유는 비밀을 유지하는 데 적합하기 때문이다. 모든 비밀공작들이 비밀로 남을 수는 없다. 이를 결정짓는 핵심요소 중 하나는 바로 공작의 규모일 것이다. 공작이 소규모일수록 그리고 좀 더 신중한 공작일수록 비밀로 유지하는 것이 용이하다. 그러나 준군사작전과 같이 공작의 규모가 커질수록 이를 비밀로 유지하는 것은 매우 어렵게 된다. 레이건 행정부 하에서 수행된 니카라과의 콘트라 반군지원 사례와 아프가니스탄의 무자헤딘 지원 사례가 이러한 점을 잘 보여준다. 준군사작전은 더 많은 문제가 제기되는데, 이는 비밀을 유지하는 문제, 위장부인에 따르는 부담 문제 이외에도, 목적을 달성하기 위한 소요기간 결정 등 많은 어려움이 수반된다.

---

63) Lowenthal(2000), pp.113−117.

3. 결과의 평가 문제

비밀공작의 결과는 성공과 실패가 혼합되어 있어 그 결과를 평가하는 일반적 기준은 없다고 볼 수 있다. 일반 정책과는 달리 비밀공작의 경우는 일반적인 평가 절차나 방법이 한정적이고 적당하지 않게 된다. 비밀공작은 국가의 운명은 물론 경우에 따라서는 세계의 역사를 뒤바꿀 수도 있는 문제로 역사적으로 누가 어떻게 성공여부를 평가할 수 있겠는가 라고 하는 해결하기 어려운 문제가 뒤따른다. 특정 정권을 위한 단기 정략적인 비밀공작에서 뿐만 아니라 대성공으로 보이는 일반적인 비밀공작도 추후에 진상이 밝혀지고 뒤따르는 부작용 등으로 오히려 하지 않는 것보다 못했다고 비판 받는 경우가 적지 않다.

예를 들면 1953년 미국과 영국의 정보당국은 비밀공작을 감행해 이란 군부를 지원하여, 당시 집권세력인 민족주의자 모사덱(Mohammed Mosaddeq) 수상을 실각시키고 친서방 팔레비 체제를 출범시켰다. 그러나 부패한 팔레비 정권에 염증을 느낀 이란 국민들은 약 26년이 지난 1979년 친서방의 팔레비 정권을 축출시키고 호메이니(Khomeini) 정권을 받아들였다. 그때부터 반미를 기치로 내세운 호메이니 정권은 오늘날까지 계속되어 가장 반미적이며 반서구적인 대표정권이 되었다. 비밀공작을 비판하는 사람들은 1953년 쿠데타가 1979년 반서구적인 호메이니 정권이 들어서는 결과에 일조했다고 주장한다. 반면 비밀공작을 옹호하는 사람들은 중동처럼 변덕스러운 지역에서 미국에 우호적인 팔레비정권을 26년이나 유지시킨 것이 바로 비밀공작의 성공사례를 보여준다고 주장한다. 과연 당시에 성공했다고 평가받았던 비밀공작이 성공한 것인가는 아직까지 논란의 여지가 있다.

또한 아프가니스탄 사례도 비슷한 의문을 제기한다. 1979년 소련이 친소 정권을 지원할 목적으로 아프가니스탄에 침공했을 때 중동지역에서 소련의 영향력 확대를 우려한 미국과 NATO가 CIA를 중심으로 무장 게릴라 단체인 무자헤딘(Mujaheddin)에 군사력을 지원한 비밀공작은 성공적이었으며, 소련의 붕괴에 일조하였다고 평가받는다.[64] 그러나 장기적인 측면에서 본다면 오히려 아프가니스탄 내 탈레반 정권의 출현에 기여함으로써 알 카에다 조직의 활동 기반을 구축해 주는 부작용을 초래했다고 볼 수 있다. 따라서 CIA의 무자헤딘 반군지원 비밀공작이 과연 성공한 것으로 볼 수 있

64) Lowenthal(2000), p.171.

논가라는 의문이 제기된다. 이러한 문제는 성격상 어느 누구도 단정할 수 없는 어려운 평가를 요하는 쟁점이다. 따라서 비밀공작은 특정정권에 의한 정권의 이익이 아니라 국가안보를 위한 거시적인 안목에서 접근해야 할 것이다.

제6절 비밀공작의 과제와 전망

냉전 종식 이후 비밀공작이 과연 필요한지에 대한 논란이 가열되고 있다. 일부에서는 냉전 종식 이후 비밀공작의 필요성이 대폭 감소했고 여러 가지 부작용으로 인해 더 이상 수행해서는 안 된다고 주장한다. 그러나 일부에서는 오늘날 새로운 안보위협에 신속하게 대처하기 위해서 비밀공작이 지속적으로 필요하다고 주장한다. 다양한 대외정책 목표달성을 위해 비밀공작이 필요하다는 주장이 현재까지 지배적인 견해이다. 냉전 종식 이후 초국가적 위협이 나타나고 있으며, 국가 간 국익 경쟁을 전제로 하는 국제사회에서 향후 우주 및 해양 등을 무대로 한 새로운 대결의 장에서도 기존의 통상적인 국가정책 방법으로는 해결할 수 없는 새로운 유형의 도전은 계속될 것이고, 비밀공작의 필요성은 여전히 지속될 것으로 전망된다.

그럼에도 불구하고 어떠한 비밀공작이라도 모두 정당화 될 수 있는 것은 아니다. 이러한 점에서 CIA 정보연구센터(Center for the Study of Intelligence)의 부소장을 역임한 제임스 베리(James A. Barry)가 비밀공작을 정당화하기 위해 제시한 다섯 가지 조건은 시사하는 바가 크다 하겠다. 첫째, 비밀공작은 책임있는 관련부서의 사전 심의를 거치고 의회 관계자들이 완전히 인지한 가운데 대통령에 의해 명백히 승인되어야 한다. 둘째, 비밀공작의 의도와 목표가 명확히 나타나야 하고, 합리적이고 정당해야 한다. 셋째, 비밀공작은 목표달성을 위한 다른 효과적인 수단이 없을 때만 추진해야 한다. 넷째, 비밀공작은 성공할 수 있다는 적절한 근거가 있어야 한다. 다섯째, 비밀공작은 선택된 수단과 방법들이 공작목표에 부합되어야 한다.[65]

비밀공작은 그 근본 목적에 있어서 타국에 대한 내정 간섭의 성격이 짙은데다 그

65) James A. Barry, "Covert Action Can Be Just," *Orbis: A Journal of World Affairs*, Vol.37, No.3, (Greenwich, CT.: Foreign Policy Research Institute/JAI press Inc., Summer 1993), p.135.

수단에 있어서도 뇌물 증여, 사기, 폭력 및 암살 등과 같이 비합법 또는 불법적인 방법이 사용되는 등 민주주의 사회체제에서 공식적으로 인정하기 곤란한 측면이 있는 것은 사실이다. 더구나 오늘날과 같은 탈냉전 시대에서는 더 이상 과거와 같이 "공산주의자들의 악랄하고 잔인한 수법에 맞서기 위해서는 불가피하다"는 식의 논리를 내세우기 곤란해졌으며, 특히 인터넷 등으로 대표되는 정보화 사회에서는 보안유지가 더욱 어려워졌다는 점에서 정보기관에서 비밀공작을 추진할 수 있는 여지는 더욱 좁아졌다고 할 수 있다.[66]

뿐만 아니라 앞에서 살펴본 바와 같이 비밀공작의 성공 여부에 대한 기준이 바뀔 수 있다는 문제점도 있다. 1953년 이란에 대한 모사덱 수상 실각을 위한 비밀공작이 과연 성공한 것으로 볼 수 있는가? 또한 1979년 CIA의 아프가니스탄의 무자헤딘 반군지원 비밀공작이 과연 성공한 것으로 볼 수 있는가? 라는 의문이 제기된다. 따라서 비밀공작은 신중하게 결정해야 한다. 존슨(Loch K. Johnson)이 비밀공작에 대한 정책결정자와 감독자들이 판단할 11가지 가이드라인을 다음과 같이 보다 세부적으로 제시했는데 비밀공작을 검토할시 참고할 만하다.[67] ① 정책결정자는 국제분쟁에 대한 외교적 해결을 존중하여 가능하면 비밀공작 수행을 금지해야 한다. ② 기만이 미국 안보에 아주 중요한 경우를 제외하고는 비밀공작은 공개적으로 규정된 정책 목표와 부합하여야 한다. ③ 비밀공작은 미국을 아주 당황하게 하지 않는 범위에서 수행되어야 한다. ④ 비밀공작을 수행하기 전에 정책결정자들은 공작전문가들 뿐만 아니라 정보 분석관들이나 대상국가에 대한 전문가들과 광범위하게 상의해야 한다. ⑤ 정책결정자들은 비상시를 제외하고는 의회 보고를 포함하여 비밀공작 결정과정을 반드시 이행해야 한다. ⑥ 비밀공작을 지원함에 있어서 정책결정자들은 미국 법을 위반해서는 안 된다. ⑦ 정책결정자들은 친미 민주국가들에 대해서는 낮은 수준의 비밀공작도 피해야 한다. ⑧ 비민주국가에 대한 경우라 할지라도 정책결정자들은 낮은 수준의 덜 침략적인 수단을 고수해야 하며, 높은 수준의 수단들은 모든 다른 수단이 실패했을 경우 사용될 수 있도록 노력해야 한다. ⑨ 공작관들은 공작원이 암살, 테러, 마약밀매, 인권유린이나 미국 법 위반 등 불법행위에 연계될 경우 미국 정보기관과의 관계가 끝난다는 사실

66) 국가정보포럼(2006), p.124.

67) Loch K. Johnson, "Ethics of Covert Action," in Jan Goldman(ed.), *Ethics of Spying: A Reader for the Intelligence Professional*, (Lanham, Maryland: The Scarecrow Press, Inc., 2006), pp.288–289.

을 지속적으로 경고해야 한다. ⑩ 거의 모든 경우에 정책결정자들은 비밀전쟁, 쿠데타, 그리고 극단적 조치를 거부해야 한다. ⑪ 비밀공작을 고려함에 있어서 미국이 오랫동안 고수해 온, 그리고 모든 국민들에게 존경받는 페어플레이 정신을 잊어서는 안 된다.

따라서 앞으로의 비밀공작은 과거에 비해, 그 적용 범위와 대상에 있어서 보다 제한되고 신중한 방향에서 재검토하는 일이 불가피해졌다고 할 것이다. 그렇다 할지라도 오늘날과 같이 국제 정세가 불확실한 상황에서는 자국의 대외 정책 목표를 달성하기 위한 수단으로서 비밀공작의 필요성은 여전히 존재한다고 해야 할 것이다.[68] 특히 테러와 같은 비대칭 전쟁에 있어서는 오히려 비밀공작이 가장 효과 있는 대안 중 하나로 부각되고 있는 것이 사실이다.

이러한 점에서 앞으로도 미국 등 선진국 정보기관은 자국의 공식적인 대외 정책이나 법의 테두리를 엄격히 지키는 가운데, 과거에 비해 더욱 잘 조정되고 계획된 대외정책의 일부분으로서 외교 및 군사적 수단과 유기적인 협조 체제를 유지하면서 첨단과학기술 장비를 동원하는 방식으로 비밀공작을 추진할 것으로 전망된다.[69]

>> 참고문헌

National Intelligence Studies

김윤덕. 『국가정보학』. 서울: 박영사, 2001.

국가정보포럼. 『국가정보학』. 서울: 박영사, 2006.

문정인. 『국가정보론』. 서울: 박영사, 2002.

Davies, Barry & Tomlinson, Richard. *The Spycraft Manual*. St. Paul, MN: Zenith Press, 2005.

Barry, James A. "Covert Action Can Be Just." *Orbis: A Journal of World Affairs*. Vol.37. No.3. Greenwich, CT: Foreign Policy Research Institute/JAI press Inc. Summer 1993.

Carl, Leo D. *The CIA Insider's Dictionary of US and Foreign Intelligence, Counter-intelligence & Tradecraft*. NIBC Press, 1996.

Cline, Ray S. *The CIA: Reality vs. Myth*. rev. ed. Washington, D.C.: Acropolis Books

68) Johnson(2004), pp.257–258.

69) 국가정보포럼(2006), pp.124–125.

Inc., 1982.

Executive Order No. 12333 of United States Intelligence Activities. 1981.3.4(h).

Godson, Roy(ed.). *Intelligence Requirements for the 1990's*. Lexington Books, 1989.

Holt, Pat M. *Secret Intelligence and Public Policy: A Dilemma of Democracy*. Washington D.C.: Congressional Quarterly Inc., 1995.

Godson, Roy & Wirtz, James J. *Strategic Denial and Deception: The Twenty-First Century Challenge*. Transaction Publishers, 2002.

Horelick, Arnold L. and Rush, Myron. *Strategic Power and Soviet Foreign Policy*. Chicago: University of Chicago Press, 1966.

Johnson, Loch K.. "Covert Action and Accountability: Decision-Making for America's Secret Foreign Policy." in Loch K. Johnson and James J. Wirtz. *Strategic Intelligence: Windows Into a Secret World*. Los Angeles, CA: Roxbury Publishing Co., 2004.

Johnson, Loch K. and Wirtz, James J. *Strategic Intelligence: Windows into a Secret World*. Los Angeles, CA: Roxbury Publishing Co., 2004.

Johnson, Loch K., "Ethics of Covert Action." in Jan Goldman(ed.). *Ethics of Spying: A Reader for the Intelligence Professional*. Lanham, Maryland: Scarecrow Press Inc., 2006.

Lochhart, John Bruce. "Intelligence: A British View." in K.G. Robertson(ed.). *British and American Approaches to Intelligence*. London: Macmillan, 1987.

Lowenthal, Mark M. *Intelligence: From Secrets to Policy*. Washington DC: CQ Press, 2000.

O'Toole, G. J. A. *Honorable Treachery: A History of U.S. Intelligence, Espionage and Covert Action from American Revolution to the CIA*. New York: Atlantic Monthly Press, 1991.

Prados, John. *The Soviet Estimate: US Intelligence Analysis and Russian Military Strength*. New York: Dial Press, 1982.

Schultz, Richard H. and Godson, Roy. *Dezinformatsia: Active Measures in Soviet Strategy*. McLean, VA: Pergamon Brassey's, 1984.

Swenson, Allan, and Benson, Michael. *The Complete Idiot's Guide to the CIA*. Indianapolis, IN: Alpha Books, 2003.

Treverton, Gregory F. *Covert Action: The Limits of Intervention in the Postwar World*. New York: Basic Books Inc., 1987.

Witcover, Jules. *Sabotage at Black Tom: Imperial Germany's Secret War in America, 1914-1917*. Chapel Hill, N.C.: Algonquin Books of Chapel Hill, 1989.

|제4장| 방첩

제1절 방첩의 의의

1. 방첩의 개념

상대의 정보활동에 대응한다는 개념에서의 방첩활동은 모든 정보요소 중 아마도 가장 정의하기 어려운 개념일 것이다. 외세로부터 국가나 민족 또는 집단의 생존과 이익을 지키기 위한 방첩활동은 고대부터 있어 왔다. 그러나 국가차원의 정보 · 방첩 활동이 현대적 관점에서 본격적으로 시작된 것은 제2차 세계대전 중 각국이 승리를 위해 군사단위의 정보기구를 창설하면서 본격적으로 시작되었고 이후 동 · 서 냉전체제로 접어들면서 더욱 치열하게 전개되었다.

현대사회는 각종 정보의 수집 · 축적 · 관리 및 유통방법 등의 눈부신 발전과 더불어 정보화 사회로 진행중에 있고, 세계 각국은 정보화를 국가의 정책적 차원에서 추진하고 있다. 탈냉전 이후 정보기술의 혁신 및 세계적인 정보화의 확산은 가속화 되고 있으며 세계화, 경제화로 인하여 새로운 안보환경이 부각되고 있다.

냉전 종식으로 국가안보에 있어서 군사력의 유용성이 현저히 약화됨에 따라 경제 · 산업 · 과학기술 · 환경 · 에너지 등 다양한 분야의 중요성이 부각되고 안보에 미치는 영향이 증대되었다. 따라서 정보업무 영역도 정치 · 군사중심의 정보활동에서 경제 · 산업 · 과학기술 · 환경 · 에너지 등으로 확장되면서 이에 대응하여 방첩활동의 영역도 확대되었다.

각국은 자국이익을 확보하고 경제전쟁에서 승리하기 위해 민간기업과의 연합 등 다양한 수단과 방법을 동원하여 타국을 대상으로 경제정보 수집활동을 적극 전개하는 한편, 자국의 경제정보 · 산업기술 등을 보호하기 위해 방첩대책을 강화하고 있다. 또한 최근에는 국제테러 · 국제조직범죄 등 비국가행위자에 의한 국가안보 위협요소가 다양화되면서 이러한 분야를 대상으로 방첩활동 범위도 확장되어 가고 있다.[1)]

방첩의 사전적 개념은 "수집 · 분석 · 비밀공작과 함께 정보활동의 4대 주요 분야 중 하나이며, 정보활동의 일환으로 외국의 적대적 정보활동을 무력화시키고, 간첩행위로부터 정보를 보호하며, 전복 또는 파괴활동으로부터 인원 · 장비 · 시설 · 기록 · 물자 등을 보호하기 위한 제반 활동"으로 정의된다.[2)]

방첩은 일반적으로 적대적인 외국 정보기관의 활동으로부터 국가를 보호하기 위하여 수집 · 분석된 정보 및 활동을 의미한다고 할 수 있다. 1947년 제정된 미국의 국가안보법(National Security Act of 1947)은 "방첩업무라 함은 외국정부, 외국기관, 외국인 또는 국제적 테러리스트들의 활동에 의하거나, 이들을 대신하여 행해지는 간첩활동, 기타 정보활동, 파괴활동, 암살 등을 막기 위하여 수집한 정보 및 행해지는 활동을 의미한다"라고 정의하며, 카터 대통령의 행정명령 12036(50 USC 401a)은 방첩을 "외국정부나 그 기관, 외국 조직 또는 외국인, 국제테러 조직들에 의해 이루어지는 첩보활동, 여타의 정보활동, 태업, 암살 등으로부터 보호하기 위한 정보의 수집과 행위들"로 정의하고 있다.[3)]

미국 정보학자인 슐스키(Abram N. Shulsky)는 방첩의 개념 안에 정보의 비밀화, 보안, 대간첩, 통신 · 위성 등을 이용한 기술적 정보활동에 대한 방어대책, 기만과 대기만, 방첩분석 등을 포함하여 "적대 정보기관으로부터 국가(자국의 정보활동을 포함)를 지키기 위한 제반 활동 또는 그와 관련된 정보"라고 정의하였다.[4)]

또한 방첩의 개념은 방첩과 관련한 정보(방첩정보)라는 의미와 상대방의 정보활동에 대응하는 활동(방첩활동)이라는 두 가지 의미로도 사용된다.

그러나 이러한 의미들과는 별도로 현재 세계 각국은 방첩활동의 개념을 다의적으로 해석하고 있으며 이는 방첩이 사용 주체나 객체 등에 따라 그 의미를 달리하고 있기 때문인 것으로 판단된다.

---

1) 국가정보포럼, 『국가정보학』, (서울: 박영사, 2006), p.126
2) Leo D. Carl, *The CIA Insider's Dictionary of US and Foreign Intelligence. Counterintelligence & Tradecraft*, (Washington DC: NIBC Press, 1996). pp.124–125.
3) 문정인 편저, 『국가정보론』, (서울: 박영사, 2002), p.187.
4) Abram N. Shulsky and Gary J. Schmitt, *Silent Warfare Understanding the World of Intelligence*, (Washington DC: Potomac Books Inc., 2002), pp.99–127.

원래 방첩은 대간첩(counter espionage, 대스파이)에서부터 비롯된 개념으로 고대 전쟁에서도 대간첩활동은 정보활동의 일환으로 중요시 되어 왔다.[5] 2600년 전 중국의 손자는 손자병법 용간(用間)편에서 스파이 활용의 다섯 가지 유형을 설명하면서 적의 스파이를 색출하여 이를 역용(逆用)하는 반간(反間)이 나머지 네 가지 유형의 첩자들을 활용하는 근간이 되기 때문에 가장 중요하며 반간은 후히 대접해 주어야 한다고 설파한 바 있다.[6]

펠릭스(Christopher Felix)는 '대스파이 활동'과 '보안'(security)의 의미를 대조시켜서 구분하였다. 그는 '보안'의 가장 중요한 목적은 적의 간첩을 체포하는 것이지만 '대스파이 활동'은 적의 공작을 역용하여 적에 관한 정보를 획득하는 수단으로서 공격적인 활동을 의미한다고 하였다.[7]

이러한 대스파이활동은 냉전시기 방첩활동의 대부분을 차지하였으며 현재에도 방첩활동의 핵심적인 내용인 것은 사실이다. 그러나 이후 각국의 정보활동 양상이 복잡하고 다양하게 변모함에 따라 이에 대한 대응으로서의 방첩활동 개념도 당연히 상대방의 정보활동에 대한 포괄적인 대응활동으로 정의되어야 할 것이다.

국가정보원법 제1조는 "국가안전보장 업무의 효율적 수행"을 목적으로 하고 있으며 제3조 제1항 제1호에 국외정보 및 국내보안정보, 대공, 대정부전복, 방첩, 대테러 및 국제범죄조직의 수집 · 작성 · 배포, 제2호에서는 국가기밀에 속하는 문서 · 자재 · 시설 및 지역에 대한 보안업무 등을 직무로 규정하고 있다. 동 법에 근거하여 2012년 5월 제정된 방첩업무규정(대통령령) 제2조(정의)는 "방첩이란 국가안보와 국익에 반하는 외국의 정보활동을 찾아내고 그 정보활동을 견제 · 차단하기 위하여 하는 정보의 수집 · 작성 및 배포 등을 포함한 모든 대응활동을 말한다"라고 규정하는 등 방첩의 개념을 확대 정의하고 있다.[8] 이와 같이 새로운 방첩업무규정을 통하여 좀 더 신축성 있고 효율적인 방첩업무가 가능하도록 한 것은 다행한 일이며, 정보환경의 변화에 선제적으로 대응하고 대비하는 적극적이고 능동적인 방향으로 나가야 하는 현실에 비추어

---

5) 국가정보포럼(2006), p.128

6) 향간(鄕間): 적국의 주민이용, 내간(內間): 내부 관리 이용, 사간(死間): 버리는 카드로 기만, 반간(反間): 간첩을 회유 · 포섭하여 역용, 생간(生間): 돌아와 보고, 노병천, 『도해 손자병법』, (서울: 연경문화사, 1999), pp.396-397.

7) Christopher Felix, *A Short Course in the Secret War*, (New York: Dutton, 1963), p.143.

8) 「방첩업무규정」(대통령령 제23780호), 2012년5월14일 제정과 동시 시행.

방첩업무 기반을 대통령령으로 명확히 한 것은 최소한의 바람직한 입법조치라 할 수 있다.

따라서 여기서는 방첩의 개념을 전통적인 협의의 방첩뿐만 아니라 최근의 국가안보 개념 확대에 따라 보안 · 국가방첩 · 안보수사 · 테러 · 국제범죄 · 산업보안 · 사이버테러 등에 대한 대응활동을 포함하는 적극적이고 공격적인 광의의 개념으로 정의하기로 한다.

2. 방첩의 목적과 범위

과거에는 방첩이란 용어가 오로지 대스파이(Counter Espionage)활동의 의미로 매우 협소하게 해석되어 외국의 정보활동에 대한 대응 또는 방어로 제한된 적도 있다. 그러나 탈냉전에 따른 세계화 및 정보화로 방첩의 범위도 확대되었다. 그리고 국가안보의 범위도 환경, 인구, 자원, 식량 등으로까지 확대되면서 이 분야에 관한 정보수집 및 분석 활동이 보다 활발하게 수행되고 있으며, 행위자가 주로 집단이라는 점에서 전통적인 안보와 구별되는 초국가적인 안보이슈인 테러 · 마약 · 조직범죄 등도 오늘날 방첩활동의 새로운 요소로 부각되고 있다.

방첩업무규정 제3조에는 방첩기관이 수행하는 방첩업무의 범위를 "외국의 정보활동에 대한 정보수집 및 색출, 외국의 정보활동에 대한 견제 및 차단, 외국의 정보활동에 대응하기 위한 기법 개발 및 제도 개선, 다른 방첩기관 및 관계기관에 대한 방첩 관련 정보 제공, 그 밖에 외국의 정보활동으로부터 국가안보 및 국익을 지키기 위한 활동"으로 규정하고 있다. 또한 "외국의 정보활동이란 외국 정부 · 단체 또는 외국인이 직접하거나 내국인을 이용하여 하는 정보수집활동과 그 밖의 활동으로서 대한민국의 국가안보와 국익에 영향을 미칠 수 있는 모든 활동을 말한다"라고 포괄적으로 규정하고 있으며, "방첩기관"이란 방첩에 관한 업무를 수행하는 국가정보원, 경찰청, 해양경찰청, 국군기무사령부이고, "관계기관"이란 방첩기관 외의 기관으로서 정부조직법 또는 그 밖의 법령에 따라 설치된 국가기관, 국가정보원장이 국가방첩전략회의의 심의를 거쳐 지정하는 지방자치단체, 국가정보원장이 국가방첩전략회의의 심의를 거쳐 지정하는 기관을 말한다고 명시하고 있다.[9]

9) 「방첩업무규정」 제2조(정의) 2호, 3호, 4호 참조.

방첩활동의 중요한 목적은, 과거에는 외국 정보기관의 정보수집 · 공작활동에 대응하여 자국의 안전과 이익을 확보하기 위한 것으로 소극적이고 방어적으로 해석되었다. 그러나 최근 방첩환경의 변화로 외국의 정보활동을 찾아내고 그 정보활동을 견제 · 차단하기 위하여 하는 정보의 수집 · 작성 · 배포 등을 포함하는 대응활동으로 변화되었기 때문에 외국정부 · 단체 또는 외국인이 직접하거나 내국인을 이용하여 하는 정보수집 활동과 그 밖의 활동으로서 대한민국의 국가안보와 국익에 영향을 미칠 수 있는 모든 것이 대상이 된다.

대부분의 현대 국가들은 정보기관을 설치하여 국익을 위한 정보활동을 수행하고 있으며, 이들 정보기관들의 존재 자체는 당연히 다른 국가들의 정보적 목표가 될 수밖에 없다. 왜냐하면 상대국의 정보활동 성공은 곧 자국의 방첩활동 실패를 의미하며, 자국의 정보활동 성공을 위해서는 상대국의 방첩활동을 저지해야 하기 때문이다. 따라서 상대국 정보기관의 의도와 그들이 자국을 대상으로 무슨 일을 하고 있는지 알아내고, 이에 대응하는 것은 정보기관의 우선적 임무가 될 수밖에 없다.

이와 같이 방첩활동은 상대국 정보기관의 자국에 대한 정보수집 활동을 색출 · 견제 · 차단하는 방어적 개념의 활동뿐만 아니라 상대국 정보요원을 포섭하여, 이중스파이로 활용(역용)하거나 상대 정보기관에 대한 침투 및 허위 정보를 제공(기만)하여 상대기관의 정보활동을 교란하는 등 공격적 개념까지 모두 포함한다.[10)]

역사적으로 유명한 정보활동 사례들은 방첩활동의 결과로서 세상에 알려진 경우가 대부분이며 방첩활동의 실패가 커다란 국가적 위기를 초래한 사례는 많다.

미국에서 발생한 9 · 11 테러 사건은 국가가 아닌 오사마 빈라덴이라는 개인과 알카에다 조직이 주도한 사건으로 방첩활동 실패의 가장 대표적인 사례일 뿐 아니라 세계 각국에 방첩활동의 중요성을 일깨워 주는 대표적인 사건이다.

또한 독일계 러시아인으로 소련의 스파이였던 조르게(Richard Sorge)는 1933년 9월부터 1941년 10월 간 일본 동경에서 독일 잡지사 특파원으로 활동하며 일본군과 독일군의 동향 및 작전에 관한 첩보를 수집, 소련에 무전 보고하였다. 특히 1941년 6월 독일군의 소련 침공시에는 미리 이를 알아내 소련에 보고하였으며, 이후 일본의 시베리아 침공 가능성이 없다는 결정적 정보를 입수하여 모스크바에 보고함으로써 소련이 시베리아 주둔군을 독일군과 교전중인 서부전선으로 이동시켜 성공적인 방어 작전을

10) 국가정보포럼(2006), p.130.

수행할 수 있게 하였다. 반면 독일과 동맹국인 일본은 소련 스파이에 대한 방첩활동에 실패함에 따라 전쟁에서 치명적인 결과를 입은 바 있다.[11)]

제2차 세계대전 중 영국의 방첩기관인 보안부(SS: Security Service 또는 MI5)는 독일에서 영국으로 파견되었다가 체포된 120명의 독일 스파이들을 역이용하여 독일에 지속적으로 기만정보를 보고하도록 하는 이른바 '더블크로스 시스템'(Double Cross System)을 운용하여 독일의 판단을 오도하였는데 그 중 노르망디 상륙작전에 대한 오판을 유도, 전쟁을 승리로 이끈 것은 대표적인 방첩공작 성공 사례라 할 수 있다.[12)]

한편 20세기 말 동구권의 몰락과 이에 따른 냉전의 종식은 정보활동에 혁명적 변화를 가져왔으나 그렇다고 안보상의 위협이 사라졌다고는 할 수 없다. 21세기에 접어든 2001년 2월 FBI 방첩관 로버트 한센(Robert Philip Hansen)이 25년간 소련의 KGB(국가안보위원회)와 러시아의 SVR(해외정보부)을 위해 간첩활동을 하면서 6천쪽 분량의 각종 기밀정보를 넘겨주었다. 한센이 넘겨 준 정보 중에는 미국이 1980년대 초부터 워싱턴 주재 러시아 대사관 땅 밑에 비밀터널을 뚫어 러시아 대사관 인력의 활동과 각종 시설을 몰래 감시하고 대화를 도청하여 정보수집을 해 온 사실이 포함되어 있었다. 도청용 비밀터널은 FBI와 국가안보국(NSA)이 공동으로 설치했던 것이다. 한센이 2001년 FBI에 의해 체포된 것은 이를 단적으로 설명해 주는 사실이다.[13)] 즉 세계 각국은 여전히 자국의 이익을 위해 다른 국가에 대한 기밀 탐지 · 수집활동을 활발히 하고 있으며, 이에 대한 대응활동인 방첩활동도 계속해서 국가가 우선적으로 수행해야 하는 중요한 임무로 남아있다.

---

11) Abram N. Shulsky and Gary J. Schmitt(2002). p.14.

12) Norman Polmar and Thomas B. Allen. *Spy Book*, (New York: Random House. 1996), pp.173–174.

13) U.S. Department of Justice Office of the Inspector General. *A Review of the FBI's Performance in Deterring, Detecting, and Investing the Espionage Activities of Robert Philip Hansen*, (Washington D.C.: U.S. Department of Justice, 2003), pp.1–27; 『조선일보』, 2001.8.7; 『동아일보』, 2001.3.4.

제2절 보 안

1. 보안의 개념

인류 탄생 이래 인간은 자신은 물론 가족, 씨족, 부족의 안전을 위해서 자신의 취약점을 노출시키지 않기 위해 부단히 노력해 왔다. 국가나 기업도 국제사회에서 존립을 유지하고, 더욱 융성 발전하기 위해서는 그 존립이나 발전을 저해하는 요소들을 찾아 이를 방지할 수 있는 대책을 강구하고, 이를 적극 보호하여야 한다.

보안이란 개인, 조직 또는 국가가 그 존립을 확보하거나 경쟁에서 승리하기 위해 필요한 요소를 찾아 그것을 보호하는 것을 말한다. 따라서 보안이란 국가만이 아니고 기업체나 단체, 가정뿐만 아니라 개인에게도 반드시 필요하며, 실제로 그러한 대책들은 누구의 지시에 의해서가 아니라 자기 방어를 위해 본능적으로 강구하면서 행하는 것이다.[14)]

보안의 사전적 의미는 표준국어대사전에 "안전을 유지함", "사회의 안녕과 질서를 유지함"이라고 되어 있다.

국가안보 측면에서의 보안은 "국가안전보장이나 국가이익과 관련된 인원 · 문서 · 시설 · 지역 · 자재 · 전산 · 통신 등을 각종 위해요소로부터 보호하기 위한 예방대책"이라고 정의할 수 있다. 그러나 보안이란 말은 국가에 따라 그 개념 정의가 상이할 수밖에 없다.

미국에서는 보안(Security)을 "기밀에 속하는 모든 기관 · 인물 · 물자 · 시설 · 지역 등에 관한 일체를 허가되지 않은 자로부터 보호하는 것"으로 정의하고 있다.[15)] 반면에 중국은 "비밀유지 및 안전업무"라고 칭하며, "적의 간첩활동을 차단 · 예방하기 위해 취해지는 방어성 조치"[16)]로 정의하고 있다. 또한 타이완에서는 "지역의 안녕을 보호하는 것"[17)]으로 정의하기도 한다.

이와 같이 보안의 개념은 사용주체와 용도에 따라 다양한 의미를 내포하는 것이다.

14) 국가정보포럼(2006), p.135.

15) Merriam-Webster, *Advanced Learner's English Dictionary*, (Massachusettes, 2008), p.1468.

16) 徐國豪, 『外國諜報辭典』, (復旦大學出版社, 1993), p.57.

17) 辭海, 『保安, 保護地方之安寧也』, (臺灣: 中華書局, 1979). p.310.

우리나라 보안제도는 1953년 휴전 이후 군에서 군사비밀이나 문서 · 자료 · 시설 등을 간첩 · 태업 · 전복 및 이와 동조한 불순분자로부터 보호하기 위하여 '군사기밀보호규정'과 '비밀취급인가규정'을 제정하여 운영함으로써 태동하였고, 또한 국가 차원의 보안제도는 중앙정보부법[18]에 의한 국가재건최고회의 규칙 제16호 및 제17호로부터 비롯되었다. 즉 보안규정은 우선 정보와 인원보안 면에 중점을 둔 '비밀보호규칙'[19] 및 '비밀취급인가규칙'[20]의 제정으로부터 국가적 제도화의 근거를 찾아볼 수 있다. 그러나 위 규칙은 국가재건최고회의와 그 소속기관 내부에서만 효력을 발할 수 있는 행정규칙에 불과했다.

1963년 12월 민정이양을 계기로 중앙정보부법이 개정되고 동 법 제2조 제2항에 의거 1964년 3월 「보안업무규정」(대통령령)을 제정[21]하고, 동년 6월 「보안업무규정시행규칙」(대통령훈령)을 제정함으로써 비로소 국가보안체계의 기틀이 마련되었다. 보안업무규정은 그 성격에 있어서 행정부의 내부 및 이와 공법상의 특별권력관계에 있는 공공기관의 내부에서만 효력을 가지는 행정규칙이다.[22]

우리나라 보안업무는 3권 분립의 정신에 따라 입법부는 「국회보안업무규정」(국회규정 제430호), 사법부는 「비밀보호규칙」(대법원규칙 제1497호)을 독자적으로 정하여 시행하고 있는데, 행정부의 각급 기관[23]에 대해서는 국가정보원장, 입법부는 국회사무총장, 사법부는 법원행정처장 등에게 보안업무 지도조정 기능을 부여하고 있다.

국가정보원법 제3조(직무)에 의하면 국가정보원은 국가기밀에 속하는 문서 · 자재 · 시설 및 지역에 대한 보안업무, 정보 및 보안업무 기획 · 조정 등의 직무를 관장하는바 국가보안방책의 수립, 보안측정, 보안사고 전말조사 및 신원조사 활동 등을 통해 각급 기관의 보안업무를 기획 · 조정하고 있다. 다만 국방부 본부 이외의 군사보안과 관련된 대상은 국방부장관에게 그 권한을 위임하고 있다.[24] 행정부 내의 각급 기관은 보안업무규정에 근거한 자체 보안내규를 제정하여 수행하고 있다.

18) 「중앙정보부법」(법률 제619호), 1961.6.10. 제정
19) 「국가재건회의규칙」 제16호, 1961.6.15, 제8장 58개 조항으로 구성.
20) 「국가재건회의규칙」 제17호. 1961.6.15, 제5장 22개 조항으로 구성.
21) 「보안업무규정」(대통령령 제1664호), 1964.3.10. 제정
22) 민병설, "산업보안체계의 정립에 관한 연구", 『경희대 박사학위 논문』, (2002), p.10.
23) 보안업무규정 제2조 제2호는 각급 기관을 헌법, 정부조직법 기타 법령에 의하여 설치된 국가기관(군기관 및 교육기관을 포함)과 지방자치단체 및 공공단체로 정의하고 있다.
24) 「보안업무규정」 제43조(권한의 위임) 참조.

보안관리의 기본 원칙에는 예방관리의 원칙과 관리자 책임의 원칙이 있다. 예방관리의 원칙이란 보안관리의 목적이 사고 예방에 있다는 것이다. 즉 사고가 일어나지 않도록 사전에 예방해야 하며 소 잃고 외양간 고치는 식이 되어서는 안 된다는 것이다. 관리자 책임의 원칙은 보호해야 할 대상을 관리하는 자에게 비밀누설이나 분실 등 문제가 발생하였을 때에는 직접적으로 책임이 있다는 것이다. 보안업무규정 제3조는 "국가안전보장에 관련되는 인원 · 문서 · 자재 · 시설 및 지역을 관리하는 자와 관계기관의 장은 이에 대한 보안책임을 진다"고 규정, 관리자 책임의 원칙을 명시하고 있다.

국가나 기업, 각종 연구소 등이 보안사고를 예방하기 위해서는 보안관리체제가 확립되어 보안관리 제도나 보안관리 기구가 잘 구비되어 있어야 한다.

보안관리 제도로 각종 보안관련 규정이나 지침 · 내규 등이 제정되어 있어야 하고, 기구로는 보안업무와 관련하여 참모역할을 하는 보안담당관이나 그 밖의 분임보안담당관, 보안업무당당자 등이 있어야 하며, 그 권한과 임무도 명확하게 규정이나 지침에 명기되어 있어야 한다. 또한 각 부서별 보안책임자로 이루어진 보안심사위원회도 구성하여, 보안관련 규정이나 지침의 제정 및 개정, 보안관련 기타 의견을 보안 최고책임자에게 건의하고, 직원들에게 보안을 홍보하는 등 보안에 관한 여러 가지 능률적인 일을 수행하여야 한다.

보안은 주체에 따라서 개인 · 기업 · 국가 보안 등으로 나눌 수 있고, 또한 보호해야 할 대상에 따라 인원 · 문서 · 시설 · 전산 · 통신 보안 등으로, 업무분야에 따라서 군사보안, 공작보안, 산업보안 등으로 분류할 수 있다.

아래에서는 보호해야 할 대상에 따른 분류인 인원 · 문서 · 시설 · 전산 · 통신보안 등에 대하여 살펴보기로 한다.

2. 인원보안

인원보안이란 국가안보나 국가이익 관련 업무가 잘 수행되도록 사람을 관리하는 것이다. 국가안보나 국가이익 등 중요한 업무를 수행하는 자를 성실하고 충성심이 있는 자로 선정하고, 그들이 그러한 자세를 견지하도록 지도 · 감독하며 보호하는 제반 관리행위를 말한다. 즉 인원보안은 인원을 관리하는 임무를 맡은 인사업무담당자나 인원을 거느리고 있는 직속상관 내지 기관장 등이 수행하여야 할 기본적인 업무로서,

그 대상인원의 자질과 능력, 성실성, 충성심, 성품, 성향 그리고 주위환경까지 파악하여 적재적소에 배치하고 국가를 위해 최선을 다할 수 있게 관리하는 것이다.[25)]

모든 보안관리는 사람이 수행한다. 그러나 인원보안은 대상이 사람이기 때문에 보안관리가 어렵다. 기계나 사물은 사람이 관리하고 의도하는 대로 움직이고 작동되지만 사람은 창조적이고 이지적이며 융통성이 있는 장점이 있는 반면 실수도 할 수 있고 나태해질 수도 있으며, 이기적인 욕망이 작용하여 관리자의 의도대로 움직이지 않을 수도 있기 때문이다. 사실상 보안을 지키는 주체도 사람이고 침해하는 주체도 사람이므로 인원보안이 모든 보안의 기본이 되는 것이다. 인원보안이 잘 되기 위해서는 우선 임직원들의 보안관련 정신자세가 확립되어 있어야 하고 보안관리 요령에 대한 직무지식과 대내외 보안환경도 좋아야 한다.

인원보안의 대상은 크게 나누어 보면 공무원이나 정부관리기업체의 임직원과 같이 일정한 신분을 획득함으로써 보안의 대상이 되는 인원과 선원, 항공종사자, 해외여행자 등과 같이 일정한 자격을 획득함으로써 대상이 되는 두 가지 경우가 있다.

인원보안의 수단이란 사람을 관리하는 수단을 말하는데 사람이란 개성과 경륜, 교육정도가 다르기 때문에 정형화된 관리수단보다는 개개인의 적성에 맞게 관리를 하는 것이 바람직한 면도 있으나 통상 아래의 네 가지 수단을 많이 사용하고 있다.[26)]

첫째, 신원파악이다. 신원파악이란 공직자의 신분이나 중요자격, 허가취득자 등에 대해 신원정보를 사전에 파악하는 것으로서 대표적인 것이 신원조사이고, 대상자로부터 신상명세서나 인사기록카드를 작성, 제출받거나 개별면담을 하는 것도 일종의 신원파악이다.

신원파악을 하는 제일 큰 목적은 대상자에 대하여 과거와 현재사실을 토대로 미래의 보안성을 판단하는 것으로 본인 및 주변인물의 사상, 동향, 인품, 소행 등 기본적인 신원정보를 수집하여 대상자의 성실성과 신뢰성, 국가에 대한 충성심, 기업에 대한 애사심 여부 등을 감안하여 채용여부 및 보직, 담당업무 조정 등 대상자를 효과적으로 관리하기 위한 신원정보를 수집하는데 있다.

둘째, 동향파악이다. 신원파악 단계에서 신원이 안전하다는 판정을 받고 일단 임용되거나 일정한 자격을 부여받은 사람도 주변환경과 접촉하는 사람으로부터 많은 영

25) 국가정보포럼(2006), pp.137–138.

26) 위의 책, pp.138–139.

향을 받아 직무자세 · 준법성에 문제가 있을 수 있으므로 특히 중요기관 또는 중요보직의 대상자를 각종 불순한 기도나 유혹으로부터 보호하는 것이 매우 중요하다. 또한 신원파악을 하였다 하여 그 사람의 신원정보를 하나도 빠짐없이 수집할 수도 없고, 신원을 조사하는 신원조사관의 기준도 각각 다를 것이다. 따라서 인원보안관리를 잘하려면 그 사람의 환경변화나 업무변경 등 사유 발생시 추가로 신상 파악이 필요한 경우가 있다.

셋째, 보안교육이다. 효과적인 보안관리를 하기 위해서는 구성원들이 보안의 대상에 대한 정확한 이해와 실천의지, 보안관련 직무지식을 갖는 것이 필요하다. 보안관리를 하는 데 제일 무서운 적은 무지 및 해이한 정신자세이다. 최고 경영진의 보안에 대한 관심은 특히 중요하다. 수시로 교육을 통하여 보안의 중요성에 대해 이해를 시키고 설득하며, 반복교육으로 강조하고 철저히 감독하는 것이 중요하다. 특히 신규임용자나 비밀취급인가자 등 중요보직자, 그리고 퇴직예정자 등에 대하여 교육을 반복실시하여야 한다.

넷째, 보안조치(서약)이다. 보안조치란 지득한 기밀을 누설하지 않겠다는 다짐을 받는 것으로서 신규임용자나 퇴직예정자, 해외출입자, 비밀 또는 중요업무처리자 등에 대하여는 '비밀유지서약서', 협력업체에 대하여 '비밀관리를 위한 협약서'의 작성 등과 같은 보안조치를 하며, 그 형식은 문서나 구두를 가리지 않으나 심리적인 압박을 주어 기밀을 철저히 보호하는 데 목적이 있으므로 여러 명을 단체로 하는 것 보다는 개별적으로, 구두보다는 근거가 남는 문서로 하되, 보다 상위 직급자 앞에서 서약하는 것이 더욱 효과적이다. 때로는 직원들의 신분증(ID card)도 확인 · 점검하고 모니터링도 필요하다. 특히 퇴직예정자에게는 관련서류나 신분증 등을 필히 반납 받아야 한다.

또한 정기적으로나 불시에 보안감사나 점검을 실시하여 보안우수자나 위반자에 대하여는 적절한 포상 및 불이익을 부과함으로써 보안의식을 제고시켜야 한다.

3. 문서보안

일반적으로 문서라고 하면 공문서와 사문서를 모두 포함하는 개념이지만 국가보안의 대상으로서의 문서는 국가기관이나 국가로부터 위임받은 공공단체 등이 공무상 작성하였거나 접수한 모든 문서 · 도화 · 사진 · 필름 · 지도 · 괘도 · 상황판 · 전자기록 등을 말한다.

그런데 문서보안의 대상으로서의 문서는 물리적인 존재이기 때문에 편리한 점도 많지만 보안관리를 하는데 있어서 분실, 도난의 위험성이 있으며, 문서자체를 절취하지 않고 사진촬영이나 복사하여 누설할 때에는 누설의 근거확인이 곤란하고, 일단 유출될 경우에는 적국이나 경쟁자에게 확실한 근거를 제공하는 취약성이 있다.[27)]

(1) 국가기밀의 개념 및 분류

국가보안은 국가의 안전보장을 위하여 보호할 가치가 있는 기밀이 누설되지 않도록 보호하는 것이 기본이다. 「국가정보원법」(2011년 11월 22일 일부개정, 법률 제11104호) 제13조 제4항은 "이 법에서 국가기밀(國家機密)이라 함은 국가의 안전에 대한 중대한 불이익을 피하기 위하여 한정된 인원만이 알 수 있도록 허용되고 다른 국가 또는 집단에 대하여 비밀로 할 사실, 물건 또는 지식으로서 국가기밀로 분류된 사항만을 말한다"라고 규정하고 있다.

따라서 국가기밀은 공지(公知)의 사실이 아닌 것으로서 적국을 포함한 외국에 누설되는 경우 국가안보 및 국익에 명백한 불이익을 초래할 가능성이 있는 것이면 비밀이건 대외비이건 그 형식여하에 관계없이 국가기밀에 포함된다고 하겠다.

또한 「보안업무규정」 제2조 제1호는 "비밀이라 함은 그 내용이 누설되는 경우 국가안전보장에 유해로운 결과를 초래할 우려가 있는 국가기밀로서 보안업무규정에 의하여 비밀로 분류된 것을 말한다"고 규정하고 있다.[28)]

따라서 비밀은 국가기밀 중에서 특별히 보호할 가치가 있는 사항을 별도로 지정, 보안업무규정에 의하여 취급관리토록 한 것으로, 문서 · 도화 · 녹음테이프 · CD · USB 등 그 형태와는 상관없이 내용이 비밀에 해당되면 비밀에 해당된다. 현재 우리나라에서는 보안업무규정에서 정한 비밀분류지침에 의거 Ⅰ · Ⅱ · Ⅲ급 비밀로 분류(실질적 요건)하고, 또한 별도의 해당비밀 표지가 명시된 것(형식적 요건)을 그 요건으로 하고 있다.[29)]

27) 앞의 책, pp.140-142.

28) 「보안업무규정」 제2조(정의) 1호 참조.

29) 헌법재판소는 비밀의 기준에 대해 "비밀의 실질적 기준으로는 非公知性과 實質秘性, 要秘匿性의 3가지를 규정하고 있는데, 비공지성이란 보통 일반인에게 알려지지 아니한 것을 말하고, 요비익성이란 비밀로 감추고 보호해야 할 필요성과 상당성을 말하며, 실질비성이란 비밀로서 보호할 만한

비밀은 그 중요성과 가치의 정도에 따라 Ⅰ · Ⅱ · Ⅲ급 비밀로 구분하고 있는데 Ⅰ급 비밀은 누설되는 경우 대한민국과 외교관계가 단절되고 전쟁을 유발하며, 국가의 방위계획 · 정보활동 및 국가 방위상 필요 불가결한 과학과 기술의 개발을 위태롭게 하는 등의 우려가 있는 비밀이고, Ⅱ급 비밀은 누설되는 경우 국가안전보장에 막대한 지장을 초래할 우려가 있는 비밀이며, Ⅲ급 비밀은 누설되는 경우 국가안전보장에 손해를 끼칠 우려가 있는 비밀로 분류하고 있으며, 보안업무규정시행규칙 제11조에서 비밀세부분류지침을 작성하여 놓고 활용하도록 하고 있다.

또한 비밀이 아닌 대외비(對外秘)가 있는데 대외비란 그것이 누설되는 경우 국가안보에 손해를 끼치거나 악영향을 미치는 내용이 아니라 공정한 직무를 수행하고 이해관계자들에게 공정한 기회를 보장하기 위하여 "직무 수행상 특별히 보호를 요하는 사항"을 말한다.[30] 예를 들면 미확정된 중요정책 추진계획에 관한 사항이나 공무원 임용 시험문제, 대학 입시문제, 암행성 단속계획 또는 특별지역 개발계획 등이 이에 해당된다.

(2) 국가비밀의 성립요건

① 비공지성(非公知性)

비밀의 요건으로 첫 번째로 들 수 있는 것이 비공지성이다. 특정한 사안이 성질상 비밀로서 보호할 필요성이 있다 하더라도 그 내용이 이미 일반에게 알려진 것이라면 그 보호의 가치는 없다. 비공지성의 요건은 행위 당시 한정된 인적 범위에서만 알려졌을 뿐 그 범위를 넘어 알려지지 않은 것을 의미한다.[31] 일반에게 공지되지 아니하고 한정된 사람에게만 접근가능한 것이어야 하므로 적어도 그 접근가능한 사람을 확정할 수 있어야 한다. 그 확정은 사람들의 이름을 일일이 적시하거나 그 수를 확정할 수 있어야 하는 것은 아니고, 그 비밀사항을 취급하는 기관 · 부서에 소속한다는 등 특정한 징표에 의해 한정할 수 있으면 족하다.

또 일반적으로 형법 제127조의 공무상비밀누설죄에서 의미하는 비밀은 통상의

실질적 가치가 있음을 말한다"라고 판시하고 있다(1997.1.16 선고 89헌마240).

30) 「보안업무규정시행규칙」 제7조(분류금지와 대외비) 제3항 참조.

31) 독일에서는 이 요건이 제한적 접근가능성(Begrenzte Zuganglichkeit)으로 이해되고 있다.

지식 · 경험을 갖는 다수의 자에게 아직 알려지지 아니할 것을 요한다고 할 수 있다.[32)]

비공지성의 기준은 상대적인 것이다. 따라서 국내의 전문부서에서는 알려진 사항이라 하더라도 외국에서는 사정에 따라서 비공지일 수도 있다. 그러나 국내에서 공지된 사실은 외국에 대해서도 비밀이라고 할 수 없음이 보통이다.[33)]

② 필요성(必要性)

국가기밀로 다루어지기 위하여는 누설되는 경우 국가안보에 실질적 위협을 가져오거나 공무의 민주적 · 능률적 운영을 국민에게 보장할 수 없게 될 위험이 존재하게 되는 경우 등 기능적으로 보아 비밀로 할 필요성이 인정되는 사항이어야 한다. 그러나 이 필요성 요건의 여부는 실질비설[34)]을 취하는 경우 철저하게 적용되고 종국적으로는 법원의 판단을 받게 된다.[35)]

③ 허용성(許容性)

기밀보호와 관련하여 논란이 되는 것은 보호대상인 기밀의 내용이 위헌 · 위법인 경우에도 국가기밀로서 법의 보호를 받는지 여부이다. 그러나 전술한 것처럼 현대국가에서 일반화되고 있는 국정공개의 원칙이 국가행위의 잘못이나 비합리성을 견제하기 위하여 주장되고 있으며, 국가행위가 적법해야 한다는 법치주의의 요청에 비추어 본다면 보호대상 기밀의 내용이 합헌성과 합법률성을 유지해야 한다. 자국을 해하거나 외국을 이롭게 한다는 목적이 있는 경우 위법한 비밀을 보호할 수 없는 것은 당연하다.[36)]

---

32) 박용상, "국가기밀법의 체계", 『사법논집』, 제27편(1996), pp.540-544.

33) 이미 외국언론에 보도된 내용들이거나 외신을 통하여 국내 언론사에 배포된 것으로서 외국에 널리 알려진 사항은 특단의 사정이 없는 한 이를 비밀로 하거나 확인되지 아니함이 외교정책상의 이익이 된다고 할 수 없는 것이어서 외교상의 기밀에 해당하지 아니한다(大判 1995. 12. 5, 94도2379.).

34) '실질비설'이란 비밀로서 보호할 만한 실질적 가치가 있어야 함을 말한다(대법원 1997.7.16. 선고 97도985 전원합의체 판결).

35) 이러한 기능성이 인정되는 대표적인 것으로는 국가기밀로서 보호되는 군사기밀 또는 외교기밀이다. 국가기밀을 보호하는 실정법상의 규정은 그 보호필요성을 보통 그 보호법익과 관련하여 국가안전에 대한 위해의 가능성을 기준으로 한다. 그 위해가능성의 정도에 따라 비밀의 등급을 매기거나 그 처벌에 차등을 두는 것이 일반적인 취급이다.

36) 천상범, "국가기밀보호제도에 관한 공법적 연구", (한양대학교 박사학위 논문, 2001), p.39.

④ 진정성(眞正性)

국가기밀로서 보호대상이 되는 것은 관할 국가기관에서 권한과 책임이 있는 자가 실제로 작성한 문건이나 제조한 물건 등 진정한 것이어야 한다.

(3) 비밀의 취급

비밀의 취급이란 비밀을 수집하거나 작성 · 분류 · 재분류 · 접수 · 발송 등 일체의 관리행위를 말한다. 비밀회의에 참석하거나 브리핑 및 교육 참석도 해당된다. 비밀의 접수 · 발송 등 비밀내용 지실여부를 불문하며, 비밀에 접근하여 관리행위를 하는 것은 모두 비밀의 취급이다. 비밀을 취급하는 비밀취급인가는 비밀취급이 불가피한 직책, 예를 들어 비밀보관책임자나 비밀문서 수발업무 담당자, 비밀공작 업무 수행자 등 직책상 필요하고 질병이나 성격 결함, 국가안보에 유해한 사실이 발견되지 않은 신원상 안전성이 있는 자에게 인가해야 한다.

비밀취급인가자의 비밀취급 범위는 소관업무 범위 내에서 인가 받은 등급 이하만 취급할 수 있다. 예를 들어 II급비밀 취급인가를 받았으면 소관업무 범위 내의 II · III급비밀과 대외비만 취급이 가능하다. 비밀내용을 지득한 자는 비밀문서 말미에 첨부된 비밀열람기록전 등에 필히 서명 날인하여야 한다.

또한 고의 또는 중대한 과실로 보안사고를 범하였거나 보안업무에 지장을 초래하였거나, 퇴직, 휴직, 장기병가, 장기출장, 비밀취급이 불필요한 직책으로의 전보 등으로 비밀의 취급이 불필요하게 된 때에는 비밀취급인가를 해제하여야 한다.

(4) 비밀의 생산

비밀의 생산이란 비밀을 만들어내는 것으로 비밀취급인가를 받은 자만이 생산할 수 있다. 비밀의 생산은 반드시 문서나 책자에 국한하지 않고 비밀로 생산된 상황판의 제작, 사진의 인화 및 현상 등도 비밀의 생산에 해당한다. 비밀의 생산시 다음의 몇 가지를 유의하여야 한다.[37)]

첫째, 사전계획에 의하여 생산하는 것이다. 비밀은 그 내용과 직무상 직접관계가 있는 자만이 취급할 수 있으므로 비밀의 배포도 직무와 직접 관계가 있는 기관이나 부

37) 국가정보포럼(2006), pp.141–142.

서에 국한하여야 한다. 따라서 비밀은 기초 기안단계에서부터 배포계획을 수립, 비밀에 첨부하여 결재를 받아야 한다.

둘째, 현재 필요한 최소한의 양만 생산하는 것이다. 비밀의 양이 많으면 많을수록 누설이나 분실의 위험성은 그만큼 커지기 때문에 생산 부수 자체를 통제할 필요가 있다. 따라서 비밀은 장래 소요가 증가할 것에 대비하거나 미리 예비용으로 여유 있는 부수로 생산하여서는 안 된다.

셋째, 배포처에 따라 비밀의 내용을 제한하는 것이다. 비밀을 효과적으로 보호하기 위하여 한 건의 비밀이라도 그 내용 전체를 배포하지 말고 접수자에게 필요한 부분만 알리고, 알리지 않아도 업무수행에 차질이 없거나 알려서는 안 될 부분은 알리지 않아야 한다. 비밀원본이 단일건의 문서나 책자로 되어 있어도 효과적인 비밀보호를 위하여 배포처에 따라 재편집하여 배포하여야 한다.

비밀을 생산하거나 접수할 시에는 비밀관리기록부에 기록하여야 하며, 비밀의 작성, 분류, 접수, 발송, 취급 등에 관한 일체의 사항을 기록 · 유지하여야 한다. 또한 불순분자의 무단접근 및 도난으로부터 보호하고 화재, 파괴 등을 방지하기 위해 견고한 이중 철제캐비넷이나 금고 등에 보관하고 일반문서와 혼합 보관해서는 안 된다.

(5) 비밀보관책임자의 임무

비밀보관책임자는 비밀을 최선의 상태로 보관하고 비밀의 누설, 도난, 분실, 손괴 등의 방지를 위해 감독을 철저히 하고, 비밀관리기록부나 대출부, 비밀열람기록전 등을 철저히 기록 유지하여야 하며, 비밀의 대출 · 반납시는 해당등급의 비밀취급인가자가 업무범위 내의 대출인지 여부를 확인하고, 대출비밀의 보관 및 열람시 보호대책을 마련하고, 반납시는 비밀의 이상 유무나 비밀열람기록전에 서명 여부를 필히 확인하는 등 보안사고가 발생하지 않도록 철저히 관리하여야 한다.

(6) 비밀의 파기

비밀의 파기란 비밀을 소각, 용해 또는 기타의 방법으로 원형을 완전히 소멸시키는 것을 말한다.[38] 파기는 그 내용 및 형태를 해독하거나 재생할 수 없는 정도라면 그

38) 「보안업무규정시행규칙」 제14조(파기) 제1항 참조.

방법에는 제한이 없으나 소각하는 방법이 가장 효과적이고 완전하다고 할 것이다.

비밀의 파기는 보관책임자 또는 그가 지정하는 비밀취급인가자의 참여 아래 그 비밀의 처리담당자가 행하며 비밀관리기록부의 파기 확인란에는 참여자의 파기확인을 받아야 한다.[39)]

국가기관은 보호기간이 경과된 비밀원본은 파기하지 않고 「공공기록물 관리에 관한 법률」 및 동 법 시행령이 정하는 바에 따라 기록물 전문 관리기관에 이관하여야 한다.

4. 시설보안

국가안보나 국가이익을 위하여 안보나 국익에 관한 업무를 수행하는 사람을 잘 보호하여야 하고(인원보안), 보안상 중요한 기밀이 수록되어 있는 문서를 잘 관리하는 것(문서보안)도 중요하지만 국가안보를 위하여 중요한 기능을 수행하는 시설을 잘 보호하는 것도 중요하다. 시설보안이란 국가안보나 국가이익에 관한 기능을 수행하는 시설들을 각종 위해 행위로부터 보호하기 위한 제반대책과 그 이행을 말한다.

시설보안의 대상은 원칙적으로 국가안보와 국익에 기여하는 전 시설이 대상이 되지만 모든 시설을 보호할 수 없는 것이 현실이므로 그 시설이 파괴될 경우 전략 또는 전술적으로 막대한 손해를 초래하거나 국가안전보장이나 국가이익에 연쇄적 혼란을 초래할 우려가 있는 시설을 국가보안목표시설로 선정하며, 항공기나 선박은 보호장비로 중점 관리하고 있다.[40)]

(1) 시설보안대책 강구시 유의사항

하나의 시설에 대한 시설보안대책을 강구하는 데 고려하여야 할 사항을 보면 먼저 시설의 건설계획단계에서부터 시설보안대책을 철저히 검토하여야 하고, 해당시설의 기능에 장애가 되지 않는 보안방벽(보안시설물 · 장비 등)을 선택하여야 하며, 설치한 보안방벽은 시설의 위치 또는 주변환경과 조화를 이루어야 한다. 또한 시설의 중요도에 비례하는 정도의 보안대책을 강구하여야 하며, 보안환경이 악화된 상태를 기준으로 보안방벽을 구축하는 등, 시설보안대책 자체에 대한 철저한 보안관리가 중요하다.

39) 「보안업무규정시행규칙」 제14조(파기) 제2항 참조.
40) 국가정보포럼(2006), pp.142-143.

(2) 보호구역

국가안전보장과 관련된 모든 시설은 그 시설 또는 기능을 보호하는 방법으로 일정한 지역에 울타리를 설치하고 관계가 없는 자의 출입을 제한하거나 경계 및 방화대책 등 필요한 시설보안대책을 강구하여야 하며, 그 울타리 내에서도 더욱 중요하거나 특별한 보호대책이 요구되는 지역에는 보다 강도 높은 보호대책을 강구하여야 한다. 이와 같이 비밀의 보호나 국가중요시설, 장비 및 자재의 보호를 위하여 필요한 장소에 일정한 범위를 정하여 출입자 통제 등의 보호대책을 강구하는 구역을 보호구역이라고 한다.

보호구역은 제한지역, 제한구역, 통제구역으로 구분한다. 제한지역은 비밀 또는 정부재산의 보호를 위하여 울타리 또는 경호원에 의하여 일반인의 출입에 감시가 요구되는 지역이고, 제한구역은 비밀 또는 주요 시설 및 자재에 대한 비인가자의 접근을 방지하기 위하여 출입에 안내가 요구되는 구역이며, 통제구역은 비인가자의 출입이 금지되는 보안상 극히 중요한 구역[41]을 말하는 것으로 출입인가자의 한계를 미리 설정하여 내부인, 외부인을 막론하고 그 이외의 자들이 출입하려면 사전 관리책임자의 허가를 받고 출입자명부에 기재한 다음 안내를 받아야 하는 장소를 말한다. 주로 비밀상황실이나 비밀보관소, 영업비밀보관실, 주요 연구실, 전산실, 무기고 또는 중요한 시설의 핵심설비와 같이 눈으로 보거나 귀로 들음으로써 비밀을 지득하거나 시설의 구조, 기능 등을 파악할 수 있는 보안상 대단히 중요한 지역을 통제구역으로 한다.

5. 전산 · 통신 보안

(1) 전산분야

오늘날 인터넷과 PC로 대변되는 정보 및 통신기술(ICT: Information and Communication Technologies)의 혁명으로 정보의 생성, 저장, 처리, 가공, 소통, 검색이 서로 연결된 다양한 정보통신망으로 이루어지고 있으며, 세계 각국은 21세기의 국가생존을 위하여 초고속 정보통신망 등 인프라 구축에 심혈을 기울이고 있고 컴퓨터 네트워크는 국가의 기간망으로 발전하고 있다.[42]

---

41) 「보안업무규정시행규칙」 제42조(보호구역) 참조.

이러한 정보화의 편리성과 유익함 이면에는 정보의 파괴, 유출, 변조 및 정보통신 인프라의 마비 등 정보화 역기능이 상존하고 있으며, 특히 자신의 정보가 침해받는 줄도 모르고 피해를 당할 수 있는 데 문제의 심각성이 있다. 특히 외교, 국방, 경제 등 국가안보에 위해를 주는 정보의 유출은 국가안위의 문제로까지 발전할 수 있는 바, 전산보안 관련 정보사용자들은 정보자원의 효율적 사용을 위해 정보의 기밀성과 무결성을 보장하면서 가용성을 최대화할 수 있도록 전산보안 대책을 필히 수립하여야 한다.

전산망을 효과적으로 운용 · 관리하기 위하여 전산망의 보안취약요소를 사전에 발굴하여, 대책을 수립하고, 전산망의 안전성과 신뢰성의 조화를 이루기 위한 것이 전산망 보안대책이다.

우선 시설에 대한 보안대책이 필요하다. 정보통신시스템 운용기관의 장은 전산장비 설치장소 및 프로그램 작업실 등을 통제구역 등 보호구역으로 설정하고, 특수 자물쇠, 콘크리트 벽, 자동경보기, CCTV, X-ray 투시기 등을 이용하여 보호구역에 대한 접근을 방지하고 감시하여야 한다. 또한 컴퓨터 등 주요 장비는 비인가자가 접근할 수 없는 장소에 비치하고 시스템 프로그래머나 하드웨어 제작자 등에 대해서는 운영감독자가 동행하여 세심한 감시를 하고 다른 방문객에 의한 접근도 적절히 통제하고 감시하며, 통제구역에는 '통제구역 출입자 명부'를 비치하여 철저히 기록을 유지하여야 한다.

또한 컴퓨터 등 각종 장치에서 발생되는 전자파 차단대책을 강구하여야 한다. 미국의 정보학자 슐스키(Abram N. Shulsky)는 "어떤 형태의 전기장치든지 전자파를 발산하기 때문에, 이러한 전자파를 도청함으로써 이 전자파를 일으킨 전기적 신호의 특성을 알아낼 수 있다"[43]하였다. 그러므로 전기장치 주변에 차단막을 설치함으로써 전자파 발신 강도를 감소시켜 도청을 어렵게 하는 보안장치를 강구하여야 한다.

다음은 패스워드(password, 비밀번호) 운용관리상의 문제이다. 원격단말기를 통한 비인가자의 접속을 차단하기 위해서는 패스워드나 지문 등 생체인식시스템 등을 사용하여야 한다. 패스워드는 단말기 취급자가 인가된 인원인지의 여부를 확인하는 취급자별 패스워드 및 소관업무 외에는 열람 및 출력을 제한할 수 있는 자료별(파일별) 패스워드 등이 있다.

---

42) 국가정보포럼(2006), pp.144–146.

43) Abram N. Shulsky, *Silent Warfare(Chapter 5: Spy vs Spy Counterintelligence)*, (Virginia: Brassey's, 1993), pp.131–132.

또한 Back-up용 자기테이프나 하드디스크 등 보조기억장치에 수록되어 있는 패스워드를 철저히 관리하여야 하고, 패스워드 파일에 대한 모든 접근을 추적 또는 감시할 수 있는 Log-in System을 사용하여야 한다. 패스워드는 담당자의 교체나 퇴직시 혹은 보안사고가 발생했을 때는 즉시 변경하여야 하며 취급자 및 관리책임자 이외에는 알지 못하도록 관리한다. 패스워드는 숫자나 영문자 등을 혼용하여 8자리 이상이 되도록 하고 수시로 변경하는 것이 안전하다.

입 · 출력 자료관리도 잘 해야 한다. 비밀자료를 입력할 때에는 미리 비밀자료만을 입력할 보조기억장치를 별도로 지정하여야 한다. 다만, 컴퓨터 등 정보통신시스템에 직접 입력하여 사용하고자 할 때에는 암호화 등 적절한 보안대책을 강구하여야 하며 독립된 영역(디렉토리)을 지정하여 사용하여야 한다. 또한 비밀자료 입력시에 반드시 해당 비밀등급과 예고문을 입력하여 열람 또는 출력시 비밀등급이 표시되게 하여야 하며, 비밀 입 · 출력 관리대장 등에 기록을 유지해야 한다. 비밀자료가 입력된 보조기억장치는 비밀관리기록부 등에 등재하고 각 장치별로 별개의 관리번호를 부여하여 별도의 보관용기에 보관 관리하고, 포장 전면에 비밀등급과 관리번호를 그리고 이면에 수록자료의 목록을 부착한다.[44)]

(2) 통신분야

아무리 중요한 국가기밀이나 영업비밀이라도 먼 거리에 있는 사람에게 전달하기 위해서는 통신수단을 이용할 경우가 많은데 이렇게 통신수단에 의해서 전달되는 과정에서 직접, 간접으로 누설되는 것을 미연에 방지하거나 지연시키기 위한 제반방책을 통신보안이라고 한다. 과학기술의 발달과 함께 통신수단이나 이에 대한 보안대책도 급속도로 발전하고 있으나 한편으로는 첩보수집을 위한 도청장비 등도 계속 발전하고 있어 아직도 보안상으로 완벽한 통신수단은 없으며, 이용자들이 부단하게 통신보안관리를 하는 수밖에 없다.[45)]

통신수단의 종류에는 믿을 수 있는 사람(잘 훈련된 동물을 이용하는 경우도 있음)으로 하여금 통신문을 직접 휴대케 하여 전달하는 전령통신, 우편통신, 전등 · 신호탄 · 연기 등 상호간에 약정된 부호나 신호로 의사를 소통하는 신호통신, 음향통신, 유 · 무

44) 국가정보포럼(2006), pp.145-146.

45) 위의 책, pp.146-147.

선 전기통신 등이 있으며, 특히 전기통신은 보안상 대단히 취약하기 때문에 어려움이 많다.

통신비밀보호법에 의하면 "감청은 전기통신에 대하여 당사자의 동의 없이 전자장치 · 기계장치 등을 사용하여 통신의 음향 · 문언 · 부호 · 영상을 청취 · 공독하여 그 내용을 지득 또는 채록하거나 전기통신의 송 · 수신을 방해하는 것"으로 규정하고 있다.[46] '감청'은 일반인들에게 '도청'으로 알려져 있으며 사용자의 허락 없이 유 · 무선 또는 기타의 방법이나 수단으로 대상자의 대화내용이나 전화통화 내용 등을 청취 및 녹음하는 행위라 할 수 있다. 도청은 정치적 또는 경제적, 개인적 목적 등 여러 가지 목적을 위하여 이용되고 있으며, 기업차원에서 첨단기술, 인수합병, 신제품 개발, 판매전략 등 경쟁사의 기밀사항을 탐지하기 위하여 불법적인 방법으로 얻고자 하는 것이기 때문에 철저히 근절되어야 한다.[47]

도청은 무선 송 · 수신 장치를 이용한 무선도청, 전화기나 유선전화선을 이용한 유선도청, 소형 녹음기를 수신기에 연결하는 방법, 문이나 창 · 벽의 진동을 레이저를 이용하여 탐지하는 방법 등 그 수법이 다양하다.

도청을 방지하기 위한 유 · 무선 통신보안대책을 살펴보면 유선통신의 경우 통로의 선로 중간에 수신기만 접속시키면 수신이 가능하기 때문에 선로를 지하에 매설하는 방법 등이 있다. 또한 단자판이나 맨홀 등에 대하여는 견고한 보호장치를 하여야 하며, 중요한 통신망에 대하여는 선로에 대한 주기적인 순찰과 검색이 필요하다. 그러나 최근에는 각종 첨단 도청장치가 개발되어 유선통신이라도 마음만 먹으면 도청이 가능하기 때문에 보안상 중요한 내용은 음어화하거나 암호장비를 사용하여야 하며, 통신운용자 스스로의 적극적 노력만이 보안을 지킬 수 있다.

전파를 이용하는 무선통신은 도청의 위험에 항시 노출되어 있기 때문에 중요한 내용은 무선통신 이용을 피하거나 음어사용 또는 암호장비가 설치된 장비를 필히 이용하여야 한다. 중요한 회의는 별도의 도청방지 공간을 준비하여 활용하고, 초음파나 초음파 진동 등을 이용해 각종 도청장비의 기능을 무력화시키거나 약화시킬 수도 있다. 그러나 무엇보다 무선통신 운용자들에게 부단한 교육을 실시하여 스스로 보안 단속을 하도록 생활화시켜야 한다.

46) 「통신비밀보호법」 제2조(정의) 7호 참조.
47) 한국산업보안연구학회, 『산업보안학』, (서울: 박영사, 2011), p.265.

제3절 국가방첩

1. 국가 방첩활동의 변천

방첩활동이 언제부터 시작되었는지 그 근거를 제시하기는 어렵지만 정보활동이 인류의 탄생과 더불어 시작되었듯이 방첩도 정보활동의 일환으로 고대부터 시작된 것으로 보인다. 정보활동이 창이라면 방첩활동은 방패와 같은 존재이다. 이 두 활동은 별개의 것이 아니라 동전의 양면과도 같은 존재라 할 수 있다.[48)]

고대국가 시대부터 수많은 전쟁이 있어 왔고, 그 때마다 국가를 방어하고 전쟁에 승리하기 위한 대책의 일환으로 상대국의 정보활동에 대하여 여러 가지 대응 수단을 강구한 사례가 있으므로 스파이 활동과 이에 대응한 방첩활동이 고대국가 시대에서부터 있어 왔다는 것을 쉽게 유추할 수 있다.

초기 방첩활동의 예로는, 스페인 무적함대의 침공을 사전에 파악한 16세기 영국 월싱햄 경(Sir Francis Walsingham)의 스페인 정보활동에 대한 방첩활동이 알려져 있기도 하지만,[49)] 국가 단위의 본격적인 방첩활동의 시작은 정부 산하에 정보기관이 제도화된 20세기 이후로 보아야 할 것이다. 독일에 대한 방첩활동의 필요성에서 영국 MI5의 전신인 비밀정보부(Secret Service Bureau)가 1909년 창설된 것이 그 좋은 예라고 할 수 있다.[50)]

한편 우리나라에서는 구한말 고종황제가 1902년 6월 창설한 제국익문사(帝國益聞社)가 방첩기관의 기원이 된다고 할 수 있다. 제국익문사가 각국 공사관과 개항장에 요원을 파견하여 국내 체류 외국인의 동향을 파악한 것은 전형적인 방첩활동으로 볼 수 있는 것이다.

제국익문사(帝國益聞社)는 고종황제가 1902년 6월 61명의 요원으로 황제 직속 정보기관으로 설립한 우리나라 최초의 근대 정보기관이다. 표면적으로는 매일 사보를 발간해 국민들이 보도록 하고 국가에 긴요한 서적도 인쇄하는 현대판 통신기능을 담

48) 문정인(2002), p.185.

49) Mark Lloyd, *The Guinness Book of Espionage*, (Washington D.C.: DA CAPO Press, 1994), pp.16–18.

50) www.mi5.gov.uk(검색일: 2012.6.7).

당하던 기관이다. '제국익문사비보장정'(帝國益聞社秘報章程)에는 비밀활동의 지침이 상세하게 규정되어 있으며 경성, 내지(지방), 항구, 외국 등 네 개의 지역별로 나누어 일 · 청 등 주변국의 정보를 수집하였다. 요원들은 통신원, 밀정, 밀사 등의 이름으로 황제를 보필하면서 국권회복을 위해 다양한 활동을 하는 등 주로 일본의 침략저지에 정보활동의 초점을 맞추었다. 일본의 감시를 받고 교통 · 통신시설이 일본에 장악된 상황 하에서도 미국, 영국, 러시아, 프랑스, 독일 등 각국에 을사늑약의 무효를 선언하는 고종황제의 친서를 전달하며, 이에 대한 세계 여론을 형성하는데 막후 지원활동을 전개하였으나 헤이그 밀사사건(1907년)으로 고종황제가 퇴위되면서 해체되었다.[51]

우리나라에서 오늘날과 유사한 방첩업무가 시작된 것은 1945년 8월 15일 해방 후 경찰조직과 군조직이 창설된 이후부터라고 볼 수 있다. 당시는 미군정 경무국과 1948년 정부수립과 동시에 발족한 내무부 사찰과가 북한의 위협에 대응하는 대공(對共)활동과 외국인의 일반 범죄를 포함한 이른바 외사활동(foreign affairs)을 담당하는 데 그쳤고, 1960년대 중앙정보부 및 내무부 치안국도 관련조직을 신편(新編)하였으나 대체로 대공활동의 일환으로 단편적인 방첩활동을 하였을 뿐이다.

따라서 진정한 의미의 현대적 방첩활동이 체계적이고 독립적인 업무영역으로 정착된 것은 1980년대 후반 북방정책 추진과 더불어 공산권 국가와 국교가 정상화되고, 이들 국가의 공관이 국내에 개설됨에 따라 국가안전기획부에 방첩업무를 전담하는 조직이 설치된 이후라 할 수 있으며,[52] 1990년대 탈냉전 이후 세계화 및 정보화 등으로 국가방첩의 필요성이 더욱 확대되면서 2012년 5월 「방첩업무규정」이 제정, 시행되었다.[53]

2. 국가 방첩활동의 유형 및 대상

방첩활동의 유형에는 상대국 정보요원을 포섭하여 이중스파이(double agent)를 통해 상대정보기관에 침투, 역용하거나 허위정보를 제공(기만)하여 상대 정보기관의 정보활동을 교란하거나, 체포, 추방, 비밀공작 등 공격적이고 능동적, 적극적 개념의 방

51) 『제국익문사비보장정』; 『동아일보』, 1998.11.7; 『매일경제』, 1998.11.7. 참조.

52) 국가정보포럼(2006), pp.129-130.

53) 방첩업무규정(2012년 5월 14일 제정, 대통령령 제23780호), 제정과 동시 시행.

첩활동과 상대국 정보기관이나 적대세력들의 자국에 대한 정보수집활동을 색출, 차단, 견제하는 방어적이고 소극적, 수동적 개념의 방첩활동이 있다.

방첩에는 정보수집, 공격적 방첩활동, 방어적 방첩활동 등 세 가지 유형이 있는데 이에 대해 자세히 살펴보기로 한다.

(1) 정보수집

방첩에서의 정보수집은 공격적이며 적극적인 방첩수단으로 자국을 겨냥한 외국이나 불순세력의 정보수집 등에 대해 파악하는 것이다. 특히 방첩정보는 외국 정보기관의 비밀공작활동을 차단하는 데 중요한 수단이 된다. 이는 보안을 지원 강화시키고 적의 침투를 차단하기 위한 방첩에 중요한 실마리를 제공해 주며, 방첩능력을 제고시킨다. 자국의 정보유출을 막는 가장 직접적인 방법은 상대국의 정보기관이 자국에 대해 수행하고 있는 정보활동에 관한 관련 정보를 직접 수집하는 것이다. 국가안보 및 국익 위해행위들이 방첩활동의 단서가 되며 방첩활동 과정을 통해 외국이나 불순세력의 의도를 파악하고 우리나라의 각종 기밀을 보호하는 것이다.

방첩활동을 통해 외국 정보기관 등의 스파이활동을 탐지하고 이를 제거, 자국의 각종 기밀 등을 보호할 수 있기 때문에 수집된 방첩정보는 매우 중요한 것이다.

방첩정보를 수집하는 방법은 첫째로 공개정보의 수집으로 신문 · 잡지 · 방송 등 대중매체의 보도나 인명록 및 정부간행물 등을 통해 외국 정부나 주요 기업의 정책관련 동향을 파악할 수 있으며 각종 학회 · 세미나, 대학 및 연구기관의 발간물을 통해서도 경제계 동향이나 기술개발 동향을 파악할 수 있다. 민간기업 내부의 세부 동향파악을 위해서는 회사 사보 · 간행물 · 결산보고서 등이 활용되며 업계의 인명록과 회사의 내부 조직표나 전화번호 등도 회사의 업무내용을 파악할 수 있는 중요한 단서가 된다.

이러한 공개정보들은 주로 도서관, 정부간행물 센터, 인터넷, 각종 데이터 베이스(D/B) 등을 통해 수집할 수 있으며, 특히 각종 발간물의 수집을 위해서는 각국의 국립도서관이나 국회도서관 등 모든 발간물을 의무적으로 기탁해야 하는 도서관들을 활용하는 것이 효과적이다.[54)]

둘째는 상거래(商去來) 방식에 의한 정보수집으로, 이와 같은 방식은 민간기업들

54) Hugo Cornwall, *The Industrial Espionage Handbook*, (Ebury Press, 1991), pp.17–32.

에서 많이 볼 수 있다. 다른 업체와의 기술제휴나 합작사업의 추진, 주요 인물의 스카웃, 기업의 인수 및 합병, 컨설턴트 등을 이용한다.

셋째는 인간정보 수단에 의한 정보수집으로 중요한 정보에 접근할 수 있는 위치에 있는 인물이나 전문가와의 접촉을 통해 다양한 방법으로 정보를 수집할 수 있다. 매수 및 절취, 학술 및 기술 교류, 연구시설이나 생산시설의 시찰 및 견학, 박람회나 전시회 참관, 전문가의 고용, 세미나 발표나 기고문의 요청, 공동프로젝트 연구 등이 흔히 사용되는 방법이다.

넷째는 기술정보 수단에 의한 정보수집으로 전화, 무선통신 등 통신수단에 대한 도청, 회의나 대화 내용의 도청, 인공위성 등을 통한 사진촬영 및 도청, 컴퓨터 해킹 등이 이용된다.[55)]

(2) 공격적 방첩활동

공격적 방첩활동은 침투되어 있는 외국이나 또는 불순조직의 공작망을 분쇄하기 위하여 취하는 적극적인 방첩수단으로, 간첩이나 태업, 전보, 테러, 국제범죄, 산업스파이 등에 대응하는 활동을 들 수 있다. 현실적으로 취하여지는 조치는 외국이나 불순세력 등에 대한 첩보수집, 외국의 첩보공작 분석, 대상인물 미행감시, 침투공작, 역용공작, 간첩신문 등이 해당된다. 또한 비밀내용이 외국에 노출되어 있는 상황에서 대상국이 오인하도록 유도하기 위해 허위정보를 유포하거나 유언비어를 유포하는 등의 기만적 방첩수단도 공격적 방첩활동에 해당된다.

효과가 가장 큰 역용공작을 살펴보면, 공작이란 정보기관이 주어진 목표에 대하여 계획적으로 수행하는 비밀활동을 말하는데 역용공작이란 외국 정보기관에 의해 고용된 공작원을 전향시켜 자국의 공작원으로 다시 활용하는 것이다. 초보적인 단계에서 이중공작원들의 임무는 외국 정보기관 공작관들의 신원을 파악하는 일이다. 검거된 간첩을 통해 적에 관한 첩보를 수집하거나 다른 간첩 검거에 이용하기도 한다. 외국의 연락기술에 관한 지식과 외국 공작관들의 일반적 활동행태를 파악하는 것은 자국의 방첩능력에 크게 기여하게 된다. 또한 이중공작원은 상대국 정보기관이 갖고 있는 수집우선순위를 제공해 준다. 상대국의 수집우선순위를 통해 주요 문제들에 대한

---

55) 문정인 편저(2002), pp.225-228.

상대국의 우선 관심분야를 파악할 수 있다. 또한 이중공작원은 적의 교란에도 활용된다. 이중공작원을 통해 허위정보를 상대국에 전달하도록 함으로써 상대국의 정보수집 및 분석능력을 약화시킨다.

또 다른 공격적 수단으로서 기만도 효율적이다. 기만이란 증거의 조작 · 왜곡 · 허위를 통해 적으로 하여금 오인하도록 하기 위해 고안된 수단이다. 보안은 숨김으로써 감추는 반면, 기만은 속이고 혼란을 주기 위해 정보를 제공한다. 기만은 외국정보기관에 고의로 허위정보 · 허위문서 · 허위무선통신 · 위장물 등 허위증거를 만들어 유포한다. 성공적인 기만은 통상 대상국의 선입견을 증대하고 선입견에 알맞게 고안된 것이다. 이상적인 기만은 신뢰를 위해 제공되는 진짜 정보의 양을 적게 하면서 대상국 스스로 피해를 입게 하는 것이다. 기만은 주로 전쟁에 많이 사용된다. 기만은 상대방이 무엇인가를 하게 함으로써 피해를 주기 위해 고안된 계획으로 때로는 거짓행동을 적에게 시위함으로써 자국이 기도하는 바를 적이 오인하게 한다.[56)]

(3) 방어적 방첩활동

한편 방어적 방첩활동은 외국의 자국에 대한 정보수집활동이나 비밀공작 등을 색출 · 차단 · 견제하기 위한 기능이며 소극적이며 수동적인 방첩수단으로 인원 · 문서 · 시설 · 통신 · 전산보안 등도 이에 해당된다. 방어적 방첩활동은 주로 감시활동을 통해서 이루어진다. 외국 정보기관의 활동을 파악하는 확실한 방법은 그들에 대한 지속적인 감시이다.

감시란 공작대상 인물, 시설, 물자 및 지역 등에 대한 정보를 획득할 목적으로 시각이나 청각 등을 사용하여 관찰하는 기술로서 국가안보에 관한 자료의 수집과 위해요인의 예방 및 진압에 필요한 것이다. 감시의 목적은 대상인물이나 단체 등의 활동, 공작 및 접촉인물 등에 관한 세부적 사항을 파악하는 데 있으며 대상인물이 어디에 가는지, 누구와 연락 · 접촉하는지를 파악하는 것이다. 주로 미행감시를 하거나 대화감청, 현장채증, 검색활동, 사이버 활동으로 감시를 한다. 외국 정보기관이나 산업스파이 혐의자에 대하여 많이 알면 알수록 감시는 더욱 효과적일 수 있다. 효과적인 감시활동을 통해 외국 정보기관이 자국의 정부나 주요 기관, 정보기관, 중요 첨단산업기밀 보유

56) 김윤덕, 『국가정보학 -이론과 실제의 이해-』, (서울: 박영사, 2006), pp.203−205.

업체에 침투하는 것을 차단한다.

감시활동 외에도 방어적 방첩활동은 가끔 직접적인 조치를 통해 적의 정보수집을 제거하고 무력화시킨다. 외국 정보기관에 의해 고용된 공작원이 체포될 수 있으며, 외교관으로 가장한 외국정보관이 추방될 수도 있다. 도청이 차단될 수 있으며, 근접감청이 저지될 수도 있다.[57)]

방첩활동의 대상은 국가안보와 국익을 명백히 침해하는 행위자는 물론 잠재적 위협을 가할 수 있는 북한과 외국 등 모든 국외세력 및 이들과 연계된 외국인을 포함하고 있다. 이들은 세계화 · 경제화 · 민주화된 사회에서 공무원, 언론인, 상사원, 교수, 연구원, NGO 관계자, 기업 상담역, 관광객, 유학생 등 매우 다양한 신분으로 위장하여 활동한다.

3. 국가 방첩전략회의 설치 및 운영 등

「방첩업무규정」에 의하면 국가정보원장 소속으로 국가 방첩전략의 수립 등 국가 방첩업무에 관한 중요 사항을 심의하기 위하여 국가 방첩전략회의를 두게 되어 있다. 전략회의는 의장 1명을 포함한 15명 이내의 위원으로 구성하고 국가정보원장이 의장이 되며, 위원은 외교부, 통일부, 법무부, 안전행정부 및 국무조정실의 차관급 공무원, 경찰청 및 해양경찰청의 장, 국방정보본부 본부장 및 국군기무사령부 사령관, 의장이 지명하는 국가정보원 소속 공무원과 의장이 관계기관의 장과 협의하여 지명하는 관계기관 소속 공무원 등으로 구성하며, 의장이 회의를 소집하고 주재한다. 전략회의는 재적위원 과반수의 출석과 과반수의 찬성으로 의결한다.[58)]

또한 전략회의를 효율적으로 운영하기 위하여 국가 방첩전략실무회의를 두며 실무회의는 의장 1명을 포함한 15명 이내의 위원으로 구성하고, 실무회의 의장은 국가정보원의 방첩업무를 담당하는 실장급 또는 국장급 부서장이 되며, 위원은 전략회의의 위원이 소속된 기관의 고위공무원단에 속하는 공무원 또는 이에 상당하는 공무원이 된다.

실무회의는 전략회의에서 심의할 의안(議案)을 미리 검토 · 조정하고 전략회의에 결과를 보고하는데 국가 방첩업무 현안에 대한 대책의 수립 및 시행에 관한 사항, 전

57) 김윤덕(2006), p.203.

58) 「방첩업무규정」 제10조(국가방첩전략회의의 설치 및 운영 등) 참조.

략회의의 심의 · 의결을 거쳐 정해진 정책 등에 대한 시행 방안, 전략회의로부터 위임받은 심의사항과 그 밖의 방첩업무에 관한 사항들을 심의한다.

국가정보원장은 방첩업무를 기획 · 조정하며, 방첩업무를 효율적으로 수행하기 위해 국가 방첩업무기본지침을 수립하여 방첩기관의 장에게 송부하여야 하며, 필요한 경우 방첩기관의 장과 협의하여 특별시 · 광역시 · 특별자치시 · 도 또는 특별자치도별로 방첩업무를 협의하기 위한 지역방첩협의회를 구성 · 운영할 수 있다.[59)]

방첩기관들의 장은 해당 기관의 업무 수행과 관련하여 그 기관 소속 구성원이 외국의 정보활동에 효율적으로 대응케 하기 위하여 방첩교육을 하며, 동법 제7조 및 제8조에 의하면 구성원들이 외국을 방문하거나 외국인을 접촉할 때는 국가기밀 · 산업기술 또는 국가안보 · 국익 관련 중요 정책사항이 유출되지 않도록 유의해야 하고, 외국인을 의심할 만한 상당한 이유가 있는 경우에는 지체 없이 그 사실을 소속 방첩기관장에게 신고하고, 해당 방첩기관장은 신고내용을 국가정보원장에게 통보토록 하고 있다.

4. 경제방첩

미래학자 앨빈 토플러는 자신의 저서 『권력이동』에서 미래에는 국가 간의 산업정보 전쟁이 국가 간의 경쟁관계를 좌우할 것이며, 날로 늘어나는 경제 · 금융스파이가 21세기를 특징지을 것이라며 민간정보 활동과 공적정보 활동이 유착될 것이고, 그에 따라 국가정보기관들의 정보목표 우선순위가 변동될 것으로 예측한 바 있다.

제1차 세계대전 이후 국제관계는 자유주의와 공산주의 간 이데올로기 대립이 주를 이루었으나 탈냉전 이후로는 세계무역기구(WTO)체제가 되면서 세계 각국이 자국의 경제적 이익을 우선 추구하고 있으며, 특히 경제력이 국력의 척도이고, 경제력의 기초는 기술력이라는 차원에서 어느 나라도 예외 없이 자국이 보유하고 있는 경제정보나 첨단산업기술 보호 등에 주력하고 있다.

우리나라에서 경제방첩(economic counterintelligence)이란 개념이 아직 학술적으로 명확히 정립되었거나 일반화된 것은 아니지만 '외국정부 또는 외국 정보기관 · 외국인 및 이와 연계된 내국인에 의하여 자행되는 국가의 경제안정이나 국가이익을 침해하는

59) 「방첩업무규정」 제11조(국가방첩전략실무회의의 설치 및 운영 등), 제12조(지역방첩협의회 설치 및 운영 등) 참조.

행위를 색출하고 견제 · 차단하는 국가기관의 일련의 활동'을 말한다. 외국의 전반적인 정보활동에 대응하는 방첩(counterintelligence)과 구분하여 경제정보 활동에 대응하는 것을 '경제방첩'이라고 부르는 것이다. 외국을 위하여 국가경제와 관련된 국가 경제정책 · 금융 및 통상정책 등과 관련된 기밀을 탐지하거나 부당한 영향력을 행사하는 경제스파이(economic espionage)에 대한 대응활동과 국가나 기업의 첨단기술 · 영업비밀 등을 탐지하여 외국으로 유출함으로써 결과적으로 국가의 경제이익을 저해하는 외국을 위한 산업스파이(industrial espionage)에 대한 대응활동을 포괄적으로 일컫는다.[60]

국가 간 경제스파이 행위가 본격화 된 것은 냉전 종식 이후 '총체적 안보'[61] 혹은 '포괄적 안보'(comprehensive security) 개념이 더욱 보편화 되어 경제안보(economic security)도 군사안보와 함께 국가안보의 중요한 구성요소가 되었다. 이러한 추세는 미국정부의 발표내용이나 여론조사 결과에서도 명백히 나타나고 있다. 1995년 2월과 1996년 3월 백악관이 발표한 국가안보전략(National Security Strategies)은 경제안보를 "국가이익은 물론 국가안보의 필수적 일부"라고 강조하고 있으며, 1993년 11월 워렌 크리스토퍼(Warren Christopher) 미국 국무장관은 상원 외교위원회에서 행한 연설에서 "탈냉전 시대의 국가안보는 경제안보와 절대 분리될 수 없으며 경제정책은 미국 대외정책의 새로운 중심이 되고 있다"고 언급한 바 있다.[62]

실제로 미국은 방첩활동의 주요 대상으로 명시한 국가안보위협리스트(National Security Threat List: NSTL)에 경제스파이 활동(economic espionage)을 명시하고, "외국에 의한 미국정부, 기업체 대상 민감한 금융 · 상업 · 경제정책 관련 정보활동과 첨단기술 유출 및 경제정책에 대한 불법적이거나 은밀한 방법을 통한 영향력 행사"를 경제스파이 활동으로 규정하고 있다.

또한, 영국의 경우에도 1989년에 제정된 「보안부법」(Security Service Act 1989) 제1조 제3항에서 "영국의 경제적 번영(economic well-being)에 대한 외국인의 위협을 막아내는 것"을 보안부(Security Service, 일명 MI5)의 임무 중 하나로 규정하고 있다.

이와 같이 경제방첩 활동이 국가안보의 중요한 요소로 부각된 것은 과거의 단순제조업에 비해 전기전자 · 정보통신 · 생명공학 등 첨단산업과 금융산업 분야의 정보

60) 국가정보포럼(2006), p.132.

61) 총체적 안보개념에 대해서는 백종천, 이민룡 공저, 『한반도 공동안보론』, (서울: 일신사, 1993), pp.58-133.

62) 문정인(2002), p.221.

가 기업의 사활을 결정하거나 엄청난 부(富)를 창출하는 등 부가가치가 대폭적으로 확대되어 경제정보활동이 증가되었기 때문이다.[63]

한편 세계 각국은 생존권 확보 차원에서 첨단기술 개발에 매진하면서도 다른 나라가 보유한 첨단기술을 입수하기 위해 수단과 방법을 가리지 않고 있다. 특히 첨단기술이 산업 경쟁력을 좌우하게 되자 이를 확보하려는 정보활동이 치열해지면서 이에 대응하는 산업보안활동이 더욱 중요해지고 있다. 현재 이러한 산업정보의 관리는 국가나 기업의 가장 중요한 과제 중의 하나가 되었으며 이는 기업의 입장에서 보면 경쟁력 강화와 생존수단이고 국가적 입장에서는 국가안보나 국익을 위하여 매우 중요한 것이다. 하지만 여기서 말하는 경제방첩활동의 일환으로서의 산업스파이 대응활동은 국내기업의 산업정보를 불법적으로 외국으로 유출하는 행위에 대한 대응활동이며, 국내 기업 간의 단순한 산업스파이 행위는 이에 포함되지 않는다.

5. 방첩활동의 과제와 전망

방첩활동은 상대의 정보활동에 대응하는 개념으로서 정보활동 자체만큼 복잡하고 다양하여 한마디로 설명하기가 힘들 뿐만 아니라 예측 불가능한 국가안보 위협요인의 출현이 언제든지 가능한 만큼 미래를 전망하기도 쉽지 않다. 다만 세계적으로 정보활동의 범위가 대폭 확대되고, 국제테러단체 등 국가 이외의 안보위협집단이 출현함에 따라 방첩활동의 영역이 확장되고 있는 것은 사실이다.

따라서 이에 대처하여 세계 각국은 테러나 마약, 국제범죄, 산업스파이 등에 대한 대응활동 등 새로운 안보위협 요소들을 방첩의 영역에 포함시키고, 선제적이며 공세적인 방첩전략을 수립하는 등[64] 방첩활동 역량을 경쟁적으로 강화시키고 있으며 이러한 추세는 앞으로도 국가 생존전략의 일환으로 지속될 것으로 보인다. 앞서 기술하였듯이 우리나라가 2012년 5월 대통령령인 「방첩업무규정」을 제정함과 동시에 시행한 것은 다행한 일이며 최소한의 입법조치로 판단된다.

그러나 우리나라에서의 방첩활동은 분단이라는 특수성으로 인해 여타 외국에 대

63) 국가정보포럼(2006), pp.132-133.

64) 미국 국가방첩관(NCIX)은 2005년 3월 부시 대통령의 재가를 받아 방첩활동을 사후 대처 위주에서 선제적 개념으로 전환하는 것을 주요 내용으로 하는 국가방첩전략(National Counterintelligence Strategy)을 발표하였다.

한 방첩활동보다 북한을 상대로 한 대공활동에 국가 방첩역량의 대부분을 투입해 온 것이 사실이다. 이에 따라 법 · 제도 면에서도 간첩죄를 규정한 「형법」 제98조가 "적국을 위하여 간첩한 자"로 구성요건을 매우 한정적으로 제한하고 있어,[65] 사실상 외국을 위한 일반적 간첩행위를 처벌할 법적인 근거가 미약하다고 할 수 있으며, 이러한 점은 명백히 입법상의 불비(不備)라고 할 수 있다. 선진국의 예와 같이 우리나라도 법률에서 "외국 또는 외국인 단체 등을 위하여 간첩한 자"로 확대하여 개정하여야 한다. 물론 현행법하에서도 행위의 대상이 외교상 기밀에 해당할 경우에는 형법 제113조(외교상 기밀의 누설)에 의거하고, 군사상 기밀에 해당할 경우에는 군사기밀보호법 제11조(탐지 · 수집) 및 제12조(누설)에 의거하여 처벌할 수는 있다. 하지만 외국 또는 외국인 단체 등을 위한 간첩행위 일반에 대한 법적 처벌규정은 반드시 필요한 것으로 개선이 시급히 요구된다.

제4절 안보수사

1. 안보수사의 의의

(1) 안보수사의 개념과 연혁

안보수사란 국가의 안전보장, 즉 국가의 존립 및 안전과 자유민주적 기본질서를 위태롭게 하는 범죄에 대한 수사를 말한다. 안보수사의 대상은 국가의 독립을 침해하거나 영토를 침략하며, 헌법과 법률의 기능 및 헌법기관을 파괴 · 마비시키거나 법치주의적 통치질서의 유지를 위태롭게 하는 범죄유형이라고 할 수 있다. 현행 실정법에서 가장 전형적인 예를 찾는다면 형법상의 내란의 죄에 관한 장 및 외환의 죄에 관한 장에 규정된 일련의 범죄들이 이에 해당한다. 나아가 우리나라는 남북분단의 특수한 안보현실 하에서 형법상의 내란의 죄 또는 외환의 죄의 규정만으로는 북한공산집단의

65) 대부분 국가는 간첩죄의 구성요건을 '적국'이 아닌 '외국'을 위한 행위로 규정하고 있는데, 미국은 'any foreign government'(US Code Title 18,Part 1,Chapter 37)로, 북한은 '다른 나라'(2004년 개정 북한형법 62조)로 규정하고 있다.

직 · 간접 침략에 효율적으로 대처할 수 없기 때문에 특별법인 국가보안법을 제정하고 있는 바, 국가보안법에 규정된 각종 범죄유형들 역시 전형적인 안보수사의 대상이라고 할 수 있다.

국가정보원법은 국가정보원으로 하여금 국가안전보장 업무를 수행하게 하면서,[66] 국가안보를 위태롭게 하는 여섯 가지 범죄 유형, 즉 형법 중 내란의 죄 및 외환의 죄, 군형법 중 반란의 죄와 암호부정사용죄, 군사기밀보호법에 규정된 죄, 국가보안법에 규정된 죄에 대한 수사권을 부여하고 있다(동법 제3조 제1항 제3호). 이 때문에 실무상 '안보수사'라고 하면 통상 위 여섯 가지 범죄유형에 대한 수사를 말한다. 한편 정보 및 보안업무기획조정규정(대통령령 제21214호)은 제2조에서 국가정보원이 수사권을 가진 위 여섯 가지 범죄를 범한 자와 그 혐의를 받는 자를 '정보사범'으로 정의하고, 정보사범에 대한 수사업무를 취급하는 각급 국가기관은 '정보수사기관'이라고 정의하고 있다. 이에 의하면 안보수사의 대상이 되는 자는 정보사범이며 이들을 수사하는 기관은 정보수사기관이 된다. 실무상으로는 정보사범에 대한 수사를 '대공수사'라고도 한다. 우리의 안보현실에서 볼 때 북한공산집단이 가장 큰 안보위협세력이고 대부분의 안보 관련 범죄가 북한공산집단 또는 이와 연계된 자들에 의해 자행되고 있다.[67]

(2) 안보수사기관

국가의 존립과 안전을 위태롭게 하는 범죄에 대한 수사를 담당하는 기관을 안보수사기관이라 한다. 현재 안보수사기관은 국정원, 대검찰청, 경찰청, 해양경찰청, 국군기무사령부 등이 있다. 국가의 존립과 안전을 위태롭게 하는 범죄의 특수성 때문에 범죄를 범한 자와 그 혐의를 받는 자를 특히 '정보사범'이라 하고 이들에 대한 수사업무를 취급하는 기관을 '정보수사기관'이라고 함은 앞서 본 바와 같다.

국가정보원은 국가정보원법에 근거하여 국가의 안전보장을 위태롭게 하는 범죄에 대한 수사권을 보유하고 있다. 따라서 국가정보원은 정보 및 보안업무와 '정보사범'

---

66) 국가정보원법 제1조는 "이 법은 국가정보원의 … 국가안전보장 업무의 효율적 수행을 위하여 필요한 사항을 규정함을 목적으로 한다"고 규정하여 국가정보원이 국가안전보장업무를 수행하는 국가기관임을 명시하고 있다.

67) 그러나 변화하는 국제환경 속에서 우리나라의 국가안보를 위협하는 세력은 비단 북한공산집단에 한정되지 않는다는 점에서 '안보수사'를 곧 '대공수사'인 것으로 동일시하여서는 아니 되고 시야를 넓힐 필요가 있다.

등에 대한 수사업무를 동시에 취급하는 '정보수사기관'으로서의 지위를 가진다.[68)]

그러나 국가의 안전보장을 위태롭게 하는 정보사범 등에 대한 수사권을 국가정보원이 독점하고 있는 것은 아니다. 검찰과 일반사법경찰관리(경찰), 군검찰과 군사법경찰관리(기무부대원) 등도 관련 법령에 근거하여 정보사범에 대한 수사권을 가진다. 따라서 이들 기관도 그 범위 내에서 정보수사기관의 지위를 가진다.[69)]

국가정보원에게 정보수사기관으로서의 법적 지위를 부여하고 정보사범 등에 대한 수사를 할 수 있게 한 것은 안보수사가 첨단 과학수사 장비와 함께 북한 및 국내외 친북단체 등 안보위협세력들에 대한 전문적 지식을 가진 정예화된 수사요원 등을 필요로 하는 전문적인 수사영역이기 때문이다. 특히 고도의 보안이 요구되는 안보수사 업무의 특성을 감안할 때, 일반수사기관에서 이를 취급할 경우 중요한 국가기밀이 누설될 우려가 있고, 정보사범 등에 대한 수사를 통해 획득한 첩보자료를 체계적으로 수집·분석하여 북한 공작조직 등 안보위협세력의 공세에 효율적으로 대처하기 위해서 국가정보원이 정보사범에 대해 수사권을 행사하는 것이다.[70)]

(3) 안보수사의 법적 근거

안보수사의 헌법적 근거는 헌법 제37조 제2항이다. 동조항은 국가안전보장을 위하여 필요한 경우 법률로써 국민의 자유와 권리를 제한할 수 있다고 규정하고 있는 바, 이에 근거하여 국가안전보장을 위하여 필요한 경우 국민의 자유와 권리에 대한 제한이 가능하도록 제정된 법률이 「형법」(내란 및 외환의 죄)과 「국가보안법」 등이다. 국가안전보장을 위해 국민의 자유와 권리를 법률로 제한하는 경우에도 그 자유와 권리의 본질적 내용을 침해할 수 없음은 물론이다.

한편 수사권의 행사는 필연적으로 국민의 자유와 권리를 제한하게 되므로 법률의

68) 정보기관에 수사권을 부여할 것인지 여부는 각국의 입법정책의 문제이다. 미국은 법무성 산하의 FBI에 수사권을 부여하고 있고, 과거 구소련의 KGB는 정보와 수사기능을 함께 보유하고 있었다. 우리나라의 경우 남북분단의 안보현실에 보다 효율적으로 대처할 수 있도록 정보기관인 국가정보원에 국가안보와 관련된 범죄에 한해 수사권을 부여한 것이라 하겠다.

69) 국가정보원을 '국가정보수사기관' 또는 '중앙정보수사기관'이라 하고, 검찰과 경찰, 군검찰과 국군기무사령부 등을 '부문정보수사기관'이라고 한다. 국가정보원은 정보 및 보안업무 기획·조정규정에 근거하여 '부문정보수사기관'의 업무를 조정할 수 있다. 동 규정 제3조 내지 제10조 참조.

70) 한희원, 『국가정보』, (서울: 법률출판사, 2008), p.17-27.

근거가 반드시 필요하다. 국가정보원법은 제3조 제1항 제3호에서 형법 중 내란의 죄와 외환의 죄, 군형법 중 반란의 죄와 암호부정사용죄, 군사기밀보호법에 규정된 죄, 국가보안법에 규정된 죄에 대한 수사를 국가정보원의 직무로 명시하고 있다. 국가정보원은 법률에 근거하여 이들 범죄에 대한 수사권을 부여받고 있는 것이다. 국가정보원법 제16조는 "국가정보원 직원으로서 원장이 지명하는 자는 이 법 제3조 제1항 제3호 및 제4호에 규정된 죄에 사법경찰관리의 직무를 행할 자와 그 직무범위에 관한 법률 및 군사법원법이 정하는 바에 의하여 사법경찰관리와 군사법경찰관리의 직무를 행한다"고 규정하고 있다. 따라서 국가정보원의 직원 모두가 수사권을 행사할 수 있는 것은 아니고, 국가정보원장에 의해 지명된 자만이 수사권을 행사할 수 있다.

국가정보원장에 의해 지명된 직원은 국가정보원법 제3조 제1항 제3호에 규정된 정보사범에 대한 수사권과 직원의 직무관련 범죄에 대한 제한된 수사권을 가진다는 점에서 '특별사법경찰관리'로서의 지위를 가진다. 국가정보원장에 의해 특별사법경찰관리로 지명된 직원은 그 수사대상이 국가정보원법 제3조 제1항 제3호에 규정된 범죄를 저지른 경우 그 신분이 군사법원의 관할에 속하는 군인 · 군무원이라 하더라도 수사권을 행사할 수 있다. 국가정보원장에 의해 지명된 직원은 군사법경찰관리로서의 지위도 함께 가지기 때문이다.

사법경찰관리의 직무를 수행할 자와 그 직무범위에 관한 법률 제8조는 "국가정보원 직원으로서 국가정보원장이 지명하는 자는 국가정보원법 제3조 제1항 제1항 제호 및 제4호에 규정된 범죄에 관하여 사법경찰관리의 직무를 수행한다"고 규정하고, 군사법원법 제43조는 "국가정보원 직원으로서 국가정보원장이 군 사법경찰관으로서 지명하는 사람은 군 사법경찰관으로서 범죄를 수사한다"고 규정하여 이를 뒷받침하고 있다.

국가정보원장에 의해 일반 및 군 사법경찰관리로 지명된 국가정보원 직원은 국가정보원법 제3조 제1항 제3호에 열거된 범죄에 대한 수사권을 가지며, 형사소송법과 특별사법경찰관리집무규칙(법무부령)에 따라 범죄사실을 수사하고 그에 관한 증거를 수집할 수 있다.

(4) 외국의 안보수사 관련 입법례

안보수사는 우리나라에만 있는 특유한 제도는 아니다. 모든 나라가 예외없이 국가의 존립과 안전을 위협하는 행위를 범죄로 규정하여 엄중히 대처하고 있다. 다만 각국의 사정에 따라 일반법인 형법으로 규율하거나 또는 우리나라와 같이 국가보안법과 같은 특수한 형사특별법을 제정하여 규율하는 차이가 있을 뿐이다. 예컨대, 미국은 형법에 제37장(간첩과 검열)과 제45장(외국관계)을 두는 한편, 특별법의 형태로 연방간첩법(Federel Espionage Act of 1917) · 국가안보법(National Security Act of 1947) · 공산주의규제법(Communist Act of 1954) · 애국법(Patriot Act of 2001)등을 제정하여 국가안보를 위협하는 범죄에 대처하고 있다. 영국은 1911년 및 1920년 공직비밀법(Official Secrets Act)을 제정하여 국가의 안전 또는 이익을 위협하는 간첩행위를 처벌하고 있다. 독일과 프랑스는 우리나라의 국가보안법과 같은 특별법을 제정하고 있지는 않지만, 형법에 배반죄 및 국가안전을 위태롭게 하는 죄 · 국방에 대한 범죄행위 등에 관하여 상세히 규정하고 있다. 일본도 형법에 내란 및 외환의 죄를 두는 한편 파괴활동방지법이라는 특별법을 제정하여 국가안위를 위태롭게 하는 범죄에 대처하고 있다.[71)]

2. 안보수사 환경

(1) 북한의 대남 전략 · 전술

북한은 실질적으로 최상위 규범인 노동당 규약에서 '적화통일'을 대남전략의 목표로 명기하고 있다.[72)]

북한의 대남전략노선인 '민족해방 민주주의혁명'(NLDR)은 북한의 남한사회에 대한 성격평가에서 비롯된다. 북한은 주체사관에 입각하여 남한사회를 미국에 정치, 경제, 사회, 문화 및 군사적으로 종속되어 있는 식민지사회로, 남한정부를 미제의 식민지 대리통치정권(또는 친미파쇼정권) 등으로 인식하고 있다.

---

71) 김호정, "외국 스파이 처벌유형 · 적용법규 비교 연구와 우리의 스파이 규제법 정비 방안", 『국가정보연구』, 제2권 2호(2009년 겨울호). pp.142–163.

72) 북한 노동당 규약 전문(2012. 4 수정)에 의하면 조선로동당의 당면 목적은 "전국적 범위에서 민족해방민주주의혁명 과업을 수행하는데 있으며 최종목적은 온 사회를 김일성–김정일주의화하여 인민 대중의 자주성을 완전히 실현하는 데 있다".라고 명시하고 있다.

여기의 민족해방이란 남한혁명을 위해선 먼저 남한사회의 실질적인 지배자라는 미제국주의(주한미군 및 미 대사관 관료)를 남한 땅에서 축출하고 남한민족의 해방을 이룬다는 의미이며, (인민)민주주의혁명이란 미제의 대리통치정권이며 독재정권인 남한정권을 남한인민의 힘으로 타도하고 민족자주정권이라는 인민정권을 수립하자는 것이다.

따라서 민족해방은 '미제축출=주한미군 철수-자주화'를, (인민)민주주의혁명은 '현정권 타도후 인민정권 수립-민주화'를 의미하는 것이다. 이어 북한은 2단계로 남북합작에 의한 사회주의혁명을 진행시킨다.

북한의 대남혁명전술을 대남전략의 하위체계로 대남혁명과정에 있어서 전략적인 목표를 달성하기 위한 구체적인 행동지침을 밝히는 것이다. 즉 남조선혁명단계에 있어서 전개되는 상황변화에 따라 비교적 짧은 기간에 있어서 혁명 주력군(노동자, 농민, 청년학생, 진보적 인테리 및 전위당)의 행동노선을 결정하는 것으로 '조직형태, 투쟁형태, 선동슬로건의 배합'을 실천해 나가는 투쟁을 말한다. 전술은 그 특성상 상황에 따라 수시로 변화하는데, 하나의 전략단계에 있어서도 여러가지 다양한 전술의 변화가 일어난다.

북한의 대남혁명전술을 체계적으로 정리하기는 어려우나, 대표적인 전술을 형태

표 4-1 >> 북한의 대남혁명전술

구분	내용
조직형태	1) 지하당 구축전술 2) 통일전선전술 3) 프락치(Fracia)전술
투쟁형태	1) 합법, 비합법, 반(半)합법 투쟁전술 2) 경제투쟁, 정치투쟁 전술 3) 폭력, 비폭력투쟁 4) 테러전술, 게릴라전술, 무장봉기전술, 인민전쟁 전술 5) 대화(협상)전술, 평화공존전술, 선거투쟁전술 6) 국군와해전취(戰取)전술 7) 기타
표어형태	1) 선동슬로건의 배합전술 2) 폭로전술 3) 심리전전술 등

출처: 유동열, 『북한의 대남전략』, (서울: 통일부 통일교육원, 2010), p.26.

별로 분류해보면, ① 조직전술: 지하당구축전술, 통일전선전술, 프락치전술 등 ② 투쟁전술: 합법비합법-반(半)합법전술, 경제-정치투쟁전술, 폭력-비폭력투쟁전술, 테러전술, 게릴라전술, 무장봉기전술, 인민전쟁, 평화공존전술, 당민(당국-민간)분리전술, 대화협상전술(벼랑끝전술 등), 국군와해전취전술 등 ③ 표어전술: 심리전전술인 선동슬로건 배합전술, 폭로전술 등이 있다.[73)]

북한의 타격목표는 주한미군, 반동관료, 매판자본가, 지주 들이다. 북한의 대남전술은 다음과 같이 구분할 수 있다. 첫째, 지하당 구축공작으로 우리 사회 내부에 은밀하게 침투하여 이른바 '결정적인 시기'에 무장투쟁을 주도할 지하당을 구축하는 것이다. 둘째, 통일전선 공작으로 국내외 반정부세력과 연합전선을 형성하는 것이다. 셋째, 심리전 공작으로 김정일 일가 · 북한체제 선전, 우리 사회 불안 및 계층간 갈등을 조장하는 것이다. 넷째, 대화 · 접촉 공작으로 적화통일 장애요인 제거와 경제적 실리 확보를 위해 합법적이고 공개적으로 추진하는 것이다. 이러한 북한의 대남전술은 한반도 주변정세와 북한 내부 사정에 따라 공작전술을 수시 변경하며 구사하고 있다.[74)]

북한의 대남전술 변화의 추이를 살펴보면 다음과 같다.[75)] ① 남침 준비기(1945.8~1950.5)로 전쟁을 통한 적화통일 준비를 강화하는 한편 무력통일 기조를 은폐하기 위해 위장평화공세를 적극 전개하였다. ② 6.25 남침기(1050.6~1953.7)로 무력 적화통일 전략을 실제 구사하였다. ③ 전후 복구기(1953.8~1961.5)로 6.25 동란 피해복구에 주력하면서 병력 10만 감축(1956.11), 남북연방제를 제의(1960.8)하였다. ④ 폭력혁명 추진기(1961.6~1970.12)로 남한에 강력한 반공정권이 출범함에 따라 폭력혁명 노선을 채택하여 청와대 습격 기도(1968.1), 울진 · 삼척지역 무장공비 침투(1968.10) 등 무력도발을 감행하였다. ⑤ 화전 양면 전술기(1971.1~1993.2)로 7.4 공동성명 채택(1972.7), 고려민주연방공화국 창립방안 제의(1980.10), 남북고위급회담(1990~1992년) 등 위장 평화공세와 함께 아웅산묘소 폭파(1983.10), KAL858기 폭파(1987.11), 남한조선노동당사건(1992.10) 등 테러와 지하당 공작을 병행하였다. ⑥ 통미봉남 전술기(1993.3~1998.2)로 북한의 NPT 탈퇴(1993.3)와 미 · 북 기본합의서(1994.10)를 계기로 대미 평화협정 체결을 획책하고 비무장지대(DMZ) 불인정 선언(1996.4) 등 한반도 문제의 미 · 북간 직

73) 유동열, 『북한의 대남전략』, (서울: 통일부 통일교육원, 2010), pp.20-26.

74) 국가정보원 홈페이지 참조(http://www.nis.go.kr/svc/affair.do?method=content&cmid=11333 등).

75) 국가정보원 홈페이지 참조(http://www.nis.go.kr/svc/affair.do?method=content&cmid=11333 등).

접 해결을 기도하였다. 또한 부여 무장간첩남파(1995.10), 강릉 잠수함 무장공비 침투(1996.9), 부부간첩 남파(1997.10) 등 침투 및 지하당 공작을 지속하였다. ⑦ 수세적 대남 실리 확보기(1998.3~2000.6)로 김대중 정부의 대북 포용정책을 적극 악용하여 교류협력을 위장한 경제적 실익을 추구하였다. 한편 속초 잠수정 침투(1998.6), 제1연평해전(1999.6), 민족민주혁명당 사건(1999.9) 등 긴장조성과 침투 및 지하당 공작을 병행하였다. ⑧ 공세적 위장평화 전술기(2000.6~2008.2)로 '우리민족끼리'라는 명목 아래 '화해 · 협력'을 빙자한 남북 당국과 민간교류를 적극 활용하고 경제적 실리를 획득하면서 이면에서 지하당을 구축하고 통일전선 공작을 기도하였다. ⑨ 모험적 무력도발기(2008.2~현재)로 3대 세습체제를 구축하고 우리 정부의 원칙적이고 일관된 대북정책을 전환하기 위해 정규 · 비정규전을 혼합한 모험적 대남도발을 기도하였다. 예를 들면 천안함 폭침(2010.3), 연평도 포격(2010.11) 등 군사 무력도발과 함께 탈북자를 위장한 직파간첩 침투를 병행하고 있다.

(2) 북한의 대남공작 · 도발 사례

1) 간첩 성시백과 남북연석회의

황해도 평산 출신인 성시백은 중국에 망명한 후 1935년 중국공산당에 입당하여 1946년 10월까지 중국공산당 지하조직원(정보원)으로 활동하다가 김일성에 의해 북한 공작원으로 발탁된 인물이다. 김일성은 성시백에게 남로당과는 별개의 공작조직을 구축하고 정보수집과 정관계 및 군부 인물 포섭 공작을 전개하는 동시에 북한체제에 대한 선전선동을 강화할 것 등을 공작임무로 부여하였다.

이와 같은 임무를 받은 성시백이 1948년 4월 평양에서 열린 남북연석회의에 김구 · 김규식 등 반공우익 인사들을 설득해 참가하도록 한 것은 훗날 김일성도 높이 치하한 중요한 공작성과였다. 이외에도 장개석과 이승만의 극비 회동내용을 입수해 보고하는 한편, 당시 해군제독이었던 이용운과 전방 사단장을 역임하였던 김석원, 1949년 대대병력을 이끌고 월북한 강태무 · 표무원을 포섭하기도 하였다.

2) 통혁당 사건

통일혁명당(통혁당)사건 역시 중앙당인 조선노동당 지시를 받는 지하당이었다. 통혁당은 1961년 12월 전남 무안 임자도 주민 최영도가 남파 공작원 김수영에 포섭되며 시작됐다. 최영도는 평양을 오가며 조선노동당에 입당했고 이후 김종태를 포섭했다. 김종태도 평양을 오가며 조선노동당에 입당했고 이후 김질락 · 이문규 등과 통혁당을 조직한다. 통혁당 조직원들은 미화 7만 달러, 한화 3천만 원, 일화 50만 엔의 공작금을 받으며 간첩활동을 하다 1968년 8월 중앙정보부에 검거됐다. A4 1,000여 쪽에 달하는 판결문은 통혁당을 "남로당을 부활시킨 조직체"로서 "북한의 무력남침에 대비한 사전 공작 조직"이라고 정의했다.

3) 버마 아웅산묘소 암살폭파사건

1983년 10월 9일 버마(현 미얀마)를 친선방문중인 전두환 대통령 및 수행원들이 아웅산국립묘소 참배 기회를 이용하여 북한 무장공작원이 동 묘소 천정에 설치한 원격조종폭탄을 폭발시켜 대통령의 도착을 기다리며 대기중이던 서석준 부총리, 함병춘 대통령비서실장, 이범석 외무부장관, 김동휘 상공부장관, 서상철 동자부장관 등 수행원 17명이 사망하고 13명이 부상을 당한 테러사건이다.

사건발생후 버마당국은 도주하는 북한 공작원 2명을 생포하고 1명을 사살했으며, 이들로부터 A-1송신기, 수시용 라디오(일제 파나소닉), 소음권총(벨기에제, 소음기-북한제), 수류탄, 배터리(일제 히다찌) 등 총 39종 1백여 점의 장비를 포획했고, 재판과정에서 북한측의 계획적인 암살공작이었음이 드러났다.[76)]

4) KAL 858기 공중폭파사건

1987년 11월 29일 14시 5분경 버마 안다만해역 상공에서 바그다드발 서울행 대한항공 858기가 공중폭발하여 승객 및 승무원 115명이 전원 사망한 사건, 수사결과 이 사건은 북한 김정일의 직접지시에의해 노동당 조사부소속 특수공작원 김승일(70세)과 김현희(26세)가 실행한 것으로 밝혀졌다.

북한의 범행목적은 ▲올림픽 참가신청 50여 일을 앞두고 서울행 항공기를 폭파함으로써 서울올림픽의 안전문제를 세계여론화하여 올림픽 개최를 방해하고, ▲1987년 대선 등 극도로 복잡해진 국내 정국을 혼란시키고 사회불안을 가중시키며, ▲바그다드노선이 해외진출 근로자들이 집중적으로 이용하는 점을 감안, 해외근로자들을 회생

76) 북한연구소, 『북한대사전』, (서울: 북한연구소, 1995), p.525.

시킴으로서 국내 근로계층 및 서민들의 대정부 불만을 확산시키려는 것이라 분석되었다.[77)]

5) 남민전 사건

통혁당의 이념적 흐름은 남조선민족해방전선위원회(남민전)로 이어진다. 1979년 10월 검거된 남민전은 1964년 인혁당 연루자 이재문 등이 감옥에서 나와서 결성한 또 다른 지하 공산혁명조직이다. 남민전은 인혁당 재건위 사형수 8명의 옷을 모아 북한기를 모방한 남민전 깃발을 제작했다. 남민전은 민중봉기로 공산혁명을 한다는 목표 아래 김일성에게 "피로써 충성을 맹세"하는 서신을 보냈고, 결정적 시기에 북한군 지원을 요청할 계획을 세웠다. 남민전은 한국을 소위 "신식민지 사회"로 보았고 소위 미국의 "토착지배 체제"인 박정희 정권을 타도대상으로 삼았다. 이같은 인식은 1980년대 NL주사파로 구체화된다.

6) 조선노동당 중부지역당 사건

남로당을 잇는 지하 공산혁명조직의 흐름은 1980년대 NL주사파가 가세하면서 1992년 남한 조선노동당 중부지역당(중부지역당) 사건으로 재건된다. 중부지역당 사건은 북한이 조선노동당 서열 22위 간첩 이선실을 남파, 1995년 공산화 통일을 이루는 전략하에 남한에 조선노동당 하부조직인 중부지역당을 건설한 사건이다.

7) 민족민주혁명당 사건

1998년 12월 국가정보원은 여수 해안에서 우리 해군에 의해 격침된 북한 반잠수정을 인양하는 과정에서 발견된 전화번호 수첩 등을 단서로, 사살된 간첩이 말레이시아인으로 위장해 국내에서 암약하던 간첩 '진운방'이라는 사실과 진윤방이 국내 실존 인물인 '원진우'로 위장하여 관악구 일대를 거점으로 활동하였으며, 김영환 · 조유식 · 하영옥 · 심재춘 등이 관련되었다는 사실을 확인하였다. 이에, 1999년 7월 중국에서 귀국한 김영환을 조사하는 과정에서 "89년 7월에 북한 직파간첩에게 포섭되어 밀입북, 북한 지령을 받아 지하당인 민족민주혁명당을 결성하였다"는 자백을 받아내고, 80년대 학원가 투쟁을 주도해 온 주사파 핵심세력들이 북한 조선노동당에 가입한 뒤

---

77) 위의 책, pp.1120-1121.

지하당을 구축하여 소위 '남조선 혁명운동'을 획책해 왔음이 밝혀졌다. 총책 김영환 등 5명이 검거되자 조직원 중 17명도 순차 자수하였으며, 이후 지속적인 잔당 추적을 통해 2000년 8월 영남위원장 최진수 등 주요 간부 4명을 검거하고 같은 해 9월에는 부산위원장 이의엽을 검거하였다. 한편, 이들중 김영환 · 조유식 등 일부는 현재 사상을 전향하여 북한 인권운동 전개 및 국내 친북좌파와 대결하는 입장에 서 있다.

8) 일심회 간첩단 사건

미 시민권자 장민호는 1987년경 미국 유학 중 북한공작조직에 포섭되어 북한의 지령에 따라 국내 입국 정착하여 386운동권 출신 정 · 재계 인사를 포섭하여 일심회를 결성한 후 국내정세 동향을 수집 · 보고하는 등 간첩활동을 수행하였다. 이들은 중국 북경 등지에서 북한 대외연락부 공작원과 접선하고, 총선 · 지자체 선거 등 국내 정치 정세 동향을 수집하여 인터넷 이메일을 통해 북한에 보고하였다. 국가정보원은 2006년부터 2007년간 2차에 걸쳐 일심회 관련자 총 6명을 검거했다.

9) 왕재산 간첩단 사건

2011년 적발된 왕재산 간첩단은 1993년 "남조선 혁명을 위한 지역 지도부를 구성하라"는 김일성의 지시를 받고, 서울 및 인천지역에 조직한 지하당이다. 왕재산은 북한에서 "군 관계자를 포섭하고 주요 시설 폭파 준비를 하라"는 지령을 받았으며, 미군의 야전교범과 군부대 · 방산업체의 위치 정보 등이 담긴 위성사진 등 군사정보도 북한에 넘긴 것으로 조사됐다. 왕재산은 인천을 거점으로 하여 인천 남동공단 등을 폭파시키는 것을 시작으로 유사시에 인천광역시의 행정기관, 군 부대, 방송국 등을 장악한 후 수도권에 대한 시위 형태의 공격작전 및 궐기대회를 실시할 예정이었다.

10) 탈북자 위장 직파간첩 사건 등(12명)

90년대 중반부터 북한에 불어닥친 식량난의 여파로 중국으로 탈북한 후 제3국을 경유해 국내 입국하는 북한 주민들이 급격히 늘기 시작하였다. 北 정찰총국은 탈북자의 지속적 국내 입국 현상에 편승, 10년 이상 특수교육을 받은 공작원들을 탈북자 신분으로 위장시켜 남파하였다. 2010년 4월~10월간 '황장엽 암살' 지령을 받은 정찰총국 직파간첩 3명이 국가정보원의 국내 입국 심사과정에서 차례로 검거되었으며, 225국

(前 대외연락부) 소속 해외 활동 공작원도 귀순을 위장하여 침투하려다 적발되었다. 특히, 그간 대남공작 전면에는 나서지 않았던 보위부 · 보위사령부의 지령을 받은 탈북자 위장 간첩도 검거되기 시작하였는데, 이들은 남파시 구체적 임무를 부여받지 않고 '先 침투 · 後 지령하달' 방식으로 침투, 국내 입국 심사 및 신문과정에서의 부담감을 줄이고, 적발시 노출될 수 있는 공작 관련사항의 최소화를 꾀하였다. 한편, 사회정착에 실패한 탈북자들을 포섭한 후 독총 · 독침을 전달, 反北 활동가를 암살하려다 검거되기도 하였다. 2008년 이후 2012년까지 탈북자 신분으로 국내 입국하였다가 적발된 간첩은 12명에 달하며, 앞으로도 북한의 정찰총국 · 225국 · 보위부 · 보위사 등 모든 대남공작 기구들은 탈북자를 이용한 대남공작을 지속 강화할 것으로 예상되고 있다.

3. 안보수사의 대상범죄와 유형

국가의 존립 · 안전과 자유민주적 기본질서를 위태롭게 하는 범죄의 유형과 범위에 대하여는 여러 견해가 있을 수 있다. 여기서는 국가정보원이 수사권을 가지고 있는 '정보사범' 즉, 형법 중 내란의 죄와 외환의 죄, 국가보안법에 규정된 죄, 군형법 중 반란의 죄와 암호부정사용죄, 그리고 군사기밀보호법에 규정된 범죄를 중심으로 살펴보기로 한다.

(1) 형법 중 내란의 죄와 외환의 죄

형법 중 내란의 죄와 외환의 죄는 가장 전형적으로 국가안보를 위협하는 범죄에 해당한다고 할 수 있다.

1) 내란(內亂)의 죄

내란의 죄는 국가존립의 내부적 기초인 국토와 헌법질서에 대한 죄로 국토를 참절하거나 국헌을 문란할 목적으로 폭동을 일으켰을 때 성립된다. 형법은 내란죄(제87조)와 내란목적의 살인죄(제88조) 및 이에 대한 미수범을 처벌하며, 내란예비 · 음모죄와 내란선전 · 선동죄(제90조 제2항)에 관한 규정을 두고 있다.

내란죄가 성립하기 위해서는 폭동의 고의 외에 국토를 참절하거나 국헌을 문란하게 할 목적이 있어야 한다. 국토를 참절할 목적이란 대한민국의 영토주권을 배제할 목적을 말한다. 이는 대한민국의 영토를 외국에 양도하거나 대한민국의 법적 · 사실적 지배범위에서 배제하여 분리할 목적 등을 의미한다. 국헌을 문란하게 할 목적이란 대한민국의 헌법질서를 침해할 목적을 말한다.[78]

본죄의 행위인 폭동이란 다수인이 결합하여 폭행 · 협박하는 것을 말한다. 폭행과 협박은 한 지역의 평온을 해칠 정도로서 조직적으로 이루어져야 한다. 예를 들면 대규모 시위나 총파업도 전기 · 가스 · 수도물의 공급중단을 가져오거나 대규모의 통신 · 교통두절을 수반하는 정도이면 본죄의 폭동에 해당한다. 본죄의 행위주체는 내국인 또는 외국인이다.

내란죄는 국가의 안전을 위태롭게 하는 '반국가활동'을 규제하기 위한 국가보안법과는 그 규율대상을 달리한다. 즉 국가보안법은 내란죄 이전단계에 해당하는 반국가단체의 결성이나 반국가단체에 대한 지원행위, 반국가단체에 대한 찬양 · 고무행위, 회합 · 통신행위 등을 처벌하는 것을 그 내용으로 하고 있다.[79]

2) 외환(外患)의 죄

외환의 죄는 국가존립에 대한 외부적 위협으로부터 국가를 보호하기 위한 죄이다. 즉 외국과 모의를 하여 외환을 유치하거나 대한민국에 항적하거나 인적 · 물적 이익을 제공하여 국가의 존립을 위태롭게 하는 것을 말한다. 자유민주적 기본질서를 국헌질서로 삼고 있는 대한민국에 대한 체제도전의 한 방법으로 외부세력을 개입시키려는 기도에 대한 처벌규정으로 보아야 한다.[80]

외환의 죄의 기본적 구성요건은 "대한민국의 군사상 이익을 해하거나 적국에 군사상 이익을 공여한 자"를 처벌하는 일반이적죄(제99조)이다. 이를 기초로 형법은 외국과 통모하여 대한민국에 대하여 전투행위를 하거나 외국인과 통모하여 대한민국에 항적하는 행위를 외환유치죄(제92조)로, 적국과 합세하여 대한민국에 항적하는 행위를

78) 다시 말하면 국헌문란은 자유민주적 기본질서를 부정하고 헌법에 의하여 설치된 국가기관의 권능을 부정하는 것이다. 이와 같은 점에서 볼 때, 예컨대 북한공산집단은 대한민국 북반부에 대한 영토주권을 배제하는 한편, 우리의 헌법질서인 자유민주적 기본질서를 부정하고 폭력에 의한 공산혁명을 기도하고 있다는 점에서 일종의 내란단체라고 할 수 있을 것이다.

79) 박상기(2005), p.602.

80) 위의 책, p.609.

여적죄(與敵罪)(제99조)로 각각 처벌하고, 나아가 적을 이롭게 하는 구체적 행위유형에 따라 모병(제94조), 시설제공(제95조) 및 파괴(제96조), 물건제공(제97조) 등 이적죄와 간첩죄(제98조)를 처벌하고 있다.

이들 범죄는 외국 또는 외국인과 합세하여 항적하는 외환유치죄를 제외하고는 모두 '적국'을 위한 행위를 전제로 하고 있다. 대한민국에 적대하는 외국 또는 외국인 단체는 적국으로 간주되므로(제102조) 적국뿐만 아니라 외국인의 사적인 단체도 포함한다.

그러나 형법상의 외환의 죄가 '적국'을 위한 행위만을 전제로 하고 있는 점은 많은 문제가 있다. 여적, 모병이적, 시설제공이적, 시설파괴, 이적죄 등은 전쟁 또는 사실상의 전쟁관계를 전제로 하고 있으므로 논외로 하더라도 특히 간첩죄(제99조)의 경우 적국을 위한 것만을 처벌 대상으로 하는 것은 국가이익의 침해를 자초하는 것이라고 할 수 있다. 오늘날과 같이 국가이익을 둘러싸고 치열한 정보경쟁이 이루어지는 상황에서 우방국이 우리나라의 군사상 기밀 또는 국가기밀 탐지 등을 할 때 이를 간첩행위로 처벌할 수 없기 때문이다. 따라서 과거 냉전하의 양극체제에서 비롯된 적국 개념은 이제 폐기되어야 하며, 국가기밀의 누설이 대한민국의 국가이익에 피해를 가져 올 위험이 있는 한 모든 국가나 이에 준하는 단체를 국가기밀누설의 상대방으로 포함하여야 한다는 견해가 최근 힘을 얻고 있다.[81)]

한편 북한공산집단을 적국으로 보고 북한공산집단을 위한 행위에 대하여 형법상의 외환의 죄, 특히 간첩죄를 적용할 수 있는지가 문제된다. 물론 적국에 해당하는 '국가'에는 국제법상의 국가는 물론이고 사실상 국가에 준하는 단체를 포함하므로 북한공산집단은 준적국에 해당하는 것으로 볼 수 있다는 견해가 있다. 그러나 우리 헌법상 북한공산집단은 국가로 인정될 수 없고, 형법 제102조는 준적국에 관하여 "대한민국에 적대하는 외국 또는 외국인 단체"로 정의하고 있다는 점에서 북한공산집단을 위한 행위에 대하여 형법상 외환의 죄, 특히 간첩죄를 적용하는 것은 해석상 여전히 의문이 있다. 국가보안법은 이러한 문제를 해결하기 위하여 제정되었다고 할 수 있다.

---

81) 김호정, 앞의 논문, pp.125-180.

(2) 국가보안법

1) 입법목적

우리나라의 경우 형법의 내란 죄와 외환 죄 및 군형법 관련 규정 외에 국가보안법이라는 특별법을 제정한 것은 우리의 특수한 안보현실 때문이다. 안보수사의 가장 핵심적인 근거법률이 되고 있는 국가보안법은 1948년 12월 1일 법률 제10호로 제정되었다. 제정 이유는 1948년 10월에 있었던 여순반란 사건을 계기로 좌익세력의 폭동과 내란행위를 처벌함으로써 신생국가의 기틀을 다지고자 함에 있었다. 이후 국가보안법은 6 · 25 이후 북한공산집단의 대남공작전술에 효율적으로 대처하기 위해 수차례 개정되었다. 1960년 4 · 19 이후 사회혼란을 틈타 북한공산집단의 대남 공작활동이 강화되고 이에 따라 우리 사회에 잠재하여 있던 좌익 · 좌경세력이 준동하자 1961년 7월 3일 반공법이 제정되었다. 그러나 1980년 12월 31일 냉전체제가 완화되는 등 국제정세가 변화하자 국외공산계열에 대한 규제를 완화하고 남북대화의 장애요인을 해소할 필요가 있어 반공법을 폐지하고 그 내용 중 필요한 것을 국가 보안법에 흡수하는 등 국가보안법을 전면 개정하였다.

북한공산집단은 앞서 본 바와 같이 대한민국의 영토주권의 일부를 배제하면서 우리의 헌법질서인 자유민주적 기본질서를 부정하고 폭력에 의한 공산혁명을 기도하고 있다는 점에서 일종의 '내란단체'라고 할 수 있다. 따라서 북한공산집단의 반국가활동은 국가의 내적안전을 위태롭게 하는 행위라 보아야 할 것이다. 그러나 형법상 내란죄는 국토참절이나 국헌을 문란할 목적으로 '폭동'할 때 비로소 성립하므로 북한 공산집단의 다양한 반국가활동, 즉 내적안전을 위태롭게 하는 행위에 대처하는 데는 한계가 있다.

한편 북한공산집단은 법리상 '내란단체'에 불과하지만 실제로는 거의 국가와 같은 차원에서 대한민국과 체제경쟁을 하면서 간첩 등 외환의 죄에 해당하는 행위를 통해 국가안보를 심각하게 위협하고 있다. 그럼에도 북한공산집단은 현행법의 해석상 적국 또는 준적국에 해당하지 않기 때문에 형법상 외환의 죄, 특히 간첩죄 등을 바로 적용하는 것은 법리상 무리가 있다.

이 때문에 북한공산집단을 '반국가단체'의 하나로 규정하되 이를 '적국' 차원으로 보아 외환의 죄에 해당하는 행위를 비롯한 다양한 반국가행위를 처벌함으로써 국가의 외적 · 내적 안전을 도모하고자 하는 것이 국가보안법의 입법목적이다.

2) 반국가단체의 개념

현행 국가보안법상의 모든 범죄행위는 반국가단체와 관련성이 있다는 점에서 먼저 반국가단체의 개념을 정확히 이해하는 것이 필요하다.

동법 제2조 제1항은 반국가단체를 "정부를 참칭하거나 국가를 변란할 것을 목적으로 하는 국내외의 결사 또는 집단으로서 지휘통솔체계를 갖춘 단체"라고 정의하고 있다. 여기서 '정부참칭'이란 합법적 절차에 의하지 않고 임의로 정부를 조직하여 진정한 정부인 것처럼 사칭하는 것을 말한다. 정부로서의 완전한 형태를 갖추거나 현재의 정부와 동일한 명칭을 사용할 필요는 없고 일반인으로 하여금 정부로 오인될 정도이면 충분하다. 많은 반국가단체 중에서도 정부참칭 형태의 반국가단체의 전형적인 예가 바로 북한공산집단이다.

'국가변란'이라 함은 정부를 전복하여 새로운 정부를 구성하는 것을 말한다. 정부의 전복은 정부조직이나 제도 그 자체를 파괴 또는 변혁하는 것을 의미한다. 대법원은 정부를 전복, 파괴한 후 구성되는 새로운 정부의 형태는 오로지 공산정권을 수립하거나 군주국가로 국체를 변경케 하는 경우에만 해당하는 것은 아니다"라고 판시[82]하고 있다. 즉 군사 쿠데타로 현정부를 전복하는 것도 국가변란에 해당하므로 이를 목적으로 결사를 구성하였다면 반국가단체에 해당한다는 점에 유의할 필요가 있다.

'결사'라 함은 일정한 공동목적을 수행하기 위하여 조직된 특정다수인의 계속적 결합체를 말한다. '집단'은 결사와 같이 일정한 공동목적을 수행하기 위하여 조직된 특정다수인의 집합체이다. 결사가 계속적인 집합체임에 반하여 집단은 일시적인 집합체라는 점에서 차이가 있다. 정부참칭 또는 국가변란의 목적으로 구성된 결사 및 집단이라고 해서 모두 반국가단체가 되는 것은 아니다. 반국가단체로 인정되기 위해서는 조직성, 즉 최소한의 지휘통솔체제를 갖춘 단체이어야만 한다. 반국가단체로서의 지휘통솔체제를 갖춘 단체라 함은 2인 이상의 특정 다수인 사이에 단체의 내부질서를 유지하고 그 단체를 주도하기 위하여 일정한 위계 및 분담 등의 체계를 갖춘 결합체를 의미한다.

---

82) 대법원 83.2.8. 82도2672호 참조.

3) 구체적 범죄 유형

① 반국가단체 구성 · 가입 · 가입권유죄(제3조)

본죄는 반국가단체를 구성하거나 이에 가입하거나 타인에게 가입할 것을 권유함으로써 성립하는 범죄이다. 국가보안법의 가장 기본적인 범죄 유형이다.

'구성'은 2인 이상의 사람들 사이에 결사 또는 집단의 요건을 갖춘 결합체를 창설하는 것에 관하여 의사가 합치되는 것으로 성립된다. 회칙이나 결성식, 명칭이나 대표자 선출 등 별도의 형식이나 절차를 반드시 필요로 하지 않는다. '가입'이라 함은 기존의 반국가단체의 새로운 구성원이 되는 것을 말한다. 일단 가입죄가 성립된 후에는 탈퇴 여부가 가입죄의 성립에 아무런 영향이 미치지 않는다. '가입권유'라 함은 타인으로 하여금 반국가단체에 가입할 것을 새롭게 결의하게 하거나 이미 가지고 있던 가입의사를 더욱 확고하게 하는 것이다. 권유의 수단과 방법에는 아무런 제한이 없으나 권유의 대상인 타인은 특정되어야 한다. 권유의 대상이 특정되기만 하면 상대방이 1인이든 다수인이든 문제가 되지 않고 가사 상대방이 누구인지 그 신원을 구체적으로 알지 못하는 경우에도 범죄는 성립한다.

② 목적수행 외환 · 존속살인 · 강도살인 등(제4조 제1항 제1호)

본죄는 반국가단체의 구성원 또는 그 지령을 받은 자가 그 목적수행을 위하여 형법 제92조 내지 제97조(외환유치, 여적, 모병이적, 시설제공이적, 시설파괴이적, 물건제공이적), 제99조(일반이적), 제250조 제2항(존속살인), 제338조(강도살인, 치사), 제340조(해상강도살인, 치사, 강간) 등에 규정된 범죄를 저지른 경우를 무겁게 처벌하기 위해 마련된 조항이다.[83)]

행위주체는 반국가단체의 구성원이나 그 지령을 받은 자이므로 일종의 신분범이다. 일단 반국가단체에 가입하여 그 구성원의 신분을 유지하고 있다면 비록 반국가단체 가입죄에 대한 공소시효가 완성되었다고 하더라도 여전히 본죄의 주체가 될 수 있다.

지령이란 지시와 명령을 포함하는 개념이다. 지령의 수단 · 방법에는 아무런 제한이 없다. 특정 내용을 향한 지령이 있어야 하고 그 지령의 내용에 합치되는 범행이 있어야 목적수행죄가 성립된다. 지령의 내용과 합치하지 않는 범행이 행하여진 경우에

83) 형법 각조에 정한 형에 처한다고 규정하고 있지만, 유기징역형을 선고할 때 그 형의 장기 이하의 자격정지형을 병과할 수 있다는 점에서 형법범보다 형이 가중되었다고 할 수 있다

는 국가보안법상의 목적수행죄가 아니라 목적수행죄에서 인용된 해당 형법범으로 처단된다.[84)]

③ 목적수행 간첩(제4조 제1항 제2호)

국가보안법 제4조 제1항 제2호는 "반국가단체의 구성원 또는 그 지령을 받은 자가 그 목적수행을 위하여 형법 제98조에 규정된 행위를 하거나 국가기밀을 탐지 · 수집 · 누설 · 전달 · 중개하는 것"을 처벌대상으로 규정하고 있다. 반국가단체의 구성원 또는 그 지령을 받은 자의 국가안보를 위협하는 행위 중 가장 중요한 범죄라고 할 수 있다.

i) 형법 제98조 제1항 전단에 규정된 행위(간첩)

본죄는 반국가단체의 구성원이나 그 지령을 받은 자가 그 목적수행의 의사로 간첩함으로써 성립한다. 여기서 '간첩'이라 함은 대한민국의 '군사상 기밀사항'을 탐지 · 수집하는 것을 말한다.

국가보안법 제4조 제1항 제2호는 "형법 제98조에 규정된 행위를 한" 경우를 처벌대상으로 하고 있다. 이와 관련하여 '적국'으로 인정될 수 없는 「반국가단체」를 위하여 군사상 기밀을 탐지 · 수집하는 행위를 간첩으로 처벌할 수 있는지가 문제된다. 그러나 일반적으로 반국가단체를 위한 간첩이 인정된다. 따라서 본죄의 성립에 있어서 '적국을 위하여'라는 요건은 필요하지 않는다.[85)]

행위의 주체는 반국가단체의 구성원 또는 지령을 받은 자이어야 한다. 지령은 군사상 기밀의 탐지 · 수집을 내용으로 하는 것이어야 한다. 만일 지령내용이 군사상 기밀의 탐지 · 수집을 내용으로 하는 것이 아니라 단순히 동지포섭이나 지하당 조직 등에 관한 것일 뿐인 때에는 간첩죄는 성립되지 아니한다. 다만 북한공산집단으로부터 밀봉교육을 받고 남파된 공작원인 경우에는 그 사명이 본래부터 대한민국의 군사, 정치, 경제, 사회, 문화 등 각 부분에 걸친 각종 정보의 탐지, 수집 등 행위를 수행하기 위한 것임이 명백하므로 지령내용에 대한 입증은 일반적으로 필요하지 않다.[86)]

본죄의 행위 객체는 '군사상 기밀'이다. 국가보안법상 기밀이라 함은 "대한민국의 국방 정책상 반국가단체에 대하여 알리지 않거나 확인되지 아니 함이 대한민국의

84) 황교안(2011), 『국가보안법』(서울: 박영사), p.82.
85) 앞의 책, pp.94-97.
86) 위의 책, p.98.

이익이 되는 모든 사실 · 물건 · 또는 지식"을 의미한다. 반국가단체가 그 사항에 대해 이미 알고 있었는지 또는 모르고 있었는지는 불문한다. 현대전에 있어서는 정치 · 경제 · 사회 · 문화 등 각 분야의 중요사항이 군사력과 직결되고 군사 작전수행에 관련이 있다는 점에 비추어 볼 때, 국가의 안전과 국민의 생존을 지키기 위해 수호되어야 할 기밀의 범위는 순수한 군사기밀에 한정되지 않는다. 즉 정치 · 경제 · 사회 · 문화 등 각 분야의 모든 중요사항이 기밀성을 지니는 한 '군사상 기밀'에 해당한다.

국가보안법은 이렇게 인정된 '군사상 기밀'을 그 등급에 따라 법정형을 구분하여 처벌하고 있다. 즉 행위의 객체가 된 군사상 기밀이 '국가안전에 대한 중대한 불이익을 회피하기 위하여 한정된 사람에게만 지득이 허용되고 적국 또는 반국가단체에 비밀로 하여야 할 사실 · 물건 또는 지식'(제4조 제1항 제2호 가목 소정의 군사상 기밀)인 경우에는 사형 또는 무기징역에 처하고, 그 이외의 군사상 기밀(동호 나목 소정의 군사상 기밀)인 경우에는 사형, 무기 또는 7년 이상의 징역에 처한다.

'군사상 기밀' 중에는 국가안전에 대한 중대한 불이익을 가져올 가능성이 적거나 한정된 사람이 아니라 일반인들에게도 지득이 허용되는 것도 적지 않은데, 이러한 군사상 기밀이 바로 국가보안법 제4조 제1항 제2호 나목에 규정된 기밀이다.

본죄의 범행주체에게 범행 당시 주관적 구성요건으로서 '간첩행위에 대한 사실의 인식' 이외에 '목적수행을 위한 행위'라는 인식이 있어야 범죄가 성립된다. 국가보안법 제4조는 명시적으로 "반국가단체의 구성원 또는 그 지령을 받은 자"가 그 목적수행을 의한 행위로서 간첩행위를 하는 것을 간첩죄의 성립요건으로 규정하고 있으므로 적국 또는 반국가단체와의 의사 연락 없이 이루어지는 간첩행위, 즉 '편면적 간첩'은 인정되지 않는다.

ii) 형법 제98조 제1항 후단에 규정된 행위(간첩방조)

본죄는 간첩을 방조함으로써 성립하는 범죄이다. 간첩방조는 간첩이라는 정을 알면서 간첩의 임무수행과 관련하여 간첩행위자의 범의를 강화시키거나 또는 간첩의 범의에 의한 실행행위를 용이하게 하는 일체의 행위를 말한다. 그 법정형이 간첩죄와 동일하고 구성요건이 별도로 규정되어 있으므로 간첩죄와 대등한 독립범죄이다.

행위의 객체는, 「적국의 간첩」이다. 법문상으로는 '적국'의 간첩을 방조한 자를 처벌대상으로 하고 있으나, '반국가단체'의 간첩을 방조한 경우에도 처벌대상이 된다. 행위의 태양은 간첩을 방조하는 것으로서, 간첩행위를 용이하게 하는 일체의 행위를 말한다. '간첩행위자'를 돕는 모든 행위가 간첩방조로 되는 것은 아니고 형법 제98조 제1항 후단의 규정대로 '간첩'을 돕는 행위만이 간첩방조죄로 처벌된다. 따라서 방조행위는 간첩의 '임무수행'과 직접 또는 간접으로 관련이 있어야 하며, 간첩의 임무수행과 관련 없이 단순히 간첩행위자를 도운 것에 불과한 때에는 이를 간첩방조로 볼 수 없다.

iii) 형법 제98조 제2항에 해당하는 행위(군사상 기밀누설)

본죄는 반국가단체의 구성원 또는 그 지령을 받은 자가 그 목적수행을 위하여 직무상 지득한 대한민국의 군사상 기밀을 적국 또는 반국가단체에 누설함으로써 성립하는 범죄이다. 행위 주체는 '반국가단체의 구성원 또는 그 지령을 받은 자'로서 '직무에 관하여 기밀을 지득한 자'라는 이중의 신분을 가져야 한다.

이미 직무에 관하여 지득하고 있는 군사상 기밀을 누설하는 점에서 새로이 군사상 기밀을 탐지 · 수집하는 간첩행위와 다르다. 예컨대 군사상 기밀에 해당하는 자료를 취급하는 직업에 종사하는 자가 북한공산집단의 공작원에게 포섭되어 그의 지령에 의해 평소 자신의 직무상 지득하고 있던 기밀사항을 알려주는 것이 이에 해당한다.

행위 객체는 '직무에 관하여 지득한 군사상 기밀'이다. 직무란 반드시 군사상 기밀을 취급하는 직무에 한하지 아니하며, 공무원의 공무뿐 아니라 사인의 업무도 포함한다. 따라서 버스운전사가 버스 운행중 알게 된 서울시내의 도로상황, 군사시설이나 중요기관의 위치 등도 직무에 관하여 지득한 군사상 기밀에 해당될 수 있다.[87] '직무에 관하여 지득한 것'이라 함은 직무집행 그 자체를 통하여 알게 된 것은 물론 직무집행과 관련하여 알게 된 것도 모두 포함한다.

본죄의 행위는 군사상 기밀을 적국에 누설하는 것이다. 여기의 적국에는 '반국가단체'도 포함된다. 누설은 적국 또는 반국가단체 통보하거나 고지하는 행위를 말하며 그 수단 · 방법에는 제한이 없다. 적국 또는 반국가단체에 누설하여야 하므로 누설의 상대방은 적어도 적국이나 반국가단체의 구성원 또는 그 지령을 받은 자나 이들에게 기밀을 전달할 수 있는 자라야 한다.

iv) 국가기밀의 탐지 · 수집 · 누설 · 전달 · 중개 등

본죄는 반국가단체의 구성원이나 그 지령을 받은 자가 그 목적수행을 위하여 '국가기밀'을 탐지 · 수집 · 누설 · 전달 · 중개함으로써 성립하는 범죄이다.

---

87) 앞의 책, p.152.

④ 목적수행 소요 · 폭발물사용 · 도주원조 · 방화 · 일수 · 음용수 사용방해 · 통화 위조 · 살인 · 강도 등(제4조 제1항 제3호)

본죄는 반국가단체의 구성원이나 그 지령을 받은 자가 목적수행을 위하여 행하는 범행 가운데 특히 소요, 폭발물사용, 방화, 살인 등 주로 "테러성 범죄"를 대상으로 하고 있다.[88] 형법에 위 각 행위에 대한 처벌규정을 두고 있으나, 반국가단체의 구성원이나 그 지령을 받은 자가 목적수행을 위해 행한 행위는 특히 위험하므로 이를 가중처벌하기 위해 국가보안법이 특별히 규정하고 있는 것이다.

⑤ 목적수행 중요시설파괴, 약취 · 유인, 물건이동 · 취거 등(제4조 1항 제4호)

본죄는 반국가단체의 구성원이나 그 지령을 받은 자가 목적수행을 위하여 행하는 범행 가운데 "각종 중요시설의 파괴 및 사람의 약취 · 유인행위"를 대상으로 하고 있다.[89]

⑥ 목적수행 유가증권위조, 상해, 국가기밀서류 · 물품의 손괴 등(제4조 제1항 제5호)

본죄는 반국가단체의 구성원이나 그 지령을 받은 자가 목적수행을 위하여 행하는 범행 가운데 "사람 및 중요서류의 손상행위"를 그 대상으로 하고 있다.

반국가단체의 구성원 등이 국내 유통질서를 문란하게 하기 위하여 각종 유가증권을 위조 · 사용하거나 사람에 대해 린치를 가하는 경우가 많을 것으로 예상되고, 특히 목적수행을 위해 국가기밀 서류를 손상하는 사례가 많을 것으로 보여 그 위험에 대처하기 위해 국가보안법이 특별히 규정하고 있는 것이다.[90]

⑦ 목적수행 선동 · 선전, 허위사실 날조 · 유포 등(제4조 제1항 제6호)

본죄는 반국가단체의 구성원이나 그 지령을 받은 자가 직접 본조 제1호 내지 제5호에 규정된 각종 반국가행위를 하지 않으면서도 지하 또는 배후에서 그러한 행위를 선동 · 선전하거나 국론분열 · 민심교란을 꾀하는 것을 규제하려는 취지에서 규정되었다.

⑧ 자진지원죄(제5조 제1항)

본죄는 반국가단체의 구성원 또는 그 지령을 받은 자 이외의 자가 반국가단체나

88) 위의 책, p.165.
89) 앞의 책, p.193.
90) 위의 책, p.198.

그 구성원 또는 그 지령을 받은 자를 지원할 목적으로 자진하여 외환유치 · 간첩 · 소요 · 중요시설파괴 · 유가증권위조 · 선동 등 국가보안법 제4조 제1항 각호에 규정된 행위를 하는 것을 처벌하기 위한 조항이다.

현재 우리 사회에는 소위 자생적 공산주의자 등이 반국가단체나 그 구성원 등과 조직적 연계가 없이 스스로 이들을 지원하기 위하여 반국가적 행위를 자행하는 사례가 적지 않은바, 이러한 행위는 반국가단체의 구성원 또는 그 지령을 받은 자가 국가보안법 제4조 소정의 목적수행을 행하는 것과 그 위험성에서 다를 바가 없기 때문에 이를 엄격히 차단하려는 데 입법목적이 있다.[91)]

⑨ 금품수수죄(제5조 제2항)

본죄는 국가의 존립 · 안전이나 자유민주적 기본질서를 위태롭게 한다는 정을 알면서도 반국가단체의 구성원 또는 그 지령을 받은 자로부터 금품을 수수하는 행위를 처벌하기 위한 조항이다.

북한 등 반국가단체는 조직을 확대하고 반국가적 활동을 도모함에 있어 금품으로 상대방을 매수하거나 활동자금을 은닉 또는 영리사업에 투자하는 수법을 쓰고 있다. 특히 반국가단체에 매수된 사람이 반국가단체의 활동에 방조하는 것은 국가 안보에 적지 않은 위해요인이 된다. 반국가단체의 자금회전 및 공작자금의 유입을 철저히 차단함으로써 이러한 결과의 발생을 미리 방지하려는 것이 본조의 입법목적이다.[92)]

⑩ 잠입 · 탈출죄(제6조)

본조는 정당한 사유 없이 반국가단체의 지배하에 있는 지역과 대한민국의 지배하에 있는 지역간을 왕래하거나 반국가적 활동에 관한 지령의 수수 또는 의사연락을 위해 대한민국의 지배하에 있는 지역으로 출입함으로써 대한민국의 통치권을 침해하는 행위를 처벌하기 위한 조항이다.

북한공산집단은 끊임없이 공작원을 남파하여 국가기밀의 탐지 · 수집은 물론, 한민전 등 대남방송을 통해 국내에 산재하고 있는 자생적 공산주의자, 좌익용공세력 등을 선동하여 북한공산집단의 지배하에 있는 지역으로 들어오도록 유인함으로써 우리 체제의 취약화 및 국론분열을 꾀하고 있다. 이러한 현상은 국가안보에 큰 위협으로 작

91) 위의 책, p.214-215.

92) 앞의 책, pp.222-223.

용하므로 이를 엄격히 차단하는 데 그 입법목적이 있다.[93)]

〈 단순잠입 · 탈출 〉

본조 제1항은 국가의 존립 · 안전이나 자유민주적 기본질서를 위태롭게 한다는 정을 알면서도 반국가단체의 지배하에 있는 지역으로부터 대한민국의 지배하에 있는 지역으로 들어오는 행위(잠입)와 반국가단체의 지배하에 있는 지역으로 들어가는 행위(탈출)를 처벌하고 있다.

「반국가단체의 지배하에 있는 지역」은 북한공산집단의 불법 지배하에 있는 북한지역은 물론 그 영해, 영공, 외국에 있는 북한공관 등 반국가단체의 사무실이나 공작원의 교육 · 공작 등에 이용되는 소위 안전가옥과 공작거점 및 공중에 있는 항공기, 해상에 있는 공작선 등도 모두 이에 해당한다.

「잠입」은 대한민국의 지배지역 이외의 지역에서 대한민국의 지배하에 있는 지역으로 들어오는 모든 경우를 말하는 것이 아니라 반국가단체의 사실상 지배하에 있는 지역으로부터 대한민국의 지배하에 있는 지역으로 들어오는 경우만을 의미한다. 「대한민국의 지배하에 있는 지역」이란 대한민국의 통치권이 실제로 미치는 영역을 의미한다. 따라서 남한은 물론 외국주재 대한민국의 공관, 외국 또는 공해상에 있는 대한민국의 항공기 · 선박 및 영해 · 영공 등이 모두 이에 해당한다.

「탈출」은 대한민국의 통치권 또는 지배력으로부터 벗어나는 행위를 의미한다. 단순탈출의 일반적 유형으로는 대한민국의 통치권이 실제로 미치는 지역을 떠나 직접 반국가단체의 지배하에 있는 지역으로 들어가는 행위, 그리고 대한민국의 통치권이 실제로 미치는 지역을 떠나 외국을 거쳐 반국가단체의 지배하에 있는 지역으로 들어가는 행위가 있다.[94)]

〈 특수 잠입 · 탈출죄 〉

본조 제2항은 반국가단체나 그 구성원의 지령을 받거나 받기 위하여 또는 그 목적수행을 협의하거나 협의하기 위하여 대한민국의 지배하에 있는 지역으로 들어오는 행위(특수잠입)와 그와 같은 목적으로 대한민국의 지배하에 있는 지역을 벗어나는 행위(특수탈출)를 처벌하고 있다.

특수잠입은 반국가단체의 사실상 지배하에 있는 지역으로부터의 잠입임을 요하

93) 위의 책, p.236.
94) 앞의 책, p.254.

지 않는다. 왜냐하면 본조 제1항의 단순잠입과는 달리 제2항의 특수잠입에 관해서는 그 출발지를 명시하지 않고 있기 때문이다. 이 점에서 단순잠입죄에 있어서의 잠입의 개념과 다르다. 또한 특수잠입에 있어서는 단순잠입과는 달리 "국가의 존립 · 안전이나 자유민주적 기본질서를 위태롭게 할 위험성"의 요건을 별도로 필요로 하지 않는다. 특수잠입죄가 지령수수 또는 목적수행 협의와 관련된 것이라는 점에서 위와 같은 위험성은 그 구성요건에 이미 내포되어 있기 때문이다.

특수탈출은 일반탈출의 경우와는 달리 「반국가단체의 지배하에 있는 지역」으로 들어감을 요하지 않는다. 즉 반국가단체 등의 지령수수 또는 목적수행 협의 등을 위해 대한민국의 통치권 또는 지배력으로부터 이탈하면 그것으로 족하고 목적지를 불문한다. 특수탈출에 있어서도 단순탈출의 경우와 달리 "국가의 존립 · 안전이나 자유민주적 기본질서를 위태롭게 할 위험성"의 요건이 별도로 필요치 않다.

⑪ 각종 이적행위(국가보안법 제7조)

북한공산집단의 대남적화통일 전략 · 전술과 우리의 안보현실에 비추어 볼 때 북한공산집단의 선전 · 선동활동에 동조하는 등의 이적행위에 대하여 적극적으로 대처하고 이를 척결함으로써 우리 사회에 친북세력 나아가 자유민주주의체제에 대한 위협세력이 부식 · 확산될 수 있는 터전을 발본색원할 필요가 있다.[95)]

이에 국가보안법은 제7조에서 가장 기초적인 이적행위를 ㉠ 반국가단체 · 그 구성원 또는 그 지령을 받은 자의 활동을 찬양 · 고무 · 선전 · 동조하거나 국가변란을 선전 · 선동하는 행위(제1항), ㉡ 제1항의 행위를 목적으로 하는 이적단체를 구성하거나 이에 가입하는 행위(제3항), ㉢ 이적단체 구성원이 사회질서혼란을 조성할 우려가 있는 사항에 관하여 허위사실을 날조 · 유포하는 행위(제4항), ㉣ 위 세 가지 유형의 행위를 할 목적으로 하는 문서 · 도화 · 기타 표현물의 제작 · 수입 · 복사 · 소지 · 운반 · 반포 · 판매 또는 취득행위(제5항) 등 네 가지 행위태양으로 구분하여 처벌하고 있다.

〈 이적동조 등 죄(제7조 제1항) 〉

행위의 주체는 아무런 제한이 없다. 행위자가 반드시 공산주의자 또는 사회주의 사상을 가진 자임을 요하지 않는다. 행위의 태양은 크게 반국가단체나 그 구성원 또는 그 지령을 받은 자의 활동을 '찬양 · 고무 · 선전 · 동조'하는 행위와 '국가변란 선전 ·

95) 앞의 책, p.272.

선동' 행위이다. 국가변란의 경우에는 비록 반국가단체나 그 구성원 또는 그 지령을 받은 자의 활동과 관련성이 없더라도 이를 규제대상으로 한다. 즉 전형적인 반국가단체인 북한공산집단과는 무관하게 자생적으로 국가변란을 도모하는 경우에는 본죄를 구성하는 것이다.

유의할 점은 외형적으로 찬양 · 고무 · 선전 · 동조 또는 국가변란의 선전 · 선동에 해당하는 것처럼 보이더라도 그 내용이 객관적으로 국가의 존립 · 안전이나 자유민주적 기본질서를 위태롭게 할 위험성이 없는 경우에는 이적행위에 해당하지 않는다. 외견상 우리 정부의 기본적 평화통일정책과 부합하는 측면이 있더라도 현실적으로 우리 내부의 교란책 등으로 악용될 수 있는 행위, 예컨대 1980년 후반부터 북한이 개최하고 있는 소위 범민족대회를 추진하는 행위는 결국 우리의 국가 존립 · 안전이나 자유민주적 기본질서를 위태롭게 하는 행위로 평가될 수도 있다.[96]

〈 이적단체 구성 · 가입죄(국가보안법 제7조 제3항) 〉

본죄는 이적찬양 · 고무 · 선전 · 동조 또는 국가변란 선전 · 선동의 행위를 목적으로 하는 단체를 구성하거나 이에 가입함으로써 성립한다. 정부참칭이나 국가변란의 목적은 갖고 있지 않지만 그러한 반국가단체의 활동에 호응함으로써 결국 대한민국의 안전과 자유민주주체제를 위협하는 단체의 결성을 제한하고 있는 규정이다.[97]

행위의 주체에는 아무런 제한이 없다. 따라서 반국가단체의 구성원은 물론, 그로부터 지령을 받거나 그러한 자들로부터 다시 지령을 받은 자도 본죄의 주체가 될 수 있다. 또한 기존의 이적단체구성원이 별도의 새로운 이적단체를 구성하거나 이에 가입하는 경우에도 새로이 본죄가 성립한다.

대학생들의 단체와 같이 매년 지휘부가 변경되고 구성원이 주기적으로 바뀌는 단체도 '지휘통솔체계'를 갖춘 단체가 될 수 있다. 구성원이 특정되어 있는 한 점조직과 같이 성원 상호간에 반드시 면식이 있어야 하는 것도 아니고, 공개조직이든 비밀조직이든 불문하며, 그 결합체가 계속적이든 일시적이든 상관없다. 여러 단체가 연합하여 결합의 정도가 느슨하더라도 그 내부에 지휘통솔체제가 갖추어져 있고 단체의 목표가 분명하여 그 활동에 일체성이 있다면 단체성을 인정할 수 있다.

---

96) 대법원 93.1.29. 90도450호.

97) 황교안(2011), p.337.

〈 **이적단체구성원의 허위사실 날조·유포죄 (제7조 제4항)** 〉

본죄는 이적단체의 구성원이 사회질서의 혼란을 조성할 우려가 있는 사항에 관하여 허위사실을 날조하거나 유포함으로써 성립한다. 악성 유언비어의 날조·유포로 인한 국론분열 또는 사회질서혼란 유발을 방지하려는 데 그 입법목적이 있다.

허위사실의 날조·유포는 그 법정형이 2년 이상의 유기징역으로 무거운 점을 감안할 때 이적단체의 활동과 관련이 있어야 한다. 다만 그 연관성의 정도는 이적단체의 활동과 직접적으로는 물론 간접적으로도 관련이 있거나 그 이적단체의 활동에 도움이 되는 정도라면 충분히 인정될 수 있다고 본다.

〈 **이적표현물 제작 등 죄(국가보안법 제7조 제5항)** 〉

본죄는 반국가단체 등 활동의 찬양·고무·선전·동조나 국가변란의 선전·선동 등 행위(본조 제1항), 이적단체의 구성·가입행위(본조 제3항) 또는 사회질서 혼란조성의 우려가 있는 사항에 관한 허위사실의 날조·유포행위를 통해 이적행위를 할 목적으로 문서·도화 기타의 표현물을 제작·수입·복사·소지·운반·반포·판매 또는 취득함으로써 성립하는 소위 '목적범'이다.

서적 등 표현물을 이용하여 반국가단체의 활동을 찬양하거나 허위사실을 날조·유포하는 등의 방법으로 대한민국의 안전과 자유민주체제를 위협하는 행위는 그 전파성 및 지속성으로 인해 그 위험성이 매우 크므로 이를 신속히 차단하여 국가의 안전과 체제를 유지한다는 것이 입법취지이다. 최근 IT산업과 인터넷의 발달로 인하여 본죄의 적용 여부가 문제되는 경우가 많아짐에 따라 수사실무에서 차지하는 비중이 커지고 있다.[98)]

⑫ 회합·통신죄(국가보안법 제8조)

본죄는 국가의 존립·안전이나 자유민주적 기본질서를 위태롭게 한다는 정을 알면서 반국가단체의 구성원 또는 그 지령을 받은 자와 회합·통신 기타의 방법으로 연락함으로써 성립한다. 본조는 반국가단체의 구성원 또는 그 지령을 받은 자들과의 회합·통신 기타 연락행위를 엄격히 차단함으로써 반국가단체의 조직유지·확대 및 목적수행활동을 봉쇄하고자 함에 그 입법목적이 있다.[99)]

---

98) 앞의 책, p.370.
99) 위의 책, p.423.

반국가단체의 구성원 또는 그 지령을 받은 자와 외형상 회합 · 통신 등 연락 등 행위를 하였다고 하여 곧 바로 본죄가 성립되는 것은 아니다. '우리나라의 존립 · 안전이나 자유민주적 기본질서를 위태롭게 할 위험성'이 있는 회합 · 통신 등 연락의 경우에만 본죄가 성립한다.

남한 주민이 북한 주민과 회합 · 통신이나 접촉을 한 경우에 동 법조를 적용할 것인지, 남북교류협력에 관한 법률을 적용할 것인지가 문제된다. 남북교류협력에 관한 법률 제3조의 요건 즉 ㉠ 남북교류 · 협력을 목적으로 할 것, ㉡ 남북교류협력에 관한 법률의 목적 범위 내일 것 등의 두 가지 요건이 모두 갖추어진 경우에는 남북교류협력에 관한 법률이 적용될 것이나, 위 두 가지 요건 중 하나라도 결여되면 국가보안법 제8조가 적용될 수 있다는 것이 판례의 입장이다.[100] 남북교류협력에 관한 법률에 의해 북한방문 승인을 받은 자가 북한 방문 기회에 반국가단체 구성원 등과 회합을 한 경우에는 그 위법성 여부를 별도로 판단하여야 한다. 즉 비록 북한 방문승인을 받아 북한을 방문하였더라도 그 기회에 이루어진 반국가단체 구성원 등과의 회합행위까지 당연히 정당한 것이라고 할 수 없다.[101]

⑬ 편의제공죄(제9조)

본죄는 국가보안법 제3조(반국가단체 구성 · 가입), 제4조(목적수행), 제5조(자진지원 · 금품수수), 제6조(잠입 · 탈출), 제7조(이적행위), 제8조(회합 · 통신) 위반의 죄를 범하거나 범하려고 하는 자에게 유형 · 무형의 편의를 제공함으로써 그들의 목적수행을 위한 활동을 용이하게 하는 행위를 함으로써 성립한다. 국가보안법 제3조 내지 제8조 소정과 같은 중대한 범죄를 저지른 자에게 대한 일정한 조력행위 역시 커다란 위험성을 수반한다는 점에서 엄격히 차단한다는 데 그 입법목적이 있다.[102]

편의제공의 내용은 국가의 존립 · 안전을 위태롭게 하거나 자유민주적 기본질서에 위해를 줄 위험이 있는 것이어야 한다. 이 경우 그와 같은 위험성의 존재 여부는 구체적 사안에 따라 제반정황을 종합 고려하여 객관적으로 판단하여야 한다.[103]

100) 대법원 90.9.25. 90도1613호.

101) 황교안(2011), p.446.

102) 위의 책, p.449.

103) 헌법재판소 92.4.14. 90헌바23호 결정.

⑭ 불고지죄(제10조)

본죄는 반국가단체를 구성하거나 반국가단체에 가입한 자 또는 그 구성원, 구성원으로부터 지령을 받은 자의 일정한 범죄행위 또는 그들에 대한 자진지원행위를 알면서도 그 사실을 수사기관이나 정보기관에 신고하지 아니하는 행위를 말한다. 고지대상인은 국가보안법 제3조(반국가단체 구성 · 가입등), 제4조(목적수행), 제5조 제1항(자진지원), 3항(자진지원 미수), 4항(자진지원 예비음모) 등의 범죄이다.[104)]

일반적으로 범죄의 피해자를 비롯한 일반 국민은 범죄사실을 수사기관에 신고할 의무가 없다. 그러나 특히 중요한 국가보안법위반 범죄에 대하여는 국가의 존립 · 안전을 지키기 위해 대한민국의 국민이라면 누구나 이들 범죄를 범한 자가 빠짐없이 처벌될 수 있도록 신고하는 것이 당연한 의무라고 보고 이러한 신고의무를 이행치 아니하는 행위를 처벌하는 것이다.[105)]

(3) 군형법 중 반란의 죄 · 암호부정사용죄

군형법은 제2편 제1장 반란의 죄에 관한 장에서 반란죄(제5조), 반란목적의 군용물 탈취죄(제6조)를 규정하고 동 범죄에 대한 미수범(제7조)과 예비, 음모, 선동, 선정(제8조) 등 행위를 처벌하고 있다. 또한 반란을 알고도 이를 상관 또는 관계관에게 보고하지 아니한 사람을 반란불고지죄(제9조)로 처벌하는 규정을 두고 있다. 여기서 반란이란 폭행 · 협박으로서 병력 또는 관헌에 대항하는 것으로 족하며 국가변란과 같이 정부의 전복 또는 국체의 변경의 목적을 하지 않는다.

군형법 제81조는 암호를 허가 없이 발신한 사람, 암호를 수신할 자격이 없는 사람에게 수신하게 한 사람, 자기가 수신한 암호를 전달하지 아니하거나 거짓으로 전달한 사람을 처벌하는 규정을 두고 있다.

군형법의 적용대상자는 군인, 준군인, 군무원 등이고(군형법 제1조), 이러한 신분을 가진 사람은 군사법원이 신분적 재판권을 가지지만, 국가정보원장의 지명을 받은 국가정보원 직원은 군사법경찰관리의 지위를 아울러 가지므로 군형법 중 반란의죄 ·

104) 제5조 제2항의 금품수수죄, 제6조의 잠입 · 탈출죄, 제7조의 이적행위, 제8조의 통신연락죄, 제9조의 편의제공죄 등은 1991.5.31. 국가보안법 개정시 고지의무 대상에서 제외되었다는 점에 유의하여야 한다.

105) 황교안(2011), p.471.

암호부정사용죄를 범한 자에 대한 수사를 할 수 있다.

(4) 군사기밀보호법

군사기밀보호법은 군사기밀을 보호하여 국가안전보장에 이바지 함을 목적으로 제정되었다(제1조). 군사기밀보호법에서 말하는 '군사기밀'이란 "일반인에게 알려지지 아니 한 것으로서 그 내용이 누설되는 경우 국가안전보장에 명백한 위험을 초래할 우려가 있는 군관련 문서 · 도화 · 전자기록 등 특수매체기록 또는 물건으로서 군사기밀이라는 뜻이 표시 또는 고지되거나 보호에 필요한 조치가 이루어진 것과 그 내용"을 말한다(제2조). 이러한 군사기밀은 그 내용이 누설되는 경우 국가안전보장에 미치는 영향에 따라 Ⅰ급비밀, Ⅱ급비밀, Ⅲ급비밀로 구분한다.

따라서 군사기밀보호법에서 보호되는 군사기밀은 군관련 기밀에 한하고, 군사기밀이라는 뜻이 표시 또는 고지되고, Ⅰ급비밀, Ⅱ급비밀, Ⅲ급비밀 등으로 비밀등급이 매겨진 형식적 비밀이라는 점이라는 점에서 형법 및 국가보안법상의 '군사상 기밀' 또는 '국가기밀'과 다르다.

군사기밀보호법은 이러한 군사기밀을 적법한 절차에 의하지 않고 탐지 · 수집하거나(제11조)나 누설하는 자를 처벌하고(제12조), 특히 업무상 군사기밀을 취급하는 사람 또는 취급하였던 사람이 업무상 알게 되거나 점유한 군사기밀을 누설한 경우를 가중처벌하고 있다(제13조 제1항).

이러한 범죄들은 적국이나 반국가단체를 위한 것임을 요하지 않는다는 점에서 형법이나 국가보안법상의 간첩 또는 군사상기밀누설죄와 다르다. 또한 형법이나 국가보안법상의 군사상 기밀 또는 국가기밀의 누설은 고의범만을 처벌하지만, 군사기밀보호법은 과실로 인한 군사기밀 누설도 처벌하고 있다는 점도 다르다.

주의할 점은 군사기밀보호법 제13조(업무상 군사기밀 누설)와 그 미수범에 대하여는 군사법원이 그 재판권을 가진다는 점이다(군사법원법 제3조 제2항). 그러나 국가정보원 직원은 군사법경찰관리의 지위도 아울러 가지므로 행위주체의 신분이 군인인지 여부에 관계없이 수사권을 발동할 수 있다.

4. 안보수사의 실효성 보장을 위한 조항

(1) 공소시효의 적용배제

「헌정질서파괴범죄의 공소시효 등에 관한 특별법」은 형법 제2편 제1장 내란의 죄, 제2장 외환의 죄와 군형법 제2편 제1장 반란의 죄, 제2장 이적의 죄를 '헌정질서파괴범'으로 정의하고(제2조), 이에 대하여는 형사소송법 및 군사법원법에 규정된 공소시효를 적용하지 아니한다고 규정하고 있다(제3조).

위 특별법에서 '헌정질서파괴범'으로 열거하고 있는 범죄는 모두 국가안보를 위협하는 것들로서 안보수사의 대상이라고 할 수 있는바,[106] 이들에 대하여는 공소시효를 배제하고 끝까지 추적, 엄벌함으로써 헌법상의 자유민주적 기본질서를 수호함에 그 입법목적이 있다고 하겠다.

(2) 참고인의 구인 · 유치(국가보안법 제18조)

검사 또는 사법경찰관은 수사상 필요한 때에는 피의자 아닌 제3자, 즉 참고인에게 출석을 요구하여 진술을 청취하거나, 피의자와 대질할 수 있다(형사소송법 제221조, 제245조). 그러나 이것은 어디까지나 참고인이 임의적으로 수사에 협조하는 것을 전제로 하는 것이고 이를 강제할 수 없다.

그러나 국가보안법을 위반한 범죄는 국가안보에 대한 위험이 매우 크고, 본범과 공범관계에 놓여 있는 경우가 많기 때문에 참고인이 수사에 협조하지 않고 출석요구에 불응하는 것을 방치할 수 없다. 이 때문에 국가보안법 제18조는 국가보안법에 정한 죄의 참고인이 출석요구에 불응한 때에는 구속영장을 발부받아 구인할 수 있도록 예외적 규정을 두고 있다.[107]

참고인 구인 · 유치의 요건은 ㉠ 검사 또는 사법경찰관으로부터 국가보안법에 정한 죄의 참고인으로 출석요구를 받을 것, ㉡ 정당한 이유 없이 2회 이상 출석요구에 불

106) 군형법 제2장 이적의 죄는 국가안전보장업무를 수행하는 국가정보원의 수사대상에 포함되어 있지 않아 이곳에서 다루지 않았으나, 국가안보를 위협한다는 점에서 안보수사의 대상이라고 할 수 있다. 정보 및 보안업무기획 · 조정규정 제2조 제5호도 군형접 제2장 이적의 죄를 범한자와 그 혐의를 받는 자를 '정보사범'의 하나로 열거하고 있다.

107) 황교안(2011), p.552.

응할 것, ⓒ 관할법원 판사의 구속영장을 발부받을 것 등이다. 구속영장이란 구체적으로는 '구인영장'을 의미한다(형사소송법 제73조).

본조에 의한 구인의 경우에도 형사소송법의 조항이 준용되므로 인치되어 온 참고인은 그 인치한 때로부터 24시간 내에 석방하여야 한다(형사소송법 제71조, 제209조). 구인된 참고인이 1차 구인에서 진술을 거부하거나 24시간 이내에 조사를 완료치 못하여 석방되었다가 다시 출석요구에 불응할 경우에는 형사소송법의 취지에 비추어 다른 중요한 증거를 발견한 경우를 제외하고는 재구인할 수 없는 것으로 해석되고 있다. 구속영장에 의하여 참고인을 구인하는 경우에 필요한 때에는 근접한 경찰서 기타 적당한 장소에 임시로 유치할 수 있다(국가보안법 제18조 제2항).

(3) 구속기간의 연장(국가보안법 제19조)

일반형사사건에 있어서의 구속기간은 10일을 단위로 하고, 검사만이 판사의 허가를 얻어 10일을 초과하지 아니하는 한도에서 구속기간을 1차 연장할 수 있다(형사소송법 제202조, 제203조, 제204조).

그러나 국가보안법 제3조(반국가단체의 구성 등), 제4조(목적수행), 제5조(자진지원 · 금품수수), 제6조(잠입 · 탈출), 제8조(회합 · 통신), 제9조(편의제공)의 죄에 경우에는 위 형사소송법 제205조에 대한 특별규정을 마련하여 사법경찰관의 구속기간은 20일, 검사의 구속기간은 30일까지로 연장이 가능하도록 함으로써 수사기관은 최대 50일간 구속수사를 할 수 있도록 하였다.[108] 국가보안법위반 범죄는 그 위험성이나 결과의 중대성 등에 비추어 수사에 철저를 기할 필요가 있고, 국가보안법위반사범의 조직성이나 밀행성 등에 비추어 형사소송법상의 위 구속기간만으로는 범행의 실체적 진실을 규명하기 어려운 경우가 많기 때문이다.[109] 특히 피의자의 묵비 등 신문 투쟁 및 친북세력들의 조직적 수사방해 등을 고려 시 구속기간 연장은 당연하다고 하겠다.

---

108) 특수직무유기죄(제11조), 무고 · 날조죄(제12조)는 법문상 본조의 적용대상에서 제외되었다. 이들은 순수한 의미의 반국가사범이 아니라 그 형태나 죄질에 있어서 일반형사범과 대동소이하기 때문이다. 또한 법문상으로는 국가보안법 제7조 및 제10조의 죄도 본조의 적용대상으로 나열되어 있으나, 위 두 죄에 대한 본조 구속기간 특별연장규정은 위헌이라는 헌법재판소 결정에 따라 위 두 죄에 대해서는 본조에 의한 구속기간 특별연장이 허용되지 않는다는 점에 유의하여야 한다.

109) 황교안(2011), p.557.

(4) 공소보류(국가보안법 제20조)

공소보류란 공소를 제기할 수 있는 제반조건이 구비되어 있는 사안에 대해 형법 제51조의 조건을 참작하여 공소를 제기하지 않는 처분을 말하며, 국가보안법위반 범인에 대하여만 특수하게 적용되는 제도이다. 이 제도가 인정되는 근본적인 취지는 국가보안법위반 범인은 그 특수성에 비추어 형벌을 과하는 것보다 일정한 경우에 공소제기를 보류하는 것이 형사정책상 효과적일 수 있다는 정책적 배려 때문이다. 즉 북한 공산집단이 밀파한 간첩을 역용하고 그 기여도 여하에 따라서 공소제기 여부를 결정하는 등 본법 위반자의 죄질에 비추어 신축성 있는 처리를 할 수 있도록 법적 근거를 마련한 것이다.[110)]

공소보류를 할 수 있는 주체는 검사이고, 그 결정은 검사의 자유재량에 속한다.[111)] 공소보류의 대상은 국가보안법 제3조 내지 제12조의 죄를 범한 자이다.[112)] 공소보류를 받은 자가 공소의 제기 없이 2년을 경과한 때에는 소추할 수 없다(제20조 제2항). 공소보류기간인 2년 동안 공소보류결정이 취소되지 아니하는 한 다시 소추할 수 없게 된다. 이 점이 기소유예제도와 확연히 다른 점이다.

공소보류를 받은 자가 법무부장관이 정한 감시 · 보도에 관한 규칙에 위반한 때에는 공소보류를 취소할 수 있다(제20조 제3항). 공소보류를 취소할 수 있는 시기는 공소보류 기간 중이다. 공소보류 기간 중에 설사 공소보류의 취소 사유가 발생되었다 하더라도 그 기간이 경과한 후에는 취소할 수 없다.

공소보류가 취소된 때에는 형사소송법 제208조 재구속 금지규정이 적용되지 아니한다(제20조 제4항). 따라서 재구속이 금지되어 있는 기소유예와는 달리 공소보류를 취소하는 경우에는 동일한 범죄사실로 재차 구속할 수 있다.

5. 안보수사의 과제와 전망

안보수사는 국가의 존립과 안전을 위태롭게 하는 범죄에 대한 수사이기 때문에

110) 앞의 책, p.562.

111) 다만, 정보 및 보안업무기획 · 조정규정 제9조 제1항은 공소보류 결정의 절차에 관하여 특별규정을 두고 있으므로 이에 따라야 한다.

112) 따라서 제11조의 특수직무유기죄 및 제12조의 무고 · 날조죄도 공소보류의 대상이 될 수 있다.

국가가 존속하는 한 안보수사는 국민의 생존을 위해 반드시 필요한 것이다. 다만 국내외의 정세변화에 따라 '국가안보'의 대상과 개념이 변화할 수 있기 때문에 이를 반영한 관련법의 제·개정을 통해 안보수사도 그 대상과 범위, 그 절차 등에 있어서 변화가 있을 수밖에 없다.

예컨대 국가보안법은 처음에는 국내 좌익세력의 폭동과 내란행위에 대처하기 위해 제정된 것이었으나, 한국전쟁 이후에는 북한공산집단의 대남전략전술에 효율적으로 대처하기 위한 것으로 수차례 개정되었다. 1990년대에 들어와서는 국제정세가 냉전체제로부터 화해와 유화 국면으로 접어들면서 공산계열의 국가와 대외적 교류를 확대할 필요성이 발생함에 따라 국외공산계열과 관련된 범죄행위가 완화되거나 삭제되었다. 또한 민주화와 국민의 인권의식의 고양, 그리고 대북정책의 효율적 추진을 위해 국가보안법은 그 처벌대상을 축소하거나 수사절차상의 특례 규정의 일부가 삭제되었다. 그러나 헌법이 지향하는 평화적 통일과 자유민주적 기본질서를 부인하면서 적화통일을 포기하지 않는 북한공산집단이 존재하고, 이들에 동조하여 국가변란을 기도하는 세력이 우리 사회에 존재하는 한, 소위 '대공수사'는 여전히 안보수사의 핵심적인 과제라고 하지 않을 수 없다.

한편 시야를 한반도에서 세계로 넓혀보면, 소련 붕괴로 인한 세계적인 냉전체제 종식 이후 세계 각국은 국가 간의 협조를 바탕으로 하면서도 자국의 국가이익을 최대한 확보하기 위한 치열한 '정보경쟁' 또는 '정보전쟁'을 전개하고 있다. 이러한 안보환경의 변화는 당연히 안보수사활동에 있어서도 변화된 모습을 요구하고 있다. 그럼에도 우리 실정법상의 간첩죄 규정이 '적국'을 전제로 하는 등 여전히 냉전체제하의 모습을 유지하고 있는 것은 시대 변화를 따르지 못하는 것이다. 적절하고 신속한 법개정과 아울러 변화하는 안보환경에 능동적으로 대처할 수 있는 새로운 개념의 안보수사활동에 관한 연구와 관련법 제·개정이 필요한 시점이다.

안보수사는 대한민국의 존립 및 안전과 자유민주적 기본질서를 위태롭게 하는 범죄에 대한 수사로서 국가안보를 위해 필수적이다. 그러나 왕재산 간첩사건에서 보았듯이 관련자들의 철저한 묵비 일관, 범죄수법의 첨단·지능화에 따른 범증 수집 곤란 등으로 수사실무상 애로사항이 많은 것도 사실이다. 따라서, 관련 법제 정비 등에 대한 관심과 투철한 신고의식 등 국민들의 적극적인 협조가 요망된다.

제5절 테러리즘 대응

1. 21세기 안보환경과 테러리즘

냉전의 종식은 안보의 대상에 변화를 가져왔다. 전통적인 안보위협으로 여겨졌던 국경문제와 강대국간 이념 대결, 전면 전쟁의 위험은 급격히 감소한 반면, 테러, 마약 · 위폐 등의 국제범죄, 대량 난민문제 등의 안보위협 영역이 새로이 부각되었다. 따라서 안보개념이 종래의 군사안보에서 경제 및 생태(환경)는 물론 테러 · 마약 · 국제범죄 등 사회안보 내지 사이버 안보를 포함하는 포괄적 개념으로 확대되기에 이르렀다.[113)]

이러한 신안보적인 위협요소는 언제 어디서나 발생할 수 있으며 실제로 국내외 구분 없이 상호 긴밀한 연관 속에서 발생하고 있다. 특히 미국 본토에 가해진 2001년 9 · 11 테러사건 이후 국제사회는 테러에 대한 공포에 사로잡혀 있다. 안보위협의 주체가 전통적인 국가 개념을 벗어나 '초국가적' 행위자로 확대되는 추세에 있다. 즉 기존의 국제관계에서 위협은 주권국가에서 비롯되었지만 이제는 국제질서의 안녕과 평화에 대한 위협이 개인이나 테러집단에서 오고 테러위협의 진원지도 불분명하게 되었다.

무엇보다 9 · 11 테러사건을 통해 경험한바, 테러리즘 수법이 고도로 다양해지고, 날로 증대되는 추세에 있는 가운데 그 피해도 심각한 지경에 이르렀다. 뉴테러리즘(new terrorism)이 제반 수단과 방법을 동원하여 전세계를 무차별적으로 위협하고 있는

113) 전통적인 안보개념의 한계를 극복하고 경제, 생태, 사회안보 등은 물론 테러 · 마약 등의 국제범죄와 난민 · 식량 · 자원 · 국제금융위기 등 제반 요소들을 포괄하는 등 안보개념 확대에 대한 논의가 제기됨에 따라 안보관에 있어서도 어느 정도 수정이 가미되었다. 따라서 '포괄적 안보'는 탈냉전기 대표적 안보개념으로 자리잡게 되었다. 포괄적 안보개념은 1977년 일본의 노무라연구소에서 처음으로 사용한 것으로 알려져 있으며, 이 개념은 1983년에는 일본의 국방백서에서 새로운 안보개념으로 제시된바 있다. Carolyn M. Stephenson, "New Approaches to International Peacemaking in the Post-Cold War riod," Michael T. Klare, (ed.), *Peace & World Security Studies: A Curriculum Guide* (Boulder: Lynne Rienner Publisher, 6th ed, 1994), p.18. 안보개념의 확대 및 포괄적 안보 개념에 대해서는 Barry Buzan, *People, State, and Fear: The National Security Problem in International Relations*. (Chapel Hill: University of North Carolina Press, 1983); Richard H. Ullman, "Redefining Security," *International Security*, Vol.8, No.1(Summer 1983) 참조.

점에서 유엔을 비롯한 국제기구 및 국제사회를 중심으로 테러리즘 방지를 위한 국제협약 체결은 물론 각국들이 테러리즘 방지를 위한 법 · 제도적 장치를 강구해야 할 필요성이 증대되고 있다.[114)]

결국 각국이 처한 안보환경은 다르다 할지라도 테러리즘이 특정지역에 한정된 문제가 아닌 전세계적인 문제점으로 부상함에 따라 거의 모든 국가들이 외부의 영토적 위협은 물론 확대된 안보이슈에 신속히 대처하는 등, 총체적 국가안보 대응체제 구축에 매진하고 있다. 즉 변화된 안보환경에 효과적으로 대응하기 위한 선진적인 법 · 제도적 장치 강화는 모든 나라에서 찾아 볼 수 있는 공통적인 현상이라 할 수 있다.

그동안 우리나라의 안보 및 테러정책은 주로 북한의 남침에 대비해 수립되었는데, 9 · 11 테러 사태 이후 우리의 안보 및 테러정책에 대한 인식도 바뀌기 시작했다. 또한 최근 미국을 위시한 많은 국가들이 자생적인 테러리즘으로 인해 국가안보 유지에 어려움을 느끼고 있는데 우리도 이 같은 세계적인 현상에서 예외일 수는 없다. 국가위기란 "국가의 주권 또는 국가를 구성하는 정치 · 경제 · 사회 · 문화체계 등 국가의 핵심요소나 가치에 중대한 위해가 가해질 가능성이 있거나 가해지고 있는 상태"로 정의될 수 있는 바, 새로운 안보위협이 초래할 국가 위해요소에 대응하기 위한 법 · 제도적인 정비가 불가피해 지고 있다.[115)]

2. 테러리즘 개관

(1) 테러리즘의 개념

'테러' 또는 '테러리즘'이란 용어는 그 개념이 광범위하고 다의적이기 때문에 보편타당한 정의를 내리기가 쉽지 않으며,[116)] 국내외 각종 법률문서 등에서 일관성 있는 유

114) 유엔은 2001년 9월 12일 안보리 결의 1368호를 통해 9 · 11 테러를 "국제평화와 안보에 대한 위협"으로 규정하고 테러범을 심판하기 위해 모든 국가가 신속하게 협력할 것을 촉구한 데 이어 2001년 9월 28일 안보리에서 전세계 모든 국가들에 대해 테러조직의 자금원과 병참지원 차단 등의 의무를 부과하는 내용의 결의안 1373호를 만장일치로 채택하기도 하였다. 주요 내용은 첫째, 테러자금 조달방지 및 차단, 둘째, 테러자금 조달행위의 범죄화 및 처벌, 셋째, 테러자금의 동결, 넷째, 테러자금 조달을 위한 제반 금융거래 금지, 다섯째, 테러자금 수사관련 국제협력 등이다.

115) 허태회 · 정준현 · 이상호, "국가사이버안보 위기관리체계 확보방안연구", 선문대 동북아연구소, 『동북아저널』, 3권 1호(2005. 2).

116) 테러리즘은 프랑스 혁명기간에 실시되었던 '공포정치'(Reign of Terror)의 동의어로 사용되었

권적 정의를 찾아보기 어렵다. 즉 학자에 따라 테러는 심리적 상태를 강조하는 용어이고 테러리즘은 폭력적 행위를 강조하는 용어라 하여 양자의 구별을 시도하는 예도 있지만, 일반적으로 양자는 혼용되어 사용되고 있다. 테러리즘은 역사적 · 문화적 배경에 따라 그 정의가 다르게 규정되는 등 수많은 학자와 정부기관은 다양한 정의를 제시해왔다.[117)]

한편 미국 부시 행정부는 테러리즘을 "준국가단체나 비밀 요원들이 자신들의 메시지에 귀를 기울이는 상대에게 영향을 미치겠다는 정치적 동기를 가지고 사전에 계획하여 비전투상태에 있는 목표물에게 가하는 폭력"(premeditated, politically motivated violence perpetrated against noncombatant targets by subnational groups or clandestine agents, usually intended to influence an audience)으로 정의하고 있다.[118)] 여기서 비전투상태에 있는 목표물이라 함은 군사시설, 비무장상태에 있는 군인, 전투나 군사적 적대행위가 없는 지역의 무장군인, 그리고 민간인 등을 가리킨다.

그리고 미국의 애국법(Patriot Act)은 테러리즘을 '국제 테러리즘'과 '국내 테러리즘'으로 구분하여 정의하고 있다.[119)] 국제 테러리즘은 "일반시민을 협박 또는 강요하거나 협박 또는 강요를 통해 정부의 정책에 영향을 주고자 하거나, 대량파괴 · 암살 또는 납치를 통해 정부조치에 영향을 주기 위하여 미 연방 또는 각 주 형법에 범죄행위로 규정되어 있거나 미 연방 또는 각 주 관할지역 내에서 자행시 범죄 행위가 되는 무력행위 또는 사람의 생명에 위험을 초래할 수 있는 행위로서, 미합중국 영토 외에서 발생되거나 협박 · 강요 대상자 또는 범죄지 · 망명지 등 목적 달성을 위한 수단 등이 다

다. 1798년 프랑스에서 발간된 『Dictionnaire of the Academie Francaise』(증보판)에서 '테러리즘'이란 용어가 처음으로 등장하였으며, 테러리즘을 '조직적인 폭력의 사용'으로 정의하고 있다. Walter Laqueur, *The Age of Terrorism*, (Boston: Little Brown and Company, 1987), p.11. 이때의 테러리즘은 국가가 정치적 억압과 사회의 통제를 위해 사용한 수단으로 권력자에 의해 자행된 것으로, 국가테러리즘의 성격을 가졌다.

117) 테러리즘에 관한 정의가 다양하게 제시된 것에 대해서는 김두현, 『현대 테러리즘』, (서울: 백산출판사, 200), pp.18-21 참조.

118) Report of the National Commission on Terrorism, "Countering the Changing Threat of International Terrorism." Feb. 2001. (U.S.).

119) 2001년 9 · 11 테러사건 이후 미국은 테러 예방을 위하여 기존의 테러관련법을 강화한 'USA PATRIOT ACT 2001'을 제정하였고 테러에 관해서도 정의하고 있다(USA PATRIOT Act 2001:Uniting and Strengthening America by Providing Appropriate Tools Required to Intercept and Obstruct Terrorism, SEC 802).

국적 요소로 이루어져 있을 때"를 말한다. 국내 테러리즘은 "일반시민을 협박 또는 강요하거나 협박 또는 강요를 통해 정부의 정책에 영향을 주고자 하거나, 대량파괴 · 암살 또는 납치를 통해 정부조치에 영향을 주기 위하여 미 연방 또는 각 주 형법에 범죄행위로 규정되어 있거나 미 연방 그리고 각 주 형법상 범죄 행위로 규정되어 있는 사람의 생명에 위험을 가하는 행위로서 원칙적으로 미합중국 영토 내에서 발생한 것"을 말한다.

국제 테러리즘의 양상을 살펴보면, 국제테러행위는 그 대상이나 규모에 있어서 불특정 다수에 대한 무차별적인 테러의 급증 및 수법도 과격해지고 대담해질 뿐 아니라 날로 다양화되고 있는 상황이다. 특히 불특정 다수를 공격 목표로 한 9 · 11 테러사건 이후 일반 대중들은 상시적 테러리즘의 위협에 시달리고 있는 형편이다.[120] 이러한 점증하는 안보위협 요인은 일국의 외교정책에 지대한 영향을 미치기도 하였다. 예를 들면 미국의 경우, 9 · 11 테러 이전 외교정책의 우선순위는 핵 · 미사일 · 테러 · 마약 · 인권 등이었으나 9 · 11 테러사건을 계기로 전통적 외교정책의 우선순위가 뒤바뀌거나, 아니면 기존처럼 일렬종대식 우선순위보다는 국가안보의 포괄적 틀 내에서 유연성을 지니며 상호연계하는 형식으로 전개되기도 하였다.[121]

부시 행정부 당시 국가안보전략보고서(NSS)는 테러 및 대량살상무기(WMD)제거를 국가안보정책의 최우선 목표로 설정하고 필요할 경우에는 단독행동 및 선제공격(preemptive strike) 불사, 그리고 이를 위한 반테러 국제연대 및 동맹강화의 필요성을 역설하는 공세적인 안보전략을 제시하였다. 뿐만 아니라 외부 위협으로부터 본토를 보호해야 한다는 차원에서 부시 행정부의 국토안보정책은 첫째, 공항여객기에 대한 안전조치 및 테러범 잠입차단을 위해 국경보안을 강화하고, 둘째, 사법기관과 정보기관의 데이터베이스를 연계시켜 광범위하고 신속한 정보공유체계를 구축하며, 셋째, 대량살상무기 공격에 대비, 초기 대응인력들에 대한 훈련을 실시하고 장비를 개선하며 해독제 개발에 주력하는 것을 골자로 하였다. 더구나 21세기 미래의 테러행위는 핵무

120) 오태곤, "9 · 11 테러 이후 인터폴 변모와 국제경찰협력에의 시사점", 『법학연구』, 제29집 (2008.2.25), p.424.

121) 핵확산 방지나 인권옹호 등에 국제적 협력을 요구하던 과거의 미국 외교정책의 잣대가 '테러와의 전쟁'에 대한 협력 여부라는 새로운 잣대로 변모되었는데, 예를 들면 미국은 아프간 보복공격에 앞서 공식적으로 핵 및 미사일보다는 '테러'에 우선순위를 둔다고 발표하였으며, 이를 위해 '테러 對 反테러 국제연대'라는 대명제 하에 국제공조를 위한 다양한 외교정책을 전개하였다. 또한 정보전 강화 및 테러자금이동 등에 대한 대처문제로 對테러정책을 포괄적으로 확대하였다.

기, 화학무기, 생물무기를 이용한 소위 슈퍼 테러리즘[122]의 양상을 보일 가능성이 지적되고 있다. 단순한 인명살상 및 특정건물에 대한 폭탄테러를 통해 특정의 정치적 목적을 이루려는 차별적 테러가 20세기 테러리즘의 특징이었다면, 21세기 테러리즘은 가능한 대량 인명살상은 물론 테러 이후의 파급효과가 지속적으로 나타나게 하는 무차별적 테러의 조짐을 보이고 있다. 특히 매스미디어의 발달로 테러행위가 실시간으로 전달되면서 테러조직은 심리적 충격을 극대화하기 위해 점점 더 규모가 크고 치명적인 테러행위를 수행한다.[123]

전 세계적으로 볼 때 테러의 역사는 오래되었는데,[124] 한국인과 연계된 테러는 9 · 11 이후 미국의 아프간에 대한 대테러보복전쟁과 이라크에 대한 공격과 연관성이 높다.[125] 실제로 지난 9 · 11 테러 이후 김선일 피랍테러, 샘물교회 신도 피랍테러, 대우건설 근로자 피랍테러, 소말리아 해상테러 등 우리나라 및 국민에게 가해진 테러리즘이 여러 가지 양상으로 전개되고 있음을 주목할 필요가 있다. 또한 '자생적 테러리즘'의 대표적인 사례인 '7 · 7 런던 테러'는 영국에서 나고 자란 무슬림 및 파키스탄계 영국 시민권자의 범행이었다.[126] 이러한 '자생적인 테러리즘'은 자기 국민이나 거주자에 의해서 자행되는 테러리즘이어서 공항이나 항만을 봉쇄해도 소용이 없으며, 이들은 블랙리스트에도 오르지 않는다는 점에서 거의 무방비상태라고 해도 과언이 아니다. 그리고 정보화 사회의 비약적인 발전으로 인해 정권에 불만을 느끼거나 종교적인

---

122) 슈퍼 테러리즘 사례의 대표적 사례로 1995년 동경지하철 사린가스 테러를 들 수 있는데, 슈퍼 테러리즘이란 핵, 화학, 생물무기 같은 대량살상무기를 테러의 수단으로 이용하는 행위이다.

123) 조성권, "국제정치와 테러리즘", 『국제질서의 패러독스』, (고양: 인간사랑, 2004), pp. 289–291.

124) 역사상 테러리즘은 무정부주의자들(제1차 세계대전 이전의 발칸반도 상황)이나 식민저항주의자들(프랑스의 식민 지배를 벗어나기 위한 지난 1960년대 알제리의 독립전쟁 상황), 급진좌파 운동가들(1970년대에 활동한 이탈리아의 극좌 도시게릴라인 붉은 여단과 같은 진보단체), 나아가 오늘날에는 이슬람 원리주의를 표방하는 자들에 의해 정치적 도구로 사용되고 있는 것이다. The Christian Science Monitor, *Global Terror, Local Wars*, September 8, 2004(http://www.csmonitor.com/2004/0908/p01s02-usfp.html).

125) 이성수, "정치 · 종교적 관점에서 본 아랍(중동)권의 한국인 테러행태 분석: 9 · 11 테러 이후를 중심으로", 『중동 및 지중해 지역의 대한국인 테러 예방과 전망』, (한국이슬람학회(KAIS) 2009년도 추계학술대회 논문집), pp.6–9.

126) 7 · 7 런던 자살폭탄 테러는 영국에서 성장한 무슬림 청년 3명과 파키스탄인 1명이 2005년 7월 7일 런던시내 지하철역과 버스정거장 4곳에서 동시 다발적으로 자살폭탄 테러를 자행, 시민 52명이 사망하고 700명이 부상을 당한 사건으로, 당시 현장에서 숨진 테러범 네 명은 모두 영국 시민권자였다(『연합뉴스』, 2010.10.11 참고).

이유 등으로 인해 사이버 상에서 얼마든지 국제 테러리스트와의 연계하여 국내테러를 자행할 수 있다. 테러집단의 직접 명령 없이도 알려지지 않은 세포조직들이 테러를 감행할 수 있고 이슬람 전사를 만들기 위한 철저한 교육과정이 사이버 세상에서 진행된다[127]는 점은 매우 우려할 만하다.

(2) 테러리즘의 양상 및 주요 특징

2001년 9월 11일 뉴욕의 세계무역센터와 워싱턴의 미 국방부에 대한 항공기테러는 탈냉전 시대의 새로운 위협으로 테러리즘이 부각되는 계기가 되었다.[128] 피해 규모와 수단에서 과거와는 다른 양상을 보여주는 등 테러리즘에 대한 위협이 새롭게 등장하였다. 즉 항공기납치, 독가스나 생물무기의 활용, 항공기를 이용한 대규모 자살테러, 자살폭탄테러 등 새로운 유형의 테러가 나타나고 있는 것이 특징이라 할 것이다.

한편 테러리즘의 종류로는 테러리스트 집단이 존재하는 위치의 성격에 따라 국내테러와 국제테러로 구분하고 있다.[129] 또한 테러리즘의 유형은 비록 그 본질에는 변화가 없지만 시대에 따라 끊임없이 변화하고 있는데, 테러리즘을 자행하는 동기는 과거와 마찬가지로 매우 다양하며 과거에는 없었던 새로운 유형의 무기들을 사용함으로써 인류의 안전을 끝없이 위협하고 있다. 즉 WMD 테러, 하이테크테러 등 무수한 종류의 새로운 테러유형이 출현하고 있다. 테러공격의 주요 유형으로는 일반적인 암살, 항공테러리즘, 납치 그리고 장차 문명사회에 심각한 영향을 줄 것으로 예상되는 화생방 및 핵(CBRNE: Chemical, Biological, Radiological, Nuclear, and Enhanced High Explosive)무기테러와 사이버테러[130] 등이 있다.

127) 7 · 7 런던 테러의 배후로 알려진 알카에다 유럽조직도 인터넷 등을 통해 알카에다와 접촉했을 것으로 추측된다. 조직에서 한 두 명 정도만 알카에다의 '본류'와 접촉할 뿐이다(『중앙일보』, 2005.7.19 참조). 7 · 7 런던 테러가 발생한 지 한 달쯤 뒤, 미국 뉴욕타임스지는 한 영국 무슬림 청년의 일기장 내용을 공개했는데, 거기에는 "낯선 땅 나 혼자일 뿐, 알라 말고는 누구도 믿을 수 없다(3월 10일)"라고 쓰여 있었다. 일기를 쓴 시디크는 아프가니스탄과 국경을 접한 파키스탄 북부도시 페샤와르 외곽의 주택에서 현지 경찰에 붙잡혔다.

128) 탈냉전시대의 분쟁과 무질서의 근원을 테러리즘의 구조적 원인에 대한 역사적 분석을 통해 조명한 논문은 조성권 · 강문구, "탈냉전 이후 '국제정치의 무질서'에 대한 분석과 전망", 『국가전략』, 9권 2호(2003) 참조.

129) USA PATRIOT Act 2001:Uniting and Strengthening America by Providing Appropriate Tools Required to Intercept and Obstruct Terrorism, SEC 802.

130) 인력과 조직 예산이 부족한 테러단체 등 비국가 행위자들에게 사이버테러는 매우 효과적인 신무

테러리즘의 여러 유형을 보다 구체적으로 살펴보면 다음과 같다. 첫째, 가장 일반적인 테러리즘의 유형으로서 전통적인 개념의 테러리즘은 요인암살이다. 요인암살은 정적을 제거하고 세력을 장악하기 위한 목적으로 자행되는 경우가 일반적이었으나 최근에는 불특정 다수를 대상으로 한 공격이 증대되고 있다.

둘째, 1960년대 이후 항공기에 의한 여행이 점차 보편화되면서 등장한 항공테러리즘이다. 항공테러리즘은 세계화와 국제무역의 증대에 따라 최근 가장 심각한 위협으로 부각되고 있다. 항공테러리즘은 항공기 납치(hijacking), 공중폭파(bombing of aircraft), 공항시설 및 항공기 승객에 대한 공격 등 다양한 방법으로 자행될 수 있으며, 순식간에 엄청난 인명피해를 초래할 수 있다.

셋째, 인질납치는 고전적 테러리즘의 일종이라고 할 수 있다. 1960년대 남미의 혁명분자들이 주로 사용한 방법이며 인질을 볼모로 하여 동료의 석방을 위한 방편으로 사용하거나, 또는 정치적 · 물질적 양보, 정치적 선전 목적을 달성하기 위해 사용되어 왔다.

넷째, 새로운 유형의 테러리즘으로서 물리적 방법이 아닌 사이버 공간을 통해 공격을 감행하는 사이버테러[131]가 있다. 사이버테러는 교통통제시스템, 항공기 관제통제시스템, 금융업무시스템, 식료품 공정 처리시스템, 의약품 제조공정시스템, 국방관련 통계시스템, 국가전산망 등 현대사회의 핵심 구조를 이루고 있는 전산시스템에 침투하여 전산망을 마비시키거나 정보를 빼냄으로써 상대국을 무력화시키거나 상대국의 취약점을 공격한다. 즉 사이버테러리즘은 일반적으로 정보전의 일종이라고 할 수 있으며 개인차원의 해커에 의한 테러, 범죄조직 등 조직화된 집단에 의한 테러, 정치적,

---

기임에 틀림없는 것이다. Libicki, Martin C., *What is Information Warfare?* (Washington, DC: National Defense University, 1995). 및 *Cyberdeterrence and Cyberwar*, (Santa Monica, CA: Rand, 2009). 국제 테러유형 및 대응에 관해서는 최진태, “국제 테러유형 및 대테러정책 발전방향”, 『방재연구』, 제8권 제4호(통권 32호, 2006. 12), pp.42-59 참조.

131) 사이버테러리즘은 좁게는 “특정한 집단이나 개인이 자신의 정치적 목적이나 이념을 관철시킬 목적으로 대중, 정부요인 또는 정부기관이나 공공기반시설 등에 대해 위협을 가할 수 있는 무기로서의 컴퓨터사용 또는 현대 정보전과 관련하여 컴퓨터설비와 전송선에 대한 물리적 공격”을 의미하는 것으로 새기는 것이 가능하며, 넓은 의미에서는 오늘날 네트워크 시스템이 정보화 사회의 아킬레스 건으로 기능한다는 점에 착안하여 “특정한 정치적 이념이나 목적에 관계없이 컴퓨터 네트워크 시스템에 장애를 초래하는 일체의 물리적 또는 소프트웨어적인 불법행위”로 그 개념을 확대할 수도 있을 것이다. 허태회, 정준현, 이상호, “국가사이버안보 위기관리체계 확보방안 연구”, 『동북아저널』, 3권 1호(2005년 2월, 선문대 동북아연구소), pp.143-172.

민족적, 종교적 목적 달성을 위해 조직된 단체 또는 국가에 의한 테러 등으로 구분할 수 있다.

다섯째, 9 · 11 테러 이후 새로운 위협으로 등장하고 있는 것은 화생방 및 고성능 무기에 의한 테러리즘으로, 일반적으로 CBRNE(Chemical, Biological, Radiological, Nuclear and Enhanced Explosive Weapons)라고 불리며, 이들 무기는 민간인에게 무차별적인 공격을 가할 수 있는 수단이다. 생물 및 화학무기[132]로는 전염성이나 독성이 강한 천연두, 탄저균, 그리고 신경가스 등이 있는데, 이들은 대표적인 '소리 없는 살인자'(silent killers)로 명명된다. 특히 이런 무기들은 적은 비용으로도 대량살상의 파괴력을 지니고 있어 통상 '빈자(貧者)의 핵폭탄'으로 불린다. 이 중 천연두는 극히 소량으로도 한 나라 전체를 공포로 몰아넣을 수 있을 만큼 치사율이 높고 전염성이 강하다. 천연두 못지않게 위험한 세균이 바로 탄저균[133]인데, 탄저병의 경우 확산이 쉽고 치사율도 높기 때문에 가장 유력한 생물학 무기 중 하나로 지목되어 왔다.

세계의 이목을 집중시켰던 9 · 11 테러 및 미국의 대테러 전쟁, 이슬람 과격단체의 자살테러, 이스라엘의 보복공격 등은 새로운 분쟁 양상을 보여는 것으로, 세계 각국은 대규모 인적 · 물적 피해를 수반할 수 있는 테러리즘의 공포에 휩싸여 있다 해도 과언이 아닐 것이다. 이에 더하여, 세계무역센터에 대한 테러에 연이은 우편물을 통한 탄저균 테러 사건은 전세계를 생물무기에 의한 테러의 공포에 휩싸이게 하였다. 특히 9 · 11 테러사태는 첨단기술이 아닌 재래식 수단을 이용한 테러였음에도 불구하고 다수의 사상자를 내었다는 점에서 향후 핵 · 생화학무기와 같은 대량살상무기를 사용한 테러가 행해질 경우 9 · 11 테러사태의 수백 배 이상의 사상자를 내는 대재앙적 사태가 발생할 수 있다는 우려를 증폭시켰다.[134] 또한 최근의 테러리스트 조직들은 '알 카에다'처럼 특정 국가로부터의 지원을 받기보다는 종교적 · 이념적 유대, 특히 반미주

---

132) 생물학 무기는 일반적으로 인간 및 동 · 식물에 질병을 일으키는 미생물과 동 · 식물, 미생물에서 추출, 생산된 독소(toxin)를 무기화한 것을 지칭한다. 생물학 무기는 핵과 화학무기와 같은 다른 대량살상무기에 비하여 적은 자본과 기술적인 인프라를 가지고 개발할 수 있다는 이점이 있다.

133) 탄저균은 웬만한 열이나 소독약에도 죽지 않고 물이나 흙 속에 수 년 동안 살아 움직이며 직접 흡입할 경우 치사율이 90%에 이르며 불과 1kg으로 수백만 명을 살상할 수 있을 정도인데, 비록 배양이나 살포방법이 어렵지만, 농약 살포 비행기를 이용해 대도시 상공에서 살포할 경우 그 피해는 상상만 해도 끔찍하다 할 것이다.

134) Livermore Study Group, "A National Strategy against Terrorism Using Weapons of Mass Destruction." (http://www.llnl.gov/str/Imbro.html).

의를 바탕으로 느슨한 초국가적 조직망을 형성해 가는 특징을 보여주고 있다.[135)]

9 · 11 테러 이후 미국은 아프가니스탄 및 이라크에 대한 전쟁을 개시하였으며, 전세계적으로 테러 조직을 근절하기 위한 조치를 강도 높게 추진한바 있다. 그러나 전통적인 안보위협에 입각한 군사력 건설의 중요성이 강조된바 있지만, 여전히 새로운 테러리즘의 형태, 위협에 대한 개념 및 인식부족 등으로 인하여 새로운 테러리즘의 위협동향을 예측하고 적절한 대비책을 마련하는 것이 시급한 과제로 부각되었다.

주요 선진국들은 자국의 테러방지대책을 재정비하기 위해 노력하고 있는데, 이에는 테러예방 및 진압을 위한 각종 대책 및 법적, 제도적 정비도 포함하고 있다. 한편 기존의 테러에 대한 법적인 대응방법은 주로 국제법적으로 논의되었으며, 국내적으로 이에 대한 법적인 준비는 많지 않았다. 테러리즘 관련 국제조약과 의정서가 있지만 강제성이 결여되어 국제법상의 대응에는 한계가 있다.[136)] 따라서 테러발생 및 테러경보 발령과 관련한 신속대응 차원에서 테러리즘에 대한 국제법적 및 국내법 양측면의 정비가 필요하다. 급변하는 국제상황 하에서 일국의 테러리즘 방지정책의 기본전략은 국내에서 테러리즘의 행위를 사전에 방지하는 거시적 예방정책에 주어져야 하며, 이를 국가이익의 관점에서 종합적인 시각으로 추진해야 할 것이다.

3. 테러리즘 대응체제

9 · 11 테러 발생 이후 테러리즘이 초국가성을 띠고 있는 점과 대량살상무기 등이 테러에 악용될 가능성 등을 감안할 때, 테러범과 비호세력의 국제 네트워크를 분쇄하기 위해서는 국제공조가 절대적으로 긴요해지기 시작했다. 즉, 국제 테러리즘의 확산에 따른 국내 및 해외에서의 안보위협이 더욱 가중되는 상황에서 전세계적인 테러리즘에 대처하기 위해 긴밀한 국제협력과 외교, 경제제재, 비공개(테러방지 및 차단) 활동, 구체적 안보시스템 확대, 군사력 등 광범위한 차원에서 대응책 마련의 필요성이 제기되었다. 미국이 '테러와의 전쟁' 수행을 위해 직접적으로 군사력을 사용하는 데 따

135) Report of the National Commission on Terrorism, "Countering the Changing Threat of International Terrorism," Feb. 2001. (U.S.).

136) 테러리즘 관련 국제조약과 의정서에 관해서는 박상현, "국제 반테러레짐의 현황과 전망", 『국제문제연구』, 제8권 제3호(2008년 가을호), pp.141-142 참조.

르는 딜레마는 탈레반이 전세계로 확산되어 제2의 팔레스타인해방기구(PLO: Palestine Liberation Organization)가 될 수 있을지도 모르는 것이라는 점에서, 다음과 같은 비군사적인 전략의 모색 필요성이 증가하고 있다.

첫째, 테러리즘의 간접적인 지원요소를 차단하는 방법은 미 국무부가 1988년부터 매년 「테러지원국」을 지정, 외교 · 무역 · 금융 등 각종 제재를 부과해 오고 있는 것에서 잘 나타나 있다.[137] 특히 9 · 11 테러사태 이후 우방국의 테러리즘 방어능력을 적극적으로 육성하겠다는 의지를 표명한 바, 이는 복잡한 커넥션과 대규모 무장을 갖춘 테러리스트 조직을 제압하기 위해서는 국가 간 협력을 기반으로 적극적이고도 공세적인 대응이 필요하다는 인식에 따른 것이다.

둘째, 1976년 이래 폐지한 CIA에 의한 암살정책의 합법화 추진 등 소위 '더러운 전쟁'(dirty war)의 재개를 들 수 있는데, 9 · 11 테러사건을 계기로 미국은 '열린사회'의 취약성을 너무도 잘 경험하였으며, 따라서 테러 조직과 같은 보이지 않는 적에 대항하기 위해서는 미국도 이들과 마찬가지로 보이지 않는 응징전략을 구사할 것이라는 점이다. 이로써 CIA의 해외업무 증가 및 예산 급증현상이 발생하기도 하였다. 이는 '테러의 위협' 앞에 정보기관의 역할이 매우 중요하기 때문인바, 국가안보를 위해 정확하고 시기적절한 첩보가 매우 중요하다는 것이다.

셋째, 테러리즘 방지를 위한 국제법적 차원의 대응을 들 수 있다. 우선 국제적 차원에서 테러리즘 방지를 위한 다각적인 노력이 이루어진바 있다. 테러리즘을 방지하기 위하여 체결된 국제협약들은 비록 테러리즘이라는 용어를 명확하게 사용하고 있지 않은 경우라 하더라도 테러범죄인의 체포, 공소제기, 처벌의 실효성 확보를 목적으로 하고 있다. 국제민간기구가 중심이 되어 제정한 국제협약은 항공기 내에서 범한 범죄 및 기타 행위에 대한 협약(도쿄협약), 항공기의 불법납치억제를 위한 협약(헤이그협약), 민간항공기의 안전에 대한 불법행위의 억제를 위한 협약(몬트리올협약) 등이 있다. 항공기에 대한 테러와 관련하여서는 비교적 많은 조약들이 체결되어 있으며, 많은 국가

137) 미국 국무부는 매년 4월 '국가별 테러리즘 보고서'를 발표하여 국제 테러행위에 가담했거나 이를 지원하고 방조한 혐의가 있는 나라를 테러지원국으로 분류하고 있다. 이에 따라 애국법(Patriot Act)을 적용해 각종 제재를 가하고 있다. 테러지원국으로 분류된 나라는 북한이 2008년 10월 테러지원국에서 해제됨에 따라 현재 쿠바, 이란, 수단, 시리아 등이다. 한편 국무부는 최근 발간한 '2013 수출통제 외교정책보고서'를 통해 "지난 2008년 북한을 테러지원국에서 제외했지만, 테러방지관련 수출관리 규정은 개정되지 않았다"고 밝혔다(『연합뉴스』, 2013. 3. 4).

들이 가입하여 높은 호응을 받고 있다. 이밖에 국제원자력기구가 주체가 되어 체결된 핵물질의 물리적 보호에 관한 협약 등이 있다. 이러한 협약들은 국가 간에 테러리즘을 방지 · 억제하기 위한 국제적 협조의 골격을 형성하고 있으며 그 주요 특징은 자국의 영역 안에서 테러범죄인을 체포한 협약당사국은 범죄인을 인도 청구국에 인도하거나 처벌할 권한 있는 자국의 기관에 사건을 보내도록 하고 있다.

넷째, 각국의 테러관련 국내법적 대응을 들 수 있다. 9 · 11 테러 발생 이후 UN은 안전보장이사회 결의를 채택하여 테러에 대비하여 각국이 포괄적인 노력을 할 것을 촉구하였으며, 각국은 자국의 테러방지대책을 재정비하기 위해 노력하고 있다. 여기에는 테러예방 및 진압을 위한 각종 대책 및 법 · 제도적 정비도 포함된다. 기존의 테러에 대한 법적인 대응방법은 주로 국제법적으로 논의되었으며, 국내적으로 이에 대한 법적인 준비는 많지 않았다. 따라서 테러발생 및 테러경보 발령과 관련한 신속대응 차원에서 테러리즘에 대한 국제법 및 국내법적 양측면의 정비가 필요할 것이다. 급변하는 국제상황 하에서 일국의 대테러정책의 기본전략은 국내에서 테러리즘의 행위를 사전에 방지하는 거시적 예방정책이며, 따라서 우리의 대테러정책 및 입법방향은 국가이익의 극대화라는 종합적인 시각에서 거시적 예방정책을 추진해야 할 것이다.

우리나라는 1982년 1월 「국가대테러활동지침」(대통령 훈령 292호)을 제정하여 국가 대테러리즘 대응체계를 구축하였다.[138] 한편 국가정보원은 대테러 유관기관과 협의를 거쳐 국가대테러활동지침(대통령 훈령 47호)을 개정, '테러정보통합센터'를 발족시켰다. 이로써 국내외 유관기관과 긴밀히 협력하여 대테러 업무 컨트롤 타워로서 테러에 대한 효율적으로 예방업무를 담당하고 있다. 우리나라에서 테러방지법이 본격적으로 논의되기 시작한 것은 9 · 11 테러 직후였다. 즉 9 · 11테러가 발생하자 국가정보원이 주축이 되어 마련한 '테러방지법(안)'이 2001년 11월 27일 개최된 제51차 국무회의에서 의결되어 같은 해 11월 28일 정부안으로 제16대 국회에 제출되었다. 제출된 법안은 2003년 11월 14일 국회정보위원회에서 만장일치로 통과되었으나 법제사법 위원회

138) 국가대테러활동지침(대통령훈령 47호) 제정으로 '對테러대책위원회'와 '對테러실무위원회'가 설치되었으며, 對테러리즘 정책의 실질적 수행을 위해 국정원을 중심으로 20여 개 기관이 업무를 수행하고 있다. 한편 2003년 12월 이라크 파병방침이 결정된 후 국가 대테러리즘 업무의 개념과 수행절차를 정립한 '대테러 표준매뉴얼'이 2004년 1월 30일 작성되었으며, 국가정보원은 對테러 유관기관과 협의를 거쳐 국가대테러활동지침(대통령 훈령 47호)을 개정하여 테러관련 정보를 통합 관리하는 '테러정보통합센터'를 설치, 2005년 4월 1일부터 업무를 시작하였다.

의 체계 · 자구 심사과정에서 다시 수정논의가 이뤄지다 제16대 국회의원의 임기만료(2004년 5월 29일)로 자동폐기 되었다. 9 · 11테러 이후 미국을 비롯하여 영국, 캐나다, 싱가포르 등 전 세계적으로 테러방지법을 제정하려는 움직임이 있었는데, 이러한 국제적인 흐름을 타고 우리나라도 테러방지법 입법을 추진하게 되었다.[139]

제17대 및 제18대 국회에서는 이라크 무장테러단체에 의한 김선일씨 피살사건(2004년 6월) 등을 계기로 '테러방지법' 제정 필요성이 다시 제기되어 의원입법으로 세 개의 법안이 발의된 이후 거의 매년 지속적으로 테러예방 및 대응에 과한 법률안이 국회에 제출되고 있으나 테러방지법 제정은 현재까지도 미결 상태로 남아있다.

테러리즘에 관한 대응책은 사전 예방책과 사후 대응책으로 나눌 수 있는데, 국제테러 방지를 위해서는 국제적 공조체제, 주변 국가와의 협력 및 관계 기관간 네트워크의 구축을 통한 사전 예방책이 더욱 절실한 바, 테러의 방지 및 규제를 위해서는 정보교환, 범인의 검거, 인도, 증거수집, 기소, 재판 등 일련의 과정에서 국제적인 협력체제의 구축이 필수적이다. 이러한 측면에서 기존의 테러관련 협약은 국제적인 협력체제 구축을 위한 최소한의 필요조건이라 할 수 있으며, 이러한 협약에 가입하는 것이 필요하고, 테러를 방지하기 위해서는 국제적 협력과 더불어 국내법 체제를 통한 사법적 실행이 중요하다 할 수 있다. 현재 우리나라는 암살 · 납치 · 폭발 등 고전적 테러와 더불어, 항공기 · 화생방 등 신종테러에 대해서도 여덟 개 분야로 구분하여 책임기관을 지정, 대응하고 있다.

테러범죄의 처벌을 위한 형사법적 대응책으로서 고려되어야 할 점으로는 국제테러범죄의 처벌을 위한 형사관할권 확대, 신종 테러범죄를 포함하는 새로운 범죄유형의 신설 등을 고려할 필요가 있다. 최근 위성통신 및 인터넷을 포함한 정보통신기술의 발달로 조기경보를 위한 첩보수집에 부족함이 없는 것처럼 생각할 수도 있으나 분쟁의 예방을 위해서는 다음과 같은 두 가지 제한사항이 있을 수 있다. 첫째, 조기경보에 아주 중요한 요소들에 대한 첩보는 관련 당사자들에 의해 숨겨질 수 있고 왜곡될 수 있다. 따라서 공개적인 첩보수집은 물론 관련기관이나 기구의 첩보출처를 계속 보완하는 것이 필요하다. 둘째, 공개출처로부터 가용한 매우 풍부한 첩보가 분석자들을 쉽게 압도해 버릴 수 있는 점이다. 특히 정책결정자들의 관료주의적 속성에서 볼 때 적

139) 테러방지법에 관한 입법 경과에 대해서는 정육상, "한국의 테러방지법 제정방향에 관한 연구: 외국의 입법경험을 중심으로", 『한국공안행정학회보』, 제36호(2009) 참조.

절한 첩보가 없을 때는 정책결정을 개인의 선호 또는 비선호도를 기준으로 결정할 가능성이 있다는 것도 중요한 문제이다.[140)]

16대 국회로부터 시작되었던 테러방지법 제정에 관한 시도가 국가정보원에 권한이 집중된다는 점과 집중된 권한에 의한 국민의 기본권 침해가능성이 증대된다는 이유 등으로 아직 결실을 맺지 못하고 있다. 어떠한 경우에도 국민의 자유와 권리가 침해되어서는 안 된다는 점에는 이론의 여지가 없다. 즉 테러방지법은 국민의 생명과 안전, 자유, 재산을 보호하기 위한 법이어야 하며, 그것이 국민의 자유를 제약하기 위한 수단으로 전락해서는 안 된다는 데에는 모두 공감하고 있다. 그렇다면 테러방지법 제정에 대해 부정적으로만 생각할 것이 아니라 테러 대응의 효율성과 통일성을 위해 정보수집 등을 주요 임무로 하고 있는 국가기관에 권한을 부여하여 효율적인 대테러활동이 수행될 수 있도록 보장하고, 그러한 권한의 행사를 통제하기 위한 법 · 제도적 장치를 마련하는 것이 바람직할 것이다.

4. 테러리즘 대응의 과제와 전망

테러리즘을 막기 위해 지금까지 여러 가지 노력들이 있었음에도 위와 같은 여러 가지 문제들로 별다른 진전을 보이지 못하고 있다. 국제사회는 여러 가지 문제점에 대한 조속한 해결방안을 찾는데 최선의 노력을 기울여야 할 것이며, 특히 반테러 국제연대에의 동참이 필요하다. 테러리즘을 막기 위해서는 무엇보다 국제적 협력이 요구된다. 특히 평소에는 반테러리즘을 주장하다가도 자국의 이익과 결부된 일이라면 물러서는 일부 국가들의 소극적인 태도도 국제적인 연대를 저해하는 요인이 되고 있다. 실제로 테러리즘에 대한 국제법적 노력의 대부분은 UN을 중심으로 이루어지고 있는데, 무엇보다 테러리즘은 국제사회의 문제이므로 일부 국가들에 의해서만 다뤄지는 것 보다 국제사회 모두가 해결에 동참하고 협력해야 한다.

그리고 이러한 국제사회의 노력과 함께 국내정책적 차원의 테러방지를 위한 법 및 제도적 장치 마련도 필수적이라 할 것이다. 요컨대 테러리즘에 효과적으로 대처하기 위해서는 테러리즘에 대한 기본적인 대응방향을 설정하고, 개별국가의 노력과 함

140) Charles W. Kegley, Jr. and Eugene R. Wittkopf, *World Politics: Trend and Transformation*, (New York: Worth Publishers, 1999), p.63.

께 국제적 수준에서도 지속적인 노력을 기울여야 한다.

일반적인 정부의 테러리즘에 대한 대응정책은 사전예방책(Preventive Measures)과 테러리즘 사건발생 후 대응하는 위기관리(Crisis Management)로 나눌 수 있다. 이와 같은 정책분류는 테러리즘을 근절시키기 위한 방법으로서 장기적인 안목을 견지하는 의미의 사전적(事前的) 대테러리즘(Anti-Terrorism)[141]과 단기적이며 적극적인 의미로서의 테러리즘 발생현장에서 대응 처리인 사후적(事後的) 대테러리즘(Counter-Terrorism)[142]을 의미한다.

그러나 이러한 대응책의 구분은 발생사건의 상황에 따라 달라지기도 한다. 사건의 발생과 동시에 종결되는 요인암살, 폭탄공격 등과 같은 경우 사건조사나 테러리스트 검거 이외에는 전혀 손을 쓸 수 없기 때문에 사건발생 자체를 사전에 차단하는 것이 필수적이라는 측면에서 사전적 대테러리즘에 적극적이어야 하며, 항공기 납치, 공공건물 점거 등과 같은 사건이 발생할 경우에는 사건의 진행이 장기화되는 경우가 빈번하기 때문에 신속한 인질구출에 역점을 두어야 하므로 사후적 대테러리즘이 중요시되기도 한다. 그러나 이처럼 테러리즘 사건의 성격에 따라 사전적 대테러리즘과 사후적 대테러리즘 중에 어느 한쪽이 중요시된다고는 하지만 예방이 최선책임을 명심해야 한다.

또한 지속적 정책추진의 필요를 들 수 있는데, 테러리즘이 국제질서와 평화는 물

141) 사전대비책과 관련, 테러리즘의 근절을 위해 가장 효과적인 방법은 예방인데, 이를 위해서는 다각적인 방향이 모색되어져야 한다. 첫째는 가장 근본적인 것으로 테러리즘의 발생원인이 되고 있는 객관적인 환경요소 자체를 제거하는 것이다. 둘째는 테러리스트의 활동 근거지를 추적하여 섬멸하거나, 무기 및 지원자금의 유입 등을 봉쇄하여 조직을 무력화시키는 것이다. 셋째는 합법적인 힘으로 봉쇄되지 않는 테러리스트 조직이나 테러리스트가 스스로 테러리즘을 포기하도록 하는 것이다. 마지막으로는 테러리즘을 자행할 가능성이 있는 용의자를 공격목표에 접근하지 못하도록 차단하는 것이다.

142) 사전적 對테러리즘이 최선의 방책이지만, 테러리즘이 발생했을 경우 효과적으로 사후관리가 이루어지면 피해의 폭을 최소화 할 수 있다. 이 때문에 테러리즘에 직면한 정부는 테러리즘 발생과 진행과정에 대한 현황파악, 인질상태 및 구출에 필요한 대책, 테러리즘 사건 종결을 위한 작전계획, 그리고 테러리즘으로 인한 정치적 손실의 극소화 방안 등을 마련하고, 이에 따라 사후관리를 해야만 한다. 그러나 사건 사후관리에는 우선순위 결정에 따른 여러 가지 충돌이 발생할 수 있다. 실제로 관련 당국은 피난자의 안전한 구출, 강경진압, 신축성 있는 대응 중 어느 하나를 선택해야 하며, 물리적인 진압 혹은 테러리스트와 타협 혹은 협상의 여부는 인도주의적 고려, 국제정치적 압력, 국내여론, 테러리스트 단체의 세력과 저항력, 위협의 심도 등 다양한 변수에 의해서 결정되어진다. 일반적인 사건처리 단계는 즉각조치, 계획단계, 협상단계, 구출작전의 네 단계로 이루어진다고 볼 수 있다.

론 인류의 인권까지 위협하게 되자 국제사회는 이에 대한 대응책 수립에 고심해 왔지만 불행히도 완벽한 단일 대처방안은 존재하지 않고 있다. 대테러리즘 정책의 주목적은 자유민주주의 체제의 보호와 법질서의 유지이다. 이러한 목적달성을 위해서 가장 중요한 사항은 테러리즘 방지를 위한 지속적인 정책수립과 정치적 의지가 필요하다는 것이다. 인류의 보편적인 도덕마저 무시한 무차별적인 테러리즘은 어떤 명분이라도 용납될 수 없다. 물론 국제사회는 이를 막기 위해 법적 및 정책적인 노력을 기울이고 있지만 사실상 국제사회의 이러한 노력들은 큰 효과를 보지 못하고 있다.

국제사회의 협력이 미비한 점은 테러리즘을 막기 위한 국제사회의 노력에 장애요소가 되고 있다. 이러한 상황에서 최근의 테러리즘이 더욱 대형화되고 공격적이며 무차별적으로 자행될 수 있다는 측면을 염두에 두어야 한다. 특히 핵, 화학, 생물학 무기에 의한 테러리즘의 가능성까지 제기됨으로써 테러리즘은 더 이상 몇몇 국가의 문제가 아닌 인류 전체의 문제임을 깨달아야 한다. 이 문제를 해결하기 위해 국제사회의 협력과 공동의 노력이 요구된다.

제6절 국제범죄 대응

1. 국제범죄의 개념

20년 전 탈냉전은 인류에게 제3차 세계대전에 대한 불안에서 벗어나 새로운 국제질서와 안정을 약속하는 희망의 불빛으로 보였다. 이런 시대적 분위기에서 새롭게 등장한 세계화와 세계화의 중요한 메커니즘인 정보화가 글로벌 차원에서 유행처럼 확산되었다. 세계화는 한마디로 표현할 수 없는 복잡한 현상이지만 시간적(인터넷을 통한 실시간 의사전달), 그리고 공간적(국가사이의 교류확대) 거리의 장벽이 사라지기 시작하였다는 의미이기도 하다. 이런 맥락에서 비록 세계화라는 용어가 60년대에 등장했지만 그것이 꽃을 피운 것은 90년대 이후이다. 그러나 21세기에 그것이 어떻게 열매를 맺을지 아무도 모른다. 왜냐하면 세계화의 중요한 속성 가운데 하나인 다차원성

(multidimensionality) 때문이다.[143)]

최근 세계화는 정치, 경제, 사회, 문화, 이데올로기, 미디어 등 다양한 측면에서 파생되고 확산되고 있다. 이처럼 세계화는 다차원성의 복잡한 현상임에도 불구하고 지금까지 대부분 세계화 과정에서 나타나는 공식적이고 보이는 현상에만 집중해 왔다. 예를 들면, "새로운 질서", "새로운 질서를 통한 국제안정", "새로운 세계경제구조의 질서" 등과 같이 '질서'(order)라는 용어가 빠지면 어딘가 허전한 느낌일 정도이다. 한마디로 "세계화는 새로운 질서의 추구"라는 인식이 고정관념인 듯이 보인다. 물론 이러한 사고가 전적으로 틀리다고 말할 수는 없지만 그것은 적어도 세계화 현상의 일부분만을 강조한 것이다. 왜냐하면 최근까지 세계화는 그러한 새로운 질서를 추구하는 과정 외에 또 다른 무질서 현상을 양산하고 있기 때문이다.

무질서 현상이란 현실세계의 이면에 공존하면서 현실세계의 안정과 질서를 위협하거나 파괴하는 비공식적 현실세계이다. 이런 무질서 현상을 홀든-로디스(J. F. Holden-Rhodes)와 럽샤(Peter A. Lupsha)는 '회색지대현상'(GAP: Gray Area Phenomenon)으로 명명하였다.[144)] 그들은 이 회색지대현상인 'GAP'을 "비국가행위자들에 의한 민족국가들에 대한 위협들"로 정의한다.[145)] 전형적인 사례들이 테러리즘, 조직범죄, 마약밀매의 세계화 등이다.[146)]

세계화는 인류사회를 하나의 통합된 네트워크로 묶게 만들어 편리한 기능을 발생시킨다. 그러나 그런 편리성은 지하세계에 적용되어 인간환경을 위협하는 새로운 요인들을 생성하게도 한다.[147)] 세계화는 국제범죄와 같은 '국제무질서' 현상의 확산에 보호막이었던 물리적인 시간, 거리, 장소의 제약도 함께 사라지게 만든다. 이런 맥락에서 '자본주의의 세계화 과정'은 부분적으로 '범죄의 세계화 과정'이라고 말할 수 있다. 세계화 현상의 이중구조는 서로가 분리되어 진행되는 것이 아니라 오히려 상호 밀접히 연계되면서 성장하고 있다. 양자는 뗄 수 없는 동전의 양면과도 같기 때문이다. 더구나

143) Manfred B. Steger, *Globalization: A Very Short Introduction*, (Oxford University Press, 2003), p.13.

144) J. F. Holden-Rhodes & Peter A. Lupsha, "Horsemen of the Apocalypse," *Low Intensity Conflict & Law Enforcement*, Vol.2, No.2(1993), p.212.

145) 위의 글, p.212.

146) 위의 글, pp.212-213.

147) 2003년 UN 통계는 조직범죄관련 불법수익을 7,000억~1조 달러로 추산했다. 이 중에서 마약밀매는 약 3,000~5,000억 달러로 추산했다.

세계화의 이중구조는 수시로 상호작용을 통해 예측이 거의 불가능한 새로운 방향으로 흘러가고 있다. 이런 현상을 '새로운 국제무질서'로 표현하고 있다.

이와 같은 세계화 과정의 역기능적 요소로 인해 국제무질서 현상은 향후 더욱 증가될 전망이다. 세계화 과정에서의 무질서 개념은 강대국 사이의 무기경쟁, 안보 딜레마, 군사적 충돌과 같은 20세기의 전통적 쟁점에서 유발되는 것이 아니며, 테러리즘, 조직범죄, 마약밀매, 자금세탁, 정치부패, 환경오염 등 21세기의 새로운 쟁점들로부터 대두되는 것이다. 이러한 GAP은 현재 인류의 삶에 대한 심각한 위협으로 다가오고 있다. 물론 이러한 GAP이 세계화가 본격적으로 시작된 90년대에 갑자기 나타난 것은 아니다. 제2차 세계대전 이후 반세기 동안 냉전 이데올로기라는 거대한 먹구름 아래서 GAP은 음성적인 성장과 발전을 거듭해 왔다. 이러한 의미에서 홀든-로디스와 럽샤는 냉전의 종식이 '판도라 상자'(Pandora's Box)의 각종 문제들을 드러나게 하였다고 지적한다.[148] 상자속의 문제들이 세계화라는 기류를 타고 전세계적으로 확산되고 있는 것이다.

GAP 중 특히 비군사적이며 탈이데올로기적인 국제범죄의 확산현상은 일국의 법집행기관이 통제를 할 수 있는 전통적 범죄의 수준을 넘어 국내 또는 국제 안보에 심각한 영향을 미치고 있다. 세계화 과정에서 한국도 이러한 국제범죄에 점차 노출되고 있는 실정이다. 국제범죄를 안보차원에서 취급해야 하는 가장 중요한 이유 중 하나는 국제범죄의 출발점이 '범죄성'에 있다고 하더라도 그것의 결과나 영향이 궁극적으로 국내외 정치 불안정을 야기하는 '정치성'을 지니기 때문이다. 국제범죄를 전통적으로 단순한 범죄현상이나 행위로 간주하였던 좁은 시각에서 탈피하여 그러한 범죄행위가 근본적으로 민족국가의 안보를 위협하고 나아가 국가간 정치적 분쟁의 중요한 원인이 되고 있음을 인식해야 한다. 이런 연유로 2004년 UN위원회(The High Level Threat Panel)는 국제범죄를 중요한 열 개의 위협 중 하나로 선정했다.

전통적으로 현대적 조직범죄에 대한 개념은 각국의 법집행기관이나 학자들의 시각에 따라 다양하다. 그러나 조직범죄의 개념적 정의를 규정할 때 경제성 혹은 탈이데올로기성, 불법성, 폭력성, 조직성, 비밀성 등의 속성들은 공통적으로 공유한다. 이를 토대로 국제범죄, 다국적 범죄, 글로벌 범죄, 혹은 초국가적 범죄의 개념은 조직범죄의 일반적 속성과 함께 범죄행위 혹은 범죄행위자가 2개국 이상과 직간접적으로 연계

148) J. F. Holden-Rhodes & Peter A. Lupsha(1993), p.212.

되어 발생하는 '초국가성'이라는 속성을 추가할 필요가 있다.[149] 그러나 이러한 전통적 속성들은 90년대 이후 점차적으로 변화하고 있는데 이는 한마디로 "조직범죄의 정치화" 현상이다. 국제범죄조직들이 각종 불법행위를 통해 획득한 불법자금으로 막강한 조직력과 첨단무기로 무장력을 강화하여 세력을 확장하면서 국가에 공공연히 도전을 하고 있기 때문이다.

국제무질서의 핵심 요인인 국제범죄라는 이슈에 대해 경제와 안보차원에서 활발한 논의가 이루어졌다.[150] 경제의 경우 국제범죄는 마약밀매, 무기밀매, 국제매춘, 인신매매 등과 같은 비공식경제만이 아니라 주식시장과 부동산시장 등과 같은 공식경제에 대해서도 영향력을 확대하고 있다. 공식경제의 성장과 발전을 21세기 국가안보의 중요한 요인의 하나로 인식하고 있는 많은 국가들은 자연스럽게 국제범죄를 경제뿐만 아니라 안보차원에서도 중시하고 있다. 스털링(Claire Sterling)은 국제범죄의 글로벌 경제에 대한 침투를 '초국가적 마피아화'(Transnational Pax Mafiosa)로 규정한다.[151] 더구나 9 · 11 이후 일부 이슬람 테러조직이 활동자금을 확보하는 차원에서 전통적으로 국제범죄의 활동영역인 마약밀매에도 개입하고, 핵무기를 비롯한 각종 무기밀매에도 개입하는 경향이 드러나면서 국제범죄는 국제안보차원에서도 이슈화되고 있다.

국제범죄가 비공식경제에 개입을 강화하면 할수록 비공식 경제와 불가분의 관계에 있는 공식경제도 직간접적으로 영향을 받을 수밖에 없다. 장래 국제범죄와 관련된 각종 부패와 연계되면서 국가권력에 대한 심각한 위협이 될 수 있기 때문이다. 한마디로 세계화의 과정에서 많은 시련을 겪으면서 약화된 국가의 주권은 보이지 않게 밀려오는 국제범죄의 불법 네트워크로 인해 바람 앞에 등불처럼 매우 위태로운 상태이다. 세계화 과정은 동북아 및 동남아 지역의 저발전국가로부터 발전국가로의 위장취업, 인신매매, 국제매춘 등을 통한 불법이민을 더욱 부추길 것이다. 이러한 불법이민은 개인적 수준에서 각국의 범죄조직이나 혹은 범죄조직 사이의 연계를 통해 이루어질 것이다. 이와 같이 변화하는 국제상황은 조직범죄로 하여금 시간이 흐를수록 새롭게 변화하도록 조장할 것이다.

149) Gerhard O. Muller, "Transnational Crime: Definitions and Concepts," *Transnational Organized Crime*, Vol.4, No.3-4(1998), p.14.

150) Nicos Passas, "Globalization and Transnational Crime," *Transnational Organized Crime*, Vol.4, No.1(1998), pp.22−56.

151) Claire Sterling, *Crime Without Frontiers*, (London: Warner Books, 1995).

범죄조직이 21세기 국제사회의 주도적 행위자로 등장하게 될 가능성은 매우 높다. 셸리(Louise L. Shelly)는 국제범죄의 새로운 영향력을 '신권위주의'(new authoritarianism)라고 명명하고, "냉전이 20세기의 국제적 화두였다면 21세기의 국제적 화두는 국제범죄가 될 것이다"라고 예견했다.[152] 장래 국제범죄의 위협은 민족국가는 물론 국제체계의 안정과 질서에 심각한 영향을 미칠 수 있다. 이런 맥락에서 20세기가 '전쟁과 이데올로기 투쟁의 시대'였다면, 21세기는 '테러와 범죄와의 투쟁의 시대'가 될 가능성이 높다. 한마디로 20세기 '냉전'으로부터 21세기 '범죄전'으로의 변화라고 할 수 있다. 결국 국제범죄의 범지구적 확산은 이에 대한 새로운 안보개념을 요구한다. 이들의 전지구적 활동은 국가 및 국제안보는 물론 인간안보에도 매우 위협적이며, 기존의 안보위협에 대한 새로운 개념적 정의가 필요하게 만든다.

결론적으로 국제범죄의 특징과 영향을 요약하면 다음과 같다. 첫째, 마약밀매에서 파생되는 막대한 불법수익으로부터 범죄조직은 국내외적으로 지배적인 정치경제조직과의 연대를 통해 정치부패를 심화시킨다. 부패는 주로 뇌물의 형태로 이루어지는데 법집행기관이나 그 기관의 상부정치조직으로부터 범죄조직의 불법활동을 묵인 혹은 협조하는 형태로 이루어진다. 공생적 연계는 범죄조직과 경제기관 사이에서 발생하는 자금세탁이다.[153] 이 과정에서 범죄조직은 초국가적인 성격을 띠면서 합법적 비즈니스로 위장할 가능성이 있다. 둘째, 폭력의 증가와 새로운 형태의 정치적 마약테러리즘의 등장이다. 범죄조직들은 비교적 온건한 방법이라고 할 수 있는 뇌물을 통한 공생적 연계가 실패할 경우 무자비한 폭력을 행사하며 위협하고 있다. 이러한 폭력이 단순한 범죄학적인 수준인 라이벌 사이의 영토와 시장의 보전과 확장을 위한 범죄테러를 넘어 국가기관의 권위에 정면도전하는 정치테러의 형태를 띠고 있다. 셋째, 범죄조직과 게릴라조직 혹은 테러조직과의 상호연계이다. 이러한 패턴은 앞에서 지적한 다양한 국제범죄조직들의 상호연대를 통해 그들의 범죄활동을 초국가화하고 있는 실정에서 더욱 복잡화되는 양상을 띠게 될 전망이다.[154] 더욱 큰 문제는 범죄조직들에 의한 핵물질 밀매설이다. 특히 러시아 마피아와 관련된 핵물질의 밀매설이 심심치 않게

152) Louise L. Shelley, "Post-Soviet Organized Crime: A New Form of Authoritarianism," *Russian Organized Crime: The New Threat?* edited by Phil Williams, (London: Frank Cass, 1997), p.31.

153) *Time*, 18 Dec. 1989, pp.50–56.

154) Rensselaer W. Lee, "Global Reach: The threat of International Drug Trafficking," *Current History*, May 1995, p.210.

언론에 보도되고 있다.[155] 이렇게 밀매되는 플루토늄이나 우라늄과 같은 핵물질들은 언제든지 핵무기로 제조될 수 있어 매우 우려스러운 상황이다. 이는 장래에 범죄조직에 의한 혹은 범죄조직을 통한 핵테러리즘이 현실화 될 수 있음을 시사한다.[156] 최근에는 핵테러의 가능성 외에도 막대한 인명피해를 유발할 수 있는 화학 및 생물학적 테러리즘이 범죄조직에 의해 자행할 가능성이 있다. 넷째, 범죄조직에 의한 마약밀매가 이제는 단순한 국내 범죄행위를 초월하여 초국가적인 성격을 띠면서 국외적으로 국가안보에 중대한 위협요인이 될 수 있다.

국제범죄가 급성장함에 따라 조직범죄에 대한 국제공조 강화방안으로 2000년 「초국가적 조직범죄 방지를 위한 UN 협약」이 체결되었다. 이 협약의 핵심목표 중 하나는 조직범죄에 대항하기 위해 기존의 국제적 상호협력에 장애가 되었던 각국 간 법체계의 차이점을 해소하는 것이다. 또 다른 하나는 조직범죄에 효과적으로 대항하기 위한 국내법 기준을 강화하는 것이다. 이에 대응하여 범죄조직 또한 새로운 활로를 모색하고 있다. 즉 범죄조직도 첫째, 불법행위와 관련하여 초국가적 분업화를 하면서 상호공조를 통해 새로운 불법시장의 확대에 주력할 것이다. 둘째, UN협약이 범죄조직과 기업체의 연계차단을 주요 목표로 규정하고 있기 때문에 범죄조직도 기존의 범죄활동의 합법화를 추진할 것이다. 셋째, 범죄조직은 불법행위에서 획득한 막대한 수익으로 무장화를 도모할 것이다. 넷째, 범죄조직의 공생화, 합법화, 무장화는 궁극적으로 국가에 대응하는 정치화의 토대가 될 것이다.

2. 새로운 방첩대상으로서의 국제범죄

모든 국가기관들은 국가의 3대 요소인 국민을 보호하고 영토를 지키며 주권을 대외적으로 표방해 왔다. 이 중에서 특히 국가정보기관은 국가 간 치열한 보이지 않는 경쟁과 투쟁이라는 정보전쟁에서 국가안보를 위해 공헌했다. 제2차 세계대전 이후 90년대 초 소련 공산주의의 붕괴까지 각국의 정보기관들은 이데올로기적 경쟁과 투쟁에서 자유로울 수 없었다. 이것은 국제적 이데올로기 투쟁의 최전선의 하나인 한국의 경

155) Rensselaer W. Lee, "Post-Soviet Nuclear Trafficking," *Current History*, October 1995, pp.343–348.

156) *The New York Times*, 13 March 1996, p.A5.

우도 마찬가지였다. 물론 일부 독재 및 권위주의 정권 하에서 첩보기관들이 국가안보보다는 대내적인 정권안보에 더 치중한 것도 부인할 수 없다. 그러나 탈냉전 이후 90년대 세계화의 확산 그리고 21세기 9 · 11 이후 글로벌 테러와의 전쟁을 겪으면서 세계 안보환경은 급격하게 변하고 있다. 이처럼 변화하는 정보환경에 대응하여 정보기관도 새로운 변화와 혁신의 도전에 직면해 있다.

탈냉전 이후 세계화와 정보화에 의한 전 지구적 변화는 우리 인류사회의 발전에 긍정적으로 작용한 면도 있지만 역설적으로 마약, 테러리즘, 조직범죄 등 불법단체들에 의해 야기되는 국제무질서와 같은 부정적인 현상에 작용한 측면도 있다. 국제범죄와 같은 초국가적 위협은 이데올로기 차원에 초점을 맞춘 전통적 방첩 패러다임에서는 취급되지 않았다. 하지만 이들에 의한 불법행위가 작게는 인간안보의 차원을, 크게는 국가공권력에 공공연히 도전하는 국가안보 차원을 위협하는 사례로 나타나고 있다. 나아가 국제적 범죄조직은 정치적 테러단체와 연계하여 핵밀매와 같은 국가안보는 물론 국제안보에도 위협을 줄 수 있을 정도로 21세기 새로운 차원의 위협이 되고 있다. 따라서 인간안보 및 국가안보에 위협과 영향을 주는 국제범죄에 방첩차원에서 대응할 필요가 있다.

개인, 사회, 국가는 물론 글로벌 차원의 거의 모든 지역에서 인터넷을 통한 정보혁명에 따라 글로벌 네트워크가 형성되면서 모두를 하나의 망으로 연결할 정도로 변화가 빠르게 진행되고 있다. 이런 변화에 가장 민감한 국가기관은 다름 아닌 정보기관이다. 많은 첩보와 정보들이 인터넷을 통해 매우 빠르게 생산되고 확산되면서 정보보호 혹은 사이버 보안이라는 새로운 정보과제가 부각되고 있다. 이와 같은 세상의 변화와 함께 국가정보기관의 역할도 변해야 한다는 것에는 의문의 여지가 없다. 냉전시기 이데올로기 투쟁의 과정에서 정보기관의 최고의 목표는 상대방에 대한 군사첩보였다면 탈냉전과 탈이데올로기 시대인 21세기에 이르러 정보기관은 군사첩보는 물론 비군사첩보 분야인 경제 및 산업비밀, 초국가적 테러리즘, 마약밀매, 조직범죄에도 관심을 가져야만 되는 상황이 되었다.

이와 같이 21세기 시대적 환경은 정치경제는 물론 사회문화적으로 냉전시기의 자유주의와 공산주의라는 이분법적 도식을 무시하고 있다. 냉전이 이분법적 '국제질서의 세계'라고 한다면 탈냉전인 21세기는 '국제무질서의 세계'라고 말할 수 있다. 문제는 개인, 국가는 물론 글로벌 차원에서 인류를 위협하는 초국가적 위협들이 다차원적으로 접근해 오고 있다는 사실이다. 예를 들어 국가만이 인류의 생존을 위협하는 대량살상무기를 보유하라는 법은 없게 되었다. 초국가적 위협세력들이 살상무기를 탈취하든, 더러운 폭탄(dirty bomb: 재래식 무기에 핵물질을 장착한 폭탄)을 제조하든 개인 및 국가 모두를 위협하고 있다. 이런 위협을 예방하는 일이 국가방첩의 새로운 사명이 되고 있다. 이런 맥락에서 대내외적으로 복잡성과 예측불가능성이라는 새로운 시대적 환경에 따라 방첩기관의 역할도 다양해져야 한다. 이를 위해 먼저 전통적 방첩개념을 간략히 설명하고 21세기 국제범죄에 대응하는 새로운 방첩의 역할을 분석한다.

(1) 국제범죄와 새로운 방첩 개념의 필요성

90년대 이후 급변하는 글로벌 안보환경은 방첩의 의미와 역할을 전통적인 좁은 의미만으로 제한하지 못하게 만들고 있다. 이러한 대외적인 위기는 크게 두 가지 측면에서 발생하였다. 하나는 사회구조적 현상의 변화이고 다른 하나는 사회행위자들의 변화이다. 전자는 탈냉전 이후 글로벌 차원의 세계화와 정보화를 중심으로 나타난 민주화와 신자유주의의 확산을 의미한다. 전자는 중동의 사례에서 나타났고 후자는 많은 지역과 국가에서 FTA의 체결과 민영화의 형태로 나타났다. 세계화와 정보화라는 거시적 글로벌 차원의 변화와 정치경제적 변화는 많은 지역과 국가에서 다양한 측면의 사회문화적 변화도 수반하였다. 세계화와 정보화의 진전에 따른 국제범죄 조직의 확산은 90년대 이후 이들 범죄조직 사이의 상호협력과 분업화로 더욱 세력이 확장되게 하고 더 많은 불법수익을 획득하게 하면서 무장화를 이룩하는 데 기여하였다. 국제범죄조직의 무장화가 우려스러운 것은 구소련의 붕괴과정에서 핵무기 혹은 핵물질에 대한 느슨한 통제로 인해 상당수의 핵무기 및 핵물질이 이들 범죄조직들에 의해 보유될 위험성이 증대되고 있기 때문이다. 한 예로 2006년 말경 천연두의 완전한 유전자 배합방식도 인터넷으로 다운로드받을 수 있게 됐다.[157] 가까운 장래에 테러조직에게 이런 핵 및 생화학 무기가 밀매될 경우 새로운 슈퍼 테러리즘이 발생할 가능성이 높다. 이와 함께 정보혁명에 따른 사이버 시대의 도래가 전통적 방첩개념의 변화를 요구하고 있다. 온라인 세상은 오프라인 세상과는 많은 면에서 이질적인 세계이다. 국제테러조직은 물론 초국가적 조직범죄자들도 전지구적인 차원에서 사이버 범죄를 확산시

157) Joshua Ramo, 조성숙 옮김, 『언싱커블 에이지』, (서울: 알마, 2010), p.60.

키고 있다.[158]

전통적 방첩 개념의 위기는 대외적 차원에서 사회행위자의 변화에서도 나타난다. 사회행위자의 변화를 야기한 중요한 요인의 하나는 비정부기구 또는 테러 및 범죄조직과 같은 초국가적 불법조직의 부상이다. 이들 조직은 일국의 정보기관과 합법 또는 불법적 수단을 통해 상대국의 중요한 첩보 혹은 정보를 획득하고 있다. 대표적인 사례는 1996년 발생한 차이나게이트(China Gate) 사건이다.[159] 미국은 산업스파이로 인해 매년 3천~5천억 달러의 경제적 손실을 보고 있다고 한다.[160] 이처럼 21세기 방첩환경에서 사회행위자의 변화는 '적의 개념'을 매우 모호하게 만든다. 물론 여기서 논의하는 적의 개념은 한국의 안보에 위협을 줄 수 있는 매우 포괄적 의미의 개념이다. 이와 같은 가상의 혹은 잠재적 적은 민족국가의 경계선을 넘는 국제범죄조직도 포함된다. 또한 국가와 단체의 개념이 아닌 개인적 차원의 위협도 무시할 수 없다. 특히 전문적인 컴퓨터 프로그래머에 의한 사이버 공간에서의 위협까지 포함한다면 적의 개념은 더욱 광범위해진다.

(2) 새로운 방첩 개념의 요소

국가의 3대 요소는 국민, 영토, 주권이다. 국가안보라 함은 바로 이들 3대 요소를 외부의 적 혹은 위협으로부터 보호하는 것이다. 이것은 정보기관의 기본임무이기도 하다. 그러나 90년대 이후 국가와 국가 사이의 교류가 더욱 활성화되고 그에 따라 많은 지역에서 인구의 이동이 눈에 띄게 증가하고 있다. 이런 현상들 중에서 특히 눈에 띄는 것이 글로벌 차원의 다국적 기업의 팽창과 이민이다. 보다 더 좋은 환경에서 삶을 즐기고 싶은 인간의 욕망이 민족국가의 자긍심과 자부심을 넘어 급속히 인구의 이동을 유발시키고 있다. 이로 인해 21세기 정보기관의 위상과 역할은 새로운 변화를 요구받고 있다. 정보기관에 대한 변화 요구는 그 기관에서 전략 및 전술첩보와 함

---

158) Misha Glenny, 이종인 옮김, 『국경 없는 조폭 맥마피아』, (서울: 책보세, 2008), pp.420-449.

159) 차이나게이트는 클린턴 행정부의 재선위원회에 불법 정치자금을 제공하고 미국의 미사일 기술정보를 유출한 대표적인 방첩의 실패사례로 이 게이트에 중국정부는 물론 군부, 군첩보기관, 그리고 마카오 조직범죄가 개입한 사건이다. 상세한 내용은 Kevin Gilday, *Chinagate: A U.S. Counterintelligence Failure,* 1 June 2001.

160) 장노순 · 조성권, "Intelligence의 개념과 정보기관의 존재 필요성에 대한 고찰", 『국제문제연구』, 제10권 4호(2010), p.62.

께 가장 중요한 핵심이었던 방첩분야에서도 변화를 요구한다. 이런 맥락에서 파워스(Thomas Powers)가 지적한 것처럼 인식론적으로 첩보와 방첩은 동전의 양면과도 같다.[161)]

따라서 이러한 방첩개념의 변화요소를 살펴보면 첫째, 방첩의 새로운 목표이다. 첩보의 목표는 국가의 3대 요소를 어떻게 보존할 것인가 하는 것이다. 방첩의 목표도 마찬가지이다. 다만 차이점은 첩보가 우리의 국가안보와 국가이익을 위해 대내외적으로 필요한 자료를 수집하는 활동이라면 방첩은 상대방이 우리의 국가안보와 국가이익에 대한 자료 혹은 정보를 수집하는 활동에 대한 대내외적 대응활동이라는 점이다. 전통적 패러다임의 '방첩=대공'이라는 고정관념에 사로잡혀 90년대 이후 방첩관련 법령의 미비점에도 불구하고 이를 보완하지 못했다. 그러나 2012년 5월 국가정보원은 국가정보원법에 근거하여 대통령령으로 「방첩업무규정」을 처음으로 제정했다. 이에 따라 방첩의 개념적 정의를 우리의 국가안보와 국가이익에 반하는 첩보활동에 대한 대응활동으로 분명히 명시하고 있다.[162)] 또한 방첩업무규정 제2조 1항을 보면 첩보활동이든 방첩활동이든 그 대상이 누구인지는 중요하지 않다. 이것은 국가, 조직, 혹은 개인 모두를 포함한다는 의미이다.

21세기 방첩의 목표는 좁은 의미가 아닌 넓은 의미가 되어야 한다. 국가의 보존이라는 20세기 차원의 좁은 의미의 국가안보로는 21세기에서는 도태되기 쉽다. 이제는 국가안보의 확대(혹은 국가이익)라는 넓은 의미의 국가안보를 지향해야 한다. 국가안보의 확대는 군사력을 중심으로 한 영토의 확대를 의미하지 않는다. 그것은 비영토분야 즉 경제력과 정보력의 증진 및 확대를 의미한다. 물론 이것이 군사력의 중요성을 간과하는 것은 아니다. 다만 군사력이 하드 파워라고 한다면 경제력과 정보력 특히 정보력은 일종의 소프트 파워이다. 이것은 21세기가 경제력과 정보력과 같은 소프트 파워가 국가안보와 국가이익을 위해서 보다 더 현실적 그리고 실용적 차원에서 중요하다는 의미이다. 20세기의 전통적 패러다임이 유형적 형태의 군사첩보를 더욱 중요시 했다면 21세기 새로운 패러다임은 비유형적 형태의 경제, 산업, 정보관련 첩보에 대해서도 비중을 둘 필요가 있음을 의미한다. 이런 맥락에서 21세기 방첩의 개념은 정보관련 국

161) Thomas Powers, *The Man Who Kept the Secrets: Richard Helms & the CIA*, (NY: Knopf, 1979).

162) 대통령령 제2조 1항에서 정의한 방첩의 개념은 "국가안보와 국익에 반하는 외국의 정보활동을 찾아내고 그 정보활동을 견제 · 차단하기 위하여 하는 정보의 수집 · 작성 및 배포 등을 포함한 모든 대응활동을 말한다".

가, 단체, 혹은 개인의 수집활동에 대한 대응활동의 중요성을 강조한다. 이 때문에 FBI도 최우선과제인 테러리즘 다음으로 방첩을 2순위로 선정했다.

둘째, 방첩의 새로운 범위이다. 전통적 패러다임에서 방첩의 범위는 주로 반공 및 대공이었다. 그러나 2012년도 제정된 대통령령에 의한 방첩업무규정의 제3조인 방첩의 범위는 방첩활동을 비교적 매우 넓게 정의하고 있다. 그에 따른 방첩의 범위는 "① 외국의 정보활동에 대한 정보 수집 및 색출, ② 외국의 정보활동에 대한 견제 및 차단, ③ 외국의 정보활동에 대응하기 위한 기법 개발 및 제도 개선, ④ 다른 방첩기관 및 관계기관에 대한 방첩 관련 정보 제공, ⑤ 그 밖에 외국의 정보활동으로부터 국가안보 및 국익을 지키기 위한 활동"이라고 명시하고 있다. ②~⑤항의 경우 20세기의 전통적인 방첩 패러다임이라고 평가할 수 있다. 즉 소극적이고 방어적인 보안(security)의 강조이다. 물론 방어적인 방첩의 업무가 중요하지 않다는 것은 아니다. 21세기 국제안보 상황의 변화에 따라 좀 더 적극적인 방첩활동도 필요하다는 의미이다. 특히 인간안보의 차원에서 방첩은 한반도 주변의 일본계 야쿠자, 러시아 마피아, 중국계 삼합회 등 초국가적 범죄조직들에 대한 활동에도 관심을 기울여야 한다.

방첩업무규정의 규정 중에서 제13조(방첩교육)와 제15조(홍보)는 21세기의 적극적 방첩활동을 의미한다. 제13조의 경우 국가공무원 혹은 민간인이 내 · 외국인과 접촉할 때 국가안보 및 국익에 중요한 정보가 비의도적으로 유출되는 경우에 대비한 것이다. 그리고 제15조는 방첩에 대한 일반국민의 이해를 증진시키는 것을 목표로 하고 있다. 이는 국가안보와 국익을 위한 방첩활동이 반드시 정보기관만의 일이 아님을 의미한다. 이런 맥락에서 모든 국민은 국내든 해외든 그리고 온라인이든 오프라인이든 국가의 일원이라는 의식을 가지고 국가, 조직, 혹은 개인 차원에서 국가안보와 국익에 위해적 혹은 위협적 요인에 대해 적극적인 방첩의식을 가지고 대응해야 한다. 이를 위해 첩보기관의 대국민 신뢰와 인간안보에 대한 노력이 중요하다.

셋째, 방첩의 새로운 대상이다. 전통적 패러다임에서 대내적 차원에서의 방첩의 대상은 기본적으로 중요한 인적 자원, 물적 자원, 그리고 오프라인상의 정보였다. 그러나 새로운 패러다임에서 방첩의 대상은 온라인상의 정보도 포함된다. 또한 방첩의 새로운 대상은 인적 자원도 정치군사적으로 중요한 인물은 물론 경제적, 사회문화적, 그리고 과학기술적으로 국가이익에 유익한 인물을 포함한다. 또한 전통적 테러리즘의 목표가 특정의 인적 혹은 물적 자원을 대상으로 했다면, 21세기의 테러리즘과 조직범죄 같은 초국가적 위협은 불특정 다수를 대상으로 하고 있기 때문에 국가방첩의 대상은 다수의 국민에 대한 보호도 포함되어야 한다. 이것이 방첩의 새로운 대상에서 국가안보와 함께 인간안보의 중요성을 강조하는 이유이다. 새로운 패러다임에서 방첩의 대상은 국가단위로서의 적성국가는 물론 비정부기구, 불법조직이나 단체, 그리고 해커와 같은 개인적 차원으로 확대해야 한다. 특히 불법조직이나 단체 혹은 해커와 개인은 반드시 적성국가의 사주를 받는 것만을 아닐 수 있다. 왜냐하면 그들은 중요한 국가기밀은 물론 기업 및 산업 혹은 과학기술관련 중요한 기밀을 자신들의 경제적 수익을 획득하기 위해 외국 혹은 다른 기업에 유출할 수 있기 때문이다.

세계화로 인하여 전 지구적인 인구이동이 급속히 증가하고 있다. 한국의 경우도 120만 명 이상의 외국인이 활동하고 탈북자도 2만 명 시대에 들어서면서 국가기밀과 첨단기술에 대한 보안을 유지하는 일이 점점 어려워지고 있다.[163] 또한 많은 대학이 외국과의 교환학생 프로그램을 운영하고 있고, 동남아시아와 중앙아시아에서 많은 취업 이민자들이 국내 중소기업으로 진출하고 있어 보안유지는 더욱 중요하다.

넷째, 방첩의 새로운 수단이다. 방첩수단은 방첩활동이다. 방첩의 새로운 수단은 전통적 패러다임에서의 소극적(방어적, 수동적)에서 새로운 패러다임인 적극적(공격적, 능동적) 개념을 조화롭게 조율해야 한다. 달리 표현하면 방첩활동에 있어서 고정된(fixed) 개념이 아닌 유동적(cellular) 개념으로의 인식의 전환이 필요하다는 의미이다. 새로운 패러다임으로서 방첩의 새로운 수단은 올슨이 방첩 10계명에서도 지적했듯이 방첩기관 사이의 협력관계이다.[164] 한국을 포함한 많은 국가에서 방첩기관 사이의 경쟁관계는 많은 문제점을 야기했다. 전형적인 사례가 미국의 CIA와 FBI의 상호불신이다. 또한 2004년 스페인의 마드리드 열차 폭탄테러 사건에서도 스페인 첩보기관과 내무성 사이의 상호 협력관계에 문제가 있음이 드러났다. 이 때문에 국가반테러협력센터(National Anti-Terrorism Coordination Center)가 설립되었고 기관 사이의 정보협력은 물론 테러관련 작전협력을 하도록 하였다.[165] 한국의 경우도 방첩업무규정의 제4조에

---

163) 장노순 · 조성권(2010), p.62.

164) James M. Olson, "The 10 Commandments of Counterintelligence: A Never-Ending Necessity," *Studies in Intelligence*, No.11(Fall-Winter 2011), p.6; Kaveh Moravej and Gustavo Diaz, "Critical Issues in Contemporary Counterintelligence," *UNISCI Discussion Papers*, 2007, p.67.

165) Kristin Archick et al., "European Approaches to Homeland Security and Counterterrorism," *CRS Report for Congress*, 24 July 2006, p.35.

기관 사이의 협조를 강조하고 있다. 예를 들면 국가안보와 치안의 영역이 애매한 상황에서 방첩기관과 법집행기관의 협력은 불가피하다.[166)]

방첩의 새로운 수단은 전통적 패러다임에서 수행한 첩보기관의 독자적인 활동만이 아니라 민간기업과의 협력관계도 유지해야 한다. 산업기밀을 유출하는 행위에 적성국가는 물론 우방국가 및 초국가적 범죄조직이 개입하고 있으며 일개 개인조차도 해킹을 통해 이러한 범죄행위에 관여하고 있기 때문이다. 또한 새로운 방첩의 패러다임은 시민사회와도 협력관계를 유지할 필요가 있다. 초국가적 범죄조직에 의한 위해행위가 국가는 물론 시민사회와 개개인의 안보에도 치명적인 해를 끼칠 수 있기 때문이다. 따라서 21세기 새로운 초국가적 위협에 대응하기 위한 방첩활동은 다양할 수밖에 없으며 그에 따른 방첩수단 또한 다양해야 한다. 결론적으로 방첩의 개념은 넓은 의미에서는 첩보의 목표, 범위, 대상, 수단과도 크게 다르지 않을 정도로 첩보활동이면서 동시에 그것의 부산물이기도 하다. 이러한 인식이 바로 포괄방첩의 개념으로 인식되고 정립되어 다양한 섹터에서의 정보공유와 협력이 이루어질 때 국가방첩활동의 시너지 효과가 일어날 수 있을 것이다.

그러나 공권력을 지닌 국가가 국가에 소속한 시민들의 안전을 도모할 의무가 있지만 시민사회의 내부에서 비밀리 활동하는 국제범죄를 모두 통제하는 데는 한계가 있다. 결론적으로 군사안보는 국토방위와 같이 국가 외부로부터 직접적으로 국가에 가해지는 위협을 제거하는 데 초점을 맞춘다. 인간안보는 국민의 생명과 재산보호와 같은 국가 내부로부터의 간접적으로 사회에 가해지는 위협을 감소시키는 데 초점을 맞춘다. 그러나 국제범죄와 같은 초국가적 위협들은 국제안보, 국가안보, 그리고 인간안보에 모두 위협적인 것이다.

3. 국제범죄에 대한 방첩차원에서의 대응

냉전시기 공산주의의 위협에 대항하기 위해 국가안보를 위한 수단의 하나로 군사안보가 중요시 됐다. 이러한 시각은 탈냉전 시대에도 한국에서는 여전히 지배적인 안보의 개념으로 자리 잡고 있다. 그러나 글로벌 차원의 탈냉전과 세계화의 과정에서 이

166) Gregory F. Treverton, *Intelligence for an Age of Terror*, (Cambridge: Cambridge University Press, 2009), pp.49–52.

데올로기는 사라졌고, 테러 및 범죄와 같은 불법적 비정부차원의 보이지 않는 새로운 위협들은 기존의 좁은 의미의 군사안보의 논리로는 해결할 수 없다. 국제범죄의 경우 실질적인 영토침입은 없다할지라도 그러한 범죄가 직접적으로 국가의 권위에 도전하거나 혹은 보이지 않게 간접적인 위협요인이 된다면 상황은 달라진다. 예를 들어 동유럽, 멕시코, 콜롬비아에서처럼 제3국의 범죄 및 테러조직들과 연계하여 불법수익을 획득하고 그것을 바탕으로 법집행기관에 폭력적으로 정면 대항하며 국가의 법질서를 근본적으로 위태롭게 한다면 군사안보 차원이 아니라 국가안보와 국가이익은 물론 인간안보 차원에서도 접근해야 한다.

90년대 이후 세계화와 정보화 현상에 편승되어 국제범죄들이 마약밀매, 무기밀매, 인신매매, 자금세탁 등에 있어서 한국을 새로운 불법시장이나 혹은 중계지로 간주하고 있다. 또한 점차 개방화 추세에 있는 경제구조로 볼 때 가까운 장래에 국제범죄에 대한 직접적 위협이 도래할 가능성이 없지 않다. 이런 맥락에서 1993년 국가정보원은 국가차원의 국제범죄 전담기구인 국제범죄정보센터를 설치했다. 이런 위협들에 대해 고정된 군사적 안보개념으로는 탈냉전과 세계화 과정에서 비군사적이고 보이지 않는 국제테러, 마약밀매, 조직범죄, 불법이민, 인신매매, 국제매춘, 환경파괴, 기후변화에 따른 자연재해, 빈곤, 기아, 신종 전염병, 자원경쟁, 인종 및 종교분쟁 등과 같은 저강도 투쟁에 유연하게 대처할 수 없다. 군사적인 시각에 집착하는 경우, 불시에 비군사적 불법조직들이 민족국가를 위협할 때 이에 대한 신속한 대응책을 세울 수 없다.

따라서 국제범죄와 같은 초국가적 위협에 대해 냉전시대의 전쟁 억지력으로서의 방어적 안보개념이 아닌 적극적 안보개념이 필요하다. 새로운 안보론은 국가의 직접적인 위협만이 아닌 보이지 않는, 비군사적, 탈이데올로기적인 간접적인 위협에도 대처를 할 수 있는 개념으로 확대되어야 한다. 그래야만 변화하는 국제상황에 신속히 대처할 수 있으며 상황에 따라 능동적이고 유연한 글로벌 안보개념으로도 확대시킬 수 있다. 장기적인 관점에서 이러한 국가안보와 인간안보를 포괄하는 통합안보의 개념은 장래에 가능성 있는 남북한 통일 후의 정치적 과도기에 발생할 수도 있는 혼란기에도 능동적으로 대응할 수 있는 역량을 갖추게 해 줄 것이다. 국제범죄와 같은 초국가적 위협으로부터 국가의 3대 요소의 하나인 국민의 생명과 재산을 보호하는 데에 국가의 근본적 존재이유가 있기 때문이다.

거시적인 포괄안보 차원과 마찬가지로 국제범죄에 대응하기 위한 구체적 수단으로 포괄방첩의 개념이 필요하다.[167] 21세기 방첩의 개념은 국가안보와 국가이익은 물론 인간안보를 위협하거나 위해하는 것을 사전에 탐지하고 예방하는 것이기 때문이다. 문제는 21세기 새로운 변화와 위기가 국가의 방첩임무를 확대하게 만들고 있다는 사실이다. 더구나 온라인상의 네트워크 취약성(network vulnerability)을 이용한 국제범죄의 행위는 오프라인 방첩과는 또 다른 새로운 방첩의 영역이다.[168] 이와 함께 한국은 점차적으로 다문화사회로 진행되고 있기 때문에 가까운 장래 미국의 경우처럼 외부로부터의 위협이 아닌 내부로부터의 위협 또한 점차적으로 증대될 가능성이 높다. 이런 다양한 시대적 변화와 위기에 따라 미국은 2005년 국가방첩전략을 발표했고 한국도 2012년 5월 처음으로 대통령령에 의한 방첩업무규정을 제정했다. 이것은 21세기 방첩활동이 그만큼 국가안보에 중요하다는 것을 의미한다.

따라서 글로벌 경쟁과 국제범죄와 같은 새로운 초국가적 위협이 상존하는 글로벌 사회에서 국가와 국민의 생존과 번영을 위해 정보기관은 진정한 나침반이 되어야 한다. 이와 마찬가지로 정보기관의 중요한 기능인 방첩활동 역시 새로운 시대적 상황과 새로운 이슈들의 등장에 대비하여 새로운 변신을 요구한다. 새로운 위협들의 확산은 방첩의 필요성을 더욱 요구하기 때문이다. 21세기 새로운 역할을 부여받은 방첩의 중요성은 그에 걸맞은 새로운 개념으로 무장되어야 한다. 특히 한국의 경우 글로벌 시대의 유동적 변화와 남북의 정치군사적 대립이라는 상황이 방첩기관으로 하여금 운신의 폭을 자유롭지 못하게 만들고 있다.

물론 방첩활동은 외부의 적을 색출하는 것뿐만 아니라 내부의 적도 색출하는 임무를 가지고 있다. 그러나 이 때문에 첩보기관 내에서도 방첩업무에 종사하는 요원에 대한 평가가 그렇게 좋지 못할 수도 있다. 손자가 말했듯 방첩요원은 관대해서는 안되고 냉혈한이 되어야 한다.[169] 이런 연유로 방첩업무에 종사하는 요원에 대해 유능하고 젊은 요원의 충원과 새로운 사고(思考)를 위해 지속적인 방첩요원의 순환이 필요하다.[170] 왜냐하면 방첩의 주체는 기본적으로 요원이 하기 때문에 요원의 인식론적 변화

167) Loch K. Johnson, *Bombs, Bugs, Drugs, and Thugs: Intelligence and America's Quest for Security*, (New York: New York University Press, 2000), pp.16–19.

168) National Counterintelligence Executive, "Strategic Counterintelligence," *American Bar Association Standing Committee on Law and National Security*, 29 March 2007, p.13.

169) Angelo Codevilla, *Informing Statecraft: Intelligence for a New Century*, (NY: The Free Press, 1992), p.446.

170) James M. Olson, 위의 글, p.4, p.8.

없이는 진정한 방첩활동은 기대하기 어렵기 때문이다.

한편 방첩활동을 방해하는 문제의 하나로, 전술정보의 수집을 위한 방첩활동에 거의 필수적인 감청과 감시 등과 같은 수단이 국내에서는 정치적으로 민감한 사항으로 취급되어 상당한 제약을 받는다는 점을 들 수 있다. 특히 감청과 감시 같은 방첩활동의 중요한 수단은 국가안보와 국가이익을 위해 상대방에게 적극적이고 공격적인 방첩작전을 수행하기 위해서는 반드시 필요하다. 그런 권한도 없이 방첩기관으로 하여금 불법성, 폭력성, 비밀성을 속성으로 무장한 국제범죄와의 보이지 않는 전쟁에서 대응하라는 것은 아무 무기도 없이 맨손으로 싸우라는 것과 다를 바 없다. 물론 감청과 감시의 수단에 대한 남용 및 악용에 대한 통제방안도 마련해 두어야 한다. 이 문제는 결국 정보기관의 정치적 중립성과 신뢰성을 담보할 수 있는 제도마련으로 귀결된다.

우리는 세계화, 정보화, 민주화라고 불리는 21세기 변화의 복잡성과 예측불가능성의 시대에 살고 있다. 이 때문에 오늘날은 미래에 대한 예측이 불가능한 불확실성과 불명확성의 세계이다. 더구나 세상은 너무도 빠르게 변하고 있다. 국가와 개인 모두 이런 급변하는 세계 상황에 신속한 적응력과 유연성으로 대응할 수밖에 없다. 특히 국가안보와 인간안보의 최전선에서 일하는 정보기관의 경우 전체적인 자료가 아닌 부분적이고 단절된 자료로 한꺼번에 추론하고 통찰하고 유추해야만 한다. 이것은 방첩활동도 마찬가지이다. 방첩요원은 전체를 보면서 핵심을 파악하는 냉철한 통찰력이 필요하다. 결론적으로 국가안보와 인간안보에 위협을 줄 수 있는 요소들에 대비하여 방첩정책을 효율적이고 효과적으로 수행하기 위해서는 그 임무에 걸맞은 실질적이고 강력한 사법적 권한이 제공되어야 한다. 그러한 권한은 국민의 신뢰가 먼저 밑받침되어야 하며 이는 국가정보기관의 정치적 중립성에서부터 시작된다.

4. 국제범죄 대응의 과제와 전망

20세기말 10년의 탈냉전과 세계화 과정을 공식적으로는 '새로운 세계질서'의 추구라고 한다면, 비공식적으로는 '새로운 세계무질서'의 확산이라고 평가할 수 있다. 이 시기는 국제범죄의 측면에서 21세기 '조직범죄의 세계화'를 연 '판도라의 상자'라고 말할 수 있다. 또한 이 시기는 공식적으로 글로벌 차원의 '테러와의 전쟁'이었지만, 비공식적으로 글로벌 차원의 '범죄와의 전쟁'이라고 평가할 수 있다. 이처럼 세계화와 정보화가 글로벌 수준에서 급격히 확산되면서 나타난 이러한 시대적 현상은 탈냉전 후 21세기가 새로운 '불확실성의 시대'(The Age of Uncertainty)라는 것을 의미한다. 이를 구체적으로 표현하면 초국가적 위협이라고 명명할 수 있다.

초국가적 위협은 특히 지하세계에서 급부상하고 있다. 나날이 성장하고 있는 마약밀매, 조직범죄, 정치부패, 국제매춘, 자금세탁, 불법이민, 인신매매, 장기밀매, 해적행위 등은 새로운 글로벌 안보를 위협하고 있다. 그러나 이런 격변하는 국제상황과 초국가적 위협에 아이러니컬하게도 각국의 정책결정권자나 법집행기관들보다도 국제범죄조직들이 훨씬 발 빠르게 움직이고 있다. 이들은 이미 90년대 중반 헝가리에서 국제범죄조직들 사이의 회동을 가지면서 국제마약밀매의 분업화를 통해 상호투쟁보다는 상호협조를 강조했다. 왜냐하면 마약밀매는 최단시간에 최대의 불법자금을 형성할 수 있기 때문이다. 이와 함께 이들은 무기밀매를 통해 정치적 테러조직과 연계를 하고 있다. 이를 통해 '조직범죄의 무장화'는 궁극적으로 '조직범죄의 정치화'로 이어지면서 향후 새로운 글로벌 위협으로 등장하게 될 것이다.

이에 대처하기 위해 국제사회는 2000년 이탈리아 팔레르모에서 최초로 「초국가적 조직범죄 방지를 위한 UN협약」(UN Convention against Transnational Organized Crime, 2003년 발효)을 체결했다. 이 협약은 모든 가입국에 '법의 통치'라는 구호아래 조직범죄 행위의 범죄화, 자금세탁 방지, 범인 인도절차의 간소화, 범인추적 및 형사처벌의 협력, 수사기술의 향상, 고발자 보호, 조직범죄의 방지 등에 대한 국내법의 기준을 확립할 것을 요구하고 있다. 세계화의 과정에서 새로이 출현한 적은 '범죄적 자본주의'를 운영하는 국제범죄조직이다. 여기서 '적'이라는 용어를 쓴 것은 단순한 범죄수준을 넘어 범죄조직에 의한 핵, 생물학, 화학무기와 같은 대량살상무기가 이용될 가능성이 있기 때문이다. 이러한 무기를 이용한 슈퍼 테러리즘은 러시아 마피아에 의한 핵밀매설이 시사하듯이 언제든지 그 가능성이 현실화 될 수 있다.[171)]

글로벌 차원에서 테러, 마약, 범죄조직들과 같은 초국가적 위협들이 상호 연계할 가능성이 가장 높은 지역은 아프가니스탄이다. 이 지역은 지정학적으로 비록 내륙이지만 남쪽은 이란, 동쪽은 투르크메니스탄, 서쪽은 파키스탄, 북쪽은 러시아가 위치해 비교적 자유롭게 국경선을 통과할 수 있기 때문이다. 아프가니스탄 주변국들은 모두

171) Rensselaer W. Lee, "Global Reach: The Threat of International Drug Trafficking," *Current History*, May 1995, p.210.

부패가 만연하여 정치권력과 마약조직 간의 공생관계가 비일비재하다. 또한 아프가니스탄은 세계 아편생산량의 90% 이상을 생산하는데, 아편을 정제한 헤로인은 중앙아시아와 러시아 및 동유럽을 거쳐 서유럽 및 미국으로 지속적으로 공급될 것이다. 중앙아시아와 동유럽의 마약 운송루트의 상당부분은 러시아, 동유럽, 발칸 마피아들이 장악하고 있다. 따라서 아프가니스탄 탈레반은 러시아 혹은 동유럽 마피아로부터 생화학 및 방사능관련 무기를 구입하기가 다른 지역에 비해 상대적으로 용이하다.

한편 9 · 11 테러 이후 미군의 공격으로 탈레반은 일시적으로 와해됐지만 아프가니스탄에서 탈레반의 영향력은 시간이 갈수록 다시 강화되고 있다. 탈레반이 미국영토에 대한 직접적인 테러공격을 하지 못한다 하더라도 국제범죄로부터 대량살상무기의 구입과 운반에 일정부분 공헌할 가능성은 매우 높다. 또한 아프가니스탄 마약유통에 대한 통제, 아프가니스탄을 경유한 대량살상무기의 유통에 대한 통제, 중국 및 러시아에 대한 지정학적 견제, 카스피해에서 아프가니스탄을 거쳐 인도양으로 진출하는 에너지 파이프라인 등 다양한 이유로 인해 아프가니스탄의 정치적 안정이 필수적이므로 아프가니스탄에 대한 미국의 직간접 개입은 상당기간 지속될 가능성이 높다. 이런 맥락에서 아프가니스탄에서 탈레반과 미군의 투쟁은 장기화될 전망이며, 이로 인해 아프가니스탄은 지속해서 21세기 초국가적 위협의 근원이 될 가능성이 높다.

국제범죄로부터의 위협을 한반도 주변의 동북아에 초점을 맞추어 살펴볼 필요가 있다. 아직까지 한반도는 이데올로기에 입각한 냉전이 사라지지 않고 있는 세계에서 유일한 지역이다. 국제정치적 측면에서 한반도 주변지역보다 초강대국들이 집중되어 있는 지역은 없다. 주한미군 및 주일미군을 비롯하여 21세기에 미국의 강력한 도전국가로 급부상하고 있는 중국, 그 대항세력으로 미국을 등에 업은 일본, 더구나 미국 다음으로 석유의 최대 소비국가가 된 중국 등 21세기 에너지 위기의 상황에서 에너지 부국인 러시아가 제3의 세력으로 등장하고 있다. 이와 함께 한반도 주변은 북한변수(붕괴가능성, 핵무장, 권력세습, 무력도발, 탈북자 등)를 둘러싸고 주변 강대국들에 의해 초미의 관심이 되고 있다.

한반도 주변은 이와 같은 지정학적 · 정치적 불안정과 함께 중국계 삼합회, 일본계 야쿠자, 러시아 마피아라는 국제범죄로 둘러싸여 있어 지하세계로부터의 불안정과 위협도 상존해 있다. 이러한 위협과 불안정의 최대 근원은 마약밀매이다. 특히 메스암페타민 세계 최대생산국인 중국과 최대 소비국인 일본이 존재한다. 그리고 아시아와 유럽을 연결하는 소위 유라시아의 지정학적 위치에 러시아가 존재한다. 이것은 향후 동북아 국제마약밀매가 러시아를 통해 동유럽과 서유럽으로 확산할 수 있는 가능성이 상시 존재함을 의미한다. 동북아에 국제 마약밀매가 활성화될 수 있는 가장 중요한 조건은 소비시장이다. 마약 소비시장의 측면에서 한국의 경우 아직까지는 심각한 수준은 아니지만, 동북아 지역적 차원에서 볼 때 중국과 일본의 소비 잠재력, 그리고 국가적 차원의 마약생산국인 북한 등을 감안하면 동북아가 결코 국제 마약밀매에서 자유지대가 아님을 알 수 있다.

삼합회의 경우 세계 곳곳에 퍼져있는 약 5천만 명의 중국계 화교들과 부분적으로 연계하고 있다는 점을 고려할 때 그 세력이 상상할 수 없을 정도로 막강하다. 삼합회의 주요 범죄활동은 마약밀매, 매춘, 도박, 갈취, 자금세탁이며, 최근 인신밀매, 위조지폐, 크레디트 사기 등과 같은 신종범죄로 확산하고 있다.[172] 이 중에서 헤로인 밀매는 가장 핵심적인 불법사업이다. 1997년 홍콩반환 이래 중국은 점차적으로 삼합회의 총본산이 될 가능성이 높다. 왜냐하면 중국 정치권력과의 공생적 부패관계, 중국의 급속한 경제발전과 자본주의화, 그리고 공통언어와 홍콩과 타이완과의 지리적 인접성 등의 강점이 다른 국제범죄조직들의 중국침투를 막고 삼합회가 중국시장을 독점할 가능성이 높다. 이와 함께 삼합회는 중국시장을 중심으로 인근 국가들의 토착 범죄조직과 불법적 혹은 합법적 수단을 동원하여 유대를 강화할 가능성이 있다.

야쿠자의 경우 새로운 국내외 환경에 대한 적응 차원에서 내부의 조직적 변화와 새로운 수익창출을 모색하기 위한 활동이 활발하다. 야쿠자 활동의 중요한 변화는 마약밀매에 개입하는 양상의 증가이다.[173] 왜냐하면 필로폰 밀매에서 획득한 불법수익이 1940년대 말이래 야쿠자 재정의 핵심을 차지했기 때문이다. 이는 또한 야쿠자로 하여금 타이완, 홍콩, 중국에서 활동하는 중국계 삼합회와 국제적 연대를 맺도록 유도하였다. 야마구치구미는 이미 1970년대 말부터 홍콩 14K와, 그리고 80년 중반경에는 타이완 삼합회인 죽련방과 유대를 맺어왔다.[174] 이처럼 동북아 지역에서 국제마약밀매의

172) Frank Shanty, *Mafia: the Necessary Reference to Organized Crime*, (Elanora Heights, Australia: Millennium House, 2010), pp.240–243.

173) Peter Hill, "Heisei Yakuza: Burst Bubble and Botaiho," *Sociology Working Papers*, Department of Sociology at the University of Oxford, 2002, p.23.

174) Richard H. Friman, "Obstructing Market: Organized Crime Networks and Drug Control in Japan," *Illicit Global Economy and State Power*, edited by H. Richard Friman & Peter Andreas. (Lanham, ML: Rowman & Littlefield Publishers, Inc., 1999), p.183.

네트워크의 구성은 향후 더욱 강화될 전망이다. 그러한 유대는 필히 소형무기밀매, 필로폰과 같은 마약밀매, 그리고 한국과 일본을 대상으로 하는 국제 금융사기와 국제매춘업으로 급성장할 가능성이 있다.

러시아 마피아의 경우 노태우 정부의 북방외교정책을 틈타 국내진출의 교두보를 마련했다. 그리고 러시아 마피아는 김영삼 정부의 세계화 정책을 국내진출의 계기로 악용하였다. 또한 김대중 정부의 민영화와 외화입출의 자유화는 러시아 마피아에게 해외진출이라는 새로운 기회를 제공해 주었다.[175] 노무현 정부 시기인 2003년 부산의 아파트단지에서 발생했던 러시아 마피아 간 총격살인사건은 향후 국내에서 발생 가능성이 높은 다양한 국제조직범죄 시나리오를 제공한다. 왜냐하면 이 살인사건은 러시아 군용권총을 사용하였고, 범인은 위조여권으로 밀입국하였으며, 중국에서 제조한 위조된 운전면허증을 소지하였고, 국내 범죄조직의 연루 가능성을 보여주었기 때문이다.

동북아 지역에서 국제범죄의 활동전망의 핵심은 마약밀매이다. 최악의 시나리오는 러시아 마피아, 삼합회, 야쿠자 등이 북한 범죄조직과의 연계를 통해 동북아 지역에서 마약밀매를 확산시키는 것이다. 북한이 직간접적으로 정권차원의 마약밀매에 개입하고 있다는 증거는 국제적으로 50여 차례 적발된 사례만으로도 충분하다.[176] 현재와 같이 북한주민들이나 소규모 범죄조직들이 정권차원에서 재배하는 양귀비에서 채취한 아편 혹은 필로폰을 블라디보스토크 지역의 러시아 마피아들에게 값싸게 팔 경우 중국을 거쳐 인천으로 들어오는 마약루트와 함께 부산이 일본으로 향하는 새로운 마약루트로 개발될 가능성이 높다. 최근 중국 흑사회, 야쿠자, 국내 범죄조직이 국제 마약밀매에 연계된 사건은 이런 가능성이 더욱 증가할 수 있음을 암시해 주고 있다.

한편 테러조직, 마약조직, 범죄조직간 상호연계에 의한 초국가적 위협들이 나날이 발전하고 있다. 이들은 정치적 민주주의와 사회경제적 안정이 오래 전에 정착되었거나 혹은 공고화된 국가들에서도 여전히 활동한다. 그러나 이들 국가들에서 그들의 활동은 상당부분 잘 통제되기 때문에 매우 음성적이며 제한적이다. 반면 민주주의와 국가형성이 실패한 국가들에서 이들은 정치권력과 공생관계를 형성하면서 보다 더 폭력적이며 양성적으로 활동한다. 이런 공생관계는 가까운 장래 이들에 의한 초국가적

175) CSIS Task Force Report. *Russian Organized Crime and Corruption*, (The CSIS Press, 2000), p.7.

176) 조성권, "非군사적 안보위협: 한반도주변 마약밀매를 중심으로", 『세계지역연구논총』, 22집 1호 (2004), pp.259-261.

위협들을 더욱 활성화시키고 문제를 야기함으로써 지속적으로 글로벌 거버넌스에 새로운 위협을 제공할 가능성이 크다. 이와 같은 불법단체의 상호관계를 살펴보면 다음과 같은 특징을 찾을 수 있다.

첫째, 테러조직과 마약조직 간 상호연계이다. 테러조직과 마약조직 간 상호연계는 80년대 초중반 콜롬비아의 메데진 카르텔과 콜롬비아 무장혁명군(FARC)에서 시작되어, 90년대는 아프간의 탈레반, 21세기에는 브라질, 아르헨티나, 콜롬비아의 삼각지대에서 중남미 마약조직과 중동 무장단체인 하마스와 헤즈볼라 간 연계가 확인되었다. 이들 연계의 기본패턴은 마약공급자로서의 마약조직이 마약운반책으로서의 테러조직에게 마약을 제공하고, 테러조직은 마약조직에게 무기를 제공하거나 테러기술을 제공하는 것이다. 이들이 상호연계하는 중요한 이유는 9 · 11 이후 미국을 중심으로 국제사회에서 테러자금 및 마약밀매에 대한 국제레짐이 강화되었기 때문이다. 이러한 불법단체의 상호이해의 일치에 따른 분업화는 더욱 증가할 가능성이 높다.

둘째, 마약조직과 범죄조직 간 상호연계이다. 이들 간 상호연계는 비교적 오래되어 1930년대로까지 거슬러 올라간다. 당시 대표적인 사례가 프랑스 코르시칸 마약조직과 미국 마피아 간 약 30년 동안 지속된 국제 헤로인밀매인 프렌치커넥션이다. 그리고 제2차 세계대전 이후 90년대까지, 이른바 동남아 황금의 삼각지대에서 활동하는 마약조직과 중국계 삼합회 혹은 미국에서 활동하는 중국계 삼합회가 연계한 국제헤로인밀매이다. 코카인 밀매의 경우 대표적인 것은 콜롬비아 마약조직들과 멕시코 범죄조직 간 연계, 그리고 콜롬비아 마약조직과 시칠리 마피아 혹은 러시아 마피아 간의 연계이다. 최근 가장 심각한 사례는 아프가니스탄의 탈레반과 중앙아시아 및 동유럽 범죄조직이 연계하여 동유럽 및 서유럽으로 헤로인을 밀매한 것이다. 이들 연계의 기본패턴은 마약조직이 범죄조직에게 마약을 제공하고 범죄조직은 마약조직에게 마약대금 및 다양한 범죄기술을 제공하는 것이다.

셋째, 범죄조직과 테러조직 간의 상호연계이다. 이러한 형태의 연계에 대한 우려는 90년대에 체첸 게릴라 및 알 카에다와 러시아 마피아 사이에서 나타났다. 이들 연계의 기본패턴은 범죄조직이 테러조직에게 범죄기술과 대량살상무기 혹은 원료를 제공하고 테러조직은 무기와 테러기술을 공급한다. 범죄조직들이 대량살상무기를 구입하는 이유는 이 무기를 일국에 대항하여 사용한다기보다는 구매의사를 피력하는 테러조직들에게 판매하여 더 많은 수익률을 올릴 수 있기 때문이다. 범죄조직은 자국의 국경을 넘어 후진국이건 선진국이건 가리지 않고 경제적 이득을 위해서는 마약밀매, 핵밀매, 무기밀매, 인간밀매, 폐기물밀매, 국제매춘, 돈세탁 등 가릴 것 없이 영역을 확장시킨다. 범죄조직의 무기는 '폭력'이 아니라 '뇌물'이다. 뇌물을 통한 부패가 형성되고 나아가 일국에서 부패문화가 만연하여 궁극적으로 범죄조직이 정치권력과의 공생관계를 형성할 때 이익을 극대화할 수 있다.

결론적으로 20세기가 군사안보가 국제사회의 주요 이슈였다면 21세기는 국가와 범죄조직 사이의 대결에서 파생되는 새로운 형태의 안보가 국제사회의 주요 이슈로 등장할 것이다. 9 · 11 테러 이후 '테러조직과 마약밀매의 연계'는 물론 범죄조직과 마약밀매의 연계가 세계 도처에서 새로운 현상으로 등장하고 있다.[177)] 이 때문에 미국은 21세기 '새로운 세계질서'의 구축을 이룩하는 문제와 관련하여 마약밀매를 테러리즘과 함께 가장 위협적인 존재로 다루고 있다. 따라서 20세기의 좁은 안보개념을 벗어나 시대의 상황을 감안한 큰 틀 내에서 유연하게 새로운 통합적 안보개념을 확립해야 한다.[178)] 이는 앞문(전통적 안보)에만 지나치게 신경 쓰다가 뒷문(비전통적 안보)으로 들어오는 도둑을 막지 못하는 우를 범하지 말라는 의미이다.

제7절 산업보안

1. 산업보안 개관

(1) 산업보안의 개념

산업보안은 일반적으로 중요한 기술이나 정보를 부당한 침해로부터 방어하기 위한 각종 활동을 지칭하는 용어로 사용되고 있다. 중요한 기술이나 정보를 수집하는 경제스파이 또는 산업스파이 활동을 예방하고 규제하는 산업보안은 냉전체제가 붕괴된

177) 상세한 내용은 조성권, "초국가적 위협: 테러, 마약, 범죄조직의 상호연계와 새로운 대응시각", 『세계지역연구논총』, 제28집, 1호(2010), pp.317−339.

178) Joseph J. Romm, *Defining National Security: The Nonmilitary Aspects*, (NY: Council on Foreign Relations Press, 1993), pp.1−8.

이후 중요한 과제로 대두되었다.

냉전기간 동안 정보기관들은 국가안보를 위한 정보활동에 많은 역량을 투입하여 왔다. 첩보를 수집하고 정보를 생산하는 것뿐만 아니라 방첩활동에 있어서도 적대국가의 군사 · 안보 동향을 파악하고 대응하는 데 주력하였다. 그러나 냉전체제가 붕괴된 이후 국가의 경제력을 뒷받침하는 산업기술이나 경제정보의 획득이 중요한 과제로 인식되면서 산업스파이 대응문제도 전면에 부각되었다.

산업보안이라는 용어는 사용하는 입장에 따라 다소 차이가 있다. 국가기관의 경우에는 국가의 경제력과 경쟁력을 좌우하는 각종 산업기술과 정보가 불법적으로 유출되지 않도록 각종 제도를 정비하고 침해행위를 규제 · 단속하는 활동을 의미하고, 기업의 경우에는 이윤극대화와 지속가능경영을 위해 중요한 경영자산이나 영업비밀 · 노하우 등이 불법적으로 침해되지 않도록 기업정책을 수립하고 대책을 실행하는 것을 의미한다.

또한 국가기관이 수행하는 산업보안 활동의 목적은 주로 국내 기업이 보유하고 있는 각종 산업기술 및 정보자산 보호를 통해 국가의 경쟁력을 강화하는 것이므로 국가기관은 직접 산업스파이를 적발하고 단속하는 것 외에 각종 법률과 정책을 통해 기업이 스스로 산업보안의 필요성을 인식하고 필요한 시스템을 구축하여 대응하도록 하고 있다. 기업은 이윤극대화를 위해 경영활동의 일환으로 보안경영정책을 도입하고 각종 보안조직과 보안시스템을 운용하게 되는데 이 경우 관련 법률규정을 준수하고 정부의 각종 정책과 행정지도 등을 참고하게 된다.

산업보안의 개념에 대해 '범죄로부터 모든 경제활동을 보호하는 일체의 노력'으로서 구체적으로는 '유 · 무형의 모든 자산을 지키는 자산보호(asset protection)와 피해를 막는 손실방지(loss prevention)활동'을 의미한다는 견해가 있다.[179] 그러나 산업보안을 이와 같은 의미로 파악하면 지나치게 그 범위가 확장되어 기업보안과 구별하기 어렵고, 국가에서 수행하는 산업보안 정책과 활동이 민간기업의 업무영역에 관여하는 범위가 불분명하게 된다. 그러므로 산업보안은 국가차원의 중요한 기술과 정보를 부당한 침해로부터 보호하기 위한 각종 활동을 의미하는 것으로 보고, 국가차원의 중요

179) 이창무, "산업보안의 개념", 『산업보안학(개정판)』, (서울: 박영사, 2012), pp.5-7. 이 견해는 산업이란 '사실상 모든 경제활동을 포함하는 것'으로 보고, 보안을 '범죄로부터 생명, 신체, 재산을 보호하고 사회의 안녕과 질서를 지키는 제반 활동'으로 파악하면서, 산업보안은 산업과 보안이라는 2개 단어의 합성어라는 측면에서 개념을 도출하고 있다.

한 기술이나 정보가 아닌 단순한 영업비밀과 기업비밀은 기업보안의 대상으로 보는 것이 타당하다.[180]

구체적으로는 산업보안을 "산업활동에 유용한 기술상, 경영상의 모든 정보나 인원, 문서, 시설, 자재 등을 산업스파이나 경쟁관계에 있는 기업은 물론 특정한 관계가 없는 자에게 누설 또는 침해당하지 않도록 보호 · 관리하기 위한 대응방안이나 활동"으로 규정하거나 "산업체 · 연구소에서 보유하고 있는 기술 · 경영상의 정보 및 이와 관련된 인원 · 문서 · 시설 · 통신 등을 경쟁국가 또는 업체의 산업스파이나 전 · 현직 임직원, 외국인 유치과학자 등 각종 위해요소로부터 침해되지 않도록 보호하는 활동"이라고 정의하는 경우가 있다.[181] 여기에서 '산업활동에 유용' 또는 '경쟁국가의 침해' 등을 산업보안의 개념에 포함시킨 것은 국가차원의 중요한 기술이나 정보를 보호하기 위한 활동에 한정하고 있다는 것을 알 수 있다.

이외에 산업보안에 대한 정의를 보면 '산업활동에 유용한 기술상 · 경영상의 정보를 산업스파이로부터 보호 · 관리하기 위한 대책과 활동'[182], '국가산업 발전에 유용한 기술이나 경영상에 필요한 정보 및 기술을 각종 침해행위로부터 안전하게 보호 · 관리하기 위한 소극적 또는 적극적인 대책과 활동'[183], '산업기밀 등 기업의 자산을 외부의 침해로부터 보호하는 활동'[184] 등이 있는데 모두 '산업' 또는 '국가발전'의 개념을 포함시킴으로써 국가차원의 중요한 기술과 정보로 한정하고 있다.

본서에 있어서 산업보안이란 "국가차원의 중요한 기술과 정보를 부당한 침해로부터 보호하기 위한 각종 활동"으로 정의하기로 한다.

첫째, 산업보안은 국가차원의 중요한 기술과 정보를 보호하기 위한 활동으로서 그 보호대상이 되는 기술과 정보는 국가 또는 공공기관뿐만 아니라 국내의 민간기업 및 대학 · 연구소 등이 보유하고 있는 것을 포함한다. 그러므로 국가차원의 중요한 기술이나 정보가 아닌 경우에는 산업보안의 대상이 되지 않는다. 예를 들면 기업 임직원의 부도덕한 행위라든가, 기업의 탈세사실과 같은 것은 기업에서 비밀로 다루고 있더

180) 산업기술보호법에서 규정한 산업기술과 국가핵심기술 이외에도 국가차원의 중요한 기술과 정보가 있을 수 있고 이러한 기술과 정보는 산업보안의 대상이 되며, 국가차원의 중요한 산업기술이 영업비밀보호법의 영업비밀에 해당될 경우에는 2개 법률이 중복하여 적용될 수도 있다.

181) 이창무(2012), pp.6-7.

182) 정진홍, 『산업보안관리실무(산업보안MBA교재)』, (서울: 서울과학종합대학원, 2011) p.4.

183) 민병설, "산업보안체계의 정립에 관한 연구", (경희대학교대학원 박사논문, 2002), p.24.

184) 임창묵, "산업보안 정책설계에 관한 연구", (성균관대 국정관리대학원 박사논문, 2012), p.38.

라도 산업보안의 대상이 될 수 없다.

둘째, 산업보안은 국가의 산업경쟁력을 보호하기 위해 중요한 기술이나 정보가 국외로 유출되거나 유출될 위험을 방지하기 위한 활동이다. 그러므로 국외유출 위험이 없는 단순한 국내 기업 간 불법 기술유출 및 탐지행위는 산업보안의 대상이 되지 않는다. 이와 같은 국내 기업간 산업스파이 활동은 기업보안의 대상이 된다.[185] 다만, 내국인 또는 국내 기업의 행위라 하더라도 외국 또는 외국인을 위한 산업기술 및 정보의 탐지 · 유출행위는 산업보안의 대상이 된다.

셋째, 산업보안은 부당한 침해로부터 보호하기 위한 활동으로서 불법적인 산업스파이 행위를 적발하고 규제하기 위한 것이다. 그러므로 산업기술과 정보를 합법적으로 취득하는 기술이전계약, 기업 인수합병, 공개자료 수집 등은 산업보안의 대상이 되지 아니한다. 다만, 국가로부터 연구개발비를 지원받아 개발한 국가핵심기술을 해외로 매각 · 이전 · 수출하거나 이러한 기술을 보유한 기업이 해외기업과 인수 · 합병하고자 할 때에는 산업통상자원부 장관의 승인을 받아야 한다.

(2) 산업보안의 연혁과 발전과정

중요한 기술이나 정보를 수집하는 경제스파이 또는 산업스파이 활동의 역사는 상거래 활동의 역사만큼 오래된 것이다. 고대 중국의 황제들은 비단의 제조법을 외부에 알리지 않기 위해 비단 제조법을 훔치려는 사람에게 지위 고하를 막론하고 죽을 때까지 고문을 하는 형벌을 가했다. 그러나 비단 제조법을 알고 있는 중국의 공주가 외국의 왕자에게 시집을 가면서 자연스럽게 외국에 알려지게 되었고 중국이 비단을 독점적으로 생산하여 얻을 수 있었던 수익은 여러 국가로 분산되었다.[186]

미국의 공식 기록에 의하면 최초의 미국인 산업스파이로 캐벗 로웰(Cabot Lowell)이라는 사람이 있다. 로웰은 1811년 영국 전역을 돌아다니면서 당시 최첨단 방직기인 카트라이트(Cartwright)방직기 제작기술을 훔쳐내었다. 영국은 증기기관으로 움직이는

185) 기업보안은 기업경영의 관점에서 각종 기업자산, 영업비밀, 노하우 등을 불법적인 침해행위로부터 보호하기 위한 활동이다. 그러므로 기업보안에는 산업기술보호법이 규정하는 산업기술, 영업비밀보호법이 규정하는 영업비밀 이외에도 인사비밀, 재무비밀, 영업 노하우 등의 각종 기업비밀과 개인정보보호법이 규정하는 개인정보를 보호하기 위한 활동 등이 포함된다.

186) 스티븐 핑크 지음, 김원호 옮김, 『기업스파이 전쟁』, (서울: 조선일보사, 2004), p.27.

최첨단 방직기를 이용하여 고품질의 양모와 면 방직물을 대량으로 생산할 수 있었고 막대한 부를 축적하고 있었다. 그리하여 영국은 1780년대 후반부터 방직기 제작기술의 국외유출을 금지하였는데 이것은 일종의 산업스파이 방지법이라고 할 수 있다. 그러나 로웰이 방직기 기술을 훔쳐내는 데 성공하면서 뉴잉글랜드 지역에 거의 같은 방직기가 생겨나게 되었다. 그리고 미국에서도 산업혁명이 이루어지고 미국 북부의 경제성장이 본격적으로 시작되었다. 이를 바탕으로 약 100년 후에 일어난 남북전쟁에서 북군이 승리할 수 있었다.[187)]

산업스파이 활동과 이를 방어하기 위한 노력은 오래 전부터 계속되어 왔으나 근대국가가 성립하면서 통치권(왕권)을 확립하고 외적의 침입으로부터 국가의 안전을 확보하는 일이 우선 관심사로 부상하게 된 결과, 산업스파이 활동은 크게 주목을 받지 못하였다. 1970년대 후반 경제첩보수집에 관심이 많았던 터너(Stansfield Turner) CIA부장은 경제첩보 수집능력 강화방안을 논의하기 위해 회의를 소집하였다. 그러나 대부분의 참석자들은 경제첩보수집에 반대하였고 심지어 참석자 중 한 사람은 "공작원들은 국가를 위해 목숨을 걸고 위험한 임무를 수행합니다. 그러나 GM이나 IBM을 위해 목숨을 걸지는 않을 것입니다"라고 하였다.[188)]

그러나 냉전이 종식된 이후 미국을 비롯한 세계 각국은 일제히 국가의 경제력을 강화하는 데 관심을 갖기 시작하였고 정보기관의 활동방향도 변화하였다. 미국의 부시(George H. W. Bush) 대통령은 1991년 정보공동체의 역할과 임무, 최우선 추진업무를 재검토하도록 지시하는 NSR-29에 서명하였다. 이에 따라 게이츠(Robert M. Gates) CIA부장은 재검토 작업을 진행하고 의회증언을 통해 냉전종식 이후 미국의 정보활동 방향은 대량살상무기 확산 · 마약 · 테러 등에 대한 대응 강화와 함께 금융 · 무역 · 기술개발 문제 등 미국경제에 영향을 미치는 국제경제 문제에 적극 대처해 나갈 것이라는 방침을 천명하였다. 미국이 경제첩보를 수집목표로 제시한 것은 이것이 처음으로서 유럽 · 일본 등 많은 우방국가들을 긴장하게 하였다.[189)]

미국은 에임즈(Aldrich Ames)사건을 계기로 1994년부터 국가방첩센터(National Counterintelligence Center)를 설립하여 운영하여 왔으나, 에너지부 산하 로스 알라모

---

187) 위의 책, pp.28–29.

188) 피터 슈바이처 지음, 황건 옮김, 『국제 산업스파이』, (서울: 한국경제신문사, 1993), p.352.

189) Phillip M. Childs 지음, 정형근 옮김, 『경제전쟁과 미국CIA』, (서울: 고려원, 1994), pp.102–104.

스(Los Alamos)연구소의 과학자 리웬호(Wen Ho Lee)가 중국에 불법으로 핵관련 기술을 넘겨주는 사건이 발생하자 2001년 국가방첩관실(ONCIX : Office of the National Counterintelligence Executive)로 확대 개편하였다.[190)]

현재 국가방첩관실은 국가정보장(Director of National Intelligence) 산하에 소속되어 외국 · 테러조직 · 비국가조직으로부터 야기되는 각종 미국의 국가이익 침해행위를 색출 · 제어하고, 국가정보 시스템을 보호하며, 정책결정자에게 방첩정보를 제공하는 등의 활동을 전개하고 있다. 특히 국가방첩관실은 사이버보안(Cyber Security), 경제스파이(Economic Espionage), 내부적 위협(Insider Threat), 경제유통 시스템 위협(Supply Chain Threats) 등을 핵심 방첩이슈(Top CI Issues)로 다루고 있다.[191)]

현재 미국이 운용하는 중요한 산업보안제도로는 1950년대부터 국방부가 발전시켜 온 국가산업보안프로그램(NISP: National Industrial Security Program), 산업스파이를 형사적으로 처벌하기 위한 「경제스파이법」(Economic Espionage Act of 1996), 국가안전보장 관점에서 중요한 산업기술과 자산이 해외로 유출되지 않도록 규제하기 위해 1988년 도입한 엑슨 플로리오(Exson-Florio)조항을 더욱 확대 발전시켜 2007년부터 시행하고 있는 「외국인투자와 국가안보법」(FINSA: Foreign Investment and National Security Act) 등이 있다.[192)]

또한 미국은 국가정보장이 직접 관장하는 국가방첩관실을 중심으로 산업스파이 색출 활동을 전개하면서 민간기업과 단체에 대해 다양한 보안교육과 관련 정보를 제공하고, 산업보안 법령을 통해 국가의 중요한 기술과 정보가 불법적으로 유출되지 않도록 하는 각종 제도를 운용하고 있다.

우리나라의 경우 1980년대 이후 가전, IT, 자동차, 철강, 조선 등의 기술수준이 향상됨에 따라 각종 산업기술 유출사고가 증가하게 되었다. 이에 따라 국가안전기획부는 1989년 국내 첨단산업체 · 연구소 등의 기술보호 실태를 파악하고 '첨단산업기밀보호대책'을 대통령에게 보고한 이래 산업보안 활동이 시작되었다. 이후 2003년 국가정보원에 '산업기밀보호센터'가 설립됨으로써 산업스파이를 적발하고 중요한 산업기

190) http://www.aaas.org/spp/scifree/articles/011901.shtml(검색일: 2012. 11. 6).

191) http://en.wikipedia.org/wiki/Office_of_the_National_Counterintelligence_Executive(검색일: 2012. 11. 6) 및 http://www.ncix.gov/about/about.php(검색일: 2012. 11. 6) 참고.

192) 이길규, "산업보안정책과 국가의 역할", 『산업보안학』, (서울: 박영사, 2011), pp.84-88.

술과 정보를 보호하기 위한 활동이 본격화되었다.[193)]

2006년에는 「산업기술의 유출방지 및 보호에 관한 법률」(산업기술보호법)을 제정하여, 산업기술 보호를 위한 종합계획 · 기본계획을 수립하도록 하고, 산업기술보호위원회를 설치하여 각종 정책과 산업기술 수출 · 인수합병 등 구체적 사안을 심의하도록 하였으며, 산업기술보호협회를 두어 민간기업 등에 대한 교육과 홍보 등의 업무를 담당하게 하였다.

2. 외국의 산업보안제도

(1) 미국의 산업보안제도

미국의 산업보안제도는 국방산업분야를 비롯한 국가비밀 보호를 위한 '국가산업보안프로그램'(NISP), 「경제스파이법」(Economic Espionage Act of 1996)에 의한 산업스파이 형사처벌, 「외국인투자와 국가안보법」(FINSA: Foreign Investment and National Security Act)에 의한 중요한 산업기술과 자산의 해외 유출금지, 국가방첩관실(ONCIX)을 중심으로 한 산업스파이 수사활동, '미국산업보안협회'(ASIS: American Society for Industrial Security)를 통한 민간기업에 대한 교육 · 홍보 그리고 '수출관리규정'(EAR: Export Administration Regulation)에 의한 전략물자 수출통제, 「영업비밀보호법」(Trade Secret Act)에 의한 민사적 손해배상 청구제도 등이 있다.

'국가산업보안프로그램'은 1950년대부터 국방부가 국방산업 분야를 중심으로 발전시켜 온 제도로서 민간기업이 행정부처와 국가비밀과 관련된 계약을 체결할 경우 지켜야 할 보안원칙과 기준 등을 관리하는 것이다. 현재는 국방부뿐만 아니라 국무부, 에너지부, 항공우주국 등 모든 행정부처가 국가비밀과 관련된 계약을 민간기업과 체결할 경우에 적용된다.[194)] 국가산업보안프로그램은 국가비밀로 분류된 중요한 기술이나 정보를 기업이 산업적으로 이용할 경우에 외부로 유출되지 않도록 관리하기 위한 제도이다.

「경제스파이법」은 1996년 기업의 영업비밀을 보호하는 동시에 국가의 산업경쟁

193) 국가정보원, "산업기술보호, 지나온 5년간의 발자취", 『첨단산업기술보호동향』, 제9호, 2008, p.12.

194) 이길규(2011), p.86.

력을 보호하기 위해 제정되었다. 경제스파이법은 주간(inter-state)무역 또는 국제무역 물품 생산에 사용된 영업비밀을 불법으로 취득한 자를 처벌하는데, 외국 또는 외국인에게 이익을 줄 의도가 있거나 이익이 되는 것을 알면서 영업비밀을 불법적으로 취득하였을 경우에는 가중처벌하고 있다. 경제스파이법은 영업비밀이 해외로 유출되는 경우뿐만 아니라 다른 주로 유출되는 경우에도 형사처벌하고 특히 외국인에게 이익을 주는 유출행위를 무겁게 처벌하고 있다.[195)]

「외국인투자와 국가안보법」은 불법적인 스파이행위가 아닌 합법적인 기업 인수 · 합병을 통해 국가안전보장에 영향을 미칠 수 있는 중요한 산업기술이나 자산이 해외로 유출되는 것을 막기 위한 것이다. 1988년 엑슨 플로리오(Exson-Florio)조항으로 제정되었다가 2007년 현재의 법률로 개정되었으며, 동 법에 의해 구성된 '외국인투자위원회'(CFIUS: Committee on Foreign Investment in the United States)의 조사결과에 따라 대통령은 외국인 인수 · 합병에 대한 중지명령을 내릴 수 있다.[196)]

상무부가 주관하는 「수출관리규정」은 외국으로 수출하는 전략물품을 통제하기 위한 제도로서 이중용도 물품 · 소프트웨어 · 기술 등의 전략물자를 수출하기 위해서는 사전에 승인을 받도록 하고 있다.

또한 각 주법으로 제정된 「영업비밀보호법」은 기업의 영업비밀 침해행위에 대해 손해배상을 규정함으로써 간접적이기는 하나 산업기술의 불법유출을 방지하는 효과를 거두고 있다.

국가방첩관실은 2001년에 확대 · 개편된 이래 산업보안활동을 수행하고 있으며 경제방첩을 테러대응 다음의 중요한 과제로 설정하고 산업보안 활동요원 증원, 해외지부 확대 등을 추진하였으며, 2003년에는 관 · 학 · 기업 관계자로 구성된 '정보보안경영TF'를 구성하는 등 민간기업과도 긴밀하게 협력하고 있다.[197)]

미국산업보안협회는 정부의 산업보안 제도와 정책을 기업에 홍보하고 전파하는 동시에 기업의 보안경영 기법을 연구하고 교육하는 역할을 하는 민간단체이다. 1955년 설립된 이래 초기에는 주로 정부의 산업보안 제도와 정책을 전파하는 데 주력하였

195) Hedieh Nasheri, *Economic Espionage and Industrial Spying,* (New York: Cambridge University Press, 2005), pp.185–186.

196) 한국산업기술진흥협회, 『해외 산업보안 동향 및 사례분석(미국편)』, (서울: 중소기업기술정보진흥원, 2009), pp.4–6.

197) 전영실 외, 『산업스파이에 대한 형사정책적 대응체계에 관한 연구』, (서울: 대검찰청, 2009), p.76.

으나 1970년대 이후에는 기업의 보안경영 지원에 중점을 두고 있다.[198] 그리하여 미국 산업보안협회는 산업보안과 관련된 산업기술이나 정보의 유출문제 외에 기업보안 및 안전과 관련된 재난관리, 화재안전, 직장폭력, 요인 신변보호 등의 다양한 분야를 업무 영역으로 포괄하고 있다.[199]

(2) 일본의 산업보안제도

일본의 산업보안제도는 「부정경쟁방지법」에 의한 영업비밀 침해행위 형사처벌 및 손해배상 그리고 「지적재산기본법」에 따라 설립된 '지적재산전략본부'의 연도별 '지적재산추진계획'을 중심으로 이루어져 있다. 이외에 대량살상무기 및 방위산업기술 유출방지를 위한 「외환 및 외국무역법」도 산업기술을 보호하는 제도라고 할 수 있다.

부정경쟁방지법은 1990년 개정에서 처음으로 손해배상을 인정하는 영업비밀 보호규정을 도입하였으며 이후 수차에 걸친 개정을 통해 영업비밀 보호정도를 강화시켜 왔다. 2003년 개정에서는 형사처벌을 도입하고, 2005년에는 영업비밀 침해행위가 일본 국외에서 발생한 경우에도 처벌하도록 하였으며, 2009년에는 '부정한 경쟁' 목적이 없더라도 '부정한 이익을 얻거나 보유자에게 손해를 가할 목적이 있으면 영업비밀 침해를 인정하는 등 더욱 강화하였다.[200]

2002년 설립된 '지적재산전략회의'는 국제경쟁력 강화와 경제활성화를 위해 산업보안뿐만 아니라 전반적인 지적재산 활용 및 보호전략을 논의하였다. 그 결과 수립된 '지적재산전략대강'에 따라 경제산업성은 2003년 일본 내 기술유출에 대응하기 위한 「영업비밀관리지침」과 해외 기술유출에 대응하기 위한 「기술유출방지지침」을 각각 제정하여 기업에 보급하였다. 지적재산전략회의는 2002년 지적재산기본법 제정에 따라 해산되고 동 법에 따라 '지적재산전략본부'가 설립되었다. 지적재산전략본부는 매년 지적재산의 창조 · 활용 · 보호에 관한 '지적재산추진계획'을 수립하여 시행하고 있는데 여기에는 국가의 중요한 산업기술과 정보를 비롯한 각종 지적재산을 창출하고 보호하기 위한 각종 정책이 포함되어 있다.[201]

198) 이길규(2011), p.85.

199) 이창무(2012), p.8.

200) 岩瀬ひとみ, "不正競争防止法が改正", 2009.8.17., http://chizai.nikkeibp.co.jp/chizai/etc/20090817_1.html(검색일 2012.11.10).

201) 일본 「지적재산기본법」 제23조 참조.

외환 및 외국무역법은 2007년 개정을 통해 외국자본에 의한 첨단기술 보유기업의 인수 · 합병을 제한할 수 있도록 하고, 외국인투자 사전신고 분야를 대폭 확대하였다. 또한 경제산업성은 1987년 도시바사건 이후 전략물품 수출을 철저히 통제하고 있다.[202)]

(3) 독일의 산업보안제도

독일의 산업보안제도는 「부정경쟁방지법」에 의한 형사처벌과 손해배상, 「대외경제법」에 의한 전략물자 · 핵심기술 등의 수출 · 해외이전 제한 등이 있다. 산업보안 주무부처는 '연방경제기술부'이며, '연방산업보안협회'와 9개의 '주산업보안협회'를 비롯한 각종 민간단체는 정부와 기업간 산업보안 협조업무를 수행한다.

부정경쟁방지법은 기업의 영업비밀 침해행위에 대해 형사적 처벌과 민사적 손해배상을 모두 규정하면서, 외국으로 유출될 것을 알고 침해한 경우에는 가중처벌하도록 하였다. 대외경제법은 국가안보, 기술보호 및 대외관계의 손상을 방지하기 위해 전략물자와 핵심기술 수출, 방위산업체의 해외매각, 외국인의 방위산업체 투자를 제한할 수 있도록 하였다.

산업보안 주무부처는 '연방경제기술부'로서 부정경쟁방지법과 대외경제법 등이 규정한 제도와 정책을 운영한다. 또한 연방총리실은 매주 정보수사기관장 회의를 개최하여 산업기술유출 실태와 보호방안을 협의하고 1993년 설립된 '연방산업보안협회'와 긴밀한 협조관계를 갖는다.[203)]

(4) 중국의 산업보안제도

중국의 산업보안제도는 영업비밀보호를 중심으로 이루어지는데 「반부정당경쟁법」에 의한 손해배상, 「상업비밀 침해행위에 관한 규정」에 의한 행정처벌,[204)] 형법에 의한 형사처벌 등이 있다. 이외에 「기술수출입관리조례」에 의한 기술수출 제한 및 「인터넷기밀보호법」에 의한 첨단기술 유출방지를 위한 인터넷 검열제도 등이 있다. 영업

202) 염돈재, "각국 정보수사기관의 산업기술 보호활동에 관한 비교연구-미국 · 독일 · 일본 및 한국 사례를 중심으로", 2008년 학술연구용역, p.13.

203) 염돈재, 앞의 글, pp.10−11.

204) 중국에서는 영업비밀 대신 '상업비밀'이라는 용어를 사용하고 있다.

비밀 관련 주무관청으로는 '공상행정관리기관(工商行政管理機關)'이 있고, '국가안전부'는 산업스파이를 색출하여 처벌하고 있다.

1993년 제정된 반부정당경쟁법은 영업비밀 침해행위에 대한 손해배상 청구권을 규정하고 있고, 영업비밀 침해행위에 대한 행정조치는 「상업비밀 침해행위에 관한 규정」(1995년 제정)에 따라 '공상행정관리기관'이 담당한다. 또한 영업비밀 침해행위에 대한 형사처벌은 형법이 규정하고 있는데 범죄구성요건은 반부정당경쟁법의 영업비밀 침해행위와 같다.[205]

중요한 산업기술의 수출제한을 위해 2002년 기술수출입관리조례를 제정하여 수출자유기술, 수출제한기술, 수출금지기술로 구분하고 '국가과학기술위원회'의 허가를 받도록 하였다.[206]

영업비밀보호와 관련된 행정업무는 '공상행정관리기관'이 담당하고 있고, '국가안전부'는 '국가안전법'에 따라 산업스파이를 '국가안전에 위해를 가하는 행위'로 간주하여 색출, 중형에 처하고 있다. 이외에도 정보통신관리부는 인터넷기밀보호법에 따라 인터넷을 통해 첨단기술이 유출되지 않도록 감독하고 있고, 상무부는 수출제한 및 금지대상 물품이나 기술이 해외로 유출되지 않도록 심사를 하고 있다.

3. 산업기술유출 실태

국가의 전체적인 산업기술유출 규모가 어느 정도인지 정확하게 파악하는 것은 대단히 어렵다. 산업기술유출은 지극히 은밀하게 추진되기 때문에 이를 인지하고 적발하는 것이 쉽지 않기 때문이다. 또한 산업기술유출은 피해 규모가 수천억 원에서 수조원에 이르고 있어 피해기업에 치명적인 손실을 초래할 뿐만 아니라 국가경제와 경쟁력에도 심각한 타격을 줄 수 있다.

국가정보원 산업기밀보호센터가 적발한 산업기술 해외유출 건수는 2002년 이후 지속적으로 증가하는 경향을 보이고 있고, 특히 2003년 산업기밀보호센터가 설립된 이후 적발건수가 급격히 증가하고 있다.

---

205) 정덕배, "중국의 영업비밀 보호제도 및 현황", 특허청 산업재산보호과, 2004, pp.9–14.

206) 국가정보원, "산업기술보호, 지나온 5년간의 발자취", 『첨단산업기술보호동향』, 제9호, 2008, pp.98–99.

그림 4-1 산업기술 해외유출 적발건수 추이

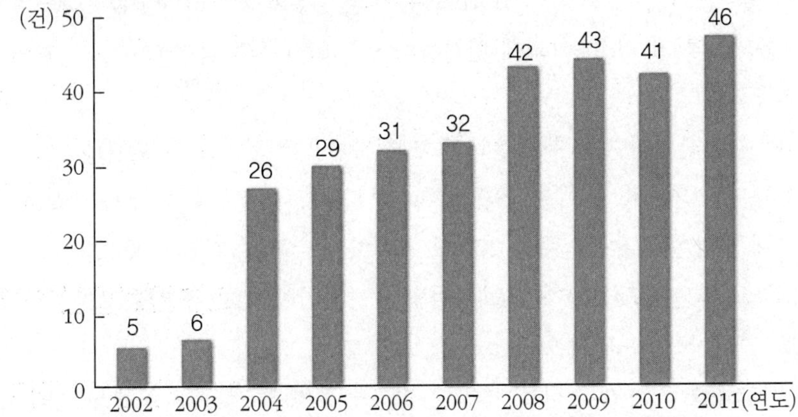

출처 : 국가정보원 산업기밀보호센터(http://service4.nis.go.kr)

최근 5년간(2007~2011년) 산업기밀보호센터에 적발된 총 204건의 산업기술 해외유출사건을 유형별로 분석하면 다음과 같다.

유출된 기술분야를 보면 전기전자가 37%(75건)를 차지하여 가장 많고, 그 다음으로 정밀기계 27%(55건), 정보통신 15%(32건), 정밀화학 9%(18건), 생명공학 3%(6건), 기타 9%(18건)의 순으로 나타나고 있다. 국내기업의 기술경쟁력이 있는 분야가 주된 기술유출 대상이 되고 있다.

기술유출의 주체는 전직 직원이 62%(127건)로 압도적인 다수를 차지하고, 현직 직원 17%(34건), 협력업체 13%(26건), 유치과학자 2%(5건), 투자업체 1%(1건), 기타 5%(11건)의 순으로 되어 있다. 산업기술의 특성상 그 기술을 잘 아는 사람에 의해 유출될 가능성이 높다. 퇴직을 하면서 본인이 개발하였거나 담당하였던 분야의 기술을 유출하기도 하고 경쟁기업 등으로부터 유리한 조건의 스카우트 제의를 받고 기술을 유출하는 경우도 많다.

기술유출의 유형을 보면 기업의 산업기술을 무단 보관하다가 유출하는 경우가 42%(88건)에 달하여 가장 많고, 내부공모에 의한 유출 25%(51건), 매수 23%(47건), 공동연구 2%(4건), 위장합작 1%(2건), 기타 7%(14건)로 나타나고 있다. 직원에 의한 비밀자료 무단보관 · 유출이 많은 것은 업무에 활용한 자료를 즉시 반납하지 않고 업무편의 등을 위해 임의로 보관하는 관행이 있기 때문이다.

기술유출 동기는 개인영리 61%(125건), 금전유혹 20%(41건)로 경제적 이유가 80% 이상을 차지하고 있고, 이외에 인사불만 8%(16건), 처우불만 6%(13건), 기타 5%(9건) 등 이다.

마지막으로 산업기술 유출기업의 규모를 보면 대기업이 27%(54건)이고 중소기업 69%(141건), 기타 연구소 등이 4%(9건)로 나타나고 있다. 우리나라의 대기업은 전체기업의 0.1%에 불과한데 유출건수의 27%를 차지하는 것은 대기업이 중요한 산업기술을 많이 보유하고 있는데도 불구하고 임직원의 보안의식이 낮고 충분한 보안시스템을 갖추지 못했기 때문으로 보인다.

산업기술유출 사건의 특징을 보면 기술유출 피해가 특정 기업에 한정되지 않고 국가경제에 막대한 손실을 초래한다는 점, 기술개발에 참여한 자가 특별한 죄의식 없이 기술유출을 시도하는 경우가 많다는 점, 기술유출이 이메일 · USB 등의 전자장치를 이용하거나 원본은 그대로 두고 복사물로 유출되는 경우가 많아 유출사실을 인지하는 것이 쉽지 않다는 점, 그리고 기술유출의 범죄증거를 확보하거나 추적하는 것이 용이하지 않다는 점 등이 있다.[207)]

4. 산업보안 제도와 정책

한국의 산업보안 제도와 정책은 「산업기술의 유출방지 및 보호에 관한 법률」(산업기술보호법)을 중심으로 수립 · 추진되고 있다. 산업기술보호법은 “산업기술의 부정한 유출을 방지하고 산업기술을 보호함으로써 국내산업의 경쟁력을 강화하고 국가의 안전보장과 국민경제에 이바지함을 목적으로 한다”고 규정하고 있다.[208)] 산업기술보호법이 규정하고 있는 산업기술 보호제도와 정책추진체계를 공공부문과 민간부문으로 나누어 고찰하면 다음과 같다.[209)]

공공부문의 산업보안 관리체계는 다시 산업기술관리 부문과 불법유출대응 부문으로 나눌 수 있다. 산업기술관리 부문에 있어서는 산업기술보호위원회를 중심으로

207) 국가정보원 산업기밀보호센터, “산업스파이 사건 특징”(http://service4.nis.go.kr/ 검색일 2012. 11.10)

208) 「산업기술보호법」 제1조(목적) 참조.

209) 이길규, “산업보안정책”, 『산업보안학(개정판)』, (서울: 박영사, 2012), pp.87–88.

산업통상자원부와 관계 중앙행정기관이 업무협조를 하면서 산업기술보호 종합계획·시행계획·보호지침 등의 각종 정책을 수립·집행한다. 산업기술위원회는 실무위원회와 전문위원회 그리고 정책협의회의 지원을 받으면서 산업기술보호 종합계획을 수립하고 국가핵심기술을 지정·변경하며 국가핵심기술 수출 및 관련 기업 해외인수·합병 등을 심의한다. 불법유출대응 부문에 있어서는 국가정보원 산업기밀보호센터와 검찰청·경찰청이 상호 수사공조체제를 이루어 산업기술유출에 대응하고,[210] 산업기술분쟁조정위원회가 기술유출과 관련한 당사자간 분쟁조정을 한다.

민간부문에 있어서는 산업기술보호협회가 기업·연구기관·전문기관·대학 등과 협조하여 산업기술보호 실태조사·정책개발·산업보안교육 및 전문인력양성 등의 역할을 담당하고, 산업기술보호 컨설팅회사 등이 기업의 기술보호를 위한 자문역할을

그림 4-2 산업기술 보호제도 및 정책추진체계

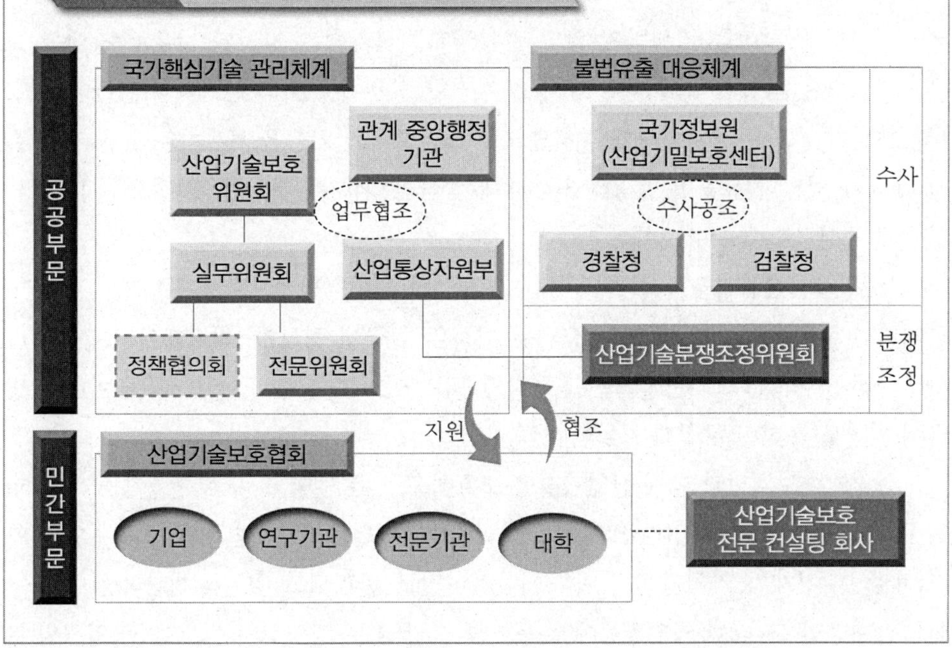

출처: 국가정보원, "산업기술보호, 지나온 5년간의 발자취", 『첨단산업기술보호동향』, 제9호, 2008, p. 42.

---

210) 국가정보원은 2003년 10월 '산업기밀보호센터'를 설치하였고, 검찰청은 2004년 10월 서울 중앙지검 첨단범죄수사부에 '기술유출범죄수사센터'를 설치하였으며, 경찰청은 2010년 7월 '산업기술유출범죄수사대'를 각각 설치하였다.

수행하고 있다. 이와 같은 산업기술보호를 위한 제도와 정책추진체계를 도표로 표시하면 〈그림 4-2〉와 같다.

산업기술보호법은 산업경쟁력 제고를 위해 제품이나 용역의 생산 · 개발에 필요한 기술정보 중에 관계 중앙행정기관의 장이 법령에 따라 지정 · 고시한 것을 '산업기술'이라고 하고, 이 중에서도 기술적 · 경제적 가치가 높아 해외로 유출될 경우 국가안전보장이나 국민경제발전에 중대한 악영향을 미칠 우려가 있는 것을 '국가핵심기술'로 지정하여 보호하도록 하고 있다.[211]

산업기술을 보유한 기업은 특별히 산업기술을 보호하는 조치를 취할 의무는 없으나, 산업통상자원부장관은 「산업기술보호지침」을 제정하여 이들 기업이 활용할 수 있도록 제공할 의무가 있다. 국가핵심기술을 보유한 기업은 기술유출이 발생하지 않도록 대통령령이 정하는 바에 따라 필요한 조치를 하여야 한다. 국가의 연구개발비를 지원받은 국가핵심기술을 외국기업에 매각 · 수출할 때에는 사전에 승인을 받아야 하며, 국가의 연구개발비를 지원받지 않았으나 국가핵심기술로 지정된 경우에도 이를 보유 · 관리하는 기업이 해외인수 · 합병을 추진할 경우에는 미리 신고하여야 한다. 또한 국가핵심기술 또는 국가연구개발 사업으로 개발한 산업기술을 보유하고 있을 경우 유출 우려가 있거나 유출이 발생하였을 때에는 산업통상자원부장관 및 정보수사기관의 장에게 즉시 신고하여야 한다.[212]

누구든지 산업기술을 절취 · 기망 · 협박 등 부정한 방법으로 취득하거나 사용 · 공개하면 5년 이하의 징역 또는 5억 원 이하의 벌금에 처하며, 외국에서 사용하거나 사용하게 할 목적으로 유출 또는 침해하면 10년 이하의 징역 또는 10억 원 이하의 벌금에 처하도록 하여 무겁게 처벌한다.[213]

산업기술보호법과 함께 산업기술을 보호하고 있는 법률로서 「부정경쟁방지 및 영업비밀보호에 관한 법률」(영업비밀보호법)이 있다. 영업비밀보호법은 공개되어 있지 않고(비밀성), 경제적 가치가 있으며(경제성), 비밀로 관리되고 있는(비밀관리성) 생산방법 · 판매방법 그 밖에 영업활동에 유용한 기술상 또는 경영상의 정보를 '영업비밀'로

211) 「산업기술보호법」 제2조(정의) 참조.

212) 「산업기술보호법」 제8조(보호지침의 제정 등), 제10조(국가핵심기술의 보호조치), 제11조(국가핵심기술의 수출 등), 제11조의2(국가핵심기술을 보유하는 대상기관의 해외인수 · 합병 등), 제15조(산업기술 침해신고 등) 참조.

213) 「산업기술보호법」 제14조(산업기술의 유출 및 침해행위 금지), 제36조(벌칙) 참조.

규정하여 보호하고 있다. 영업비밀 침해행위를 하거나 하려는 자에 대해 침해행위 금지 또는 예방을 청구할 수 있고, 손해를 입은 경우에는 손해배상, 신용이 손상된 경우에는 신용회복을 청구할 수 있다. 또한 영업비밀을 침해한 자는 민사적 손해배상 외에 5년 이하의 징역 또는 재산상 이득액의 2배 이상 10배 이하의 벌금에 처하며, 영업비밀을 외국에서 사용하거나 사용될 것을 알면서 유출한 경우에는 10년 이하의 징역 또는 재산상 이득액의 2배 이상 10배 이하의 벌금에 처하도록 하여 가중 처벌하고 있다.[214)]

그 밖의 산업보안 관련 제도로는 「외국인투자촉진법」에 의한 외국인 투자제한(제4조 및 시행령 제5조), 「대외무역법」에 의한 전략물자 수출제한(제19조), 「정보통신망 이용촉진 및 정보보호 등에 관한 법률」(정보통신망법)에 의한 타인의 정보 · 비밀침해 금지(제49조) 및 산업 · 경제 · 과학기술의 국외유출 제한(제51조), 「방위사업법」에 의한 비밀누설 금지(제50조) 및 주요 방산물자의 수출제한(제62조) 등이 있다.

5. 기업의 산업보안 관리

기업이 보유하고 있는 중요한 산업기술과 정보를 보호하는 산업보안은 기업이윤을 극대화하는 동시에 국가의 안전보장과 국가경쟁력 강화에도 기여하게 된다. 기업은 산업보안 외에도 각종 기업비밀을 보호하고, 개인정보보호 등의 법적 요구사항을 충족시키기 위해 종합적인 기업보안정책을 필요로 한다. 기업의 입장에서 보면 기업보안정책의 일부로서 산업보안 관리를 실행하게 된다. 그러나 산업보안으로 보호하는 기술이나 정보는 국가의 산업경쟁력과 국민경제 발전에 기여할 정도로 중요한 것이라는 점에서 이것이 유출될 경우에는 기업의 존망을 좌우하게 될 수도 있다.

기업이 산업보안 관리를 하기 위해서는 우선 기업의 경영철학과 사업방침에 입각하여 산업보안방침을 결정하고 '보안관리자'(CSO: Chief Security Officer)를 임명하는 등 보안조직을 구성하여야 한다. 보안관리자는 최고경영자(CEO)의 방침에 입각하여 기업의 산업보안정책을 수립하고 최고경영자의 재가를 받아 직원을 비롯한 이해관계자들에게 공시하여야 한다.[215)]

214) 「영업비밀보호법」 제2조(정의), 제10조(금지청구권), 제11조(손해배상책임), 제12조(신용회복), 제18조(벌칙) 참조.

215) 이길규, "산업보안정책", 『산업보안학(개정판)』, (서울: 박영사, 2012), pp.97–98.

보안관리자는 산업보안정책을 수립하는 데 있어 보호하여야 할 중요 자산과 정보를 평가하여 우선순위를 결정하고, 이를 위협하는 위험요소를 발굴하는 한편 대책수립과 관련하여 기업에 어떤 취약점이 있는지 파악한다. 이것을 기초로 위험관리(Risk Management) 방안을 강구하게 되는데 위험에 대처하는 방법으로는 위험수용, 위험감소, 위험회피 그리고 위험전가의 네 가지가 있다. 위험수용은 위험수준이 높지 않은 경우 특별한 조치를 하지 않는 것이고, 위험감소는 합리적 비용으로 위험수준을 수용 가능한 수준 이하로 낮추기 위한 보안조치를 하는 것이며, 위험회피는 적절한 대응방법

표 4-2 〉〉 ISO 27001의 11개 보안통제 영역

항 목	설 명
정보보안 방침(Security Policy)	정보보안에 대한 경영방침과 지원사항에 대한 통제구조 확인
정보보안 조직(Organization of Information Security)	조직 내에서 보안을 효과적으로 관리하기 위한 보안조직 구성 및 책임과 역할에 대한 규정
자산 관리(Assets Management)	조직의 자산에 대한 분류 및 이에 따른 적절한 보호 프로세스 검토
인적 자원 보안 (Human Resources Security)	사람에 의한 실수, 절도, 부정 수단이나 설비의 잘못사용으로 인한 위험을 감소하기 위한 대응방안 확인
물리 및 환경 보안(Physical and Environmental Security)	비 인가된 접근 · 손상과 사업장 · 정보에 대한 영향을 방지하기 위한 대응책 여부
의사소통 및 운영관리 (Communication and Operations Management)	정보처리 설비의 정확하고 안전한 운영을 보장하기 위한 대응방안 존재 여부
접근통제(Access Control)	정보에 대한 접근통제를 하기 위한 대응책 여부
정보시스템 인수 · 개발 및 유지보수(Information System Acquisition Development & Maintenance)	정보 시스템 내에 보안이 수립되었음을 보장하기 위한 대응방안 존재 여부
정보보안 사고관리(Information Security Incident Management)	정보 시스템과 관련된 정보보안 사고와 취약점이 허용된 시기 이내에 적절한 교정행동과 의사가 전달되는지 여부
사업 연속성 관리(Business Continuity Management)	사업활동 방해요소를 완화시키며 주요 실패 및 재해의 영향으로부터 주요 사업활동을 보호하기 위한 프로세스 존재 여부 검토
부합성(Compliance)	형사 및 민사상의 법률, 법규, 규정 또는 계약 의무사항 및 보안요구 사항의 불일치를 회피하기 위한 대응책 여부

이 없을 때 그 사업을 포기하는 것이고, 위험전가는 발생 가능성은 낮지만 일단 발생하면 큰 손해가 우려되는 경우로서 보험가입 등의 방법이 있다.[216)]

산업보안정책서에 포함되는 구체적인 항목과 규정은 기업의 규모나 업종 등에 따라 달라질 것이나, 국제표준기구(ISO)가 제시하는 '정보보안경영시스템'(ISMS: Information Security Management System)을 참고하면 많은 도움이 될 것이다. '정보보안경영시스템'은 기업보안의 분야를 정보보안조직, 자산관리, 인적보안, 물리적 보안, 정보시스템 보안, 보안사고 관리, 사업연속성 관리 등 11개 통제영역으로 나누어 세부조치를 할 수 있는 가이드라인을 제시하고 있다.[217)]

지식경제부 기술표준원이 정리한 ISO 27001의 11개 보안통제 영역은 〈표 4-2〉와 같다.[218)]

6. 산업보안의 과제와 전망

바람직한 국가의 모습은 안전보장이 확보되어 평화로운 가운데 경제적으로 번영·발전하면서 모든 국민들이 안정되고 행복한 생활을 하는 상태라고 할 수 있다. 국가는 이러한 상태를 달성하기 위해 부단히 노력하여야 하는데 냉전기에는 국가안보가 최우선 과제였고 탈냉전기에는 경제번영이 더욱 중요한 과제로 대두되었다. 그 결과 오늘날 G2로 불리는 미국과 중국은 물론 세계의 모든 국가들이 치열한 산업스파이 전쟁을 전개하고 있다.

최근 우리나라 기업의 보안실태조사 결과에 의하면 기술유출피해 금액은 증가하고 있으나 보안에 대한 투자가 감소하는 등 산업보안역량이 증가하지 못하고 있는 것으로 나타났다. 이것은 외국에 의한 산업기술유출 기도가 증가하고 있으나 은밀하게 이루어지는 산업스파이 활동의 특성상 기업이 이러한 위험을 충분히 인식하지 못하고

---

216) 위의 글, pp.99-100.

217) http://www.iso.org/iso/home.htm(검색일 2012.11.10) 우리나라에서는 산업보안 관리영역을 관리적 보안, 물리적 보안, 기술적 보안으로 나누는 것이 일반적이다. 관리적 보안은 보안정책, 인원, 조직 등과 관련된 보안을 포함하고, 물리적 보안은 시설, 장비 등과 관련된 보안이며, 기술적 보안은 PC, 컴퓨터 네트워크 등 IT보안을 지칭한다. 그러나 '정보보안경영시스템'이 분류하고 있는 것과 같이 보안사고 관리, 사업연속성 관리, 법적 부합성 등과 같이 보다 구체적인 영역으로 세분화하여 관리하는 것이 바람직하다.

218) 지식경제부 기술표준원, "정보보안경영시스템(ISO 27001) 가이드라인", 2007.12.18, p.15 참조.

보안투자에 소극적이기 때문으로 보인다.

국가의 산업보안체제를 강화하기 위해서는 우선 상황변화에 부응하여 산업보안 법과 제도를 신속하게 정비하는 것이 필요하다. 또한 최고경영자를 포함한 기업 임직원에 대한 산업보안 교육을 강화하여 보안의식과 보안역량을 제고시켜야 한다. 기업 규모, 업종 등을 고려한 다양한 보안매뉴얼과 가이드라인을 보급하고 이를 적극 도입하도록 하는 산업보안정책도 필요하다. 그리고 기업이 보안시스템을 구축하고자 할 때에는 적절한 컨설팅을 받을 수 있도록 하고 보안투자에 대해 금융 · 세제 지원을 제공하는 것도 필요하다.

산업기술보호정책 주무장관인 산업통상자원부장관은 새로운 기술을 연구 · 개발할 때 반드시 보안요소를 검토하도록 하고, 이에 대비하기 위한 대책을 강구하도록 하여야 한다. 나아가 국가의 종합적인 산업보안역량 강화를 위해 대학에 산업보안을 연구하고 교육하는 전공을 설치하는 방안을 검토하는 것이 바람직하다.

2011년 개인정보보호법이 시행된 이후 개인정보보호에 대한 기업의 인식이 높아졌다. 개인정보보호와 산업기술보호는 모두 기업보안의 영역에 속하고 보안수단에 있어서도 유사하다. 장차 기업의 개인정보보호를 위한 보안관리 강화는 전반적인 산업보안수준을 향상시키는 계기가 될 것으로 보인다.

제8절 사이버전 대응

1. 사이버전의 개념

사이버공간(Cyberspace)이란 단어는 1982년 소설가 윌리엄 깁슨이 그의 단편에서 처음 사용하였고 그의 대표작 『뉴로맨서』를 통해 세상에 널리 퍼진 용어이다. 사이버공간은 새로운 정보통신매체로서, 정보통신 장치와 그 속을 흐르는 정보, 이 두 가지 요소로 이루어진다. 한편 우리나라 국방부는 2002년 사이버전을 "사이버공간에서 일어나는 새로운 형태의 전쟁수단으로서, 컴퓨터시스템 및 데이터 통신망 등을 교란, 마비 및 무력화함으로써 적의 사이버체계를 파괴하고 아군의 사이버체계를 보호하는 것"으로 정의하였다. 이는 적의 정보체계의 마비 등의 공격개념과 아군의 사이버체계 보호의 방어적 개념을 포함하는 것이다.

이러한 사이버전의 대표적 사례로는 2008년 8월 러시아와 그루지아 간의 사이버전쟁으로 인하여 그루지아의 정부, 언론, 금융, 교통 전산망이 마비된 사건, 이스라엘과 하마스 간 전쟁발발과 동시에 행해진 수백 개의 웹사이트 해킹사건 등이 있다. 이제 사이버전은 하이테크 병력으로 무장한 정규군뿐만 아니라, 책상에 앉아 노트북을 사용하는 10대까지 쉽게 참전할 수 있는 온라인 대전의 양상을 보여주고 있다. 특히 사이버 공격은 익명으로, 비교적 적은 비용으로, 그리고 세계 어디서나 이루어질 수 있기 때문에 갈수록 더욱 증대될 것으로 예측된다.

이러한 사이버전은 사이버 공격, 즉 적의 정보통신장치, 네트워크, 시스템, 소프트웨어 및 저장 · 소통되고 있는 정보에 영향을 미치려는 행위와 아군측의 정보통신체계를 보존하기 위해 수행되는 사이버 보안업무로 구분할 수 있다.

(1) 사이버공격(Cyber Attack)의 유형과 특징

사이버공격이란 정보통신망을 통해 다른 컴퓨터에 불법 접속하여 상대방 국가나 기업에 손상을 입히려는 일련의 행위[219)]를 말한다. 「사이버안전관리규정」에 의하면 해킹이나 컴퓨터 바이러스, 논리폭탄, 서비스 방해 등 전자적 수단을 통하여 정보통신망에 불법 침입, 교란, 마비, 파괴하거나 정보를 절취, 훼손하는 일체의 사이버공격행위로 정의하고 있다. 이러한 사이버공격은 적극적 공격과 수동적 공격기법으로 나눌 수 있다. 적극적 공격기법(Active Attack)은 허가받지 않은 상태에서 파일의 삭제, 추가, 변경, 조작 등을 시도하는 것을 말한다. 흐름의 순서를 바꾸고 복제, 훼손, 폐기, 지연시킴으로써 서비스거부를 초래하거나 위장관계를 설정하여 시스템의 합법적 사용자인 것처럼 가장하는 행위를 말한다.

이에 반해 수동적 공격(Passive Attack)은 메시지의 변경은 시도하지 않고 단지 메시지의 내용을 도청하거나 트래픽이나 로그정보를 분석하는 등의 행위를 말한다. 사이버 공격분야에서 가장 많이 사용되고 있는 용어에는 먼저 해킹(Hacking)이 있다. 해킹은 정보통신망의 취약점을 이용하여 불법적으로 접근하거나 정보시스템에 유해한

219) http://ko.wikipedia.org/wiki/%EC%82%AC%EC%9D%B4%EB%B2%84%EA%B3%B5%EA%B0%84(검색일: 2012.8.27).

영향을 끼치는 행위를 말한다. 이는 본래 정보통신망이나 시스템의 보안 취약점을 찾아내어 그 문제를 해결하고 이를 악의적으로 이용하는 것을 방지하는 행위에서 시작되었다. 그러나 순수하게 작업과정 자체의 즐거움에 탐닉하는 컴퓨터 전문가들의 행위로 시작된 해킹은 컴퓨터가 일반화되면서 점차 나쁜 의미로 변질되었다. 즉 다른 사람의 컴퓨터에 침입하여 정보를 빼내서 이익을 취하거나 파일을 없애버리거나 전산망을 마비시키는 악의적 행위가 빈발하게 된 것이다. 이런 파괴적 행위자를 크래커(Cracker)라고 하여 해커와 구별하기도 한다.

두 번째로는 컴퓨터범죄(Computer Crime)가 있다. 컴퓨터범죄는 컴퓨터에 관한 반사회적 행위로 데이터의 부정조작, 데이터의 부정입수, 컴퓨터의 무단사용, 컴퓨터(H/W, S/W)의 파괴 등 여러 형태가 있다

세 번째로 사이버범죄(Cyber Crime)는 컴퓨터범죄와 비슷하나 컴퓨터통신 등을 악용하여 사이버공간에서 행해지는 범죄를 말한다. 그 범행 목적에 따라 해킹, 컴퓨터 바이러스 유포 등과 같은 범죄와, 사이버 명예훼손, 전자상거래 사기, 개인정보 침해, 불법 사이트 개설 운영, 디지털 저작권 침해 등과 같은 유형의 범죄로 나눌 수 있다. 사이버범죄는 국내외에서 동시에 발생할 수 있다는 특성을 갖고 있는데, 이에 대처하기 위해서는 국가간 서로 다른 법을 초월해 각국에 영향을 미칠 수 있는 국제적 형사사법 규칙이 필요하다.

네 번째로는 사이버테러(Cyber Terror)가 있다. 국가 · 정치적 목적을 가지고 특정 조직이 행정, 국방, 통신, 국가중요시설의 정보시스템을 파괴하여 국가기능을 마비시키는 행위를 말한다.

다섯 번째로는 정보통신망 이용촉진 및 정보보호 등에 관한 법률, 정보통신기반 보호법 등 대부분의 정보보호 관련법규에서 사이버공격 행위로 사용하고 있는 용어로 '전자적 침해행위', '침해사고' 등이 있다.

(2) 사이버보안(Cyber Security)의 유형과 특징

사이버보안은 사이버공격을 방어하는 형태로서 네트워크 환경에 따라 용어가 변경되어 왔다. 텔렉스 등 구시대 통신장비가 사용되었던 당시에는, 불안전한 통신채널 상에서 수동적인 공격기법을 피하기 위해 암호체계를 이용하여 안전하게 정보를 송수

신하고자 하였는데, 이때는 통신보안이라는 용어가 사용되었다. 컴퓨터가 도입되고 나서는 전산보안, 정보통신보안, 정보보안으로 그 용어가 바뀌었고, 오늘날 어떠한 목적을 지닌 국가나 조직이 특정 네트워크와 시스템을 공격하는 것을 방어하는 행위에 대하여는 사이버안전이라는 용어가 사용되고 있다.

1) 통신보안

우리나라의 통신보안업무는 보안업무규정에서 시작되었다. 1963년 중앙정보부법에 의거 "국가기밀에 속하는 문서"는 전신, 전화 등 통신수단에 의해 평문으로 수발할 수 없도록 하고 암호자재를 이용하여 암호화해서 저장하고 소통하도록 규정하고 있었는데 이것이 통신보안업무의 최초 시도이다. 그러나 당시 통신보안을 위해 사용되는 암호자재는 대부분 수작업용 지편식 자재였으며 주로 군에서 사용되어 왔다. 그러나 외교통신용으로 사용된 암호자재의 경우 통신량의 증가, 암호자재의 특성 등으로 지편식 암호자재가 지니는 한계에 도달하여 외국산 암호장비를 이용할 수밖에 없었다.

우리나라에서 통신보안 발전의 큰 계기는 외국산 암호장비의 트랩도어 발견으로부터 시작되었다. 특히 당시 외교통신망에 사용되어 왔던 외국산 암호장비는 장비별 트랩도어뿐만 아니라 컴퓨터 계산량을 기반으로 한 통계적 분석기법으로 암호분석이 완료된 상태였다. 이에 우리 정부는 암호기술의 이해, 예산 투자 등 어려운 환경에서도 1980년대 초반부터 암호관련 조직 및 전문인력 양성에 힘쓰고 국산 암호장비 개발에 진력하여 2000년에는 한국전자통신연구원 부설연구소를 개소하는 등 암호기술의 진정한 주권확립 기반을 마련하였다.

2) 전산 · 정보 보안

1980년대 중반 컴퓨터 보급이 활발해 지면서 컴퓨터 접근 및 하드디스크에 보관되는 각종 정보에 대한 보호업무가 필요하게 되었는데 이것이 전산보안이다. 당시 전산보안은 컴퓨터 부팅시 장비 및 시스템 패스워드 설정과 함께 각종 정보자료 작성시 파일 패스워드와 자료의 암호화 저장이 주요 핵심사항이며, 국가기밀이 수록된 기억보조장치의 보안관리도 매우 중요하게 다루었다. 더 나아가 컴퓨터를 이용한 네트워크(LAN, WAN)가 활성화됨으로써 프로토콜 보안 및 암호기술 등이 크게 대두되었는데, 이를 정보통신보안 혹은 정보보안이라고 칭하였다. 그러나 컴퓨터 시스템 및 네트워크기술의 급속한 발전으로 정부주도 암호기술개발의 한계점과 산 · 학 · 연과 연계 필요성을 느낀 우리 정부는 정보보호학회 출범을 위해 노력한 결과, 1992년 드디어 통신정보보호학회(현 한국정보보호학회)를 출범시켰고, 이는 한국의 정보보호분야를 한 단계 높이는 역사적 사건이 되었다. 이를 계기로 대학에서는 앞 다투어 정보보호학과를 설치하였고 수학과, 컴퓨터 · 전자공학과 등에서 정보보호과목을 신설함으로써 전문인력 양성은 물론 좋은 연구성과를 낳아 오늘날 우리나라가 정보보호분야 강국으로 부상하는 데 큰 기여를 하였다.

3) 민간분야 정보보호

1990년대 초반까지는 국가기밀을 보호하기 위한 국가 공공분야 중심의 정보보안 업무가 중점 추진되어 왔으나 민간분야에 고도의 정보통신기술이 접속되고 해킹의 심각성이 대두됨으로써 1996년 당시 정보통신부(현 방송통신위원회)는 「전산망보급확장과이용촉진에관한법률」을 개정, 산하에 '한국정보보호센터'(현 한국인터넷진흥원)를 신설하여 민간분야 정보보호 업무를 수행토록 하였다.

4) 정보통신 기반시설 보호

한국정부는 정보통신 기반시설을 보호하려는 노력의 일환으로 2000년 2월 국무총리 주재로 국가정보원, 재정경제부, 국방부, 법무부, 정보통신부 등 9개 부처 장관이 참석한 "사이버테러 방지 관계장관회의"를 개최하였다. 또한 국가안전보장, 행정, 국방, 치안, 금융, 통신, 운송, 에너지의 업무와 관련된 전자적 제어관리 시스템 등 국가 주요 정보통신 기반시설의 보호와 범정부적 대응체계 구축을 위해 2001년 7월 1일 「정보통신기반보호법」을 제정 · 실시하였다. 주요 내용에는 주요 정보통신 기반시설 지정 · 고시, 보호대책 수립 · 시행, 취약점 분석 · 평가, 침해사고 신속 통지, 피해확산 방지, 정보보호 전문업체 지정, 정보공유 · 분석센터 구축 · 운영, 국제적 협력 등이 있다.

5) 사이버안전

2003년 1월25일 슬래머 웜으로 인해 8시간 동안 우리나라 전체 인터넷이 마비되는 사상초유의 인터넷 대란이 발생하였다. 이 사고를 계기로 사이버안전에 대한 국가 차원의 종합적이고 체계적인 대응의 필요성이 제기되어 2004년 2월 국가정보원 내에 국가사이버안전센터를 설립하게 되었다. 또한 「국가사이버안전관리규정」을 제정하여 국가사이버안전에 관한 조직체계 및 운영에 대한 사항을 규정하고 사이버안전 업무를 수행하는 기관간의 협력을 강화함으로써 국가안보를 위협하는 사이버공격으로부터 국가정보통신망을 보호하게 되었다.

6) 전자정부 보안

전자정부는 정보통신기술을 활용하여 행정의 효율성을 개선함으로써 행정서비스에 대한 국민의 접근성과 활용성을 높일 수 있도록 대부분의 국가가 채택하고 있는 새로운 정부 혁신전략이다. 우리나라에서는 1994년말 "초고속 정보통신기반 구축"에 대한 논의와 함께 등장하였으며 2001년 행정업무의 전자적 처리를 위한 기본원칙, 절차 및 추진방법 등을 규정함으로써 전자정부의 구현을 위한 사업을 촉진시키고 행정기관의 생산성, 투명성 및 민주성을 높여 지식정보화시대의 국민의 삶의 질을 향상시키기 위하여 전자정부법을 제정[220]하였다.

동법에 의하면 행정기관의 장은 전자정부의 구현에 필요한 정보통신망과 행정정보 등의 안전성 및 신뢰성 확보를 위한 보안대책을 마련해야 하고, 소관 정보통신망을 이용하여 행정정보 등 전자문서를 보관 · 유통할 때 위조, 변조, 훼손 또는 유출을 방지하기 위해 안전성이 검증된 암호장치를 사용하거나 혹은 정보보호제품을 도입하는 등 국가정보원장이 안전성을 확인한 보안조치를 하여야 하며 국가정보원장은 그 이행 여부를 확인하여야 한다.

7) 정보보증(IA : Information Assurance)

정보보증 개념은 기존의 정보보호 개념에서 한 단계 더 발전된 것으로, 정보의 가용성, 무결성, 인증, 비밀성 및 부인방지를 보장하는 한편, 외부로부터의 침입을 탐지하고 침입에 대한 대응능력을 강화하며 파괴된 정보시스템을 복원하는 능력까지를 포함하고 있다. 이와 같은 정보보증 개념은 1996년 12월 미 국방부 지침 S-3600.1 정보작전(DoD Directive S-3600-1, Information Operations)이 발표되면서 부터 대두하였다. 이는 네트워크로 연결된 정보체계를 보호하기 위해서는 방화벽이나 침입탐지체계만 설

---

220) http://terms.nate.com/dicsearch/view.html?i=3026277(검색일: 2012.8.27), http://www.law.go.kr/lsInfoP.do?lsiSeq=112317&efYd=20111013#0000(검색일: 2012.8.27).

치하는 것으로 모든 것이 해결될 수 없기에 출현한 종심방어(Defense in Depth) 개념, 즉 여러 단계를 거쳐서 방어를 해야 제대로 정보보증을 할 수 있다는 의미로서, 미군의 정보체계에 대한 보증을 대표하는 말로 사용하고 있다.

8) 개인정보보호

기존 개인정보보호 관련 법률은 공공부문의 경우 「공공기관의 개인정보보호에 관한 법률」을 통해 규정하고 있으며, 민간부문은 성격에 따라 정보통신망법, 의료법, 신용정보보호법 등이 적용되고 있다. 그러나 개인정보의 투명한 관리, 이용 · 제공의 적절한 통제, 유출 및 오 · 남용 방지 등을 구체적으로 담보하지 못하는 한계가 있다. 이에 공공부문뿐만 아니라 민간부문에서의 개인정보도 보호할 통합기구의 설치 필요성과 법률의 이원화 문제를 해결하고자 지난 17대 국회에서부터 꾸준히 논의되어 왔던 「개인정보보호법」(법률 제10465호)이 2011년 9월 30일부터 전면 시행되었다.

2. 사이버공격

(1) 개 요

사이버공격기술은 1970년대 피리를 이용하여 전화기를 무료로 사용하는 전화조작을 시점으로 1980년대 초 PC가 개발되면서 컴퓨터를 대상으로 개발되었다.

1980~1990년대에는 패스워드 추측공격, 사용자 계정의 패스워드 크랙, 알려진 취약점 공격 등의 단순한 공격으로 컴퓨터에 저장되어 있는 정보를 유출하는 정도였으나 1990년 후반부터 2000년대에 걸쳐서는 인터넷 사용이 대중화 되고 서비스가 고도화됨에 따라 다양한 공격방법 및 도구가 개발되어 사이버 공격이 이루어졌는데 분산서비스거부 공격, 인터넷 웜, 피싱 등 해킹기술과 웜 바이러스가 결합되는 지능적이면서 고도화된 공격기술이 출현하였다.

사이버공격은 공격대상 시스템의 가장 취약한 부분을 겨냥하여 이루어진다. 이를 위해 공격자는 공격을 수행하기 전에 미리 공격대상에 관한 정보를 수집하여 취약한 부분을 식별해 낸다.

사이버공격을 위한 정보수집에는 먼저 공격대상에 대한 보안상 취약점, 도메인

이름, IP 주소, 침입탐지시스템 설치 여부 등을 수집하는 풋 프린팅(Footprinting)과, 네트워크상에서 전문도구를 이용하여 공격대상 네트워크의 상태를 조사하는 스캐닝(Scanning) 방법이 있다. 스캐닝은 네트워크나 시스템에 관해 주변조사를 수행하는 풋 프린팅과 달리 실제 공격방법을 결정하거나 공격에 이용될 수 있는 네트워크의 구조, 시스템이 제공하는 서비스 등 정보를 얻기 위해서 수행하는 방법이다. 공격자는 스캐닝작업을 통해 공격대상 네트워크의 보안장비 사용현황, 우회가능 네트워크 구조, 해당 네트워크 내의 시스템 플랫폼 형태, 시스템 운영체제의 커널버전의 종류, 제공서비스의 종류 등에 대한 정보를 알 수 있다. 이런 정보를 활용하여 공격자는 네트워크에 대한 직접적인 침투경로나 우회경로의 정보를 파악할 수 있다.

또 다른 사전 정보수집 방법으로는 구글 해킹이 있다. 구글은 현재 다양한 검색기능을 제공하며 수많은 데이터를 접근하기 때문에 해커가 구글을 이용하여 수많은 취약한 사이트들의 정보를 찾아낼 수 있으며 개인정보도 수집할 수 있다. 즉 구글의 검색기능을 이용해서 웹페이지에 올라와 있는 취약점들이나 정보를 수집해서 활용하는 것을 말한다. 원래 용어는 구글독(googledork)이라고 한다.

(2) 시스템에 대한 공격과 보안기술

1) 공격기술

시스템에 대한 공격형태는 공격대상 시스템에 침입 후 원하는 정보를 변경/삭제/유출하는 형태의 소극적 방법과 공격대상 시스템을 마비시킴으로써 정상적인 동작을 수행하지 못하도록 하거나 서비스 제공을 멈추게 하는 적극적 방법이 있다. 공격자는 공격대상 시스템에 침입 후 목적대상 정보에 접근하기 위해 해당정보에 접근이 가능한 계정권한을 획득해야 한다. 이러한 계정의 권한 획득을 위해 사용되는 공격기법에는 패스워드 공격과 버퍼 오버플로우 공격이 있다.[221)]

① 패스워드 공격

i) 사회 공학적 기법

사회 공학적 기법이란 사용자의 신원 및 주변정보를 이용하여 패스워드를 조합한

221) 정태명 외 3명, 『사이버 공격과 보안기술』, (서울: 홍릉과학출판사, 2009), pp.31-91.

후 직접 시스템에 입력하는 방법이다.[222] 사용자들은 자신의 패스워드를 잊지 않기 위해 주변에 패스워드의 힌트를 적어두거나 패스워드 자체를 적어 놓는 사례가 많다. 또한 사용자는 패스워드를 잊어버리지 않기 위해 자신이 잘 아는 정보로 패스워드를 구성하기도 한다. 예를 들면, 자신 혹은 배우자의 생일, 결혼기념일, 주소, 관심분야의 내용 등과 같은 주변정보로 패스워드를 구성한다. 따라서 공격자가 사용자의 주변정보를 조사한다면 사용자의 패스워드를 추측할 수 있다. 또한 사용자가 키보드 등을 이용하여 패스워드를 입력할 때 입력순간의 값을 공격자에게 노출시킨다. 즉 공격자는 특정사용자가 입력하는 키 정보를 가로채거나 옆에서 훔쳐봄으로써 암호화되지 않은 상태의 패스워드 값을 알아낼 수도 있다.

ii) 사전공격

사용자는 자신의 주변정보를 이용하지 않더라도 기억하기 쉬운 패스워드를 작성하는 경향이 있다. 그래서 자주 사용하는 언어나 의미가 있는 어휘를 사용한다. 사용자가 많이 사용하는 어휘들을 모아 사전파일을 만든 다음, 이를 이용하여 패스워드를 찾아내는 공격을 사전공격이라 한다. 이 방법은 패스워드를 찾는 데 가장 빠르고 효율적이지만, 어휘를 변경하거나 특수문자를 추가하면 실패할 수 있다.

iii) 무차별 대입공격

올바른 패스워드를 찾을 때까지 가능한 모든 조합의 경우수를 시도하는 방법이다. 일반적으로 패스워드로 입력 가능한 키는 특수키까지 고려하여 모두 94개(대문자 26, 소문자 26, 숫자 10, 특수문자 32)이다. 사용자가 8자리로 패스워드를 작성하면 그 경우의 수는 948이다. 무차별 대입공격은 그리 효율적인 공격법은 아니지만 모든 패스워드에 대한 조합을 이용하여 검색하기 때문에 최종적으로 하나의 패스워드를 검출할 수 있다.

② 버퍼 오버플로우(Buffer overflow) 공격

버퍼를 넘치게(overflow) 하는 것을 의미하며, 메모리에 할당된 버퍼의 양을 초과하는 데이터를 입력하여 프로그램의 복귀 주소(return address)를 조작, 궁극적으로 공격자가 원하는 코드를 실행하는 것이다. 여기에서 '버퍼(buffer)'란 프로그램 처리 과정에 필요한 데이터가 일시적으로 저장되는 공간으로 메모리의 스택(stack) 영역과 힙

222) 위의 책.

(heap) 영역이 여기에 속한다.[223)]

버퍼 오버플로우는 공격기법이 아닌 단순한 프로그램상의 문제로 처음 소개되었는데 1973년경 C언어의 데이터 무결성 문제로 그 개념이 처음 알려졌다. 이 후 1988년 모리스웜(Morris Worm)이 버퍼 오버 플로우를 이용했다는 것이 알려지면서 이 문제의 심각성이 인식되기 시작했으며, 이후 '버퍼 오버플로우'는 SANS(www.sans.org)에서 매년 발표하는 상위 20개 공격기법 가운데 상당수를 차지하면서 해커들이 꾸준히 이용하고 있다.

③ 악성코드(Malicious Code)

악성코드는 컴퓨터 시스템에 설치되어 오동작 또는 마비시킴으로써 정상적인 서비스를 제공하지 못하게 하는 등 컴퓨터에 악영향을 끼칠 수 있는 모든 소프트웨어의 총칭이다. 악의적인 목적을 위해 작성된 실행 가능한 코드의 통칭으로 자기 복제능력과 감염대상 유무에 따라 컴퓨터 바이러스(virus), 웜(worm), 트로이목마(Trojan Horse) 등으로 분류된다.[224)]

④ 백도어(Back Door)

공격자가 해킹을 통해 시스템에 침입하여 루트권한을 획득한 후 시스템을 재침입할 때 권한을 쉽게 획득하기 위하여 제작된 프로그램이다. 일종의 비밀통로로 원격지에서 공격자가 몰래 정보를 수집하거나 시스템의 특정 명령을 수행하고 재구성할 수 있도록 통제한다. 원래 목적은 시스템에 고장이 발생하였을 경우 시스템을 만든 회사의 프로그래머로 하여금 직접 접속해 들어와 점검하기 위해 특정 계정을 열어놓는 것으로 시스템의 관리를 수월하게 하기 위하여 일부러 우회할 수 있는 접속루트(Trapdoor)로 만들어 놓은 것이다.

⑤ 리버스 엔지니어링(Reverse Engineering) 공격

리버스 엔지니어링이란 목표가 되는 프로그램이나 프로토콜을 분석하여 똑같은 동작을 만들어내거나 설계구조를 알아내는 것을 말한다. 통상적으로 컴파일된 바이너리코드(EXE, DLL, SYS 등)를 디스어셈블러라는 도구를 이용하여 어셈블리 코드를 출력

223) 위의 책.
224) 위의 책.

한 후, 그것을 C언어 소스형태로 다시 옮겨 적고 적당한 수정을 통해 기존파일과 동일한 동작을 하는 프로그램을 만드는 것이다. 모든 어셈블리 코드를 소스 형태로 옮기지 않고 그냥 동작 방식만을 알아낸다거나 일정 부분만 수정하는 것들도 리버스 엔지니어링이라고 할 수 있다. 예를 들면, 바이러스를 분석하는 일은 모든 코드를 알아낼 필요가 없기 때문에 동작 방식만 알아내면 되며, 일정 부분만 수정하여 사용 제한을 해제하는 것, 그리고 실행파일을 디스어셈블하지 않고도 그 실행파일이 만들어내는 데이터 파일이나 패킷 등을 분석하여 똑같이 재구현하는 것도 이에 해당된다.

2) 보안기술

앞에서 살펴본 바와 같이 정보시스템 및 네트워크의 발달과 인터넷 사용의 확장에 따라 공격기술은 매우 다양하고 고도화되고 있다. 또한 특정 시스템뿐만 아니라 네트워크로 연결된 모든 불특정 시스템과 사용자들이 공격의 대상이 되고 있다. 따라서 시스템 공격에 대한 대응책은 무엇보다도 컴퓨터 사용의 최초 단계인 컴퓨터의 취약성에 대한 관리와 사용자의 접근에 있어서 사용자 인증, 접근제어, 백신프로그램 운영 등의 방법이 있다.

① 인증(Authentication)

여러 사람이 공유하고 있는 컴퓨터 시스템이나 통신망의 경우 이를 이용하려는 사람이나 응용프로그램의 신분(Identification)을 확인하여 불법적인 사용자가 들어올 수 없도록 시스템 보안을 유지하는 방법을 말한다. 서버에서 사용자에게 ID를 요청함으로써 사용자가 누구인지 식별(Identification)할 수 있고, 패스워드를 요구함으로써 사용자가 진짜 맞는지를 확인하는 인증과정을 수행할 수 있다. 이러한 패스워드 기반 인증방법 이외도 다양한 방법이 존재하며 유형에 따라 인증강도가 결정된다.

i) 사용자가 알고 있는 정보를 이용하여 사용자를 인증한다. 이때 사용자가 알고 있는 정보는 서버와 클라이언트만의 비밀정보로 보통 패스워드를 사용한다(Something the user knows).

ii) 사용자가 갖고 있는 정보를 이용하여 사용자를 인증한다. 스마트카드, RFID (Radio Frequence IDentification) 카드 등의 인증수단을 사용하여 사용자임을 증명할 수 있다(Something the user has).

iii) 사용자가 누구인지 자체를 증명할 수 있는 정보를 이용하여 사용자를 인증한다. 지문, 홍체, 망막 등을 이용하여 사용자임을 증명할 수 있다(Something the user is).

세 가지 유형별 인증기술의 강도를 비교하면 (i)<(ii)<(iii)와 같은 순서가 된다. 인증강도가 낮다는 것은 공격자에게 쉽게 노출되어 도용될 수 있다는 것을 의미하는데 패스워드 기반인증이 그 대표적인 예이다. 일반적으로 패스워드는 길이가 길어질수록(S), 패스워드의 사용기간이 짧을수록(L), 사용빈도가 낮을수록(R) 추측이 어렵다는 것으로 판명되었다.[225] P(패스워드 추측확률)=L*R/S

② 접근제어(Access Control)

인증이 성공하여 접속이 허가되면 사용자는 응용프로그램과 데이터 등 네트워크 및 시스템 자원에 접근하게 될 것이다. 이때 사용자가 원하는 자원에 접근하기 위해서는 해당 자원에 대한 권한이 필요하다. 권한(Permission)이란 네트워크 및 시스템 자원에 대하여 사용자가 가질 수 있는 행위에 대한 규정으로 시스템이 미리 부여한다. 시스템은 불법접근이나 오동작을 방지하기 위해 자신의 자원에 대하여 권한을 부여하고 제어하는데 이를 접근제어라 한다.[226] 접근제어에는 주체(Subject), 객체(Object), 권한(Permission)의 세 가지 요소로 구성되어 있다. 접근제어의 기본적인 구조로 주체를 행(Row), 객체를 열(Column)로 구성하고, 주체가 객체에 대해 수행할 수 있는 접근권한을 주체의 행과 객체의 열이 만나는 셀에 기록하여 접근제어정책을 관리하는 접근제어행렬(Access Control Matrix)이 있다. 주체의 관점에서 접근권한을 부여하는 것을 자격목록(Capability List)이라고 하며 객체의 관점에서 객체에 어떤 주체가 어떤 접근권한을 갖는지를 명시한 것이 접근제어목록(Access Control List)이다.

한편 미 국방성에서 기밀을 분류하기 위한 목적으로 개발된 접근제어정책(Access Control Policy)으로 임의적 접근제어정책(DAC : Discretionary Access Control Policy)과 강제적 접근제어정책(MAC : Mandatory Access Control Policy)이 있다.[227]

---

225) 이만영 외 5명, 『현대 암호학 및 응용』, (파주: 생능출판사, 2002), pp.100-155.

226) 강형석, 이마이 마쯔모토, "데이터베이스시스템에 있어서 접근제어방식에 관한연구", (일본: 요코하마 국립대 박사학위 논문, 1996). pp.15-30.

227) 강형석 외(1996).

③ 백신 프로그램

웜 바이러스 및 트로이 목마와 같은 악성코드는 시스템의 오동작, 프로그램 파괴, 서비스 거부 및 정보유출 등을 일으켜 시스템에 심각한 피해를 발생시킨다. 최근에는 악성코드들이 혼합되어 다양한 변종들이 발생하고 있다. 특히 웜의 자가 전파기능을 보유한 변종들이 많아 빠른 전파속도로 인해 그 피해가 점점 더 심각해지고 있다. 따라서 시스템에서 미리 악성코드를 제거하거나 감염되었더라도 빨리 치료하여 더 큰 피해를 막는 것이 효과적이다.

시스템이 바이러스 또는 웜 바이러스에 의해 감염될 징후가 있거나 감염되었을 때, 관리자는 바이러스를 제거하기 위해 백신이라는 예방 또는 치료 프로그램을 사용하게 된다. 백신프로그램은 안티바이러스와 동일한 의미로서 바이러스로부터 감염을 예방하고 치료하며 복구하는 역할을 수행한다.

(3) 네트워크에 대한 공격과 보안기술

1) 공격기술

최근 사이버공격은 단일시스템을 대상으로 한 공격에서 네트워크 인프라를 위협하는 대규모 공격으로 발전하고 있다. 2002년 10월과 2007년 2월 루트 서버에 대한 DoS 공격은 인터넷 주소체계를 무력화시켰고 2009년 7월과 2011년 3월의 DDoS공격은 인터넷 전체에 대한 공격이었다. 이처럼 대규모로 네트워크 피해를 유발하는 주요 공격방법으로는 서비스 거부공격 이외에 스푸핑(Spoofing), 스니핑(Sniffing) 등이 있다.

① 서비스 거부 공격(DoS: Denial of Service attack)

시스템 및 네트워크의 취약점을 이용하여 해당 시스템 및 네트워크의 사용가능한 자원을 부족하게 하여 원래 의도된 용도로 사용하지 못하게 하는 공격이다.[228] 특정 서버에게 수많은 접속 시도를 하도록 만들어 다른 이용자가 정상적으로 서비스 이용을 하지 못하게 하거나, 서버들의 연결을 바닥내는 등의 공격이 이 범위에 포함된다. 수단, 동기, 표적은 다양할 수 있지만, 보통 인터넷 사이트 또는 서비스의 기능을 일시적 또는 무기한으로 방해하거나 중단시킨다. 미 컴퓨터 비상대응팀에서는 DoS 공격으

228) 정태명 외(2009).

로 의심할 수 있는 증상을 네트워크 성능 저하, 특정 웹사이트의 접근 불가, 모든 웹사이트에 접근 불가, 특정 전자우편의 급속한 증가 등으로 보고 있다. 서비스 거부 공격은 라우터, 웹, 전자우편, DNS(Domain Name Server) 서버 등 모든 네트워크 장비를 대상으로 이루어질 수 있다. 분산 서비스거부 공격(DDoS: Distributed DoS)은 다수의 시스템을 통해 공격을 시도하며 다양한 방법을 통해 동시에 공격하기도 한다. 악성코드나 바이러스 등의 악의적인 프로그램들을 통해서 일반사용자의 PC를 감염시켜 좀비 PC로 만든 다음, 특정 서버를 통해 DDoS 공격이 수행된다. DDoS 공격은 주로 악의적인 프로그램에서 정한 특정시간대에 시작된다. 대표적 피해사례로 2009년 7월 7일과 2011년 3월 4일에 발생했던 DDoS 공격이 있다.

② 스니핑(Sniffing) · 스푸핑(Spoofing) 공격

'Sniff'라는 단어의 의미(냄새를 맡다, 코를 킁킁거리다)에서도 알 수 있듯이 스니퍼(sniffer)는 "컴퓨터 네트워크상에 흘러 다니는 트래픽을 엿듣는 도청장치"라고 말할 수 있다. 그리고 '스니핑'이란 이러한 스니퍼를 이용하여 네트워크상의 데이터를 도청하는 행위를 말한다. 특히 스니핑은 패킷을 가로챈 후 패킷 디코딩을 통하여 주요 정보를 획득하는 데 목적을 두고 있기 때문에 보안의 기본요소 중 기밀성을 해치는 공격 방법이다.

'스푸핑'(Spoofing)이란 '속이다, 사기치다'는 뜻으로 외부의 악의적 네트워크 침입자가 임의로 웹사이트를 구성해 일반사용자들의 방문을 유도하여 인터넷 프로토콜의 구조적 결함을 이용해 사용자의 시스템 권한을 획득한 뒤 정보를 빼가는 해킹수법이다. 특히 'IP스푸핑'이란 로그인하려는 컴퓨터가 신뢰할 수 있는 다른 컴퓨터의 IP를 이용해 해킹하는 것, 즉 허가받은 IP를 도용해 로그인하는 것을 말한다. 또한 유명 업체의 명의로 스팸메일을 발송, 소비자들이 믿을 수 있는 이메일로 생각하게끔 오도해 이메일의 개봉 빈도를 높이려는 행위를 스푸핑이라 하기도 하며, 이런 이메일을 통해 '가짜 웹사이트'로 유도하여 사용자가 암호와 기타 정보를 입력하도록 속이는 것을 말한다.

2) 보안기술

네트워크를 통한 사이버공격은 클라이언트, 서버, 라우터, 스위치 등 네트워크와

연결된 모든 요소들에게 위협을 가할 수 있다. 대표적인 네트워크 보안기술로는 조기경보시스템, 침입차단 · 탐지시스템, 통합보안시스템 구축 등이 있다

① 조기경보시스템

소프트웨어에 보안취약성이 발견되었을 때, 문제가 공표되기도 전에 그 취약성을 악용하여 자행하는 이른바 '제로데이(Zero Day) 공격'에 대한 위험이 큰 부담으로 다가오고 있다. 이러한 환경에서 각종 사이버 공격의 징후관련 정보를 사전에 수집하고 피해로 직결될 수 있는 위협정보를 분석하여 보안관리자에게 미리 경보함으로써 피해를 최소화할 필요가 있다. 이러한 일련의 능동적인 대응시스템을 조기경보시스템(Early Warning System)이라 한다. 최근 조기경보시스템에 대한 언급이 눈에 띄게 증가하고 있는 배경도 이런 상황과 무관하지 않다.

② 침입차단시스템(Firewall System)

외부 네트워크에서 내부 네트워크로 침입하는 네트워크 패킷을 찾아 제어하는 기능을 가진 소프트웨어 또는 하드웨어이다. 일반적으로 내부 네트워크로 들어오는 모든 패킷이 지나가는 경로에 설치되며, 접근제어목록(ACL)을 통해 호스트의 IP주소, 포트번호, 사용자 인증에 기반을 두고 외부침입을 차단하는 역할을 한다. 허용되지 않는 사용자나 서비스에 대해 사용을 거부하여 내부자원을 보호한다.

그러나 침입차단시스템 내부에 있는 악의적인 내부자에 의한 공격이나 백도어를 통해 내부네트워크에 침입하는 공격, 새로운 공격, 침입차단시스템을 우회하는 공격 등에 대해서는 차단이 불가능하다는 단점이 있다

③ 침입탐지시스템(IDS: Intrusion Detection System)

악의를 가진 숙련된 해커 또는 자동화된 툴을 사용하는 스크립트 키드에 의해 네트워크에서 사용되는 자원의 무결성, 비밀성, 가용성을 저해하는 행위를 가능한 실시간으로 탐지하여 보안관리자에게 경고메시지를 보내주고 대응하는 시스템을 말한다. 침입탐지시스템은 보안정책에 따라 탐지 및 대응책을 설정하는데, 침입여부를 판단하기 위하여 시스템의 비정상적인 사용을 탐지하는 비정상적인 행위탐지기법과 시스템의 취약점 및 응용프로그램의 버그 등을 탐지하는 오용탐지기법이 사용되고 있다. 침입으로 판정된 경우, 이에 대한 적절한 대응을 자동으로 실시해 주며 보안관리자에게

침입사실을 보고하여 조치를 취하게 한다.

④ 침입방지시스템(IPS: Intrusion Protection System)

침입방지시스템은 잠재적 위협을 인지한 후 이에 즉각적인 대응을 하기 위한 네트워크 보안기술 중 예방적 차원의 접근방식에 해당한다. IPS 역시 침입탐지시스템과 마찬가지로 네트워크 트래픽을 감시한다. IPS는 어떤 한 패킷을 검사하여 그것이 부당한 패킷이라고 판단되면, 해당 IP주소 또는 포트에서 들어오는 모든 트래픽을 봉쇄하는 한편, 합법적인 트래픽에 대해서는 아무런 방해나 서비스지연 없이 수신측에 전달한다. 광범위하게 볼 때 방화벽이나 안티바이러스 소프트웨어, 그리고 네트워크 등에 대한 접근권한을 획득하려는 공격자들을 지키기 위해 사용되는 것이라면 어떠한 제품이나 수단이라도 IPS라 지칭할 수 있다.

(4) 암호기술

1) 개　요

암호란 어떤 내용을 남모르게 전달하려고 쓰는 신호나 부호로 정보를 통신망으로 전송하거나 기억장치에 저장할 때, 특정인(인가자)만이 이용할 수 있도록 변형시키는 기술이다. 국가가 형성되면서부터 국가와 국가 간 비밀보장의 필요성이 확대되면서 암호사용이 증대되었으며 특히 중세에 이르러서는 암호가 급속히 발전하였다

암호기술(Cryptography)은 암호를 설계하는 기술이고, 암호학(Cryptology)은 암호기술과 암호공격기술을 모두 포함하는 용어이다. 그러나 보통은 메시지를 감추기 위한 기술과 이론이라는 정도의 의미로, 암호기술과 암호학을 구별하지 않고 암호학이라고 한다. 암호기술은 송신측에서 암호화(Encryption)방법에 의거 평문을 암호문으로 변환시켜 전송 또는 저장하고, 수신측에서는 암호키를 사용하여 수신하거나 저장된 암호문을 원래의 평문으로 복호(Decryption)시키는 과정을 거치게 되는데, 이와 같은 암호화 및 복호는 필요한 키를 갖고 있는 특정인만 이용하여야 한다.[229)]

한편 우리나라에서 암호기술에 관한 사항을 규정한 보안업무규정에서는 “암호자재라 함은 통신보안을 위하여 통신문의 내용을 보호할 목적으로 문자, 숫자, 기호 등의

229) 마사아키 미타니 외 1명, 『만화로 쉽게 배우는 암호』, (파주: 성안당, 2010), pp.32-233.

암호로 만들어진 문서나 기구를 말한다"고 정의하고 있다.

2) 기본용어

① 평문(Plaintext): 송신자와 수신자 간 보내고 받는 일반적인 문장으로 모든 사람들이 이해할 수 있는 형태의 문장을 말한다. 즉 암호화되어 있지 않는 보통의 글을 말한다.
② 암호문(Ciphertext): 송신자와 수신자 간 주고받고자 하는 내용을 제3자가 이해할 수 없는 형태로 변형한 문장을 말한다.
③ 암호화(Encryption/Encipherment/Encode): 평문을 제3자(비인가자)가 알 수 없도록 부호화하는 과정을 말하며 일반적으로 암호화 과정은 송신자가 수행한다.
④ 복호(Decryption/Decipherment/Decode): 인가된 자가 암호문을 다시 원래의 모습으로 바꾸는 과정을 말하며 일반적으로 복호는 암호문을 수신한 인가된 수신자가 수행한다.
⑤ 암호키(Encryption Key) 및 복호키(Decryption Key): 평문의 암호화과정이나 암호문의 복호과정에서 필요한 입력값으로 암호화키와 복호키로 나누어진다.
⑥ 암호알고리즘(Algorithm): 암호화 및 복호에 사용되는 수학적 함수(Function)를 말한다.
⑦ 암호해독(Cryptanalysis): 암호방식의 정당한 사용자가 아닌 비인가자가 불법적으로 암호문을 수집하여 평문으로 복원하는 시도를 말하며, 사용되는 암호키와 주변정보를 수집하거나 암호알고리즘의 취약점 등을 이용한다.
⑧ 송수신자(Sender, Receiver): 통신망상에서 비밀리에 평문을 주고받는 사람을 말하며, 평문을 암호문으로 변경하는 사람을 송신자, 암호문으로부터 평문을 복호하는 사람을 수신자라 한다.
⑨ 공격자(Attack): 암호방식의 사용자가 아닌자(비인가자)로 암호문으로부터 평문을 복원하기 위해 노력하는 자를 말한다.

3) 사용목적

암호기술을 사용하는 목적은 정보의 기밀성(Confidentiality), 무결성(Integrity),

가용성(Availability)의 성질을 만족시키고 인증(Authentication)과 부인봉쇄(Non-repudiation)의 기능을 구현하기 위해서이다.

① 기밀성: 각종 공격으로부터 정보가 누설되지 않고 지속적으로 보호되는 것을 말하며 인가된 사람에게만 정보가 제공된다.

② 무결성: 수신된 메시지의 위조, 또는 전송과정에서 변조 또는 재구성을 막거나 그 여부에 대해 확인이 가능한 것을 의미한다.

③ 가용성: 정보가 적절한 시간에 인가된 당사자에게 접근 가능해야 한다는 것을 의미한다. 즉 어떤 사람이나 시스템이 특정 객체집합에 대해 적법한 접근권한을 가지고 있다면, 언제든지 접근이 거부되어서는 안 된다는 것이다.

④ 인증: 컴퓨터시스템이나 통신망에서 이용하는 사람이나 응용프로그램의 신분을 확인하여 불법적인 사용자를 접근할 수 없도록 하는 행위를 의미한다.

⑤ 부인봉쇄: 송신측이 자신의 정보를 정확하게 상대방에게 전송하였다고 할지라도 수신측이 이를 부인하거나, 수신측이 정확한 정보를 받았음에도 불구하고 송신측이 자신이 보낸 정보가 아니라고 주장하는 것을 방지하는 기능을 말한다.

4) 기술 구분

i) 고전암호

그리스 지역의 옛 나라인 스파르타에서는 전쟁터에 나가 있는 군대에 비밀메시지를 전할 때 암호를 사용했다. 이들의 암호방법은 오늘날의 시각에서 보면 매우 간단하다. 하지만 그 당시로서는 아무나 쉽게 암호문을 열어 볼 수 없는, 아주 교묘하고도 획기적인 방법이었다. 평문의 각 문자를 순서대로 n문자만큼 옮겨 암호화하는 방법을 시저암호라 한다. '시저'란 고대 로마의 군인이자 정치가인 율리우스 카이샤르(BC100-44)의 영어이름이며 카이샤르가 이 암호문을 만들어 사용한 것은 갈리아 전쟁 때였다. 당시 이 암호를 이용하여 아군끼리 안전한 통신을 할 수 있었다. 이러한 시저암호를 좀 더 복잡한 방식으로 사용하여 메시지를 다른 문자로 변환시키는 방법을 환자(換字)암호(Substitution Cipher)라고 한다. 또한 메시지에서 사용한 문자들의 위치를 어떤 일정한 규칙에 의해 뒤 섞어서 그 규칙을 모르는 자는 본래의 메시지를 알아 볼 수 없도록 암호문을 만드는 방법을 전자(轉字)암호(Transposition Cipher)라고 한다. 고전암호해독의 조건에는 ① 암호방법이 알려져 있는 경우, ② 문자 출현율의 치우침 등 평문에 대해 통계적 성질의 데이터가 있는 경우, ③ 통계적 특성을 적용할 수 있는 범위의 암호문을 가지고 있을 경우이다.[230]

ii) 기계암호

제1차 및 제2차 세계대전에서는 기계암호가 사용되었다. 에니그마(Enigma)는 제1차 세계대전 당시 독일에서 개발된 기계로서 아서 셔비우스(Authur Scherbius)에 의해 상업적으로 개발되어 1920년대에 판매되었다. 여러 국가에서 사용되었으나 독일 군부의 관심을 끌어 군용 에니그마가 만들어지기에 이른다.[231] 에니그마는 전기기계식 로터 머신(electro-mechanical rotor machines) 이었는데, 여러 개의 작은 톱니와 전기적 신호가 결합해서 동일한 암호코드 없이는 사전에 풀기 어려운 암호를 송수신하는 기계였다. 오랫동안 난공불락으로 여겨졌으나 폴란드와 영국의 암호학자들에 의해 해독되어 전쟁 중 연합군의 전략에 상당한 도움을 주었다.

또 하나의 기계암호로 퍼플(PURPLE)이 있다. 퍼플은 미국이 제2차 세계대전을 끝내고 획득한 일본의 외교 암호기기(유럽 알파벳을 쓰는 97형식의 타자기)로, 미국의 코드명인 매직(MAGIC)은 퍼플 암호해독을 가리키는 암호이다. 퍼플은 1938년부터 1945년까지 일본 본국과 해외영사관 간 외교메시지를 암호화하고 복호하는 데 사용되었으나, 미군 암호학자인 윌리엄 F. 프리드먼과 그의 휘하에 있던 프랭크 로렛이 해독하였고, 미군 암호해독 기관인 SIS(Secret Intelligence Service)는 퍼플과 거의 비슷한 기계를 만들었다.[232] 퍼플 암호를 해독함으로써 제2차 세계대전시 연합군은 일본의 극비 외교사안을 파악할 수 있었으며 일본 제독 이소로쿠 야마모토를 태운 군용비행기를 격추시킬 수 있었다.

iii) 현대 암호

현대암호의 방식은 크게 두 가지로 분류할 수 있다. 첫째, 암호화와 복호에 사용되는 키의 특성에 따라 암호방식을 분류할 수 있다. 전통적인 암호방식은 암호화와 복호에 동일한 키를 사용해 왔는데 이를 대칭키(비밀키, 단일키, 공통키, 또는 관용키) 암호방식이라 한다. 1976년 디피(Diffie)와 헬만(Hellman)에 의해 최초 만들어진 공개키 암

230) 앞의 책.
231) 위의 책.
232) http://ko.wikipedia.org/wiki/%EC%97%90%EB%8B%88%EA%B7%B8%EB%A7%88(검색일: 2012.8.27).

호방식은 암호화와 복호에 동일한 키가 아닌 서로 다른 키(공개키, 비밀키)를 사용함으로써 키 분배 및 관리를 용이하게 만들었다. 대표적인 암호방식으로는 소인수 분해문제가 어렵다는 것을 이용하여 만든 RSA, Rabin 암호와 이산로그문제를 기초로 하여 만든 ELGamal, 타원곡선 암호 등이 있다.

둘째, 평문을 처리하는 방식에 따라 블록 암호방식과 스트림 암호방식으로 분류할 수 있다. 블록암호방식은 평문을 블록단위로 나누어서 암호화를 수행하며 같은 길이의 암호문을 생성하고 복호도 암호화와 마찬가지로 블록단위로 나뉘어 수행된다. 대표적인 암호로는 1997년 9월 미국 표준기술연구소(NIST)가 공모하여 채택한 블록암호인 AES(Advanced Encryption Standard)가 있다.

한국이 개발한 블록암호로는 ① 1998년 10월 암호관계기관과 한국인터넷진흥원의 암호전문가들이 순수 국내기술로 개발한 시드(SEED)암호, ② Academy(학계), Research Institute(연구소), Agency(정부기관)가 공동으로 개발한 아리아(ARIA)암호, ③ RFID, USN 등과 같이 저전력 · 경량화를 요구하는 컴퓨팅 환경에서 기밀성을 제공하기 위해 2005년 KISA, ETRI 부설연구소 및 고려대가 공동으로 개발한 HIGHT(HIGh security and light weigHT)암호 등이 있다.

스트림 암호방식은 평문과 암호문을 1비트, 1바이트 단위로 축차적으로 암호화 및 복호를 하는 것으로 블록암호에 비해 경량 및 고속 동작이 용이하여 무선환경이나 스트리밍 서비스 등과 같은 환경에서 많이 사용되고 있다. 스트림암호의 경우, 과거에는 주로 하드웨어 구현이 용이한 LFSR(Linear Feedback Shift Register)에 기반을 둔 암호알고리즘을 설계하여 왔으나, 근래에는 다양한 응용환경 개발과 인터넷 서비스에서 스트리밍 기법이 많이 이용되면서 블록암호보다 고속동작이 가능한 소프트웨어 기반의 스트림 암호개발이 많아지고 있다. LFSR기반의 스트림 암호는 높은 주기성과 좋은 통계적 성질을 갖는 LFSR들을 결합하여 알고리즘을 설계한다.

5) 암호키 복구방식

강력한 암호기술의 사용은 중요 정보의 누출을 방지하는 등 많은 장점을 가지는 반면, 여러 가지 역기능적인 요소도 있다. 먼저 정상적인 사용자가 암호문을 작성한 후 복호에 필요한 암호키를 분실했을 경우, 암호문을 복호할 수 없게 되어 중요 정보가 손실될 수 있다. 또 하나의 역기능적인 요소로는 악의적인 사용자가 중요정보를 암호화하고 키를 담보로 금품을 요구하거나 범죄자들이 범행계획 등을 강력한 암호시스템을 이용하여 소통함으로써 수사기관의 활동을 무력화하는 행위 등 암호키의 도난, 손상, 악용 등의 위협이 항상 존재한다.

키 복구시스템이란 이러한 암호기술사용의 문제점을 해결하기 위한 것으로 암호문의 사용자가 아닐지라도 사전에 약속된 어떤 특정한 조건하에서 허가된 사람에게 복호가 가능한 능력을 제공하는 암호시스템으로 정의된다.[233] 키 복구개념으로 1993년 클린턴 행정부가 민간의 암호제품 이용을 허용하는 동시에 국가안보와 치안에서 발생할 수 있는 상충관계를 해결하려는 목적하에 합법적인 도청을 수행하는 법률 집행기관의 업무를 지원하면서도 개인의 사생활 보호를 위해 키 위탁방식을 채택하는 것을 주요 내용으로 하는 클리퍼(Clipper)정책을 발표하였다.

우리나라에서는 1999년 당시 정보통신부가 민간분야에서 암호사용을 촉진하고 개인이 암호키를 분실하거나 사망으로 상속이 불가능한 때, 그리고 공익, 국가안보차원에서 필요할 때 합법적으로 정부기관 등이 암호키에 접근할 수 있는 기술 및 체계의 암호키 복구제도가 포함된 "(가칭)암호이용촉진법"의 제정을 추진하였으나, 당시 정치일정과 정보수사기관과의 갈등 때문에 중단되고 말았다.

이러한 키 복구제도는 암호사용자에게 키의 분실 및 도난의 경우 암호화된 평문을 다시 복구할 수 있다는 보장을 가능하게 함으로써 사용자의 신뢰를 증대시킬 수 있을 뿐만 아니라 범죄자들이 암호통신을 운용할 경우, 합법적인 경우에 한하여 수사를 지원하여 공공의 안녕을 도모할 수 있다. 암호키 복구방식에서는 범죄수사 등의 목적으로 법원의 허가를 받은 복수의 신뢰기관에 사용자의 비밀키, 비밀키의 부분 또는 키 관련 정보를 위탁하는 암호키 위탁방식(Key Escrow System, 暗號키委託)과 이와는 달리 암호문을 생성하는 각 세션마다 키를 복구해낼 수 있는 정보를 포함하는 필드를 생성해서 해당 암호메시지에 부가시키는 캡슐화 방식이 있다.

3. 우리나라 사이버전 대응체계

우리나라는 사이버전에 대해 분야 및 기관별로 별도의 대응체계를 갖추고 있다.

---

233) http://ko.wikipedia.org/wiki/%ED%8D%BC%ED%94%8C_%EC%95%94%ED%98%B8(검색일: 2012.8.27).

중앙행정기관, 지방자치단체 및 공공기관의 정보통신망은 「사이버안전관리규정」에 의거, 주요 정보통신기반시설은 「정보통신기반보호법」에 의거, 군 정보통신망은 「국군기무사령부령」, 「국군사이버사령부령」에 의거, 민간분야 정보통신망은 「정보통신망이용촉진및정보보호등에관한법률」에 의거하여 각각 사이버전 대응체계를 구축하고 있다.

사이버안전관리규정에서는 국가사이버안전에 관한 중요사항을 심의하기 위하여 국가정보원장 소속하에 '국가사이버안전전략회의'와 동 전략회의의 효율적 운영을 위한 '국가사이버안전대책회의'의 운영규정을 마련해 놓고 있다. 또한 사이버공격에 대한 국가차원의 체계적인 대응을 위하여 국가정보원장 소속하에 '국가사이버안전센터'를 설립하여 국가공공기관 정보통신망에 대한 관제업무를 수행하고 있다. 국방 분야 정보통신망은 국군기무사 소속 '국방정보전대응센터'가, 민간부문 정보통신망은 한국인터넷진흥원 소속 '인터넷침해사고대응지원센터'가 각각 실시간 모니터링을 실시하여 사이버공격을 탐지하고 이에 대응하고 있다.

국가정보원장은 사이버공격의 파급영향, 피해규모 등을 고려하여 관심, 주의, 경계, 심각 등 수준별 경보를 발령하여 체계적인 대응 및 대비를 하도록 규정하고 있다. 중앙행정기관의 장은 사이버공격으로 인한 사고의 발생 또는 징후를 발견할 경우에는 피해를 최소화하는 조치를 취하고 그 사실을 국가정보원장에게 통보하며, 국가정보원장은 그 피해가 심각하다고 판단되는 경우에 범정부적인 사이버위기 대책본부를 구성, 운영할 수 있다.

한편 국군사이버사령부는 2011년 7월 국방부장관 직속으로 신설되어 국방사이버전의 기획, 계획, 시행, 연구 · 개발 및 부대 훈련에 관한사항을 관장하고 있으며, 정보통신기반보호법에 의거 국방분야 주요 정보통신기반시설의 보호업무와 군에 대한 보안업무는 국군기무사령부가 담당하고 있다.

4. 사이버전 대응의 과제와 전망

1970년대 사이버공격의 목적과 동기는 학구적 탐구와 기술적 호기심에 있었다. 그러나 최근에는 정치적 의도나 경제적 이익 등의 목적을 달성하기 위해 조직이나 국가가 사이버공격에 개입되는 경우가 많다. 이들은 특정 대상을 지속적으로 공격하고, 하나의 공격이 실패하면 다른 공격을 시도하며, 그 공격의 범위도 단일시스템에서 정부 및 군사시스템 혹은 국가 주요 기반시설 등으로 광범위하게 확대되고 있다. 공격기술 또한 정교하고 복잡한 기술 집약형 악성코드(스턱스넷, 듀크, 플레임 등)로 무장하고 있어 사이버공격을 사전에 탐지하고 대응하는 것이 어려운 실정이다.

따라서 세계 주요국 사이버전 대응 양상이 과거의 사이버공격에 대한 탐지 · 대응의 방어중심에서 공격자 역추적, 공격근원지 대응공격 등 공격중심 방어로 바뀌고 있다. 특히 미국은 공격자 역추적 연구개발 강화, 포렌식 기술능력 향상 등 사이버 무기개발에 예산을 증가시켰으며, 영국과 일본도 사이버 역추적 및 공격근원지 공격기술 개발에 착수하였다. 이러한 현상은 이제 더 이상 수세적인 입장에서의 사이버전 대응은 곤란하다는 공감대 하에 대응 패러다임이 전환되고 있는 것이다.

그동안 각국에서는 주요 기반시설에 대해 사이버 공격이 발생할 때 공격자의 위치를 추적해 같은 응징을 가하는 형태는 공격자 오인의 위험이 있다고 판단하여 국가차원의 대응을 자제했지만, 최근 공격중심 방어를 선언한 것은 오인의 위험을 감수하더라도 사이버전에 공격적 · 선제적으로 대응하겠다는 의지로 분석된다.

이러한 국제적 환경에서 우리나라의 선결과제로서 먼저 사이버전 업무수행 조직 및 체계를 정립해야 할 것이다. 민간, 행정부처, 국방 등 분야별, 기관별로 나누어진 사이버전 업무의 원활한 협조관계와 조정을 위하여 컨트롤타워 조직을 신설해야 한다. 또한 사이버전에 관한 기본법 제정, 사이버전의 기획조정 · 점검 · 평가기능 강화를 통하여 국가 사이버전 지휘체제를 정립해야 한다. 둘째, 공직자 보안의식제고와 국민계도활동 및 보안서비스 확대가 시급하다. 전 공무원을 대상으로 다양한 형태의 교육과 지도를 통하여 사이버전의 중요성을 인식시키고, 보안사고 발생시 책임추궁을 강화해야 한다. 정부차원에서 신문, 방송, 공공시설물을 활용한 전 국민대상 사이버 안전 캠페인을 전개하고, 중소업체, 자영업자 등 민간 사이버안전 취약계층을 위해 보안시스템을 무료 보급하는 등 취약계층에 대한 보안서비스를 확대해야 한다. 셋째, 공격중심 방어기술개발 예산을 확충해야 할 것이다. 우리나라는 아직 부문별 보안관제센터를 통하여 사이버공격 탐지와 대응에 치중한 정부과제가 많고 '사이버공격무기'라는 표현이 북한을 자극한다는 이유로 언급하지 않는 분위기이지만, 전 세계가 공격적인 방어기술개발 예산을 확대 편성하고 있는 상황에서 우리나라도 관련 예산을 확보하고 기술개발에 나서야 할 것이다.

>> 참고문헌

강형석. 마쯔모토, 이마이. "데이터베이스시스템에 있어서 접근제어방식에 관한 연구". 요코하마 국립대학교 박사학위 논문(일본), 1996.

국가정보대학원.『산업보안실무』. 2006.

국가정보원 산업기밀보호센터. "산업스파이 사건 특징"(http://service4.nis.go.kr/ 검색일 2012.11.10),

국가정보원 테러정보통합센터.『2008 국제테러정세』. 서울: 테러정보통합센터, 2009.

국가정보원. "산업기술보호, 지나온 5년간의 발자취".『첨단산업기술보호동향』. 제9호. 2008.

국가정보포럼.『국가정보학』. 서울: 박영사, 2006.

권영성.『헌법학원론』. 서울: 법문사, 1996.

김남진. "정보화사회와 행정법 체계의 재구성".『월간고시』. 1991.

김두현,『현대 테러리즘론』서울: 백산출판사, 2004.

김윤덕.『국가정보학』. 서울: 박영사, 2006.

김철수. "정보화사회와 기본권보호, - 정보공개법과 사생활 비밀보호법을 중심으로-".『한국공법학회』. 1989.

김호정. "외국스파이 처벌유형 · 적용법규 비교 연구와 우리의 스파이 규제법 정비방안".『국가정보연구』. 제2권 2호(2009).

노병천.『도해 손자병법』. 서울: 연경문화사, 1999.

마사아키 미타니 외 1명.『만화로 쉽게 배우는 암호』. 파주: 성안당, 2010.

문정인 편저.『국가정보론』. 서울: 박영사, 2002.

민병설. "산업보안체계의 정립에 관한 연구". 경희대학교 박사학위 논문, 2002.

박상기.『형법각론』. 서울 : 박영사, 2005.

박상현. "국제 반테러 레짐의 현황과 전망".『국제문제연구』. 제8권 제3호(2008년 가을호).

박용상. "국가기밀법의 체계".『사법논집』. 제27편. 1996.

박종문. 유동열.『보안수사론』. 용인: 경찰대학, 2010.

백종천 · 이민룡 공저.『한반도 공동안보론』. 서울: 일신사, 1993.

북한연구소.『북한대사전』. 서울: 북한연구소, 1995.

성낙인.『헌법학』. 서울 : 법문사, 2012.

스티븐 핑크 지음. 김원호 옮김.『기업스파이 전쟁』. 서울: 조선일보사, 2004.

염돈재. “각국 정보수사기관의 산업기술 보호활동에 관한 비교연구-미국 · 독일 · 일본 및 한국 사례를 중심으로”. 2008년 학술연구용역.

오태곤. “9 · 11 테러 이후 인터폴 변모와 국제경찰협력에의 시사점”. 『법학연구』. 제29집(2008.2.25).

유동열. 『북한의 대남전략』. 서울: 통일부 통일교육원, 2010.

이길규. “산업보안정책”. 『산업보안학(개정판)』. 서울: 박영사, 2012.

이길규. “산업보안정책과 국가의 역할”. 『산업보안학』. 서울: 박영사, 2011.

이만영 외 5명. 『현대 암호학 및 응용』. 파주: 생능출판사, 2002.

이성수. “정치 · 종교적 관점에서 본 아랍(중동)권의 한국인 테러행태 분석: 9 · 11 테러 이후를 중심으로”. 『중동 및 지중해 지역의 대한국인 테러 예방과 전망』. 한국이슬람학회(KAIS) 2009년도 추계학술대회 논문집.

이창무. “산업보안의 개념”. 『산업보안학(개정판)』. 서울: 박영사, 2012.

임창묵. “산업보안 정책설계에 관한 연구”. 성균관대 국정관리대학원 박사논문, 2012.

장노순. “9/11 이후 미국의 방첩전략과 조직에 관한 연구”. 『국가정보연구』. 제2권 2호(2009).

장노순 · 조성권. “Intelligence의 개념과 정보기관의 존재 필요성에 대한 고찰”. 『국제문제연구』. 제10권 4호(2010).

전영실 외. 『산업스파이에 대한 형사정책적 대응체계에 관한 연구』. 서울: 대검찰청, 2009.

정덕배. “중국의 영업비밀 보호제도 및 현황”. 특허청 산업재산보호과, 2004.

정육상. “한국의 테러방지법 제정방향에 관한 연구 : 외국의 입법경험을 중심으로”. 『한국공안행정학회보』. 제36호(2009).

정진홍. 『산업보안관리실무(산업보안MBA교재)』. 서울: 서울과학종합대학원, 2011.

정태명 외 3명. 『사이버 공격과 보안기술』. 서울: 홍릉과학출판사, 2009.

조성권. “국제정치와 테러리즘”. 『국제질서의 패러독스』. 고양: 인간사랑, 2004.

조성권. “非군사적 안보위협: 한반도주변 마약밀매를 중심으로”. 『세계지역연구논총』. 22집 1호(2004).

조성권. “초국가적 위협: 테러, 마약, 범죄조직의 상호연계와 새로운 대응시각”. 『세계지역연구논총』. 제28집 1호(2010).

조성권 · 강문구. “탈냉전이후 ‘국제정치의 무질서’에 대한 분석과 전망 : 테러리즘과 마약밀매를 중심으로”. 세종연구소. 『국가전략』. 9권 2호(2003).

지식경제부 기술표준원. “정보보안경영시스템(ISO 27001) 가이드라인”. 2007.12.18.

최진태. “국제 테러유형 및 대테러정책 발전방향”. 『방재연구』. 제8권 4호(2006. 12).

천상범. “국가기밀보호제도에 관한 공법적 연구”. 한양대학교 박사학위 논문, 2001.

피터 슈바이처 지음. 황건 옮김. 『국제 산업스파이』. 서울: 한국경제신문사, 1993.

한국산업기술진흥협회. 『산업기밀관리 실태조사 보고서』. 서울: 중소기업기술정보진흥원, 2010.

한국산업기술진흥협회. 『해외 산업보안 동향 및 사례분석(미국편)』. 서울: 중소기업기술정보진흥원, 2009.

한국산업보안연구학회. 『산업보안학(개정판)』. 서울: 박영사, 2012.

한국산업보안연구학회. 『산업보안학』. 서울: 박영사, 2011.

한국테러학회. 『한국의 테러발생 가능성과 국제적 대비전략』. 한국테러학회 · 대검찰청 2010년 추계공동학술대회 자료집. 서울: 한국테러학회, 2010.

한희원. 『국가정보』. 서울: 법률출판사, 2008.

허태회 · 정준현 · 이상호. “국가사이버안보 위기관리체계 확보방안연구”. 선문대 동북아연구소. 『동북아저널』. 3권 1호(2005.2).

황교안. 『국가보안법』. 서울 : 박영사, 2011.

Joshua Ramo. 조성숙 옮김. 『언싱커블 에이지』. 서울: 알마, 2010.

Misha Glenny. 이종인 옮김. 『국경 없는 조폭 맥마피아』. 서울: 책보세, 2008.

Phillip M. Childs. 정형근 옮김. 『경제전쟁과 미국CIA』. 서울: 고려원, 1994.

Abram N. Shulsky and Gary J. Schmitt. *Silent Warfare: Understanding the World of Intelligence*. Washington DC: Potomac Books Inc., 2002.

Archick, Kristin et al. “European Approaches to Homeland Security and Counterterrorism.” *CRS Report for Congress*. 24 July 2006.

Barry Buzan, *People, State, and Fear: The national security problem in international relations*. Chapel Hill: University of North Carolina Press, 1983.

Christian Science Monitor. *Global Terror, Local Wars*. September 8. 2004(http://www.csmonitor.com/2004/0908/p01s02-usfp.html).

Christopher Felix. *A Short Course in the Secret War*. New York: Dutton, 1963.

Ciccarelli, John. “The Theory of Crime as a Security Threat.” John Ciccarelli (ed.). *Transnational Crime: A New Security Threat*. Canberra: Australian Defense Studies Centers, 1996.

Codevilla, Angelo. *Informing Statecraft: Intelligence for a New Century*. NY: The Free Press, 1992.

CSIS Task Force Report. *Russian Organized Crime and Corruption*. The CSIS Press,

2000.

Friman, H. Richard. "Obstructing Market: Organized Crime Networks and Drug Control in Japan." *Illicit Global Economy & State Power*. edited by H. Richard Friman & Peter Andreas. Lanham, ML: Rowman & Littlefield Publishers, Inc., 1999.

Gilday, Kevin. *Chinagate: A U.S. Counterintelligence Failure*. 1 June 2001.

Hill, Peter. "Heisei Yakuza: Burst Bubble and Botaiho." *Sociology Working Papers*, 2002-10. Department of Sociology at the University of Oxford. 2002.

Holden-Rhodes, J. F. & Peter A. Lupsha. "Horsemen of the Apocalypse." *Low Intensity Conflict & Law Enforcement*. Vol.2. No.2(1993).

Hugo Cornwall. *The Industrial Espionage Handbook*. Ebury Press, 1991.

Johnson, Loch K. Bombs, *Bugs, Drugs, and Thugs: Intelligence and America's Quest for Security*. New York: New York University Press, 2000.

Kegley, Jr. Charles W. and Eugene R. Wittkopf. *World Politics : Trend and Transformation*. New York : Worth Publishers, 1999.

Laqueur, Walter. *The Age of Terrorism*. Boston: Little Brown and Company, 1987.

Lee, Rensselaer W. "Global Reach: The Threat of International Drug Trafficking." *Current History*, May 1995.

Lee, Rensselaer. "Post-Soviet Nuclear Trafficking." *Current History*. October 1995.

Leo D. Carl. *The CIA Insider's Dictionary of US and Foreign Intelligence. Counterintelligence & Tradecraft*. Washington DC: NIBC Press, 1996.

Libicki, Martin C. *Cyberdeterrence and Cyberwar*. Santa Monica, CA: Rand, 2009.

Libicki, Martin. *What is Information Warfare?* Washington, DC: National Defense University, 1995.

Livermore Study Group. *A National Strategy against Terrorism Using Weapons of Mass Destruction*. (http://www.llnl.gov/str/Imbro.html).

Mandel, Robert. *The Changing Face of National Security: A Conceptual Analysis*. Connecticut: Greenwood Press, 1994.

Mark Lloyd. *The Guinness Book of Espionage*. Washington : DA CAPO Press, 1994.

Moravej, Kaveh and Diaz, Gustavo. "Critical Issues in Contemporary Counterintelligence." *UNISCI Discussion Papers*. 2007.

Muller, Gerhard O. "Transnational Crime: Definitions and Concepts." *Transnational Organized Crime*. Vol.4, No.3-4. 1998.

Nasheri, Hedieh, *Economic Espionage and Industrial Spying*, New York: Cambridge

University Press, 2005.

National Counterintelligence Executive. "Strategic Counterintelligence." *American Bar Association Standing Committee on Law and National Security*. 29 March 2007.

Norman Polmar and Thomas B. Allen. *Spy Book: The Encyclopedia of Espionage*. New York: Random House, 1996.

Olson, James M. "The 10 Commandments of Counterintelligence: A Never-Ending Necessity." *Studies in Intelligence*. No.11(Fall-Winter 2011).

Passas, Nicos. "Globalization and Transnational Crime." *Transnational Organized Crime*. Vol.4. No.1(1998).

Powers, Thomas. *The Man Who Kept the Secrets: Richard Helms & the CIA*. NY: Knopf, 1979.

Report of the National Commission on Terrorism. Countering the Changing Threat of International Terrorism Feb. 2001. (U.S.).

Romm, Joseph J. *Defining National Security: The Nonmilitary Aspects*. NY: Council on Foreign Relations Press, 1993.

Shanty, Frank. *Mafia: the Necessary Reference to Organized Crime*. Elanora Heights, Australia: Millennium House, 2010.

Shelley, Louise L. "Post-Soviet Organized Crime: A New Form of Authoritarianism." *Russian Organized Crime: The New Threat?* edited by Phil Williams. London: Frank Cass, 1997.

Steger, Manfred B. Globalization: A Very Short Introduction. Oxford University Press, 2003.

Steinberg, James. "Counter-terrorism: a new organizing principle for American national security?" *Brooking Review*. 20(3). 2004.

Stephenson, Carolyn M. "New Approaches to International Peacemaking in the Post-Cold War Peorid." Michael T. Klare. (ed.). *Peace & World Security Studies: A Curriculum Guide*. Boulder: Lynne Rienner Publisher. 6th ed., 1994.

Sterling, Claire. *Crime Without Frontiers*. London: Warner Books, 1995.

The New York Times. 13 March 1996.

Treverton, Gregory F. *Intelligence for an Age of Terror*. Cambridge: Cambridge University Press, 2009.

U.S. Department of Justice Office of the Inspector General. A Review of the FBI's

Performance in Deterring, Detecting, and Investing the Espionage Activities of Robert Philip Hansen. Washington D.C.: U.S. Department of Justice, 2003.

USA PATRIOT Act 2001:Uniting and Strengthening America by Providing Appropriate Tools Required to Intercept and Obstruct Terrorism, SEC 802).

辭海.『保安, 保護地方之安寧也』. 臺灣中華書局, 1979.

徐國豪.『外國諜報辭典』. 復旦大學出版社, 1993.

岩瀬ひとみ. "不正競争防止法が改正". 2009.8.17., http://chizai.nikkeibp.co.jp/chizai/etc/20090817_1.html(검색일 2012.11.10.)

http://en.wikipedia.org/wiki/Office_of_the_National_Counterintelligence_Executive (검색일: 2012.11.6)

http://ko.wikipedia.org/wiki/%EC%82%AC%EC%9D%B4%EB%B2%84%EA%B3%B5%EA%B0%84(검색일: 2012.8.27).

http://ko.wikipedia.org/wiki/%EC%97%90%EB%8B%88%EA%B7%B8%EB%A7%88(검색일: 2012.8.27).

http://ko.wikipedia.org/wiki/%ED%8D%BC%ED%94%8C_%EC%95%94%ED%98%B8 (검색일: 2012.8.27).

http://terms.nate.com/dicsearch/view.html?i=3026277(검색일: 2012.8.27),

http://terms.naver.com/entry.nhn?docId=1232504&categoryId=200000753(검색일: 2012.8.27).

http://www.aaas.org/spp/scifree/articles/011901.shtml (검색일: 2012.11.6.)

http://www.iso.org/iso/home.htm (검색일: 2012.11.10)

http://www.law.go.kr/lsInfoP.do?lsiSeq=112317&efYd=20111013#0000(검색일: 2012.8.27).

http://www.ncix.gov/about/about.php (검색일: 2012.11.6)

www.mi5.gov.uk(검색일: 2012.6.7).

『동아일보』. 2001.3.4; 1998.11.7.

『매일경제』. 1998.11.7.

『연합뉴스』. 2010.10.11.

『연합뉴스』. 2013.3.4.

『조선일보』. 2001.8.7.

『중앙일보』. 2005.7.19.

National Intelligence Studies > > >

| 제3편 |
국가정보 기구론

|제1장| 정보기구 개관

제1절 정보기구의 조직원리

정보기구는 정부기구의 하나이지만 정보활동이라는 담당 업무의 특성상 다른 정부기구와 구분되는 특징을 갖는다. 무엇보다도 정보기구가 수행하는 업무에 대해서는 철저하게 비밀이 유지되어야 한다. 정보활동이 공개되는 상황은 정보활동이 실패한 경우나 또는 부적절한 정보활동이 의회 청문회 등에서 심의받는 경우 등이 대부분이다. 정보 수집 및 분석 활동에서부터 방첩이나 비밀공작에 이르기까지 모든 정보활동이 전적으로 정보기구에 의해서 비밀이 유지되는 가운데 수행되는 것은 대부분의 업무가 공개적으로 이루어지고 민간 부분의 활발한 참여 가운데 추진되는 다른 정부 부처의 경우와 반대되는 특징이다. 이러한 특징으로 인해 다른 정부 부처의 업무는 민간 영역에서의 연관 활동에 의해 보완 발전할 수 있는 반면 정보기구의 업무는 민간 영역과 직접적으로 연계되는 가운데 보완되고 발전되기 어렵다.

정보기구는 또한 활동의 성격에 따라 업무가 구분되는데, 이는 통상적으로 활동 영역별로 업무가 구분되는 일반적인 정부부처와 다른 점이다. 예를 들어 일반 정부 부처의 경우 외교, 국방, 무역, 교통, 자원 등 영역별 성격에 따라 담당 분야가 정해져 있고 각 분야 내에서 독립적으로 업무를 수행하며, 업무와 관련된 성과는 다른 부처의 업무 영역과 연계되지 않고 해당 부처의 업무 영역 내에서 평가받는다. 이들과 달리 국가의 안보 및 이해관계와 관련된 정보를 수집, 분석, 배포하고 이와 관련된 비밀활동을 수행하는 정보기구는 특별한 분야에 한정되지 않고 정보활동을 필요로 하는 모든 분야에 걸쳐 정보활동을 수행하며 이에 대해 평가받는다. 정보수집이나 분석, 특정 정보수집 방법이나 기술과 관련된 활동 등에 따라 담당 분야가 구분되는 경우는 있지만, 군사나 대테러 활동과 같은 예외적인 일부 활동을 제외하고는 정보기구는 정해진 담당 분야 내에서 외교, 국방, 무역, 교통, 자원 등 모든 안건 영역을 포괄하는 정보활동을 수행하는 경우가 일반적이다.

정보수집 및 분석과 같은 정보활동은 정보기구가 수행하지만 그러한 업무는 다른 정부 부처, 의회, 군대 등의 정책입안 담당자들과의 연계 속에서만 의미를 갖게 되고 평가받게 된다는 점도 정보기구를 다른 정부 부처와 구분되도록 만드는 특징이다. 정보기구 내에서의 정보수집분석 업무는 성공적이어도 그 결과가 필요한 정책입안자들에 의해 효과적으로 공유되지 못하거나 공유되더라도 받아들여지지 않으면 정보활동의 성과는 사라지게 된다.

정보기구가 갖고 있는 또 다른 특징은 민주주의 국가나 권위주의 국가, 개방된 국가나 폐쇄적인 국가 등 정치제도의 성격에 상관없이 어느 나라나 정보활동을 수행하는 기구를 가지고 있다는 점이다. 담당 영역에 따라 구분되는 다른 정부 부처의 경우 나라별로 분야를 어떻게 나누는가에 따라 존재하지 않을 수 있는 것과는 차이가 있다.

영역별로 구분되는 다른 정부 부처들의 경우 외교, 국방, 상업, 공업, 농림수산업 등 비록 명칭은 다소 달리하더라도, 대부분의 국가들이 공통으로 관련 부처들을 설치 운영하고 있지만, 정보기구는 담당 영역이 없이 정보활동을 기준으로 조직되며 국가별로 다양한 형태를 갖게 된다는 점이 정보기구의 특징일 수 있다. 국가안보라는 동일한 목표 하에 이루어짐에도 불구하고 정보활동은 일반적인 정보의 수집 및 분석만이 아니라 방첩, 비밀공작 등 다양한 활동을 포함하며, 동일한 정보활동이라 할지라도 국내 및 해외에서의 활동이나 국방관련 활동, 대테러 활동, 일반적인 국가안보와 관련된 활동과 같이 활동 영역 및 대상이나 분야에 따라 다양하게 분류될 수 있다.

또한 정보활동은 사용되는 기술과 관련하여 인간정보(HUMINT), 통신정보(COMINT), 신호정보(SIGINT), 그리고 지리공간정보(GEOINT) 등으로 분류할 수도 있다. 이러한 다양한 활동은 반드시 구분되어 서로 다른 기구에 의해 수행되어야 하는 것은 아니며, 국가별로 정보예산 규모나 정보활동에 대한 인식 등에 따라 서로 다른 형태의 정보기구를 운영한다. 예를 들어 이러한 정보활동을 복합적으로 수행하는 정보기구가 있는가 하면 국내와 해외의 정보활동을 구분하여 수행하도록 구분되기도 하고, 보다 세부적으로 각종 기술정보 활동별로 다수의 정보기관을 운영하는 국가들도 있다.

정보기구의 또 하나의 특징으로는 활동 영역이나 내용 및 사용되는 방법과 관련되어 다양하게 구분되는 정보활동들이 전체적으로 연계되는 가운데 이루어져야 성공적인 정보활동을 수행할 수 있다는 점에서 찾아볼 수 있다. 담당 분야가 구분되어 있는 다른 정부 부처들의 활동은 부처 간은 물론 하나의 부처 내에서 각각 다른 프로그램들을 담당하고 있는 부서들 간의 활동이 유기적으로 연계되는 가운데 이루어지는 것이 성공적인 활동을 위한 전제 조건이 되지 않는 경우가 많은 반면, 정보활동은 정보의 수집과 해석 및 공유 그리고 각종 방첩활동 및 비밀공작에 이르기까지 모든 정보활동이 유기적으로 연계되는 가운데 이루어지지 않는 경우 실패하게 될 확률이 높아진다. 테러범들에 관한 정보가 FBI에 의해 이미 수집되어 있었지만 정보기구들 간에는 물론 FBI 내에서도 정보가 원활하게 공유되지 않아 미국 정보공동체가 9 · 11 테러 공격을 막아내지 못했던 것이 좋은 예라고 할 수 있다.

제2절 정보기구의 유형

정보기구는 정보활동의 내용, 정보를 사용하는 방법 및 대상 등에 따라 다양한 유형으로 나타난다. 상이한 업무를 수행하는 여러 부서로 구성된 복합기구적 정보기구가 있는가 하면, 특정 정보활동을 전문적으로 수행하는 분업화되고 특성화된 정보기구도 존재한다. 다양한 정보활동을 포괄적으로 수행하는 정보기구의 예로는 한국의 국가정보원(NIS: National Intelligence Service)이나 과거 소련의 KGB 등이 있다. 특정 성격의 정보활동을 전담하는 정보기구에는 특정 정부 부처의 업무와 관련된 정보활동을 수행하는 정보기구, 국내 보안 및 방첩을 수행하는 정보기구, 군사정보활동을 담당하는 정보기구, 그리고 해외에서의 정보활동을 전담하는 정보기구 등이 있다. 현재 세계에서 가장 방대한 정보공동체(Intelligence Community)를 운영하고 있는 미국의 경우, 국무부, 에너지부, 그리고 법무부의 마약단속국(DEA: Drug Enforcement Administration) 산하 정보부서들은 소속 정부 부처 담당 영역과 연관된 정보활동을 주로 수행하는 정보기구들이다. 국내 방첩 및 보안 활동을 담당하는 정보기구로는 미국의 연방수사국(FBI: Federal Bureau of Investigation), 영국의 보안부(Security Service, MI5), 러시아의 연방보안부(FSB), 그리고 이스라엘의 쉰벳(Shin Bet) 등이 있다. 군사 정보활동을 담당하는 정보기구로는 미국의 국방정보국(DIA: Defense Intelligence Agency), 러시아의 참모부 정보총국(GRU), 그리고 일본의 방위성 정보본부(DIH: Defense Intelligence Headquarters) 등이 있다. 해외에서의 정보활동과 국내에서의 보안활동 및 군사관련 정보활동을 구분하여 수행하기도 하는데, 해외정보활동을 담당하는 정보기구의 예로는 미국의 중앙정보부(CIA: Central Intelligence Agency), 영국의 비밀정보부(Secret Intelligence Service, MI6), 러시아의 해외정보부(SVR), 일본의 내각정보조사실, 그리고 이스라엘의 모사드(Mossad) 등이 있다. 정보활동에 사용되는 특정 기술과 관련되어 특화된 정보활동을 담당하는 정보기구를 별도로 두고 있는 나라도 있다. 신호정보(SIGINT)를 담당하는 미국의 국가안보국(NSA: National Security Agency), 영국의 정부통신본부(GCHQ: Government Communications Headquarters), 그리고 지리공간정보(GEOINT)를 담당하는 미국의 국가정찰국(NRO: National Reconnaissance Office), 국가지리공간정보국(NGA: National Geospatial Intelligence Agency) 등이 예이다.

정보기구들은 운영의 독립성을 기준으로 ① 정보기구 자체로서 독자적으로 조직되고 운영되는 독립정보기구, ② 행정조직상 다른 정부 부처 산하에서 해당 부처장의 지휘 하에 운영되는 정보기구로 구분해 볼 수도 있다. 한국의 국가정보원이나 미국의 CIA 등이 독립적 정보기구의 예이고, 다른 행정 부처에 속해 있는 정보기구로는 영국 외무부 산하 SIS 및 내무부 산하 SS, 미국 국토안보부 산하 정보분석실(I&A: Office of Intelligence & Analysis)과 해안경비대 정보실(CGI: Coast Guard Intelligence), 국무부 산하 정보조사국(INR: Bureau of Intelligence and Research), 에너지부 산하 정보·방첩실(IN: Office of Intelligence and Counterintelligence), 재무부 산하 정보분석실(OIA: Office of Intelligence and Analysis), 국방부 산하의 국방정보국(DIA), 국가정찰국(NRO), 국가지리공간정보국(NGA: National Geospatial Intelligence Agency), 법무부 산하의 연방수사국(FBI) 등이 예이다.

정보기구가 포괄적인 정보활동을 수행하는가 아니면 특정 정보활동만을 담당하는가 하는 점은 정보활동의 효율성과 관련하여 각각 장점과 단점을 모두 가질 수 있다. 정보활동이 포괄적으로 이루어지는 통합형 정보기구의 경우 무엇보다도 전체 정보활동에 대한 효율적인 통합이 가능하며 다양한 정보활동들 간의 유기적인 연계가 이루어지기 용이하다는 장점이 있다. 비록 정보활동들이 내용이나 기능적인 측면에서 구분될 수 있더라도 각각의 정보활동은 서로 밀접하게 연계되어 이루어질 필요가 있으며, 이는 성공적인 정보활동을 위한 필수 조건이라고 할 수 있다. 아무리 뛰어난 보안 및 방첩 능력을 가지고 있는 정보기구라도 상대방의 활동에 대한 정보가 정보수요자에게 시의 적절하게 제공되지 않는다면 성공적으로 방첩활동을 수행하는 데 어려움을 겪게 될 것이다. 통합형 정보기구의 경우 정보의 수집부터 배포, 그리고 수집된 정보를 바탕으로 하는 구체적인 정보활동의 계획 수립 및 집행, 그리고 이러한 전체적인 정보활동을 수행하는 데 있어서의 활동별 우선순위의 결정 등이 서로 연계되어 일관적으로 이루어짐으로써 보다 효율적이고 성공적인 정보활동을 수행할 수 있게 될 가능성이 크다고 할 수 있다.

포괄적이고 통합된 정보공동체 운영의 필요성에 대한 인식은 세계에서 가장 다양하고 분화된 정보기구들로 이루어진 정보공동체를 운영하고 있는 미국에서 뚜렷하게 관찰되어 왔다. 통합된 정보활동의 필요성에 대한 이러한 미국의 인식은 이미 제2차 세계대전 직후 성공적인 정보활동을 위해 구심점 역할을 수행할 중앙정보기구로서 CIA를 창설한 데에 반영되어 있었고, 2001년 9 · 11 사태를 겪으면서 국가정보장실(ODNI: Office of the Director of National Intelligence)의 창설을 통해 더욱 강화되었다. 이러한 일련의 개혁 과정을 통해 미국이 달성하려고 하는 목표는 분산된 정보기구들의 활동이 중복되는 것을 피하고, 정보활동의 일관성과 효율성을 증가시키며, 정보기구들이 서로 밀접하게 연계되고 정보활동을 수행하는 과정에서 협력이 잘 이루어지도록 함으로써 정보활동이 성공할 가능성을 높이는 것이라고 할 수 있다. 그러나 그동안 미국에서 이루어진 일련의 개혁 과정이 소기의 목표를 달성했는가 하는 점과 관련하여 긍정적인 평가를 내리기 어려운 측면이 있다.

정보기구가 업무별 · 기능별로 분화되어 있고 그로 인해 정보활동이 분담되어 이루어지는 분산형 정보기구의 경우 하나의 정보기구가 포괄적인 정보활동을 수행하는 정보기구의 경우와 비교하여 볼 때 무엇보다도 업무의 전문성을 높일 수 있다는 장점이 있다. 그러나 분산형 정보기구 운영의 단점은 무엇보다도 정보활동 간의 영역을 분명하게 구분하는 것이 어렵기 때문에 정보기구들 간에 중복된 정보활동이 이루어질 가능성이 증가하고, 유사한 성격의 정보활동과 관련하여 우선순위를 결정하는 문제 또는 유사한 정보활동을 수행하는 정보기구들 간의 조정 및 협력 문제가 존재할 수 있다는 점이다. 이는 방대한 정보공동체를 운영하는 미국이 정보기구를 통합적으로 운영하려고 노력하는 가운데 지적되어 온 가장 본질적인 문제이자, 미국이 정보 개혁을 통해 해결하기 위해 가장 중점을 두고 있는 부분이기도 하다.

비록 중복된 정보활동을 줄임으로써 동일한 정보활동을 수행하는 데 들어가는 정보예산을 부분적으로 감소시킬 수는 있지만, 영역별로 세분화된 정보기구를 별도로 두고 운영하는 것은 필연적으로 정보예산의 증가를 가져오게 된다.

하지만, 중복된 정보활동 수행이 정보예산 증가의 측면에서 갖게 되는 문제점은 정보예산의 감소가 동일한 수준의 성공적 정보활동이 전제가 되는 경우만 의미가 있을 수 있다는 점에서 상대적인 성격을 가진다고 볼 수도 있다. 예를 들면, 동일한 대상에 대한 정보가 복수의 정보기구에 의해 생산되는 경우 상호 비교를 통해 정보의 부정확함을 확인하거나 특정 관점에 영향을 받지 않는 보다 객관적인 최종 정보생산이 가능해질 수도 있다는 점은 정보예산 증가라는 측면을 상쇄해 줄 수 있는 분담형 정보기구 운영의 장점이자 중복된 정보활동 감소를 통해 정보예산을 감소시킬 수 있는 통합형 정보기구 운영의 단점이 될 수도 있다.

이와 같이 통합적으로 운영되는가, 영역과 기능 등에 따라 특화되어 운영되는가, 독립적으로 운영되는가, 아니면 다른 정부 부처에 속해 있는가 등에 따라 구분될 수 있는 정보기구는 나라마다 서로 다른 정치 환경, 안보관련 경험, 그리고 정보기구 및 정보활동에 대한 인식 등이 반영되어 조직의 성격과 규모, 운영 원칙 및 활용 내용, 그리고 정보기구에 대한 통제 방안 등의 측면에서 다양한 특징을 보인다.

미국은 제2차 세계대전 이후 국제 사회에서 차지해 온 비중에 맞게 가장 규모가 크고 세분화된 정보공동체를 운영하고 있으며, 그러한 만큼 정보공동체를 효과적으로 통제하기 위한 나름의 구조를 발전시켜 가고 있다.

한편 제2차 세계대전 이후 군사관련 활동이 엄격하게 제한되었던 일본은 민간 기관 및 종합상사 등을 통해 정보 수집망을 운영하였고, 제한적이나마 해외 정보를 담당하는 내각정보조사실 및 국내 치안을 담당하는 공안조사청, 그리고 군사정보를 담당하는 방위성 정보본부를 설치 · 운영하고 있다. 중국의 경우 공산당이 실질적으로 국가 조직을 장악하고 있는 현실을 반영하여 국가안전부 및 공안부와 같은 국무원 산하 국가 정보기구들 및 군관련 정보기구들 이외에 공산당 산하에도 중앙정법위원회, 중앙통일전선공작부, 그리고 중앙대외연락부와 같은 정보기구들을 운영하고 있다. 영국, 프랑스, 독일, 러시아 등 유럽의 주요 국가들이나 이스라엘 등은 해외 및 국내에서의 정보활동과 군사 정보활동을 담당하는 정보기구들을 분리하여 운영하고 있다. 러시아의 경우 과거 소련 시절 존재하던 KGB가 해외 정보활동과 국내 정보활동을 수행하는 해외정보부(SVR)와 연방보안부(FSB)로 분리되어 운영되고 있으며, 이외에 군사관련 정보활동을 수행하는 참모부 정보총국(GRU)이 있고, 특이하게 연방보안부 및 참모부 정보총국의 경우 직할로 특수부대들을 두고 있다. 이스라엘의 경우 해외정보를 담당하는 모사드나 국내 보안을 담당하는 쉰벳(Shin Bet) 등이 성공적인 정보활동을 수행하여 국제적인 명성을 얻었다. 특히 적대적인 아랍 세계에 둘러싸여 있는 특수한 환경을 반영하여 국가의 규모에 비해 방대하고 뛰어난 정보활동 능력을 가지고 있는 것으로 평가받는 정보기구들을 발전시켜 왔다. 한국의 경우 역사적 경험을 통해 미국의 정보공동체와 규모 면에서는 차이가 나지만 유사한 구조를 갖춘 정보공동체를 발전시켜 왔다.

이번 편에서는 미국을 비롯한 일본, 중국, 러시아, 영국, 프랑스, 독일 그리고 이스라엘 등 주요 국가들의 다양한 정보기구 구성과 운영 및 정보활동의 특징에 대해 살펴본다. 그리고 특히 중요한 의미를 갖는 북한의 정보기구와 한국의 정보기구를 살펴본다.

|제2장| 미국의 정보기구

제1절 미국 정보기구의 기원과 변천

국제사회에는 모든 국가에게 적용되는 법이나 질서유지를 권위 있게 수행할 수 있는 정부가 존재하지 않는다. 때문에 정보활동은 각종 위협으로부터 국가와 국민을 보호하고 국가와 국민의 이익을 증진시키기 위해 필수적으로 요구된다고 할 수 있고, 모든 나라는 정치체제의 성격에 상관없이 나름의 정보 조직을 운영해 왔다. 미국 역시 오늘날 우리가 알고 있는 정보기구들이 등장하기 훨씬 이전인 건국 당시부터 정보조직을 운영해 오고 있다. 조지 워싱턴(George Washington)이 독립군 사령관을 맡은 후 집행한 최초의 예산(333달러)은 보스톤에 비밀 연락조직을 건설하고자 사용한 것이었다. 워싱턴은 이후 독립전쟁 기간 동안 영국이 장악하고 있던 주요 도시들에 이와 같은 비밀조직들을 결성하였고, 주 단위조직들이 이들 비밀조직들을 통제하였으며 이를 최종적으로 워싱턴이 통제하였다. 이로써 미국은 당시 세계 최강국이던 영국의 정보조직에 비교할 만한 중앙집중적 정보조직을 운영하였다.[1] 건국 후 미국 의회는 초대 대통령인 워싱턴의 요청을 받아들여 4만 달러에 달하는 정보예산을 배정했고, 3년 후 이 예산은 당시 정부예산의 12%에 달하는 백만 달러로 증가했다.[2]

이후 제1차 세계대전 당시에는 윌슨대통령이 워싱턴 주재 영국 정보책임자인 윌리암 와이즈만(William Weisman)을 특별히 신임하여 독일정부와 독일군 활동에 대한 정보를 적극 활용하기도 하였다.[3] 그러나 우리가 오늘날 알고 있는 형태의 정보기

1) Stephen F. Knott, *Secret and Sanctioned: Covert Operations and the American Presidency,* (New York: Oxford University Press, 1996), Chapter 1 참조.

2) The Commission on the Roles and Capabilities of the United States Intelligence Community, *Preparing for the 21st Century: An Appraisal of U.S. Intelligence,* (Washington, DC: The Government Printing Office, 1996), Appendix A 참조.

3) 최평길, 『국가정보학』(서울: 박영사, 2012), p. 481.

구가 미국에 등장하게 되는 것은 제2차 세계대전이 발발하고 미국이 일본의 진주만 기습이라는 엄청난 정보 실패를 경험하면서부터이다.[4] 그리고 제2차 세계대전이 끝난 후 1945년 9월, 전쟁 당시 미국의 정보활동을 담당해 온 전략정보국(OSS: Office of Strategic Services)이 해체되고,[5] 1946년 트루만(Harry S. Truman) 대통령의 명령에 의해 정보활동이 보다 통합적이고 체계적으로 수행되도록 하는 것을 목적으로 중앙정보부(CIA)의 전신인 중앙정보단(CIG: Central Intelligence Group)이 창설되었다.[6] 명칭에서도 알 수 있듯 CIG는 정보활동의 통합적 운영을 취지로 탄생한 기구이며, 이는 훗날 CIA에 의해 계승된다. CIG의 책임자인 중앙정보단장의 영문 명칭은 CIA의 책임자인 중앙정보부장과 같이 DCI(Director of Central Intelligence)이었으며, DCI는 해외에서 수행되는 모든 정보활동을 조정하는 임무를 부여받았지만, CIA의 DCI가 최근까지 가졌던 정보분석을 통제할 권한은 부여받지 못했다.[7] 현재의 국가정보장실(ODNI: Office of the Director of National Intelligence)이 창설되기 전까지 미국의 정보공동체(Intelligence Community)를 이끄는 역할을 수행한 CIA는, CIG와 관련된 조치들이 의회에 의해 승인받고 공식적인 법률로 전환되는 과정에서 탄생하였다.[8]

CIA가 창설되고 나서 오늘 날과 같은 방대한 정보공동체가 구성되기까지는 오랜 시간에 걸쳐 국가안보국(NSA: National Security Agency), 국방정보국(DIA: Defense Intelligence Agency) 등 일련의 정보기구들이 서로 다른 임무와 체계를 가지고 창설되는 과정이 있었다. 미국이 이러한 방대하고 다양한 정보기구들을 정보공동체라는 개념 하에 통합적으로 운영하려는 태도를 공식적으로 취하기 시작한 것은 1981년 당시

4) 이에 대한 설명은 국가정보포럼, "주요국의 정보기구", 『국가정보학』, (서울: 박영사, 2006), pp.178-182 참조.

5) OSS가 당시 유일한 정보기구였던 것은 아니다. 이미 일부 정부 부처 및 각 군이 독자적인 조직을 두고 정보활동을 수행하고 있었다.

6) Knott(1996), pp.156-159 참조. CIG의 설립을 가져온 당시 트루만(Harry S. Truman) 대통령의 명령에 관해서는 "Harry S. Truman to the Secretaries of State, War, and Navy, 22 January 1946" in US Department of State, *Foreign Relations of the United States, 1945-1950*, (Washington, DC: US Government Printing Office, 1996), pp.178-9 참조.

7) "National Intelligence Authority Directive, No.5, 8 July 1946" in US Department of State, *Foreign Relations of the United States 1945-1950*, (Washington, DC: US Government Printing Office, 1996), pp.391-392 참조.

8) The National Security Act of 1947. Public Law 253, 80th Congress, Chapter 343, 1st Session, S. 758 (July 26, 1947) 참조.

레이건 대통령이 정보공동체 운영과 관련된 행정명령(E.O. 12333)을 공표하면서부터이다. 이후 1992년 미국 의회가 1947년의 국가안보법(National Security Act)에 개정안을 마련하면서 정보공동체라는 용어가 법으로 공식적으로 사용되었다.[9] 이 개정안에 의해 규정된 미국 정보공동체는 독립기관인 CIA를 정점으로 하여, 국무부 산하의 정보조사국(INR: Bureau of Intelligence and Research), 국방부 산하 정보기관인 국방정보국(DIA: Defense Intelligence Agency), 국가안보국(NSA: National Security Agency), 국가정찰국(NRO: National Reconnaissance Office), 중앙영상국(CIO: Central Imagery Office), 그리고 육 · 해 · 공 · 해병 정보부대, 법무부 산하의 연방수사국(FBI: Federal Bureau of Investigation), 에너지부 산하의 정보 · 방첩실(IN: Office of Intelligence and Counter intelligence), 국토안보부 산하의 비밀감찰국(Secret Service), 관세청(Custom Bureau), 그리고 정보지원실(OIS: Office of Intelligence Support)과 교통부 산하의 해안경비대(Coast Guard)를 정식 구성원으로 하고 있었다.[10]

1947년의 국가안보법에 의해 탄생한 CIA는 전신인 CIG가 가지고 있던 문제점을 그대로 지니고 있었고, 정보공동체를 이끄는 역할이 ODNI로 옮겨가기까지 CIA는 이러한 문제점으로 인해 내내 미국 정보공동체를 이끄는데 어려움을 겪었다.[11] 이러한 어려움은 특히 CIA를 제외한 대부분의 정보기구들이 특정 정부 부처에 속해 있으면서 부처장의 통제를 받고 있다는 점에서 기인했다. 이러한 정보기구들에 속한 정보요원들은 그들이 속한 행정 부서의 책임자에 의해 평가받고 소속 행정 부서로부터 예산을 배정받기 때문에, 자신이 속한 부서가 목적하는 바가 무엇이고 무엇을 필요로 하는가 하는 점에 영향을 받을 수밖에 없는데,[12] DCI가 정보공동체를 통제할 수 있는 권한을 가지고 이러한 문제를 완전히 통제하거나 이와 관련하여 해당 부처장들의 자발적이고 적극적인 협력을 이끌어내는 것은 쉬운 일이 아니었다. 더욱이 DCI 자신이 중립적이

9) 신유섭, "9 · 11 테러 이후 미국 정보계의 변화와 전망", 『國際政治論叢』, 제43집 4호(2003) 참조.

10) Public Law No. 102-496, H.R. 5095, The Intelligence Authorization Act for Fiscal Year 1993. 이 중 특히 Title VII of the Act, the Intelligence Organization Act of 1992 참조.

11) 신유섭, "ODNI 창설을 통해 본 미국 정보계 개혁의 성격과 전망", 『國際政治論叢』, 제45집 3호(2005).

12) Bruce D. Berkowitz and Allan E. Goodman, *Strategic Intelligence for American National Security*, (Princeton: Princeton University Press, 1989), pp.117-122; Pat M. Holt, *Secret Intelligence and Public Policy: A Dilemma of Democracy*, (Washington, DC: CQ Press, 1995), pp.80-108.

고 객관적인 입장에서 정보공동체를 통제하는 사람이 아닌 CIA라는 정보기구를 대표하며 CIA의 관점을 대변하고 있는 사람으로 인식되는 상황에서 정보기구들 간의 차이를 조율하는 DCI의 역할은 더욱 제약받았다. DCI의 정보예산 승인 및 감독과 관련된 역할도, 정보활동의 성격상 다른 정보기구의 모든 정보활동과 그에 대한 예산집행 상황을 파악한다는 것은 쉬운 일이 아니고, 설사 DCI가 방침에 어긋나는 용도로 예산이 집행된 경우를 발견하더라도, 그것의 시정을 위해서 직접적으로 취할 수 있는 조치는 없었기 때문에 제한 될 수밖에 없었다.

이러한 문제점들은 DCI가 정보공동체를 이끄는 동안 계속 지적되었지만, 9 · 11 사태가 발생하고 그 여파 속에서 추진된 정보개혁에도 불구하고 오히려 더 악화되었다. 기존의 DCI의 통제 하에 있던 비밀감찰국 및 해안경비대 등 정보기구들이 국토안보부(DHS: Department of Homeland Security)에 소속되어 국토안보부 장관의 직접적인 통제를 받도록 되었다. 그리고 DCI의 직할 기구인 CIA 역시 FBI와 함께 테러 방지활동과 관련하여 CIA 및 FBI 등이 수집한 정보를 자체적으로 수집한 정보와 함께 통합 분석하고, 이와 관련된 정보활동을 조정 · 통제하는 역할을 수행하도록 권한이 주어진 DHS의 간접적인 영향 하에 놓이도록 정보공동체의 구성이 조정되었기 때문이다.[13)]

이와 같이 DCI가 정보공동체를 통제할 권한이 약하다는 문제점은 DCI가 그러한 역할을 맡기 시작한 시점부터 계속 지적되어 왔다. 결국 9 · 11 사태의 여파가 가라앉은 이후, 정보공동체를 통합적으로 운영하는 것과 관련된 문제점들을 개선하려는 정보공동체 개혁 움직임이 다시 본격화되면서 현재와 같이 DNI를 정점으로 하는 구조가 DCI를 중심으로 60여 년 동안 지속되어 온 구조를 대체하게 되었다.[14)]

---

13) 신유섭(2003) 참조. DHS의 임무에 관해서는 Office of Homeland Security, *National Strategy for Homeland Security*, (Washington, DC: US Government Printing Office, 2002) 참조.

14) 신유섭(2005) 참조.

제2절 미국의 국가정보체계

1. 구성과 기능

현재 미국의 정보공동체는 〈그림 2-1〉에서와 같이 국가정보장(DNI: Directorate of National Intelligence)을 정점으로 16개의 기관으로 구성되어 있다. 이들 중 CIA는 독

그림 2-1 미국의 정보공동체 구조체계도

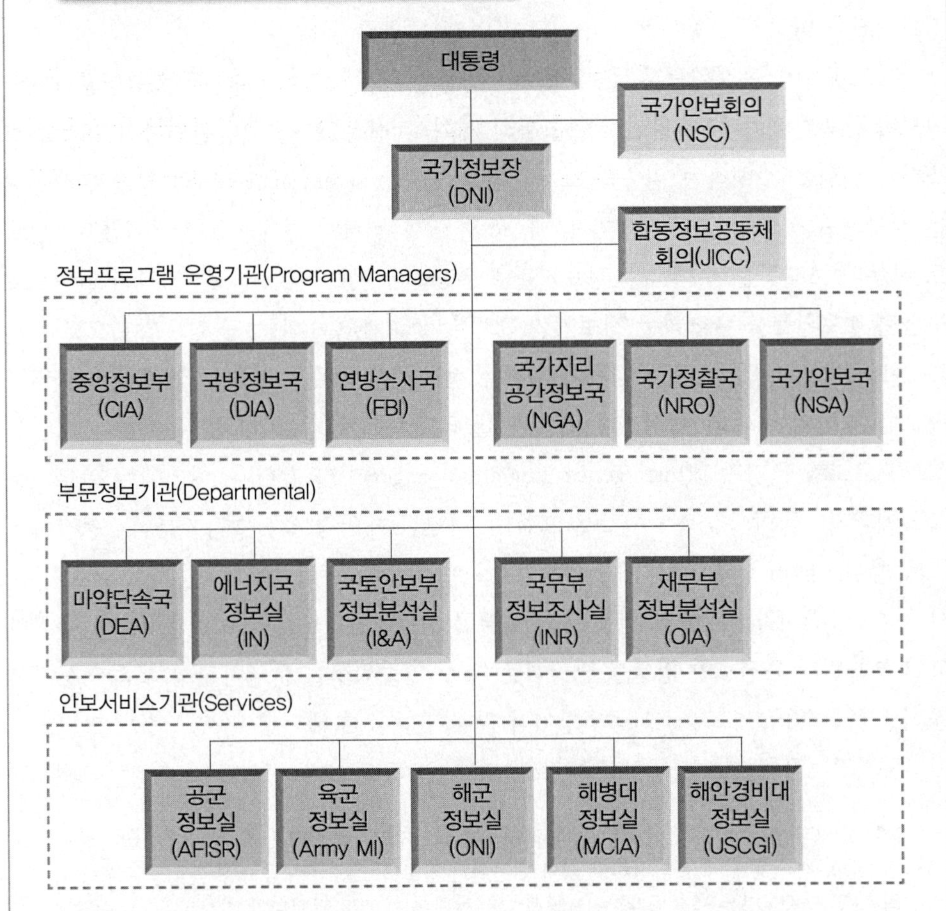

출처: 이길규, "미국의 대외정책결정에 있어 국가정보의 역할 – 이라크 전쟁을 중심으로 –", 한양대학교대학원 박사학위논문, 2010, p.97.

립적으로 운영되는 정보기관이고, 기타의 정보기관은 특정 행정 부처에 속해 있으면서 정보업무를 담당하는데, 법무부 소속의 FBI와 마약단속국(DEA: Drug Enforcement Administration), 국토안보부 소속의 정보분석실(I&A: Office of Intelligence & Analysis) 및 해안경비대 정보실(CGI: Coast Guard Intelligence), 국무부 산하의 INR, 에너지부 산하의 정보실(IN: Office of Intelligence and Counterintelligence), 재무부 산하의 정보분석실(OIA: Office of Intelligence and Analysis), 국방부 산하의 DIA, NSA, NRO, 국가지리공간정보국(NGA: National Geospatial Intelligence Agency) 등과 같다. 이외에 육군, 해군, 공군, 해병에도 각각의 정보업무를 담당하는 조직이 있다. 이들을 총괄하는 국가정보장실(ODNI: Office of Directorate of National Intelligence)을 제외하면 현재 총 16개의 정보기관이 미국 정보공동체를 구성하고 있다고 할 수 있다.

정보공동체 구성원들은 ① 수행하는 정보활동의 성격에 따라 특정 담당분야에서 정보활동을 수행하면서, 관련 정보활동의 계획, 예산운영, 평가와 관련하여 DNI를 보조하는 역할을 수행하는 일종의 프로그램 운영자(program manager)의 역할을 수행하는 정보기관(정보프로그램 운영기관) ② 소속 행정 부처와 연계되어 각 부처에서 필요로 하는 정보활동을 수행하는 정보기관(부문정보기관), 그리고 ③ 군 조직의 일원으로 군관련 정보활동을 수행하는 정보기관(안보서비스기관)(CGI와 각 군 정보부대)으로 구분될 수도 있다. 미국 정보공동체를 구성하는 정보기관 중에서 소속 행정 부처와 관련된 정보업무 이외에 여러 행정 부처와 관련된 국가차원의 정보업무를 수행하는 기관을 정보프로그램 운영기관(Intelligence Program Manager)이라고 한다. 여기에는 외교·통상·에너지·국방·군축·핵 프로그램 등 다양한 해외정보를 수집·분석·공작하는 CIA, 방첩·테러·사이버범죄·국제범죄·마약 수사 등을 담당하는 FBI, 글로벌 군사전략·국방전략·대테러 전쟁 등의 업무를 담당하는 DIA, 각종 신호정보를 수집하고 정부차원의 통신보안 업무를 담당하는 NSA, 인공위성을 운영하면서 각종 영상첩보를 수집하는 NRO, 그리고 인공위성이나 항공기 등을 통해 수집된 영상첩보를 기초로 지리공간정보를 분석·생산하는 NGA가 있다.[15] NSA, NRO, NGA는 조직상 국방부 산

15) NSA, NRO, NGA는 비록 국방부 산하로 편성되어 있지만, 국방 및 군사 문제에만 국한되지 않고 정보공동체 전체에 대해 담당하는 영역과 관련된 정보를 생산하는 공급자 역할을 수행하며, DIA의 경우 국방이라는 영역이 갖는 포괄성으로 인해 실제로는 광범위한 정보활동을 수행한다. 이들 국방부 산하 정보기구들은 이러한 업무의 포괄성 및 정보 생산에 위성과 같은 첨단 기술 장비를 사용함으로 인해 실제 미국 정보예산의 가장 많은 부분을 사용하고 있는 것으로 알려졌다. *New*

표 2-1 >> 정보공동체 구성기관과 주요 역할

정보기구	담당 활동
중앙정보부(CIA)	해외 관련 정보의 수집, 분석, 배포
마약단속국(DEA)	마약 관련 연방 법률 및 규제의 시행 및 그 과정에서 획득되는 마약 관련 정보 공유
국방정보국(DIA)	해외에서의 군사정보활동 수행 외국의 군사적 움직임, 의도, 능력과 관련된 종합적인 정보 수집 및 평가와 배포
연방수사국(FBI)	안보 위협 활동과 관련된 국내 정보활동 및 법 집행
국토안보부 정보분석실(I&A)	미국 내 테러 위협과 관련된 정보 분석과 배포
에너지부 정보실(IN)	해외의 핵무기와 핵물질 및 기타 에너지 문제와 관련된 정보 분석, 배포
국무부 정보조사실 (INR)	국무부의 외교정책이나 외교관이 수행하는 외교 활동 관련 정보 분석 및 지원활동
국가지리공간정보국 (NGA)	국가안보, 군사 활동 및 일반적인 교통수단의 운항이나 구호 활동 등에 사용될 수 있는 지구 관련 정보의 생산 배포
국가정찰국(NRO)	정찰위성 설계 제작 및 이를 이용한 정보의 생산 배포
국가안보국(NSA)	정부 관련 정보 체계의 보호, 외국의 암호화된 정보 분석, 신호 정보 분석
재무부 정보분석실 (OIA)	국내외 금융, 경제, 무역, 조세 정책 관련 정보 및 그와 연관될 수 있는 정세 및 안보 관련 정보 분석 및 제공
공군 정보실(AFISR)	항공 정찰과 감시를 통한 군 관련 정보 제공
육군 정보실(Army MI)	지상군 현황과 동태에 대한 정보 제공
해군 정보실(ONI)	해양 작전 수행 및 해군 시설 보호와 관련된 정보활동
해병대 정보실(MCIA)	방첩, 테러 방지, 보안 유지, 암호 작성 및 해독 등과 관련된 정보 활동
해안경비대 정보실 (USCGI)	항만 보호, 탐색과 구조, 불법 이민 및 마약거래 등과 관련된 해상보안, 해상을 통해 제기되는 위협으로부터 미국을 보호하기 위한 정보활동

하의 기관이며 최고책임자도 군 출신들이 주로 맡지만, 수행하는 업무의 성격상 이들의 활동은 국방관련 정보활동에 국한되지 않고 담당 기술 분야인 신호, 항공 및 우주 정찰 자료, 그리고 지구 관련 정보를 생산하여 전체 정보공동체에 공급하는 역할을 담

York Times, 5 November 1994; 신유섭, "냉전 종식 이후 미국 정보기구의 개혁방향", 『國際政治論叢』, 제39집 2호(1999) 참조.

당한다. 각 정보기관들이 수행하는 정보활동을 정리하면 〈표 2-1〉과 같다. 이들 정보기관들은 각각 서로 다른 분야에서 정보활동을 수행하지만, 이들의 역할은 순수한 정보 관련 업무에 한정되며 정책 제안을 하지는 않는다는 점을 공통된 특징으로 한다.

1) 중앙정보부(CIA: Central Intelligence Agency)

미국 중앙정보부는 미국 정보공동체를 대표하며 미국의 대표적인 국가정보기관이다. 트루먼 행정부시절이던 1947년 국가안보법(National Security Act)에 따라 "미국의 국가안보를 위해서 여러 행정 부처와 기관의 정보활동에 협조"하기 위하여 설립되었다. 주요 임무는 첫째, 국외 및 방첩정보의 수집 · 생산 · 배포, 둘째, 마약생산 및 거래에 관한 해외정보의 수집 · 생산 · 배포, 셋째, DNI와 법무장관 승인하에 국내방첩활동, 넷째, 다른 정보기관의 국외정보 수집 및 방첩활동 조정, 다섯째, 대통령이 승인한 특별활동 및 국가안보회의 지침에 따른 공통업무 등이다.[16] 조직체계로는 부장과 차장, 차장보가 있으며 산하에 정보분석국(DI: Directorate of Intelligence), 국가비밀공작국(NCS: National Clandestine Service), 과학기술국(DS&T: Directorate of Science & Technology), 지원국(DS: Directorate of Support) 등이 있다. 그 중에서 정보분석국은 CIA 부서 중에서 가장 규모가 큰 부서로서 정보를 분석하고 최종 생산해내는 부서이다. 반면에 국가비밀공작국은 첩보수집, 방첩, 비밀공작 등을 수행하는 비밀활동 조직으로서 기존의 공작국(Directorate of Operations)을 확대개편한 부서이다. 과학기술국은 첨단수집기술을 개발하여 지속적으로 수집의 역량과 범위를 확장시켜 나가는 한편 정보분석국과의 지속적인 협력을 통해 새로운 분석기법을 개발하는 데 주력한다. 과학기술국은 정보공동체 전체의 연구개발업무를 주도하면서 다른 정부부처나 민간 연구기관과의 협력을 통하여 정보환경에 부응하기 위한 개발연구를 지속적으로 추진한다. 마지막으로 지원국은 장비 및 비품공급, 통신 및 첩보기술, 재정 및 교육훈련, 의료, 인사관리, 기록물관리, 보안업무 등을 수행하는데 기존의 다섯 개의 지원업무실, 즉 재정관(Chief Financial Officer), 정보관(Chief Information Officer), 인력관리실(Human Resources), 보안실(Security), 글로벌 지원실(Global Support) 등을 재편하여 만든 부서이다. 이외에도 CIA 전체의 원활한 업무를 지원하기 위하여 공보관실과 법률보좌관실, 감사관실 그리고 정보연구센터(Center for the Study of Intelligence) 등이 있다.

16) 국가정보포럼, 『국가정보학』, (서울: 박영사, 2006), p.185.

2) 연방수사국(FBI: Federal Bureau of Investigation)

CIA가 주로 해외 정보업무를 수행한다면 법무부 산하의 FBI는 주로 국내 방첩업무를 담당한다. 즉 미국 내에 잠입하여 활동하는 외국 스파이들을 체포하거나 외국 정보기관을 위하여 정보활동을 하는 미국인을 색출하는 것이 주요 업무이다. FBI는 1908년 테오드르 루즈벨트 대통령에 의해 법무부 산하 '수사과'(Investigative Division)로 창설되어 1909년 다시 '수사국'(Bureau of Investigation)으로 개칭되었으며 1935년 현재의 연방수사국(FBI)으로 이름이 바뀌었다. FBI는 연방정부의 경찰인 동시에 외국정보기관에 대한 방첩업무가 고유업무이기 때문에 알코올, 위조지폐, 밀수, 밀입국과 같이 특별법으로 규정된 업무 이외에는 국익과 관련된 모든 사항에 대하여 수사권한이 있다.[17] 물론 CIA나 DIA와 같은 정보기관들도 자체적으로 방첩기능을 갖고 있긴 하지만, 방첩문제에 관한 한 미국 정보공동체 내에서 가장 권위를 자랑하는 기관이 FBI이다. 조직체계로는 법무부장관의 지휘를 받는 국장과 부국장이 있으며 산하에 범죄수사기능과 대테러대응기능 그리고 국내 방첩업무의 조정기능을 가지고 있다. 예전에는 공무원 뇌물사건, 주요 핵심인사 경호, 핵물질 및 무기관련 범죄, 선거법 위반, 간첩죄 등이 FBI 업무의 큰 비중을 차지하였으나 2001년 9 · 11 테러 이후에는 대테러 및 보안업무의 비중이 대폭 증가하였다.[18]

3) 국가안보국(NSA: National Security Agency)

NSA는 1952년 대통령 비밀지침에 의하여 설립되었지만 일반에 가장 알려지지 않은 정보기관이다. NSA의 주요 업무는 미국 정부기관들이 사용하는 암호체계를 개발하고 외국 정부들이 사용하는 암호들을 해독하는 암호해독 전문기관이다. 워싱턴 근교 메릴랜드주의 포트 미드(Fort Meade)에 본부가 있으며 전 세계 각처에 통신감청소를 운영하고 산하에 직접 육해공군의 정보통신부대를 거느리고 있는 신호정보(SIGINT) 전문기관이다. 전체 직원이 해외요원을 포함하여 8~12만 명에 달하며 국가정찰국(NRO)과 함께 가장 많은 정보예산을 사용하는 미국 최대 규모의 정보기관으로서,[19] 주로 타국의 암호화된 정보를 수집하여 해독하는 기능과 자국의 암호보안을 유지하는

---

17) 국가정보포럼(2006), pp.189−190.

18) 위의 글, p.190.

19) 문정인 편저, 『국가정보론』, (서울: 박영사, 2002), pp.357−358.

기능을 맡고 있다. 따라서 여기에는 신호정보(SIGINT), 통신정보(COMINT), 전자정보(ELINT), 심지어 미사일 시험발사 시의 방출신호(Telemetry)까지 정보수집의 대상이 된다. 또한 NSA는 이런 신호정보활동 이외에도 광범위한 보안활동을 하고 있는데, 주요 통신보안기능으로 정부기관들의 통신절차와 암호의 개발 및 인가업무와 위성시스템의 보안을 위한 데이터 및 음성전송링크의 개발업무, 통신보안수단으로서 비화 전화기의 보급 및 연방정부의 데이터뱅크 보안업무 등이 있다.[20] 현재 NSA 국장은 현역 장군이 맡고 있으며 국방부 지휘체계에 속하지만, DIA처럼 국방부 산하기관으로 인식되지는 않는다. NSA의 조직체계는 철저히 비밀로 되어 외부에 잘 알려져 있지 않다. 핵심부서 중에는 DDO라고 불리는 신호정보실(Office of Signals Intelligence Operation)이 있는데 산하에 3개의 그룹이 있어 각자 지역별 국가군의 감청을 담당하며 이외에도 통신보안실(Office of Communications Security)이라는 비밀통신 보호기능을 맡은 부서가 있다.

4) 국가지리공간정보국(NGA: National Geospatial Intelligence Agency)

국가지리공간정보국(NGA)은 지구공간 상의 각종 영상자료를 분석 · 평가하여 적시에 정확한 정보를 제공하기 위하여 2003년 창설된 정보기관이다. NGA는 1996년 10월 '국가영상지도법'(Nationl Imagery Mapping Act)에 의해 창설된 '국가영상지도국'(NIMA: National Imagery and Mapping Agenccy)'이 모태가 되어 여러 부서의 기능이 새롭게 통합된 국방부 산하 정보기관이다.[21] 즉 "국가안보 목표의 달성을 위하여 적시성, 적절성, 정확성을 갖춘 영상정보 및 지리공간 정보를 생산"하여 국가정책입안 및 군사작전에 활용하기 위하여 만들어진 정보기관이다. 국가영상지도국(NIMA)이 2003년 NGA로 개편되면서 이름도 개칭되었지만, 당시 유관 국방부기관 및 정보기관들이 1년간 연구프로젝트를 진행하여 그 연구결과를 바탕으로 CIA의 국가사진판독본부(NPIC), 국방지도국(DMA), 중앙영상국(CIO), 국방보급계획국(DDPO) 등의 부서기능들과 국가정찰국(NRO) 및 국방정보국(DIA), 국방항공정찰국(DARO)의 산하 기능들이 통합되어 창설되었다.[22]

20) 국가정보포럼(2006), p.189.
21) 위의 글.
22) 위의 글.

2011년 미 해군특수부대(Navy Seal) 요원들이 9 · 11 테러사건의 주범인 오사마 빈라덴을 급습하였을 때 그가 숨어 있었던 은신처의 건물구조와 주변 지형 그리고 해군특수부대의 침입 및 기습경로를 안내하는 데 NGA가 결정적인 정보를 제공하였다.[23)]

5) 국방정보국(DIA: Defense Intelligence Agency)

국방정보국(DIA)은 1961년 10월 국방부의 정보수집 · 생산 · 배포과정을 합리적으로 통합하기 위하여 로버트 맥나마라 국방장관에 의해 창설된 국방부 산하의 부문정보기관이다. 당시 정보공동체의 중앙집중화 움직임에 부응하여 육 · 해 · 공군 정보부대들의 경쟁적인 정보활동과 부처이기적인 성향을 통합 · 조정할 필요성이 대두되어 만들어졌다.[24)] 따라서 DIA는 국방부 산하 정보기관들의 활동을 조정하고 해외주재무관을 관리하며 국방장관을 포함하여 합참, 통합사령부, 특수사령부 기타 국방부 예하 조직들을 위해 정보활동을 한다. 주로 전쟁과 관련된 군사정보를 수집하고 분석하여 전투부대, 국방정책결정자 및 관련 정보기관에게 정보를 제공한다. 외국군 및 외국지형에 대한 기본정보의 수집 및 분석, 군사와 관련된 과학기술정보 수집 및 전파 그리고 잠재적 적국 및 동맹국의 군사능력과 취약점, 의도 등에 대한 정보판단의 임무를 수행한다.[25)]

DIA 국장은 3성 장군이 주로 맡고 요원들은 육 · 해 · 공군에서 차출하며, 다수의 민간인들도 근무하고 있다. 워싱턴 DC 볼링(Bolling) 공군기지 내의 국방정보분석센터에 본부를 두고 있다. DIA는 1990년 대 중반 한때 6,500명 정도의 직원이 상주하며 독자적인 정보활동을 해왔으며,[26)] 조직체계로는 J2로 불리는 현용정보 및 합참 · 사령부지원국(Directorate for Current Intelligence, Joint Staff and Command Support)이 있는 데 그 예하에 대마약지원팀(Counterdrug Support), 통합 및 특수사령부 및 합참지원팀(Unified and Specialized Command and Joint Staff Support), 현안정보팀(Current Intelligence), 조직대응팀(Organizational Readiness) 등의 담당부서가 있다.[27)] 이외에 해

23) 최평길(2012), p.484.
24) 문정인(2002), pp.360-361.
25) 국가정보포럼(2006), p.191.
26) 문정인(2002), p.361.
27) 위의 글.

외정보국(Directorate for Foreign Intelligence)은 주로 장기적인 조사 및 분석 · 평가업무를 수행하는 데 산하에 과학기술정보팀, 조사평가팀, 글로벌 분석팀등의 부서가 있다.[28]

6) 국가정찰국(NRO: National Recoonaissance Office)

NRO는 1960년대 우주정찰 시스템의 개발을 목적으로 케네디 대통령에 의해 창설된 정보기관이다. 1960년 5월 미국의 첩보비행기 U-2기가 소련 상공에서 격추된 적이 있는데, 이후 소련영토에 대한 항공사진을 얻기 위한 대안으로서 첩보위성의 개발을 업무로 하는 정보기관으로 창설되었다.[29] 미국과 소련의 군사적 긴장이 최고조로 달한 냉전의 시기에 소련의 군사정보수집의 목적으로 창설되었기 때문에 미국은 처음부터 NRO의 존재를 부인하였으며 냉전이 종식된 이후 1992년까지도 그 존재를 부인하는 등 가장 비밀에 쌓인 정보기관이다. 또한 첨단 첩보위성 및 정찰시설을 개발해야하기 때문에 미국 정보기관 중에서 가장 많은 예산을 쓰는 정보기관이기도 하다.[30]

이 NRO의 주요 임무는 정찰위성 및 탐지기기의 개발지원, 우주 지상기지 건설, 발사장치 선별 및 수집자료 전송 등으로서 업무의 효과적인 수행을 위하여 다른 국방 · 정보 · 우주통신 분야의 관련 조직들과 유기적인 협력관계를 유지하기도 한다.[31] 주요 협력기관으로는 NSA, NGA, CIA, DIA 등이 있다. 냉전 시 주적이었던 소련이 사라진 후에도 첩보위성 제작 및 발사에 계속 천문학적인 예산을 쓰고 있는 NRO에게 국민들의 따가운 시선이 모아지고 의회의 신랄한 비판이 일기도 하지만, 21세기에도 우주산업의 중요성과 군사첩보의 중요성이 계속될 것이기 때문에 NRO의 활동은 지속될 것으로 전망된다.

이외에도 〈표 2-1〉에서 보는 것과 같은 다양한 정보기관들이 있다. 지금까지 미국의 주요 정보기관들의 임무와 조직체계 등에 간략하게 살펴보았다. 이와 같이 다수의 정보기관을 두고 분산형으로 운영되고 있는 미국의 정보공동체에서, 정보기관들의 담당 분야가 항상 명확하게 구분되는 것은 아니다. 특히 일반 정보활동과 국방관련 정보활동 간에, 그리고 해외 정보활동과 국내 정보활동 간에 경계가 명확하게 구분되지

28) 위의 글.
29) 문정인,「국가정보론」, p.358.
30) 위의 글.
31) 국가정보포럼, 「국가정보론」, p.189.

않는 경우가 많다. 이는 일반적인 정보활동을 수행하는 CIA와 국방 정보활동을 담당하는 DIA 간, 그리고 해외 정보활동과 국내 정보활동을 각각 담당하게 되어 있는 CIA와 FBI 간 갈등의 원인이 되어 왔다. 이러한 정보기관들에 비해 특정 기술정보 분야에서 정보를 생산하는 역할을 수행하는 NSA, NRO, 그리고 NGA 같은 정보기관들은 담당 영역의 경계가 명확하다는 점에서 다른 정보기관들과 갈등 관계를 형성하게 될 가능성은 낮다고 할 수 있다.

2. 특징

(1) 국가정보장(DNI) 중심의 정보공동체 운영

정보기구는 자국 내의 정치과정에 영향을 미치지 않는 범위 내에서 정책 마련 및 정부의 직무수행에 필요하고 국가와 국민의 이익을 보호에 필요한 정보를 수집하고 생산 · 배포하며, 관련된 정보활동을 수행한다. 레이건 행정부 시절 정보공동체 운영과 관련되어 내려진 행정명령(E.O. 12333)에 의하면, 미국의 정보공동체는 다른 나라나 해외 조직이 미국을 대상으로 행하는 정보활동이나 테러 및 마약 등 범죄활동과 관련된 정보를 수집하고 그러한 활동으로부터 미국을 보호하며, 미국의 정치과정에 영향을 미치지 않는 범위 내에서 미국의 해외 정책목표 달성을 돕는 비밀활동을 전개한다. 이외에 대통령이 지시하는 정보활동을 수행하거나 이를 지원하는 활동을 수행한다.

앞에서 언급하였듯이, 미국은 이러한 역할을 수행하는 16개의 상호 독립적인 정보기관들을 운영하는 분산형 정보체제를 갖추고 있으며, 현재 미국 정보공동체의 구성 및 운영상의 특징은 정보공동체의 통합 운영을 전담하는 DNI를 정점으로 정보활동을 수행한다는 측면에서 찾아 볼 수 있다.[32] ODNI를 창설한 2004년의 정보개혁법에서

---

32) DNI를 정점으로 하는 정보공동체 운영에 관한 미국 정부의 새로운 구상은 2004년과 2005년에 발표된 세 건의 보고서 및 법안에서 잘 관찰되고 있다. 세 건의 문서는 2004년 7월에 발표된 9 · 11 위원회(The National Commission on Terrorist Attacks Upon the United States) 보고서와 그에 기초하여 민주당과 공화당이 공조하여 ODNI를 창설한 정보개혁 및 테러방지법(Public Law 108-458 Intelligence Reform And Terrorism Prevention Act Of 2004, IRTPA) 및 2005년 3월 발표된 대량살상무기와 관련된 미국 정보공동체의 정보활동 능력에 관한 위원회(The Commission on the Intelligence Capabilities of the United States Regarding Weapons of Mass Destruction) 보고서이다.

밝히고 있는 DNI의 권한과 역할은 다음과 같다.

즉 객관적인 정보의 시의 적절한 제공, 정보의 수집, 분석, 배포와 관련된 목표와 우선순위 설정, 정보공동체 내에서의 정보에 대한 접근성과 활용성 극대화, 효율적인 정보 예산의 편성과 집행, 외국 정부 및 국제기구와의 정보 및 안보협력 관계 감독, 정보기관들 간의 공동 정보활동 수행능력 증진과 정보공동체 운영기능 촉진을 위한 인사정책 및 프로그램 개발, 국가안보 증진과 관련된 모든 측면이 고려되는 정확한 정보분석, 그리고 주된 정보활동 체계를 마련하는 데 있어서 비용, 진행계획, 수행목표 및 프로그램 관련 주요 이정표 설정 등을 포함하는 프로그램 운영계획의 개발 및 시행 등이다.

정보공동체를 통합운영하는 역할은 ODNI가 창설되기 전부터 이미 DCI에 의해 수행되고 있었다. 현재의 DNI 중심의 정보공동체 운영이 이전의 DCI통제하의 정보공동체 운영과 다른 점은 정보공동체를 이끌어 가는 역할을 정보기관들 중 어느 한 기관을 이끌어 가는 사람에게 맡기기 보다는 어느 정보기관과도 직접 관련이 없는 내각 수준의 직위를 새로이 만들고 그 직위에 명목상의 권한이 아닌 실질적인 권한을 부여하고 있다는 점에서 찾아볼 수 있다. 과거 정보공동체를 이끌던 DCI는 독립 정보기관인 CIA의 책임자로서의 직위를 병행하고 있었던 반면, ODNI의 경우는 기존의 어떤 정보기관과도 직접적인 연관이 없는 부처 직원들로 구성된 독립된 내각 수준의 기관으로 창설되었다. 이와 함께 앞에서 언급한 바와 같이 이전의 DCI에게 주어졌던 권한은 명목적인 권한의 성격이 강했던 반면, DNI에게는 실질적으로 정보공동체를 이끌어 갈 수 있는 권한이 주어졌다는 점도 이전의 DCI 중심의 정보공동체 운영과 차이가 나는 점이다. 예를 들면 이전의 DCI의 경우와는 달리, DNI에게는 해안경비대나 FBI와 같이 다른 행정 부처에 속해 있는 정보기관의 경우도 소속 행정 부처의 책임자를 통하지 않고 직접적으로 통제할 수 있는 권한이 부여되어 있다. 이러한 권한에 부분적인 예외가 존재하는 분야는 군사 정보활동과 관련된 분야이다. 정보기관들이 수행하는 정보활동은 기본적으로 DNI와 각 정보기관 또는 행정부처의 장 간에 협의하여 이루어지지만, 국방부 산하 정보기관들에 대해서 만큼은 국방장관의 직접 통제를 받는 정보담당 국방차관(Under Secretary of Defense for Intelligence)을 통해서 통제한다. 이러한 예외가 존재하는 이유는 DNI가 군사 작전의 실패에 대한 책임을 감안하면서 국방부 산하의 정보기관들이 수행하는 정보활동을 적극적으로 통제하려 할 가능성은 크지 않다는 측

면에서 이해할 수 있다.[33)]

이전의 DCI가 CIA라는 독립 정보기관을 운영하며 지원을 받는 가운데 정보공동체를 이끄는 역할을 수행했던 반면, 어느 정보기관도 직접 운영하지 않으면서 정보공동체의 통합적 운영을 통한 정보활동의 효율 증진을 책임지는 DNI의 역할을 지원하기 위해 ODNI는 산하에 아래와 같은 여섯 개의 조직을 두고 있다.

- 국가정보회의(NIC: National Intelligence Council): DNI가 정보공동체를 이끄는 일을 보좌하고, 정보공동체의 중장기 전략정보 활동계획 수립을 담당한다. 학계 및 민간 영역 전문가들의 견해를 참고하여 미국 정보공동체가 생산하는 가장 권위 있는 정보 생산물인 국가정보평가서(NIE: National Intelligence Estimates)를 작성한다.
- 고급정보기술연구사업단(IARPA: Intelliegnce Advanced Research Projects Activity): 현재로서는 가능성이 크지 않고 개발하는 데에 비용이 많이 들지만 성공할 경우 미국에게 압도적인 정보 우위를 제공할 수 있는 연구사업을 수행한다. 직접적인 정보활동을 수행하지는 않는다. 산하에 핵심분석실(Office of Incisive Analysis), 안전공작실(Office of Safe & Secure Operations), 그리고 스마트수집실(Office of Smart Collection)을 두고 각각 정보분석, 비밀공작, 정보수집과 관련된 연구를 담당하도록 하고 있다.
- 정보공유환경육성단(ISE: Information Sharing Environment): 정보공동체 구성기관 및 법 집행, 공공 안전, 국방, 외교 분야의 업무 담당자들에게 테러, 대량살상무기 등 안보 관련 정보를 통합적으로 제공하고 이러한 정보가 이들 간에 성공적으로 공유될 수 있도록 하며, 이러한 환경을 지속적으로 증진시키는 작업을 수행한다. 민간 부문 협력자 및 우방들과 정보를 공유하는 업무도 담당한다.
- 국가방첩관실(ONCIX: Office of the National Counterintelligence Executive): 방첩활동과 관련하여 DNI를 보좌하고 정보공동체 내에서의 방첩활동이 통합적이고 효율적으로 이루어질 수 있도록 지휘한다. 국가방첩관(NCIX)은 국가방첩정책위원회(National Counterintelligence Policy Board)의 의장으로서 정보공동체의 방첩

33) 신유섭(2005). ODNI를 탄생시킨 2004년 법안에서도 군 정보활동 관련 주된 정보활동 체계를 마련하는 것과 관련된 프로그램 운영 계획의 계발 및 시행은 국방부 장관과 공동으로 추진하도록 규정하고 있다.

정책 및 절차를 개발하는 과정을 주관한다. 2010년 특별보안센터(SSC: Special Security Center)를 흡수 통합한 이후부터는, 정보공동체가 수집하고 공유하는 정보를 보호하는 역할과 관련하여 DNI를 보좌함은 물론, 보안관련 연구 및 교육을 담당하며, 보안정책을 마련하고 시행을 평가하여 DNI에 보고하는 역할도 수행한다.

- 국가테러대응센터(NCTC: National Counterterrorism Center): 국내외 테러 관련 모든 정보를 통합 분석 공유하는 주무 부서이다. 대통령과 DNI의 지휘 하에 정부 부처들 및 정보기관들에서 충원된 전문가들이 공동으로 테러 관련 정보를 분석하고 테러 대응활동 계획을 세우고 수행하며, 이와 관련하여 정보공동체를 이끄는 역할을 수행한다. 정보공동체 구성기관 및 정부 부처와 군 관계자들이 항상 테러 관련 정보에 접근할 수 있도록 보안이 설정된 웹사이트(NCTC Online)를 운영한다. 산하에 기관간위협평가협력단(ITACG: Interagency Threat Assessment and Coordination Group)과 테러리스트신원정보자료원(TIDE: Terrorist Identities Datamart Environment)을 두고 있는데, ITACG는 정보기관들 간의 테러 관련 정보 공유를 원활하게 하는 역할을 수행하며, TIDE는 국제 테러리스트들의 신원 정보 보관소로서 정보요원들이 필요할 때 언제든지 관련 정보를 활용할 수 있도록 하는 역할을 수행한다.
- 국가대량살상무기확산방지센터(NCPC: National Counterproliferation Center): 생화학 무기, 방사능 무기, 핵무기 등 대량살상무기의 확산과 관련하여 정보공동체가 수집 분석한 정보를 통합하고 이에 대한 해결책을 발전시키며, 대량살상무기 확산으로 인해 제기되는 장기적인 위협을 파악하고 정보공동체가 이에 대처할 수 있도록 대책을 강구하는 업무를 담당한다.

ODNI의 창설은 미국이 정보공동체 전체를 일사분란하게 조율하고 효과적으로 운영하고자 하는 제도적 노력을 보여준다. 이는 9 · 11 사태 이전부터 정보실패의 원인이 정보기관 사이의 협력 부족과 그로 인한 효율적인 정보활동의 어려움에서 비롯되었다고 보고 이러한 문제점을 보완할 제도적 장치를 강구한 것으로 볼 수 있다.

한편 9 · 11 사태 이후 미국에서는 정보활동에 대해 규제를 완화하고 보다 적극적으로 정보활동을 수행할 수 있도록 1970년대 이후 강조되었던 정보활동의 민주성과

도덕성 기준을 완화시키면서 정보활동에 대해 보다 많은 재량권을 부여하는 방향으로 변화가 이루어졌다. 9 · 11 위원회 보고서와 그에 따라 마련된 법안 및 2005년 정보활동 능력 관련 보고서 등에서 관찰되듯이, DNI 직위에 대한 구상은 9 · 11 사태 이후 미국 정보공동체에 대한 효율성 강화 및 통합운영을 위한 시도로서 이해할 수 있다.[34)]

비록 DNI는 DCI 하에서 정보공동체 운영과 관련되어 관찰되었던 많은 문제점들을 해결하기 위한 개혁의 일환으로 창설되었지만, 정보기구 전체를 통합적으로 운영하는 문제와 관련하여 여전히 많은 문제점들이 존재하고 있다. ODNI에 속한 직원들 외의 다른 모든 구성원들에 대해서는 DNI가 아닌 소속 정보기관의 장이나 정부 부처장이 인사권을 행사한다. DNI와 같은 수준의 정부 각료인 각 정부 부처장들은 소속 정보기관이나 정보부서의 정보활동 결과물을 DNI를 통하지 않고 직접 대통령에게 보고할 기회를 얼마든지 가질 수 있다. 이제는 법률적으로는 CIA의 수장이 DNI를 통해 대통령에게 보고하도록 되어 있을 뿐이다. 과거 DCI에게는 없던 실질적인 권한이 DNI에게 주어졌다고는 하지만, ODNI가 창설된 이후에도 CIA와 국방부가 그들의 정보활동 능력을 확대시키려는 노력을 계속해 온 것에서 볼 수 있듯이,[35)] 미국 정보기관들이 DNI의 지도에 일사분란하게 따르지 않을 가능성은 여전히 남아 있다.[36)]

(2) 정보기관들 간 연계 강화

정보활동에 필수적인 보안 유지의 필요성, 그리고 정보기관들 간에 존재하는 갈등이나 자발적인 협력의 부재는 필연적으로, 정보기관들 간만이 아니라 정보기관 내에서도 수집된 정보가 원활하게 공유되지 못하게 하는 현상을 초래할 수 있다. 미국의 경우 정보공동체를 구성하고 있는 16개의 정보기관들이 생산하는 정보가 원활하게 공유되지 않아왔고, 이러한 정보 공유의 실패는 9 · 11 사태와 같은 정보실패의 주요 원인으로 지적되어 왔다.[37)] 미국과 같이 정보기관을 다수 보유하고 있는 나라에서는 중복된 정보활동으로 인해 정보예산이 비효율적으로 집행되거나 정보공유 실패가 발생

34) 신유섭(2005) 참조.

35) *New York Times*, 14 January 2007.

36) 신유섭(2005) 참조.

37) 예를 들면 9 · 11 테러 사건 이전에는 FBI의 지방 조직이 테러범들에 대해 입수한 사전 정보가 같은 FBI 내에서도 제대로 유포되지 않았던 것으로 알려졌다. *New York Times*, 24 November 2002 참조.

할 수 있다.

이러한 인식에 기초하여 9 · 11 사태 이후 미국 정보공동체는 "전체를 부분의 합보다 크게 하는 팀"(a team making the whole greater than the sum of its parts)이라는 표현에서 관찰되듯이 구조적, 절차적, 기술적 그리고 문화적인 측면에서 포괄적으로 정보기관들 간의 연계 구조망을 강화하여 정보역량을 극대화하는 데에 역점을 두고 정보 개혁을 추진하고 있다. 연방 및 지방 정부, 그리고 민간 영역 간 테러 관련 정보의 원활한 공유를 주요 목표로 국토안보부를 창설한 국토안보법(Homeland Security Act of 2002), 그리고 정보기관들 간의 협력 증진과 정보활동의 효율 증진을 주된 목표로 하는 ODNI를 창설하고 정보기관들이 수집한 테러 관련 정보를 통합적으로 분석하고 활용하는 국가테러대응센터(National Counterterrorism Center)를 창설한 정보개혁 및 테러방지법(IRTPA) 등이 예이다.

현재 정보기관들 간의 연계 구조망 강화 차원에서 가장 중점을 두고 추진되고 있는 것은 ODNI 산하에 창설된 정보공유환경육성단(ISE: Intelligence Sharing Environment)이다. ISE는 ODNI를 창설한 정보개혁 및 테러방지법에 의해 창설되었는데, 이 법안에서 밝히고 있는 ISE의 성격은 "기존의 정보체계의 능력을 바탕으로 하여 … 현실적으로 가능한 최대한의 정보체계를 연결시키고 … 시민의 사생활과 자유를 보호하는 가운데 정보의 공유를 촉진시키는 분권화되고(decentralized) 분할되어 있지만(distributed) 통합적으로 조화를 이루는(coordinated)" 정보환경이다.[38] 이 법안에서 규정하고 있는 것처럼 ISE는 테러, 대량살상무기 및 국가안보와 관련된 정보들이 정보기구들 간에 잘 공유될 수 있도록 통합적인 정보 존안 및 이용 환경을 제공하는 일종의 정보 허브와 같은 역할을 수행한다. ISE의 운영자(program manager, PM-ISE)는 연방정부 부처 및 기관들 간의 정보공유 환경의 증진을 위한 기준과 방안을 개발 운영하고 이의 시행을 감독하며, 모든 정부 부처 및 기관들에 적용되는 절차와 지침 및 기준을 제시할 권한을 가진다. ISE가 이러한 업무를 추진하는 과정에서 대통령과 운영자에게 조언을 하는 역할을 수행하도록 창설된 정보공유회의(ISC: Information Sharing Council)는 정보공유 및 접근 정책위원회(IPC: Information Sharing and Access Interagency Policy

38) E.O. 13356과 정보개혁 및 테러방지법 Section 1016 참조. ISE에 대한 보다 구체적인 설명은 *Information Sharing Environment Implementation Plan*, prepared by the PM-ISE (2006년 11월) 참조.

Committee)라는 백악관 내 조직으로 위상이 강화되어 있다.

ISE 운영 책임자는 테러대응 활동 및 국가안보는 물론이고 정보공유나 정보기술 등 다양한 분야의 전문가들을 보좌진으로 두고 정보공유 및 접근과 관련된 전문성을 지원받으며, 정보기관들 간의 정보공유를 증진시키기 위해서 다양한 수단을 동원할 수 있는 권한을 갖고 있다. 예를 들어 백악관의 IPC를 통해 정보기관 간에 정책을 조정하고, 정보활동 운영 및 예산 관련 우선순위를 설정하며, 정보기관들 간의 공동의 임무를 확인하고 운영을 촉진할 수 있다. 이러한 수단을 통해 ISE 운영자는 정보기관 간의 협력 및 정보공유와 관련된 효율적인 방안을 고안해내고 이를 정보기관들 간에 확산시키고 정착시키는 역할을 수행한다.

이와 같이 ISE는 정보기관들 간의 정보공유 자체를 책임지는 기관이라기보다는 정보공유 환경을 증진시켜가는 것을 주된 역할로 하는 기관이다. ISE의 주도로 이루어진 주요 업적으로는 정보공유환경 증진을 목표로 여러 시스템 및 센터가 창설된 것을 들 수 있다. 이의 예로는 테러 위협 등과 관련하여 민감하지만 비밀로 분류되지 않는 정보(SBU: Sensitive but Unclassified Information)들을 공문서기록관리국(NARA: National Archives and Records Administration)에서 통합 관리하여 모든 정부 부처들이 이러한 정보에 접근하는 것을 용이하도록 하는 시스템(CUI: Controlled Unclassified Information), 국가테러대응센터(NCTC:National Counterterrorism Center) 내의 ITACG, 그리고 국토안보부 및 법무부 산하의 정보기관들 간의 정보협력을 담당하는 부서(Multiagency Program Management Office)들, 주 및 주요 도시 지역에서 연방 정부, 주 정부, 기타 지방 정부 그리고 민간 영역들 사이에서의 위협 관련 정보의 수집, 분석, 공유가 이루어지는 구심점 역할을 수행하는 일종의 정보융합센터(Fusion Center) 등이 있다. 정보공무원들이 정보기관들 간에 교차 근무하도록 요구하는 것 역시 정보기관들 간에 존재하는 장벽을 허물고 상호 이해와 전문성 증진을 통해 정보공유 환경을 증진시키려는 의도를 가지고 시도된 것이라고 할 수 있다.[39)]

ISE가 포괄적인 의미의 정보공유 환경을 증진시키는 것을 목적으로 하고 있다면, 특히 테러 관련 정보활동을 통합적이고 효율적으로 추진하기 위한 연계 구조를 형성하는 것을 목적으로 하고 있는 조직은 NCTC이다. NCTC는 9 · 11 사태 여파 속에서 2003

39) 2007년 10월부터 일정 직급 이상의 간부들에게는 다른 정보기관들에서 공동 업무수행 경험을 쌓는 것이 승진의 전제조건으로 요구되고 있다. *Washington Post*, 28 Jun 2007 참조.

년 창설된 테러위협통합센터(Terrorist Threat Integration Center)를 계승한 조직으로서, 2004년 IRTPA에 의해 NCTC로 이름이 바뀐 후 ODNI의 산하 조직으로 편성되었다.

NCTC는 크게 두 가지 주요 임무를 수행하도록 되어 있다. 하나는 대통령, 국가안전보장회의(National Security Council), 그리고 국토안보회의(Homeland Security Council)의 정책에 맞추어 DNI의 지도 하에 잠재적인 테러 행위를 감시, 분석, 와해시키는 업무를 담당하거나 그러한 업무와 연계되어 있는 정부 부처들을 이끌면서 테러와 관련된 모든 정보를 통합 분석 배포하는 역할을 수행하는 것이다. 다른 하나는 정보 능력만이 아니라 군사, 법집행 및 외교와 금융 등 다양한 분야와 관련된 모든 능력을 테러와의 전쟁을 위해 통합하여 사용하는 국가실행계획(NIP: National Implementation Plan)과 같은 테러대응 활동 전략을 수립하며, 이러한 계획에 따라 테러 관련 정보활동을 수행하는 모든 정부 부처들 및 정보기관들 간에 정보활동 자원이 효율적이고 효과적인 방향으로 사용될 수 있도록 조정하고 역할과 책임을 배정하는 역할을 수행하는 것이다.[40] 후자의 역할과 관련하여 NCTC 책임자는 DNI가 아닌 대통령에게 보고하도록 되어 있다.

NCTC의 이러한 테러 방지 관련 활동에 공식적으로 연계되어 있는 정부 부처 및 정보기관들에는 CIA, FBI, 국무부, 국토안보부, 법무부, 에너지부, 재무부, 교통부, 보건복지부(Department of Health and Human Services), 농무부(Department of Agriculture), 핵통제위원회(Nuclear Regulatory Commission) 및 연방의회 경찰청(Capitol Hill Police) 등이 있다. NCTC는 CIA, DIA, NSA 등 다양한 정보기관들 및 국토안보부에 의해 운영되는 데이터베이스에 접근할 수 있는 권한을 갖고, 테러범들에 대한 신상 정보를 관리하고 제공하는 정보 보관소(repository)로서의 역할을 수행하는 테러리스트신원정보자료원(TIDE: Terrorist Identities Datamart Environment)을 운영하는데, 이를 통해 해외와 연계된 테러범과 테러 단체 및 그들의 테러활동과 관련된 모든 정보를 통합적으로 분석하고 보안이 설정된 웹사이트(NCTC Online CURRENT)를 통해 신속하게 제공함으로써 다양한 정보기관 및 군 등이 수행하는 테러대응 활동을 지원한다.

---

40) NCTC의 역할과 임무에 관해서는 IRTPA 참조.

(3) 정보공동체에 대한 감독

민주주의 정치제도를 가지고 있는 국가들에서는 성공적인 정보활동과 함께 정보활동을 민주주의 원칙에 적합하게 유지하는 것이 주요 관심사이다. 민주주의 원칙에 부합되나 실패한 정보활동만이 아니라 성공적이지만 민주주의 원칙에 어긋나는 정보활동 역시 정보기관의 존립을 위협할 수 있기 때문이다. 이러한 이유로 민주주의 정치제도를 가지고 있는 국가들은 정보기구 운영과 활동에 민주성을 기할 수 있는 나름의 방안을 강구해 왔다. 대통령제를 채택하고 있는 미국의 경우 일차적으로 대통령 휘하에 정보기구를 통제하기 위한 체제가 갖추어져 있지만, 다른 국가들에서와 마찬가지로 행정기구인 정보기구에 대한 주된 감독과 통제는 의회에 의해 이루어진다.[41]

행정부 내에서 정보기구에 대한 감독 기능을 수행하는 기구로는 정보공동체의 운영에 밀접하게 관여하는 국가안전보장회의(NSC: National Security Council)를 비롯하여, 대통령정보자문단(PIAB: President's Intelligence Advisory Board), 정보감독자문단(IOB: Intelligence Oversight Board), 그리고 예산관리처(OMB: Office of Management and Budget)가 있다.

NSC의 경우 특히 정보프로그램실(OIP: Office of Intelligence Program)이 정보기구를 감독하는 기능을 수행한다. PIAB는 대통령에 의해 임명된 전문가들로 구성되며, 정보 수집, 분석, 평가 및 방첩 등 다양한 정보활동의 질과 적합성에 관해 대통령에게 조언하는 역할을 수행한다. IOB는 원래 독립 위원회로 창설되었지만, 1993년 PIAB 내의 상설위원회로 흡수되었다. IOB는 정보활동이 헌법 및 각종 법률과 행정명령, 대통령의 지시 등에 부합되게 수행되는지 여부를 감독하고 이에 어긋나는 경우 즉시 대통령에게 보고하는 역할을 수행한다.

PIAB 및 IOB와는 달리 OMB는 정보기구에 대한 감독 및 정보활동과 관련하여 대통령을 보좌하는 임무를 위해 창설된 조직은 아니다. OMB는 대통령을 도와 연방 예산을 마련하고 행정 부처들의 업무 수행이 대통령의 의도와 예산계획 부합 여부를 감독하는 역할을 수행한다. 그런데 정보기구도 행정부처라는 점에서 이러한 OMB의 업무 수행의 대상이 되며, OMB는 정보활동과 관련하여 특히 정보예산이 대통령이 추진하는 정책방침 및 우선순위에 맞게 편성되었는지 검토하는 역할을 수행한다.

41) 정보기구 통제와 관련된 미국의 역사적 경험에 대한 설명은 문정인, 배종윤, "정보기관과 민주적 통제", 문정인 편, 『국가정보론』, (서울: 박영사, 2003), pp.307-320 참조.

정보기구 내에도 스스로에 대한 감독 기능을 수행하는 부서가 마련되어 있다. 정보공동체를 총괄하는 임무를 수행하는 ODNI 내에 있는 합동정보공동체회의(JICC: Joint Intelligence Community Council)는 DNI를 의장으로, 그리고 정보 부서를 가지고 있는 국무부, 국방부, 재무부, 에너지부, 국토안보부 장관 및 검찰총장을 구성원으로 하며, 정보기구들에 대해 총괄적인 감독 업무를 수행하도록 되어있다. 하지만 JICC의 구성원들에 대해 DNI가 효과적으로 지도력을 발휘하면서 정보기관들에 대한 감독활동을 수행하기를 기대하는 것은 현실적이지 않을 수도 있다. 이들은 각각 자신의 부처와 그에 속해 있는 정보기관을 책임지고 있는 사람들이면서 각 정부 부처별로 서로 상충되는 이해관계나 관점을 형성시킬 수 있는데다가 DNI와 동급의 내각 관료들로서 DNI의 지휘에 항상 협조적이지 않을 수 있기 때문이다.

JICC보다는 각 정부 부처 내에 있는 감찰관실(Office of Inspector General)이 각 부처 장관의 지휘 하에 부처 업무와 관련된 조사활동을 수행하는 가운데 정보활동에 대해서도 보다 실질적인 감독기능을 수행할 가능성이 크다. 특히 CIA의 감찰관은 관련법(CIA Inspector General Act of 1989)에 의해 상원과 하원의 정보특위에 협력하도록 되어 있다.[42] CIA 감찰관은 대통령에 의해 임명되고 해임되며, DCIA의 지휘를 받지만 독립적으로 조사활동을 수행한다. DCIA가 감찰관의 조사활동을 중단시킬 경우에는 7일 내에 그 이유를 상원과 하원 정보위원회에 제출하여야만 한다. CIA 감찰관은 1년에 두 번 상원과 하원 정보특위에 활동 결과를 보고하며, 두 위원회는 이에 기초하여 경우에 따라 추가 조사활동을 수행할 수 있다. 또한 상원과 하원 정보특위는 성격상 직접 조사하기 어려운 CIA 내부 문제와 관련하여 CIA 감찰관에게 조사를 요구할 수 있다. 이러한 규정은 과거 CIA가 미국의 정보공동체를 이끄는 중심 역할을 수행하던 때 만들어진 것으로 이제는 과거와 같은 의미를 갖지는 못하지만, 이와 같은 자체적인 감찰활동이 제대로 운영되는 한 정보활동을 효과적으로 감독하는 기능을 수행할 수 있을 것이다. 국방부의 경우는 복수의 정보기관들을 두고 있는 만큼 정보활동이 헌법과 법에 부합되게 수행되는가를 감독하는 정보감독 프로그램(IOP: Intelligence Oversight Program)을 별도로 마련하여 운영하고 있다.

대통령제를 실시하는 미국에서 정보기구를 포함한 모든 행정기구에 대한 감독은

42) Youseop Shin, "Legislative Oversight of Intelligence Agencies in Democratic Countries: The Case of South Korea and the USA," *Pacific Focus* Vol. 27, No. 1(2012) 참조.

무엇보다도 의회에 의해 이루어진다. 정보기구의 경우, 정보활동에 대한 비밀유지가 요구되기 때문에 잘못된 정보활동이라도 공개되기 어렵다는 점에서 같은 행정부 내에서 이루어지는 감독보다는 의회에 의해 이루어지는 감독에 보다 신뢰가 주어질 수 있다.

미국 의회에서 정보기구에 대한 감독은 하원과 상원 각각의 정보위원회에 의해 이루어진다. 상원과 하원 정보위원회는 다른 상임위원회와는 달리 특별위원회(Select Committee)로서 상임위원회와 다음과 같은 차이를 갖고 있다.[43] 첫째, 소속 위원들은 본인의 선호에 따라 당선횟수(seniority)가 고려되는 가운데 정보위원회에 배정된 것이 아니라 의회의 정당 지도자들에 의해 선발된다. 둘째, 위원장도 다른 위원회의 경우처럼 위원회 내에서 가장 당선횟수가 높은 의원 가운데에서 위원들의 투표에 의해 선발되는 것이 아니라 의회 정당 지도자들에 의해 지명된다. 상임위원회와 비교할 때 상원과 하원의 정보위원회가 갖는 이 두 가지 차이점은 정보위원회에 대한 의회 정당 지도부의 영향력을 증대시키기 위해 고안된 것이다.[44]

상원정보특별위원회(SSCI: Senate Select Committee on Intelligence)와 하원상임정보특별위원회(HPSCI: House Permanent Select Committee on Intelligence)에 대해 대통령은 비밀공작을 포함해서 현재 진행되고 있는 모든 정보활동 및 정보실패에 대해 정보를 제공할 의무를 갖고 있다. 상하원 정보특별위원회는 통상적인 정보감독(intelligence oversight)을 수행하는 것 외에 정보예산 관련 심의 및 승인 과정을 통해서도 감독활동을 수행할 수 있다. 또한 상원정보특별위원회의 경우 DNI, 국가정보차장(Principal Deputy DNI), CIA부장, 그리고 CIA의 감찰관에 대한 대통령의 인선을 인준하는 과정이나 정보공동체가 관련된 각종 조약을 인준하는 것을 통해서도 정보공동체에 대한 감독활동을 수행할 수 있다.

정보활동에 대한 감독활동은 상원과 하원의 정보특별위원회 이외의 다른 상임위원회들에 의해서도 각각의 관할 영역에 포함되는 정보활동을 대상으로 수행될 수 있다. 예로 국방위원회(Armed Services Committee), 국토안보위원회(Homeland Security Committee), 법사위원회(Judiciary Committee)는 각각 국방부, 국토안보부, 그리고 법무

---

43) Shin(2012) 참조.

44) Holt(1995); Don Wolfensberger, "Spies, Secrecy, and Democracy: The Congressional Connection – An Introductory Essay," paper presented at the Congress Project Seminar on Governing Post-9 · 11: Congress and the President at War hosted by Woodrow Wilson International Center for Scholars in Washington, DC(9 May 2003) 참조.

부 산하 정보기관들의 정보활동에 대한 감독활동을 수행한다.

미국과 같은 대통령제 국가에서 정보기구 및 그들의 활동에 대한 감독은 의회에 의해 가장 적합하게 수행될 수 있지만, 정보기구에 대한 감독활동은 일반적으로 의원들에게 큰 동기를 제공하지 못한다.[45] 정보활동은 성격상 비밀이 유지되어야 하는 경우가 많기 때문에 그에 대한 감독활동을 의원들이 지역구에서의 선거운동 등에 적극적으로 활용할 수 없는 경우가 대부분이기 때문이다. 대부분의 정보활동이 지역구민들의 이해관계와 직접적으로 관련되어 있지 않는 경우가 많은 것도 정보활동에 대한 감독활동을 수행할 동기를 감소시키는 요인이 될 수 있다. 미국의 경우 이러한 문제점을 극복하기 위한 방안으로 정보특별위원회에 의회의 정당 지도자를 포함하여 당선횟수(seniority)가 높은 의원들을 주로 배정함으로써 정보특별위원회를 비중 있는 의원들이 참여하는, 따라서 위원이라는 그 자체로서 긍지를 느낄 수 있는 특별한 위상의 위원회(prestigious committee)로 만드는 전략을 사용하고 있다. 의정 경험이 많은, 특히 국방위원회나 법사위원회 등 정보활동과 관련되어 있는 상임위원회에서 오랫동안 활동해 온 의원들을 주로 배정하는 것은, 이들 위원회의 의견이 정보공동체 운영에 반영될 수 있도록 하는 것은 물론, 비밀스럽게 운영되어 다른 위원회에 비해 상대적으로 전문성을 획득하기가 어려운 정보활동에 대해 전문성을 보완함으로써 감독활동이 보다 효과적으로 이루어질 수 있도록 하는 방안이 될 수도 있다.

제3절 과제와 전망

오늘날 미국 정보공동체의 구조적 특징은, ODNI가 어느 정보기관과도 직접 연결되어 있지 않은 독자적인 조직으로서 정보공동체를 이끄는 역할을 수행하며, 이러한 ODNI가 중심이 되어 분산되어 독립적으로 운영되는 정보기관들을 전체적으로 조율하고 통제하며 효과적인 정보활동이 이루어지도록 하면서 운영상의 통합을 이루어 가는 데에서 찾아 볼 수 있다.

이러한 구조적 특징은 다수의 정보기관들을 운영하는 데에서 필연적으로 발생

45) Shin(2012) 참조.

하는 정보활동의 중복성을 조정하기 위해, 그리고 정보기관들 간의 자발적인 협력을 이끌어내는 것의 한계를 극복하기 위해 고안된 것이지만, 미국이 ODNI 창설을 통해 이러한 문제를 효과적으로 해결하고 있는지에 대한 평가는 아직 유보적이라고 할 수 있다.

ODNI를 정점으로 하는 미국 정보공동체에서, 가장 중점을 두고 추진되고 있는 정보기관들 간의 보다 성공적인 정보공유를 목표로 하는 개혁은, 이전의 DCI를 정점으로 하는 정보공동체에서 경험했듯이, 정보기관들 간의 협력 부족이나 경쟁으로 인해 개별 정보기관들의 적극적인 참여가 이루어지지 않는다면 성공하기 어렵다. 하지만 수집된 정보를 적절하게 평가하고 공유하는 데에 드는 막대한 시간과 자원을 고려한다면 개별 정보기관들로서는, 다른 정보기관들과 협력하고 업무를 조종하는 가운데 정보수집을 분담하고 다른 정보기관들로부터 필요한 정보를 얻으려 하는 것보다는, 필요하다고 간주되는 정보를 스스로 수집하는 것이 보다 효율적이라고 생각할 가능성이 크다.

비록 DNI가 이전의 DCI와 비교할 때 정보공동체 통제와 관련된 보다 실질적인 권한을 부여받았다고는 하지만, 다양한 정보기관을 실질적으로 통제하는 문제에 있어서 DNI 역시 여전히 적지 않은 문제를 경험하게 될 가능성이 있다. 예를 들어 이제까지 DCI 밑에서 특히 정보의 해석과 관련된 핵심적인 역할을 수행해 온 CIA나 군사라는 특정 영역과 관련되어 있고, 또 미국 정보예산의 가장 많은 부분을 사용해 온 국방부 및 산하 정보기관들이 그들이 수행해 온 역할에 관여하려는 DNI의 시도에 적극적으로 협력하지 않을 가능성도 있다. 다른 정부 부처 산하 조직으로 편성되어 있는 정보기관들을 통제하는 문제도 의도된 대로 진행되지 않을 가능성이 있다. DNI로서는 이들 정보기관들에 대해 직접적인 영향력을 행사할 수 있는 실질적인 권한이 주어졌지만, 소속 부처 장관의 직접 통제도 받는 정보기관들이 DNI에 항상 능동적으로 협력할 수 있을지는 분명하지 않다. 이는 특히 소속 부처와 ODNI의 방침이 갈등을 겪을 경우 문제가 될 수 있는데, 정보업무 수행과 관련하여 갈등을 겪는 경우 DNI의 지침에 대한 내각 서열이 동일한 각 부처 장관들의 협력은 담보될 수 없는 문제라고 할 수 있다. 이러한 문제들에 대한 궁극적인 해결책은 전체 정보기관들을 실질적으로 하나의 정보기관으로 통합하는 것이라고 할 수 있지만, 이는 현실적으로 조만간 실현될 수 있는 방안이라고 볼 수 없다.

이러한 가능성에도 불구하고 현재의 미국 정보공동체에 대해 부정적인 평가를 내리는 것은 적합하지 않다. 이러한 문제점들에도 불구하고 미국 정보공동체의 정보역량을 능가하는 정보체계를 발전시킨 국가는 아직은 없다고 할 수 있는데다가, 미국 정보공동체가 현재 가지고 있는 구조는 2005년 ODNI의 탄생과 함께 시작되었고 아직 완전히 정착될 만큼 충분한 시간을 갖지 못했기 때문이다. 과거 CIA의 탄생과 함께 시작된 분야별로 다양한 정보기구를 운영하는 가운데 통합적인 운영을 통해 전체로서의 정보역량이 부분의 합보다 크도록 하는 것을 목표로 하는 정보개혁은 현재도 진행형이라고 할 수 있다. 정보학 연구의 측면에서도 앞으로 지속적인 관심을 갖고 관찰해야 할 대상이라고 할 수 있다.

>> 참고문헌

국가정보포럼. 『국가정보학』. 서울: 박영사, 2006.

문정인 편. 『국가정보론』. 서울: 박영사, 2002.

신유섭. “냉전 종식 이후 미국 정보기구의 개혁방향”. 『國際政治論叢』. 39집 2호(1999).

______. “9 · 11 테러 이후 미국 정보계의 변화와 전망”. 『國際政治論叢』. 43집 4호(2003).

______. “ODNI 창설을 통해 본 미국 정보계 개혁의 성격과 전망”. 『國際政治論叢』. 45집 3호(2005).

최평길. 『국가정보학』. 서울: 박영사, 2012.

Berkowitz, Bruce D. and Allan E. Goodman, *Strategic Intelligence for American National Security*. Princeton: Princeton University Press, 1989.

Commission on the Roles and Capabilities of the United States Intelligence Community. *Preparing for the 21st Century: An Appraisal of U.S. Intelligence*. Washington, DC: Government Printing Office, 1996.

Holt, Pat M. *Secret Intelligence and Public Policy: A Dilemma of Democracy*. Washington, D.C.: CQ Press, 1995.

Intelligence Organization Act of 1992. Title VII of Public Law No.102-496, H.R. 5095, the Intelligence Authorization Act for Fiscal Year 1993(25 June 1992).

Knott, Stephen F. *Secret and Sanctioned: Covert Operations and the American*

Presidency. New York: Oxford University Press, 1996.

National Commission on Terrorist Attacks Upon the United States. *The 9·11 Commission Report*. New York: W. W. Norton, 2004.

Office of Homeland Security. *National Strategy for Homeland Security*. Washington, DC: US Government Printing Office, 2002.

PM-ISE. *Information Sharing Environment Implementation Plan*. November 2006.

Shin, Youseop. "Legislative Oversight of Intelligence Agencies in Democratic Countries: The Case of South Korea and the USA." *Pacific Focus* 27. No.1(2012).

US Department of State. "Harry S. Truman to the Secretaries of State, War, and Navy, 22 January 1946." *Foreign Relations of the United States, 1945-1950*. Washington, DC: US Government Printing Office, 1996.

US Department of State. "National Intelligence Authority Directive, No.5, 8 July 1946." *Foreign Relations of the United States, 1945-1950*. Washington, DC: US Government Printing Office, 1996.

Wolfensberger, Don. *Spies, Secrecy, and Democracy: The Congressional Connection – An Introductory Essay*. paper presented at the Congress Project Seminar on Governing Post-9 · 11: Congress and the President at War hosted by Woodrow Wilson International Center for Scholars in Washington, DC(9 May 2003).

|제3장| 일본의 정보기구

제1절 일본 정보기구의 기원과 변천

1. 제2차 세계대전 이전의 정보기구[1]

일본 정보기구의 출발은 12세기 막부통치 시기부터 시작된 것으로 평가되고 있다. 당시 중앙은 각 지방 호족들의 사정을 알기 위해 다수의 정보원들을 활용하여 정탐활동을 하였다. 에도시대에는 정보의 중요성이 더욱 확대되어 제도적인 정보활동이 활발하게 진행되었다. 특히 메이지 유신을 계기로 정보수집에 큰 관심을 기울이며 체계적인 정보수집 노력이 국가적인 차원에서 경주되었다.[2]

태평양전쟁시기까지의 일본 국가정보체계는, 군의 정보기관과 경찰이 중추적 역할을 맡고, 이들이 현지의 정보원들을 광범위하게 활용하는 '인간정보 네트워크'의 형태로 발전하는 양상을 보였다. 현대적인 군사력 건설을 위해 육 · 해군이 창설되고, 조직적인 군 정보기관인 참모본부가 1878년 설립되었으며, 육군정보기관인 특무부대가 활동을 개시하고, 군 정보기관의 핵심인 헌병대가 1881년에 349명의 정예요원으로 출범하면서 대본영 휘하 육군성의 소속기관으로서 활동을 개시하였다.[3] 이로써 특무부대와 헌병대가 함께 군의 핵심 정보활동기구로 정비되었다.[4] 또한 1911년에는 내무성

1) 이 글은 김선미, "일본의 정보기관: 연혁, 조직, 활동", 『국가정보연구』, 제4권 1호 (2011)를 수정 · 보완한 것이다. 특히 일본의 국가정보체계와 위기관리체계는 새로 작성되었다.

2) 연현식, "일본의 국가정보기구에 대한 소연구-역사, 조직, 기능과 활동을 중심으로", 『일본학보』, 제63집(2005), p.289.

3) Richard Deacon, *Kempeitai: The Japanese Secret Service Then and Now*, (Tokyo: Charles E. Tuttle Company, 1990), pp.19-41; 남창희, "일본의 정보 · 보완체계", 문정인 편저, 『국가정보론』, (서울: 박영사, 2002), p.460.

4) 위의 글.

의 특별 고등경찰이라고 불리는 총리 산하의 민간인 사찰기구가 설치되어 1928년 무렵 전국적인 네트워크를 갖추게 된다.[5] 한편 일본 군부는 '나카노 학교'라는 정보요원 양성학교를 설립하여 우수한 재원을 육성하기도 하였다. 나카노 학교 출신들은 전후에 일본 민간 기업에 취업해 정부와 기업 간 해외 정보공유의 핵심 고리역할을 하였다.

이러한 군, 경찰 정보기관 이외에도 일본은 국책회사인 만주철도조사부를 만주, 중국 및 동남아까지의 국제정세, 현지 경제 및 법 관행조사뿐만 아니라 학술적인 역사, 문화, 지리를 총괄하는 종합연구기관으로 발전시켰다. 만철조사부는 전후 일본의 해외 투자 및 무역에 관한 높은 수준의 조사활동을 전개하였는데, 현재 일본의 노무라종합연구소(NRI), 미츠비시종합연구소들과 같은 민간 대기업 내 연구기관이 해외 경제동향 및 정세분석의 중추역할을 하는 것은 과거 만철조사부가 닦은 역량과 무관하지 않다.[6]

2. 제2차 세계대전 이후의 정보기구

그동안 전후 일본에서는 정보기관의 역할이 축소되고, 군사안보보다는 경제중심의 대외관계가 중시되면서, 국내 민간 연구기관과 해외에 파견된 종합상사의 상사원이 수집하는 경제 · 산업정보가 통산성에서 활용되었을 것이라는 것이 지배적인 견해이었다. 그러나 최근 발표된 CIA파일에 의하면, 일본에는 이미 제2차 세계대전 이전에도 정보기관이 존재했으며, 전후(戰後)에도 단일기관이 아닌 구 군인의 첩보기관인 특무기관이 비밀리에 활동하고 있었다는 것이 드러났다. 미국 측 자료에 의하면, 이 조직의 전체구조는 우가키기관(宇垣機関) 산하에 가와베기관(河辺機關)이 존재하고 그 산하에 아리스에기관(有末機關), 고다마기관(児玉機關), 핫토리기관(服部機關), 오이카와기관(及川機關), 이와쿠로기관(岩畔機關) 등이 있었다.[7] 이러한 명칭은 이들 기관이 전전의 특무 · 정보기관의 역할을 계승하고 있음을 암시하고 있으며 실제 이와 같은 연유로 해서 미국은 해당 조직들을 정보기관이라고 불렀다.

위 기관 중 규모가 가장 규모가 큰 조직이 우가키기관이었다. 실제 이것은 점령군에 의해 '지하정부'(underground government)라고 불릴 정도였다. 이 기관은 비밀 공작

5) 연현식(2005), p.289.

6) 남창희(2002), pp.460-461.

7) 각 기관의 이름은 기관을 대표하는 인명을 딴 것으로 전전부터 일본의 정보기구 역할을 했던 조직들이다.

활동 외에 군사활동도 수행하였다. 수차례에 걸쳐 타이완에 일본 의용군을 파견하였고, 국민당 정부로부터 자금을 지원받기도 했다. 우가키기관 산하에서 특히 유력했던 것은 가와베기관이었다. 이 기관은 1948년 G2(미극동군 총사령부 정보참모부) 산하에서 정보공작을 행한 가토(KATO)기관에 추가되었다. 가토(KATO)기관은 카와베, 아리마츠, 타나카, 오이카와 등 산하 기관의 머리글자를 딴 것으로, G2의 치안활동이나 정보활동의 하청을 수행하였다. 가와베기관이 KATO기관에 들어가 있어서 KATO · 가와베기관으로 불리우기도 했다. 가와베기관은 KATO산하기관과 함께 비밀공작을 수행하였다.[8)]

핫토리(服部)기관도 카와베기관과 마찬가지로 전국적인 네트워크를 가지고 있었으며, 국방계획과 국방군의 편성 연구뿐만 아니라 대 공산권 공작활동을 하였다. 주목할 것은 이 KATO · 카와베기관 안에는 전시 중 MATSU(松), FUJI(藤) UME(梅), RAN(蘭)[9)]이라 부르는 특무기관에서 통신방수, 암호해독에 관련되었던 구 군인이 있었다는 것이다.[10)] 일본은 소련과 중국공산당의 암호해독을 전문으로 하는 핵심부서를 비밀리에 육성해왔다. 반면 미국은 1947년까지 소련, 중국(국민당과 공산당)과 동맹관계에 있었기 때문에 이들 국가를 대상으로 한 암호해독 부서 양성이 곤란하였다. 따라서 미국은 일본을 점령했을 당시에 해당 부서에서 근무했던 자들을 찾아 G2에 협력하게 하였다.[11)]

KATO · 가와베기관은 1951년 샌프란시스코 강화조약과 미일안전보장조약이 결성되자 활동예산을 받지 못하게 되면서 12월에 해체된다. 이 기관에서 활동하던 일부는 보안대로 들어가고, 그 외 일부는 요시다 내각의 관방장관 오가타(緒方)가 구상했던 신정보기관으로 들어갔다.[12)]

한편 요시다(吉田)는 오가타의 '신정보기관'구상이 나오기 전부터 정보기관을 만들 것을 검토하고 있었다. 이것은 미국 측의 재군비 요구에 따른 것이었다. 요시다는

---

8) 有馬哲夫, "もうひとつの再軍備-緒方「新情報機関」, と戦後日本のインテリジェンス機関の再建", 『早稲田社会科学総合研究』, 10권 3호(2010), p.30.

9) 소나무, 등나무, 매화나무, 난초를 지칭하는 일본어이다.

10) Appraisal of the "Intelligence Garden" Code Deciphering by Clandestine Wireless Stations, November 18, 1953, Wachi Tagaji, box 134, Second Release, ZZ-18, RG 263. 이 중 UME와 RAN이 대중국 · 소련 정보 기관이었다. 有馬哲夫(2010).

11) 위의 글, pp.31−32.

12) 위의 글.

타츠미와 도이중장을 시켜 대륙문제연구소를 중심으로 정보기관 설립준비를 진행시켰다. 그러나 막상 정보기관 설립이 실질적인 단계에 이르자 요시다는 이를 중단시킨다. 1952년 4월 4일의 보고서에는 요시다는 심경이 변해 보안대의 일을 우선으로 하고, 정보기관 설립은 그 다음으로 하는 것으로 기술되어 있다.[13)]

그리고 실제는 요시다의 내각총리대신의 권한으로 직후 4월 9일에 내각총리대신 관방조사실이 설치되었다. 실장에 임명된 것은 내무부출신인 요시다의 비서 무라이(村井順)였다. 요시다는 본격적인 정보기관이 아닌, 총리대신의 비서실과 같은 것을 만든 다음 준비가 되고 필요성이 높아지면 다음 단계로 이 조직을 확장하든가 별도 조직을 활동시켜 국가정보 기능을 강화하고자 했던 것이다.

1952년 내각관방장관 산하에 관방조사실이 설치되고 육군병력으로는 1950년에 경찰예비대가 설치되었다. 이것은 1952년에 강화 · 확충되어 보안대가 되었다. 해상병력에는 해상보안청이 설치되었다. 1952년에는 해상경비대가 설치되었다. 동년 해상경비대 창설의 연장선상에서 구상되었던 공군도 창설할 목표가 섰다. 국내 치안유지를 위해 공안조사청이 1952년에 설치되어 국내 좌익 단체 활동을 통제하는 국내 정보활동을 개시하였다. 그러나 아직 본격적인 국가정보 기관은 없었다.[14)]

3. '신(新)정보기관'의 구상

그럼 왜 일본에는 중앙정보기구가 설치되지 않았을까? 지금까지는 일본이 패전국의 입장이었다는 점, 국민들의 정서, 당시 정치지도자들의 무관심[15)] 등을 그 이유로 꼽는 것이 일반적인 분석이었다. 그러나 전후 일본은 요시다 내각부터 중앙정보기구 설치를 논의해 왔고, 1980년대 이후 나카소네 내각, 고이즈미 내각, 아베 내각에 이르기까지 지속적인 설치구상이 발표되기도 하였다. 특히 최근 공개된 CIA파일에 의하면, 요시다 내각의 관방장관이었던 오가타의 신정보기관 구상에서 전후 일본이 전전의 특무기관의 흐름을 이어 정보기관을 창설하고자 했던 것을 알 수 있다. 물론 이후 일본 내 언론들의 강한 반발과 성 · 청의 이해관계 대립으로 오가타의 정보기관 구상은 좌

13) Tatsumi Eiichi's Opinion on Japanese Rearmanent, April 4, 1952; Activities of TATSUMI EIICHI and HATTORI TAKUSHIRO, April 6, 1952, Tatsumi File.

14) 有馬哲夫(2010), p.34.

15) 연혁식(2005), p.291.

절되었지만,[16] 언론이 이처럼 정보기관 설립에 극심하게 반대한 것은 오가타 개인의 이력과 미디어들 간의 이해관계 대립이 그 이면에 자리잡고 있었기 때문이었다.

오가타는 전시 중 내각정보국 총재를 역임하며 언론통제나 정보통제 및 선전공작을 행한 인물이었다. 또한 아사히신문의 주필이었던 그는 전후 전쟁범죄 용의자로 지목되었던 인물이기도 하였다. 게다가 통신 감청에 중점을 둔 오가타의 신정보기관 구상은 언론의 자율성과 독자성을 훼손할 것이라는 우려가 팽배하였으며 언론 매체 간의 패권을 둘러싼 이해관계도 첨예하게 대립되고 있었다. 언론뿐만 아니라 사회당 등 야당도 신정보기관 구상에 격렬히 반대했는데, 이는 일본 내 공산주의 세력에 대한 정보수집이 포함될 것이라는 판단 때문이었다.[17] 또한 당시 전후 새롭게 출발하려는 일본의 국내 정세 하에서 군사 재무장의 의미를 담고 있는 오가타의 구상은 쉽게 받아들이기 힘든 것이기도 하였다.

결과적으로 신정보기관 구상은 1953년 1월 당면 내각총리대신 관방조사실을 확충하는 것에 그치고, 이 조직에 정원 30명, 실근무자 70명을 증원하는 체제로 타협했다. 이전 안의 정원 300명과 비교할 때 크나큰 후퇴였다. 이에 만족하지 못한 오가타가 1953년 9월 '국제정세조사회'와 이듬해 '중앙조사사'의 설립을 주장하면서, 그는 다시금 언론의 격한 공격을 받게 된다. 중앙정보기구 구상의 실현이 어려워짐에 따라 오가타는 관방조사실을 토대로 '신정보기관'을 만드는 것에만 집착하지 않고 '대륙문제연구소'나 '아시아문제연구소' 같은 외곽단체에 정보활동을 위탁하여, 관방조사실을 이러한 단체와 연계시키는 방침을 세운다. 내각정보조사실(관방조사실에서 개정)과 외곽단체와의 연계에 의해 정보활동을 수행하는 지금의 정보체제가 바로 이때 만들어지게

16) 오가타 신정보기관을 둘러싼 미디어의 반발과 각 성 · 청의 이해관계의 대립에 대한 보다 자세한 내용은 김선미(2011), 위의 글을 참고할 것.

17) 오가타 구상에 반대하여, 좌파 사회당의 요시카와(吉川末次郎) 의원은 1952년 12월 3일 참의원본회의에서 다음과 같이 비난하고 있다. 有馬哲夫(2010), p.25.

1. NHK가 이 신정보기관에 의해 정부의 정보를 방송하게 된다면, NHK를 정부의 어용기관으로 만들고, 언론압박의 대문제가 된다.
2. NHK와 함께 동맹통신사(당시는 공동통신사였다)도 이름이 거론되고 있지만, 전시 중 내각정보국의 어용기관으로 있던 것들이 다시 나온다면 국민이 언론통제시대의 어두운 기분을 갖지 않을 수 없다.
3. 이런 기관의 신설은 재군비의 전제로 움직이고 있다는 증거다.
4. 공산주의 국가의 정보를 수집하는 것보다, 수상초기각료는 마르크스 · 레닌주의 이해에 노력해야 한다.

된다.[18)]

오가타가 미디어의 반발 등 심한 비난에 직면하면서까지 신정보기관 구상(국제정세조사회와 중앙조사사를 포함)을 강하게 추진하려고 했던 이유는 이미 언급한 특무기관으로부터의 흐름이 전후에도 이어지고 있었으며, 전시기에 내각정보국 총재를 역임한 오가타가 이전의 일본의 (일부는 G2산하) 정보기관을 신정보기관의 중핵으로 위치시키려 하였던 데서 찾아볼 수 있다. 특히 오가타가 요시다 내각에 입각하면서 오가타와 미국 CIA의 이해관계가 맞아떨어진 데서 그 이유를 찾을 수 있다. 오가타는 '신정보기관'구상에 필요한 CIA 기관에 대한 정보와 미국의 지지와 지원이 필요했고, 미국으로서는 공산권 정보가 필요했던 양측의 이해관계가 맞아떨어진 것이었다.[19)]

그러나 1954년, 미디어의 반발과 관방조사실내 내분과 관계없이 '신정보기관'에 관련된 일이 불가능해진다. 조선의옥(造船疑獄)사건의 발각[20)] 정국에서 자유당이 붕괴되고 있었기 때문이다. 그리고 조선의옥사건 정국의 혼란 속에 신정보기관을 창설하기 위한 미국 측의 보수당지원과 오가타 측의 정치정보 제공이라는 오가타와 CIA의 협력관계는 변질된다. 그러나 이와 같이 마지못해 유지하던 협력관계마저 1956년 1월 28일 오카타의 죽음으로 끝나게 된다.[21)]

결국 오가타의 신정보기관 구상은 좌절되었다. 그러나 그 과정에서 비록 규모는 작지만 이전에는 인원이 7명 밖에 되지 않던 관방조사실이 확충되었고, 오늘날의 내각정보조사실 토대가 만들어졌다. 그리고 내각정보조사실만이 정보활동을 수행하는 것이 아니라 이것을 중심으로 민간연구소와 미디어기업이 제휴하여 종합적으로 정보를 수집 · 분석 · 평가하는 현재의 일본 국가정보체계가 이루어졌다. 이런 의미에서 오가타의 구상은 전후 일본의 정보기구재건의 출발점이 되었다고 할 수 있겠다.[22)]

---

18) 有馬哲夫, 『CIAと前後日本』, (東京: 平凡社, 2010), p.39; 박순애, "전후 일본의 내각정보기구와 외곽단체," 『일본연구논총』, 32호(2010), p.203.

19) 有馬哲夫(2010 CIAと前後日本), p.35.

20) 1954년 조선의옥사건이 원인이 되어 요시다 총리는 총리직을 내놓게 된다.

21) 有馬哲夫(2010, CIAと前後日本), p.40.

22) 위의 글.

제2절 일본의 국가정보체계

1. 일본 정보기구의 조직과 활동

일본은 미 CIA같은 중앙정보기관을 두고 있지 않다. 대신 내각정보조사실을 중심으로 해서 각 성·청별 정보기관을 두고 있다. 이 중 국가정보기관으로서 내각정보조사실이, 군사정보는 방위성의 정보본부가, 국내정보는 경찰청의 경비국·외사국과 법무성의 공안조사청이 담당함으로써 이 네 기구가 정보기관의 핵심역할을 담당하고 있다. 이외에도 국제정보는 외무부의 국제통괄관조직(국제정보국)이 담당하고 있다. 또한 일본 정보활동은 매스컴이나 기업 및 내각이 지원하는 외곽단체들이 각종 정보활동의 주체가 되고 있다는 점도 특색이다.

(1) 내각정보조사실

내각정보조사실은 1952년 일본 최초의 국가적 차원의 정보기관으로 총리부 산하에 설치된 내각총리대신 관방조사실(내조실)에 연원을 두고 있고 있다. 관방조사실은 1957년에 정부 조직 개편에 따라 총리부에서 내각관방으로 이전되어 내각조사실로 개편되었다. 이후 1986년 내각의 종합 조정 기능 강화의 일환으로 내각조사실은 내각정보조사실로 확대 개편되었다. 2001년 시행된 행정 개혁에 의해 내각정보조사실장이 내각 정보관으로 승격하면서 내각부 관방장관 예하의 내각정보관에 의해 국가정보의 중앙조정·통제기능이 강화되고 있다. 냉전 종식 이후 일본의 안보 관심이 확대되고 국제적 불안정과 국내 위기 상황에 대처하기 위한 정보력 강화가 강조되면서 내각 정보조사실의 규모와 인원은 계속적으로 확장되고 있으며, 위성 정보 운영과 같은 새로운 임무를 부여받게 되는 등 그 역할과 비중도 계속 확대되는 추세에 있다.

내각정보조사실은 내각의 중요정책에 관한 정보의 수집 및 분석 이외의 조사에 관한 사무를 담당하고 있고, 내각정보관의 아래 차장 및 총무부문, 국내부분, 국제부문, 내각정보집약센터 및 내각위성정보센터가 업무를 분담하고 있다.[23] 총무부문은 인

23) http://www.cas.go.jp/jp/gaiyou/jimu/jyouhoutyousa.html(검색일: 2011.2.14)

그림 3-1 내각정보조사실 조직과 역할

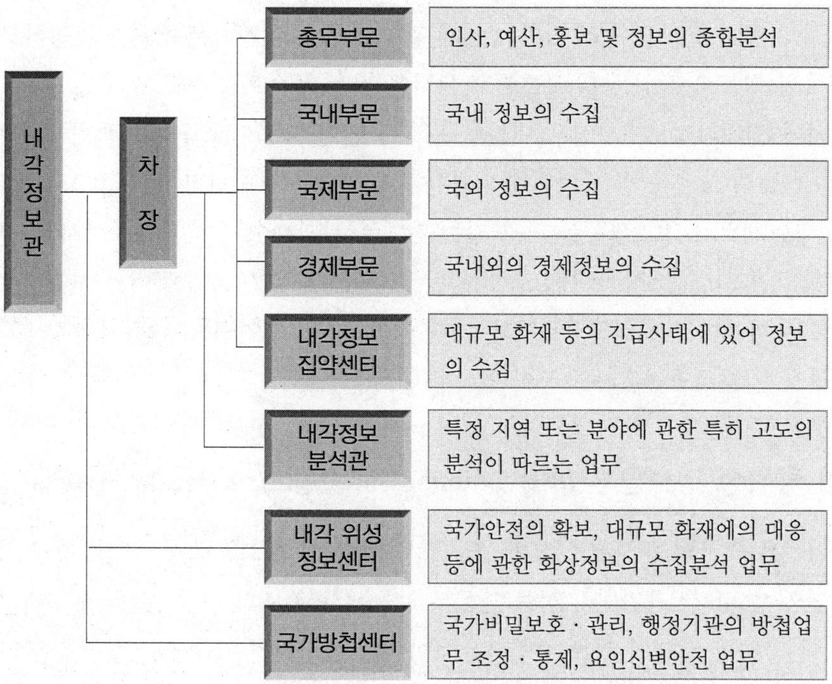

사, 예산, 홍보 및 정보의 종합 분석 등에 관한 일을 담당하고 있고, 국내부문은 국내 정보의 수집, 국제부문은 국외 정보수집에 관한 일, 경제부문은 국내외의 경제정보 수집을 담당하고 있다. 내각정보집약센터는 대규모 화재 등의 긴급사태에 관한 정보수집을 맡고 있다. 긴급사태가 발생하면 모든 정보가 내각정보집약센터로 모이게 되어 있다. 내각정보분석관은 특정 지역, 또는 고도의 분석이 요구되는 특정분야의 일을 하며 내각위성정보센터는 국가안전의 확보, 대규모 화재 대응 등과 관련한 화상정보 수집을 담당한다. 내각위성정보센터는 2001년에 설치되어 현재 광학위성 2기, 레이더 위성 2기, 합계 4기 체제를 운용하고 있다. 이를 정리하면 〈그림 3-1〉과 같다.

한편 국가방첩센터(Counter-Intelligence Center)는 내각정보관[24]을 센터장으로 하

24) 2013년 3월 현재 내각정보관은 北村滋로 경찰출신인데, 경찰청 경비국 외사부장, 관방총괄심의관을 역임한 바 있다. 이는 내각정보조사실이 완전히 독립된 기구라기보다는 경찰청과의 관계를 어느 정도 짐작하게 해주는 부분이다.http://www.cas.go.jp/jp/gaiyou/kanbu/2010/uematsu.

여 내각정보조사실에 설치되어 「방첩 기능의 강화에 관한 기본방침」[25] 시행에 관한 연락 조정 등을 하고 있다. 이 기본방침은 방첩에 관한 각 행정기관의 시행과 관련해 필요한 사항의 통일을 도모하고, 기타 방첩에 관한 시책을 추진하는 체제를 확립하고, 나라의 중요한 정보나 직원 등의 보호를 도모하는 것을 목적으로 하고 있다.

이외에도 내각정보조사실은 민간연구소 등 많은 외곽단체를 운영하면서 정보수집 및 분석 등의 도움을 받는 대신에 외곽단체의 예산을 부담하고 있는 것으로 알려져 있다. 외곽단체로서 정보활동을 하고 있는 단체는 상당수여서, 내각정보조사실로부터 외곽단체의 인건비나 사업비 예산을 지원받는 단체만도 17~25개에 이르고 있다.[26] 외곽단체로는 재단법인 세계정경조사회, 사단법인 국제정세연구회, 내외정세조사회, 라디오프레스, 일본무역진흥기구 등이 있다.[27]

(2) 방위성 정보본부(DIH: Defense Intelligence Headquarters)[28]

방위성은 외국의 군사정보를 방위국 조사 제1과와 제2과, 육상, 해상, 항공 각 막료감부 조사부 및 각 자위대의 정보 전문부대 등에서 정보의 수집 · 분석을 각각 실시하고 있어 방위성 전체의 정보 수집 · 분석이 비효율적이라는 구조적 결함을 안고 있었다. 이 문제를 해결하기 위해 방위성 내의 복수의 정보기관을 통합하는 형태로 1997년 1월 20일 정보본부가 설치되었다.[29] 2,414명(2009년도 예산정원)의 요원을 거느린 정보본부는[30] 해외 군사정보에서부터 각종 정보를 취급하는 일본 최대의 정보기관이다.

---

html(검색일: 2013. 3. 15).

25) カウンターインテリジェンス機能qの強化に関する基本方針 平成１９年８月９日カウンターインテリジェンス推進会議決定)の概要 http://www.cas.go.jp/jp/seisaku/counterintelligence/pdf/basic_decision_summary.pdf(검색일: 2011. 2. 16)

26) 외곽단체를 정확히 파악하기는 어렵지만 내조실로부터 인건비 및 사업비를 지원받는 단체는 남창희(2002)의 경우 25개 단체로, 박순애(2010)는 17개 단체로 명시하고 있다. 자세한 것은 남창희(2002), p.463 〈표 1〉과 박순애(2010), pp.213-214를 참고할 것.

27) 정부보조금을 받는 외곽단체와 그 활동에 대한 자세한 내용은 김선미, 위의 글, pp.173-175를 참고할 것.

28) http://www.mod.go.jp/dih/(검색일: 2011.2.15)

29) 방위청 내의 모든 정보 조직이 통합된 것이 아니고, 기존의 조직은 각각 일부 개편 · 축소되었지만, 계속 존속했다.

30) http://ja.wikipedia.org/wiki/%E6%83%85%E5%A0%B1%E6%9C%AC%E9%83%A8(검색일 2011.12.25).

방위성에서는 정보 수집 강화에 노력하고 있어, 각 자위대의 자위관 정수가 삭감되는 것과는 대조적으로 정보본부의 요원은 거의 매년 증원되고 있다.

정보본부는 이전에는 통합막료회의의장(현 통합막료장)의 산하에 설치되었지만 통합운용체제로의 이행에 따라 2005년 말 장관(현 방위대신)의 직할조직으로 새롭게 편성되었다.[31] 아울러 자위대의 운용에 직접 필요한 정보기능 등을 집약하고 효율적으로 보유하기 위해 정보본부 내에 통합정보부가 신설되었다.

정보본부의 기본적 업무는 각종 정보를 집약하고, 종합적으로 처리, 분석하고, 국제군사정세 등 방위성 · 자위대 전반을 통해 필요한 전략적인 정보를 작성하는 것이다. 정보본부는 본부장, 부본부장, 그리고 여섯 개의 부와 부속기관인 통신소로 구성되어 있다. 각 부의 명칭은 총무부, 계획부, 분석부, 통합 정보부, 화상 · 지리부 및 전파부이며, 각각의 소관의 업무를 관장한다. 부속기관인 통신소는 여섯 곳에 있으며, 정보본부의 요원 가운데 70%에 해당하는 인원이 전파부 및 각 통신소에 속해 있다.

계획부는 정보의 수집 정리에 관한 계획, 정보에 대한 관계 부국과의 연락 조정, 조직 및 정원, 행정 재산의 취득, 업무 계획, 비밀의 보전 정보의 관리, 기획이나 섭외에 관한 업무를 담당한다. 분석부는 정부 및 방위성의 정책 결정 및 자위대의 활동 등에 이바지하기 위해 발간정보, 화상정보, 전파정보, 교환정보 등의 각종 정보를 집약한 후, 종합적인 분석업무를 시행한다. 통합정보부는 긴급하게 처리를 필요로 하는 정보 및 외국 군대 등의 동태에 관한 정보의 수집 정리 및 통합 막료감부에 대한 자위대의 운용에 필요한 정보 제공 등의 업무를 맡고 있다. 화상지리부는 민간의 위성으로부터 수집한 위성사진의 해석, 디지털 지도의 제작, 지리공간 정보분석 등에 관한 업무를 맡고 있다. 전파부는 일본의 유일한 전파 정보기관으로서 전파 정보의 수집정리 및 해석, 전파 정보의 수집 · 해석 조사와 관련되는 장비의 기술연구 및 기술개발의 요구와 연구 개선에 관한 업무를 담당하고 있다.

(3) 법무성 공안조사청(PSIA: Public Security Intelligence Agency)

공안조사청은 「파괴활동방지법」[32]과 「무차별 대량 살인 행위를 실시한 단체의 규

31) 정보본부의 장관(현 방위대신) 직할화는 다음을 참고할 것(http://www.mod.go.jp/dih/gaiyou.html(검색일: 2011.2.16).

32) 「파괴활동방지법」은, 내란이나 정치 목적을 달성하기 위한 소란, 살인 등 평온한 시민 생활에 있어서

제에 관한 법률」 등의 법령에 기초해 테러 조직, 폭력단체 등 일본에 대한 치안 · 안전 보장상의 위협에 관한 정보를 수집 · 분석하는 법무성 산하의 정보기관이다. 1952년 7월, 파괴활동방지법의 시행과 동시에 법무부 특별 심사국(통칭 '특심국')을 발전적으로 해체하는 형태로 설치되었다. 본래는 파괴활동방지법이나 무차별 대량 살인 행위를 실시한 단체의 규제에 관한 법률의 규제 대상에 해당하는 단체일지의 조사(정보 수집)와 처분 청구를 실시하는 기관이지만 조사활동의 과정에서 입수한 정보를 분석 · 평가해 관계 기관이나 여당, 국회의원, 매스컴 등에 제공하고 있다.

공안조사청의 활동 근거가 되는 법령인 파괴활동방지법은 일본 공산당에 대한 규제를 염두에 두고 제정되었다. 그러나 1994년부터 마츠모토사린(sarin) 사건이나 지하철 사린 사건 등을 일으킨 옴 진리교(현Aleph) 사건을 계기로 1999년 파괴활동방지법의 적용 요건을 유연하게 한 무차별 대량 살인 행위를 실시한 단체의 규제에 관한 법률이 시행되면서 공안 조사청은 동법에 근거해 Aleph 시설의 입회검사를 계속하고 있다.

공안조사청은 대상 단체에 대한 강제권은 없고, 경찰과 같은 사법행정 기관은 아니다. 공안조사청이 처분 청구를 실시한 후에, 그 처분을 심사 · 결정하는 기관으로서 공안심사위원회가 설치되어 있다. 조사대상 조직(국가) 내부에 협력자(스파이)를 만들어 정보를 입수하는 것을 목표로 공작활동을 실시하고 있다. 주요 업무는 국내외 정보 · 자료의 수집 · 분석 · 평가와 단체규제 및 행정기관에의 정보제공이며 주로 테러, 북한의 핵 · 미사일 및 납치문제 등 국제관계와 대량 살상 단체 그리고 옴진리교와 같은 국내 단체를 주요 대상으로 정보활동을 하고 있다.

공안조사청의 조직은, 내부 부국, 시설등기관 및 지방지분부국으로 구성되어 있는데, 내부 부국으로서 총무부, 조사제1부 및 조사제2부, 시설등기관으로서 공안조사청연수소가 있고, 지방지분부국으로서 전국에 8개 공안 조사국과 14개 공안조사 사무소가 있다.

(4) 경찰청 경비국[33)]

경찰청 산하의 정보기관은 경찰청의 경비국, 경시청의 공안부, 도부현의 경찰본

중대한 위협이 되는 폭력주의적 파괴활동을 실시한 단체에 대해 필요한 규제 조치를 정하고 있다.

33) http://ja.wikipedia.org/wiki/%E8%AD%A6%E5%82%99%E5%B1%80#.E6.A6.82.E8.AA.AC(검색일: 2011.2.18).

부 경비부, 경찰서의 경비과 · 공안과로 구별된다. 경찰청 경비국은 국가공안위원회의 특별 기관인 경찰청 내부 부국의 하나로, 크게 공안경찰과 경비경찰로 나뉜다. 경비국은 공안경찰의 사령탑이기도 하다. 전국의 공안경찰을 지휘해 국제테러 조직, 구공산권 등 외국 첩보기관, 일본 공산당, 시민활동(반전운동, 노동운동 등), 컬트 단체(구 옴진리교 등), 우익 단체(주로 행동 우익), 극좌 단체(혁명마르크스파, 중핵파, 혁노협) 등에 대한 사찰이나 협력자관리를 주된 임무로 하고 있다. 조직은 경비기획과, 공안과, 경비과로 구성되어있다. 경비기획과에는 종합정보분석실과 화상정보분석실이 있고, 공안과는 경비정보대책실을, 경비과는 화재대책실, 경위실, 경호실을 두고 있다. 주요 임무는 경비경찰, 경위, 경호, 경비, 긴급사태에 대처하기 위한 계획 및 실시 등이며 외사정보부에서는 외국인 또는 재외일본인에 관계되는 일을 주관한다.

경찰청 경비국의 외사과는 외국 첩보기관의 대일 유해 활동을 수사하는 것을 주요한 임무로 한다. 세계 각국의 방첩기관에 가까운 성격을 가진다. 경찰청 경비국의 외사과는 경시청 및 각 도부현 경찰 본부의 외사과를 통솔한다.

(5) 외무성 국제정보통괄관조직(Intelligence and Analysis Service)[34]

국제정보통괄관조직은 정보의 분석 · 평가를 전문적으로 실시하는 외무성 산하의 하나의 조직이다. 외무성 국제정보통괄관조직은 시시각각 변화하는 국제 정세에 기민하게 대응하고, 중요한 정보와 정확한 정세를 판단하여, 이를 정책에 반영하고자 하는 목적에서 활동한다. 특히 2001년 9 · 11 미국 테러 사건 이후의 국제테러 정세나 이라크 정세, 북한의 핵개발 문제 등 정확한 정보수집 및 정세판단의 필요성이 높아지고 있다는 판단하에 국제정보 수집활동 강화 의지를 보여주고 있다.

외무성은 2005년 4월, 외무성의 정보 수집 · 분석 활동 강화책을 논의하는 유식자 간담회인 '대외 정보기능 강화에 관한 간담회'를 설치해 대외 정보기능 강화에 나서고 있다. 동년 9월 "대외 정보기능의 강화를 향해서"라는 간담회 보고서는 인간정보활동(HUMINT)을 전문으로 하는 '정보담당관'의 재외 공관 배치, 외교정책상 중요사항에 대한 기본적인 정보활동 방침 설정, 중 · 장기적인 관점에서 미국의 국가정보관(National Intelligence Officer) 제도를 참고할 것과 영국의 SIS(비밀 정보부, MI6)를 모델

34) http://www.mofa.go.jp/mofaj/annai/honsho/sosiki/koku_j.html(검색일: 2011.2.18).

로 한 대외 정보기관을 외무성에 설치하는 것 등을 제언하고 있다.[35)]

국제정보통괄관조직의 구체적인 업무는 여러 가지의 정보(위성 화상정보를 포함) 수집 활동을 강화하고, 수집된 정보에 근거해 객관적 · 종합적 관점에서 국제 정세를 분석하여 정세를 판단하는 것이다. 국제정보통괄관조직 자체는 정보 수집활동을 실시하지 않는다. 정보기관(첩보기관)이라기보다는 분석 · 평가기관으로서의 성격이 강하다. 유사한 외국 기관으로서는 미 국무성의 정보조사국(INR: Bureau of Intelligence and Research)을 들 수 있다.

조직원은 국장급인 국제정보통괄관을 장으로 해서 대신관방 심의관 또는 참사관, 국제정보관(과장급 분장관) 4명, 사무관, 전문분석원으로 구성되어 있다. 국제정보관 4명이 각 실을 담당하고 있다.[36)] 국제정보통괄관조직의 구체적인 조직과 업무를 살펴보면, 제1국제정보관실은 정보의 수집에 관한 총괄, 과학적 정보 수집, 대량 파괴 무기의 개발 · 배치 문제에 관한 정보 수집 · 분석 · 조사를 담당한다. 제2국제정보관실은 정보의 분석에 관한 총괄, 국제 테러, 대량 파괴 무기의 확산 문제, 안전 보장을 비롯한 범세계적 과제 및 아프가니스탄 · 남서 아시아에 관한 지역 정세의 정보 수집 · 분석 · 조사를 실시한다. 제3국제정보관실은 동아시아, 동남아시아, 대양주 지역에 관한 정보를 수집 · 분석 · 조사한다. 제4국제정보관실은 유럽, 중앙아시아 · 코카사스, 미주, 중동(아프가니스탄 제외), 아프리카 지역에 관한 정보를 수집 · 분석 · 조사한다.[37)]

2. 정보의 집약과 공유

일본의 각 성과 청은 개별적인 정보기관을 가지고 있으나, 정보를 집약하고 공유하기 위해 하나의 정보공동체를 구성하고 있다. 이 정보커뮤니티는 내각정보조사실을 중심으로 방위성, 공안조사청, 경찰청, 외무성 등 정보기관 및 관계기관 등의 상시적 정보공유를 기본 원칙으로 한다. 또한 합동정보회의와 내각정보회의를 통해 상시적 정보공유체제를 유지하고 있으며 내각정보조사실 및 내각정보집약센터는 내각의 의

35) 간담회 보고서는 다음을 참고할 것(http://www.mofa.go.jp/mofaj/press/release/17/pdfs/rls_0913a.pdf)(검색일: 2011.2.18).

36) http://ja.wikipedia.org/wiki/%E5%9B%BD%E9%9A%9B%E6%83%85%E5%A0%B1%E7%B5%B1%E6%8B%AC%E5%AE%98%E7%B5%84%E7%B9%94(검색일: 2011.2.28).

37) http://www.mofa.go.jp/mofaj/annai/honsho/sosiki/koku_j.html(검색일: 2011.2.18).

사결정을 지원하기 위해 각 관계 성 · 청 정보기관의 정보를 집약하여 보고한다.

합동정보회의는 일본의 내각에 있는 내각관방부장관(사무)이 주재하는 관계성 · 청 국장급 회의다. 이 회의는 각 정보관계기관과의 정보협력을 위해 1986년 7월 내각정보회의 아래 설치된 이후 격주로 개최되고 있으며, 2008년부터는 정보생산 평가기능도 도입되었다. 4분기당 1회 평가서를 작성하면 전 정보원이 분석 · 평가한 후 내각정책부문에 보고하고, 정보공동체의 차원에서 정보를 공유한다.

내각정보회의는 일본내각에 있는 회의로, 각 정보관계기관의 연락조정을 통해 내각의 중요정책에 관한 국내외 정보를 종합적으로 파악하기 위해, 1998년 10월 내각에 설치되었다. 이는 내각관방장관이 주재하는 관계부처차관급 회의이며, 연 2회 개최된다. 2008년 3월의 내각결정에 의해 재무성, 금융청, 경제산업성, 해상보안청도 구성원에 추가되었고, 정책입안에서 정보분석이 보다 중시되었다. 이는 내각정보회의의 기능이 점차 강화되고 있는 것을 보여주는 것으로, 2007년 2월 28일에 정보기능강화검토회의가 「총리관저에 있어 정보기능 강화의 기본적인 방침」[38]이라는 내부문건을 내놓은 것도 이러한 내각 정보기능 강화의 문제의식을 뒷받침하고 있다. 이 문건의 구체적인 내용은 ① 정보기능의 강화, ② 정보수집의 강화, ③ 집약 · 분석 · 공유기능의 강화, ④ 정보 보전의 철저 등 네 가지로 정보공유와 정보강화의 의지이다.

제3절 과제와 전망

1. 21세기 안보환경의 변화와 내각의 위기관리 강화

1951년 9월 8일 요시다(吉田) 총리가 일본의 무조건 항복에 따른 강화조약에 서명하면서 시작된 전후 일본의 출발점이 된 51년 체제[39]는 냉전 이후 일본 안보정책의 기본 틀을 구성한 것으로 볼 수 있다. 그러나 탈 냉전기 변화된 안보환경은 그동안 주로

38) 情報機能強化検討会議, [官邸における情報機能の強化の基本的な考え方](2007年2月28日) http://www.kantei.go.jp/jp/singi/zyouhou/070228kettei.pdf(검색일: 2011.2.14).

39) 1)다수강화, 2)미일안보조약, 3)해석 변경된 헌법 9조(한정적 군사력유지 1)를 주요 내용으로 한다.

미국에 의존하고 있는 일본의 국가안보역할 강화로 이어지면서 일본의 정보기능 강화 움직임이 눈에 띄게 증가하고 있다. 특히 북한 대포동 미사일 발사는 일본 사회에 국가정보 강화를 가속화시키는 계기가 되었다. 이어진 납치문제를 비롯해 9 · 11 테러, 최근엔 아덴만 선박납치 등 대외적 요인과 대지진 등 재난 안전, 대형 참사 등의 대내적 요인은 이러한 움직임을 가속화시키고 있다.[40)]

이러한 국가정보 강화의 움직임은 성 · 청 개혁과 더불어 내각을 강화하는 행정개편으로 이어졌으며, 동시에 국가정보기관의 개편작업도 적극적으로 진행되었다. 일본 정부는 행정개혁의 일환으로 2001년 1월 6일부터 1부, 22성 · 청체제를 1부 12성체제로 축소하면서 총리의 권한을 대폭 강화하였다. 특히 총리의 발의권, 내각관방의 직무 확대, 내각부에 경제재정자문회의 설치 등은, 총리가 주도적으로 경제 및 재정의 큰 방향이나 결정을 하게 함으로써 이제까지의 성 · 청중심의 행정체제가 총리중심으로 바뀌었다.

일본은 또한 내각부 관방장관 예하의 내각정보관에 의한 국가정보의 중앙조정 · 통제기능을 강화하고, 방위청을 방위성으로 개편하고 정보본부를 장관직할체제로 개편하는 등 정보기능을 집약하고 효율화를 도모하고 있다. 외무성 또한 국제정보수집 활동 강화 의지를 보여주고 있다.[41)]

2. 최근의 동향과 전망

일본은 전후 정보기관 설립을 둘러싼 미디어의 반발과 CIA 및 일본 내 성 · 청의 이해가 맞물려 중앙정보기관이 설치되지 않고 각 성 · 청 중심의 현재의 정보체계를 구축해 오고 있다. 그렇다고 일본이 이후 중앙정보기관 설치 논의가 전혀 없었던 것은 아니었다. 1980년대 중반부터 내각정보기관 설치의 필요성이 지속적으로 논의되어 왔다. 2007년 아베 신조 총리 재임 시에는 일본판 '국가안전보장회의'(NSC)의 창설이 추진되었다. 당시 9 · 11테러와 북한 핵 미사일 발사 등으로 인해 별도의 정보기관의 필요성을 절감했기 때문이다. 이 해 NSC 창설 안건이 각료회의를 통과하기도 했다. 그러나 후쿠다 야스오 총리가 취임하면서 이 방안에 논란이 거듭되었는데, 외무성과 방위

40) 김선미(2011), p.143.
41) 김선미, 위의 글, p.144.

성이 반대하고, 인원 구성 방식 등을 놓고 부처 간 주도권 다툼이 이어져 같은 해 12월 24일 안전보장회의에서 NSC 창설안이 폐지되었다.[42] 이렇듯 각 성 · 청 간 갈등은 여전히 일본 정보기관 구성의 걸림돌이 되고 있다.

그럼에도 불구하고 분명한 것은, 일본정부가 정보역량 강화 의지를 천명하고 그에 따른 노력을 계속하고 있다는 사실이다. 대내외적인 이유로 정보의 중요성이 커져감에 따라 정보기관 및 정보기능 강화, 정보공유 및 정보협력에 대한 문제의식이 높아지고 있으며, 특히 내각을 중심으로 한 정보기관의 강화 움직임이 가시적으로 드러나고 있다. 각종 행정개편 및 정보기관 개편을 통해 정보의 효율화를 기하기 위해서 통합 운용체제를 구축하는가 하면, 장관 직할체제로 개편함으로써 내각기관에 대한 정보지원 기능을 강화하고 있다. 동시에 성 · 청 내 정보기관의 역할도 더욱 강화하고 있다.

사회적으로도 대포동 미사일 발사를 계기로 안보에 대한 위협이 실존한다는 인식과 특히 9 · 11 테러, 최근엔 소말리아, 아덴만 선박납치에 이르기까지 또 대내적으로는 각종 대규모 재난발생 빈도가 증가하면서 정보기관 강화의 목소리는 점점 커져가고 있다. 이러한 대내외적인 안보 불안의 증가는 각 기관별로 분리되어 있는 정보기구에 대한 비효율화에 대한 지적들이 제기되고 있는 상황에서 장기적으로는 일본의 경우도 미국 CIA와 같은 중앙정보기관 창설로 이어질 가능성이 높아질 수 있다. 이미 이러한 움직임이 내각정보조사실을 중심으로 정보기능이 강화되고 있음에 주목할 필요가 있다. 물론 여기에는 각 성 · 청별 경쟁과 견제가 어떻게 해소될 수 있는가, 일본의 보통국가화와 시민평화세력간의 대립이나 그에 따른 일본의 정치적 이해관계가 어떻게 전개되는가에 따라 그 추이가 달라질 수 있음도 사실이다.

한편 일본의 재무장화에 대한 주변국의 반발에도 불구하고 일본은 미국의 협조속에 2007년부터 미사일방어체제(MD) 전력을 강화하고 있다. 자위대도 MD운영 매뉴얼을 개정하여 자위뿐만 아니라 선제적 예방조치가 가능해졌다. 또 중국과의 영유권 분쟁으로 해상자위대를 증강하고 있으며, 해상자위대는 이미 평화유지활동을 명분으로 해외작전을 수행하고 있다. '기반적 방위력'에서 '동적 방위력'[43]으로의 안보전략

---

42) 『서울신문』, 2010.3.3(검색일: 2012.2.14).

43) 동적 방위력 개념은 기존에 지역방어의 경향을 보였던 육상자위대의 재래식 병력을 과감하게 삭감하면서, 기동방어능력을 갖는 해상자위대와 항공자위대의 신속대응능력을 강화하고, 탄도미사일 방어 및 특수전 전력을 계속보강하고 그 위에 육해공 3자위대를 통합 지휘하는 통합막료감부의 정보수집 및 합동작전 능력을 강화하는 내용으로 이해될 수 있을 것이다(박영준, "<일본방위대강

계획의 변화를 보여주고 있는 2010 방위대강에서는 중국 군사력 강화에 대한 우려와 북한의 군사적 움직임을 중대한 불안정 요인으로 꼽으면서, 난세이(南西)군도 방위태세 강화, 도서지역 등 공백지역에 부대 배치, 육상자위대 정원 1,000명 감축, 해상자위대 잠수함 16척에서 22척으로 증강, 북한의 탄도미사일 등에 대비하기 위한 미사일 방공체제 구축, 패트리어트 지대공 미사일(PAC-3)을 세 곳에서 여섯 곳으로 확대, 이지스함의 요격 미사일인 SM-3를 현재 4대에서 6대로 늘릴 계획 등 군사력 강화의 움직임도 보여주고 있다.[44]

이외에도 개혁적인 변화가 서서히 일고 있는데, 내각관방 주도로 안보관련 법안을 입안하게 되었다는 점, 안전보장회의 강화 움직임 등 내각의 정보기능 강화와 더불어 전체적으로 국가안보에 대한 관심이 점차 증대하고 있다는 점이다.

따라서 대내외적인 안보환경 변화와 이에 대한 대응으로서 국가안보에 대한 관심증대는 일본 국내외 정보기능 강화의 필요성이 높아지는 방향으로 전개될 가능성이 더욱 크다. 특히 최근 일본 동북부 지방의 지진 · 쓰나미로 인한 대규모 재난 상황은 위성정보에 대한 정보강화 및 재난 대비 정보활동에 대한 관심 제고로 이어지고 있어 일본의 국가정보체계는 전반적으로 더욱 강화될 전망이다.

>> 참고문헌

National Intelligence Studies

문정인 편저. 『국가정보론』. 서울: 박영사, 2002.
민진규. 『국가정보학』. 서울: 배움, 2010.
최평길. 『국가정보학』. 서울: 박영사, 2012.
김선미. "일본의 정보기관: 연혁, 조직, 활동". 『국가정보연구』. 제4권 1호(2011).
남창희. "일본의 정보 · 보완체계". 문정인 편저. 『국가정보론』. 서울: 박영사, 2002.
박순애. "日本の內閣情報局新設方案に對する考察." 『일본학보』. 제47집(2001).

2010>과 한국 안보정책에의 시사점", 『EAI논평』, 제16호(2010), 12월 28일, p.4.

44) 물론 신방위대강에 대한 평가는 엇갈리고 있다. 장기불황과 재정적자에 발목이 잡힌 일본으로서 거창한 동적 방위력은 결국 숫자놀음에 불과하고 중국을 견제하기엔 역부족이라는 평가가 있는가 하면 ("'신방위대강'과 일본의 고민", 『세계일보』, 2010.12.19(검색일: 2012.6.20), 동적 방위력으로의 전환을 주변국들과의 마찰 등의 우려를 담은 의미심장한 변화로 평가하는 의견도 있다(『경향신문』, 2010.12.14(검색일: 2012.6.20)).

박순애. “전후 일본의 내각정보기구와 외곽단체”. 『일본연구논총』. 32호(2010).
박영준. “<일본방위대강 2010>과 한국 안보정책에의 시사점”. 『EAI논평』. 제16호 (2010).
연현식. “일본의 국가정보기구에 대한 소연구-역사, 조직, 기능과 활동을 중심으로”. 『일본학보』. 제63집(2005).
大森義夫. 『日本のインテリジェンス機関』. 東京: 文藝春秋, 2005.
有馬哲夫. “もうひとつの再軍備－緒方「新情報機関」と戦後日本のインテリジェンス機関の再建”. 『早稲田社会科学総合研究』. 10권 3호(2010).
有馬哲夫. 『CIAと前後日本』. 東京: 平凡社, 2010.
黑井文太郎. 『日本の情報機関』. 東京: 講談社, 2007.
仮野忠男. “インテリジェンスの今を読み解く-情報に弱い日本刑組織から脱却を!” 『経済界』. 2010.6.8.
大森義夫. “政府は情報機関再建を急げ－日本はスパイ工作の餌だ”. 『CHUOKORON』. 2008.6.
原田武夫. “拉致問題解決の切り札は対外情報機関の設置だ”. 『CHUOKORON』. 2005.7.
『경향신문』. 2010.12.14.
『서울신문』. 2010.3.3.
『세계일보』. 2010.12.19.
[情報収集衛星について]http://www.cas.go.jp/jp/gaiyou/jimu/pdf/igs.pdf(검색일: 2011.2.14)
情報機能ミ強化検討会議, [官邸における情報機能0の強化の基本的な考え方](2007년 平成19年2月28日)http://www.kantei.go.jp/jp/singi/zyouhou/070228kettei.pdf(검색일: 2011.2.14)
内閣官房. 2010. 「情報と情報保全」. 5月.
http://www.kantei.go.jp/jp/singi/shin-ampobouei2010/dai7/siryou1.pdf(검색일: 2011.2.15).
カウンターインテリジェンス機能の強化に関する基本方針 平成19年8月9日カウンターインテリジェンス推進会議決定)の概要 http://www.cas.go.jp/jp/seisaku/counterintelligence/pdf/basic_decision_summary.pdf(검색일: 2011.2.16).
なぜ防衛庁を省にするのですか？]http://www.mod.go.jp/j/profile/ikou/panfu/q01.pdf(검색일: 2011.2.15).
http://ja.wikipedia.org/wiki/%E5%86%85%E9%96%A3%E6%83%85%E5%A0%B1%E4

%BC%9A%E8%AD%B0(검색일: 2011.2.15).
http://www.cas.go.jp/jp/gaiyou/jimu/jyouhoutyousa.html(검색일: 2011.2.14).
http://www.cas.go.jp/jp/gaiyou/kanbu/2010/uematsu.html(검색일: 2011.2.15).
http://www.cas.go.jp/jp/yosan/zaimu/09yosanan.pdf(검색일: 2011.2.15).
http://www.cas.go.jp/jp/gaiyou/jimu/pdf/siryou2/report.pdf(검색일: 2011.2.15).
http://www.cas.go.jp/jp/saiyou/pdf/panfbassui2011.pdf(검색일: 2012. 6.13).
http://www.kantei.go.jp/jp/singi/ampobouei2/dai4/siryou2.pdf(검색일: 2012. 6.13).
http://www.mod.go.jp/dih/(검색일: 2011.2.15).
http://www.mod.go.jp/dih/gaiyou.html(검색일: 2011.2.16).
http://www.moj.go.jp/psia/kouan_shoukai2.html(검색일: 2011.2.16).
http://ja.wikipedia.org/wiki/%E8%AD%A6%E5%82%99%E5%B1%80#.E6.A6.82.E8.AA.AC(검색일: 2011.2.18).
http://www.mofa.go.jp/mofaj/annai/honsho/sosiki/koku_j.html(검색일: 2011.2.18).
http://www.mofa.go.jp/mofaj/press/release/17/pdfs/rls_0913a.pdf)(검색일: 2011.2.18).
http://www.mofa.go.jp/mofaj/annai/honsho/sosiki/koku_j.html(검색일: 2011.2.18).
http://www.mofa.go.jp/mofaj/press/release/17/pdfs/rls_0913a.pdf(검색일: 2011.2.18).
http:www.sekaiseikei.or.jp(검색일: 2011.4.14).
http://www.koueki.jp/disclosure/ra/radio/(검색일: 2011.4.14).
http://www.koueki.jp/disclosure/ra/radio/0.pdf9(검색일: 2011.4.14).
http://www.jetro.go.jp/indexj.html(검색일: 2011.4.14).
외교방위위원회조사실. 입법과 조사 2007.10. No.273.
http://www.sangiin.go.jp/japanese/annai/chousa/rippou_chousa/backnumber/2007pdf/20071002003.pdf(검색일: 2012.6.25).
2010 일본방위대강.
http://www.mod.go.jp/j/approach/agenda/guideline/2011/taikou.html(검색일: 2012.6.25).

|제4장| 중국의 정보기구[1)]

제1절 중국 정보기구의 기원과 변천

중국 정보기구의 발전과정은 중국 국가체계의 발전과정과 맥을 같이한다. 중국 국가수립 이전과 이후의 정보기구 발전양상이 다르기 때문이다. 중국은 국가수립(1949년 10월 1일)에 앞서 1921년 당이 창립되었고 이어 1927년 군이 창립됨에 따라 정보조직도 당 → 군 → 국가의 순서로 발전되는 양상을 보여 왔다.[2)] 1911년 신해혁명의 발발로 청조(淸朝)가 붕괴된 이후 중국은 국민당과 공산당 간 갈등과 내전 끝에 결국 1949년 공산당이 승리, 본토에 중화인민공화국이 수립되는 과정을 겪었다. 이 과정에서 중국공산당이 1921년에 창당되었고, 1927년 장제스(蔣介石)의 국민당이 공산당에 대해 대대적인 탄압을 시작하였던 샹하이대학살을 계기로 공산당은 홍군(紅軍)을 창설하였다. 따라서 중국의 정보기관도 처음에는 당, 그 다음 군, 그리고 국가의 순서로 설치되어 운영되는 과정을 겪었고, 그 결과 당과 군이 정보기관에 대해 강한 영향력을 행사할 뿐만 아니라 적극적인 정보활동을 수행하는 관행이 형성되었다.

중화인민공화국이 수립되기 이전까지 중국공산당의 정보활동은 중국공산당 내부의 중앙사회부(中央社會部, Central Department of Social Affairs)가 주축이 되어 수행하였다. 당내 정보조직으로 중앙군사부(1925년 말), 중앙군사위원회(1926년 11월), 중앙특별공작위원회 산하 중앙특과(1927년 11월) 등이 설치운영되어 오던 것을 1930년대 말 정보업무 총괄부서로 중앙사회부가 설립된 것이다. 중앙사회부는 주로 해외신문이나 외신을 분석하여 국제정세와 주요 사건에 관한 정보를 당지도부에 보고하는 임무를 수행하였다. 1946~1949년간 국공내전에서 특히 중앙사회부는 공산당이 승리하는데 중

1) 이 장은 저자가 다음에 게재한 논문을 수정, 보완한 것이다. 이호철, “중국의 정보조직과 정보활동: 국가안전부 중심으로”, 『국가정보연구』, 제1권 2호(2008년 겨울), pp.117-138.
2) 국가정보포럼, 『국가정보학』, (서울: 박영사, 2006), p.201.

요한 기여를 한 것으로 알려져 있다.[3] 중앙사회부의 주요 임무는 정보(情報), 책반(策反),[4] 간첩(間諜), 통일전선(統一戰線) 등이었는데, 업무내용은 중첩되고 상호보완적이었다. 정보조직은 당내 군사조직인 중앙군사위원회에 설치되어 당군 지도부의 지휘·통제를 받았다.[5]

중화인민공화국이 수립된 이후(1949년 이후) 중앙사회부는 중앙조사부(中央調査部, Central Investigation Department)로 개편되었다.[6] 1950년대 중국의 해외공관은 예외없이 중앙조사부 요원으로 구성된 조사연구단위를 갖추고 정보수집활동을 하였다. 정보분석은 중앙조사부 제8국, 즉 1978년 이후 현대국제관계연구원(現代國際關係研究院, Institute of Contemporary International Relations)으로 알려진 곳에서 수행하였다.[7] 당내에는 중앙조사부 이외에도 대외연락부, 통일전선공작부 등이 정보활동을 수행하였다. 군에서는 기존 정보관련 부처들을 통합하여 총참모부 2국, 3국으로 신설 통합하여 군관련 정보활동을 수행하였고, 총정치부 연락부도 정보활동을 수행하였다.[8]

문화혁명(1966~1976)이 발발하자 중앙조사부는 해체되었고 간부들은 재교육을 위해 지방으로 '하방'(下放)되었다. 중앙조사부의 활동과 기구들은 인민해방군 총참모부 제2국으로 흡수되었다. 문화혁명 기간 동안 막강한 권력을 행사했던 캉성(康生)은 중앙조사부의 요원들로 중앙실사소조(中央實査小組, Central Group for the Examination of Cases)를 구성하여 류사오치(刘少奇), 덩샤오핑(邓小平) 등의 숙청에 관여한 것으로 알려지고 있다.[9]

1970년대 초 린뱌오(林彪)가 사망하자 중앙조사부는 재건되었다. 1977년 화궈펑(华国锋)과 왕둥싱(汪东兴)이 권력을 장악하면서 이들은 자신들의 권력기반을 강화하기 위해 당의 정보활동을 강화시킬 필요에 직면하여 중앙조사부를 확대하고자 하였다. 그러나 문화혁명 직후 복권된 덩샤오핑의 반대로 중앙조사부의 확대 계획은 무산되었다. 나아가 덩샤오핑의 주장에 따라 중앙조사부의 해외 조직들은 외교관으로서의

3) http://www.globalsecurity.org/intell/world/china/mss.htm 참조.
4) 책반이란 적 진영에 침투해 들어가 모반을 획책하는 행위를 뜻한다.
5) 국가정보포럼(2006), p.202.
6) 이 이외에 공산국가 관련 정보 업무를 담당하는 중앙대외 연락부, 그리고 책반 및 국내외 침투 업무를 담당하는 중앙통일전선공작부도 활동하고 있었다.
7) http://www.globalsecurity.org/intell/world/china/mss.htm 참조.
8) 국가정보포럼(2006), p.202.
9) http://www.globalsecurity.org/intell/world/china/mss.htm 참조.

신분위장을 중단하고 특파원 혹은 기업인사 등의 신분으로 활동하게 되었다.[10)]

1983년 공안부장이었던 류푸즈(刘复之)는 중앙조사부와 공안부 내 방첩단위들(counter-intelligence elements), 그리고 군 총참모부의 일부 조직을 통합하여 국가안전부를 설립할 것을 제안하였고 당 정치국이 이를 승인하였다. 같은 해 6월 전국인민대표대회(全國人民代表大會)는 국무원(國務院) 산하에 국가안전부를 설립하는 안을 통과시켰다. 국가안전부의 설립은 1978년 개혁개방정책의 추진과 밀접한 관련을 갖고 있다. 개혁개방이 본격적으로 추진되고 대외개방이 급속하게 전개되자 새로운 정보환경에 따라 정보활동을 강화하고 확대시킬 필요에 대응하기 위한 것이었다. 당과 군이 주도하던 이전의 정보조직을 통합하여 공식적이고 전문적인 정부산하의 정보기관을 수립할 필요가 있었기 때문이다.

제2절 중국의 국가정보체계

중국의 국가정보 인프라는 미국, 러시아에 이어 세계 3위의 규모이다.[11)] 중국은 당 · 정 · 군(黨 · 政 · 軍)에 걸쳐 방대한 정보조직을 갖추고 다양한 정보목표를 수행한다. 먼저 실질적으로 중국의 권력을 독점하고 있는 공산당 산하 정보기구로는 당 중앙정법위원회와 당 중앙통일전선공작부, 당 중앙대외연락부가 있으며, 국무원 산하에는 중국의 대표적인 국가정보기관인 국가안전부와 공안업무(경찰)를 총괄하고 지휘 · 감독하는 공안부가 있다. 이 밖에 군 산하정보기관으로는 군 총참모부 2, 3, 4부와 총정치부 연락부, 그리고 총정치부 정치보위부 등이 있다. 중국 정보기구들의 활동은 주로 반체제 인사들에 대한 내부정보활동과 해외정보활동으로 크게 나눌 수 있다. 특히 개혁개방정책의 농업, 공업, 과학기술, 국방의 4개 현대화를 지원하는 업무와 대(對)타이완 공작을 통한 중국통일 문제에 집중되어 있다. 중국 정부의 공식적인 정보기관은 국가안전부(Ministry of State Security)로서 국가안전부는 국가정보의 수집과 정보보호에 대한 책임을 진다.

10) http://www.globalsecurity.org/intell/world/china/mss.htm 참조.
11) http://www.globalsecurity.org/intell/world/china/mss.htm(검색일: 2008.5).

이러한 국가안전부 외에 인민해방군(人民解放軍) 총참모부(總參謀部) 2부, 3부, 4부, 총정치부(總政治部) 연락부와 보위부 등이 군사와 관련된 첩보와 방첩의 임무를 수행한다. 총참모부 2부는 군정보부라고도 하며 중국의 가상적국 및 주변국을 대상으로 군사사상, 군사정책, 군사지리, 병력규모, 무기체제, 군인사 등 군사관련 전략 정보와 대간첩활동을 총괄·지휘한다. 총참모부 3부는 통신정보부 혹은 기술정찰부라고도 하며, 신호정보에 의한 통신, 전자, 음성 정보의 수집과 암호해독, 주중 외국공관에 대한 통신감청을 담당한다. 총참모부 4부는 전자부라고 하며, 1993년에 설립되어 전자전 및 국내의 전자산업을 담당하는 부서로서 중국의 전자정보 관리를 담당한다. 총정치부 연락부는 연락국, 조사연구국, 변방국, 대외선전국 등 4개 국 외에 상해, 광주에 분국을 운영하고 있다. 연락국은 타이완에 대한 정보활동, 조사연구국은 주중 외국대사관에 대한 정보활동, 변방국은 베트남에 대한 공작을, 대외선전국은 군의 선전활동을 담당하고 있는 것으로 알려져 있다. 총정치부 보위부는 군내 보안을 담당하는 것으로 알려져 있다.[12)]

또한 당 산하 정보기관들로 당 중앙정법위원회와 당 중앙 통일전선공작부 그리고 당 중앙 대외연락부가 있다. 먼저 당 중앙 정법위원회(黨 中央政法委員會)는 서기 1인과 위원 7인(국가안전부장, 공안부장, 사법부장, 최고인민법원장, 최고인민검찰총장, 총정치부 부주임, 중앙기율검사위원회), 그리고 비서장 1인(위원이 겸직) 등으로 구성되나 위원의 수(數)가 고정된 것은 아니다.[13)] 이 당 중앙정법위원회의 주요 기능은 매년 12월 전국 정법공작회의를 개최하고 이를 통해 중국의 주요 정보기구들 즉, 국가안전부, 공안부, 사법부, 인민검찰원, 군 정보기관들 간의 정보 및 공안업무를 협의·조정하는 것이다. 그리고 1명의 부장과 7명의 부부장, 1인의 비서장으로 구성되는 당 중앙 통일전선공작부(統一戰線工作部)는 주로 타이완을 대상으로 하는 통전공작을 수행하며, 그 외에 홍콩, 마카오, 화교단체에 대한 정보활동을 수행한다. 당중앙대외연락부(對外聯絡部)는 8개의 지역국으로 구성되어 있는데, 1930년대에 한때 중앙연락국으로 불리다가 1949년 국가수립 이후에 현재의 당 중앙 대외연락부로 개칭되었고, 대외정책결정과정에서 외교부에 비하여 그 위상이 높다고 할 수 있다. 당의 대외관계를 책임지는 주무부서로

12) 문정인(2002), pp.505-508; 국가정보포럼(2006), p.207.

13) 국가정보포럼(2006), p.204.

서 전 세계 공산당 및 좌파단체와의 관계를 유지 · 강화하는 것을 목표로 하고 있다.[14] 또한 중앙정부 부처인 공안부(公共安全部, 公安部)에서도 국가공안업무 총괄 지휘감독, 경호와 경비 업무, 치안유지, 대테러 정책과 정보수집, 출입국관리, 타이완, 홍콩, 마카오 주민의 국내활동 관리 등과 관련된 정보활동을 수행한다.[15] 한편 중국의 국영통신사인 신화사(新華社)는 일반적인 통신사의 기능 외에 전 세계의 소식을 수집, 번역, 요약, 분석하여 관련부처에 보고하는 역할을 한다. 신화사는 국가안전부 등 정보기관 요원들의 해외파견 때 신분을 위장하는 수단으로 사용되기도 하는데 국내에 31개 지부, 해외에 107개의 지국을 운영하고 있으며, 고용 인원은 대략 1만 명이 넘는 것으로 알려져 있다.[16]

제3절 국가안전부

1. 국가안전부의 창설배경과 변천

국가안전부의 설립은 1978년 개혁개방정책의 추진과 밀접한 관련을 갖고 있다. 개혁개방이 본격적으로 추진되고 대외개방이 급속하게 전개되자 새로운 정보환경에 따라 정보활동을 강화하고 확대시킬 필요가 생겼다. 당과 군이 주도하던 이전의 정보조직을 통합하여 공식적이고 전문적인 정부산하의 정보기관을 수립할 필요가 있었기 때문이다.

국가안전부는 "국가안전과 반간첩 공작을 영도 · 관리하며, 사회주의 현대화 건설과 조국통일의 대업을 보위하고 촉진시킬" 목적으로 1983년 7월에 설립되었다. 또한 "중국 사회주의체제를 파괴하거나 전복하려는 적대국의 요원, 스파이, 반혁명활동에 대응하여 효과적인 조치를 취하여 국가의 안전을 수호하는 책임"을 맡도록 규정되었다. 국가안전부는 헌법과 법률을 준수하도록 요구되고, 국가의 기밀과 안전을 보장

14) 국가정보포럼(2006), p.205.
15) 국가정보포럼(2006), p.206.
16) "연재-세계의 정보기관: 중국 국가안전부", 『주간동아』, 299호(2001.8.30).

하는 헌법적 책무를 수행하기 위해 시민들의 협력을 요청할 수 있도록 하였으며, 반체제 인물 감시 및 해외첩보 수집과 공작활동도 수행한다.[17] 국가안전부는 총리에 책임을 진다.

국가안전부의 초대 부장으로 공안부 부부장이었던 링윈(凌云)이 임명되었다. 그러나 1985년 공안부에서 차출되어 온 정보처장 위창성(俞强声)이 미국으로 망명하는 사건이 발생하였다. 위창성의 망명으로 미국 내 중국 첩보조직의 일부가 노출되었으며, 이로 인해 중국계 미국 중앙정보국(CIA) 요원 래리 진(중국명 金无怠)이 간첩혐의로 체포되었다. 래리 진은 1950년대에 중앙조사부가 미국에 파견한 이른바 '심저어'(深低魚, 장기간첩)였다.[18] 이 사건을 계기로 링윈은 경질되었다. 링윈의 후임을 둘러싸고 국가안전부 내에서 공안부 출신 파벌과 중앙조사부 출신 파벌이 갈등하게 되자 당지도부는 당시 47세의 중립적인 외부인사 자춘왕(贾春旺)을 후임 국가안전부 부장으로 임명했다. 덩샤오핑의 신임이 두터웠던 자춘왕 부장은 1998년 공안부장으로 전보될 때까지 12년 이상 국가안전부 부장으로 재직하였다. 자춘왕 부장아래에서 국가안전부는 미국으로부터 핵관련 기술을 포함한 민감한 군사기술정보를 수집하는 데 상당한 성공을 거둔 것으로 알려지고 있다.

1998년 허난성 출신의 장쩌민(江泽民) 주석의 측근 쉬융웨(许永跃)가 자춘왕의 후임으로 국가안전부 부장으로 임명되었다. 쉬 부장은 특히 국가안전부 내 부패를 척결하는 데 노력하였다. 국가안전부 내부에서는 요원들에게 제공되던 홍콩 여행허가서를 밀매하는 등의 부패관행이 만연하였고, 특히 국가안전부는 중앙기율검사국의 검사를 받지 않아 이러한 부패는 더욱 조장되고 있었다. 2003년 쉬융웨는 국가안전부 부장으로 재임명되었다. 2004년에는 정치국 상무위원 뤄간(罗干)의 지시에 따라 국가안전부는 천안문사태 희생자의 한 어머니, 딩즈린(丁子霖)과 국내 및 해외에 거주하는 다른 천안문사태 관련 인사들을 감시하기도 하였다. 딩즈린은 UN 인권위원회에 영상증언을 제출하였었다.[19] 또한 국안부는 파룬공 반정부 인사들에 대한 조치에도 관여한 것으로 알려지고 있다. 2004년 10월 쉬융웨 부장은 카자흐스탄의 국가안전위원회(National Security Committee) 위원장, 나르타이 둣바에프(Nartai Dutbaev)와 회담을 갖

---

17) http://www.globalsecurity.org/intell/world/china/mss.htm 참조.

18) "연재-세계의 정보기관: 중국 국가안전부", 『주간동아』, 299호(2001.8.30).

19) 丁子霖은 중국인민대학 철학교수였고, 현재 Tiananmen Mothers 단체를 이끌고 있다.

고 국제테러, 극단주의, 조직범죄, 마약거래 등에 대해 공동대응하기로 합의하였다. 2006년 2월에는 대표단을 이끌고 싱가포르를 방문하기도 하였다.

2007년 8월 중국공산당 17기 전국대표대회를 앞두고 경후이창(耿惠昌)이 국가안전부 부장으로 임명되었다. 경 부장은 1998년부터 국가안전부 부부장으로 일해 왔었다. 그 이전에는 현대국제관계연구원을 이끌어 왔다. 경 부장은 2007년 중국공산당 17기 중앙위원회 위원으로 선출되었다. 경 부장은 경제정보 전문의 교수 출신이다.

중국의 전문 정보요원은 임무의 성격에 따라 해외지사에 6년, 10년, 그리고 장기체류의 형태로 파견된다. 1996년 9월 중앙군사위원회와 국무원은 총참모부와 국가안전부가 작성한 홍콩, 마카오, 해외에서의 정보활동 전반에 관한 개편안을 승인하였다. 이에 따라 미국, 캐나다, 서유럽, 북유럽, 일본 등에서 기업인, 경영인, 금융인, 학자, 기자 등으로 활동하던 120여 명의 요원들을 소환하였다.

전문 정보요원 외에 국가안전부는 중급의 기술과 데이터 수집을 위해서 보다 낮은 신분의 중국인 혹은 중국계 미국인들을 채용하였다. 중국인 여행객, 기업인, 학생, 연구원 등이 광범한 잠재적 요원의 풀(pool)이다. 국가안전부는 가용한 자원을 사용하여 인센티브를 제공하거나, 개인적 관계를 이용하거나, 혹은 본국으로부터의 격리와 같은 협박수단을 활용하는 방식으로 광범하게 요원들을 포섭한다.

2. 국가안전부 조직과 변화

1996년, 1997년 홍콩에서 발행되는 『쟁명』(爭鳴)의 보도를 기반으로 미국과학자협회(FAS: Federation of American Scientists)에서는 국가안전부의 조직을 다음과 같이 제시하고 있다(아래의 〈표 4-1〉 참조).[20] 한편, 2000년 이후의 타이완 자료들에서는 국가안전부의 조직이 보다 세분화, 전문화되어 확대되어 있다.[21] 국가안전부는 개혁개방 이후 폭발적으로 확대된 대외교류와 대외개방의 변화된 정보환경에 효과적으로 대응하기 위해 1983년에 설립되었다. FAS 자료와 여타 자료를 종합적으로 검토할 때 설립 초기에는 10여 국 전후로 조직되어 운용된 것으로 추정된다. 그러나 2000년 이후 타이

20) http://www.fas.org/irp/world/china/

21) 『中共對臺工作組織體系概論』(2004년 수정 2판), pp.134-135; http://chimuchyo.egloos.com/1076089(2005년 7월 24일 작성) 에서 재인용; “연재-세계의 정보기관: 중국 국가안전부”, 『주간동아』, 299호(2001.8.30).

표 4-1 >> 국가안전부 조직체계의 변화

미국과학자협회 자료(1997)	타이완 자료(2004)
제1국 국내국 제2국 국외국 제3국 홍콩, 마카오, 타이완 제4국 기술국: 첩보수집과 방첩기술의 연구, 개발 제5국 지방정보국: 국가안전부의 성, 시 지방단위들의 조정과 통제 제6국 반간첩국 제7국 통보국: 첩보보고의 확인, 검증, 보고 제8국 연구국: 현대국제관계연구원, 정보분석과 정보생산 제9국 반책반·반정찰국 제10국 과학기술정보국 제11국 전자계산기국 외사국: 해외정보기관과의 조정, 협력, 정보공유 기타 부서: 판공청 정치부 인사교육국 감찰심계국 기관당위원회	제1국 구미정보국(歐美情報局): 유럽, 미주, 대양주 지역 정보수집 제2국 동구정보국(東歐情報局): 러시아 동유럽 지역 정보수집 (CIS 및 중앙 아시아 지역 포함) 제3국 아비정보국(亞非情報局): 아시아·아프리카 지역 정보수집 제4국 대만오국(台港澳局): 타이완, 홍콩, 마카오 지역 정보수집 제5국 정보분석통보국(情報分析通報局): 정보의 분석과 통보, 수집 지도 제6국 기술정보국(科技情報局): 과학·기술 정보의 수집·연구 및 통신공작/활동 지휘 제7국 반간첩정보국(反間諜情報局): 반간첩정보의 수집 제8국 반간첩정찰국(反間諜偵察局): 외국간첩의 추적 정찰·체포 제9국 통신정찰국(通信偵察局): 우편물 검사 및 통신정찰 제10국 대방정찰국(對(外保)防偵察局): 해외 중국공관 안전공작 담당 (유학생 및 반중국 세력 감시 활동 병행) 제11국 정보자료중심국(情報資料中心局): 문서자료의 수집·연구·관리 (중국현대국제관계연구원) 제12국 사회조사국(社會調査局): 사회단체 연락 및 민의 동태 조사 제13국 기술정찰국(技術偵察局): 과학 기자재 관리·연구 제14국 비마통신국(密碼.通訊局): 암호·통신공작 담당 제15국 대항아연구국(台港澳研究局): 타이완·홍콩·마카오 지역 정보분석, 연구조사 제16국 계산기관리국(計算機管理局): 내부 전산망 관리, 전산망의 외부 침입 방지 및 사이버 정보분석 제17국 양화기업국(兩化企業局): 국안부 소속 기업 및 사업 관리 담당 기타부서: 판공청(辦公廳) 정치부(政治部) 조직선전부(組織宣傳部) 교육배훈부(教育培訓部) 인사국(人事局) 노간부국(老幹部局) 감찰심계국(監察審計局) 종합계획국(綜合計畫局) 행정관리국(行政管理局)

완 자료에서는 17국과 관련 행정조직들로 대폭 확대되어 보다 전문화되고 세분화되어 있음을 알 수 있다. 중국은 1997년 중국공산당 15차 전국대표대회와 1998년 9기 전국인민대표대회를 계기로 장쩌민 2기 체제를 구축하면서 국가안전부 조직을 대폭적으로 확대시키고 전문화한 것으로 보인다. 이는 1996년 9월 국가안전부와 총참모부가 해외정보활동 전반에 대한 대대적인 개편을 추진하였고, 이에 따라 해외에서 활동하던 120여 명의 요원들을 소환하였다는 사실에서도[22] 알 수 있다.

이 시점은 중국이 외교정책 전반에서 큰 전환점을 이룬 시기이다. 1990년대 후반까지 중국의 외교정책은 덩샤오핑의 지침이었던 '도광양회'(韬光养晦)를[23] 크게 벗어나지 않는 소극적이고 현상수용적인 외교정책 노선을 견지하여 왔다. 그러나 베오그라드 중국대사관 오폭사건으로 인한 미국과의 접촉, 중국의 WTO 가입협상 등을 계기로 중국은 보다 적극적인 외교정책을 추진하고 국제기구와 지역협력 등에 적극적으로 참여하는 적극적 다자주의 외교로 전환하였다. 이러한 외교정책 전환은 '부책임적대국'(负责任的大国, 책임지는 대국외교), 중국의 '화평굴기'(和平屈起, 평화적 부상), 중국의 '화평발전'(和平发展, 평화적 발전) 등의 외교지침으로 표출되기도 하였다. 따라서 이 시점을 전후로 국가안전부의 조직도 적극적 다자주의 외교에 맞춰 해외정보활동을 강화하고 확대하는 방향으로 재편되었다.

최근에는 급속하게 정보화 사회로 전환하고 있는 중국과 국제사회에서의 정보활동을 수행하기 위해서 컴퓨터, 사이버공간, 정보통신과 관련되는 부처의 조직과 활동이 강화되고 있다. 2012년 6월 기준으로 중국의 인터넷 사용자는 5억 4천만 명, 인터넷 보급률은 거의 40%에 이른다.[24] 이들의 국내외 통신에 대한 감시, 검열, 통제 등을 수행하기 위해 정보통신 관련 조직이 대폭 강화되고 있다. 2006년 BBC 보도에 의하면 중국의 국가안전부는 반정부, 반체제 인사를 포함하는 20만 명에 달하는 블랙리스트를 작성해 놓고 이들에 대한 인터넷 감시를 수행하고 있다고 한다.[25] 또한 중국의 경제성장에 따라 폭발적으로 수요가 늘어난 원자재와 에너지자원 확보를 위한 새로운 분

---

22) http://www.globalsecurity.org/intell/world/china/mss.htm

23) '도광양회'는 조용히 실력을 갖춰 때를 기다린다는 뜻으로 강대국 특히 미국과의 마찰을 피하고 실리를 최대한 취한다는 의미이다.

24) 中国互联网络信息中心, "第30次中国互联网络发展状况统计报告"(2012年 7月), http://www.cnnic.cn/

25) 『서울신문』, 2006.7.25, p.14.

야의 경제정보활동도 크게 증대되었을 것으로 예상된다.

3. 국가안전부의 주요 정보활동과 사례

중국의 국가안전부와 여타 정보관련 부처들은 미국을 주요 정보수집 대상국으로 설정하고 있다.[26] 특히 실리콘 벨리(Silicon Valley)를 중심으로 남부 캘리포니아 지역의 첨단기술 정보수집에 초점을 맞추고 있다. 1990년대 후반 자료에 의하면 미국 내 중국의 정보요원은 1,500여 명의 외교관 신분, 연간 15,000여 명에 이르는 중국 유학생, 10,000명 정도의 각종 미국 방문단 인원 등을 포괄하고 있는 것으로 알려졌다.[27]

비공식 요원들이 각자 '정보의 조각'들을 수집해오면 주로 이들 조각들을 맞추어 전체 그림을 만들어내는 방식으로 정보활동을 한다. 1999년 미의회의 위원회 청문회에 따르면 중국은 20년에 걸쳐 미국국립핵무기랩에서 WW 88 핵탄두 설계를 빼내 갔다고 한다. 중국은 자국의 군사정보능력의 발전을 위해 핵무기, 미사일, 항공우주 기술 같은 미국의 다양한 첨단군사기술을 수십 년에 걸쳐 불법적으로 수집해갔고, 미국 정부의 방만한 기술수출통제정책이 중국의 첩보활동을 쉽게 허용했다는 지적이다.[28] 1997년에는 같은 국립핵무기랩에서 타이완계 미국인 피터 리(Peter Lee)가 소형 핵탄두의 폭발실험 정보와 대잠수함전 관련 비밀자료를 2회에 걸쳐 중국에 전달한 혐의로 체포되어 유죄를 선고받았다.[29] 1999년 뉴햄프셔 공화당 상원의원 루드먼(Rudman)의 보고서에 따르면 중국의 정보수집활동은 "겉으로 무해한 것으로 보이게 하는 정보의 인출 기술"에 매우 능숙하다고 지적한다. 이러한 '완만한 정보수집활동'(diffuse nature of data collection)으로 인해서 미국 방첩부서(counterintelligence authorities)에서는 혐의자들을 처벌하는 것조차 어려운 경우가 많다고 한다.[30]

2010년에는 미국 국방부 분석관 그렉 버거슨(Gregg Bergersen)이 중국의 스파이 타이선 쿠오(Tai Shen Kuo)에게 미국의 타이완 무기판매 관련 기밀을 전달한 사건이 공개되어 두 사람 모두 실형을 선고받았다. 2010년에는 또한 보잉사에 근무했던 중국

26) 김계동 역(2008), pp.410-413 참조.
27) http://www.fas.org/irp/world/china/mss/ops.htm.
28) "연재-세계의 정보기관: 중국 국가안전부", 『주간동아』, 299호(2001.8.30).
29) 위의 글.
30) http://www.globalsecurity.org/intell/world/china/mss.htm 참조.

계 미국인 동판 그렉 청(Dongfan Greg Chung)이 중국에 우주항복선, 로켓, 수송기와 전투기 등 항공개발 계획과 방위산업 기밀을 전달한 사건이 공개되어 실형을 선고받았다. 같은 해 치맥(Chi Mak)은 해군함정, 핵잠수함 등 민감한 군사기밀을 중국에 빼돌린 간첩행위로 중형을 선고받기도 하였다. 그러나 이들 공개된 중국의 첩보활동은 일부분에 지나지 않는다. 미국의 FBI는 최근 12명의 중국 스파이를 체포하였고, 현재 유사한 간첩혐의로 500건의 조사를 진행하고 있다.[31)]

중국의 경제정보 수집활동(economic espionage)은 주로 세 가지 방식으로 수행된다. 첫째는 국내에서 특히 학자나 과학자들을 충원하여 정보를 구매하도록 해외에 파견하는 방식이 있다. 둘째는 중국 기업이 필요한 기술을 보유하고 있는 미국 기업을 매입하도록 하는 방식이다. 셋째는 위장회사를 세워 기술을 구매하도록 하는 방식인데, 이 세 번째 방식이 가장 많이 사용되는 방식이다. 미국 FBI는 중국 국가안전부가 정보수집활동을 위해서 약 3,000개의 위장회사를 설립한 것으로 추산한다. 대표적인 예는 1993년의 빈우(Bin Wu)와 다른 두 중국인이 설립한 위장회사의 경우이다. 이들은 국가안전부의 지시에 따라 버지니아와 노포크에 위장회사를 세워 3세대 야간투시장비를 밀수하려고 하였다. 빈우는 친서방 반정부 인사였고, 그에게 수형을 감수하든지 아니면 해외에 나가 국가를 위해 봉사할 것인가의 선택이 주어졌다. 휴면 점조직(sleeper cell)으로서 빈우는 전문기업인으로서 자신의 신분을 변신시키도록 지시를 받고, 이후 필요할 경우 깨어나 임무를 수행한 대표적인 사례라고 하겠다.[32)]

1998년 5월 20일 미국의회 합동경제위원회(the Joint Economic Committee)에 제출된 보고서에 따르면 미국 서부해안 지역에서 약 900건에 달하는 기술이전 사례 중 50% 정도가 중국과 관련이 된 것으로 조사되었다. 또한 FBI 보고에 따르면 실리콘 밸리에서 중국의 정보수집활동은 매년 20~30% 증가하고 있다고 한다. 미국 이외에도 영국, 프랑스, 독일, 네덜란드 등에서도 중국의 정보수집활동이 활발하게 이루어지고 있다.

1991년 미국의 FBI는 중국 정부가 미국의 선거에 영향을 미치기 위해서 기부금을 내려는 움직임을 포착하였다. 중국은 특히 빌 클린턴(Bill Clinton)의 재선과 약 30여 명의 민주당 의원들의 당선을 위해 수백만 달러의 기부를 추진했던 것으로 밝혀졌다. 중

31) Newman(2010), p.31.

32) http://www.globalsecurity.org/intell/world/china/mss.htm 참조.

국은 특히 중국에 대한 우호적인 통상정책을 목표로 했던 것으로 알려졌다.[33)]

중국의 대미국 정보활동이 첨단 군사과학기술에 집중되어 있었다면 대(對)타이완 정보활동은 주로 통일과 관련된 정보활동으로서 역사가 가장 오래되고 포괄적이며 철저한 정보활동으로 알려져 있다. 또한 사안의 중요성으로 인하여 당 · 정 · 군의 모든 정보체계가 전부 다 동원되며 당 중앙의 대타이완 공작영도소조에서 총괄 · 지휘한다. 1987년 타이완인의 대륙방문이 허용되고 1991년 타이완의 계엄이 해제되면서 양안교류가 급속하게 확대된 이후 대타이완 정보활동은 더욱 확대되었다. 국가안전부의 현대국제관계연구원, 군 총참모부 2부의 '중국국제전략학회'는 학술교류를 통해 타이완의 정세를 파악하고, 군 총참모부 3부는 자체 기업단위인 '개리공사'(凱利公司)를 내세워 타이완 기업과의 상업활동을 통한 정보활동을 해오고 있다.[34)]

그러나 개혁개방 이후 중국 정보기구들의 잘못된 정보분석으로 인하여 심각한 외교적 타격을 입은 경우도 많다.[35)] 1979년 화궈펑은 서유럽 방문 길에 이란을 방문하고자 하였다. 중국 정보당국은 이란의 샤(Shah) 왕정이 가까운 미래에 퇴진하지는 않을 것이라는 분석보고를 올렸으나 화궈펑이 이란을 방문하고 떠난 직후 당시 이란 왕이었던 샤가 이란을 떠나야만 했던 적이 있다. 이 사태로 인해 중국은 심각한 외교적 타격을 입었고 이란의 새 정부와 갈등을 피할 수가 없게 되었다.

1987년 베트남이 캄보디아를 침공했을 때이다. 베트남이 캄보디아를 침공하기 전 중국의 정보기관은 캄보디아의 크메르 루즈(Khmer Rouge) 정권이 베트남의 침공을 저지할 수 있을 것이라고 중국의 지도부에 보고하였다. 이러한 보고에 입각해서 중국은 크메르 루즈 정권에 무기를 계속 공급하였으나 베트남군에 탈취당하고 말았다. 중국 정보기관은 베트남이 프놈펜(Phnom Penh)을 장악할 수 없을 것이라고 분석하였지만 이러한 분석이 보고된 며칠 후 프놈펜은 베트남에 장악되고 말았다. 루마니아의 차우체스코가 실각하기 직전 중국의 차오스(乔石) 정치국 상무위원은 루마니아 공산당 전당대회에 참석하기 위해 루마니아를 방문했었다. 차오스가 루마니아로 떠나기 전 중국 정보기관은 루마니아 상황이 상당히 안정되어 있다고 보고하였다. 그러나 차오스가 중국으로 돌아온 직후 차우체스코는 처형되고 말았다.

---

33) http://www.fas.org/irp/world/china/mss/ops.htm.

34) "연재-세계의 정보기관 : 중국 국가안전부", 『주간동아』. 299호(2001.8.30).

35) http://www.fas.org/irp/world/china/mss/ops.htm.

제4절 과제와 전망

중국은 1978년 12월 중국공산당 제11기 3차 중앙위원회 전체회의에서 개혁개방을 통한 경제건설을 국가발전의 최우선목표로 설정하고, 농업, 공업, 과학기술, 국방의 4개 현대화를 지속적으로 추진하여 '소강사회'(小康社會)를 건설한다는 목표를 세우고 지속적인 경제성장을 추진해 왔다. 이러한 대외 개방정책은 현재에도 여전히 지속적으로 추진되고 있다. 2005년 3월 전국인민대표대회에서 원자바오 총리는 '경제발전의 관건이 되는 첨단기술 개발을 가속화하고, 국방과학연구와 무기장비 현대화를 강화하여 국방 · 과학기술 · 공업의 개혁과 발전을 추진하겠다'고 강조하였다.[36] '11차5개년규획'이 시작되는 2006년에는 '국가중장기과학기술발전계획'을 발표하고 2006~2020년간 전면적인 과학기술발전을 이뤄 경제사회발전을 추진한다는 계획을 발표하였고,[37] 이는 '12차5개년규획'(2011~2015)에서도 재차 강조되고 있다.[38]

시진핑 시대 중국의 정보기관들은 이처럼 개혁개방 이후 새로운 정보환경에서 개혁개방의 목표를 추진하는 데 적극적인 역할을 담당하고 있다. 미국, 캐나다, 유럽, 일본, 호주, 타이완 등 주요 관심지역에 대략 4만여 명으로 추산되는 요원들이 첨단의 군사과학기술, 정보통신기술, 위성우주항공기술, 산업경제통상 등에 관한 정보수집활동을 벌이고 있다.[39] 초기단계의 산업화가 투입요소의 동원만으로 가능했다면 산업화가 고도화될수록 기술, 지식, 정보에 대한 수요가 커질 수밖에 없기 때문에 중국의 정보활동은 더욱 치열해지는 경향을 보일 수밖에 없다. 특히 중국의 해외정보활동은 미국의 첨단기술산업과 군사기술에 집중되어 있고, 첩보수집 방식 또한 중국계 미국인, 학자, 유학생, 기업인, 기자 등 다양한 요원들을 활용하고 있는 것으로 알려져 있다.

역사적으로 중국의 대표적인 국가정보기관인 국가안전부는 네 단계의 발전과정을 거쳐 왔다. 첫 번째 단계는 중화인민공화국 수립 이전 당 조직으로서의 중앙사회부

---

36) 「2005年政府工作报告」, 제10기 전국인민대표대회 제3차 회의(2005年3月5日).

37) 《国家中长期科学和技术发展规划纲要》, 「2006年政府工作报告」, 제10기 전국인민대표대회 제4차 회의(2006年3月5日).

38) 중국 과기부, 《国家"十二五"科学和技术发展规划》. http://www.gov.cn/gzdt/2011-07/13/content_1905915.htm

39) 「세계일보」, 2007.5.22, p.14.

시기(1930년대~1949년), 두 번째 단계는 중앙인민공화국 수립 이후 당 조직으로서의 중앙조사부 시기(1949년~1983년), 세 번째 단계는 개혁개방과 대외개방에 대응하기 위한 국무원 기구로서의 국가안전부 제1기(1983년~1990년대 후반), 네 번째 단계는 중국이 '평화적 부상'(和平崛起)을 목표로 적극적인 다자주의 외교를 펼치고 있는 국무원 기구로서의 국가안전부 제2기(1990년대 후반~현재)이다. 1983년 창설된 국가안전부는 개혁개방 이후의 변화된 정보환경에 대응하고 4개 현대화를 통한 경제발전의 국가목표에 적극 부응하기 위해서 주로 미국, 유럽, 일본, 캐나다, 호주 등 선진국들의 첨단군사과학기술, 정보통신기술을 획득하는 데 정보활동을 집중해 왔다. 1990년 말 이후 평화적 부상을 목표로 하는 적극적 다자주의 외교를 추진하게 되면서 국가안전부의 조직과 기능도 대대적으로 확대·개편되었다. 해외정보활동 부서가 확대된 것이 큰 특징이다. 최근 중국사회가 급속하게 정보화되고, 전 세계적으로도 정보화가 가속화되면서 국가안전부도 컴퓨터, 인터넷, 사이버공간에 대한 통제, 감시, 검열을 위한 조직을 확대해 나가고 있다. 또한 급속한 산업화로 에너지수요가 급증하여 세계 최대의 에너지 수입국으로 전락한 중국으로서는 중국의 미래 '에너지 안보'를 강화·지원하기 위한 방편으로 이 분야의 정보조직도 크게 강화되었을 것으로 짐작된다.

최근 미국의 경제패권 쇠퇴와 중국의 G2 부상으로 인한 국제역학관계의 변화로 한국에게 있어서 중국의 영향력과 중요성은 나날이 증대되고 있다. 양국 간의 단순 교역량의 비교뿐만 아니라 북한 및 통일문제 등에서 중국의 대 한반도 영향력은 점점 더 커지고 있다. 게다가 우리의 동맹국인 미국과 중국 간의 잠재적 갈등이 잠복되어 있는 등 언제 어떻게 국제정치적 상황이 바뀔지 예측하기 어려운 상황이다. 국제질서가 새로 재편되고 동북아 안보지형에 새로운 변화가 일어나게 되면 이러한 새로운 안보지형은 우리에게 심각한 안보도전이 될 것이고, 이에 따른 대중국 정보역량이 중요한 정보과제가 될 수밖에 없다. 세계 2위의 경제대국이자 세계 3위의 정보인프라를 갖고 있는 중국이 이제 우리의 주변 안보지형이나 정보환경에 어떤 문제를 제기하고 어느 정도의 정보역량으로 정보활동을 하고 있으며, 또 우리는 이에 대하여 어떤 정보목표로 대응적 정보활동을 해야 하는지 등에 대하여 치밀하게 분석하고 대응해 나가는 것이 향후 우리의 중요한 정보과제가 될 것이다.[40)]

---

40) 세계 10위권의 중진국으로서 선진 통일한국을 지향해야 하는 우리 한국으로서는 중국의 급부상에 따른 강대국 역학관계의 변화를 분석하고 우리의 동맹관계 및 강대국들과의 관계설정, 그리고 북

>> 참고문헌

National Intelligence Studies

국가정보포럼. 『국가정보학』. 서울: 박영사, 2006.

Mark M. Lowental. 김계동 역. 『국가정보: 비밀에서 정책까지』. 서울: 명인문화사, 2008.

문정인. 『국가정보론』. 서울: 박영사, 2002.

"연재-세계의 정보기관: 중국 국가안전부". 『주간동아』. 299호(2001.8.30).

Alex Newman. "Chinese Spying in the United States." *The New American*. (May 10, 2010).

중국의 정보기관에 관한 인터넷 자료:

http://www.fas.org/irp/world/china/

http://www.fas.org/irp/world/china/mss/history.htm

http://en.wikipedia.org/wiki/Chinese_intelligence_activity_in_other_countries

http://www.globalsecurity.org/intell/world/china/index.html

http://cicentre.com/counterintelligenceacademy/course/207.htm

http://www.globalsecurity.org/intell/world/china/mss.htm(국가안전부에 대한 체계적 소개)

http://en.wikipedia.org/wiki/Ministry_of_State_Security_of_the_People's_Republic_of_China

http://www.heritage.org/Research/AsiaandthePacific/wm1735.cfm(China's International Cyber Warriors)

http://newton.uor.edu/Departments&Programs/AsianStudiesDept/chinagov.html(중국의 정치체제 전반에 관한 자료, 정보기관 포함)

한급변사태 및 북한핵문제에 이르기까지 핵심사안에 대하여 중국의 상대적 입장과 의도, 또 이에 대한 중국의 정보역량과 정보활동을 연구하고 파악하는 것이 시급한 정보과제가 될 것이다.

|제5장| 러시아의 정보기구

제1절 러시아 정보기구의 기원과 변천

1. 소련이전 시기

러시아 정보활동의 역사적 기원은 공포정치로 잘 알려진 모스크바공국의 이반 4세(1530~1584, 이반 뇌제라고도 함)가 황제 직속으로 1556년 창설한 오프리치니나(Oprichnina)에서 찾을 수 있다.

오프리치니나는 주로 당시 보야르라고 불리우던 고위 귀족층을 탄압하기 위한 비밀경찰기구로 황제의 정책에 비판적이거나 반대하는 자를 색출 및 처벌하는 폭압적 행위로 1572년 폐지될 때까지 공포의 대상이었다.[1)]

제정러시아의 피터 대제(1672~1725)도 17세기말 프리오브라젠스키 프리카즈(Preobrazhensky Prikaz)라는 비밀경찰을 창설, 강압 정치의 도구로 활용하였다. 한편 니콜라이 1세(1796~1855)는 자신의 치세 초기인 1826년 황제의 명령 집행을 감독하기 위한 통치 기구인 황제원(His Majesty's Own Chancery) 내에 제3부(Third Section)라는 정치경찰을 창설하였다. 이 제3부는 체제전복과 혁명방지를 위한 전제군주의 강력한 통치도구로서 신하들의 행동을 통제하고 이들에게 처벌과 포상을 내릴 수 있는 주요 기관으로 활동하였다.[2)]

아버지인 니콜라이 1세를 뒤이어 황제에 즉위한 알렉산더(1818~1881) 2세는 오흐라나(Okhrana)라는 기구를 설치 국내정보는 물론 해외정보도 수집하였고, 니콜라이 1세 때 설치된 비밀경찰인 제3부를 그대로 운영해 오다가 이를 대체할 기관으로 1880

1) 니꼴라이 V. 랴자노프스키 저, 이길주 옮김, 『러시아의 역사 I : 고대-1800』, (서울: 까치, 1991), pp.209-212.

2) 위의 책, pp.39-40.

년 내무부 산하에 국가경찰부(State Police Department)를 신설하였다.

2. 소련 시기

현대적 의미의 정보기구로서의 러시아 정보기구의 기원은 볼셰비키 혁명직후인 1917년 12월 20일, 레닌의 특별지시에 의거하여, 제르진스키(Felix Dzerzhinsky)가 공산혁명의 수호를 명분으로 비밀경찰기관인 체카(CHEKA)를 창설한 데에서 찾을 수 있다.[3)]

창설초기 즉결 심판권 등 초법적 권한을 행사하였던 CHEKA는 매우 복잡한 흡수 및 변화 과정을 겪어 1954년 국가보안위원회(KGB)로 정착된다. 그 과정을 살펴 보면, 우선 CHEKA는 1922년 2월 체포된 자들에 대한 판결 및 처벌권 등 억압적 기능이 약화된 채 내무인민위원회(NKVD) 산하 정치총국(GPU)에 흡수되었다.

GPU는 약 10년 후인 1932년 11월 내각 직속의 합동국가정치국(OGPU)이라는 명칭으로 독립하였으나, 1934년 7월 OGPU는 다시 NKVD 산하로 편입되어 국가보안총국(GUGB)으로 흡수, 스탈린의 정치테러 도구로 이용되었다. 1941년 2월 GUGB는 또 다시 NKVD에서 분리되어 국가보안인민위원회(NKGB)로 승격 운영되었다. 1946년에 이르러 NKGB는 국가보안부(MGB)로 명칭이 변경되었는데, 이 때 NKVD는 내무부(MVD)로 개편되었다. 1953년 3월에 이르러 MGB와 MVD는 통합되지만, 1년 후인 1954년 베리야가 총살당한 후 MGB는 다시 분리되고, 이를 기반으로 1954년 3월 KGB가 창설된다.

KGB의 창설을 계기로 소련의 정보기관은 내각 산하로부터 권력 실세인 공산당 정치국에 의해 직접통제를 받는 기관으로 변경되었다. 소련 시기 KGB는 세계 최대의 정보기관으로서 방첩, 해외정보의 수집과 분석 등 기본적인 정보업무는 물론 군사보안, 국경수비, 국가원수 경호 등 광범하고 다양한 업무를 수행하였다. KGB 의장들은 거의 예외 없이 지위와 권한을 활용하여 핵심 권력기구이었던 공산당 내에서 권력투쟁을 전개하였다[4)]

---

3) スラヴァ カタミ-ゼ,『ソレンのスパイたち: KGBと情報機闕』,(東京 : 原書房, 2009).

4) Evgenia Albats, "Siloviks in Power: Fears or Reality?" *Echo of Moscow*, (4 February 2006).

3. 러시아 시기

1991년 8월 보수파가 주도한 쿠데타가 실패한 후 KGB는 또한 매우 복잡한 해체, 통합, 그리고 개편의 과정을 겪게 된다. 당시 쿠데타에는 KGB의 최고책임자 크류치코프(Vladimir Kryuchkov)를 포함하여 KGB의 거의 모든 고위지도자가 연루되었는데, 고르바쵸프는 이들을 체포한 후 자신의 측근인 바카틴(Vadim Bakatin)으로 하여금 KGB 개혁에 착수하게 하였다.[5] 바카틴은 KGB에 대한 구조조정을 대규모로 단행하고, 쿠데타 등 KGB의 여타 불법 행위를 조사할 5개의 국가조사위원회를 설치하였다.

바카틴은 KGB 산하 군사조직을 국방부에 이관시킴은 물론, KGB를 5개의 분리된 기구로 나누고 중앙집중적으로 되어 있던 권한을 러시아연방 등 12개 구성공화국들에 이관하였다. 그리고 1991년 10월 당시 과도통치기구이었던 국가평의회는 KGB를 전격 해체하고, 연방중앙정보국, 보안부, 그리고 국경수비위원회 등 3개 기관을 설치하기로 결정하였다.

러시아연방의 옐친은 바카틴의 이러한 KGB 개혁 및 개편 조치들을 고르바쵸프 대통령의 지위 및 소련방 자체를 약화시키는 기회로 활용하였고, 일련의 소용돌이를 겪은 후 1991년 12월 마침내 소련이 해체되었다. 이를 계기로 KGB가 수행하던 역할과 기능을 분리 개편하는 조치가 가속화되었는데, 우선 KGB의 제2총국(방첩), 제4총국(운송), 제6총국(경제 방첩), 제7총국(감시), 그리고 작전기술총국이 맡던 기능들과 테러리즘대응 임무들을 보안부가 총괄하도록 하였다[6] 보안부는 곧 내무부와 통합되어 내무보안부로 개칭되었고, 이때 해외정보분야를 담당할 부서로서 연방중앙정보국을 토대로 해외정보부(SVR)를 발족시켰는데, SVR은 사실상 해외정보를 담당하던 KGB 제1총국을 독립된 기관으로 재조직한 것이다. 이 중 내무보안부는 이듬 해 1월 헌법재판소의 결정에 의해 내무부와 보안부로 다시 분리되었고, 같은 해 6월 국경수비위원회가 보안부 산하로 이관되었다.

1993년 2월에는 보안부 내의 옛 KGB 제8총국과 16총국을 기반으로 미국의 NSA와 유사한 연방통신정보국(FAPSI)을 창설 및 독립시켰으며, 1994년 2월 대통령실 소속

---

5) Michael J. Waller, "'Russia's Security Services : A Checklist for Reform," *ISCIP-Perspective*, 8(1), September-October(1997).

6) Gordon Bennett, *The Federal Security Service of the Russian Federation*, (RMA : Sandhurst and the Conflict Studies Research Centre, 2001).

정보수집국을 이 FAPSI에 편입시켰다.

1993년 12월 러시아 의회에서의 유혈 사태를 계기로 보안부를 해체하고 대신 연방방첩부(FSK)를 창설하였으며, 이때 보안부 산하에 있던 국경수비대를 국경수비총국으로 분리 독립시키는 등 방첩기구의 조직과 인원을 축소 및 정예화하는 방향으로 기구 개편을 단행하였다. 1994년 1월 FSK, SVR, 그리고 FAPSI 등 주요 정보기관들과 안보회의를 대통령 직속기관으로 소속시킴으로써, 대통령을 중심으로 하는 정보체제의 기본틀이 정립되었다. 이 중 FSK는, 당시 조직범죄가 기승을 부리고, 방위산업 및 정보기관 퇴직자들 관리 문제가 대두되는 동시에, 체첸 반군들의 활동이 활발해지는 등 안보환경 악화라는 상황을 반영하여, 1994년 6월 범죄 담당 부서를 신설하였고, 검찰청으로부터 수사총국을 되찾아 왔다. 그리고 12월에 체첸총국을 신설하였다.

1995년 4월 3일 빈발하는 테러 및 사회불안 증대에 대처한다는 목표 하에 「러시아보안기구법」(On the Organs of the Federal Security Service in the Russian Federation)이 제정된 것을 계기로 FSK는 연방보안부(FSB)로 명칭이 변경되었다. 동시에 피의자에 대한 수사권, 스페츠나즈(Spetsnaz)라는 특수부대, 그리고 자체 감옥의 운영 등을 허용하는 이 법으로 인해 FSB의 권한과 위상이 크게 강화되었다. 또한 이 법에 의하여 FSB는 SVR과 협력 하에 해외 활동을 전개할 수 있게 되었으며, 가택 수색권을 행사하고, 민간 분야의 보안요원을 훈련시킬 수도 있게 되었다. 이로 인해 FSB는 크게 성장하게 되었는데, 1998년 무렵 FSB의 지시를 받으며 자체 보안부서를 보유하는 약 2,500여 개의 은행 및 72,000여 개의 기업들이 존재하게 되었다. 에너지 분야의 거대 기업인 가즈프롬에만 20,000여 명의 보안요원들이 근무하고 있는데, 이들은 전직 또는 현직 FSB요원이거나 여타 보안기관 요원들이다.[7] 그리고 1996년에는 FSB 주관하에 모든 주요 회사대표들로 'FSB협의위원회'(Consultative Council of the Russian FSB)가 구성되어 보안 취약 부문을 규제하는 역할을 수행하게 되었으며, 이를 계기로 모든 민간 감시 및 조사장비는 사실상 FSB의 허가를 받게 되었다. 한편 FSB는 1997년 러시아 은행들을 감시 감독하고, 러시아 방위 산업체와 외국업체 간의 접촉을 통제하며, 대외재정 보유 현황에 대해 조사하는 경제보안총국을 신설하였다. 같은 해 7월에는 연방경호총국(GUORF)이 대통령경호실(SBP)에 소속되는 것으로 편제 변경되었고, 8월에는 대테러업무의 단일화라는 명분하에 GUORF 소속 알파(ALFA)특수부대가 FSB로 이관되었

7) 위의 책, p.29.

다. 이의 연장선상에서 9월에 테러문제에 관해 조정 및 통제권을 지니는 테러대응센터가 FSB 내에 설치되었다.

1998년 7월 옐친 대통령은 헌법보장국을 부활시키는 등 FSB의 기능과 조직을 확대 및 강화하는 포고령에 서명하였고, 이듬해인 1999년 2월 FSB 내 테러대응센터와 헌법보장국을 통합하여 헌법수호 및 테러대응총국을 발족시켰다. 그리고 2000년 2월 푸틴 대통령은 정규군 및 각종 무력부서 내에 FSB파견관실을 설치하는 것에 관한 대통령령에 서명하였고, 이로써 FSB는 군내 방첩 및 보안활동도 수행하게 되었다. 러시아 정보기관 중 최고의 위치를 차지하는 FSB는 1997년 말 기준으로 80여 개 국가에 연계를 갖고 있으며, 18개 국가에는 지부도 개설하고 있는 등 대외정보 수집에서 SVR과 상당한 정도의 경쟁 관계에 있는 것으로 알려져 있다.[8] 또한 푸틴은 2003년 3월 국경수비대(FPS)를 FSB로 편입시키는 한편, FAPSI를 폐지하고 그 기능을 FSB가 흡수 통합하게 함으로써 FSB의 권한과 역할이 다시 한 번 크게 강화되었다.[9]

제2절 러시아의 국가정보체계

이상에서 살펴본 바와 같이 1954년 KGB라는 일원적 정보기관으로 운영되어 오던 러시아 정보기구는 1991년 소련연방 해체 이후 일련의 매우 복잡한 개편 과정을 거쳐, 기본 골격 면에서 주로 국내 정보업무를 담당하는 FSB와 주로 해외 정보업무를 담당하는 SVR의 이원체제로 확립되었다. 이 과정에서 러시아의 정치 상황은 물론, 국제안보환경의 변화를 반영하면서 SVR보다는 FSB가 보다 더 복잡한 개편 과정을 겪었고, 경제와 교역, 테러리즘, 과학기술, 조직 범죄와 마약 거래 등에 대처하기 위한 기능과 조직이 보강되었으며, 군정보기관으로 정보총국(GRU)이 있다.

소련 건국 당시부터 현재에 이르기까지 러시아 정보기관은 통상적인 정보활동뿐만 아니라 집권세력을 위한 정치사찰 및 내부통제의 기능을 수행하여 왔다. 지도자

---

8) Paul Todd & Jonathan Bloch, *Global Intelligence : The World's Secret Services Today*, (New York & London: Zed Books, 2003), p.14.

9) Presidential Edict No. 314 in *Rossiyskaya Gazeta*, (12 March 2004).

가 바뀔 때마다 정보기관을 개혁하려는 노력과 시도가 있어 왔지만 그 기본 관행과 골격을 근본적으로 변화시키지는 못하였다. 정보기관을 개혁하려던 대표적인 사례가 1991년 옐친 대통령이 KGB를 해외정보, 국내방첩, 그리고 신호정보 및 VIP 경호기관으로 분리한 것이다. 러시아 역사상 최초의 정보기구 민주화 시도로 언급되고 있지만, 옐친도 집권 후반기로 가면서 결국 정보기구의 권한을 강화하였고, 푸틴 집권기에는 통치권 강화를 위해 야당성향의 정치지도자들과 신흥 재벌들을 견제하는 정치적 목적에 정보기관을 적극적으로 활용하였다. 물론 러시아 사회의 민주화 추세, FSB 및 SVR 등 정보기관에 대한 의회 통제의 제도화 등으로 무소불위의 전횡에 일정한 제약이 가해지고 있지만, 러시아 정보기구는 보다 내밀화 또는 고도화된 방식으로 여전히 권력의 전위기구로서의 역할을 수행하고 있다.[10)]

1. 연방보안부(FSB)

(1) 조직

소련 붕괴 후 복잡한 개편과정을 겪어온 FSB(영문명칭 Federal Security Service)는 부장 휘하에 다음의 〈표 5-1〉과 같은 조직이 있으며, 조직원은 2002년 기준 약 7만 6천여 명에 달하는 것으로 추정된바 있다. 위에 제시된 중앙조직 이외에 FSB는 각급 연방구성단위에 지역총국을 설치운영하고 있다.

(2) 임무와 활동

1) 러시아 정보 업무의 중추

KGB의 주된 계승자로서 FSB는 미국의 연방수사국(FBI), 비밀감찰국(SS), 국가안보국(NSA), 해안경비대(USCG), 그리고 마약단속국(DEA) 등이 행사하는 역할을 다 합해 놓은 정도의 방대한 역할과 권한을 보유 및 행사하는 러시아의 중추적 정보기관이다.

FSB는 또한 스페츠나즈라는 자체 무장력 및 방대한 민간정보원 네트워크를 거느리고 있으며, FSB 요원의 숫자 및 예산은 비밀사항에 속한다.

10) William F. Jasper, "KGB/FSB: The 'Game' Remains the Same," *New American*, 18(September 2009).

표 5-1 >> FSB의 조직

부 서	주요업무
방첩국	- 전략시설에 대한 방첩 지원 - 군사분야 방첩에 관한 업무
헌법체제 보호 및 대테러국	- 테러리즘 및 정치적 극단주의 감시 통제
연방경호국	- 대통령실 경호 목적 크렘린 주둔 스페츠나즈 관장
경제보안국	- 경제보안에 관한 제반 업무
공작정보 및 국제관계국	- 분석과 예측 및 전략기획업무
조직 인사국	- 조직과 인사에 관한 제반업무
활동지원국	- 제반 지원업무
국경경비국	- 국경 경비 및 통과에 관한 업무
통제국	- 감찰 업무 - 내부 보안 업무
과학 및 공학기술국	- 과학 및 엔지니어링에 관한 제반 업무
조사국	- 조사 및 수사 업무

출처: Books LLC ed. Russian Intelligence Agencies: Federal Security Service(2010).

FSB는 필요하다고 판단되는 경우 또는 복수의 기관이 동시에 관련된 경우, 러시아의 제반 법집행 기관 및 정보기관들 간 정보 및 안보 정책과 활동을 주도 또는 지휘하는 역할을 수행한다. 예를 들면, 체첸작전에 투입된 GRU 및 내무부 소속 스페츠나즈 등이 합동작전의 필요에 의해 FSB의 지휘 하에 활동하고 있다.

러시아의 중추적 국내 정보 및 보안기관인 FSB의 기본임무는 러시아 시민의 인권과 자유의 보호, 국가주권과 영토의 보전, 헌법체계 보호 등 국가안보를 보장하는 것이다.

이를 위하여 FSB는 SVR 등과 협력하여 방첩활동, 국가기밀 보호 등의 안보활동, 국경 및 국내 보안 업무, 러시아연방의 헌정질서를 무력으로 변경하려는 활동 및 국권 강탈행위 등 헌법질서를 파괴하려는 행위를 저지하는 업무를 수행한다.

참고로 방첩과 관련된 FSB의 활동을 살펴보면, 1995~1996년의 기간 중 간첩행위에 간여한 약 400여 명의 외국정보요원들을 적발해 낸 것으로 공표되었으며, 2006년에는 27명의 외국첩보요원 및 89명의 외국인 첩자들을 적발하였다고 발표하였다. 그리고 지난 10여 년 간의 기간 중 물리학자 다닐로프(Valentin Danilov) 등 다수의 러시아 과학자들이 간첩행위 및 불법적 기술유출을 한 것으로 FSB에 의해 고소된 바 있다.[11)]

이의 연장선상에서 FSB는 테러리즘, 조직범죄, 밀수 및 부패사범, 불법자금 세탁과 이민, 정치테러, 분리주의 운동, 마약 및 불법무기 거래에 대한 적발과 예방, 무장폭동 목적의 범죄조직, 사회단체 및 개인의 불법무기 보유 등의 문제를 예방 및 제거하는 업무도 담당한다.[12)]

FSB는 테러사건 발생 시 무타협 내지 강경진압 정책을 고수하는 것으로 유명하다. FSB는 두다예프(Dzhokhar Dudaev) 등 체첸 반군지도자들을 추적, 심지어 위계마저 사용하여 살해하였다. 예를 들면, 반군지도자의 하나인 마스하도프(Aslan Maskhadov)의 경우, 러시아 정부 최고위층에서 안전 보장을 약속하며 대화에 초청한 다음 잔혹하게 살해하였다고 한다.[13)] 그리고 모스크바 극장 인질 사태 및 베슬란(Beslan) 학교 인질사태 때 FSB의 스페츠나즈는 쿨라예프(Nur-Pashi Kulayev) 한 명을 제외한 나머지 인질범 전원을 현장에서 살해하였다.[14)] 2006년 중, 북 코커서스에서 행해진 119차례의 테러대응작전에서도 FSB는 100명 이상의 테러지도자들을 사살한 것으로 알려진 바 있다.[15)]

그리고 대통령, 의회, 정부기관에 대하여 국가안보를 위협하는 사항, 비상사태, 대외 정치 및 경제관련 정보를 제공함은 물론, 국가안보와 관련한 상급기관의 명령이 있을 경우 이를 이행하며, 국내 정치, 경제, 사회 현상을 분석 및 진단한다. 방위산업, 원자력, 우주, 통신, 교통 등 국가 주요 전략시설과 러시아 주재 외국공관 및 기관의 보호도 FSB의 주요 소관업무이다

또한 연방내의 하천, 연안 및 대륙붕 지역의 수자원 보호문제, 사람과 화물 및 상

---

11) Books LLC ed., *Russian Intelligence Agencies: Federal Security Service*, (Books LLC, 2010), p.22.
12) FSB는 테러문제의 경우 첩보수집과 대책수립만이 아니라 대테러 특수부대인 알파부대를 운영하고 있다.
13) RFL/RL, "Russia Used 'Deception' to Kill Maskhadov", (8 March 2006).
14) Nur-Pashi Kulayev는 체포되어 법적으로 처리되었다.
15) Books LLC(2010), p.23.

품과 동식물의 국경통과에 관한 업무를 수행하는 동시에,[16] 국가의 안전보장과 관련된 국가과학기술정책도 수립 추진한다.[17] 그리고 FSB는 러시아의 수출 통제전략 수립과 집행에도 깊숙이 간여하고 있다. 군사물자 및 군사기술, 군민 양용 물자의 이전과 관련된 국제협정체결 시 그 협정안을 FSB가 검토하며, 비확산을 목표로 핵과 연관된 기술과 물자의 불법 유출을 방지하기 위한 정보활동도 전개한다.

2) 연방통신정보 업무

FSB는 2003년 3월 폐지된 연방정보통신국(FAPSI)의 기능을 흡수하였으며, 따라서 FAPSI가 수행하던 기능을 살펴 보는 것으로 FSB의 증대된 역할과 활동을 파악할 수 있다. 본래 FAPSI(Federal Agency of Government Information and Communication)는 미국의 NSA(National Security Agency)와 유사한 기관으로, 러시아의 보안기관들 중에서 가장 은밀한 기구였고, 그 인원은 최대 12만 명 정도에 달할 것으로 추산되는 등 정보기관 중 가장 규모가 큰 기구이었다.[18]

1991년 8월의 쿠데타 이후 KGB의 통신, 암호 및 전자정찰부서, 즉 제8총국 및 12총국이 고르바쵸프에 의해 연방정부통신위원회로 분리 이관되었다가, 1991년 12월 옐친에 의해 FAPSI라는 명칭으로 창설되었다. 1993년 2월 러시아 두마가 통과시킨 법안에 의해 권한이 강화된 FAPSI는 연방 정부의 모든 통신과 정보를 조직하고 군통신을 보호하는 책임을 맡았다. 비록 체포 또는 구금할 권한을 갖고 있지 않음에도 불구하고 기지보안과 이동야전통신망을 수립할 자체의 병력을 보유하였으며, 그 간부들은, 예를 들면, FAPSI 관련 요원의 배석 또는 검사가 직접 발행한 영장 없이는 체포당하지 않을 권리 등 일정한 면책특권을 지니고 있었다. 강대국으로서의 지위를 유지하는 데 필수적인 범세계적 감청능력을 존속시킬 필요성으로 인해, FAPSI는 존속하던 기간 중 러시아의 다른 보안 및 국가기관들이 겪었던 급격한 감축을 면할 수 있었다. 쿠바와 베트남의 지부는 2002년까지 유지되었으며, 변덕스러웠던 옐친시대에도 FAPSI는 그 독특한 정보수집 능력으로 인해 옐친에게 선별된 주제와 관련하여 매일 직접 보고를 하는

---

16) 러시아의 Board Guard Service(FPS)는 2003년 FSB산하로 편입되었다. 러시아는 해상과 육상을 합쳐 총 61,000km의 국경을 지니고 있다. 이 중 카자흐스탄과는 7,500km, 중국과는 4,000km의 국경을 맞대고 있다.

17) 「연방보안부법」(2003년 8월11일), www.agentura.ru.

18) www.agentura.ru/enlish/dosie/fapsi/

등 대통령의 신임을 받는 기관이 되었다.

소련 붕괴 후 일정한 혼란이 발생되었을 때에도 FAPSI는 점진적으로 옛 소련 지역에 있던 시설망들의 운영 기능을 재가동하고 통신기지들을 연결 운용하였다. CIS 소속 대다수 지역에서 러시아가 중시하였던 문제의 하나는 소련시절부터 이 지역에 설치 운용되어 오던 기존의 장비와 설비를 재가동시키는 문제이었는데, 결국 끈질긴 노력 끝에 1992년 5월 타시켄트에서 CIS 소속 10개국 정상들이 모인가운데 암호체계의 보안에 관한 협정을 체결하고, 정부간 통신조절위원회를 발족시킨바 있다.

러시아 내적으로 FAPSI는 중앙정부 차원의 데이터베이스를 관리하는 책무를 지니며, 1995년부터는 지역 및 중앙선거관리위원회를 연결하면서 투표집계 및 선거 감독을 위한 러시아연방 국가자동화시스템인 'Russian Federation State Automated System'을 관리 감독하는 역할도 담당하게 되었다. FAPSI는 또한 러시아의 58개 주요 지역에 소재하면서 약 300여 개 지부를 갖고 있는 '지역정보분석센터'(Regional Information Analysis Center)들을 운영하였다. 이 센터들을 통하여 1,200개를 상회하는 지방 출판물들을 분석하고 지방 정세를 업데이트하였다.

통제지향적이었던 옛 소련 시절의 통신체제는 정부의 각 계층마다 자신들만의 전용 네트워크[19]를 사용하면서도 사실상으로는 철저히 중복성의 개념에 입각해 있었다. 장관 및 차관 전용 통신네트워크는 '연방보호국'(Federal Protection Service)으로 소관이 넘어갔지만, FAPSI는 대통령실 및 중앙 지방간 통신네트워크를 관장하였다. FAPSI는 '이쉬토크'(Ishtok)라는 자신들만의 보안네트워크를 보유하였으며, 소련시절의 고주파 연계 네트워크를 최소한 4개정도 인수하였다.[20] 옛 소련 영토 전반에 걸치는 병렬 전화네트워크인 '카스카드(Kaskad)'는 40,000여 중계국이 있었는데, 일정한 부분은 사유화되었고, FAPSI 감독 하에 주요 석유 및 가스회사에 임대되었다. 또한 FAPSI는 옛 소련공산당의 전국 전화 네트워크를 인수하였고 그 후 비즈니스 통신용 보안네트워크로 임대되고 있다.

1995년 4월 설립된 '연방경제정보보호센터'(Federal Center for the Protection of Economic Information)는 러시아의 금융부문과 해외 간 정보의 흐름을 관리하는 것이

19) 그 내용을 보면, ① 대통령과 대통령실 구성원간 특별 통신망, ② 장관과 제1차관, ③ 차관과 국장급, ④ 중앙과 지방간 고주파 도시 간 네트워크 등이다(Bennett/b, 8).

20) Gordon Bennett, "The Federal Agency of Government Communications and Information." Paper for Conflict Studies Research Centre. RMA, Sandhurst(C105-GB 2001).

주목적인데, 이 또한 FAPSI의 감독을 받았다. 그리고 러시아에서는 개인이든 회사이든 독자적인 컴퓨터 보안체제를 만들 수 없으며, FAPSI에 의해 인가를 받은 기존 제품만을 구입하여야 한다.

중요 정부기관, 군간부, 주요 산업체가 사용하는 통신망 관리, 통신보안관련 법규의 개선, 암호 장비의 승인 및 시험, 비밀 및 암호통신분야 정보의 수집 업무는 물론 연방내 안보목적의 연구조사 활동, 그리고 무선전자시스템을 이용한 정치, 경제, 군사, 과학기술 분야에서의 해외정보 수집도 담당하였다.

3) 지배엘리트집단으로서의 FSB

러시아의 지배적인 정치적 인물 1,016명 중 78%는 KGB 또는 FSB 또는 이와 관련된 기구에 근무한 경력을 지니고 있다.[21] 소련시기 또는 러시아 독립 초기 KGB 및 FSB 관련 인물들은 주로 안보 관련 분야에 종사하였다. 그러나 현재 두 정보기구 경력자들 중 여전히 반 정도는 안보관련 분야에 종사하고 있지만 그 나머지는 기업, 정당, NGO, 지방정부기관, 그리고 심지어는 문화계 등에도 진출해 있다.[22] 정보기구 경력을 지닌 사람들은 비록 공식적으로 정보기구를 퇴직하더라도 이른바 '활동하는 예비역'이 되는데, 이들은 퇴직자에 상당하는 급여를 받고 조직의 보호 하에 면책권을 향유하면서 FSB의 지시를 따른다.[23]

2. 해외정보부(SVR)

(1) 조직

SVR(영문명칭 Foreign Intelligence Service)은 과거 KGB의 제1총국을 거의 온전하게 이어받는 형태로 개편되었기에 그 과정이 상대적으로 안정적이었다. SVR의 직원수는 약 1만 5천여 명에 달하는 것으로 알려져 있으며, 공표된 여러 자료들을 바탕으로 정리된 1990년대 SVR의 조직은 〈표 5-2〉와 같다.

각 부서는 각각 SVR 부장에게 보고하는 1명의 차장이 지휘하며, SVR은 이 이외

21) Peter Finn(2006).

22) 위의 글.

23) Evgenia Albats, "Siloviks in Power: Fears or Reality?" *Echo of Moscow*, (4 February 2006).

표 5-2 ›› SVR의 조직

부 서	주요업무	비 고
PR국	- 정치정보 수집 - 해외정보 수집	17개 지역국 운영
S국	- 위장 정보요원양성 및 해외 파견, 외국에서의 테러작전 및 사보타지 - 러시아 거주 외국인 포섭	
X국	- 과학 및 기술 정보 업무	
KR국	- 외국 정보 및 보안 기관에 대한 침투 - 해외거주 러시아시민에 대한 감시	
OT국	- 조직 운영 및 기술 지원 업무	
R국	- SVR의 해외 활동에 대한 평가	
I국	-정보 자료 분석 배포 - 대통령을 위한 정보 요약보고 업무	
경제정보국	- 경제정보 수집 업무	

출처: Books LLC ed. Russian Intelligence Agencies: Federal Security Service(2010).

에 다수의 해외거점들, 다양한 지원부서, 그리고 자체의 정보학교를 설치 운영하고 있다. 과학기술 분야를 담당하는 X국(Directorate X)이 해외정보아카데미(Academy of Foreign Intelligence)를 산하에 두고 있으며, S국(Directorate S)은 '범펠'(Vympel, 장두기)[24]로 불리는 정예의 스페츠나즈를 운용하고 있다.[30]

(2) 임무와 활동

1) 주요 기본업무 및 활동

1996년 1월10일 발효된 「해외정보기구법」(Law on Foreign Intelligence Organs)이 규정하고 있는 SVR의 기본 업무는 다음과 같다.[26]

24) 장두기(檣頭旗)란 돛대의 꼭대기에 걸린 깃발을 뜻하는 용어이다.

25) 스페츠나즈는 러시아어로 특수부대라는 뜻으로, 러시아에는 군소속 특수부대 외에, 내무부, FSB 등도 스페츠나즈를 독자적으로 보유 운영하고 있다.

26) 「대외정보활동에 관한 러시아연방법」(1996년 1월10일) 제11조, www.agentura.ru.

① 정보수집
② 러시아의 안보정책의 성공적 추진 여건 조성 등 제반 조치들의 적극적 실행
③ 군사, 전략, 경제, 과학, 환경 그리고 기술 분야에서의 정보 수집 및 분석
④ 러시아의 해외 공관원과 주재 기관 근무자들과 그 가족 보호
⑤ 러시아 정부 관리 및 그 가족들의 안전 보장
⑥ 해외여행 또는 체류 중인 러시아 시민, 그 중에서도 특히 국가기밀을 다루는 사람들의 안전 보장 임무
⑦ GRU 및 FSB 등 국가정보기관들과의 합동 활동
⑧ 외국에서의 전자 감청
⑨ 대량살상무기 및 기술의 확산 방지
⑩ 불법무기와 마약거래, 조직범죄에 관한 업무

다른 나라의 정보기관들과 마찬가지로 SVR도 외교관, 무역대표부 직원, 특파원, 상사원 등의 신분으로 위장 파견된 요원들을 통해 다양한 정보를 수집한다. 소련시기에는 주로 외교관, 무역대표부직원, 통신사 Tass의 특파원 등으로만 파견하였던 것에 비해, 현재는 거의 모든 유명 기업이 정보활동을 위한 수단으로 활용되고 있다. 예를 들면, SVR은 가즈프롬 및 LUK 오일 등과 매우 긴밀히 연관되어 있다.[27]

해외에 진출한 거의 모든 러시아 기업들이 SVR의 일종의 전위조직으로 활용되고 있는데, 이 중 가장 유명한 것이 아에로플로트(Aeroflot)이다.[28] 이 회사는 과거 외국으로부터 소련시민을 러시아 국내로 압송 또는 철거시키는 일을 수행하였다. 아에로플로트의 약 14,000여 직원 중 약 3,000여 명이 SVR, FSB, GRU 요원들이라고 한다.[29] 그리고 아에로플로트는 국제정보활동에 소요되는 자금을 조달 및 융통해 주는 역할도 담당한다.[30] SVR은 외국 국적의 러시아인, 그 중에서도 주로 성공한 러시아 이민자를 요원으로 포섭 또는 충원하는 데에도 적극적이다.

---

27) Jonathan Littell, *The Security Organs of the Russian Federation: A Brief History 1991-2004*, (Psan Publishing House, 2006).
28) Alexander Kouzminov, *Biological Espionage: Special Operations of the Soviet and Russian Foreign Intelligence Services in the West*, (Greenhill Books, 2006).
29) Books LLC(2010), p.30.
30) Alex Goldfarb and Marina Litvinenko, *Death of a Dissident: The Poisoning of Alexander Litvinenko and the Return of the KGB*, (The Free Press, 2007).

2) 해외정보 전담 정보기구

KGB 1총국을 계승한 SVR은 러시아의 대표적인 대외정보기관이다. 소련시기 KGB의 해외정보 담당부서인 제1총국은 미국, 캐나다, 유럽 전역, 쿠바와 베트남 등과 같은 공산국가들, 그리고 남 예멘과 에티오피아 등 사회주의 성향의 국가 등 광범한 지역을 대상으로 정보 수집활동을 해왔다. 이 시기 KGB와 바르샤바조약기구 국가 정보기관들은 50여 개 제3세계 국가 정보기관의 요원들을 훈련시키는 한편, 베트남과 쿠바에 대규모의 감청 설비를 유지 운영하였다.

1991년의 쿠데타 직후 외교관 신분으로 위장 근무하는 KGB 요원들이 감축되었고, 그해 8월 중앙정보처(CSR) 형태로 변모되었다. 그러다가 1991년 12월의 대통령령에 의거 1992년 7월8일 법적 토대 위에서 해외정보만을 전담하는 정보기관으로 SVR이 설립되었다. 당시 약 15,000여 명의 인원이 40% 정도 감축되고 전자정찰 및 암호장비들이 FAPSI로 이관되는 등 축소 정비된 정보기관으로서의 SVR은, 러시아 정보기관이 지니는 강점의 하나인 인적정보의 강화, 그리고 과거 소련의 영토이었던 지역 및 CIS에서 러시아의 위상을 재구축하는 일에 역량을 집중하였다.[31] SVR은 미국 카운터파트인 CIA와 마찬가지로 국내 활동이 금지되어 있다.

바르샤바 조약기구 및 소련의 동맹체제 와해, 냉전의 붕괴 등 국제정세의 변화 등 여러 요인들로 인해 정보수집 목표 및 그 방식에서의 변화나 인력 및 기구의 축소 등 외형상 막대한 변화를 겪기는 하였지만, 대외 정보업무가 지니는 특성상 다른 정보기관들에 비해 상대적으로 변동이 적으며 여전히 세계수준의 정보 수집능력을 지니고 활발히 그 활동을 전개하고 있다.

3) 외교정책의 주요 행위자

SVR은 군사정보기관인 GRU와 협력 하에 해외에서의 정보활동을 전개하고 있으며, 해외 파견 요원의 숫자 면에서 1997년 기준으로 GRU가 6배나 더 많지만, 러시아 외교정책에 미치는 영향력이라는 면에서 SVR이 압도적 위치를 차지한다.[32] 그리고

31) Gordon Bennett, *The SVR: Russia's Intelligence Service*, (RMA Sandhurst and the Conflict Studies Research Center, 2001), p.7.

32) Vasili Mitrokhin and Christopher Andrew, *The Mitrokhin Archive: The KGB in Europe and the West*, (Gardners Books, 2000).

SVR은 외국의 정보기관들과 반테러리즘에 관한 협력 및 정보 공유 협정 업무를 주관한다.

옐친 시기 SVR은 외교정책에 대한 주도권을 두고 외무부와 경쟁관계에 있었다. 그러나 SVR의 부장이던 프리마코프가 1996년 1월 코지레프의 후임으로 외무부장관에 임명되고 다수의 SVR요원들을 외무부로 영입한 것을 계기로 이러한 경쟁에서 SVR이 승리하게 되었다. 실제로 핵기술의 이란 이전, NATO의 동진에 대한 러시아의 대응, ABM 조약의 수정 문제 등 주요 외교 현안에 대한 러시아의 입장을 결정하는 데에 SVR이 주도적인 역할을 수행한 것으로 알려지고 있다.[33)]

SVR의 부장은 러시아 대통령에 의해 임명되고 대통령에게 직접 보고한다. 매주 월요일 대통령에게 정기 브리핑을 행하며, 필요시에는 수시 보고를 할 수 있다. 그리고 SVR 부장은 안보회의(Security Council) 및 방위회의(Defense Council)의 멤버이다. 러시아 대통령은 의회를 배제한 채 SVR에 대해 여하한 비밀 명령을 발할 수 있다. SVR은 대통령에게 일일 정보보고를 하는데, 이때 어떤 외교정책 옵션이 유리한지에 관한 내용이 포함된다.[34)]

4) 독립국가연합(CIS) 지역에 대한 정보활동

SVR의 임무와 활동 중에서 높은 우선순위를 지니는 지역은 CIS이다. 이는 CIS지역이 러시아의 안보와 경제에 큰 영향을 미치는 지역일 뿐만 아니라, 이 지역 국가들과의 공유된 기술과 조직구조, 그리고 친숙한 인적 관계와 더불어, 러시아인들이 소수민족으로 CIS 소속 국가들 내에 다수 거주하고 있기 때문이기도 하다. CIS지역에 과거 구축되어 남아있는 소련의 정보 유산 내지 자산들을 보전할 목적으로, 러시아는 1992년 4월 5일 알마아타에서 아르메니아, 우크라이나, 벨라루스, 카자흐스탄, 키르기즈스탄, 몰도바, 타지크스탄, 투르크메니스탄 등의 국가들과 기본협력에 관한 협정에 서명한 바 있다.

서명국들은 테러리즘, 조직범죄, 그리고 마약 등에 관한 정보 공유와 더불어 상호간에 정보 공작활동을 전개하지 않을 것에 합의하였다. 역사적인 요인들과 더불어, 러시아가 이 지역에 대해 강한 이해관계를 갖는 또 다른 이유들로는 이 지역에 매장되어

---

33) Victor Yasmann, "Whither Russian Foreign Intelligence?" *Asia Times*, (June 6, 2000).

34) Vasili Mitrokhin and Christopher Andrew(2000).

있는 것으로 추정되는 막대한 석유 및 가스자원, 그리고 이슬람 세력의 준동 방지 등이다.

그러나 옛 소련 구성공화국들에 대한 러시아의 관심과 노력에도 불구하고, 이 지역 정치의 매우 분열적인 그리고 변덕스러운 특성에 의해, 러시아의 정보활동은 많은 지장을 받고 있다. 즉 이스라엘의 모사드와 마찬가지로, 이란, 터키, 사우디아라비아 등의 국가들도 중앙아시아 지역에 적극적으로 간여하고 있다. 중앙아시아 소재 국가들은 모두 전 소련 구성공화국들로서 대체로 부패 및 권위주의적 통치라는 점에서 유사성을 지니고 있는데, 이러한 정치 사회적 환경은 걸프지역 이슬람 세력으로부터 지원금을 받는, 예를 들어, 타지크스탄의 압달라 누리(Abdallah Nuri) 등과 같은 이슬람원리주의 반란세력들이 준동할 수 있는 원인이 되고 있다.[35)]

또한 대규모의 오일 머니 유입과 더불어 인접 강국들이 이 지역에서 정권변화를 기도하려는 많은 유혹이 있어 왔다. 예를 들면, 1995년 3월 아제르바이잔 알리예프 대통령은 내무부 장관 자바도프(Rawshan Javadov)가 주도하는 쿠데타 위협을 받은 일이 있는데, 아제르바이잔은 이와 관련하여 터키를 석유에 관한 이권 등 복합적인 목적을 지니는 쿠데타 음모에 연루되었다고 비난하였다.[36)] 한편 SVR의 입장에서 터키는 경쟁자이자 파트너이다. 비록 터키가 체첸반군을 지원하는 것이 아닌가 하는 의심이 존재하고 있음에도 불구하고, 러시아는 터키와, 중앙아시아 지역에서 과격한 이슬람주의 세력과의 투쟁에 관한 공동 강령에 합의하는 등 터키의 정보기관인 MIT와 실무수준의 협력관계를 구축한바 있다.

이와 같은 몇 가지 사실은 중앙아시아 지역 정세의 복합적이고 가변적인 양상을 잘 보여주는 것이고, 그러한 만큼 이 지역에 대해 SVR이 부여하는 우선순위와 중요도도 높을 수밖에 없다.

5) 해외 정보활동의 몇 가지 사례

냉전시기와 마찬가지로 러시아의 정보기관은 CIA의 최대 경쟁자이다. 미국은 그루지아와 오랜 기간 친밀한 관계를 유지하였으며, 2002년 3월 반정부 활동 진압을 위한 그루지아 군 훈련을 목적으로 특수전 요원 160명을 파견하였다. 반면 냉전이 종결

35) Robert Baer, *See No Evil*, (New York: Crown, 2002), p.165.

36) 위의 책, p.228.

되는 시점에서 140여 명의 KGB 및 GRU요원들이 다양한 위장 신분으로 북미 지역에서 활동하고 있었다. 이와 같은 요원들이 1995년경에 약 100여 명 수준으로 감소되었지만 최근 FBI자료에 의하면, 다시 증가하기 시작하였다.[37] 이러한 자료가 잘 보여주듯이 SVR은 냉전이 치열하던 시기 못지않게 적극적인 대미 정보활동을 전개하고 있다. 이를 위해, 과학자 및 교수 등으로 미국에서 활동하고 있는 러시아계 합법적 이민자들을 포섭, 이들을 보조적 요원으로 활용하고 있다.[38]

1992년 러시아는 중국과 정보협력에 관한 비밀협정을 체결하였는데, 이 협정은 SVR/GRU와 중국 인민해방군 군사정보총국간의 협력에 관한 내용을 담고 있다. 그리고 SVR은 사담 후세인 집권시기에 이라크 정보요원들의 훈련을 담당하였던 것으로 알려져 있다. SVR은 또한 아제르바이잔 및 벨라루스 등 과거 소련 공화국이었던 나라들의 비밀경찰들과 협력협정을 체결하였다.[39]

3. 군총참모부 정보총국(GRU)

(1) 조직

1918년 10월 21일 레닌의 특별지시로 트로츠키 후원 하에 창설된[40] GRU(영문명칭 Main Intelligence Directorate of the General Staff)의 상세한 조직에 대해서는 거의 알려진 바 없으며, 단지 KGB와 마찬가지로 지역부서와 기능부서로 구분되어 운영되고 있는 것으로 알려지고 있다. 직원도 2만여 명 이상 되는 것으로 추정되고 있을 뿐 정확한 숫자는 알 수 없다.[41]

GRU 요원이었던 망명자 아가베코프(Georges Agabekov)의 1931년 회고록, 그리고 소련군 고위 정보장교이었던 크리비츠키(Walter Krivitsky)의 1939년 자서전 등으로 어느 정도 알려졌었지만, GRU가 서구에 널리 알려지게 된 것은 1978년 정보총국 요원 블라디미르 레준(Vladimir Rezun)이 영국에 망명, GRU에서의 자신의 경험을 수보로프(Victor

37) "Russian Spy Presence in the US on the Rise," *Sources-the Security Intelligence News Service*, (26 December 2001)를 참조할 것.

38) Alexander Kouzminov(2006); William F. Jasper(2009).

39) Books LLC(2010), p.40.

40) Earl F. Ziemke, *Russian Review* 60, 2001, p.130.

41) 이 중 10~20%정도가 해외에 근무하는 것으로 추정되고 있다.

Suvorov)라는 가명으로 글을 기고한 것이 계기가 되었다.[42] 그의 주장에 의하면, 공산당 서기장조차도 GRU 본부에 들어가기 위해서는 보안검색을 거쳐야만 했다고 한다.

GRU는 창설 당시부터 독립성을 지녀 소련 초기 막강한 힘을 행사하던 체카마저도 GRU에는 간여하지 못하였다. 그리고 KGB 등 러시아의 정보기관 또는 기구들이 매우 복잡한 통폐합의 과정을 겪어야 했던 것과는 달리 GRU는 창설 이후 현재에 이르기까지 독립성과 연속성을 이어가고 있다. GRU는 러시아의 가장 큰 해외 정보기구로 SVR의 6배나 되는 요원을 해외에 파견하고 있으며, 1997년 기준 2,500여 명의 스페츠나즈도 보유하고 있는 것으로 알려진 바 있다.[43]

(2) 임무와 활동

주로 전 세계를 대상으로 군사정보, 특히 러시아 외부의 정보원들로부터 전략, 군사기술과 경제, 군작전정보 등의 군사 정보 또는 정치관련 정보를 수집하는 임무를 수행한다. 물론 GRU는 러시아 영토 내에서의 군관련 정보활동도 수행한다.

GRU는 또한 옛 소련시기 동맹국들에 SIGINT 기지를 운영하며 신호정보를 수집하였으며, 현재도 쿠바와 베트남 등에 기지를 운영하고 있다.

흔히 GRU는 미국의 DIA(국방정보국)에 비견되는 경향이 있지만, 실제로는 미국의 다양한 정보기구들은 물론 거의 모든 군정보기구들의 업무를 합쳐 놓은 것과 필적하는 방대한 정보활동을 수행하는 것으로 알려지고 있다. 또한 GRU는 신호 및 영상정보 수집용 위성도 운영하고 있다고 한다. 신호 및 영상정보 수집업무는 GRU의 우주정보국이 담당하는데, 우주정보국은 90년대에 130여 개의 첩보위성을 운영한 것으로 알려진 바 있다.[44]

---

42) Books LLC ed., *Russian Intelligence Agencies: Federal Security Service*(2010), p.47.

43) Stanislav Lunev, "Changes May Be on the Way for the Russian Security Services," *The Jamestown Foundation*, 12 September 1997.

44) Books LLC(2010), p.47.

제3절 과제와 전망

1991년 KGB 지도부가 깊이 간여한 쿠데타가 실패하고 이어서 소련이 해체되면서 일련의 복잡한 개편 과정을 겪은 러시아의 정보기구는 큰 틀에서 국내 정보업무와 해외 정보업무를 각기 전담하는 FSB와 SVR의 이원체제로 정착되었다.

소련 건국 당시부터 현재에 이르기까지 러시아 정보기관은 통상적인 정보활동뿐만 아니라 집권세력을 위한 정치사찰 및 내부통제 기능을 수행해 오고 있다. 물론 러시아 사회의 민주화 추세, FSB 및 SVR 등 정보기관에 대한 의회의 통제의 제도화 등으로 일정한 발전이 이뤄지기도 했지만, 보다 내밀화 또는 고도화된 방식으로, 여전히 권력의 전위기구로서의 역할을 수행하고 있다.

KGB의 주된 계승자라 할 수 있는 FSB는 미국의 FBI를 크게 능가하는 매우 방대한 권한을 보유 행사하며, 필요시 러시아의 제반 법집행 기관 및 정보기구들을 통합지휘한다. FSB의 기본임무는 국가주권과 영토의 보전, 헌법체계 보호 등 국가안보를 보장하는 것으로, 주로 국내적 관점에서 이를 위한 제반 정보업무를 수행한다. 특히 FSB는 러시아에 대한 테러 발생시 무타협 내지 강경진압 방침을 고수한다. 그리고 폐지된 FAPSI로부터 인수한 제반 통신정보업무와 기능을 수행하며, 광범위한 정치 사찰을 행하고 있다. 또한 러시아 정치 엘리트의 다수는 전직 KGB 및 FSB 출신이 차지하고 있다.

SVR은 비록 FSB와 일정한 경쟁을 빚기도 하지만, 해외 정보업무를 전담하는 세계적인 수준의 정보기구이다. 러시아의 주요 외교정책 방향을 결정하는데 매우 큰 영향력을 지니며, 대통령에게 일일보고 형태의 정보보고를 행한다. SVR에게 특히 CIS 소속 국가들에 대한 정보활동은 매우 높은 우선순위를 지닌다.

하지만 러시아의 정보기구들은 변화하는 정보환경에 적응하여 보다 효율적인 정보기구로 발전해야 하는 일반적인 과제와 더불어, 정치억압 및 사찰기구로서의 역할에서 벗어나 증대하는 민주주의적 열망이라는 러시아 국내정치적 흐름에 부응하여야 하는 과제를 안고 있다.

>> 참고문헌

니꼴라이 V. 랴자노프스키 저. 이길주 옮김. 『러시아의 역사 I : 고대-1800』. 서울: 까치, 1991.

スラヴァ カタミ-ゼ. 2009. 『ソレンのスパイたち: KGBと情報機關』. 東京: 原書房. 2009.

Albats, Evgenia. 2006. "Siloviks in Power: Fears or Reality?" *Echo of Moscow*. 4 February.

Baer, Robert. *See No Evil*. New York: Crown, 2002.

Bennett, Gordon. *The Federal Security Service of the Russian Federation*. RMA: Sandhurst and the Conflict Studies Research Centre, 2001.

__________. *The Federal Agency of Government Communications and Information*. Paper for Conflict Studies Research Centre. RMA, Sandhurst(C105-GB), 2001.

__________. *The SVR: Russia's Intelligence Service*. RMA Sandhurst and the Conflict Studies Research Center, 2001.

Books LLC ed. *Russian Intelligence Agencies: Federal Security Service*. Books LLC., 2010.

Borogan, Irina & Andrei Soldalov. *The New Nobility: The Restoration of Russia's Security State and the Enduring Legacy of the KGB*. Public Affairs, 2010.

Felshtinsky, Yuri & Vladimir Prybylovsky. *The Corporation: Russia and the KGB in the Age of President Putin*. Encounter Books, 2009.

Finn, Peter. " In Russia, A Secretive Force Widens." *Washington Post*. 12 December 2006.

Goldfarb, Alex and Marina Litvinenko. *Death of a Dissident:The Poisoning of Alexander Litvinenko and the Return of the KGB*. The Free Press, 2007.

Jasper, William. F. "KGB/FSB : The 'Game' Remains the Same." *New American*. 18. September 2009.

Kouzminov, Alexander. *Biological Espionage: Special Operations of the Soviet and Russian Foreign Intelligence Services in the West*. Greenhill Books, 2006.

Littell, Jonathan. *The Security Organs of the Russian Federation: A Brief History 1991-2004*. Psan Publishing House, 2006.

Mereu, Francesca. "Putin Made Good on Promise to FSB." *The Moscow Times*. 8 February. Issue 3838. 2008.

Mitrokhin, Vasili and Christopher Andrew. *The Mitrokhin Archive: The KGB in Europe and the West*. Gardners Books, 2000.

Moorcock, Michael. *Russian Intelligence*. New English Library Ltd., 1985.

Pringle, Robert W. *Historical Dictionary of Russian and Soviet Intelligence*. The Scarecrow Press, Inc., 2006.

RFL/RL. Russia Used 'Deception' to Kill Maskhadov. 8 March 2006.

Rossiyskaya Gazeta. "Particularly Dangerous." 28 July 2006.

Suib, Stella. *Inside Russia's SVR: The Foreign Intelligence Service*. Rosen Publishing Group, 2002.

Todd, Paul & Jonathan Bloch. *Global Intelligence: The World's Secret Services Today*. New York & London: Zed Books, 2003.

Waller, Michael J. "Russia′s Security Services: A Checklist for Reform." *ISCIP-Perspective*. 8(1). September-October. 1997.

Yasmann, Victor. "Whither Russian Foreign Intelligence?" *Asia Times*. 6 June 2000.

|제6장| 영국의 정보기구

제1절 영국 정보기구의 기원과 변천

영국의 정보기구는 1573년 엘리자베스 여왕시대에 국무장관으로 재임하였던 월싱햄(Francis Walshingham) 경이 해외정보수집망을 구축한 것에서 그 기원을 찾을 수 있다. 그러나 근대적인 영국의 정보기구는 1909년 대영제국 의회 국방위원회(Committee on Imperial Defence)가 그 필요성을 공식적으로 제기함에 따라 설립된 '비밀정보국'(Secret Service Bureau)이 모태가 된다. '비밀정보국'은 육군성 소속 '군사작전총국'의 특별 분과인 'MO5'의 통제하에서 국내와 국외 파트로 나뉘어 운영되었다. 동 기관의 임무는 ① 외국의 스파이로부터 영국의 기밀을 보호하고, ② 해외에 있는 영국 정보원의 정보활동을 지원하며, ③ 국가 방첩 임무를 수행하는 것이었다.[2] 1916년 '비밀정보국'은 '군사정보국'의 일부로 편입되었고 이후 국내분야 담당 부서는 'MI5'로, 국외분야 담당 부서는 분야는 'MI6'로 개칭되었다.[3]

제1차 세계대전 기간 중 영국군은 독일 등 적국의 각종 군사 · 외교 통신을 감청하고 이들 통신을 해독하기 위해 암호 해독을 전담하는 특수부대를 창설하였다. 영국 육 · 해군 공동 암호해독 부대는 이후 '정부암호학교'(GCCS: Government Code and Cypher School)로 통합되어 영국 정부가 사용하는 암호에 대한 보안대책을 지원하였고 적 통신 감청임무 수행에서 상당한 성공을 거두었다. 1942년 GCCS는 '정부통신본부'(GCHQ: Government Communication Headquarters)로 통합되어 현재까지 주요 신호정보 수집 및 분석업무를 수행하고 있다.

1) 유럽에는 다수의 독립 국가들이 존재하기 때문에 이들 국가들의 정보기구를 모두 다루는 것은 어려운 일이다. 따라서 본서에서는 유럽의 정보기구 중 영국, 프랑스, 독일 등 유럽의 3개국의 정보기구에 대해 논의를 진행한다.

2) 문정인 편저, 『국가정보론』, (서울: 박영사, 2006), p.520.

3) 위의 책, p.521.

제2절 영국의 국가정보체계

영국의 정보공동체는 '비밀정보부'(SIS: Secret Intelligence Service, MI6), '정부통신본부'(GCHQ), '보안부'(Security Service, MI5)등 3대 조직으로 구성되어 있다. 이들 주요 정보기관은 영국의 국가안보 보호, 범죄활동의 감시와 예방, 영국의 경제적 국익과 번영 보장 등의 목적 달성을 위해 활동하고 있으며 '비밀정보부'(SIS, MI6)와 '정부통신본부'(GCHQ)는 영국정보기관 법령인 'Intelligence Services Act 1994'에 근거하여 조직 구성과 활동이 법적으로 보장되고 있고, '보안부'(SS, MI5)는 이와의 별도 법령인 'Security Service Act 1989'에 의해서 그 활동이 보장되고 통제된다. 이들 기관을 포괄적으로 통제하는 법령은 2000년에 제정된 「수사권규제법 2000」(The Regulation of Investigatory Powers Act 2000)으로서, 이들 3대 기관들은 위의 법령이 설정한 범위 내에서 정보활동을 수행하고 있다.

그러나 〈그림 6-2〉에 따른 영국 정보기관의 조직구성을 살펴보면 그 역할과 기능이 보다 세부적으로 구분되어 있음을 알 수 있다. 정보기관의 활동과 조직의 총괄적인 책임은 영국 총리에게 있다.[4] 영국의 총리는 하원의 다수당의 지지로 선출되며 각료의 임면권을 가진다. 총리는 약 20여 명의 각료를 임명하고 이들과 함께 국가정책을 입안하고 결정하며, 각 정부 부처들의 업무를 조정하는 임무를 수행한다. 영국정보기관의 관리와 업무협의를 위해 영국 총리 산하에 '합동정보위원회'(JIC: Joint

그림 6-1 영국 정보기관 설치 및 운영의 법률적 근거

4) 2010 National Intelligence Machinery, (UK: The Cabinet Office), 2010. http://www.cabinetoffice.gov.uk/resource-library/national-intelligence-machinery

그림 6-2 영국의 정보기구 구성도

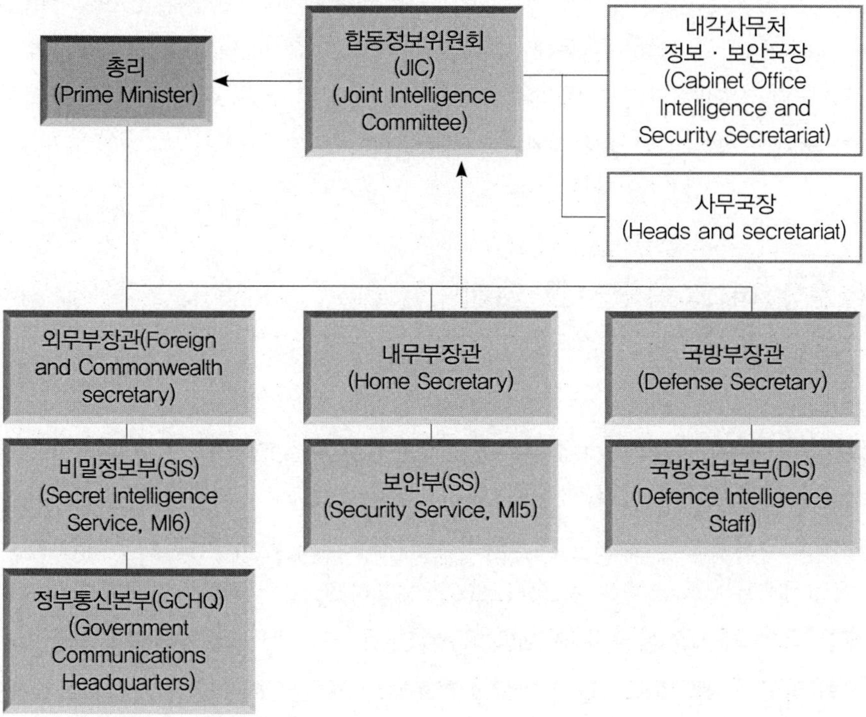

Intelligence Committee)와 외무부, 내무부, 국방부에서 각 기관들의 특성에 따라 산하 정보기관을 운영하고 있다. 〈그림 6-2〉의 조직도에 나와 있듯이 SIS(MI6)와 GCHQ는 외무부에 속해있고 SS(MI5)는 내무부에, '국방정보본부'(DIS)는 국방부 산하에 있다.[5]

합동정보위원회(JIC)는 정보기관의 활동이 효율적으로 이루어지도록 조정 및 감독하고 정보목표 순위를 결정하여 각 정보기관에 배포하여 업무의 우선순위를 조정하는 역할을 담당하고 있다. 합동정보위원회는 영국의 각 정보기관에서 보고하는 내용을 토대로 '일일정보보고서', '장기정세보고서', '주간정보 평가보고서' 등을 작성하여 이들 보고서를 총리 및 내각에 배포한다. 또한 각종 위험과 위협을 평가하여 위기에 대한 조기경보를 발령한다. JIC의 조직은 외무, 내무, 국방부 및 각 정보기관에서 파견된 요원으로 구성되며, 지역별, 분야별 분석팀들이 운영되고 있고, 부처 차관급 인사

5) 2010 National Intelligence Machinery.

및 정보기관 주요 인사로 구성된 위원회가 매주 정기적으로 회의를 개최한다.

영국의 3대 정보기관인 SIS, SS, GCHQ가 필요로 하는 예산은 정부의 'SIA'(The Single Intelligence Account)를 통해 지원을 받는다. SIA의 예산은 각 정보기관의 산하 장관들과 총리실의 '국가안보보좌관'(National Security Advisor)이 상호 협의하여 결정하고 각 부처의 의견을 반영해서 예산을 집행한다.[6]

제3절 영국 정보기구 현황

1. 비밀정보부(SIS: Secret Intelligence Service, MI6)

영국을 대표하는 유명 영화 캐릭터인 '007 제임스 본드'가 속해 있는 기관인 SIS는 일반 대중에게는 MI6[7]로 알려져 있다. SIS는 상당히 오랜 역사를 가졌음에도 불구하고 오랫동안 법적 기반 없이 존속해 오다가 1994년 12월 15일 정보기관법이 제정되면서 대표적인 영국의 대외정보기관의 위상을 확보하게 된다. SIS는 주로 해외정보 수집 및 공작 임무를 수행하면서 국가 안전의 확보 및 국익을 도모하고, 외국세력의 영국에 대한 테러 등 중대 범죄를 조사하고 예방하기 위한 임무를 담당하는 등 미국의 CIA와 유사한 역할을 수행한다. 해외 정보기관으로서의 본연의 임무 이외에 SIS는 우방국 정보기관과의 정보협력 업무도 수행한다. 이미 언급하였듯이 SIS는 외무장관의 직속 기관으로 운영되고 있다.[8]

SIS의 임무는 매우 다양하며 광범위한 분야에서 비밀공작을 수행해 왔다. SIS는 제2차 세계대전 당시 독일과 이탈리아 등 적국에 대한 방대한 정보를 연합군 지휘관에게 제공하여 커다란 전과를 달성하였고 무엇보다 독일의 암호체제를 해독하는 데 기

6) 2010 National Intelligence Machinery, pp.4-5.

7) 제2차 세계대전 당시 SIS는 MI6(Military Intelligence, Section 6)로 지칭. 그러나 1992년까지 MI6는 공식적으로 그 이름이 인정되지 않았고, 오늘날 영국정부 SIS 공식 홈페이지에서는 MI6를 SIS와 같이 통용하여 사용. https://www.sis.gov.uk/

8) 영국의 정보기관법(Intelligence Services Act 1994) 참고. http://www.legislation.gov.uk/ukpga/1994/13/contents

그림 6-3 JIC 구성도[8)]

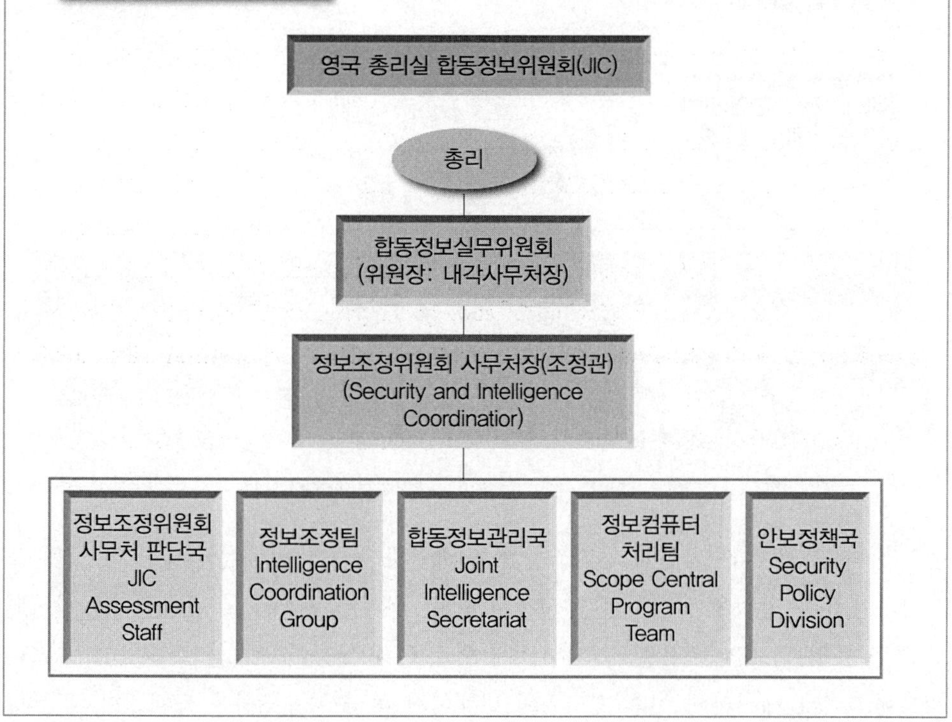

여, 종전을 앞당기는 주목할 만한 성과를 거둔 바 있다. 제2차 세계대전 종전 후에는 중동 지역에서 국익보호를 위한 아랍권 친영세력의 활동을 지원하였으며, 냉전 시에

그림 6-4 SIS 명칭 변천사

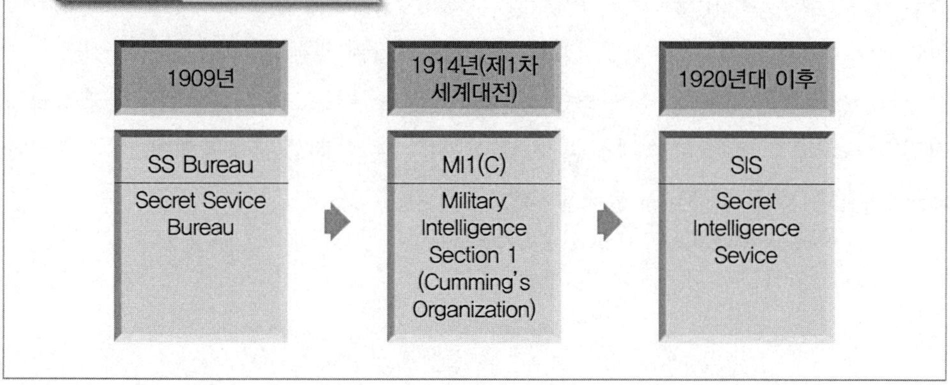

9) 최평길, 『국가정보학』, (서울: 박영사, 2012), p.511.

그림 6-5 SIS 조직도

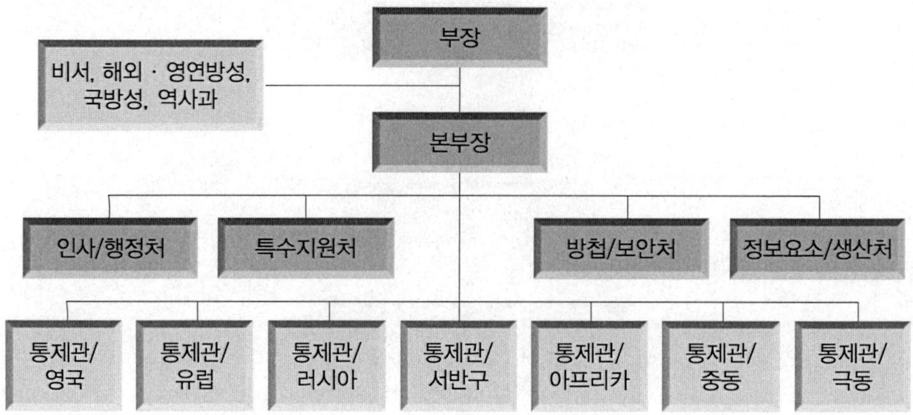

는 미국과 NATO 회원국들과의 협조를 통해 소련과 동구권에 대한 활발한 정보활동을 전개하여 많은 업적을 달성하였다. 그러나 SIS는 냉전이 종식되고 공산권이 몰락하면서 소련 등의 대표적인 적성국가가 사라짐으로 인해 활동이 크게 위축되었다. 그러나 2001년 9 · 11 테러사태 이후 테러와의 전쟁에서 미국과 공조하여 국제테러 예방 및 테러리스트 색출 등의 임무를 활발하게 전개하고 있다.

SIS는 조직의 수장인 부장 아래 본부장을 두고 있으며 본부장 산하에는 4개의 '처'와 해외공작을 통제하는 '통제단'이 운영되고 있다. 4개의 처는 '인사 · 행정처', '지원처', '방첩 · 보안처', '정보생산처' 등으로 구성되어 있다. SIS의 해외 공작 부서는 영국, 유럽, 미국 및 중남미, 동구권, 아프리카, 중동, 극동 지역 등 7개 지역으로 구분되며 이들 지역은 각각 1개 지역을 담당하는 7명의 통제관에 의해 관리 감독되고 있다.

SIS의 부장은 Chief of SIS, 또는 'C'라고 불린다. 이는 SIS 제1대 부장인 맨스필드 커밍(Mansfield Cumming)이 자신을 'C'라고 부른 후 그 전통이 유지되어 이후 부임한 SIS 국장들은 'C'로 통용되어 불리게 되었다.[10)]

10) https://www.sis.gov.uk/

2. 보안부(SS: Security Service, MI5)

내무부장관 직속기관인 SS는 군 소속이 아님에도 지금까지 군사정보기관을 지칭하는 MI(Military Intelligence)5로 불리고 있다. MI5는, 미국의 FBI와 같은 역할을 수행하는 기구로서, 영국 내에서 활동하는 외국 첩보기관에 대한 방첩업무 수행이 주요 임무이다. 최근에는 냉전 시대의 주요 임무인 방첩업무 못지않게 영국 국내에서 발생하는 테러를 차단하고 테러를 색출해내는 것이 중요 업무로 부상하였다. 이와 함께 마약, 불법이민, 조직범죄 등의 문제에 대해서도 업무영역을 확장하는 등 전통적으로 경찰이 담당하던 영역까지 활동의 범위를 넓히고 있다.

MI5는 대테러 업무분야에서 이슬람테러가 부각되기 시작한 9 · 11 이후가 아니라 북아일랜드 무장테러단체가 활발히 활동하던 1970년대 초부터 상당한 경험과 지식을 축적해오고 있다. 현재 대테러 업무는 MI5가 수행하는 가장 중요한 임무로 부상했으며, 이를 위해 MI5 정보역량의 2/3 이상을 투입하고 있다. 국내적으로는 여전히 북아일랜드 테러조직 색출과 단속을 계속하고 있으며 국제적 이슬람 테러조직과의 싸움을 전개하고 있다. 대테러임무를 수행함에 있어 MI5는 MI6, 경찰 및 군정보기관과도 긴밀히 협력한다.

MI5는 총 7개 부서로 편성되어 있으며, 약 3,800여 명의 직원이 근무하고 있는 것으로 알려졌다.[11] MI5는 창설된 지 80년만인 1989년에야 비로소 정보활동에 필요한 법적 기반을 확보하였다. 그러나 SS는 국가안보에 필요한 정보를 수집하고 조사하고 있지만 여전히 수사권은 없으며, 범죄자나 테러용의자를 수사하거나 체포해야 할 경우 경찰과 협조를 통해 업무를 수행한다. MI5의 'A국'은 정보자산 운영, 'B국'은 행정 및 재정 업무 수행, 'S국'은 전산관리 및 교육훈련, 'C국'은 방호 · 보안, 'F'국은 대테러, 'K'국은 방첩활동을 담당한다. 이외 MI5는 보안활동의 일환으로 정부기관의 보안을 위한 요소를 평가하고 무선통신 등의 통신보안업무 수행과 대테러 교육을 실시한다. 또 정부 부서에 보안 업무에 대한 조언 및 지원을 하고, 관련법에 의거하여 우편검열과 통신감청 업무도 수행하고 있다.

---

11) SS(MI5) 공식홈페이지 참조. https://www.mi5.gov.uk/output/organisation.html

그림 6-6 SS 조직도[12]

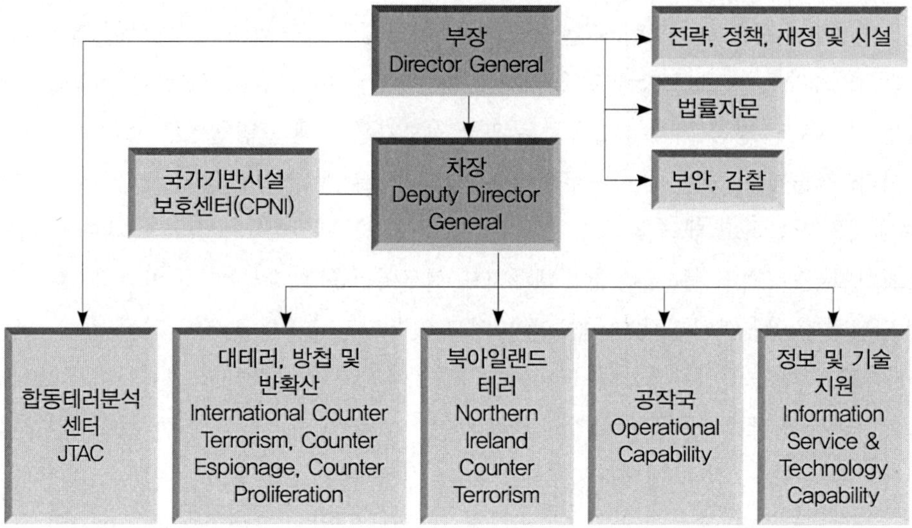

3. 정부통신본부(GCHQ: Government Communications Headquarters)

GCHQ는 미국의 통신정보를 담당하는 NSA와 유사한 임무를 수행한다. 외무부장관 산하에 편제되어 있는 GCHQ의 주요 임무는 영국 국내외 주요 통신을 포괄적으로 감청하여 이를 기반으로 정치, 군사, 경제, 테러 분야 등의 정보를 수집하며, 또 영국의 통신망을 적의 감청으로부터 보호하는 역할을 수행하는 것이다. 이와 함께 통신감청에 필요한 전자통신, 음성통신에 사용되는 각종 암호자료를 수집하고, 해독하고 새로운 암호체계를 보급하는 임무도 담당한다.

GCHQ는 육 · 해 · 공군이 운영하고 있는 군 통신감청부대를 지휘하고, 영국 각 지역, 아일랜드, 독일, 지브랄타, 포클랜드, 아프리카 및 아시아 지역 등 세계 각지에 감청기지를 운영하고 있다. 또한 GCHQ는 자체적인 정보 수집활동 외에도 미국 등 외국과의 정보협력을 통하여 많은 정보를 수집하고 있다. 특히 미국, 캐나다, 호주, 뉴질랜드 등과 공동 감청망을 운영하며 다수의 합동기지를 운영하고 있다. 이들이 공동으로 운영하는 것은 '에셜론'(Echelon)이라고 알려진 거대한 국제 감청네트워크로서 그

12) https://www.mi5.gov.uk/output/organisation.html

그림 6-7 GCHQ 조직도

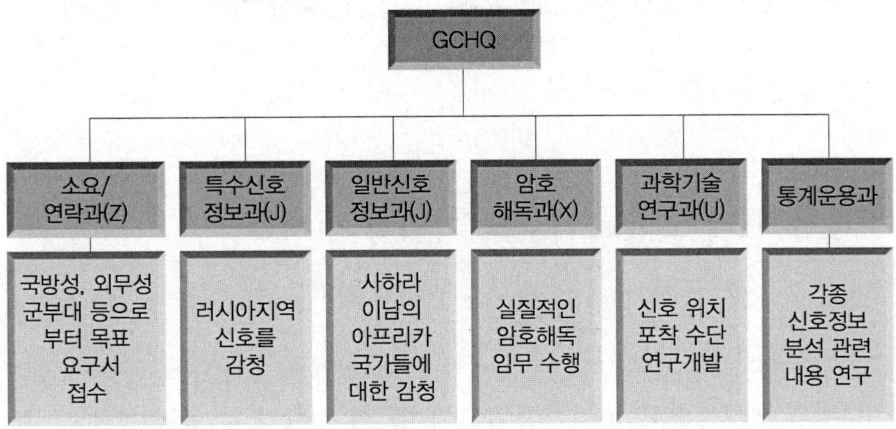

성능은 비밀에 쌓여 있으나 전 세계의 거의 모든 통신망을 실시간 감청하는 능력을 보유한 것으로 평가받고 있다. 1989년부터는 GCHQ가 독자적인 인공위성을 확보하여 다양한 신호정보를 수집하고 있다.

냉전말기 GCHQ 근무 인원은 약 7,000~10,000명이었으며, 2012년 현재 약 5,500명으로 축소되었다.[13] GCHQ의 조직은 신호정보운영 소요처가 GCHQ의 중추적 역할을 수행하고 있으며, 〈그림 6-7〉에 표시된 것 같이 총 6개 분과가 운영되고 있다.

4. 국방정보본부(DIS: Defence Intelligence Staff)

'국방정보본부'(DIS)는 영국의 주요 군사정보기관으로, 그 수장은 현역 중장이 맡는다. DIS부장은 또한 국방참모본부의 '정보참모직'도 담당한다. DIS는 크게 '국방정보분석참모부'(DIAS: Defence Intelligence Analysis Staff)와 '정보지리자산참모부'(IGRS: Intelligence and Geographic Resources Staff)의 두 조직으로 구성되어 있다.[14] DIAS는 DIS의 민간인 부부장이, IGRS는 현역 육군 소장이 업무를 책임지고 있다.

13) GCHQ 공식홈페이지, http://www.gchq.gov.uk/AboutUs/Pages/index.aspx
14) 문정인 편저(2006), p.529.

|제7장| 프랑스의 정보기구

제1절 프랑스 정보기구의 기원과 변천

1415년 프랑스에 상륙하여 성공적인 전쟁을 수행한 영국의 왕 헨리 5세의 활약상에 근거를 둔 셰익스피어의 대표적인 작품 중 하나인 『헨리Ⅴ세』의 한 장면에, 헨리5세가 프랑스를 위해 간첩행위를 한 반역자 3명을 심판하여 처단하는 장면이 소개되어 있을 정도로 프랑스의 정보활동은 역사가 길다.[1] 오랫동안 프랑스의 정보활동과 기만행위는 주로 영국을 겨냥하는 것이 대부분이었다. 그러나 1800년대 이후 유럽대륙에서 독일이 급부상하자 프랑스의 주요 정보활동의 대상은 독일로 전환된다. 1870년 보불전쟁 당시까지도 프랑스는 체계적이고 영구적인, 그리고 완전한 형태의 정보기관은 가지고 있지 않았다. 다만 육군 병참부의 한 부서로 '통계과'를 두어 주변국의 관련 자료를 수집하였다. 1873년 보불전쟁이 프랑스의 패전으로 종결된 이후 체계적인 정보활동의 필요성을 절감한 프랑스는 군에 '첩보국'을 설치하게 된다. 그러나 첩보국은 1899년에 폐지되고 '육군일반참모부'의 제2부에 배속되면서 정보 수집기능도 축소되었다. 이후 프랑스의 정보 수집기능은 육군 일반참모부 2부가 주요 업무를 맡아 수행하고, 방첩기능은 내무부의 '치안국'이, 통신정보는 1909년에 설치된 '암호공동위원회'가 업무를 담당하게 되었다.

제1차 세계대전 종전 이후인 1936년에는 육군 일반참모부 제2부 소속이던 첩보국이 독립부서로 분리되어 '정보부'와 '방첩부' 2개부로 구성된 기구로 재탄생하게 된다. 다음 해인 1937년에는 방첩전문기관인 '국토감시청'(DST)이 설립되었다. 제2차 세계대전이 진행 중이던 1943년에는 드골에 의해 군 정보기관과는 별도의 '총특무국'(DGSS)이 설립되었고, 프랑스가 독일의 점령에서 벗어나자 DGSS는 '연구조사총국'

1) 위의 책, p.536.

(DGER)으로 명칭이 변경되어 이후 많은 공작원을 양성하게 된다. 동 기관은 특히 통신 감청 기능을 발전시키면서 프랑스 국내 정치상황 감시와 공산주의자 등 반국가단체에 대한 견제활동을 전개하였다. 1946년 전쟁 종전 이후 드골이 임시정부의 수반직에서 물러나면서 연구조사총국(DGER)은 해체되고, 해외정보 및 방첩국(DECE)이 새로이 창설되었다. 1973년에는 DECE가 프랑스의 신호정보기관인 무선통신단을 흡수 · 통합하는 등 프랑스 정보기관의 기능을 개선하는 작업이 본격적으로 실시되었다.

제2절 프랑스 정보기구 현황

프랑스의 정보기구는 〈그림 7-1〉과 같이 구성되어 있으며 프랑스 법률이 허용하는 범위에서 법률적인 보장을 받으며 정보 활동을 전개하고 있다. 우선 프랑스 내무부(Ministry of Interior) 산하에 방첩 및 대테러 등의 임무를 수행하는 '국내중앙정보국'(DCRI: Central Directorate of Interior Intelligence)이 있다. 프랑스 국방부(Ministry of Defense)는 산하에 '국방보안국'(DPSD: Directorate for Defense Protection and Security) 및 '대외안보총국'(DGSE: General Directorate for External Security)을 운영하며 주로 해외 정보수집 업무를 수행하고 있다. 프랑스군(French Armed Forces) 산하에는 '군사정보국'(DRM: Directorate of Military Intelligence)을 운영하고 있고 동 기관은 주로 국내외 군사정보수집 업무를 수행한다.

프랑스는 이들 정보기관 이외에도 '전자정보전부대'(BRGE: Brigade de Renseignement et de Guerre Electronique, Intelligence and Electronic Warfare Brigade), '전자정보시스템보안국'(SCSSI: Service Central de la Securite des Systemes d'Informations, Central Service for Information System Security), '사법경찰국'(DCPJ: Direction Centrale de la Police Judiciaire, Judicial Police), '국가방첩위원회'(CNCIS: Commission Nationale de Controle des Interceptions de Securite, National Commission for the Control of Security Interceptions)등 5개의 정보 기관을 운영하고 있다.[2)]

2) FAS (Federation of American Scientists) http://www.fas.org/irp/world/france/index.html

그림 7-1 프랑스의 정보기구 조직도

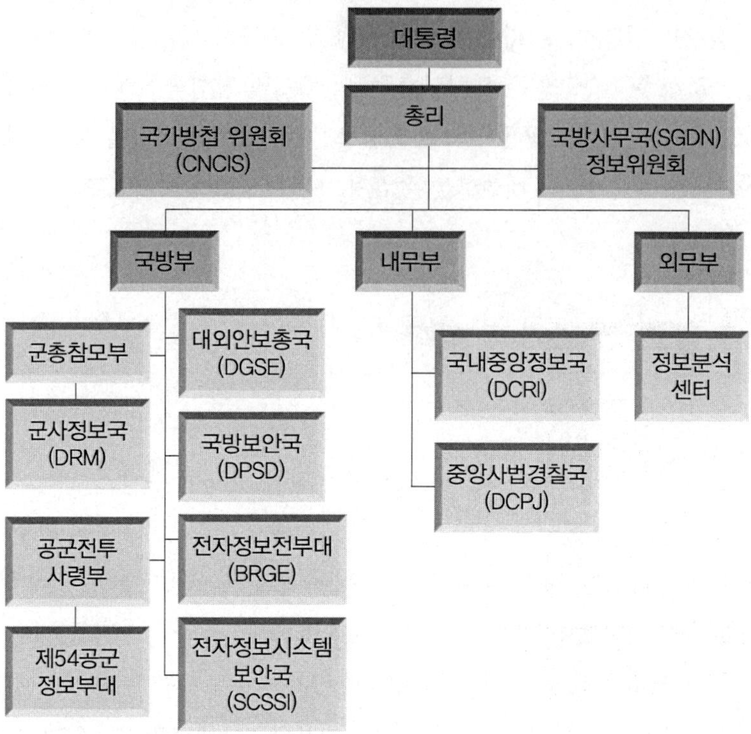

1. 국내중앙정보국(DCRI: *Direction Centrale du Renseignement Intérieur*, Central Directorate of Interior Intelligence)[3]

DCRI는 프랑스 내무부 산하 국내정보기관으로 내무부 장관이 직접 관장을 하는 조직이다. DCRI는 2008년 7월 1일에 국토안보부(DST: Directorate of Territorial Security)와 경찰청 산하의 정보총국(RG: General Intelligence Directorate)이 통합되면서 창설되었다.[4] DCRI는 프랑스 르발루아-뻬레(Levallois-Perret)에 본부를 두고 있으며, 현재 3,300명 이상의 직원들이 근무를 하고 있는 것으로 알려져 있다.[5] DCRI의 주요 임무

3) http://www.interieur.gouv.fr/

4) FAS (Federation of American Scientists) http://www.fas.org/irp/world/france/index.html

5) http://www.interieur.gouv.fr/

그림 7-2 DCRI의 주요 임무

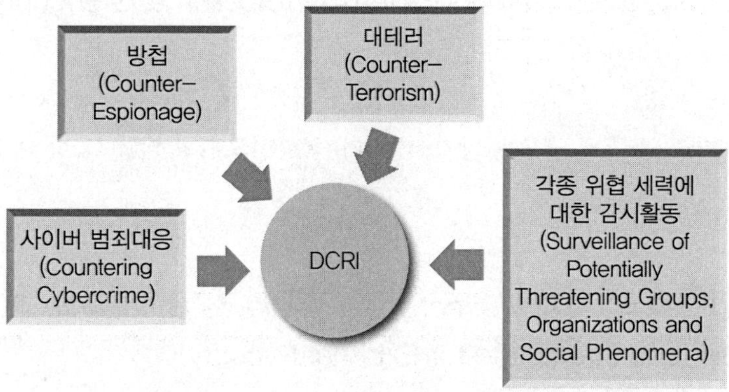

는 〈그림 7-2〉와 같이 크게 방첩, 테러대응, 사이버범죄 방지, 국가 전복 기도 및 국내 질서 위해 단체들에 대한 감시 등 크게 4종류로 구분된다.

2. 군사정보국(DRM: *Direction du Renseignement Militaire*, Directorate of Military Intelligence)

프랑스의 군 정보기관은 '군사정보국'(DRM)과 '국방보안국'(DPSD)으로 구분되어 있다. DRM은 군사정보를 수집 · 분석하는 임무를 수행하고, DPSD는 한국의 기무사령부와 유사한 역할을 담당하고 있다. 특히 DRM은 걸프전 당시 경험을 반영하기 위해 발족되었는데, 무엇보다 당시 경험하였던 군사작전 수행과 관련한 정보부족의 문제를 해결하기 위한 대안으로 창설되었다. 이로써 프랑스 육군과 공군의 정보기관이 통합되어 단일 군 정보기관으로 발족하게 되었다. DRM은 특히 기술정보와 영상정보 · 신호정보 수집에 많은 노력을 기울이고 있으며, 이 임무는 주로 DRM 산하의 공군 항공정보자산을 통해 수행하고 있다. 그리고 1986년부터는 군사정찰용 첩보위성을 확보 운영함으로써 DRM의 정보수집능력이 획기적으로 발전하게 되었다. 그러나 해군의 정보기관은 DRM에 통합되지 않았는데 그 이유는 전 세계를 무대로 한 프랑스 해군 작전의 특성상 별개의 정보기구 운영이 필요하기 때문이었다.

3. 국방보안국(DPSD: *Direction de la Protection et de la Sécurité de la Defense*, Directorate for Defense Protection and Security)[6]

DPSD는 국방부 산하의 정보기구로서 '군사보안국'(The Military Security)의 후속 기관이다. DPSD의 주요 임무는 방첩, 대테러, 국가안보위협 대응, 국방 대비태세 점검 등이 포함된다.

4. 대외안보총국(DGSE: *Direction Générale de la Sécurité Extérieure*, The General Directorate for External Security)[7]

1982년 제정된 법령에 의해 DGSE 임무는 "프랑스 안보에 유리한 정보를 추구하고 또 이용하며, 국토 전역에 걸쳐 프랑스의 이익에 반대되는 간첩활동을 탐지하고 분쇄하는 것"으로 규정되었다. DGSE의 정보활동목표는 국가안보 관련 정보와 경제정보, 대테러정보 확보에 있다. DGSE는 1984년 리비아 카다피 제거공작과 1985년에 있었던 '레인보우 워리어호'(Rainbow Warrior) 폭파 사건 등 연이은 공작 실패로 기관의 신뢰가 크게 손상된 바 있다. 그러나 최근에는 작전 목표를 국가 산업정보활동의 보호 등 프랑스 국익 강화에 주력하고 있어 DGSE의 위상이 일정 부분 회복되었다고 평가할 수 있다. DGSE는 정보사용자를 위해 정보 분석업무를 주로 담당하는 '전략국', 첩보수집 업무를 담당하는 '첩보국', 각종 비밀공작을 기획하고 수행하는 '공작국', 통신감청과 기술지원 업무를 담당하는 '기술국', 그리고 각종 행정업무를 지원하는 '행정국' 등의 조직으로 구성되어 있다. DGSE는 2007년 현재 약 4,620명의 인력을 운영하고 있는 것으로 알려져 있으며, 2009년 기준으로 약 5억 4천 380만 유로의 예산을 사용하고 있다.

---

6) FAS (Federation of American Scientists) http://www.fas.org/irp/world/france/defense/dpsd/

7) http://www.defense.gouv.fr/dgse/tout-le-site/organisation 및 문정인(2006), p.542.

|제8장| 독일의 정보기구

제1절 독일 정보기구의 기원과 변천

독일이 조직적인 정보활동을 하기 시작한 것은 프러시아가 독일 통일의 중요 분수령인 오스트리아와 전쟁을 기획하던 1866년부터였다. 당시 프러시아의 운명을 결정지을 '프러시아-오스트리아전쟁'에서 승리하고자 노력하던 프러시아는 1866년 3월 '정보국'(Intelligence Bureau)을 창설하였고, '정보국'은 적의 약점에 대한 정보를 수집하여 프러시아군에게 제공하는 등 전쟁의 승리에 큰 기여를 하였다. 이후 독일의 정보기구는 제1차 세계대전을 통해 급격히 팽창되었는데 전쟁수행에 있어 각종 정보수집활동이 활발하게 전개될 필요가 있었기 때문이다. 그러나 전쟁에서 패배한 독일은 베르사이유 조약 하에서 실질적인 군사력을 보유하지 못함은 물론 어떠한 형태의 정보기구도 운영할 수 없게 되었다. 그러다 히틀러의 집권을 계기로 독일은 베르사이유 조약을 폐기하고 정보기구도 다시 창설하였다. 제2차 세계대전 시기 히틀러의 국가통치차원의 필요성과 함께 유럽 전역에서 진행되던 대규모 전쟁 지원을 위한 정보수집 및 분석임무 수행을 위해 많은 정보기관이 신설되었다. 예를 들어 히틀러의 친위부대로 악명을 떨쳤던 SS(Schutzstaffel)의 경우 국내 보안부대로서의 역할을 수행하였다.[1]

제2차 세계대전 이후 히틀러에 의해 설치되었던 많은 독일의 정보기관들이 해체되었다. 이를 대신한 것이 종전 이후 미국에 투항했던 독일의 장군인 겔렌(Reinhard Gehlen)에 의해 조직된 새로운 정보기관이었다.[2] 겔렌이 창설한 신규 정보조직은 1956년 4월 서독정부 각의의 의결을 거쳐, 총리실 산하에 편제되는 '연방정보부'(BND)로 확대 개편되면서 오늘날 독일연방 정보기관의 주역이 되었다.

1) 최평길(2012), p.141.
2) 문정인(2006), p.531.

제2절 독일 정보기구 현황

1. 연방정보부(BND: *Bundesnachrichtendienst*, Federal Intelligence Service)

1956년에 창설된 BND는 1990년에 이르러 관련법령이 정비되면서 독일의 최고 정보기관으로의 위상을 재정립하게 된다. BND의 주요 임무는 해외 정보수집, 적국 정보기관에 대한 첩보수집, 인질 구출 등 독일 연방정부의 해외특수임무 수행, 방첩업무, 산업정보수집, 국제테러 및 조직범죄퇴치, 마약밀매방지 등 매우 광범위하고 다양하다. 특히 BND는 독일 통일 이후 구동독의 정보기관인 '슈타지'(STASI)의 인적 청산업무를 담당하기도 하였다. 비록 방첩업무는 이후 소개될 '연방헌법보호청'(BfV)이 주로 수행하지만, BND는 조직구성과 임무수행 측면에서 우리나라의 국가정보원과 유사한 부분이 많다.[3)]

BND의 본부 소재지는 뮌헨 인근의 풀라흐 지역으로 2016년까지 베를린 新청사로 이전할 예정이며 직원은 6,000여 명으로 추정되고 있다. 직원의 절반은 민간인 계약직

그림 8-1 독일의 정보기구 구성도

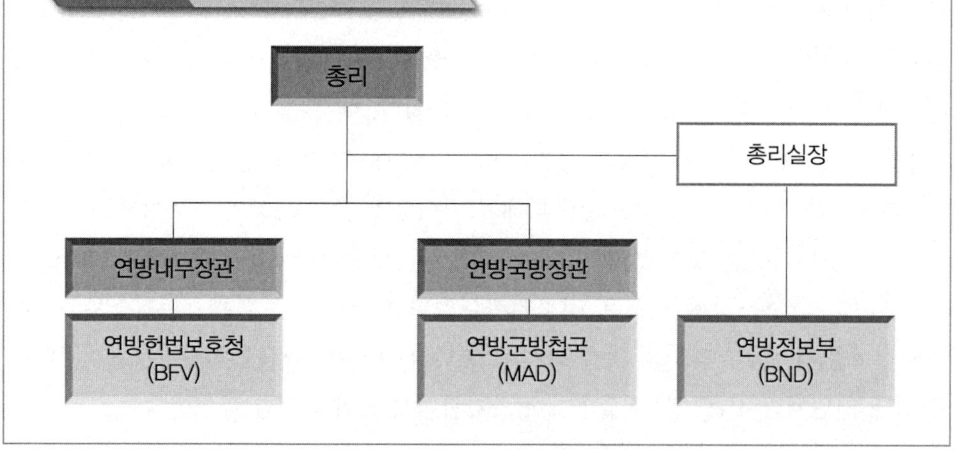

3) 보다 상세한 조직편성 및 조직도는 BND 공식 홈페이지 참조.
http://www.bnd.bund.de/cln_101/nn_1435078/EN/Struktur/Struktur__node.html?__nnn=true

그림 8-2 독일 BND 조직도

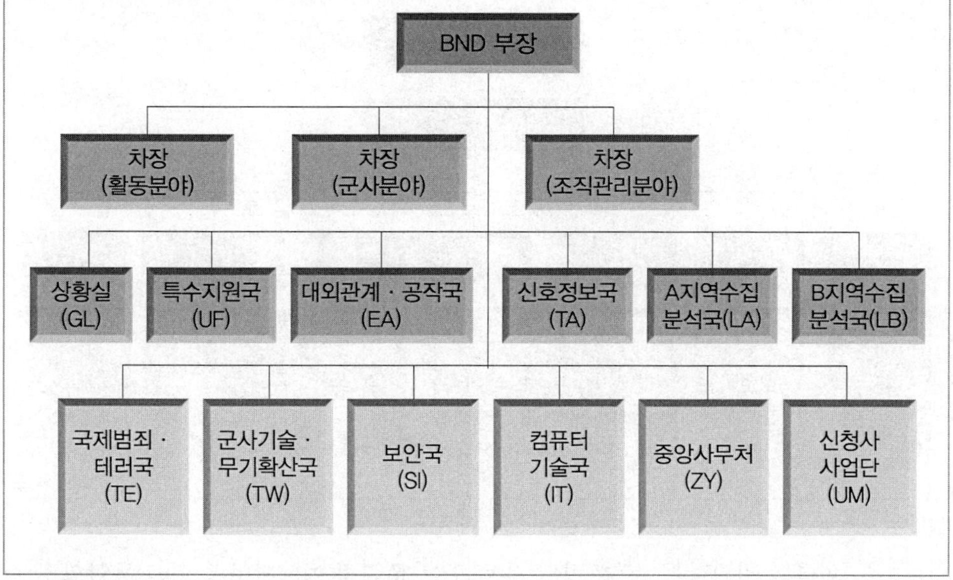

출처: http://www.bnd.bund.de/(검색일 2013.4.30)

이며 1/3은 공무원, 1/10은 현역 군인으로 구성되어 있다. BND는 〈그림 8-2〉와 같이 12개의 산하조직으로 편성되어 있다.

2. 연방헌법보호청(BfV: *Bundesamt für Verfassungsschutz*, Federal Office for the Protection of the Constitution)

'연방헌법보호청'(BfV)의 특징은 독일의 16개 자치주에 각각의 '주헌법보호청'(LfV)이 설치되어 있다는 것과 LfV는 중앙 BfV의 산하 기관이 아닌 협력기관이라는 부분이 특이한 점이다. BfV는 1950년 설립되었으며 연방내무장관 관할 방첩기관이다. 냉전시 BfV는 소련과 동독 등의 서독 내 정보활동을 저지하고 국가기밀을 보호하는데 집중하였으나 통일 이후에는 방첩, 외국의 정보활동과 극좌 및 극우단체 등이 연루된 테러 방지업무에 보다 많은 비중을 두고 있다.

BfV는 ① 자유민주주의 기본 질서, 연방 또는 각 주의 존립과 안전에 반하는 기도와 연방 및 각 주의 헌법기관들의 업무수행을 불법적으로 침해하려는 기도, ② 안보를

그림 8-3 독일 연방헌법보호청(BfV) 조직도[4]

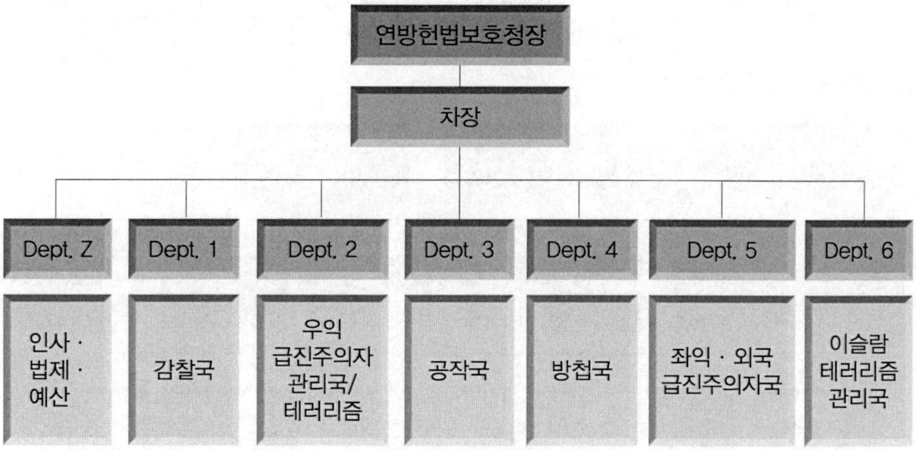

위해하는 외국의 비밀활동, ③ 폭력의 사용 또는 폭력적 예비활동에 의해 독일의 국가적 이익을 위협하려는 시도 등을 사전에 탐지하고 독일연방에 대한 공격 시도를 사전에 억제, ④ 국제 평화 공존에 반하는 독일에서의 활동과 관련된 정보수집과 분석 등의 임무를 수행한다. BfV의 주요 정보수집 업무는 인적, 물적 정보 및 관련 문헌들을 수집 · 평가하는 방식으로 이루어지며 사람을 연행 및 조사하는 수사권은 갖고 있지 않다. 독일 각 주의 헌법보호청은 지역규모와 현안 등에 따라 50~400명으로 구성되어 있다. BfV의 본부는 쾰른에 위치하고 있는데,[5] 주 헌법보호청에 대해 지휘권이나 인사권은 없으며 업무의 조정권만 가지고 있는 것이 특징이다.

3. 연방군방첩국(MAD: *Militärischer Abschirmdienst*, Military Counter Intelligence Service)

'연방군방첩국'(MAD)는 독일의 군 정보기관으로서 1956년에 창설되었으며 주요

4) 독일 연방헌법보호청 공식 홈페이지. http://www.verfassungsschutz.de/en/en_about_bfv/organisation.html독일 연방헌법보호청은 실체가 대외에 공개되어 있는 공식 정부기구임. http://www.verfassungsschutz.de/en/en_about_bfv/organisation.html

5) 독일 연방헌법보호청 공식 홈페이지. http://www.verfassungsschutz.de/en/index_en.html

그림 8-4 독일 MAD 조직도[7)]

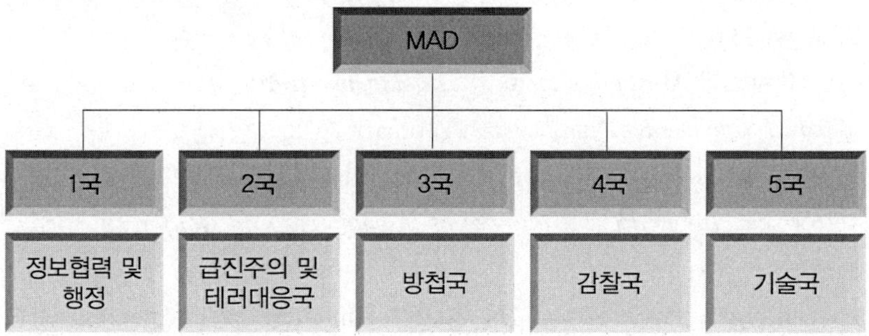

임무는 군사정보 보호와 보안 위해행위 및 첩보수집 행위 탐지와 방지 업무의 수행이다. MAD는 직원이 2009년 기준으로 약 1,800여 명이며 본부에 300여 명, 산하 12개 지부에 1,000여 명, NATO 산하 군부대 및 그 이외 지역에 약 500여 명이 배치되어 있는 것으로 알려져 있다.[6)] MAD는 해외 정보수집과 조사업무의 경우 BND와 협력하고 테러조직 및 극우, 극좌세력에 대한 정보수집의 경우에는 BfV와 업무를 공조하고 있다. MAD의 특징은 동 조직이 군 정보기관임에도 불구하고 MAD의 수장에 민간인이 임명된다는 점이다.

>> 참고문헌

National Intelligence Studies

국가정보포럼. 『국가정보학』. 서울: 박영사, 2007.

문정인 편저. 『국가정보론』. 서울: 박영사, 2006.

최평길. 『국가정보학』. 서울: 박영사, 2012.

2010 National Intelligence Machinery. (UK: The Cabinet Office), 2010. http://www.cabinetoffice.gov.uk/resource-library/national-intelligence-machinery

Agrell Wilhelm. "The Next 100 Years? Reflections on the Future of Intelligence."

6) http://en.wikipedia.org/wiki/Milit%C3%A4rischer_Abschirmdienst

7) 보다 상세한 조직편성 및 조직도는 MAD 공식 홈페이지 참조.
http://www.mad.bundeswehr.de/portal/a/mad/!ut/p/c4/04_SB8K8xLLM9MSSzPy8xBz9CP3I5EyrpHK94uyk-NzEFL2UzNS84pLiEv2CbEdFAGmxsS8!/

Intelligence and National Security. 27:1. 2012.

Inkster Nigel, 9/11/11: *A Decade of Intelligence*, Survival: Global Politics and Strategy. 53:6.

Dylan Huw and Alexander Martin S. *Intelligence and National Security: A Century of British Intelligence*. Vol.27. No.1. February 2012.

Nomikos, John M. "A European Union Intelligence Service for Confronting Terrorism." *International Journal of Intelligence and Counterintelligence*. 18:2. 2007.

Scott Len and Jackson Peter. "The Study of Intelligence in Theory and Practice." *Intelligence and National Security*. Vol.19. No.2. Summer, 2004.

Scott Len and Hughes R. Gerald. "Intelligence in the Twenty-First Century: Change and Continuity or Crisis and Transformation?" *Intelligence and National Secuirty*. Vol.24. No.1. February 2009.

UK National Intelligence Machinery. UK: The Stationary Office, 2001.

영국 정보기구

https://www.mi5.gov.uk/

https://www.sis.gov.uk/

http://www.gchq.gov.uk/Pages/homepage.aspx

http://www.cabinetoffice.gov.uk/content/intelligence/

프랑스 정보기구

http://www.defense.gouv.fr/english/dgse

http://www.interieur.gouv.fr/

http://www.defense.gouv.fr/ema/interarmees/la-direction-du-renseignement-militaire

독일 정보기구

http://www.bnd.bund.de/cln_101/nn_1435078/EN/WirUeberUns/WirUeberUns__node.html?__nnn=true

http://www.verfassungsschutz.de/en/en_about_bfv/

|제9장| 이스라엘의 정보기구

제1절 이스라엘 정보기구의 기원과 변천

1948년 5월 14일 건국된 이스라엘은 총리를 정부수반으로 하는 내각제 국가이다. 인구는 2012년 현재 약 760만 명으로, 유대인이 76.4%이며 나머지는 주로 아랍인이다.[1] 주변이 아랍국가들[2]로 둘러싸인 이스라엘은 국가안보활동에서 정보의 중요성을 무엇보다 강조한다. 이스라엘의 정보를 중시하는 전통은 오랜 역사를 갖고 있다. 힘없는 소수부족이었던 이스라엘 백성들이 이집트를 탈출해 약속의 땅 가나안으로 가는 생존과 투쟁의 험난한 과정에서 주변 상황에 대한 정확한 정보가 필요했고, 이러한 생존 전략이 자연스럽게 이스라엘 정보문화로 정착되었다. 구약성서 모세 5경의 4번째인 민수기(民數記, The Book of Number)는 이스라엘 백성이 시나이산을 떠나 모압평원에 이르기까지 광야에서 겪었던 일을 기록하고 있는데, 여기에 정보활동에 대해 언급하는 구절이 나온다.

그 땅이 어떠한지 정탐하라. 곧 그 땅 거민이 강한지 약한지 많은지 적은지와 그들이 사는 땅이 좋은지 나쁜지와 사는 성읍이 진영인지 산성인지와 토지가 비옥한지 메마른지 나무가 있는지 없는지를 탐지하라.[3]

이스라엘의 모든 정보기관은 그 모태를 추적하면, 이스라엘 건국의 아버지이자 초대 수상인 벤구리온(David Ben-Gurion, 1886~1973)과 관련이 있다. 벤구리온은 영국이 국제연맹의 위임을 받아 통치하던 팔레스타인 지역의 유태인공동체 지도자로서 이

1) www.cia.gov/library/publications/the-world-factbook/geos/is.html(검색일: 2012.5.15).
2) 요르단, 이집트, 레바논, 시리아와 국경을 접한다.
3) 구역성서 '민수기' 13장.

스라엘 국가 설립을 주도했다. 벤구리온은 민족관계가 복잡하고 강대국 이익이 첨예하게 교차하는 팔레스타인에서 정보 및 보안 활동이 얼마나 중요한가를 잘 알고 있었고 이스라엘 정보기관의 초기 출범에 크게 공헌하였다.

이스라엘의 정보기관은 국제사회에서 매우 높은 평가를 받고 있으며, 특히 세계 각지의 유태인 네트워크를 활용한 인간정보(HUMINT)는 이스라엘 정보기관의 강점이다. 해외에 거주하는 유태인들은 해당 지역문제에 관한 전문지식과 현지어를 바탕으로 본국에 주요 정보를 제공한다. 이스라엘은 일찌감치 위성촬영이나 첨단 감시나 감청장비를 이용한 신호정보(SIGINT)의 역량도 강화해 왔다. 요즘은 기술혁신에 힘입어 신호정보의 중요성을 더 강조하는 추세이다.

이스라엘은 정보 획득을 위해 다양한 국가들과 정보 협력관계를 맺고 있다. 그러나 국가이익을 위해서라면 언제든지 이러한 관계를 청산하고 새로운 관계를 모색할 수 있다는 자세를 취하고 있다. 가장 중요한 우방인 미국과는 사안의 성격에 따라 정보를 교환하고 첩보 수집활동에서 협력하기도 하나 미국 국내에서 미 정부의 허락없이 정보활동을 하기도 한다. 미국은 이스라엘이 중국과 정보 협력을 하고 중국에 군사기술을 유출하는 것에 대해 여러 번 우려를 표명하기도 하였다.[4] 이스라엘의 정보활동은 철저하게 국익을 위한 것이다.

이스라엘의 정보공동체는 군정보부 아만(Aman), 비밀정보부 모사드(Mossad), 보안부 쉰벳(Shin Bet), 그리고 경찰과 외교부 등 정부 부처의 정보관련 부서들로 구성된다. 이 3대 정보조직 중 아만은 주로 군관련 정보활동을 하고, 모사드는 해외를 무대로 활동하며, 쉰벳은 국내 치안관련 정보활동을 한다.[5] 국민들로부터는 모사드, 아만, 쉰벳의 순으로 높은 신뢰와 좋은 평판을 얻고 있다. 이스라엘 정보기관은 정치활동에 개입하지 않는 전통[6]을 가지고 있으며 요원들의 우수한 자질과 헌신적 복무태도는 국제

4) 중국과의 관계는 Shawn L. Twing, "Defense & Intelligence: U.S. Defense Intelligence Agency Report Accuses Israel of Laser Technology Transfer to China," *The Washington Report on Middle East Affairs*, Vol.3(May 31, 1999), p.44 및 P.R. Kumaraswamy, "Israel-China Relations and the Phalcon Controversy," Middle East Policy, Vol.12, No.2(Summer 2005), pp.93–103 참조.

5) 구소련권의 국가들로부터 유태인을 데려오는 업무를 담당했던 연락사무국(Nativ)는 소련 해체 이후 정보 수집기능을 중단하고 총리 휘하의 한 행정부서가 되었으며, 해외 기술을 수집하는 활동을 하던 과학관계국(Lekem 또는 Lakam)은 1986년 미해군 정보요원이었던 Jonathan Pollard가 이스라엘 스파이라는 사실이 발각되자 동 사건에 대한 책임을 지고 해산되었다.

6) 정보담당자가 정책결정자들과 일정한 거리를 유지하는데 실패하면 정보가 사실을 전달하는 것이

적으로 높은 평가를 받고 있다.

이스라엘 국민들의 정보기관에 대한 신뢰는 매우 굳건하다. 때로 정보기관이 실수를 저질러 비난을 받는 일도 발생하지만 기본적인 신뢰는 깨지지 않는다.[7] 1980년대 중반까지 정보기관의 작전과 관련한 기밀은 절대 비밀로 다루어져 무자비한 일들이 자행되는 일도 발생하곤 했다. 그러나 쉰벳가 이잣 나스푸(Izat Nasfu)라는 이름의 군 장교를 반역 혐의로 고문한 후 사법부에 의해 혐의가 풀린 '낙수(Nagsu) 사건'과 팔레스타인 테러범들이 버스를 납치해 가자지구로 향하던 중 총격전 끝에 2명이 체포된 후 사살된 'Bus300 사건' 이후에 이스라엘 정보기관들도 법을 준수하고자 노력하고 있다.[8]

이웃의 적대적 무장세력과 공존해야 하는 이스라엘은 적성 세력의 조직, 목표 그리고 전략을 파악하기 위해 최선을 다해 되도록 많은 정보를 수집하고자 한다. 또한 이스라엘은 정보획득뿐 아니라 정보분석과 올바른 해석도 강조한다. 정보를 분석할 능력이 없으면 정보의 효용성은 크게 떨어지기 때문이다. 현대 정보전의 문제는 보통 정보 부족이 아니라 정보 과잉에서 나오기 때문에 이스라엘은 첩보에서 허위정보를 거르고 정보와 역정보, 첩자와 이중첩자를 구분하는 능력을 중요시한다. 한 예로, 1991년 후세인의 이라크가 이스라엘을 미사일로 공격했으나 이 공격이 이스라엘의 반격을 유도하기 위한 것임을 알고 보복을 하지 않았던 사례가 있었다. 정보가 정확하지 않았으면 군사적 보복에 이은 확전으로 발전했을 수도 있었던 위험하고 민감한 상황을 뛰어난 정보 해석력 덕분에 피할 수 있었다.

이스라엘 정보원의 직업윤리는 4개의 틀로 이루어진다.[9] 이념은 시온주의(Zionism)이며, 종교는 유태교, 정치적 전통은 민주주의, 그리고 도덕적 가치는 개인주의다. 정보요원의 윤리가 중요한 이유는 반테러리즘 활동에서 법과 규정이 모든 것을 포괄하지 못하기 때문이다. 목숨을 담보로 해야 할 정도로 위험하고 폭력적이며 때로 불법적인 조치가 불가피한 상황에서 정보요원의 행위를 통제하는 기제는 법으로 충분

아니라 정치가의 선호를 만족시키도록 꾸며지는 소위 '주문형 정보'(intelligence-to-please) 현상이 발생한다.

7) 유일한 예외는 쉰벳의 유태인과(Jewish Department)인데 그 기능이 아랍인이 아니라 유태인의 테러리즘을 감시하는 것이라 유태인 원리주의자 정착민과의 관계가 매우 나쁘다.

8) Shlomo Shpiro, "Speak No Evil: Intelligence Ethics in Israel", ISO 연례학술대회(2007.2, 시카고), pp.4–5. intelligence-ethics.org/articles/ethics_in_israel.pdf(검색일: 2012.6.20).

9) Shpiro(2007), p.7.

하지 않다. 실정법과 윤리가 균형을 이루어 행위 지침이 되는 것이 현실적이다.

이스라엘의 모든 정보기관은 의회 외교국방위원회 산하 정보기밀소위원회(Subcommittee for Intelligence and Secret Services)의 감독을 받는다. 정보 조직이나 활동과 관련한 이슈를 자세히 조사할 필요가 생기면 책임자를 두고 특별 위원회를 구성해 이를 조사한다.[10)]조사 전권을 장악하는 국가검사관(State Comptroller)은 조사 결과와 의견을 의회(the Knesset)에 보고한다. 강력한 권한을 행사할 수 있는 잠재적 능력의 정보기관들에 대한 문민 통제가 확실한 것이다.

제2절 이스라엘의 국가정보체계

1. 비밀정보부(ISIS: Israel Secret Intelligence Service, 또는 Mossad)[11)]

(1) 연혁

1948년 5월 14일 영국의 위임통치가 공식 종료되고 이스라엘 건국이 발표되자 다음날부터 아랍 국가들과 팔레스타인의 아랍인들은 이스라엘을 에워싸고 공격해 왔다. 이러한 상황은 신생국 이스라엘의 안보를 위해서는 강력한 정보 인프라의 구축과 정보기관 간 명확한 책임 분할이 필요함을 시사했다. 6월 7일 초대 총리인 벤구리온은 정치 참모와 샤이의 책임자를 불러 회의한 후, 이스라엘의 정보기관과 기능을 다음과 같이 정리했다. ① 샤이는 군사 정보를 수집하고 보안, 검열 및 방첩을 책임진다. ② 국내 정보기관을 설립한다. ③ 해외 정무정보기관(external political information service)을 설립하되 해당 기관은 (독립)전쟁이 종식되기 전까지는 국방부에, 전쟁 후에는 외교부에 속한다.[12)]

벤구리온의 초기 구상은 이후 계속 진화했다. 실로아(Reuven Shiloah)가 이끄는 외

10) 지금까지의 특별조사위원회는 Yadin-Sherf 위원회(1963), Agranat위원회(1973~74), Zamir위원회(1974), Aluf Aharon Yariv위원회(1984, 1986), 이라크전 정보네트워크 조사위원회(2004)가 있었다.

11) en.wikipedia.org/wiki/Mossad(검색일: 2012.5.28).

12) www.mossad.gov.il/Eng/About/History.aspx(검색일: 2012.8.3).

교부의 정무정보기관은 터키와 같은 비아랍 이슬람 국가들과의 동맹 구축, 해외 유태인의 구출 및 이스라엘로의 이송 등과 같은 해외의 정무업무에 집중했다. 1947년 여름 샤이의 한 조직이 해외에서 작전을 수행했다. 1948년 6월 정무정보기관을 정치국(political department)으로 개편하면서 이 조직을 흡수했다. 정치국은 실질적으로 독립된 비밀 정보기관이었으나 형식적으로는 외교부에 속해 있었다. 이러한 소속 문제로 활동이나 예산에서 제약을 받자 1949년 7월 수장인 실로아는 총리에게 요청해 독립된 모사드의 초기 형태인 중앙협력부(Central Institute for Coordination)를 출범시켰다. 이 조직이 중앙정보부(Central Institute for Intelligence and Security)를 거쳐 1951년 3월 총리 직속의 모사드(Mossad)가 되었다.

벤구리온은 1949년 초기 모사드를 출범시키면서 "정보는 건국 이래 적들에게 둘러싸인 우리의 조국을 위한 최일선의 방어선이다 … 우리는 우리 주위의 일을 항상 정확하게 파악하고 있어야 한다"고 말했다.[13] 오랜 기간 이스라엘 건국을 위해 투쟁해 온 노전략가는 정보의 중요성에 대해 누구보다 잘 알고 있었던 것이다.

(2) 구성 및 조직

모사드는 미국의 CIA(Central Intelligence Agency), 영국의 SIS(Secret Intelligence Service), 러시아의 SVR(Sluzhba Vneshney Razvedki)[14] 등과 비견되는 이스라엘의 해외담당 국가정보기구이다. 본부는 텔아비브에 있으며 그 수장의 존재는 1996년까지 국가기밀이었으나 이후부터는 정부가 직접 그 이름을 발표하고 있다.[15]

모사드의 과거 모토는 구약 잠언 24장 6절의 "너는 전략으로 싸우라 승리는 지략이 많음에 있느니라"였으나, 이후 잠언 11장 14절의 "도략이 없으면 백성이 망하여도 모사가 많으면 평안을 누리느니라"로 바뀌었다. 이는 국가를 지키려면 전쟁에서 승리해야 하며, 승리를 위해서는 전략적 가이드가 필요하고 또 이를 위해 정보가 중요함을 역설하는 의미라고 할 수 있다.

---

13) www.fas.org/irp/world/israel/mossad/(검색일: 2012.8.3).

14) 해외정보부(Foreign Intelligence Service)의 의미다.

15) 모사드의 역대 수장은 다음과 같다. Reuven Shiloah(1949~52), Isser Harel(1953~63), Meir Amit(1963~68), Zvi Zamir(1968~73), Yitzhak Hofi(1973~82), Nahum Admoni(1982~89), Shabtai Shavit(1989~96), Danny Yatom(1996~98), Efraim Halevy(1998~2002), Meir Dagan(2002~2011), 그리고 Tamir Pardo(2011~현재).

모사드는 총 8개의 국을 두고 있으나, 일부 조직은 외부에 알려지지 않았다. 가장 큰 부처는 해외 스파이 활동을 벌이는 정보수집국(Collections Department)으로 지역별로 세분화되어 있으며, 정보 수집 외에 해외 작전기획과 해외 지부관리도 담당한다. 정보수집국 요원들은 보통 외교관, 또는 다른 신분으로 비밀리에 활동한다. 정무연락국(Political Action and Liaison Department)은 외국 정보기구나 외교관계가 없는 외국과의 정보업무 협력을 담당한다. 메사다(Metsada)로 알려진 특별작전국(Special Operations Division)은 고도의 요인 암살, 파괴, 준(準)군사작전, 심리전 등의 임무를 수행한다. 랍국(LAP: Lohamah Psichlogit)은 심리전과 선전 그리고 기만 작전을 담당한다. 조사국(Research Department)은 15개 국가 또는 지역[16] 및 핵개발 관련 일일동향, 주간요약 및 월간상세 보고 등 정보생산을 관장하며, 기술국(Technology Department)은 모사드 활동에 필요한 기기들의 개발을 책임진다.

모사드는 인간정보 수집, 비밀 작전, 그리고 반테러리즘 활동을 하는데, 책임자인 부장이 총리에게 직접 보고한다. 유태인 이주활동을 할 수 없는 시리아, 이란 등의 국가에서 유태인들을 이스라엘로 이주시키는 공작과 해외 유태인들을 보호하는 활동도 한다.[17] 서구 국가, 구소련연방 국가 그리고 UN 등에서 주로 활동한다.

모사드는 이스라엘보다 해외에서 명성이 더 높은데 이는 이들의 활동이 국제사회의 주목을 많이 받았기 때문이다. 유명한 작전으로는 1960년 아르헨티나에서 나찌 전범인 아이히만(Adolf Eichmann)을 납치해 이스라엘로 압송한 사건이 있다. 모사드는 리카르도 클레멘(Ricardo Klement)이라는 이름으로 살던 아이히만의 신분을 확인한 후 이스라엘 항공기 엘알(El Al)로 국내에 압송해 재판 후 처형했다. 아르헨티나는 주권 침해를 들어 이를 UN 안전보장이사회에 제소했고 안보리는 이를 비판하는 결의안을 채택하였다. 이후 모사드는 아우슈비츠 수용소 의사로 수감자들을 대상으로 잔혹한 생체실험을 했으며 전후 아르헨티나를 거쳐 브라질에 살고 있던 멩겔레(Josef Mengele)를 납치하려던 계획을 취소할 수밖에 없었다.

모사드는 9 · 11 테러 직전 미국정부에 관련 정보를 제공하기도 했다. 모사드는 미국에서 활동하는 헤즈볼라 요원을 감시하던 중 관련 첩보를 입수해 2001년 CIA와

16) 15개 지역은 미국, 캐나다, 서유럽, 라틴 아메리카, 구(舊)소련, 중국, 아프리카, 마그렙(모로코, 알제리, 튀니지), 리비아, 이라크, 요르단, 시리아, 사우디아라비아, 아랍 에미레이트, 그리고 이란이다. www.globalsecurity.org/intell/world/israel/mossad.htm(검색일: 2012.6.11) 참조.

17) en.wikipedia.org/wiki/Mossad(검색일: 2012.5.28).

FBI에 미국 주요 시설에 대한 중대 공격이 있을 것이라는 정보를 제공했다. 정보 제공에 대한 자세한 전후 과정과 내용의 구체성은 확인되지 않았지만 1달 후 뉴욕의 세계무역센터와 국방부가 아랍 테러리스트들의 공격을 받았다.

모사드는 정보환경의 변화에 신속하게 대응해 왔다. 정보통신기술(ICT: Information and Communication Technology)의 발달로 모사드를 더 이상 비밀스럽게 운용하는 것이 힘들게 되자 1990년대 후반 이후 과감하게 보호할 가치가 없는 정보를 공개하기 시작했다. 모사드가 처한 또 다른 정보환경 변화는 냉전의 붕괴와 경제 정보전의 확대라고 할 수 있다. 냉전 시절과 달리 적과 우군의 구분이 힘들어졌다. 이스라엘은 적과 우군의 구분에서 매우 실용적 자세를 견지한다. 관념적으로 적과 우군을 구분하기보다 국익에 도움이 되는지 아닌지를 기준으로 접근한다. 경제산업 정보 수집과 분석은 기능이 크게 확대됐다. 대부분 합법적인 수단을 통해 정보를 수집하는 관계로 해석 기능 강화에 조직 개편의 주안점을 두었다. 모사드는 정보 수집뿐 아니라 평가, 분석, 해석도 강조한다.

테러리즘이나 핵, 미사일 등 대량살상무기의 위협은 여전히 모사드의 주요 관심사이다. 정보력이 있어야 안보 위협을 사전에 제거할 수 있음을 경험을 통해 확실하게 인식하고 있다. 정확한 정보를 확보하려면 인간정보와 신호정보가 모두 필요하기 때문에 유태인 네트워크를 통한 국제적 휴민트 기능의 유지에도 소홀하지 않는다. 물론 무기와 군사장비의 기술이 발달하는 추세에 맞춰 과학기술정보(S&TI: Scientific and Technical Intelligence)의 강화에도 많은 노력을 기울이고 있다.

2. 보안부(ISA: Israel Security Agency, 또는 Shin Bet, Shabak)[18)]

(1) 연혁

이스라엘 보안부(ISA: Israel Security Agency 또는 GSS: General Security Service)는 1948년 이스라엘 독립과 함께 창설되었다. 쉰벳(Shin Bet) 또는 샤박(Shabak)으로 알려진 이 기관은 방위군의 일부로서 이스라엘 정보부처의 기반을 닦았으며 초기 수장은 하렐(Isser Harel)이었다. 쉰벳은 독립전쟁 동안 군에 속해 국내 보안문제만을 전담하였

18) en.wikipedia.org/wiki/Shin_Bet(검색일: 2012.6.25); www.nationmaster.com/encyclopedia/Shin-Bet(검색일: 2012.6.25).

다. 이후 방첩 및 아랍계 이스라엘 국민의 정치적 행위 그리고 친소련 야당 활동에 대한 감시기능으로 업무를 확대하고 안보 문제를 다룸에도 불구하고 군으로부터 독립해 총리의 지휘를 받아 왔다.[19)]

쉰벳의 모토는 "보이지 않는 수호자"(Defender that Shall Not Be Seen)다. 쉰벳의 가장 알려진 활동은 스탈린 격하운동을 선언한 소련 총리 후르시초프의 1956년 제20차 소련 공산당 대회 비밀 연설문을 폴란드 바르샤바의 이스라엘 대사관을 통해 미리 입수해 미국에 전달한 것이었다. 1967년 6일 전쟁 때는 이집트의 이중첩자를 통해 이스라엘이 지상군을 동원해 공격할 것이라는 허위정보를 제공했다. 덕분에 이스라엘 공군은 전쟁 발발 3시간 만에 무방비로 활주로에 노출된 이집트 공군 전투기를 궤멸할 수 있었다.

1960년대 후반 이후 쉰벳의 가장 중요한 업무는 요르단강 서안(West Bank)과 가자 지구(Gaza Strip) 테러분자들의 활동을 감시하는 것이 되었다. 1984년 버스승객들을 납치한 300번 버스 사건(Kav 300 Affair) 때는 쉰벳 소속 장교들이 아랍인 납치범 2명을 재판 없이 사살해 문제가 됐다. 조직의 수장인 샬롬(Avraham Shalom)을 강제 사임시켜 위기를 넘긴 쉰벳은 정부 특별위원회의 조사를 받았다.

쉰벳은 1995년 이스라엘 극우주의자의 라빈(Yitzhak Rabin) 총리 암살을 막는데 실패해 명성에 오점을 남겼다. 극우주의자의 암살계획에 대한 정보를 입수했으나 감시를 위해 파견한 요원이 그가 위협이 되지 않는다는 보고를 잘못 올렸던 것이다. 당시 수장 길론(Carmi Gillon)이 사직하고 정부 특별위원회가 조사를 해 보안조직에 심각한 허점이 있음을 밝혔다.

(2) 구성 및 조직

보안을 위협하는 인물에 대한 조사, 체포 및 취조, 그리고 주요 인물이나 시설에 대한 보안 문제를 담당하는 쉰벳은 3개의 하부 조직을 가지고 있다. 첫째는 아랍국

19) 쉰벳의 역대 수장은 다음과 같다. Isser Harel(1948~1952), Izi Dorot(1952~1953), Amos Manor(1953~1963), Yossef Harmelin(1964~1974), Avraham Ahituv(1974~1981), Avraham Shalom(1981~1986), Yossef Harmelin(1986~1988), Yaakov Peri(1988~1994), Carmi Gillon(1995~1996), Ami Ayalon(1996~2000), Avi Dichter(2000~2005), Yuval Diskin(2005~2011), Yoram Cohen(2011~현재).

(Arab Affairs Department)으로 이스라엘과 팔레스타인 지역의 반테러리즘 활동을 관장한다. 둘째는 비아랍국(Non-Arab Affairs Department)으로 과거 주로 공산권 국가들과의 안보 문제를 다루었으나 탈냉전 이후에는 비아랍인들이 개입된 안보 문제와 외국 보안당국과의 안보 협력을 책임진다. 마지막으로 보안국(Protective Security Department)은 보호할 필요가 있는 고위급 인사나 정부 건물, 대사관, 공항 그리고 연구기관과 같은 안보관련 건물을 보호하는 업무를 수행한다.

쉰벳은 다른 정보기관보다 인간정보에 의존해 활동하는 경우가 많다. 지역 주민인 정보제공자로부터 하마스(Hamas)나 이슬람 지하드(Islam Jihad) 등의 반이스라엘 집단과 그 지도자들의 정보를 수집한다. 유태인 극우주의자들의 동향도 감시한다. 쉰벳은 독자적 혹은 군이나 다른 정보기관과 협력해 활동하기도 한다. 공군과 협력해 반이스라엘 무장조직인 하마스, 이슬람 지하드, 알 카에다, 파타 등의 지도자나 지휘관을 겨냥한 표적 암살활동도 벌여왔다. 1996년에는 쉰벳의 한 조직이 휴대전화기에 폭발물을 심어 하마스의 폭탄제조 기술자를 암살하기도 했다.

쉰벳은 감옥에 수감된 복역자나 체포된 테러리스트로부터 잔혹한 심문을 통해 정보를 얻는 것으로 악명이 높았다. 이러한 초법적 행위가 국내외에서 비난을 받게 되자 1987년 란다우(Landau)위원회는 이를 조사한 후 수감자 인권 유린에 대한 사실을 확인하고 쉰벳에 심문과 관련된 지침을 하달했다. 그러나 이후에도 육체적, 심리적 폭력을 행사하는 심문은 계속되었다고 정부보고는 밝히고 있다. 2002년 의회는 총리가 책임지고 쉰벳의 심문방법을 교정하고 긴급한 경우가 아니면 쉰벳의 수장은 임기를 5년으로 하는 법안을 통과시켰다. 브첼렘(B'Tselem)이나 앰네스티 인터내셔널(Amnesty International)과 같은 인권단체는 쉰벳이 국제협약에서 고문으로 분류되는 육체적 고통을 이용한 심문을 여전히 시행하고 있다고 비난한다.[20]

쉰벳은 1990년대 중반 이후 다른 정보기관들과 마찬가지로 비밀스런 이미지를 벗고 대중에게 다가가기 위해 책임자 이름을 공개해 왔다. 어둡고 부정적이며 폭력적인 기관의 이미지를 벗기 위한 노력의 일환으로 2007년부터는 요원을 공개모집하고 있으며 2008년에는 공식 홈페이지에 블로그를 허용하고 있다.

테러리즘 행위가 다양해짐에 따라 쉰벳의 대테러 업무도 확장되고 있다. 사이버테러가 빈번해지자 철도, 전력 회사 및 증권거래소의 컴퓨터를 감시해 왔다. 2012년에

20) www.nationmaster.com/encyclopedia/Shin-Bet(검색일: 2012.6.25).

는 금융권의 반대에도 불구하고 상업은행 등 금융기관을 국가 기간 인프라로 간주하고 요원을 파견해 컴퓨터를 감시하고 있다.[21] 예전 같으면 안보 문제가 되지 않던 비전통안보 이슈들이 과학기술과 자원 부족으로 인해 안보화되면서 쉰벳의 활동은 더욱 확장될 전망이다.

3. 군정보부(MID: Military Intelligence Directorate, 또는 Aman)

(1) 연혁

1950년 창설된 군정보부(Military Intelligence Directorate)는 육해공군에 속하지 않는 약 7천명으로 구성된 독자적 군 정보조직이다. 모태는 영국이 위임통치하던 팔레스타인에 있던 유태인 비밀 민병대조직 하가나(Haganah)의 첩보조직인 샤이(Shai, 1940~49)였다.[22] 하가나는 영국령 팔레스타인에서 1920년부터 이스라엘 독립이 공식 선포된 1948년까지 유태인 구출, 유태인 '불법' 이주, 아랍 폭도 진압, 반위임정부 작전을 수행했으며, 이후 이스라엘방위군(IDF: Israel Defense Forces)의 핵심이 되었다. 정보활동(Sherut Yediot, Information Service)을 의미하는 샤이는 하가나의 작전을 지원하기 위한 정보 수집과 방첩활동을 수행했다. 제2차 세계대전 기간 동안 이스라엘인들은 영국의 무기, 자금 및 훈련요원을 제공받는 대신 중동 언어 전문가와 영국의 작전을 지원했다.

이스라엘 정보기관에는 영국식 전통의 흔적이 짙은데 이는 샤이의 초기 훈련을 영국 정보전문가들이 담당했었기 때문이다. 샤이는 독일의 패망이 확실해지자 이스라엘 독립국가 설립을 또 하나의 조직 목표로 삼았다. 영국 위임통치기관 사무실에 침입해 영국의 정책 동향을 알아낸 후 유태인 독립조직 상부에 보고하고 선전에 이용할 정치적 정보를 수집했다. 팔레스타인과 해외의 아랍 및 반시온주의 세력에 침투해 활동하고 하가나의 무기 밀반입과 불법 이민계획의 성공을 위한 작전을 벌이기도 했다. 비밀 방위산업체와 무기조달 조직을 보호하는 것도 임무였다. 1948년 당시 샤이는 68명의 참모, 60명의 영국인 및 유태인 요원, 그리고 80명의 아랍인 요원을 두고 있었으며,

21) www.haaretz.com/news/diplomacy-defense/shin-bet-steps-up-supervision-over-israeli-banks-computers-to-prevent-future-cyber-attacks-1.433221(검색일: 2012.8.3).

22) en.wikipedia.org/wiki/Shai_(Haganah_unit)(검색일: 2012/06/25).

연간 예산은 약 70만 달러(현 시세로 약 670만 달러)에 달했다.

아만은 1973년 10월의 욤키푸르전쟁을 예측하지 못해 명성에 타격을 입고 조직을 개편해야 했다. 아만의 일부를 분리해 이스라엘군부가 직접 관할하는 정보기관으로 준장이 책임자인 하만(Haman)을 두었다. 2000년에는 IDF 조직의 하나로 준장이 이끄는 Modash(Field Intelligence Corps, 전장(戰場)정보부대)를 창설해 아만의 4대 기능 중 하나인 전장에서의 정보 수집기능을 수행하도록 했다. Modash는 하만과 달리 육군(GOC Army, 일명 MAZI)사령부의 지휘체계에 속한다. 그러나 하만이나 Modash 모두 실제 활동에서는 아만의 통제를 받는다. 공군과 해군은 아만으로부터 반독립적으로 활동하면서 첩보를 수집하는 소규모의 정보조직을 가지고 있다.

(2) 구성 및 조직

아만은 현역 소장이 책임자로 있으며 내각에 책임을 지고 법적으로 총리의 통제를 받는다. 주요 국가정보 부처 중 가장 규모가 크다. 아만의 수장은 소장급의 군 고위급 정보장교가 맡는다.[23] 참모 부처로는 정보국(Intelligence Corps)과 수집국(Collection Department)이 있으며, 정보수집부대와 연구 부서 그리고 보안 부서가 있다. 공군, 해군, 육군의 정보 부서와 지역사령부의 정보 부서도 업무적으로 관장한다.

아만의 기능은 안보 및 국방 정책과 군사 계획을 위한 정보분석, 군 및 정부기관에 정보 제공, 전장(戰場)에서의 안보 및 이를 위한 훈련과 작전, 군사기밀 검열, 정보수집부대 운용, 지도 작성 및 배포, 정보활동 지침 개발 등이다. 대외관계처는 해외 무관업무 지원과 해외 정보기관과의 연락을 담당한다.

아만은 군관련 정보를 다루지만 그 활동 영역은 대다수 다른 국가 군 정보기관이 수행하는 영역보다 넓다. 비군사적인 국가안보 정보와 이에 대한 연구도 수행하는데 이는 건국 초기 이러한 기능을 수행할 수 있는 조직이 아만밖에 없었고 이것이 전통이

---

23) 아만의 역대 수장은 1948~1949 Isser Be'eri, 1949~1950 Chaim Herzog 대령, 1950~1955 Binyamin Gibli 대령, 1955~1959 Yehoshafat Harkabi 소장, 1959~1962 Chaim Herzog 소장, 1962~1963 Meir Amit 소장, 1964~1972 Aharon Yariv 소장, 1972~1974 Eli Zeira 소장, 1974~1978 Shlomo Gazit 소장, 1979~1983 Yehoshua Saguy 소장, 1983~1985 Ehud Barak 소장, 1986~1991 Amnon Lipkin-Shahak 소장, 1991~1995 Uri Sagi 소장, 1995~1998 Moshe Ya'alon 소장, 1998~2001 Amos Malka(he) 소장, 2001~2006 Aharon Zeevi-Farkash 소장, 2006~2010 Amos Yadlin 소장, 그리고 2010~현재 Aviv Kokhavi 소장이다.

되었기 때문이다.[24] 아만은 반드시 군사비밀로 분류된 사안이 아니더라도 국가안보와 관련된 사안이면 모두 검열할 수 있다. 이때 검열의 기준은 국가안보에 위해를 끼치느냐는 것이다. 과거에는 언론에 대한 검열이 철저하였고 현재도 공식적으로 검열이 가능하나 실제로는 거의 하지 않고 있다. 이스라엘은 기본적으로 공개된 사회라 기밀이 많지 않은 편이다. 검열에 의한 보도 통제는 아주 드물게 이루어지며, 안보에 민감한 정보나 뉴스는 언론 매체가 주로 '자기 검열'을 한다. 전직 군사요원이 책이나 자서전을 쓸 때는 위법 사항이 있는지 스스로 검열할 것을 요구하기도 한다.

아만은 수상과 내각에 일일동향정보, 전쟁예측, 아랍국가 상황, 통신감청 등에 관해 보고하며 국경 근처 정탐활동도 수행한다.[25] 군 내부에서 통상 '부대'(Unit)로 불리는 정찰대(Sayeret Matkal, General Staff Reconnaissance Unit)는 최전방이나 적의 후방에서 정보를 수집하며 반테러리즘 작전이나 인질구출 활동을 벌인다.[26] 우간다의 군벌이 프랑스항공(Air France)을 납치해 인질로 삼은 100명의 승객을 구출한 엔테베 작전(Operation Entebbe)은 정찰대가 수행한 가장 유명한 작전이다.[27]

아만은 최근 중동 질서의 재편 움직임과 더불어 새로운 도전을 맞고 있다. 튀니지에서부터 시작된 소위 '아랍의 봄'사태가 이집트, 리비아를 거쳐 최근 시리아에까지 확산되고 있기 때문이다. 시리아는 아사드 부자가 30여 년간 독재통치를 해 온 국가로서 최근 터키 및 서방의 지원을 받는 반군과 치열한 내전을 벌이고 있다. 다음으로는 이란의 핵개발 문제가 있다. 이스라엘은 이란의 핵 개발이 자국의 안전을 위협한다는 이유를 들어 군사적 선제공격을 언급하고 있다. 필요할 경우 2007년 시리아 핵시설을 공습한 것처럼 이란의 핵시설도 공격할 가능성이 있다.

중동에서 이스라엘에게 가장 위협적인 적대 세력은 시리아, 레바논의 무장 이슬람조직인 헤즈볼라, 그리고 이란이다. 이들은 시아파 연대를 이루고 있는 세력으로 이 전선의 일부가 붕괴하면 이스라엘에 대한 무장 공격이 다방면에서 발생할 가능성이

24) 이스라엘 정부는 최근 아만의 활동 영역을 재설정할 계획을 갖고 있다. Ephraim Kahana, "Reorganizing Israel's Intelligence Community," *International Journal of Intelligence and Counterintelligence*, Vol.15, Issue3(Jully 2002), pp.415–428 참조.

25) www.globalsecurity.org/intell/world/israel/aman.htm(검색일: 2012.6.10).

26) en.wikipedia.org/wiki/Sayeret_Matk2012/06/11).

27) 원래 명칭은 번개작전(Operation Thunderbolt)이었다. PFLP-EO 군벌은 52명의 사망자를 냈으며, 이스라엘장교 1명과 인질 3명도 사망했다. 사망한 이스라엘 장교는 Yonatan Netanyahu라는 이름의 특수부대 지휘관으로 이스라엘 수상을 역임한 Benjamin Netanyahu의 형이다.

있다. 아만이 당면한 과제는 국가에서 무장집단에 이르는 다양한 형태 그리고 국내 및 국경 넘어 심지어 멀리 서남아시아의 이란까지 이르는 넓은 지역의 적대세력에 대한 정보를 수집하고 미국의 중동정책 등 해외 정보까지 분석해 이스라엘의 군사정책을 위한 정세보고를 작성해야 한다는 것이다. 더욱이 궁지에 몰린 아사드 정권의 생화학무기 사용 및 대량살상 무기의 헤즈볼라나 하마스 등 반이스라엘 무장집단에의 이전 등도 감시해야 하는 막중한 과제를 안고 있다.

이스라엘은 시리아의 아사드 정권이 붕괴하더라도 지정학적 위치상 역사, 민족 및 종교가 다른 아랍의 잠재적 적성국가들에 둘러싸여 국가체제를 유지해야 한다. 따라서 국가안보를 위한 최일선 정보기관이자 특수군사작전 조직으로서의 아만의 역할은 계속 강조될 전망이다.

제3절 과제와 전망

건국 선언 후 24시간도 되지 않아 주변 아랍국가들과 전쟁을 하고 이후 여섯 차례의 대규모 전쟁을 치러야 했던 이스라엘 국민들은 국가안보의 중요성을 뿌리 깊게 인식하고 있다. 영토가 협소한 이스라엘이 전쟁에서 승리하기 위해서는 조기 경보와 기선 제압은 가장 중요한 전략 요소이다. 이스라엘 국민들과 안보관련 담당자들은 이러한 사실을 잘 알고 있으며, 이를 위한 정보 획득이 국가안보의 기본이 되는 초석임을 항상 강조하고 있다.

이스라엘 국민들이 국내 사회집단을 신뢰하는 순서는 군대, 모사드, 대법원, 정치인, 그리고 언론인의 순이라고 한다. 군과 정보기관에 대한 신뢰가 높은 이유는 국가안보에 대한 그들의 역할이 중요하기도 하지만 이들 안보기관들이 자기들의 실수마저 공개하는 투명성과 윤리성을 갖추고 있기 때문이다. 현대 사회는 정보통신의 발달로 인해 비밀주의나 정보 독점을 이용한 부처 이기주의가 점점 불가능해지고 있다. 이스라엘 정보기관들은 정보요원이나 주요 안보관련 기관 종사자들의 보안 소양을 강화하는 한편, 지나친 정보 비밀주의를 탈피함으로써 국가의 정보역량을 키우고 있다.

정보강국 이스라엘은 정보기관의 업무 분업이 잘 이루어져 있으나 다른 한편에서는 일부 분야에서 활동 영역이 겹치는 문제로부터 자유롭지 못하다는 문제를 안고 있다. 업무 영역이 겹치는 '회색지대'(grey area)로 인한 정보 획득구조의 문제[28]도 있지만, 이스라엘의 의사결정 체계가 전통적으로 별로 위계적이지 않고 느슨한 것도 한 이유라고 할 수 있다. 정보기관들은 서로 협력하기도 하지만 경쟁의식도 강해 정보 차단의 원칙을 넘는 갈등도 자주 겪는다. 이러한 영역 다툼은 탈냉전 이후 정보기관의 활동영역이 줄어들면서 더욱 심해졌다.[29] 정보 공유를 거절하거나 정보활동 협력을 거부해 발생하는 비효율성의 문제는 이스라엘 정보공동체가 앞으로 해결해야 할 주요 문제이다.

>> 참고문헌

National Intelligence Studies

Kahana, Ephraim. "Reorganizing Israel's Intelligence Community." *International Journal of Intelligence and Counterintelligence*. Vol.15. Issue3(July). 2002.

Kumaraswamy, P.R. "Israel-China Relations and the Phalcon Controversy." *Middle East Policy*. Vol.12. No.2(Summer). 2005.

Ostrovsky, Victor. "The Ostrovsky Files: Internal Turf Battles Within Israel's Intelligence Community Cast Shadow Over Mideast Peace Process." *The Washington Report on Middle East Affairs*. Vol.4(May 31). 2000.

Shpiro, Shlomo. *Speak No Evil: Intelligence Ethics in Israel*. ISO 연례학술대회(2007.2, 시카고). intelligence-ethics.org/articles/ethics_in_israel.pdf(검색일: 2012.6.20).

Twing, Shawn L. "Defense & Intelligence: U.S. Defense Intelligence Agency Report Accuses Israel of Laser Technology Transfer to China." *The Washington Report on Middle East Affairs*. Vol.3(May 31). 1999.

en.wikipedia.org/wiki/Mossad(검색일: 2012.5.28).

---

28) 이스라엘 점령지가 국내 안보영역이냐 대외 안보영역이냐의 구분은 애매하며, 마약과 같이 테러리즘과 범죄가 결합된 형태는 국내 정보기관 및 대외 정보기관이 동시에 개입할 수 있는 사안이다. 아만과 모사드는 외국군의 군사기술 개발, 군수산업, 군사과학, 군사정보 등에서 서로 업무 영역이 겹칠 수 있다.

29) Victor Ostrovsky, "The Ostrovsky Files: Internal Turf Battles Within Israel's Intelligence Community Cast Shadow Over Mideast Peace Process," *The Washington Report on Middle East Affairs*, Vol.4(May 31, 2000), p.25.

en.wikipedia.org/wiki/Sayeret_Matkal(검색일: 2012.6.11).

en.wikipedia.org/wiki/Shai_(Haganah_unit)(검색일: 2012.6.25).

en.wikipedia.org/wiki/Shin_Bet(검색일: 2012.6.25).

www.cia.gov/library/publications/the-world-factbook/geos/is.html(검색일: 2012.5.15).

www.fas.org/irp/world/israel/mossad/(검색일: 2012.8.3).

www.globalsecurity.org/intell/world/israel/aman.htm(검색일: 2012.6.10).

www.globalsecurity.org/intell/world/israel/mossad.htm(검색일: 2012.6.11).

www.haaretz.com/news/diplomacy-defense/shin-bet-steps-up-supervision-over-israeli-banks-computers-to-prevent-future-cyber-attacks-1.433221(검색일: 2012.8.3).

www.mossad.gov.il/Eng/About/History.aspx(검색일: 2012.8.3).

www.nationmaster.com/encyclopedia/Shin-Bet(검색일: 2012.6.25).

|제10장| 북한의 정보기구

제1절 북한 정보기구의 기원과 변천

국가정보기관은 국가안보를 수호하고 국가이익을 추구하기 위해 존재한다.[1] 대부분의 국가들은 국가안보와 국가이익을 보존하고 신장시키기 위해 국가안보 목표를 제시하며, 이를 실현하기 위한 구체적인 추진계획으로 국가안보 전략을 제시하고 있다. 그러나 북한은 일반적인 국가들과는 달리 안보목표로서 자국의 주권적 영역을 넘어 '남조선 혁명과 공산화 통일'에까지 그 범위를 확대하고 있다.[2]

북한의 최고 권력기구인 조선노동당은 당 규약[3] 서문을 통해 정권의 당면목표로 "전국적 범위에서의 민족해방민주주의 혁명과업 수행"을 제시하고 있으며, 최종목표로 "온 사회의 김일성-김정일주의화"를 명시하고 있다.[4] 북한이 안보의 목표로 제시하고 있는 '민족해방 민주주의혁명'과 '온 사회의 김일성-김정일주의화'는 '남조선 혁명'과 '한반도의 공산화 통일'을 의미한다. 이러한 북한의 목표는 정권 수립 이후 현재까지 지속되고 있다.

북한 정보기구의 역사는 1945년 8월 소련 군정시부터 시작되었다. 해방 직후 북한에 진주한 '북조선 주둔 소련점령군사령부'는 1945년 10월 28일 '북조선 5도 행정국'(일명 북조선 행정 10국)을 출범시켜 북한지역 행정을 실질적으로 담당하게 했는데, 행정국 내의 보안국(保安局, 1945.11.19 창립, 국장: 최용건)에서 북한의 치안과 정보를

1) 국가안보와 국가이익에 대해서는 문정인, "국가안보와 국가정보", 문정인 편, 『국가정보론』, (서울: 박영사, 2002), p.4; 이영무 · 신경엽, "국가정보의 개요", 국가정보연구회, 『분단국의 국가정보』, (서울: 박문각, 2012), pp.23-25 참조.

2) 권민웅, "북한의 정보 · 보안 체계", 문정인 편, 『국가정보론』, (서울: 박영사, 2002), p.549.

3) 북한은 조선노동당이 최상위에 존재하는 당-국가체제를 유지하고 있다. 따라서 북한을 규정하는 법률체계는 당규약-헌법-부문법의 순서로 이루어져 있으며, 최고의 법률은 조선노동당 규약이다.

4) "조선로동당규약 서문(2012.4.11)", 『로동신문』, 2012.4.12.

담당했다. 이 보안국이 오늘날 북한경찰과 정보기구의 모체가 되었으며, 당시 보안국은 단순 치안업무뿐만 아니라 정보, 국토경비 및 대남공작 업무도 수행하였다.[5] 정권수립 이후 북한의 정보활동은 북조선노동당[6] 조직부의 지도하에 내무성 정치보위국과 민족보위성 정찰국이 담당하였다. 내무성 정치보위국은 산하에 38보위부, 해주 · 철원 · 양양지구 보위부, 대외정보부 등을 두고 있었으며, 상사를 통한 남북교역 형식[7]으로 대남 정보활동을 수행하였다. 민족보위성은 정찰국 내에 대남 정보기구를 두었으며, 이 기구는 평양시내에 수 개소의 밀봉아지트를 설치하고 남북간을 왕래하는 공작원들을 수용 · 교육시켰다.[8]

북한의 정보기구는 6 · 25 전쟁을 거치면서 개편 과정을 겪게 된다.[9] 당시 정보기구 개편의 핵심은 대남 정보활동의 지휘부서인 노동당 조직부 내의 연락부를 독립된 부서로 분리시키는 것이었다. 연락부 산하에는 기요과,[10] 연락과, 정보과, 유격지도과, 선전교양과, 조직지도과를 두었으며, 직속부대로 '526군부대'와 공작원 양성을 위한 '금강정치학원'[11]을 두었다. 노동당 연락부를 독립부서로의 승격시킨 것은 전쟁 후반기에 접어들면서 게릴라 부대와 지하당 공작을 배합하는 북한의 전술변화에 따른 것으로 볼 수 있다.

1960년대에 들어서면서 북한의 정보기구는 크게 세 번의 변화를 겪게 된다.[12] 첫째, 북한은 4 · 19 혁명을 계기로 대남 정보활동을 강화시켰으며, 1961년 제4차 당대회

---

5) 유동열 · 박종문, 『북한학』, (용인: 경찰대학, 2011), p.136.

6) 북조선노동당은 1946년 8월 북조선공산당과 신민당의 합당으로 창립되었으며, 1949년 6월 남조선노동당과의 합당을 통해 조선노동당으로 통합되어 오늘에 이르고 있다.

7) 남북교역은 해방이후 미소 군정하에서 38선을 중심으로 이루어진 남북간 거래로 '정식무역'과 '38밀무역'으로 구분할 수 있다. 북한은 조선상사, 삼정상사, 동방물산 등의 상사를 통해 대남교역과 정보활동을 추진하였다. 이에 대해서는 장화수, "해방후 「남북한의 지역간무역」에 관한 연구(1945~49)", 『아세아연구』, 제53집(1975); 김보영, "해방후 남북한교역에 관한 연구-1945년 8월~49년 4월 기간을 중심으로-", (고려대학교 박사학위논문, 1995) 참조.

8) 극동문제연구소, 『북한전서 하권』, (서울: 극동문제연구소, 1974), pp.57−58.

9) 위의 책, pp.58−59; 북한연구소, 『북한총람』, (서울: 북한연구소, 1983), pp.1633−1644.

10) 기밀문서 관리부서.

11) 북한은 1945년 말 평양 근교의 강동에 정치학원(강동학원)을 설립하여 공작원과 유격대원을 양성하였으며, 6 · 25 전쟁시기인 1951년 초에 서울 경기상업학교에 '서울정치학원'을 설립하였다. 북한은 1951년 10월 서울정치학원을 노동당 연락부 산하 '금강정치학원'으로 개칭하였으며, 동시에 해주에 '송도정치학원'을 증설하였다. 강원준, 『국가정보의 이해』, (서울: 서석, 2005), p.290.

12) 극동문제연구소(1974), pp.59−60.

를 통해 지하당 조직 확대와 반미 통일전선 형성 및 남북의 통일전선 결합을 통한 적화혁명 방침을 결정하였다. 이러한 대남 전술의 변화에 따라 정보기구의 개편을 추진하였으며, 내무성과 민족보위성의 정보기구들을 노동당 연락국으로 통합시켰다. 둘째, 1964년 2월 27일 당중앙위원회 제4기 8차 전원회의에서 '3대 혁명역량 강화'[13]의 제시와 함께 정보기구를 개편하였다. 북한은 대남 정보활동을 지휘하고 있던 노동당 연락국을 대남사업총국으로 개칭하고 그 규모를 확대하는 한편, 정보활동의 활성화를 위한 정보요원들을 대폭 증원시켰다. 셋째, 1964년 9월 한국군의 월남 파병을 계기로 북한의 정보활동은 군사도발 공작을 중심으로 이루어졌으며 인민무력부가 주도하였다. 인민무력부는 작전국 산하 '적공국(敵工局)'을 내세워 대남공작, 대남침투, 대남도발, 대남심리전 등을 주관하였다.[14] 그러나 1967년 283부대의 게릴라 활동 및 1968년 1월 124부대의 청와대 기습사건과 11월 삼척 · 울진의 무장간첩 남파사건이 실패로 돌아가자 책임자였던 허봉학 등 군사파를 숙청하고 정보기구의 개편을 단행하였다. 북한은 당시 대남공작을 총괄하고 있던 대남사업총국을 폐지하고, 당 중앙위원회 비서국이 관장하게 하였다. 비서국은 산하에 연락부, 문화부, 조사부를 두었으며, 인민무력부 정찰국 업무와 조총련공작사업 등 대남 정보활동을 통제하였다. 또한 대남 군사공작을 담당했던 124부대와 283부대를 제8군단이라는 특수군단으로 통합시켰다.

1970년대에 접어들어 김일성의 권력 공고화와 함께 통일방안으로 '고려연방제'가 제시되면서 노동당으로 대남 정책의 결정권이 넘어오기 시작하였다. 특히 김일성의 후계자인 김정일이 당 조직비서 사업을 시작하면서 당을 중심으로 대남 정책의 결정과 집행이 집중되었다. 정보기구의 개편 역시 한반도의 장기적 대치상태에 맞게 상징적으로 존재하던 당의 대남 부서들을 각자 업무 특성에 따라 세분화하는 방향으로 진행되었다. 이러한 과정에서 1978년 1월 통일전선부가 신설되었으며, 노동당의 정보활동은 대외조사부, 사회문화부, 작전부, 통일전선부로 분류되었다.[15]

북한의 정보활동은 최근까지 노동당의 대외연락부(구 사회문화부), 작전부, 통일전

---

13) 북한의 3대 혁명역량 강화는 북한 사회주의 혁명역량 강화, 남한 혁명역량 강화, 국제 혁명역량과의 단결 강화 노선이다. 3대 혁명역량 강화는 김일성이 1965년 4월 14일 인도네시아의 알리 아르함 사회과학원에서 행한 '조선민주주의인민공화국에 있어서의 사회주의 건설과 남조선혁명에 대하여'라는 연설을 통해 대외적으로 알려졌다.

14) 장철현, "북한의 통일전선사업부 해부", 『북한조사연구』, 제11권 1호(2007), p.84.

15) 위의 글, p.78.

선부, 35호실(구 대외정보조사부)과 군의 정찰국을 중심으로 이루어져 왔다. 그러나 북한은 2009년 2월 국방위원회 산하에 정찰총국을 신설하고 당과 군에 흩어져 있던 대남 공작기구들을 통·폐합하는 개편을 단행하였다.[16] 노동당의 작전부와 35호실 그리고 군 총참모부의 정찰국 등 3개 기관을 통합하여 국방위원회 산하기관으로 정찰총국을 출범시켰으며,[17] 노동당의 대외연락부는 (내각의) 225국으로 이전하였다.[18] 북한의 대남 정보기관 개편은 업무의 효율성 추구와 역할 및 기능의 재조정을 통해 대남 침투공작과 정보 수집업무를 강화하려는 의도라고 볼 수 있다. 북한은 정찰총국 신설로 대남 정보활동의 주도권이 당(黨)에서 군(軍)으로 넘어가는 과정을 밟고 있다.

제2절 북한의 정보체계

1. 북한정보체계의 구성

정보기관의 활동은 첩보수집, 정보분석, 방첩, 비밀공작 등 네 가지로 볼 수 있다.[19] 이러한 역할을 담당하고 있는 북한의 정보기구는 국방위원회 소속의 국가안전보위부, 인민보안부, 보위사령부, 정찰총국과 당 소속의 통일전선부, (내각의) 225국 등이 있다. 북한의 국가정보체계는 〈그림 10-1〉과 같다.

북한의 정보기구는 정보의 사용자, 즉 최고 통치권자인 김정은이 조직과 활동을 직접적으로 관장하는 것으로 보인다. 북한 최고지도자로서의 짧은 통치기간 때문에 김정은의 권력장악 능력이 의심되지만, 수령에 의한 유일지배체제라는 북한의 특성을 고려해 볼 때 정보기관들은 김정은에 대한 직접보고체제를 갖추고 있다. 과거에도 북

16) 『연합뉴스』, 2009.5.10.

17) 정찰총국은 통일부 자료에 따르면 국방위원회 총참모부 소속으로 되어 있으나, 북한 정보기구의 특성으로 볼 때 국방위원회의 직속기관일 가능성이 높다. 통일부, 『북한 주요기관 · 단체 인명록』, (서울: 통일부, 2012), p.214.

18) 위의 책, p.107.

19) 한희원, 『국가정보』, (서울: 법률출판사, 2011), pp.62-64; 민진규, 『국가정보학』, (서울: 도서출판 배움, 2010), pp.28-30.

그림 10-1 북한의 정보체계

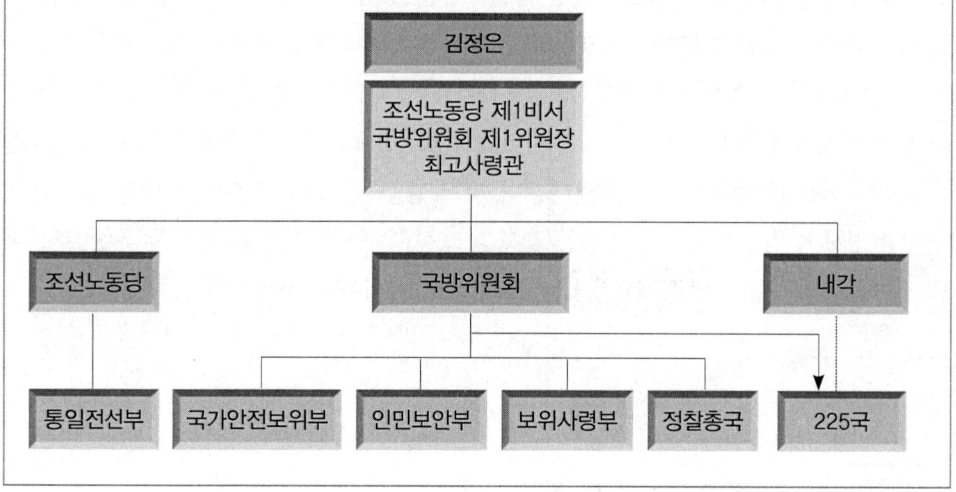

한 정보기구의 대남 정보활동은 노동당 비서국의 대남 담당 비서가 총괄·관장토록 되어 있었으나, 정보기관의 책임자들이 최고 통치권자에게 직접 보고하고 지시를 받아 집행하는 업무행태를 보였다. 또한 북한의 정보기관들은 최고통치자의 지도와 통제 속에 상호 검열·감시하는 권한을 갖고 있는 체제이기 때문에 하나의 정보기관이 절대 힘을 갖기에는 구조적으로 한계가 있다.[20]

북한의 정보기관은 다른 어떤 기관들보다 중요하게 취급되고 있으며, 정보요원들에 대한 처우도 당·정·군의 고위급 수준에 달하고 있어 선망의 대상이 되고 있다. 따라서 정보요원들의 선발은 '혁명성'과 함께 체력과 지력 등에 대해 엄밀한 심사를 거쳐 이루어지며, 선발된 요원들은 영예와 자부심을 갖고 최선을 다해 직무를 수행한다. 특히 북한의 사회정치적 생명체론에서 강조하고 있는 '영생불멸의 정치적 생명'을 위해 목숨조차 기꺼이 바치는 것을 최대의 영광으로 여기고 있다.[21]

20) 길화식, "북한 공안기관의 사회통제 기능", 『북한』, 466호(2010), p.140.
21) 권민웅(2002), p.556.

2. 북한정보기구의 조직

(1) 국가안전보위부

국가안전보위부는 국내외 정보업무를 통합적으로 수행하는 기관이다.[22] 국가안전보위부는 북한 최고의 정보 및 사찰기관으로 반혁명분자 및 간첩색출, 정치범수용소 관리, 출입국 관리, 경호지원, 대남 · 해외 정보 수집활동 및 공작 등의 임무를 수행하고 있다.

국가안전보위부가 독자적인 정보기관으로 출발한 것은 1973년 5월이다. 1962년부터 1973년까지 사회안전성의 산하 부서인 정치보위국으로 운영되어 왔으며, 1973년 사회안전부로부터 정치보위 기능만을 독립시켜 국가정치보위부를 신설하였다.[23] 국가정치보위부의 설립은 1967년 갑산파 사건 이후 전문 사찰기구의 필요성이 증대하였기 때문이다.[24] 국가정치보위부는 1982년 정무원 산하에서 독립 · 분리되면서 국가보위부로 개칭되었다가, 1993년부터 국가안전보위부로 명칭이 다시 바뀌었다.[25] 현재 국가안전보위부는 보안국 창립일이자 김일성이 남포에 있던 보안간부 훈련소[26]를 현지 지도했던 1945년 11월 19일을 창립일로 하고 있다.

국가안전보위부는 1998년 헌법개정과 함께 국방위원회 직속기관으로 출범하였다. 국가안전보위부장은 그동안 공석으로 있었으며 우동측이 제1부부장으로서 임무를 수행하였으나, 2012년 4월부터 김원홍 대장이 부장을 맡고 있다. 국가안전보위부는 북한 정권과 사회주의 체제유지의 첨병으로서 국방위원회 제1위원장인 김정은의 직접 지시를 받아 사업을 진행하고 있다.[27]

22) 북한의 국가안전보위부는 국내보안정보와 해외정보를 모두 담당하고 군에도 영향력을 미치며 비밀경찰 업무를 수행한다는 점에서 예전의 KGB에 유사한 것으로 보는 견해도 있다. 한희원(2011), p.987.

23) 윤대규, 『국가안전보위부의 내막』, (서울: 월간조선사, 2002), p.31.

24) 서유석 편, "북한 국가안전보위부의 실태와 북한을 움직이는 사조직 '김일성고급당학교 동기모임", 『북한』, 제440호(2008), p.156.

25) 통일부, 『2009 북한개요』, (서울: 통일부, 2009), p.67.

26) 광복 이후 친일파와 민족반역자를 숙청하고 혼란된 사회질서를 유지한다는 명분으로 조직되었던 북한의 보안간부훈련소들은 결국 사법-공안기관, 즉 재판소, 검찰소, 인민보안부, 국가안전보위부의 전신이 되었다. 이들 기관들은 창립일을 전후하여 김정일에 대한 충성맹세를 정례화하였다. 윤대규(2002), pp.27-28.

27) 국가안전보위부가 김정일에게 정기적으로 사업을 보고하는 날은 매주 목요일이었으며 국가안전

국가안전보위부는 산하에 20여 개 국이 있으며, 주요 부서로는 1국, 3국, 6국이 있다.[28] 1국은 간첩 또는 반정부활동 적발을 맡고 있으며, 3국은 해외반탐국으로 해외정보를 수집하고, 6국은 정치범 관리국이다. 국가안전보위부는 자체적으로 사단, 연대, 대대 등의 정규무력은 보유하고 있지 않으나, 중앙으로부터 도(직할시)·시(구역)·군은 물론이고 북한군 및 기타 특수기관까지 요원들을 파견하고 있다.

국가안전보위부의 대남 공작활동은 최근 탈북자로 가장하고 한국으로 잠입하는 위장간첩의 형태를 보여주고 있다. 탈북자로 위장한 국가안전보위부 소속의 공작원들은 원정화(2008), 김미화(2010), 이경애(2012) 등을 들 수 있다.

(2) 인민보안부

인민보안부는 경찰청에 해당하는 조직이다. 북한 경찰은 해방직후 소련 군정시 북조선 5도 행정국의 보안국(1945.11.19)으로 시작되었고, 1948년 북한정권 수립후 내무성으로 창설되었다. 이후 1951년 사회안전성으로 독립되었다가 사회안전부, 인민보안성으로 개칭했으며, 2010년 인민보안부로 재개칭하여 현재에 이르고 있다.

인민보안부는 치안질서 유지라는 경찰 본연의 기능보다도 수령(김일성-김정일-김정은) 보위·옹호사업에 최우선 순위를 두고 있다. 그러다 보니 인민보안부는 주민의 사상동향 감시 및 각 기관·단체에 대한 동향 감시 등 정보사찰 활동과 수령우상화 사업, 간부인사 호위, 주요시설 경비, 문서보안 등 정권의 보안사업에 주력하고 있다. 이외 교화사업(교도소 관리), 국토관리사업, 건설사업(주요 시설물 건설) 등도 담당한다. 중앙에는 국방위원회 소속으로 인민보안부, 평양시 및 도에는 인민보안국(지방경찰청), 시·군·구역에는 보안서(경찰서), 리·동에는 보안소(지구대, 파출소)를 두며, 정보사찰활동을 하고 있다.[29]

(3) 보위사령부

보위사령부는 북한군 내 정보사찰기구이다. 1960년 말 북한군 내 '정치안전국'으

보위부장은 기타 중요한 사안이나 시급한 문제가 제기되면 임의 시간에 김정일을 방문하였고, 김정일이 지방을 현지지도할 때도 동행하였다. 위의 책(2002), p.37.

28) 국가안전보위부 조직에 대한 자세한 내용은 서유석(2008) 참조.

29) 유동열, "북한경찰체제분석", 『공안논총』, 제12집(2001) 참조.

로 창설되어, '보위국'으로 개칭되었다가 1995년 '보위사령부'로 확대되었다. 공식명칭은 국방위원회 직속 '조선인민군 보위사령부'이다.

보위사령부는 북한군부 내 감시, 동향파악, 첩보수집, 통제 등의 반탐 활동 뿐만 아니라, 해외공관에 파견된 요원들에 대한 동향감시도 한다. 최근에는 중국 등지에서 한국인과 탈북자 대상 정보수집 및 포섭, 탈북자위장 간첩 남파 등으로 활동반경을 확대하고 있다.

(4) 정찰총국

정찰총국은 한국군에 대한 군사첩보 수집, 무장간첩 남파, 요인암살, 테러, 중요전략 시설물 파괴 등을 주요 임무로 하고 있으며, 과거 노동당 작전부에서 수행했던 위조지폐, 마약제조 및 거래, 무기 수출 등 불법행위도 수행하고 있다. 특히 최근에는 우리의 국가주요 기반시설에 대한 디도스(DDoS) 공격과 주요 산업의 전산망 해킹 등 사이버 공격도 주도하고 있다. 정찰총국은 2009년 대남 공작기구들을 통폐합해 국방위원회 산하로 옮기면서 신설된 조직으로, 작전국, 정찰국, 기술국, 해외정보국, 정책국 등의 부서로 구성되어 있다.

정찰총국장은 남북장성급 대표를 역임한 김영철 대장[30)]이 맡고 있다. 김영철은 제3 · 4차 당대표자회(2010.9.28, 2012.4.11)에서 당 중앙군사위원회 위원으로 연이어 선출됨으로써 북한군의 핵심 간부급으로 떠올랐다. 정찰총국은 국방위원회 산하로 비밀유지가 생명인 대남 정보기구의 특성상 김정은에게 직접 보고하고 지시받는 체제로 운영된다.

정찰총국은 설립 이후 최근까지 천안함 폭침(2010.3), 연평도 포격(2010.11), 디도스 공격(2009.7, 2011.3), 황장엽 암살시도(2010.4, 10), 농협 전산망 해킹(2011.4), GPS 교란(2012.4.28~5.13) 등 크고 작은 대남 도발을 주도하였다.

그러나 정찰총국 산하 부서들의 구체적인 임무, 조직, 역할 등에 대해서는 아직 자세히 알려져 있지 않다. 그럼에도 불구하고 주요 핵심부서인 작전국, 정찰국, 해외정보국은 과거 부서인 작전부, 정찰국, 35호실의 정보활동의 임무와 역할에서 크게 벗어나지 않을 것으로 보인다.

30) 김영철은 2008년 12월 국방위원회 정책실장으로 두 차례나 개성공단을 방문하여 우리 기업들에게 '싫으면 나가라'로 협박했던 인물이다. 『조선닷컴』, 2009.6.4.

그림 10-2 정찰총국 조직도

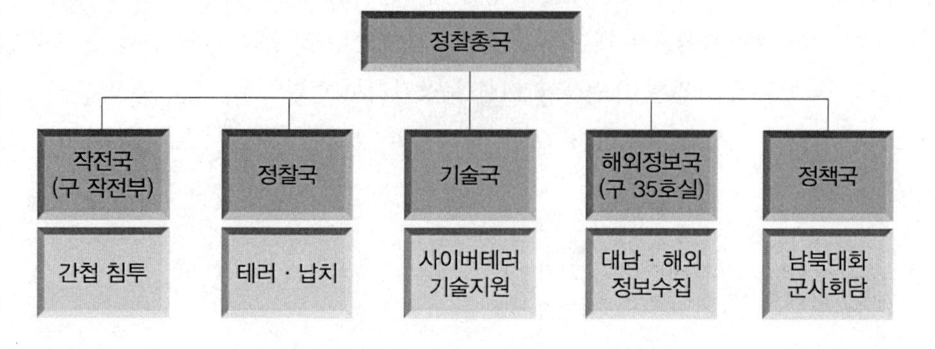

1) 작전국(구 당 작전부)

작전국은 공작원에 대한 기본 교육훈련, 침투공작원 호송 · 안내 · 복귀, 대남 테러공작 및 대남 침투루트 개척 등을 주 임무로 하고 있다. 그리고 남한의 주요 군사기지와 산업시설을 파괴하는 전투적 임무도 필요에 따라 부여되고 있다. 1990년대 경제난이 악화된 이후로는 공작자금 마련 등의 명목으로 무기거래, 위조화폐 유통, 마약거래 등을 통해 외화벌이에 적극 개입하고 있다.

북한은 1960년대 초 당 조사부를 설립하여 운영하였으며, 1980년대 조사부를 대외정보조사부와 작전부로 분리하였고, 작전부는 2009년 2월 정찰총국으로 이관 · 통합되었다. 작전부는 오극렬 국방위원회 부위원장이 1989년 이후 20여 년 동안 부장으로 재직하면서 대남 공작활동을 총괄해 왔다.

작전국은 남파 공작원과 전투원 양성소로 김정일정치군사대학[31]을 설치 · 운영하고 있으며, 남파 공작원과 호송 전투원들에 대한 기본교육 훈련과정을 담당하고 있다. 그리고 남파 공작원 파견기지로서 2개의 육상 연락소(개성, 사리원)와 4개의 해상 연락소(남포, 해주, 청진, 원산)를 운영하고 있다.[32] 개성연락소는 중부와 서부지역, 사리원연락소는 중부와 동부지역을 담당하고 있다. 남포연락소는 목포해역과 거제~제주해역, 해주연락소는 서해 군사분계선과 목포 이북해역, 청진연락소는 일본, 원산연락소는 동

31) 1962년 '금성정치군사대학'으로 출발하여 1983년 노동당 작전부에 흡수되었으며, 김정일의 50회 생일을 앞둔 1992년 1월 '김정일정치군사대학'으로 개칭되었다.

32) 북한연구소, 『북한총람 1993-2002』, (서울: 북한연구소, 2003), p.972; 최준택, "북한의 정보기구", 국가정보연구회, 『분단국의 국가정보』, (서울: 박문각, 2012), p.463.

해와 군사분계선 이남 및 남해의 가덕도 해안을 담당하고 있다.

작전국은 공작원을 비무장지대(DMZ)나 해안선을 통해 남한으로 직접 침투시키는 임무를 맡고 있기 때문에 북한의 여러 정보기관 중에서도 가장 위험한 임무를 맡고 있다. 이러한 임무의 특성상 잠수정을 비롯하여 테러와 파괴 그리고 암해활동에 필요한 최신 기술장비와 상당한 무력을 가지고 있다.[33] 작전부의 주요 활동은 속초 잠수정 침투(1998.6), 동해시 해안 무장간첩(1998.7), 여수해안 반잠수정 침투(1998.12) 등을 들 수 있다. 그리고 1987년 KAL 858기 폭파사건을 일으킨 김현희를 비롯한 많은 공작원들이 작전부 소속 김정일정치군사대학에서 교육을 받은 것으로 알려져 있다.

2) 정 찰 국

정찰국은 무장공비 양성 · 남파, 요인암살, 파괴 · 납치 등 게릴라 활동, 군사정찰 등 대남 군사정보 수집을 주요 임무로 하고 있다. 정찰국은 과거 북한군 총참모부 소속이나 김정일 국방위원장의 직접적인 관장 하에 거의 독자적으로 남한의 군사정보 수집과 정찰활동을 담당해 왔으며, 남한 정부 내 요인암살 및 주요 군사기지와 산업시설을 파괴하는 임무도 수행하였다.

정찰국은 직속부대로 도보정찰 대대와 해상정찰 대대를 운영하고 있으며, 총참모부 산하의 경보병 사단에 특수전 병력 20만여 명을 운용하는 것으로 알려져 있다.[34] 또한 잠수함(정) 침투부대, 남포해상특수부대 및 정찰대대 등을 산하에 두고 있다.

정찰국의 주요 대남 공작활동은 청와대 기습사건(1968.1), 울진 · 삼척지역 무장게릴라 침투사건(1968.10), 미얀마(버마) 아웅산 묘소 폭파사건(1983.10), 강릉 잠수함 무장공비 침투사건(1996.9) 등을 들 수 있다.

3) 해외정보국(구 35호실)

해외정보국은 주로 해외에서 주재국의 대남 관련 정보수집과 남한에 대한 우회 침투와 테러공작을 담당하는 북한의 해외 정보기관이다. 이 기관의 요원들은 해외에서 대사관 직원이나 태권도 사범, 무역상사원, 학술교류 요원 등의 신분으로 위장하고 있으며, 주재국의 대남관련 정보를 수집하면서 남한에 대한 우회 침투와 테러공작을

33) 황장엽, 『개인의 생명보다 귀중한 민족의 생명』, (서울: 시대정신, 1999), p.314.

34) 국방부, 『국방백서 2010』(서울: 국방부, 2010), p.24.

담당하고 있다.

1960년대 초 노동당 조사부로 출발한 35호실은 1980년대 들어 대외정보조사부와 작전부로 분리되었고 그 후 대외정보조사부는 다시 35호실로 개칭되었다. 그리고 2009년 2월 정찰총국 신설과 함께 흡수되어 해외정보국으로 개칭된 것으로 알려져 있다.

1978년 영화배우 최은희 · 신상옥 납치, 1987년 8월 KAL 858기 공중 폭파, 2006년 국적세탁을 하며 입국했다가 체포된 '무하마드 깐수'로 유명한 간첩 정수일 등이 35호실의 공작활동으로 알려져 있다.

(5) 통일전선부[35)]

통일전선부는 노동당 중앙위원회 비서국 산하의 20개 전문부서 중 하나로, 통일전선 공작과 남북대화 · 교류 사업을 실질적으로 주관하는 기관이다. '재일본 조선인 총연합회'(조총련) 등 해외동포 관리를 위해 1958년 노동당에 설립된 '문화부'가 확대 개편되어 1978년 현재의 통일전선부가 되었다.[36)] 통일전선부는 남북회담, 해외교포 공작사업, 대남 심리전 및 통일전선 공작사업, 한국내 좌익운동권 지도 등의 업무를 담당하고 있다. 2000년 남북정상회담 이후 남북대화 · 교류가 확대되면서 공개적인 대남사업을 진행하는 통일전선부의 역할이 강화되었다. 그러나 2009년 국방위원회의 정찰총국으로 대남 정보기구가 통 · 폐합되면서 그 위상과 역할이 약화되었다.

통일전선부는 부장 밑에 수 명의 부부장과 정책, 교류, 회담, 연고자, 총련, 조직 등의 담당부서를 두고 있다. 그리고 통일전선부 산하에 조국통일연구원(구 남조선연구소)과 해외동포영접총국을 두고 있으며, 공개적인 대남 사업을 위한 외곽단체로서 조국평화통일위원회(조평통), 조국통일민주주의전선(조국전선), 반제민족민주전선(반제민전), 조선아시아태평양평화위원회(아 · 태평화위) 등을 두고 있다.[37)] 최근에는 '우리민족끼리'와 국제태권도연맹(ITF) 등이 통일전선부의 산하 조직으로 새롭게 밝혀졌다.[38)]

통일전선부의 산하 기관 중에서는 북한에서 가장 큰 남한관련 자료를 가지고 있

35) 통일전선부 또는 통전부로 통용되고 있으나, 정확한 명칭은 '통일전선사업부'이다. 장철현(2007), p.78.

36) 최준택(2012), p.452.

37) 통일전선부의 조직에 대해서는 장철현(2007), pp.88-98; 통일부(2009), pp.462-464; 황장엽(1999), pp.313-314 참조.

38) 최준택(2012), p.453.

는 조국통일연구원과 외곽단체로서 남북대화와 교류협력을 전담하고 있는 조국평화통일위원회가 중요하다.[39] 조국통일연구원[40]은 한국의 정치, 경제, 사회, 문화, 군사에 대한 심도 있는 연구를 통해 남한 정세분석 보고서를 작성하고 있으며, 이 연구원의 자료는 북한의 대남정책 및 정보활동에 주요 자료로 활용되고 있다. 조국평화통일위원회[41]는 통전부의 모든 기능과 역할을 함축시켜 일명 '어머니 연락소'로 불리는 조국평화통일 서기국을 통해 통일외교의 합법성을 주장하며 막후에서 대남전략을 기획하고 실행하고 있으며, 주로 남북회담과 관련한 연구와 실행, 인물포섭, 정보수집 등을 전담하고 있다.

북한의 대남 정보기관 중에서 통일전선부 요원들만이 다른 기관요원들과는 달리 신분을 일부 공개적으로 드러내어 활동하고 있다.

(6) 225국(구 대외연락부)

225국은 공작원 남파, 공작원 밀봉교육, 한국 내 고정간첩 관리, 지하당 구축공작 등 전통적인 정보 · 공작업무를 담당하는 기관이다. 통일전선부가 노동당의 선전선동부에 해당한다면 남한의 지하당 사업을 맡고 있는 대외연락부는 노동당 조직지도부에 해당한다고 볼 수 있다.

225국은 공작원을 남파시켜 남한에 지하당을 만든 뒤 혁명의 결정적 시기에 지하당을 매개로 남한체제를 전복하는 것을 활동목표로 삼고 있다. 225국은 전투원이 아닌 대남 간첩교육 및 파견을 담당하고 있으며, 재일본조선인총연합회(조총련)가 보내는 자금도 관리하고 있다.

1947년 북조선노동당 5과로 출발한 대외연락부는 이후 연락부→사회문화부→대외연락부로 변화해 왔으며,[42] 2009년 2월 대남 정보기구 개편과 함께 내각의

39) 장철현(2007), pp.91-92.

40) 1959년 12월 노동당 문화부 산하 '남조선연구소'로 신설된 이후 1978년 1월 통일전선부 산하기관으로 흡수되었으며, 1989년경 '조국통일연구원'으로 개칭되었다. 통일부(2009), p.463.

41) 1961년 5월 13일 결성된 노동당의 외곽단체로 당의 통일 · 대화노선 관철과 정책수행 및 통일전선 형성 임무를 수행하고 있다. 위의 책, p.462.

42) 1997년부터 조총련과 해외동포사업을 담당하여온 강관주 통일전선부 제1부부장이 사회문화부 담당부장으로 되면서 사회문화부의 명칭을 대외연락부로 개칭하고, 남한의 지하조직과 조총련을 비롯한 해외동포들의 비밀조직과 사업을 주관하였다. 과거에도 이 부서를 연락부라고 부른 적이 있었으며, 이는 조선노동당과 남한 내 지하당 조직의 연락관계를 담당한다는 의미를 가지고 있었다.

225국으로 개칭되었다.

225국은 남한정세와 정보수집 및 포섭 공작활동에 관한 장기간 교육을 거친 공작원들을 남파시킨 후 남한 내 활동을 지도하고 있다. 이러한 임무수행을 위해 225국은 공작원 교육을 위한 초대소와 공작원들의 파견과 귀환을 위한 연락소를 운영하고 있다.[43] 현재 225국은 대외연락부의 대남 공작 및 조총련 업무를 그대로 관장한 채 내각으로부터 독립적인 활동을 하는 것으로 알려져 있다.

1968년 7월의 '통일혁명당 사건'과 1990년대 이후 지하당사건인 조선노동당 중부지역당(1992), 민족민주혁명당(1999), 일심회 간첩단(2006) 등을 대외연락부의 주요 활동으로 들 수 있다. 2011년에 적발된 북한 지하당 조직 '왕재산'도 225국의 정보활동에 따라 우리 정치권과 사회단체의 동향과 군사자료 등을 수집 · 보고하였다.

제3절 북한 정보기구의 향후 전망

북한은 2011년 12월 17일 김정일 사망 이후 권력승계의 속도를 빠르게 진행하여 2012년 4월 제4차 당대표자회와 제12기 제5차 최고인민회의를 통해 김정은 체제를 공식적으로 출범하였다. 1994년 김일성의 뒤를 이어 등장한 김정일 시대가 17년 만에 막을 내리고 김정은 시대가 개막된 것이다.

김정은 체제에서 전개될 북한의 국가정보활동은 김정일 시대에서 크게 벗어나지 않을 것으로 보인다. 현재 김정은은 김정일의 '10 · 8 유훈'에 따라 대내외 정책결정을 수행하고 있기 때문에, 김정일의 '조국통일 유훈'과 '대남전략전술'을 변경할 가능성은 높지 않다.[44] 북한은 김정일 사후 개정된 노동당 규약 서문에서 국가안보 목표로 '사회주의 강성국가 건설'과 '전국적 범위에서 민족해방민주주의혁명 과업 수행'을 제시하고 있다. 나아가 노동당과 국가기구의 개편에도 불구하고 대남 정보활동을 담당하고 있는 정찰총국장 김영철, 통일전선부장 김양건, 225국장 강관주는 유임하고 있다.

황장엽(1999), p.314.

43) 권민웅(2002), p.558.

44) 김일기, "김정은 체제의 대남정책과 남북관계", 『글로벌연구』, 제5권 1호(2012), p.130.

그러나 김정은 체제가 직면하고 있는 안보환경은 북한의 정보활동을 크게 제약하고 있다. 북한은 남조선 혁명과 한반도 공산화 통일이라는 정권목표를 달성하기 위해 그동안 3대 혁명역량 강화를 추진해 왔다. 그러나 1990년대 이후 소련 및 동구 사회주의권의 몰락, 지속된 경제위기 및 국제적 고립 심화, 남북한의 국력격차 등 북한의 대내외 안보환경은 점점 더 악화되고 있다. 그리고 핵 실험과 장거리 미사일 발사, 천안함 폭침과 연평도 포격 도발 등으로 국제사회의 제재가 더욱 심화되고 남북관계가 악화되면서 북한의 안보환경은 총체적 위기에 처하게 되었다.

김정은 체제는 현재 권력의 안정화와 경제회복이라는 이중적 과제에 직면하고 있다. 김정일의 급사로 인해 짧은 후계기간을 가진 김정은으로서는 권력엘리트들에 대한 신속한 장악을 통해 취약한 리더십을 확보해야만 할 것이다. 그리고 심각한 경제난 해결을 통해 북한 주민들의 지지와 동의를 얻어 체제의 안정을 도모해야만 한다. 그러나 북한의 경제난 해결은 이미 내부 역량만으로는 한계에 도달해 있으며 외부로부터의 지원을 통해서만 해결이 가능한 상태이다. 외부로부터의 지원은 북한의 개혁·개방 정책 추진과 북핵 문제 해결을 통한 남북관계 진전 및 미북관계 개선을 통해 가능할 것이다.

김정은 체제 출범 이후 북한의 대남 정보활동은 정찰총국에 의해 주도되고 있다. 과거 대남 정보활동을 주도했던 통일전선부는 대남정책의 수립과 남북대화와 경협사업 등 공개적인 역할에 주력하는 것으로 보인다. 북한의 대남 정보기관들은 또한 김정은의 눈에 들기 위한 충성경쟁 속에서 대남 강경노선을 선택할 가능성이 높다.

김정은 체제에서도 한반도 공산화 통일이라는 정권목표는 지속될 것이다. 그러나 김정은 체제가 당면하고 있는 경제위기의 해결을 위해서는 개혁·개방정책의 추진과 함께 남북한의 교류협력이 절실할 것이다. 따라서 김정은 체제가 안정화된다면 정찰총국을 중심으로는 하는 공격적인 대남 정보활동은 보다 감소할 것으로 예상된다.

정찰총국 중심의 정보기구 운영은 김정일 시대의 선군정치와 함께 군의 역할이 강조되면서 이루어진 것이다. 그러나 김정은 체제 출범 이후 이루어진 북한의 권력재편은 군부의 핵심인 리영호의 해임과 함께 정치권력의 중심축을 군(軍)에서 당(黨)으로 이동시키고 있다. 또한 김정은이 경제회복을 위해 제시한 '6·28 방침'[45]과 경제분야

45) 북한은 2012년 6월 28일 "우리식의 새로운 경제관리체계를 확립할 데 대하여"라는 방침을 제시했으며, 주요 내용은 군부 경제사업의 내각 이전, 협동농장의 분조 인원 축소, 기업의 경영자율권 확

의 내각중심제 · 내각책임제[46] 등은 북한 경제정책의 변화를 예고하고 있다.

북한은 향후 김정은 체제의 안정화와 함께 노동당 중심의 정보기구 개편을 추진할 가능성이 있다. 김정은 체제의 대내외 정보환경은 정찰총국 중심의 군사적 정보활동보다는 노동당을 중심으로 하는 비군사적 정보활동을 요구할 가능성이 높기 때문이다. 북한의 정보기구 개편과 함께 정보활동 역시 '민족공조론'과 '우리민족끼리'를 주장하면서 우리사회의 친북세력 입지 확대와 북한체제의 당위성 및 대북 지원의 확대를 유도하는 방향으로 나아갈 것이다.

>> 참고문헌

권민웅. "북한의 정보 · 보안 체계". 문정인 편. 『국가정보론』. 서울: 박영사, 2002.

강원준. 『국가정보의 이해: 국가정보기관은 무슨 일을 하는 곳인가』. 서울: 서석, 2005.

국방부. 『국방백서 2010』. 서울: 국방부, 2010.

극동문제연구소. 『북한전서 하권』. 서울: 극동문제연구소, 1974.

김보영. "해방후 남북한교역에 관한 연구-1945년 8월~'49년 4월 기간을 중심으로-". 고려대학교 박사학위논문, 1995.

김일기. "김정은 체제의 대남정책과 남북관계". 『글로벌연구』. 제5권 1호(2012).

김일성. 『김일성 저작선집』. 제4권. 평양: 조선노동당출판사, 1968.

______. 『김일성 저작선집』. 제5권. 평양: 조선노동당출판사, 1972.

김정은. "위대한 김정일동지를 우리 당의 영원한 총비서로 높이 모시고 주체혁명위업을 빛나게 완성해 나가자(2012.4.6)". 『조선중앙통신』. 2012.4.19.

문정인. "국가안보와 국가정보". 문정인 편. 『국가정보론』. 서울: 박영사, 2002.

민진규. 『국가정보학』. 서울: 도서출판 배움, 2010.

북한연구소. 『북한총람』. 서울: 북한연구소, 1983.

______. 『북한총람 1993-2002』. 서울: 북한연구소, 2003.

서유석 편. "북한 국가안전보위부의 실태와 북한을 움직이는 사조직 '김일성고급당학교 동기모임." 『북한』. 제440호(2008).

유동열. 『북한의 대남전략』. 서울: 통일부 통일교육원. 2010.

대, 근로자 임금인상 등이다.

46) 김정은, "위대한 김정일동지를 우리 당의 영원한 총비서로 높이 모시고 주체혁명위업을 빛나게 완성해 나가자(2012.4.6)", 『조선중앙통신』, 2012.4.19.

______. "북한의 대남공작기구 개편 의의 및 전망". 『합참』. 제44호(2010).

______. "북한경찰체제분석". 『공안논총』. 제12집(2001).

유동열 · 박종문. 『북한학』. 용인: 경찰대학, 2011.

윤대규. 『국가안전보위부의 내막』. 서울: 월간조선사, 2002.

이영무 · 신경엽. "국가정보의 개요". 국가정보연구회. 『분단국의 국가정보』. 서울: 박문각, 2012.

장철현. "북한의 통일전선사업부 해부". 『북한조사연구』. 제11권 1호(2007).

장화수. "해방후 「남북한의 지역간무역」에 관한 연구(1945~49)". 『아세아연구』. 제53집(1975).

최명호. 『세계의 정보기관들』. 서울: 대왕사, 1992.

최준택. "북한의 정보기구". 국가정보연구회. 『분단국의 국가정보』. 서울: 박문각, 2012.

통일부. 『2009 북한개요』. 서울: 통일부, 2009.

______. 『북한 주요기관 · 단체 인명록』. 서울: 통일부, 2002.

한희원. 『국가정보』. 서울: 법률출판사, 2011.

허종호. 『주체사상에 기초한 남조선혁명과 조국통일리론』. 평양: 사회과학출판사, 1975.

황장엽. 『개인의 생명보다 귀중한 민족의 생명』. 서울: 시대정신, 1999.

『국민일보』. 2011.11.14.

『로동신문』. 2012.4.12.

『연합뉴스』. 2009.5.10.

『연합뉴스』. 2010.4.20.

『조선닷컴』. 2009.6.4.

『조선일보』. 2001.6.16.

제11장 한국의 정보기구

제1절 한국 정보기구의 기원과 변천

1. 근대 이전의 정보활동

우리 민족의 역사에서 정보활동은 국가의 생존과 발전에 중요한 역할을 해 왔다. 대부분의 국가들과 마찬가지로 외적으로부터 국가를 지키고 왕권을 보위하는 수단으로 여러 가지의 다양한 형태의 정보활동이 수행된 것이다. 삼국시대의 고구려 · 백제 · 신라는 한반도의 주도권을 장악하려는 과정에서 치열한 정보활동을 벌였고, 중국의 수 · 당에 맞서 주권을 지키기 위해 대외 첩보활동도 활발히 전개하였다. 또한 외부로부터의 위기가 잦아들 때는 왕권유지를 위한 내부 보안활동에 중점을 두어 정보활동을 펼쳤다. 고려시대에는 왕권을 강화하고 잃었던 북방 영토를 되찾기 위해 원 · 명 등을 대상으로 한 대외 정보활동이 활발히 이루어졌다.

당시의 정보활동은 전문화된 특정기관이 전담한 것은 아니었기 때문에 사신 등 공식적인 외교사절은 물론 변방 주둔군 및 상인, 유학생 등 각종 비공식적 채널을 통해 필요한 정보가 수집되었다.[1] 대체로 적의 병력과 무기체계, 지형정보 및 군의 사기 등 군사관련 사항에 우선순위를 두고 정보목표가 세워졌으나 선진 정책이나 학문, 농업기술 등의 분야에서도 다양한 정보활동이 전개되었다. 최무선이 국경지역 중국인들에게 중국이 비밀로 관리하던 화약제조법을 몰래 배워 고려의 대포를 개발하고, 이를 훗날 왜구 격퇴에 활용한 것은 대표적인 사례라고 할 수 있다. 또한 고려 말 원에 갔던 사신들이 새로운 학문인 성리학 서적을 수집해와 고려 개혁에 이념적 기틀을 잡는데

1) 국사편찬위원회, 『한국사』 제5권, (서울: 탐구당, 2003), p.111; 김부식 저, 이강래 옮김, 『삼국사기』 제1권, (서울: 한길사, 1998), pp.395–396 및 pp.786–787.

활용한 것 역시 훌륭한 정보활동의 사례이다.

조선시대에는 명 · 청 교체기의 중국 정세나 일본의 침략 의도 등 대외 정세에 대한 국가정보활동이 총체적으로 실패하면서 국가의 존립 자체가 위태로워지는 심각한 위기가 있었다. 조선은 임진왜란 후 200여 년간 20회에 걸쳐 통신사를 운영하며 일본의 국정을 탐문하는 등 제한된 수준의 대외 정보활동을 전개하였지만, 유교사상의 영향으로 대외 정보활동보다는 국내정보 및 보안활동에 중점을 두었다. 전국 각 지방의 실정을 파악하기 위해 암행어사 제도를 운영하거나 민심을 직접 듣는 상소 및 신문고 제도 등을 운용한 것은 이러한 예이다. 조선 후기에는 전국적으로 활동하는 보부상을 활용해 민심의 동향뿐 아니라 주요 사건들에 대한 정보를 수집하여 활용하기도 하였다. 그러나 이러한 공식 · 비공식적인 다양한 정보활동에도 불구하고 국제정세에 대한 집권층의 인식은 턱없이 부족했고, 정보활동 자체도 전문화 · 조직화 되지 못함으로써 거세게 다가오는 열강의 제국주의 파고를 넘지 못하는 한계를 보였다.

2. 근대 이후의 정보활동

조선 말 개항과 함께 제국주의의 국권침탈이 지속되자 정부의 정보활동 의지가 강화되고 그 활동범위도 확산된다. 제국주의 열강에 맞서 국권을 수호하고 국력을 강화하기 위한 목적으로 다양한 유형의 정보활동이 전개되기 시작하였으며, 그 중에서도 독립운동 단체들의 비밀활동은 한층 전문적인 정보활동의 형태로 발전한다. 당시 서구 열강들과의 수교가 이루어짐에 따라 서양식 외교제도가 들어오고 각국의 상주 공관을 중심으로 치열한 국익쟁탈전이 전개되면서 정부는 정보활동의 필요성을 더욱 절감하였다.[2] 또한 산업혁명 이후 발전을 거듭한 교통 · 통신기술이 국내에 보급되고 정보의 신속한 유통이 가능해지면서 이를 활용한 체계적이고 전문적인 정보활동이 요구되었다.

이러한 배경에서 고종은 우리 역사상 최초로 1902년 6월에 근대적 정보기관인 제국익문사(帝國益聞社)를 설립하였다. 제국익문사는 표면적으로는 "매일 사보를 발간하여 국민들이 보도록 하고 국가의 중요한 서적도 인쇄 발간하는 통신사"라고 하였으나, 사실상 황제 직속의 비밀 정보기관이었다. 최고 수장인 '독리'(督理)는 황제가 특별히

2) 이태진, 『고종시대의 재조명』, (서울: 태학사, 2000), pp.389-391.

신뢰하는 사람으로 임명하였으며 그 아래에 '사무'(司務), '사기'(司記), '사신'(司信) 등을 두고 16명의 통신원 등 총 60여 명의 정보원이 활동하였다. 이들 요원들은 대한제국의 기밀유출을 막는 방첩활동과 국권수호를 위한 정보활동을 중점적으로 수행하였다.[3] 정보활동 지역을 서울과 지방, 항구 및 외국 등 4개 권역으로 나누어 활동하면서 정부 고관 및 서울 주재 외국 공관원들의 동정, 외국인들의 간첩행위 등을 탐지하였으며, 학교 및 종교 · 사회단체의 반국가적인 행위들도 파악하였다.[4] 열강의 노골적인 국권침탈이 계속되는 상황에서 황권을 보호하고 열강의 국권 침탈 동향을 파악하는 활동, 특히 일본의 침략을 저지하는 활동에 초점이 맞춰져 있었으며 이들이 수집한 정보는 황제에게 직보(直報)되었다.[5] 그러나 국권 회복의 노력이 수포로 돌아가고 헤이그 밀사 사건으로 고종이 퇴위하자 1907년 7월 제국익문사는 결국 해체되었다. 우리 역사 최초의 근대적 정보기관이 명맥을 이어가지 못하고 불과 5년 만에 아쉽게 해산된 것이다. 그러나 이들의 국권 수호정신은 일제 식민통치 기간 동안 다양한 항일투쟁의 초석이 되었다.

한일합방 이후에는 국가차원의 정보기구가 설치되지는 못했으나 일본의 식민통치에 대항하며 다양한 비밀 정보활동이 이루어졌다. 대표적인 활동이 상해 임시정부의 정보활동이다.[6] 1919년 상하이에서 설립된 임시정부는 항저우(杭州), 광둥(廣東), 충칭(重慶) 등지로 본부를 옮겨가며 1945년 광복까지 일본의 조직적인 탄압을 피하기 위해 철저한 비밀활동을 전개하였다. 근거지를 해외에 둔다는 공간상 한계를 극복하고 국내 조직들과의 연계를 효율적으로 유지하기 위해 점조직 같은 비밀 연락수단을 활용하였다. 임시정부는 일제의 동향 및 국내정보 수집은 물론 군자금 모집 및 전달, 요인암살 및 탈출 등 비밀공작, 민족정기 고취를 위한 홍보 선전활동 등 비밀활동을 다양하게 수행하였다.

단재 신채호 선생이 주도해 1919년 창설된 '의열단'도 다양한 비밀 항일활동을 전개하였다.[7] 일본의 고관 및 군 수뇌부, 친일 매국노, 밀정 등의 암살과 함께 조선총독

3) 『경향신문』, 1998.11.7.
4) 제국익문사, 『제국익문사비보장정』, (제국익문사, 1902).
5) 서울대 사범대 교육연구소, 『한국교육사고 자료총서: 고종황제의 주권수호 외교』, (서울: 서울대학교, 1994), pp.28–30.
6) 한시준, "대한민국 임시정부의 정보활동", 『국가정보대학원 연구논문집』, (2000), pp.30–34.
7) 박성수, 『논문집: 의열단 연구』, (한국정신문화연구원, 1987), p.31; 단재 신채호전집 편찬위편, 『신채호 전집하권』, (서울: 을유문화사, 1972), p.365.

부 및 경찰서 등 일제 통치시설 파괴 등을 추진하였다. 1921년 조선총독부 폭탄투척사건, 1923년 종로경찰서 및 1926년 식산은행 폭탄투척사건 등은 의열단의 대표적인 비밀활동 사례라고 할 수 있다.

임시정부 국무령인 김구 선생이 1926년 상하이에서 결성한 '한인애국단'도 괄목할 만한 비밀 공작활동을 수행하였다.[8] 한인애국단은 임시정부 산하 비밀 군사조직의 성격으로 창설되어 일제 고위관리 암살 및 주요 시설 파괴 등의 활동을 수행하였다. 대표적인 사례로는 1932년 일본 천황을 겨냥한 이봉창 의사의 폭탄투척사건, 윤봉길 의사의 상하이 홍구공원 폭탄투척 사건 등이 있다.

1940년 중국 충칭에서 임시정부의 군대로 창설된 '한국광복군' 역시 항일 군사활동의 일환으로 조직적인 비밀 정보활동을 전개하였다. 특히 친일 인사나 부역자들을 처단하고 국내 지하조직과 연락을 유지하는 비밀활동을 적극적으로 수행하였다. 1945년에는 미 CIA의 전신으로 당시 중국에 나와 있던 미 '전략정보국'(OSS: Office of Strategic Services)과 협약을 맺고 요원들에 대한 첩보훈련과 무선교신 등 특수공작 훈련도 실시하였다. 1945년 5월에는 OSS와 제휴해 국내로 요원을 진입시키기 위한 지하공작을 계획하고, 광복군과 미군이 상륙할 때 항일세력을 총궐기시키고 일본군을 공격한다는 '독수리 작전' 계획까지 수립하였다. 그러나 이러한 광복군의 비밀활동은 일본의 무조건적인 항복으로 시행되지 못하였을 뿐만 아니라 1946년 광복군의 해산과 함께 아쉽게 소멸되고 말았다.[9] 일본의 패망과 함께 한반도에 진주한 미군정이 광복군을 인정하지 않게 되자 조직이 해산되어버리고 모두들 개인자격으로 귀국해야만 하였기 때문이다. 우리 스스로의 힘으로 광복을 맞지 못하고 미국에 의존하여 독립을 맞게 된 관계로 우리 임시정부의 자체적인 정보활동이 인정받기 어려웠던 것이다.

3. 해방 후 정보활동

해방 후 한국의 정보활동은 당시 진주해 있던 미군정의 지원을 통해 체계화되고 발전되기 시작한다. 한국 최초의 국가정보기관인 '중앙정보부'가 1961년 설립되기 전

8) 백범김구선생 기념사업회 백범전기 편찬위, 『백범김구: 생애와 사상』, (서울: 교문사, 1982), pp.158–160.

9) 『중앙일보』, 2004.8.12.

까지 약 15년간 미국의 '방첩대'(CIC: Counter Intelligence Corps)(1945~1948), '육군정보국'(1948~1950), '특무대'(1950~1960)가 정보활동을 주도하였다.

첫 번째 미 방첩대(CIC) 주도기(1945~1948)는 해방 후의 미군정과 함께 시작되었다. 해방 직후 남북한에 미군과 소련군이 각각 진주함에 따라 남한지역에 진주한 미군은 남한지역을 미군정 관리체제로 전환하고 공산주의의 확산을 차단하기 위한 정보활동을 시작한다. 이러한 상황에서 1945년 9월 서울에 진주한 미 제224 CIC 파견대는 동경 제441 파견대의 통제하에 부분적인 활동을 시작하다 1946년 2월 한국 내 모든 CIC 파견대에 관한 작전통제권을 장악하면서 본격적인 활동을 시작하였다. 한국 정부의 행정체제가 거의 갖춰져 있지 않는 상황에서 미 CIC는 자연스럽게 미군정을 지원해 정보활동을 주도하는 기관이 되었다. CIC는 우선 미 군정체제 및 사법권에 도전하는 체제전복 세력 및 반국가 사범을 색출하는 활동을 중점적으로 전개하면서 국내 및 북한관련 정보 수집과 공작활동도 수행하였다. 청년단체들에 공작원을 투입하여 정보를 수집하기도 하고 우익 청년단체를 배후에서 지원하기도 하였다. 이러한 활동을 위해 민간 통신정보대를 운영하기도 하였으며 이 과정에서 일제 치하에서 활동했던 헌병 및 경찰 정보조직을 상당부분 그대로 활용하기도 하였다.[10] 정보활동 목표를 설정하고 운영하는 책임자 대부분이 미군정 인사들인 관계로 사실상 미 정보기관이 중심이 된 정보활동이라고 할 수도 있으나 실무 정보활동의 대부분은 경찰 정보조직 등에 의해 수행되었다. 이렇게 수집된 정보는 24군단 정보참모부에 보고되어 군정 수행에 반영되었을 뿐만 아니라 동경 주재 미 극동군사령부와 미 본토 육군 및 국무부 등에도 보고되었다. 미 CIC는 1948년 공식적으로 한국에서 철수하였지만 요원의 상당수는 그대로 남아 북파 공작 첩보 부대인 '켈로부대'(KLO)와 미 극동 공군의 대북 첩보기관(USAF) 요원으로도 활동했다.

두 번째 육군정보국 주도기(1948~1950)는 1948년 공식 출범한 대한민국 정부가 CIC 주도하에 독자적인 정보활동 체계를 구축해 나가는 시기였으며, 이는 육군정보국 주도로 추진되었다. 대한민국 정부가 공식 출범하면서 미군정이 종료되었고 1949년 6월 철수를 앞둔 미군은 민간 부문과 군사 부문을 나누어 이승만 정부에 업무를 인계했다. 이때 민간 부문에서 미 CIC를 모방해 정보업무를 수행하기 위해 설립한 기관이 1948년 7월 대통령령 제 61호로 창설된 '대한관찰부'(Korea Research Bureau)였다. 이

10) 중앙일보 현대사연구팀, 『발굴자료로 쓴 한국현대사』, (서울: 중앙일보사, 1996), pp.210–226.

범석 국무총리 주도로 창설되어 이승만 대통령의 심복으로 알려진 장석윤의 책임 하에 범죄수사와 정보수집, 사찰 등의 업무를 수행하였다. 대한관찰부는 1949년 10월 '사정국'(司正局)으로 명칭을 바꾸고 미군정에서 이양한 민간 영역에서의 정보활동을 수행하였다. 그러나 법률적 근거가 없이 대통령령에 근거해 방첩 및 좌익사범 사찰 등의 업무를 수행하였기 때문에 이승만 대통령의 정치적 목적을 위한 도구로 악용될 가능성이 크다는 비판을 받기도 하였다. 그러던 중 1949년 1월 수원에서 개최된 청년단체 통합대회에서 대한독립청년단 회원 50여 명이 납치되어 고문 받는 사건이 발생하자 국회에서 예산배정을 거부하였고 1949년 10월 해체되었다.[11] 이렇게 민간부문 정보기구가 해체되면서 결국 국가의 정보활동은 미 CIC의 업무를 군 부문에서 인계받은 '육군본부 정보국'이 수행하는 체제로 귀결된다. 육군 정보국은 미 CIC의 업무를 인수하기 위해 1948년 5월 '특별조사과'(SIS: Special Intelligence Section)를 설치해 미 CIC로부터 인계받은 업무를 수행하였다. 또한 신설 조직의 직원들에 대한 교육훈련 차원에서 미 CIC 주선으로 샌프란시스코 소재 방첩대 훈련소에서 위관장교 41명에 대한 1개월 과정의 직무교육을 실시하기도 하였다.[12] 특별조사과는 이후 '특무과', '특별조사대' 등으로 명칭을 바꾸고 조직을 확대하면서 방첩 및 국가 전복세력 색출 등 업무를 수행하였다. 1949년 10월에는 '방첩대'(CIC)로 다시 개칭하고 부정부패자 색출 등으로 업무를 확대하여 활동하였으며 현재의 '국군기무사령부'로 명맥이 이어져 내려오고 있다.

세 번째의 특무대 주도기(1950~1960)는 6 · 25 전쟁의 영향으로 군사 정보기구인 특무대가 주도적인 정보활동을 전개하던 시기이다. 전쟁 기간 중 대공 및 방첩 업무에 대한 수요가 폭증하자 정부는 1950년 10월 육군본부 일반명령 제 91호를 통해 '방첩대'(CIC)를 육군본부 정보국 소속에서 육군본부 직할의 특무대로 분리 독립시켰다. 독립기구로 확대 · 개편된 특무대는 전쟁 중에 간첩 및 이적행위자 색출, 군시설 보호, 보안 및 방첩 등의 업무를 적극적으로 수행하였다. 그러나 전쟁 후 이승만 대통령으로부터 각종 특명사항을 지시받아 수행하면서 정치개입 및 월권 등의 부작용을 야기하였다.[13] 특히, 특무대장 김창룡은 전쟁 중 공산당 색출과 군내 적색분자 제거에 기여하면서 이승만 대통령으로부터 절대적인 신임을 받았으나 권력을 남용하고 군 지휘계통을

11) 정병준, "이승만의 정치고문들", 『역사비평통권 43호』, (1998, 여름), pp.164-166.

12) 『중앙일보』, 1995.4.18.

13) 『한겨레 21』, 2012.4.2, 제904호.

무시한다는 군 내외의 불만을 야기하였다. 김창룡의 이러한 전횡은 군 간부들의 반발을 불러일으켰고 급기야는 반대파 군인들의 모의에 의해 1956년 1월 암살당하는 불행한 결과를 초래하였다.[14)]

4. 국가정보기관의 출범

1961년 6월 설립된 '중앙정보부'는 우리나라 최초의 국가정보기관이다. 기존의 정보기관들이 주로 군사정보에 중점을 두고 활동했던 것과 달리 중앙정보부는 국가 제반 사항을 위한 정보기관으로서의 역할을 수행하였다. 1961년 5 · 16 군사정변 직후 통치주체였던 '국가재건최고회의'는 국가 모든 영역에서의 효율적 통치를 뒷받침할 정보기구의 필요성을 절감하였고, 이러한 배경에서 국가재건최고회의가 밝힌 것처럼 "공산세력의 간접 침략과 혁명과업 수행의 장애를 제거"하기 위해 1961년 6월 대통령 직속의 국가정보기관으로 중앙정보부가 창설되었다.[15)]

육군본부 정보국 전투정보과장을 역임했던 박정희 의장과 정보장교 출신의 김종필 초대부장은 중앙정보부의 영문 명칭을 미국 CIA를 본 따 'KCIA'(Korean Central Intelligence Agency)로 하였다. 그러나 수사권 없이 순수 해외정보활동을 수행하는 미국의 CIA와 달리 중앙정보부(KCIA)는 수사권을 가지고 국정 각 분야의 정보를 수집하고 통합 조정하는 역할까지 수행했다. 사실상 미국 CIA와 FBI의 기능을 통합한 기능을 수행하면서 강력한 권한을 기반으로 통치권력을 보좌하게 된 것이다.

1961년 창설 당시 중앙정보부는 육군본부 방첩대 및 특무대, 첩보부대 및 헌병대 등에서 차출된 인원들을 근간으로 약 3,000명 정원의 4국 3실 체제로 출범하였다. 군의 정보 · 방첩 · 첩보 장교 출신들을 중심으로 초기 지휘부가 구성되었지만 군사업무에 국한되지 않고 국가정보기관으로서의 조직체계를 갖추고 신생 정권의 국정운영을 총괄 보좌하는 각종 국내외 정보활동을 수행하였다.[16)] 특히 대한민국 정보기관 역사상 최초로 해외 거점에 요원들을 파견하고 체계적으로 관리하면서 국내외 정보를 통합하는 국가정보기관으로서의 역량을 구축해 나가기 시작하였다. "우리는 음지에서 일하

14) 『헤럴드경제』, 2010.4.5.

15) 5.16에 대한 논란이 많지만 역사교과서의 정식표기는 군사정변으로 되어 있어 여기에서는 '군사정변'으로 표기한다. 「국가재건최고회의법」 제18조 1항.

16) 『조선일보』, 1999.2.23.

고 양지를 지향한다"는 모토 아래 정보기관 요원으로서 직원들의 전문성을 고양하고 1965년부터는 공개채용 제도를 도입해 조직을 문민화하고 전문성을 더욱 강화해 나갔다. 정부의 조직 및 기능 확대에 따른 국가 정보업무 수요에 부응하여 조직을 점진적으로 확대하면서 정보역량 강화를 추구했다. 또한 정보 및 보안업무에 대한 조정 · 감독권을 바탕으로 여타 부문정보기관들에 대한 통제권도 행사하면서 국가정보기관으로서의 위상도 확립해 나갔다.

명실상부한 국가정보기관이 최초로 탄생했다는 점에서 중앙정보부가 지니는 함의는 매우 크다. 광복 후 군과 경찰을 중심으로 이루어졌던 부문정보기관의 정보활동이 법적 · 현실적 한계를 극복하기 어려웠던 반면, 중앙정보부는 국가차원의 전략적 정보활동과 부문정보기관에 대한 통합조정이 가능하도록 했던 것이다. 정보활동의 지평이 해외 정보로 까지 확대되었다는 점도 괄목할 만한 점이다.[17] 그동안 육군 정보국 및 특무대의 활동이 군사정보 중심의 방첩 및 보안, 대북 첩보수집 위주로 이루어진데 비해 중앙정보부는 국내뿐 아니라 해외정보 분야로까지 영역을 확대하여 명실상부한 국가정보기관으로서의 역할을 수행해 나가기 시작한 것이다.

제2절 국가정보원

1. 창설 배경

미국과 러시아를 비롯한 해외정보 선진국가들이 부문 정보기관 차원을 넘는 국가정보기관을 운영하기 시작한 것은 제2차 세계대전 이후부터이다. 미국은 2차 대전 당시 군사정보 위주의 활동을 하던 전략사무국(OSS)의 후신으로 1947년 9월 CIA를 출범시켰으며, 구소련도 비밀경찰 조직인 체카(Cheka)를 모태로 하는 조직을 1954년 4월 KGB로 확대 개편하였다. 이는 동서진영 간의 냉전이 본격화되면서 전투정보 수집 위주의 군사정보기관만으로는 치열한 이념전쟁에서 승리할 수 없기 때문에, 외교 · 안보는 물론 정치 · 경제 · 사회 · 문화 등 각 분야 정보를 통합하는 국가정보기관이 필요하

17) 김당, "한국의 국가정보기관", 문정인(편), 『국가정보론』, (서울: 박영사, 2002), p.575.

다는 판단에서 비롯되었다. 그리고 이러한 국가정보기관을 통한 미소간의 치열한 정보전은 한 기관만의 독자적 정보력만으로는 한계가 있었기 때문에 역량 있는 우방국 정보기관들의 협조를 절실히 필요로 하였다. 우리와 비슷한 처지의 분단국 서독이 2차 대전 후 국내 보안정보 활동을 전담하는 '연방헌법보호청'(BfV)을 창설하고 이어서 1956년 4월 해외 정보기구인 '연방정보부'(BND)를 창설한 것도 유사한 맥락에서 이루어졌다.

이러한 환경에서 미국 CIA는 냉전의 전초기지라 할 수 있는 한반도에서도 자국의 우방국 정보기관이 상당한 역량을 갖고 자신들과 협조할 수 있기를 희망하였다. 이러한 CIA의 희망은 제1공화국부터 한국정부 요로에 종종 전달되었으며 1950년대 말에는 당시 정보 및 전략판단 등의 업무를 수행하던 연합참모본부의 유재흥 총장에게도 전달되었다. 이에 유재흥 총장은 미국측 요청을 수용하는 것이 바람직하다고 판단해 김정열 국방부 장관을 통해 이승만 대통령에게 보고했다.[18] 그러나 이승만 대통령이 주저하자 국방부는 자체적으로 1959년 1월 국방장관 직속으로 중앙정보부를 설치하고 이후락을 책임자로 임명하였다. 그리고 이 기구가 법적 근거가 없는 기구임을 감안해 대외적으로는 '79호실'이란 위장명칭을 사용하면서 미 CIA와의 정보협력 업무를 수행하게 하였다. 79호실은 북한 등 미국과의 상호 공동 관심사안에 대한 정보자료 및 평가를 미 CIA와 수시 교환하고 특이 사항을 선별해 국방장관에게 보고하며 그 중 중요한 내용은 이승만 대통령에게도 보고하였다.[19]

1960년 4 · 19 혁명으로 이승만 대통령이 하야한 후 집권한 장면 정부에서도 CIA는 직원들에 대한 훈련 및 조직 운영자금의 일부 지원까지를 약속하면서 한국에 국가정보기관 설립의 필요성을 주장하였다. 이에 장면 정부는 1961년 1월 총리 직속으로 '중앙정보위원회'라는 명칭의 문민 중앙 정보기구를 설립했다.[20] 국가정보기관이 연합참모본부 총장 산하에서 내각제의 최고 통치권자인 총리 직속으로 이관됨으로서 국가정보기관의 위상이 격상된 것이다.[21] 그러나 중앙정보위원회는 법적 근거가 없는데다 예산 운용에 대한 국회의 강력한 견제를 받는 등 활동이 활성화되지 못하고 총리실의 예산지원을 받아 1주일에 1회 정도 총리에게 해외 정보를 보고하는 수준으로만 운영

18) 유재흥, 『격동의 세월』, (서울: 을유문화사, 1994), pp.365-366.
19) 노가원, "한미 정보기관 비밀교섭사", 『월간 다리』, (1989년 12월호), p.127.
20) 조갑제, 『조갑제의 대사건 추적3, 국가안전기획부』, (서울: 조선일보사, 1989), p.226.
21) 김충식, 『남산의 부장들 I』, (서울: 동아일보사, 1992), p.38.

되었다. 그리고 창설된 지 불과 5개월 후 5 · 16 군사정변으로 1961년 6월 중앙정보부가 창립되자 중앙정보위원회는 중앙정보부의 해외파트로 편입되었다.[22)]

5 · 16 집권수뇌부는 안보뿐만 아니라 국정 수행을 통합적으로 뒷받침 할 수 있는 국가정보기관의 필요성을 절감하고 대통령 직속으로 중앙정보부를 창설하였다. 육군본부 정보국 전투정보과장을 역임한 박정희 의장과 김종필을 비롯해 당시의 집권세력들 입장에서는 CIA를 비롯한 우방국 정보기관들과의 협력, 그리고 향후정치적 혼란 속에서 국정 운영을 뒷받침해 줄 수 있는 국가정보기관의 존재가 무엇보다 필요하다고 판단하였던 것이다.[23)]

2. 변천 과정

1961년 6월 10일 공포된 전문 9조의 짧은 「중앙정보부법」은 "국가 안전보장과 관계되는 국내외 정보사항 및 범죄수사와 군을 포함한 정부 각부의 정보 수사활동을 조정 감독한다"고 명시하였다. 국내외 정보활동에 대한 임무뿐 아니라 수사권 및 부문 정보기관들의 정보 · 수사 활동에 대한 조정 · 감독권도 부여한 것이다. 이러한 강력한 권한을 기반으로 중앙정보부는 공산세력의 침략저지를 위한 활동뿐 아니라 "혁명과업 수행의 장애를 제거"하기 위한 활동도 적극적으로 전개하였다. 혁명 이후의 국내외적 상황에서 이러한 업무를 추진하는 과정에 정치개입 및 월권, 정보 독점, 인권침해 사례 등의 비판과 부작용이 야기된 것은 매우 불행한 것이었다. 1961년부터 1979년까지 여덟 차례에 걸쳐 발동된 정부의 계엄령과 그에 수반된 포고령의 집행, 특히 유신헌법 체제를 유지하는 과정에서 이러한 부작용은 상당한 수준에까지 도달하였다. 특

22) 김충식(1992), p.47.

23) 이러한 집권수뇌부의 생각을 반영하여 국가재건최고회의는 1963년 발간한 책자에서 국가정보기관인 중앙정보부의 창설 목적을 아래와 같이 명시하고 있다.
"혁명 이전까지 행정부 및 각 군 정보기관은 동일한 목적으로 여러 기관이 병립하여 중복된 업무를 수행함으로써 귀중한 국가예산과 노력이 낭비되었고 또한 각 기관 상호 간의 불필요한 경쟁으로 인하여 많은 모순이 야기되었기 때문에 이들 기관을 통합 조정할 기관이 필요하였으며 각 정보기관에서 같은 문제에 대하여 수집한 정보가 그 내용이나 판단이 각기 상이하였고 또한 그 수준조차 극히 저열하여 국가 대외정책 수립에 차질을 주어 정책의 빈곤과 국제적 고립을 가져왔기 때문에 각 기관에서 수집한 정보를 종합하여 이를 국가 수준에서 판단할 소위 국가판단기구가 필요하였다." 한국 군사혁명사 편찬위원회 편, 『한국군사혁명사 제1집』, (서울: 동아서적, 1963), p.1743.

히 1973년 김형욱 전 중앙정보부장이 미국에 망명하는 사건이 발생하고, 1979년 10월 26일에는 김재규 중앙정보부장이 박정희 대통령을 시해하는 사건이 발생하면서 중앙정보부의 조직과 임무 · 기능은 커다란 변화를 맞이하게 된다.[24)]

국가정보조직의 수장이 국가통치자를 시해하는 사건이 발생함으로써 중앙정보부는 신군부 핵심세력의 기반이 된 보안사령부에 의하여 그 활동을 한동안 통제받아야 하였다. 10 · 26과 신군부의 12 · 12 쿠데타, 5 · 18 광주민주화 항쟁을 거쳐 전두환 보안사령관이 대통령이 되는 과정에서 부문 정보기관이던 보안사령부가 사실상 핵심적인 역할을 수행하면서 국가정보기관으로서의 중앙정보부 역할은 위축될 수밖에 없었다.[25)] 그러한 차원에서 많은 직원들이 조직을 떠나야 했고 강제적인 조직개편의 과정도 감내해야 했던 불행한 시기라고 하겠다.

그러나 1981년 제5공화국이 출범하면서 중앙정보부는 '국가안전기획부'(Agency for National Security Planning)로 개칭되고 조직도 국내담당 제1차장 및 해외담당 제2차장 체제로 개편되면서 국가정보기관으로서의 위상과 역량을 다시 회복해 나가기 시작한다.[26)] 오랫동안 축적된 정보역량을 바탕으로 부문 정보기관으로서는 수행하기 어려운 국내외 정보에 대한 수집 · 분석 · 배포뿐만 아니라 수사권 및 보안 감사권, 부문 정보기관에 대한 기획 · 조정 기능을 빠르게 회복하여 1982년에는 사실상 기존의 기능을 거의 대부분 회복하였다. 특히 1987년 민주화 조치 이후 정보기관의 월권행위에 대한 정치권 및 언론의 감시가 강화되면서 군 정보기관인 보안사령부의 활동이 위축되기 시작하자 국가정보기관으로서의 국가안전기획부 위상은 더욱 강화되었다. 그리고 1990년 4월 보안사령부의 민간인 사찰 사건이 폭로된 사건을 계기로 '보안사령부'가 '국군기무사령부'로 개칭되고 국내 정보활동을 대폭 축소하면서 안전기획부는 국가정보기관으로서의 명실상부한 위상을 더욱 확고하게 굳혀 나간다.[27)]

그러나 대한민국의 정치 · 사회적인 민주화가 진전됨에 따라 국가안전기획부의 권한과 역할도 변화의 과정을 맞는다. 1981년 제5공화국 출범으로 제정된 「국가안전기획부법」은 종전 「중앙정보부법」에서 규정(2조 5항)한 부문 정보기관에 대한 "정보 및 보안업무의 조정 · 감독" 조항을 "정보 및 보안업무의 기획 · 조정"으로 완화하면

24) 『한국일보』, 2011.10.3.

25) 당시 보안사의 역할과 관련해서는 김병진, 『보안사』, (서울: 소나무, 1988) 참조.

26) 『동아일보』, 1980.12.22.

27) 『세계일보』, 2012.4.5.

서 감독기능을 폐지한다. 이어 1993년 출범한 문민정부는 1994년 1월 「국가안전기획부법」을 개정하여 "국가정보정책의 수립과 정보판단 및 운영에 관한 사항 협의를 위한 정보조정협의회" 조항도 삭제하였다. 그리고 더 나아가 직권남용을 금지하는 규정(제11조)을 신설하여 "원장 · 차장 및 기타 직원은 그 직권을 남용하여 법률에 의한 절차에 의하지 아니하고 사람을 체포 또는 감금하거나 다른 기관 · 단체 또는 사람으로 하여금 의무 없는 일을 하게 하거나 사람의 권리행사를 방해하여서는 아니 된다"고 명시하고 처벌 규정도 마련하였다. 뿐만 아니라 전 직원들의 정치관여 금지의무를 명시하고 이를 실행하기 위한 '정치관여죄'까지 신설하였다.

또한 정치권에서는 1994년 6월 '국회정보위원회'를 신설함으로써 사상 최초로 정보기관의 예산과 중요 직무사항에 국회의 통제가 시행되는 체계를 마련하였다. 우리 헌정사상 처음으로 정보기관의 정치적 중립성 및 예산 문제 등에 대해 국민의 대표기구인 국회가 상시적으로 감독하고 견제할 수 있는 선진국 형태의 통제장치가 탄생한 것이다. 이러한 과정에서도 안전기획부는 국내외 정보환경의 변화를 반영하여 '국제조직범죄 및 테러 대응' 등에 관한 새로운 정보분야를 개척하기도 하였다. 그리고 조직체계도 변화된 정보환경을 반영하여 부장 산하에 1차장(국내담당), 2차장(해외담당), 3차장(북한담당), 기획조정실장(기획 · 운영담당)을 두는 체제로 확대하였다. 여기에 오랫동안 준비해 왔던 내곡동 신청사가 완공이 되면서 안전기획부는 34년 동안의 터전이 되어 왔던 남산과 이문동 시대를 마감하고 강남구 내곡동으로 이전하여 종전 보다 훨씬 개선된 여건과 환경을 갖추게 되었다.

문민정부에 이어 국민의 정부가 출범하면서 국가안전기획부는 1999년 1월 '국가정보원'(National Intelligence Service)으로 개칭되면서 다시 한번 재출발하는 계기를 맞는다.[28] 창설 이후 계속 사용되어 왔던 "우리는 음지에서 일하고 양지를 지향한다"는 부훈(部訓)을 "정보는 국력이다"라는 원훈(院訓)으로 바꾸고 영문명칭도 과거 사용되던 Agency 대신에 Service로 개칭하여 권위주의적 색채를 탈피하고 국민들에게 봉사하는 기관으로의 변환을 모색했다. 이러한 맥락에서 해외담당 차장을 1차장으로, 국내담당 차장을 2차장으로 서열을 조정하고 국내분야 정보활동 기능을 축소하는 대신 해외정보 및 경제 · 통상, 산업기술 분야에 대한 활동을 강화하였다. 특히 2001년 9 · 11 테러 이후 부각된 국제테러리즘 위협에 대한 대처 및 2002년 한일월드컵 안전대책 업무 등

28) "새출발한 국가정보원", 『연합뉴스』, 1999.1.22.

을 계기로 대테러 및 국제범죄 분야에 대한 업무가 중요 업무로 자리잡으면서 관련 부서도 신편되었다.

2003년 참여정부 출범시에는 종전 정부와는 다르게 청와대에 '국가안전보장회의'(NSC: National Security Council)사무처가 확대 · 개편되면서 대통령 직속기관인 '국가정보원'의 대통령에 대한 업무 보고에 일부 변화가 발생하였다.[29] '국가안전보장회의법 시행령' 및 '국가안전보장운영 등에 관한 규정(대통령령 17944호)'에 따라 NSC 사무처 산하조직으로 '정보관리실'이 신설되어 "국가안전보장 관련 정보의 종합 및 처리체계 관리" 업무를 수행하게 되었기 때문이다. 이에따라 NSC 차원에서 각종 안보현안 및 국가 위기에 대한 부처간 공동 대응체계를 강화하면서 정보에 있어서도 부처간 공유가 한층 중요하게 자리 잡는 계기가 되었다. 그러나 NSC가 안보관련 정보를 종합 처리하는데 대한 월권 논란이 제기되면서 참여정부가 2006년 1월 대통령 비서실에 '통일외교안보정책실'을 신설해 NSC 사무처의 기능을 흡수하면서 NSC 정보관리실 업무도 대통령 비서실로 이관되었다.[30] 이로써 국정원의 대통령에 대한 보고체계는 원래대로 환원되었으나 안보 부처간 협의 및 상호 정보공유에 대한 관행은 종전 보다 중요하게 자리 잡는 계기로 작용하기도 하였다. 그리고 참여정부가 사이버 안전의 중요성을 감안해 2005년 1월 '국가 사이버안전 관리규정(대통령 훈령 141호)'을 통해 국정원에 사이버 안전정책의 수립 및 관련 정보의 수집 · 분석 임무를 부여하면서 '국가사이버안전센터'가 설치되는 등 사이버 분야에서도 국정원은 중요한 역할을 수행하게 되었다. 또한 대북 포용정책의 영향으로 탈북자의 국내 입국이 증가하면서 탈북자에 대한 심문 및 성공적 국내정착을 지원하는 탈북자 관련 전담조직도 더욱 확대되었다.

이명박 정부는 과거 문민정부 및 참여정부의 유화적 대북정책에 대한 비판을 바탕으로 대공수사와 국내보안 정보 · 수사에 대한 업무를 강조하였다. 그동안 대북 포용정책과 우리사회 민주화의 분위기에 편승해 국내에 자생적인 친북 조직 및 인사들이 많아지고 있다는 인식에 따라 '외부의 적'만큼 우리 '내부의 적'도 위험하다는 인식의 변화에 따른 것이다.

이상에서 살펴본 것처럼 중앙정보부는 국가안전기획부, 다시 국가정보원으로 개

29) 국가안전보장회의 상임위원회, 『평화번영과 국가안보』, (서울: 국가안전보장회의 사무처, 2004), pp.76-77.

30) "청와대 통일외교안보정책실 공식 출범", 『연합뉴스』, 2006.1.24.

칭되는 과정을 거치면서 시대의 변화와 요구를 수용해 오늘에 이르고 있다. 그리고 앞으로도 국가정보원은 미래의 정보환경 변화에 따라 계속 변하고 발전해 나가야 할 것이다. 현재의 국가정보원이 국민이 사랑하는 정보기관으로서 대한민국의 안보와 번영, 나아가 한반도의 통일을 견인하는 명실상부한 국가정보기관으로 나아가는 데는 앞으로도 많은 시대적 도전과 과제가 기다리고 있을 것이다.

3. 임무 및 기능

현재 「국가정보원법」(법률 제11104호)은 제2조에서 "국가정보원은 대통령 소속으로 두며, 대통령의 지시와 감독을 받는다"고 명시하고 있다. 이는 국정원은 대통령 소속 기관으로서 국정원에서 생산한 정보와 사용권한을 국가원수인 대통령이 갖는다는 것을 의미하는 동시에 국정원의 업무수행 결과에 대한 책임도 대통령에게 귀속된다는 것을 의미한다. 우리나라는 대통령제를 채택하고 있는 국가로서, 대통령은 국가 원수이자 행정권의 수반, 그리고 국군 최고통수권자이다. 따라서 대통령이 국가안보와 각종 국가이익을 수호할 때 눈과 귀의 역할을 하는 국가정보원을 대통령 직속기관으로 두는 것은 당연한 것으로 평가되고 있다. 국정원의 직무를 규율하고 있는 법률로는 「정부조직법」, 「국가안전보장회의법」, 「국가정보원법」과 「국가정보원직원법」 등의 법률이 있다. 정부조직법(제15조)은 "국가안전보장에 관련되는 정보 · 보안 및 범죄수사에 관한 사무를 담당하기 위하여 대통령 소속으로 국가정보원을 둔다"고 규정하고 있다. 국가안전보장회의법(제10조)에서는 "국가정보원장은 국가안전보장에 관련되는 국내외 정보를 수집 · 평가하여 회의에 보고함으로써 심의에 협조하여야 한다"고 규정하고 있다. 그러나 이들 법률에서는 국정원의 업무를 안보관련 정보 · 보안 및 범죄수사, 그리고 국내외 정보로만 포괄적으로 규정하고 있다.

국정원의 구체적인 임무 및 기능에 대해 국정원법(제3조)은 "1. 국외정보 및 국내 보안정보(대공, 대정부 전복, 방첩, 대테러 및 국제범죄 조직)의 수집 · 작성 및 배포, 2. 국가 기밀에 속하는 문서 · 자재 · 시설 및 지역에 대한 보안 업무(다만, 각급 기관에 대한 보안감사는 제외), 3. 형법 중 내란(內亂)의 죄, 외환(外患)의 죄, 군형법 중 반란의 죄, 암호 부정사용의 죄, 군사기밀 보호법에 규정된 죄, 국가보안법에 규정된 죄에 대한 수사, 4. 국정원 직원의 직무와 관련된 범죄에 대한 수사, 5. 정보 및 보안 업무의 기획 ·

조정"으로 명시하고 있다.

정부조직법 및 국가안전보장회의법에서 국정원의 직무범위를 정보 또는 국내외 정보로 포괄 규정하고 있는데 비해 국정원법은 국외 정보와 국내 보안정보로 그 범위를 구체적으로 명시하고 있고 국가 기밀관리 및 보안업무에 대한 기능도 부여하고 있는 것이다. 이를 바탕으로 국정원은 공무원 임용 및 비밀취급인가 예정자 등에 대한 신원조사 업무를 수행하고 보안관련 시설 및 자제, 또는 지역을 보호하기 위한 활동도 수행하고 있다. 또한 국정원법에서는 외국의 정보기관들과는 달리 수사권을 부여하고 있으며 그 범위를 간첩 수사와 직원의 범죄로 규정하고 있다. 이는 남북 분단이라는 특수한 상황에서 북한의 대남전략이 교묘해지고 있을 뿐만 아니라 대내외 위협에 효율적으로 대응하기 위해 정보와 수사기능을 긴밀하게 연계시킬 필요가 있기 때문인 것으로 보인다. 이는 미국이 2001년 9 · 11테러 이후 CIA 및 FBI, 국토안보부 등 16개 정보기관 전체를 통합 · 조정하는 '국가정보장'(DNI: Director of National Intelligence) 직제를 신설한 것에서도 나타나고 있다.[31] 그리고 국정원에 직원들의 직무관련 범죄에 대한 수사권을 부여한 것은 국가기밀 및 보안업무를 취급하는 업무 특성상 일반 수사기관에 수사를 일임할 경우 국가기밀이 누설될 가능성이 커지기 때문이다.

국정원법이 규정하고 있는 "정보 및 보안 업무의 기획 · 조정" 기능은 국가최고 정보기관으로서 예산의 낭비를 방지하고 업무의 효율성 및 통일성을 유지하는 동시에 수집 및 생산된 정보를 공유하는 역할을 수행하라는 의미이다. 이에 대한 구체적인 기획 · 조정의 범위 및 절차 등은 「정보 및 보안업무 기획 · 조정규정」(대통령령 제21214호)'을 통해 명시하고 있다. 동 규정(제4조)에서는 국정원이 "국가 기본정보정책의 수립, 국가정보의 중장기 판단, 국가 정보목표 우선순위의 작성, 국가 보안방책의 수립, 정보예산의 편성, 정보 및 보안업무의 기본지침 수립" 등을 수행하도록 하고 있다. 즉 국정원이 국가정보기관으로서 부문정보기관과 협조하여 국가정보목표를 달성할 수 있도록 유기적인 정보협력을 제도화하고 있는 것이다. 그러면서도 동 규정은 국정원의 조정 규정 남용으로 인해 발생할 수 있는 정보독점을 예방하고 부문 정보기관의 자율성이 침해받지 않도록 '조정 대상기관과 조정업무의 범위 및 절차'도 동시에 규정(제5조 및 제6조)하고 있다.

31) "미 정보체계 50년만의 개혁", 『내일신문』, 2004.12.8.

제3절 부문 정보기관

1. 국방정보본부

'국방정보본부'는 군사에 관한 모든 정보를 관장하는 국방부 장관 직속의 군정보기구(대통령령 제23007호, 국방정보본부령 2011.7.1)로서 군사정보, 군사보안, 군사정보 전력의 구축에 관한 제반사항을 관장한다. 중장급이 지휘하는 군내 최고 정보기구로서 정보사령부, 각 군 정보본부의 군사정보와 보안업무에 대한 기획 · 조정 권한도 갖고 있다. 그러나 가장 중요한 업무는 적과 주변국들의 군사적 위협에 대한 정보를 수집 · 분석 · 판단 · 전파하여 합동참모본부를 비롯한 작전부대들이 최상의 전투 대비태세를 갖출 수 있도록 하는 일이다.

그리고 예하 별도 부대로서 미국 국가안보국(NSA)과 비슷한 신호정보 수집부대인 777사령부를 두고 적에 대한 통신 및 전자정보 수집 · 분석 업무도 수행하고 있다.

또한 최근 국방부 직할부대로 독립했으나 정보본부와 긴밀한 관계를 유지하고 있는 '국군사이버사령부'를 통해 적의 인터넷 공격을 예방하고 필요시 복구 및 대응하는 업무도 간접적으로 관여하고 있다.[32] 국군사이버사령부는 그동안 국내 주요기관 웹사이트에 대한 북한의 DDoS(분산 서비스 거부: Distributed Denial of Service) 공격 사례에서 나타나듯이 전산망에 대한 보호 및 공격이 중요해 짐에 따라 준장을 책임자로 임명하여 전평시 사이버전 임무를 수행하고 있으며 향후 정보통신의 발달에 따라 그 중요성이 더욱 커질 것으로 예상되고 있다.

2. 국군정보사령부

국군정보사령부는 대북 정보활동 및 비밀공작을 체계적으로 수행하기 위해 1990년 10월 육해공군의 첩보부대가 통합되어 창설되었다. 그러나 사실상 6 · 25 전쟁 이전부터 대북 정보활동을 해오던 '육군본부 정보국 2과'(첩보과)가 1951년 3월 분리 독립하여 '육군 첩보부대'(HID: Headquarters of Intelligence Detachment)로 활발한 대북

32) "군, 사이버사령부 독립… 인력 2배 확대", 『연합뉴스』, 2011.4.20; 『동아일보』, 2011.4.20.

첩보활동을 수행해 오다가 '해군 첩보부대'(UDU: Underwater Demolition Unit) 및 '공군 첩보부대'(AISU: Air Force Intelligence Service Unit)들과 통합해 설립된 것이다. 특히 정보사의 모태인 HID는 해방 이전 미국 OSS와 국내에서의 정보수집 및 지하조직 결성을 추진했던 광복군 제2지대(지대장 이범석)의 명맥을 이어 받은 부대라 할 수 있다.[33) 정보사령부는 그동안 활동 자체가 외부에 잘 노출되지 않아 왔으나 지난 2003년 9월 국회 국방위원회 소속 이경재 의원에게 북파 공작원과 관련해 제출한 자료에서 1951년 HID 창설 이후 1994년까지 양성된 북파공작원은 1만 3천여 명이며 이 기간 중 사망자 및 행불자는 7,800여 명, 부상자는 200여 명이고, 나머지는 생사여부 등이 확인되지 않고 있다고 밝힘으로써 정보사령부가 대북공작을 주임무로 수행하고 있다는 것이 알려진 바 있다.[34)] 특히 정보사령부가 운용한 북파공작원은 일반적으로 6 · 25 전쟁 중인 1952년부터 1972년 '7.4 남북공동성명' 발표 전까지 북한지역에 파견되어 활동한 첩보요원을 의미하나 관련 법령에서는 남북이 분단된 1948년부터 1994년 사이에 특수임무 수행을 위해 북한지역에 파견되었거나 이와 관련한 교육훈련을 받은 자로 규정하고 있어 군의 대북 첩보활동이 상당히 오랫동안 활발히 지속되어 왔음을 시사하고 있다.

3. 국군기무사령부

'국군기무사령부'는 1948년 5월 발족한 조선경비대 정보처 내의 '특별조사과'(SIS: Special Intelligence Section)가 독립부대로 발전해 설립된 기관이다. 특별조사과는 1948년 여순 반란사건을 계기로 군내 좌익세력을 조사해 색출하는 숙군 작업을 주도하였고, 1949년 10월 육군본부 정보국 특무대로 개편되면서 군내 대표적 정보기구로 발전하였다. 한국전쟁 발생 후인 1950년 10월에는 육군본부 정보국으로부터 완전히 독립하여 '육군 특무부대'(CIC: Counter Intelligence Corps)로 발족하였다.[35)] 그리고 1960년 장면 정부 출범 이후에는 '방첩대'로 개칭되어 5 · 16 혁명 이후 군내 방첩 및 보안 정보활동을 활발하게 수행하였다. 방첩대는 1968년 1월 북한 124군 부대의 청와대 기습

33) "前 국군정보사령관이 말하는 북파공작부대의 어제와 오늘", 『신동아』, 2009년 9월호.
34) "북파공작원 실체 여부 논란", 『경향신문』, 2003.9.22.
35) 국방부 전사편찬위원회, 『한국전쟁사 제1권』, (서울: 동아출판사, 1967), p.496.

사건을 계기로 군사보안체계의 강화 필요성이 제기되자 1968년 9월 '육군보안사령부'로 확대 개편되었다. 이후 월남패망 및 주한미군 철수 등으로 국내외 안보환경이 불안해 지면서 1977년 10월 육해공 3군의 보안부대를 통합하여 '국군보안사령부'로 재탄생하였다.

보안사령부는 5공화국 출범의 실질적 산파 역할을 수행하면서 군내의 방첩활동뿐 아니라 민간 부문을 포함한 국내 보안정보활동을 활발히 수행하였으나 민간인 대상 정보수집 활동에 대한 월권 논란을 종종 야기하기도 하였다. 특히 1987년 민주화운동 이후 군의 정치개입과 민간인 대상 정보활동에 대한 비판이 제기되자 군내 정보활동에 전념할 것을 천명하면서 민간 정보수집 부서를 폐지하기도 하였다.[36] 그러나 이러한 개혁조치에도 불구하고 1990년 10월 민간인 불법사찰 사건이 언론에 폭로된 사건을 계기로 군 정보수집과 방첩활동이라는 본연의 임무에 집중하기 위해 1991년 1월 명칭을 '국군기무사령부'(DSC: Defense Security Command)로 개칭해 오늘에 이르고 있다.

기무사령부는 군사기밀에 대한 보안지원 업무, 안보위해사범 검거 및 대간첩·대테러 작전 등 군 방첩업무, 군 전투력 저해요인 조기 파악 및 대처를 포함한 군 관련 첩보수집 처리, 군인·군무원·방산업체 종사자에 대한 형법상 내란·외환 죄 및 반란·이적 죄 등 특정범죄 수사업무 등을 수행하고 있다. 그리고 사령부 이외의 지원부대는 각 군의 사단 및 여단급 이상 제대에 파견되어 배속부대를 지원하면서 정보활동을 수행하고 있다.

4. 경찰청 정보국·보안국 및 외사국

경찰의 정보업무는 「경찰법」 및 「경찰관 직무집행법」 등의 법률과 조직의 직제 등을 규정한 대통령령 등에 근거를 두고 있다. 「경찰법」(법률 제113335호) 제3조는 "국가경찰의 임무로 국민의 생명·신체 및 재산의 보호, 범죄의 예방·진압 및 수사, 치안, 요인경호 및 대간첩작전수행, 치안정보의 수집, 교통의 단속 기타 공공의 안녕과 질서유지를 그 임무로 한다"고 규정하여 치안정보의 수집작성 및 배포 등을 명시하고 있다. 여기서 치안정보란 공공의 안녕과 질서에 대한 위험 또는 위반 상태를 제거하

36) "1990년 보안사, 2009년 기무사(칼럼)", 『한겨레』, 2009.10.1.

그림 11-1 경찰청 조직 편제

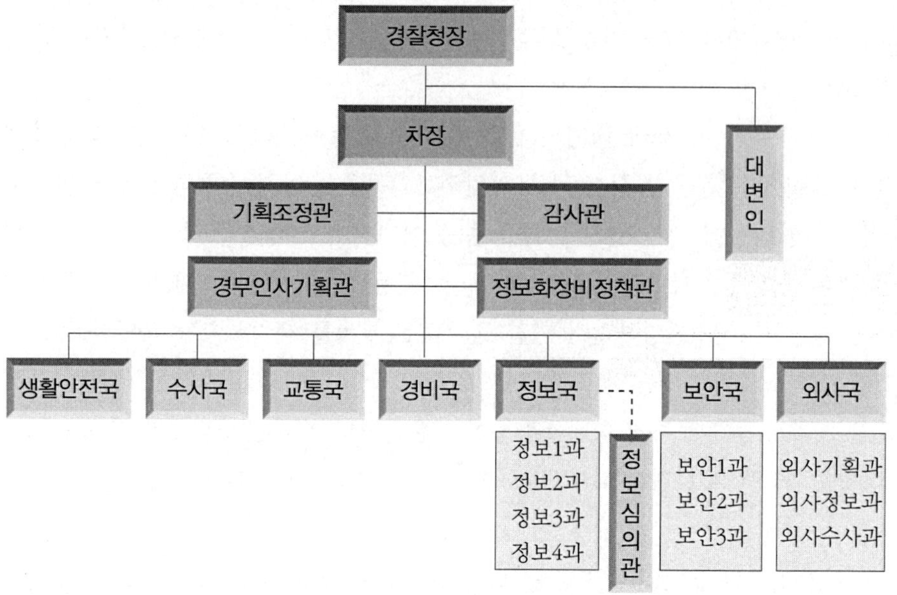

기 위해 국내외의 정치 · 경제 · 사회 · 문화 등에 대한 정보를 말한다. 경찰청과 그 소속기관 직제 규정(대통령령 제24182호)에 따르면 치안정보 수집을 담당하는 '경찰청 정보국'은 ① 치안정보업무에 관한 기획 · 지도 · 조정 ② 정치 · 경제 · 사회 · 노동 · 학원 · 종교 · 문화 등 제분야에 대한 치안정보 수집 · 분석 · 작성 및 배포, ③ 정책정보의 수집 · 분석 · 작성 및 배포 임무를 수행한다. 이러한 임무 수행을 위해 정보국은 산하에 정보 1과부터 4과까지 4개과를 두고 있으며 16개 각 지방경찰청 정보과로부터도 필요한 정보를 실시간으로 보고받고 있다.

경찰청 정보국뿐 아니라 경찰청 내에서 보안 및 방첩업무를 수행하는 조직으로는 '보안국'과 '외사국'이 있다. 보안국은 보안정보의 수집 및 분석, 간첩 및 방첩사범 수사, 그리고 중요 좌익사범 수사 등에 관한 업무를 수행해 오고 있다. 외사국은 외사국장 산하에 외사기획과 및 외사정보과, 외사수사과를 두고 외국인 관련 범죄 및 주한 외국정보기관과의 업무협력, '국제형사경찰기구'(INTERPOL)와의 협력 등을 수행하며 해외 주요 공관에 파견된 경찰주재관을 통해서도 대외 정보의 수집 및 해외 주요국 경찰과의 협력을 해 오고 있다.

5. 기타 행정부 정보부서

그동안 살펴 본 국가정보원 및 국방부, 그리고 경찰청 이외에도 행정부 정보 관련 부서로는 '대검찰청 공안부' 및 '범죄정보기획관', '통일부 정세분석국', '경호실 정보과' 등이 있다.

대검찰청은 국가 최고수사기관으로서 국법질서 확립과 관련한 제반 정보수요를 충족하기 위해 산하에 정보 관련 조직을 두고 있다. 공안분야 정보를 위해 '대검공안부'에 '공안기획관'을 두고 공안정세의 분석 및 판단, 공안자료의 수집 · 보존 및 관리 등 공안정보를 담당하게 하고 있다.[37] 또한 범죄정보 분야 수요를 충족하기 위해서는 1998년 12월 '범죄정보기획관실'을 신설해 운영해 오고 있다. '범죄정보기획관'은 범죄정보 업무와 관련해 대검찰청 차장검사를 보좌하고 있으며 산하에 '범죄정보 제1담당관' 및 '범죄정보 제2담당관'을 두고 있다.[38]

통일부는 통일 및 남북 교류협력에 관한 정책을 수립 · 총괄하는 조직으로서 대북정보의 분석 및 판단을 통해 정부의 통일정책에 신속하고 체계적으로 반영하기 위해 정세분석국을 설립해 운영해 오고 있다. 정세분석국은 북한의 정치 · 군사 · 권력 · 경제 · 사회 등에 대한 사항과 주변 정세를 조사, 분석, 평가하고 북한의 대남전략 · 전술을 평가, 분석하는 업무를 하고 있다.[39] 그리고 이러한 업무를 위해 산하에 '정세분석총괄과' 및 '정치군사분석과', '경제사회분석과'를 두고 있다.

대통령 경호실은 국가최고통치권자로서 살아있는 안보대상인 대통령의 경호를 위해 필요한 정보수요를 충족하기 위해 '안전본부장' 산하에 '정보과'를 두고 국내외 경호관련 정보를 수집해 오고 있다. 정보과는 대통령 경호를 위해 대통령 안전에 관한 정보를 자체 수집하기도 하지만 국가정보원 등 정보 · 수사기관과의 유기적 협력을 통해 경호 관련 첩보를 수집 및 분석, 경호실 내 '경호본부' 및 '수행본부' 등에 제공하여 경호활동을 지원하고 있다.

---

37) "대검공안 1~3과 업무 재조정", 『법률신문』, 2012.4.20.

38) "검찰정보 최상부는 청와대 아닌 총장", 『머니투데이』, 2012.4.6.

39) "통일부, 정세분석국 신설 · 인도협력국 폐지", 『연합뉴스』, 2009.5.12; 『매일경제』, 2009.5.4.

제4절 과제와 전망

1961년 창설된 국가정보원은 지난 50년 동안 각종 안보현안을 예측하고 대응할 수 있는 방안을 제시하면서 우리 대한민국 안보 수호에 중요한 역할을 수행해 왔다. 그러나 아직도 우리 국민들 중에는 국정원에 대해 부정적 이미지를 먼저 떠올리는 사람이 많고 그러한 이유로 인해 국정원이 입법에 적극 나서고 있는 '테러방지법' 등에 대해 선뜻 동의하지 않는 분위기가 여전히 팽배하다. 정보기관의 성공은 기억되지 않지만 실수는 부각된다는 속성을 감안한다 하더라도 국정원이 국민의 사랑 속에 경쟁력 있는 선진정보기관으로 발전해 나가기 위해서는 풀어야 할 과제가 많은 것이 사실이다. 그중에서 중요한 몇 가지만 든다면 다음과 같다.

가장 우선적으로 요청되는 과제는 국가정보의 정치적 중립성의 확보이다. 과거 중앙정보부는 권력남용과 인권침해 문제 등으로 정보기관에 대한 국민들의 부정적인 이미지와 불신을 쌓은 적이 있다. 이것이 국민들의 국가정보기구에 대한 부정적인 인식에 기여하였다.[40] 또한 역대 국가정보 수장들이 정치적 사건에 연루되면서 임기를 정상적으로 마치지 못한 경우도 빈번히 발생했다. 국회 인사청문회 제도 도입으로 국가정보원장 임명에 대한 국회의 견제장치가 작동하고 언론의 감시가 강화되었음에도 불구하고 아직도 국정원장의 임명에 전문성 보다는 대통령에 대한 개인적 충성도가 좌우하는 경우가 있다. 어느 나라 정보기관이든지 공식 및 비공식적으로 정보기구가 정치화될 수 있는 개연성이 있다. 특히 민주주의가 발전되지 않은 후진국 일수록 이러한 경향은 더욱 강하다. 미국과 같은 선진국 정보기관들의 경우 정보와 정책을 엄격하게 구별하고 정보기관이 정확하고 적시성 있는 정보의 생산에만 진력하되 정책 영역으로 월권하는 행위를 엄격하게 금지하고 있다. 게다가 CIA 및 FBI 등 주요 정보기관장의 임명도 업무 전문성에 근거하여 정권의 변화에 상관없이 연임되는 경우가 많다.

우리의 경우 국가정보기관장의 임기가 정해져 있지 않고 대통령에 의하여 결정되기 때문에 정보수장들이 소신 있게 정치적 중립성을 지키거나 자율적인 정보활동을

40) 과거 중앙정보부 및 안전기획부의 권력남용 사례 등은 다음 자료 등 참조. 김충식, 『남산의 부장들 1 · 2 · 3』, (서울: 동아일보사, 1992); 문일석, 『비록 중앙정보부 1 · 2 · 3』, (서울: 아침, 1995); 조갑제, 『국가안전기획부』, (서울: 조선일보사, 1988).

하는 것이 어렵다. 우리 국가정보기구가 국민들의 의혹과 불신을 해소하고 신뢰받는 정보기관, 사랑받는 정보기관으로 거듭나기 위해서는 인권침해 및 정치적 중립성에 대한 시비가 발생하지 않도록 각고의 노력을 해 나가야 한다. 이를 위해서는 국가정보 자체의 실무적인 노력뿐 아니라 제도적인 뒷받침도 강구되어야 할 것이다. 또한 정치권에서도 국가정보기관장에 대한 국회청문회 및 국회정보위 운영제도, 국정원장 임기제도 등 여러 가지 제도적인 보완조치를 연구해 나가야 할 것이다.

두 번째로 요청되는 과제는 민주적 통제장치의 내실화다. 현재 청와대를 제외하고 행정부 내에서 국정원에 대한 통제나 견제를 할 수 있는 기관은 없다. 과거 김영삼 정부 때인 1993년 5월 '평화의 댐' 건설 의혹과 남북 총리회담 당시 '청와대 훈령조작' 사건에 대한 시비를 가리기 위해 특별감사가 실시된 적도 있었으나[41] 국정원법에 "원장은 국회 예산결산 심사 및 안건심사와 감사원의 감사에 있어서 국가의 안전보장에 중대한 영향을 미치는 국가기밀 사항에 한하여 그 사유를 소명하고 자료의 제출 또는 답변을 거부할 수 있다"(제 13조 1항)는 규정에 의거해 국정원은 필요시 자료제출을 거부할 수도 있다. 이러한 관계로 국정원을 통제 및 견제할 수 있는 상시적인 조직은 현재 국회 정보위원회가 유일하다. 지난 1994년 국회 정보위원회가 설치되어 수시로 정기 및 임시 정보위원회, 연례 국정감사 등을 통해 정보기관에 대한 통제를 시행하고 있지만 이러한 정보위원회 설치 이후에도 '김기섭 전 기조실장의 국고횡령' 사건이 보여 주듯이 예산유용 및 정치적 중립성이 시비될 수 있는 개연성이 여전히 존재한다.[42]

물론 예산회계에 관한 특례법이나 국정원법 등에 따라 국정원 예산에 대한 국회의 구체적인 심의가 제한되고 있는 것은 사실이다. 또한 미국과 같은 선진국에서 조차 정보기관 예산에 대한 국회의 전면적인 통제나 정보 공개가 이루어지지 않고 있는 현실 등을 감안할 때 현실적으로 제약이 많은 것이 사실이다.[43] 그러나 미국과 같이 국가정보의 정치적 중립이 제도적으로 보장된 국가와 비교하면 아직도 우리는 이상과 현실의 괴리가 너무 크다. 이러한 현재 시스템에서 정보기관에 대한 민주적 통제를 시행할 수 있는 유일한 기관이 국민을 대표하는 국회 정보위원회인 만큼, 국회는 예산과 주요 업무에 대한 제도적 견제장치를 보완해 민주적인 통제가 잘 이루어 질 수 있도록

41) 임동원, 『피스메이커: 남북관계와 북핵문제 20년』, (서울: 중앙북스, 2008), pp.284-296; 『동아일보』, 1993.12.21; "평화의 댐 감사결과 분석", 『연합뉴스』, 1993.8.31.

42) 『동아일보』, 2001.1.26; 『한겨레』, 2005.2.28.

43) 이재화, "국가안전기획부 정보비 명세서", 『말』(1990년 2월), p.34.

해야 할 것이다. 물론 이러한 국회의 민주적 통제가 실질적으로 작동하기 위해서는 국회 스스로도 국정원의 비공개 보고내용이 바로 언론에 누설되는 등의 구태와 악습이 반복되지 않도록 국회 스스로의 정치적 자정 노력부터 강화해 나가야 할 것이다.

세 번째로는 정보수집 및 분석역량의 강화가 지속적으로 추진되어야 한다. 이를 위해서는 국가정보차원의 중 · 장기 계획수립과 미래를 위한 과감한 정보인프라투자가 요구된다. 직원들의 전문성을 강화하기 위해 전문 인력을 확보하고 기존 인원에 대한 재교육을 강화하는 한편, 현재 운영 중인 정보분석시스템을 부단히 개선해 나가야 한다. 정보역량 강화는 짧은 기간 내에 이루어지는 것이 아니라 전체 인적 자원의 수준이 향상되고 운영 시스템이 개선되어야 가능하다. 또한 '인간정보'(HUMINT) 자산을 중요 정보목표에 전략적으로 선택 및 집중시켜 최대의 효율성을 낼 수 있도록 운영 체계를 개선하고, '기술정보'(TECHINT) 수집역량을 획기적으로 향상시키기 위해 과학기술 분야의 정보인프라에 대한 투자도 과감히 늘려 나가야 할 것이다. 우리도 장기적으로 정보자주성을 확보하는 수준에 까지 독자적인 정보 주권을 확보해 나가야한다.

네 번째로는 신안보 위협에 대한 대응역량을 더욱 강화해 나가야 한다. 한반도 안보환경을 고려할 때 통일이 실현되기 전까지 국가정보원의 가장 중요한 정보목표는 북한 및 해외 분야가 되어야 한다. 북한과 대치하고 강대국들에 둘러싸인 우리의 안보환경에서 가장 중요한 것이 안보를 튼튼히 하는 것이기 때문이다. 그러나 이제 우리의 정보활동도 국력의 신장에 걸맞게 그동안의 대북 위주에서 주변국 및 새롭게 부상하는 신안보 위협들을 포괄하는 방향으로 확대되어야 한다. 탈냉전 이후 전개되고 있는 오늘날 국제사회의 경쟁이 과거 정치 · 군사적 대결 위주에서 자원 · 에너지 · 과학기술 · 문화 등 소프트파워의 분야로 빠르게 확대되고 있기 때문이다. 특히 자원 · 에너지 분야에서의 경쟁은 더욱 치열해 지고 있으며, 대테러 및 국제범죄, 사이버 등의 분야에서 국경을 넘나드는 안보위협은 무시할 수 없는 상황으로 확산되고 있다. 이러한 분야에 대한 대응능력을 키우기 위해서는 기존의 조직과 인원으로 대처하는 데는 한계가 있다. 각 분야마다 요구되는 전문성이 현저히 다르고 목표 수준이 높을 수밖에 없기 때문이다. 따라서 국정원은 특별한 전문성이 요구되는 분야에 대한 인원의 선발 및 재교육, 그리고 정보목표에 대한 전략적 선택과 집중을 통해 이러한 정보 수요를 원만하게 충족시켜 나갈 수 있도록 내실을 기해야 한다.

>> 참고문헌

국가안전보장회의 상임위원회. 『평화번영과 국가안보』. 서울: 국가안전보장회의 사무처, 2004.
국방부 전사편찬위원회. 『한국전쟁사 제1권』. 서울: 동아출판사, 1967.
국사편찬위원회. 『한국사』. 제5권. 서울: 탐구당, 2003.
김당. "한국의 국가정보기관". 문정인(편). 『국가정보론』. 서울: 박영사, 2002.
김병진. 『보안사』. 서울: 소나무, 1988.
김부식 저. 이강래 옮김. 『삼국사기』. 제1권. 서울: 한길사, 1998.
김충식. 『남산의 부장들 1 · 2 · 3』. 서울: 동아일보사, 1992.
노가원. "한미 정보기관 비밀교섭사". 『월간 다리』. 1989년 12월호.
단재 신채호전집 편찬위편. 『신채호 전집하권』. 서울: 을유문화사, 1972.
대한민국. 「국가재건최고회의법」.
문일석. 『비록 중앙정보부 1 · 2 · 3』. 서울: 아침, 1995.
박성수. 『논문집: 의열단 연구』. 한국정신문화연구원, 1987.
백범김구선생 기념사업회 백범전기 편찬위. 『백범김구: 생애와 사상』. 서울: 교문사, 1982.
서울대 사범대 교육연구소. 『한국교육사고 자료총서: 고종황제의 주권수호 외교』. 서울: 서울대학교, 1994.
유재흥. 『격동의 세월』. 서울: 을유문화사, 1994.
이재화. "국가안전기획부 정보비 명세서". 『말』. 1990년 2월.
이태진. 『고종시대의 재조명』. 서울: 태학사, 2000.
임동원. 『피스메이커: 남북관계와 북핵문제 20년』. 서울: 중앙북스, 2008.
정병준. "이승만의 정치고문들". 『역사비평통권 43호』. 1998. 여름.
제국익문사. 『제국익문사비보장정』. 제국익문사, 1902.
조갑제. 『국가안전기획부』. 서울: 조선일보사, 1988.
조갑제. 『조갑제의 대사건 추적 3. 국가안전기획부』. 서울: 조선일보사, 1989.
중앙일보 현대사연구팀. 『발굴자료로 쓴 한국현대사』. 서울: 중앙일보사, 1996.
한국 군사혁명사 편찬위원회 편. 『한국군사혁명사 제1집』. 서울: 동아서적, 1963.
한시준. "대한민국 임시정부의 정보활동". 『국가정보대학원 연구논문집』(2000).

National Intelligence Studies > > >

| 제4편 |

국가정보 정책론

|제1장| 국가정책과 국가정보

본 장에서는 국가정보와 국가정책의 관계, 다시 말해서 정보활동을 담당하는 정보생산자와 정보를 활용하는 정보소비자가 안보를 확보하고 국가이익을 보호하기 위한 정책을 결정하는 과정에서 상호 어떻게 영향을 주고 받는지를 설명하고자 한다. 우선 국가정보의 임무와 기능을 살펴보고, 정보생산자와 수요자의 관계를 검토한 다음, 정책결정과정에서 정보의 역할을 고찰할 것이다. 국가정보는 모든 국가정책을 결정하는 과정에서 요구되는 것이지만, 특히 국가안보정책의 수단으로서 중요한 의미를 갖고 있기 때문에 주로 안보정책과 국가정보 간 관계에 초점을 맞추어 국가정보의 역할과 기능을 설명할 것이다. 마지막으로 새롭게 변화하고 있는 안보환경의 특징을 살펴보고, 그에 따라 정보조직의 구조와 활동이 변화되고 있는 방향에 대해서 살펴보고자 한다.[1)]

제1절 국가정보의 임무와 기능

국가정보는 국가안보를 보호하기 위한 수단이다. 국가안보는 국가존립과 국가이익에 손상을 가하려는 위협을 사전에 예방하거나, 공격이 이루어지더라도 이를 효과적으로 방어하도록 대비책을 마련하여 위협으로부터의 안전을 확보하는 것을 말한다. 국가안보정책 수단으로서의 정보란 국민의 복리와 관련된 핵심적인 이익을 보호하거나 외부 위협에 대응하고자 국가가 획득하려는 지식이다. 한편 정보를 국력의 한 형태로 규정하는 경우도 있다.[2)] 군사작전이나 국가안보, 혹은 외교정책을 결정하는 기초

1) 본 장에서는 국가안보를 담당하는 국가정보 기관에 초점이 맞추어져 있으나, 필요할 경우 해외 정보와 국내 정보로 구분하여 설명하였다.

2) Michael Herman, *Intelligence Power in Peace and War*, (Cambridge University Press, 1996).

자료로서 정보 기능의 다양한 측면을 이해하고, 안보정책과 연관시켜 정보활동의 의미를 규정하는 것은 정책과 정보의 관계를 분석하는 데 유용하다.[3)]

국가정보는 국가안보정책의 결정, 집행, 평가 과정에 기여하는 방식에 따라 크게 다음의 다섯 가지 기능으로 구분할 수 있다.[4)] 첫째, 국가의 주요 정책결정을 지원한다. 정보는 정책담당자가 국가안보, 외교, 경제정책 등을 결정하는 데 고려해야 할 자산이다. 정책결정지원은 크게 두 가지 방식으로 나타난다.[5)] 하나는 국가정책을 둘러싸고 국민의 지지가 부족하거나 정책에 참여하는 주체 간 합의가 어려운 상황에서 정보가 정책의 방향을 결정하는 근거로 활용되는 것이다. 미국 부시 행정부의 2003년 이라크 침공은 보기 드문 사례이다. 즉 핵무기와 대량살상무기를 개발하고 보유하려는 이라크의 행동은 유엔의 결의안 위반이기에 미국과 국제사회가 무력 응징하는 것이 정당하다는 것이다. 그러나 미국 국민과 의회, 그리고 전 세계의 여론은 부시 행정부의 주장을 지지하지 않았다. 이때 부시 행정부는 이라크의 핵개발 의혹을 뒷받침하는 정보를 공개함으로써 이라크 침공 결정을 정당화하였다. 또 다른 방식은 정부가 비밀리에 추진하는 정책결정과정에서 정보가 이용되는 것이다. 국가의 기본 방향 결정과 관련하여 군사안보만이 아니라 대외경제정책이나 외교정책을 포괄하여 정보의 기능이 점차 확대되고 있다. 정책결정자들은 국가안보와 연관된 다양한 이슈에 대한 상황을 파악하기 위해 적절한 정보가 필요하다. 정보기관은 정책의 효과와 비용 등을 따져 정책을 예측하고 평가한 내용을 제공할 수 있다. 다만 정보는 정책을 지원하는 것일 뿐, 정책을 주도하는 역할을 할 수 없다.[6)]

둘째, 국가정보는 전략적 기습을 당하지 않기 위한 예방적 노력을 지원한다. 전략적 기습은 국가안보를 위협하는 심각한 위협이며, 따라서 군사 공격이나 침략을 사전에 예방하거나 분쟁이 발생하더라도 국가의 생존을 성공적으로 지켜내어야 한다. 이를 위한 군사전략의 개발에는 수년간에 걸쳐 적대국가의 역량과 의도를 추적하고 해당 국가가 제기하는 위협에 대해 평가하는 분석 자료가 요구된다. 그리고 군사무기 체

3) Sherman Kent, *Strategic Intelligence for American World Policy*, (Princeton University Press, 1949).

4) Jeffrey T. Richelson, *The US Intelligence Community*, 5th, (Westview, 2008), pp.8–12.

5) Peter Gill and Mark Phythian, *Intelligence in an Insecure World*, (Cambridge, UK: Polity Press, 2006), p.83.

6) Mark M. Lowenthal, *Intelligence: From Secrets to Policy*, 3rd, (Princeton University Press, 1949), p.4.

계를 개발하거나, 전쟁계획, 심지어 경제제재 혹은 경제원조 방안 등을 결정할 때, 이에 필요한 정보를 정책결정자에게 제공해야 한다. 예컨대, 북한 내부가 혼란에 빠질 경우, 핵시설과 핵물질에 대한 안전을 어떻게 확보할 것인지에 대한 전략적 시나리오를 수립하는 데에도 정보의 기능이 필요하다.[7)]

셋째, 군사 충돌로 대표되는 다양한 분쟁 상황에서 활용된다. 군사작전에서처럼 군사전술상의 우위를 확보하는 데 필요한 군사정보가 대표적인 사례이다. 이러한 정보는 전장에서 요구되는 전술 혹은 작전 활동상 요구된다.

넷째, 정보는 다른 국가들이 국제조약과 합의를 준수하는지 감시하기 위해 필요하다. 무기감축과 신무기 개발 제한에 관한 군사조약이나 지적 재산권 보호 혹은 공정무역 준수 등 경제활동과 관련해서 관련 국가들이 국제적 합의를 따르고 있는지 추적하고 감시하는 역할이 정보 기관들에게 부여되어 있다.

이런 기능을 효과적으로 담당할 수 있는 조직과 인력을 갖추고 있는 부처가 정보기관이다. 정보기관은 장기간의 훈련과 업무 수행으로 전문성을 갖추고 있는데, 개별 이슈에 대해 사전적 지식을 충분히 갖추지 못한 정책결정자에게 전문적 분석을 통해 얻은 정보생산물을 제공한다. 민주적 선거를 통해 선출된 정책담당자들은 재임기간이 정해져 있기에 안보 이슈에 전문성을 갖출 수 있는 충분한 기간에 걸쳐 활동하기 어렵다. 이에 비해 정보생산자 혹은 정보고위담당자들은 정책담당자들보다 훨씬 안정적으로 국가안보와 관련된 전문지식을 쌓을 수 있다.[8)] 또한 모든 정부는 비밀스럽게 계획하고 추진해야 하는 정책과 전략이 있기 마련이며, 비밀을 조직의 기본 특징으로 삼는 정보기관은 정부의 특수한 활동을 담당하기에 적합하다. 모든 정부는 자국이 특정한 정보를 필요로 한다는 것을 다른 국가나 집단에 숨기기를 원하고, 첩보를 수집하는 수단을 보유하고 있다고 하더라도 공개하는 것을 꺼려한다. 이 같은 역할을 담당할 수 있는 정부 부처가 정보기관이다.

---

7) Richard K. Betts, *Enemies of Intelligence: Knowledge and Power in American National Security,* (New York: Columbia University Press, 2007), pp.25–26.

8) Lowenthal(2006), pp.2–4.

제2절 국가정보와 정책결정

1. 국가정보 생산자와 수요자의 관계

정보수요자는 정치지도자와 고위관료 혹은 부서들이 된다. 정보수요자는 정책결정과정에서 정보생산자가 제공한 지식과 판단에 의존해야 한다. 한편 정보생산자는 안보와 국익보호에 필요한 정책의 판단 근거가 되는 정보를 제공해야 하는 의무를 지니고 있다. 다만 정보생산자의 범주를 어떻게 설정할 것인가 하는 문제는 각 국가의 정치 문화와 제도에 따라 다르다. 미국은 법률로 정보기능을 담당하고 있는 16개 조직을 정보공동체로 규정하였다.

정보생산자는 제도와 조직의 측면에서 정책담당자, 즉 정보수요자를 일방적으로 주도하기 어렵고 위계적인 우위에 있지 못하다. 정보의 조직 체계상 정책은 정보를 지휘 · 통제하도록 되어있다. 정보순환과정에서 정보수요자는 정책에 필요한 정보를 정보생산자에게 요구함으로써 정책을 합리적으로 결정하고 정책목표를 효율적으로 달성하려고 시도한다. 그러나 현실적으로 정책담당자는 자신이 요구하는 정보생산자로부터 적시에 확실한 자료를 받지 못하고 있다는 불신감이 있고, 반대로 정보생산자는 정책담당자가 현실적으로 불가능한 요구를 하거나 또는 정보업무의 한계를 이해하지 못한다고 비판한다.

즉 정보수요자와 정보생산자는 각자의 집단 문화, 역할의 차이, 상이한 경험 등으로 상대 조직에 대해 상호 불신과 불편함을 갖고 있다.[9] 여기에는 다음과 같은 이유가 있다. 첫째, 정책담당자는 정보생산자들이 모든 일을 잘 알고 있다고 여긴다. 정책담당자들은 정보기관이 엄청난 예산을 사용하고 정보수집에 필요한 막대한 장비를 갖추고 있으며, 불법과 합법의 경계선에서 움직이는 만큼 다른 부처에 비해 정보활동의 자율성을 많이 갖고 있다고 여긴다. 따라서 정책담당자는 정보생산자가 확실하고 신뢰할 만한 정보를 제공하는 것이 당연하다고 기대한다. 그러므로 정보생산자가 특정 이슈

9) James B. Steinberg, "The Policymaker's Perspective: Transparency and Partnership," in R. George and J. Bruce, eds., *Analyzing Intelligence: Origins, Obstacles, and Innovations*, (Washington, DC: Georgetown University Press, 2008), pp.83-84.

에 대해 확실한 분석을 내놓지 못하거나 파악하기 어렵다는 보고서를 제출한다면 정책담당자들은 정보기관의 존재 가치를 인정하지 않으려 할 것이다. 또한 정보생산물이 정책담당자의 의중이나 판단과 충돌할 경우 정보기관에 대한 정보수요자의 불신과 불만이 고조된다.

둘째, 정보생산자와 정보수요자는 상황에 대한 인식이 근본적으로 다르다. 정보생산자는 정보수집의 한계, 상대방의 의도적인 정보 왜곡과 과장, 정보 생산의 관료주의적 장애물 등으로 완벽한 정보를 파악하는 데 어려움을 겪는다.[10] 정보생산자는 정보의 불확실성을 전제하고, 가능성의 수준을 예측하려고 한다. 이 때문에 정보조직에서는 회의적인 시각이 조직 문화로 자리 잡고 있는 반면 정책집단은 집단의 문화로 정보에 관해 낙관적인 시각을 갖고 있다. 결국 정책담당자는 정보생산자의 정보 분석이 더욱 확실해질 때까지 기다리지 못한다. 정책집단은 또한 정책목표를 달성하는 데 도움이 되는 정보에 대해서 수용하지만, 정책목표 달성을 어렵게 하는 장애물을 지적하는 정보를 적극적으로 수용하려 하지 않는다. 정책담당자의 이런 분위기와 압박은 정보의 정치화를 불러일으키는 원인이 된다.

셋째, 정책과 정보집단 간의 차이는 경험과 활동 범위로부터도 발생한다. 정책담당자는 다양한 지도자들을 만나고 해외 방문의 경험 등을 쌓으면서, 자신이 비록 정보 전문가는 아니지만 다양한 이슈에 대해 나름의 전문적 식견과 이해력을 갖고 있다고 믿는다. 이들은 정보기관에서 만들어낸 정보생산물을 자신이 다른 조직을 통해 획득한 정보와 비교해서 신뢰성을 평가할 수 있다고 생각한다. 그러나 정보분석가들은 관련된 이슈와 문제들을 직접 접촉하여 경험한 경우가 드물어도 정보공동체에서 추진했던 기존 정책이나 신규 정책에 따른 결과물이 안보이익상 문제가 있을 수 있다는 생각에서 더 심층적인 정보활동의 필요성을 느낀다. 결국 정책담당자는 정보생산자들이 현실과 너무 동떨어져 있다고 비판하는 데 반해, 정보분석가들은 정책담당자들의 견해가 정보 분석 과정에서 객관성을 훼손한다고 여겨 반영하려 하지 않는다.

정보기관 및 정책집단이 서로 신뢰하고 협력하여 양측이 모두 만족할 수 있는 접점을 찾기란 쉽지 않다. 따라서 정보의 기능과 정책의 목표가 조화를 이루는 분석적 모델을 제시할 필요가 있다. 정보와 정책의 관계는 정보생산자와 정보소비자가 각자의 역할과 기능에 있어 어떻게 상호 의존성을 유지해야 할 것인가 하는 것과 관련이

10) Betts(2007), pp.28-32.

있다. 여기에는 두 가지 시각이 제시되고 있는데, 하나는 정책의 효율성을 높이기 위해 정보가 정책에 적극적으로 접근해야 한다는 시각이며, 다른 하나는 정보의 객관성과 중립성을 유지하기 위해 정책과의 거리를 일정하게 유지해야 한다는 시각이다. 정보생산자는 정부의 다른 조직과 특성상 차이가 있는 정보공동체의 문화를 형성하고, 조직과 활동 방식이 특수하다.[11] 정보생산자는 정책담당자에게 제공하는 정보가 객관적이고 절대적인 선을 추구한다고 믿는다. 정보공동체는 특정 정책의 지지자가 되기를 원하지 않고 그렇게 보이는 것을 피하고 싶어 한다. 따라서 정보공동체는 정보의 객관성을 유지하기 위해서는 정책담당자와 일정한 거리를 유지해야 한다고 믿는다.

정보기관은 행정부 수반의 통제를 받는다는 점에서 정보의 독립성을 완벽하게 보장 받는 데 한계가 있다. 그럼에도 정보의 독립성 혹은 중립성이라는 관점에서 정보기관은 행정부의 정책을 둘러싸고 정보수요자들 간의 경쟁이나 행정부와 입법부 혹은 시민단체 사이에 발생하는 대립과 경쟁에서 중립적인 중재자로서 역할을 해야 한다.[12] 정보생산자는 과연 중립성을 유지할 수 있을까? 정책담당자의 의도에 압력을 받지 않고 정보의 중립성을 확보하는 것은 조직 구조와 제도적 장치만으로 보장받을 수 없다.

정보가 정책의 근간이 되고 정책의 최우선적 고려 요소라고 생각하는 정보생산자들의 믿음은 결코 현실을 정확하게 반영하는 것이 아니다.[13] 정보활동의 객관성이 유지되면 정보수요자가 정책의 실패를 줄일 수 있다는 주장은 다음의 두 가지 이유에서 제한적이다. 하나는 정보생산자가 정보를 수집하고 분석하는 과정에서 인간의 감정과 역량의 한계로 인해 객관성을 유지하기 어렵다는 것이다. 완벽하지 못한 첩보를 바탕으로 인간이 지닌 개별적 경험과 심리적 요인이 더해져 객관성 확보를 근본적으로 불가능하게 만든다는 지적이다. 다른 하나는 정책담당자가 안보정책을 결정할 때, 정보생산자만을 의존해서 판단을 하지 않는다는 점이다. 정책담당자는 정보생산자가 아닌 다양한 조직의 보고를 통해 안보정책 결정에 필요한 기초 자료를 확보할 수 있다. 때문에 정보생산자의 역할은 절대적이지 않고, 확실한 영향을 보장하고 있지도 못하다.

---

11) Sherman Kent, *Strategic Intelligence for American Foreign Policy*, (Princeton, NJ: Princeton University Press, 1949).

12) Shulsky and Schmitt(2002), pp.139–141.

13) Stephen Marrin, "At Arm's Length or At the Elbow?: Explaining the Distance between Analysts and Decisionmakers," *International Journal of Intelligence and Counterintelligence*, Vol.20, No.3(2007), pp.409–410.

그리고 정보가 완벽하다고 해서 이것이 반드시 정보가 완벽한 정책의 결과를 보장하는 것은 아니다. 완벽한 정보를 활용하는 정책담당자의 태도와 의지, 그리고 정보를 처리하는 정책결정 과정이 정보의 정책적 효용성을 결정한다. 선거에 의해 선출되는 정치지도자들은 심리적 요인과 정치적 고려 때문에 정보를 액면 그대로 수용하기 어렵다.[14] 이런 점에서 정보의 중립성은 정보관리자(intelligence manager)가 정책담당자의 압력을 극복할 수 있는지 여부에 달려있기도 하다.[15] 정보관리자는 정책결정권자와 정보생산자의 중간에 위치해 있다. 이들에게는 정책결정 과정에 참여하고 정책담당자들과의 공식적인 교류를 통해 정보의 의미를 설명하고 설득할 수 있는 기회가 주어진다.

국가정보와 국가정책 간의 관계는 국가정보가 정책에 관여하거나 개입하게 되는 수준과 밀착도에 의해 구분할 수 있다. 정보가 정책에 미치는 영향은 정책담당자의 태도에 따라 달라지며, 밀착도란 정보생산자가 정책담당자와의 관계에서 정보의 효율성과 객관성의 비중을 설정하는 수준을 의미한다. 예컨대, 미국과 영국에서 정보와 정책의 관계는 다르게 설정되어 있는데, 이는 두 국가의 정치 문화와 정보조직의 발전 역사에서의 차이가 반영된 결과이다. 미국모델의 경우 국가가 개인의 사생활과 자유를 과도하게 억압하지 못하게 하고자 정책과 정보 간에 일정한 거리를 유지하려는 역사적인 전통과 문화가 강한 반면, 영국은 정보가 정책에 상대적으로 밀착되어 정책결정 과정과의 관계에서 긴밀하게 협력하고 지원하고 있다.[16]

〈표 1-1〉에서 정책담당자의 정보 활용 태도는 정보수요자가 정보생산자에 대해 어떤 인식을 갖고 있는가를 나타내는 것이다. 하나는 정책담당자가 안보정책을 결정하기 위해 필요한 정보를 적극적으로 요구하고 활용하는 태도이다. 다른 하나는 정책담당자가 정보를 요구하지 않고 정보생산자의 정보생산물을 수동적으로 이용하는 태도이다. 정책담당자의 이런 태도는 정보순환의 분석틀에서 제시하는 정보흐름과 연관시켜보면 명확히 구분이 된다. 즉 최고 정책결정권자가 정보생산자에게 안보정책 관련 정보를 적극적으로 요구하는 것은 정보순환에서 제시하는 흐름과 일치한다. 그러나 정보생산자가 정책에 관여하려는 태도에 따라 정책담당자가 정보의 활용을 검토하

14) Jervis(2010), pp.188−191.

15) Shulsky and Schmitt(2002), p.139. 슐스키와 슈미트는 정보의 중립성을 확보하려는 정보운영자의 의지를 "backbone"이라고 표현하였다.

16) Marrin(2007), pp.406−409.

표 1-1 >> 정보와 정책의 관계 유형

정책담당자의 정보 활용 태도 / 정보와 정책의 밀착 정도		정책담당자의 정보 활용 태도	
		정책의 적극적 요구	정보의 수동적 활용
정보와 정책의 밀착 정도	높은 밀착도	정책의 주도적 역할과 정보의 효율성 강조(A)	정보의 주도적 역할과 정책개입 증대(C)
	낮은 밀착도	정보의 객관성 강조와 정책개입 신중(B)	정보와 정책의 의존성 약화와 상호 불신(D)

는 수준이라면 이는 정보순환이 지적하는 것과 거리가 멀다.

정보-정책 간 상호작용에서 위의 표에 나타난 바와 같이 네 가지 양상이 발생한다. (A)유형의 정보와 정책 관계는 정보가 정책결정에 밀착되어 있기 때문에, 정보의 중립성이 상대적으로 덜 심각하게 요구되는 정치적 환경이다. (C)유형은 정책담당자가 정책결정에 필요한 정보를 적극 요구하기 보다는 정보생산자들의 적극적 노력에 대한 수동적인 반응으로 평가될 수 있다.[17] (B)유형은 정책담당자가 정보를 적극 활용하려고 하지만, 정보생산자는 정치적 중립성과 객관성을 유지하기 위해 정치지도자들과의 관계가 지나치게 밀착되지 않도록 하는 것이다. 하지만 정보생산자가 정책과의 관계에서 객관성을 확보하려는 시도가 정보실패의 책임을 떠맡지 않으려는 의도로 간주되어서는 안 된다.[18] (D)유형은 정보기관과 정치지도자 모두가 긴밀하게 협력하지 못하는 관계이다. 정보실패는 불가피하며 지극히 당연한 것일 수 있다.

정보와 정책 간 관계는 그 국가의 정치 문화와 역사적 경험을 받아들이는 과정에 따라 큰 차이를 보인다. 미국과 영국은 정치제도와 정치문화에서 비교적 높은 유사성을 지니지만, 정보기관의 위상과 정보가 정책결정과정에 미치는 영향에는 상당한 차이가 있다.[19] 〈표 1-1〉을 미국과 영국의 사례에 적용해 본다면, 영국은 (A)유형에 가

17) 미국 정보기관은 이 조직에 대한 대통령의 인식과 태도에 따라 그 역할과 기능이 크게 영향을 받았다. Christopher M. Andrew, "American Presidents and Their Intelligence Communities," in R. George and R. Kline, eds., *Intelligence and the National Security Strategist*, (Lanham MD: Rowman & Littlefield Publishers, Inc, 2006).

18) Richard K. Betts, "Analysis, War, and Decision: Why Intelligence Failure Are Inevitable," *World Politics*, Vol.31, No.1(Oct. 1978), pp.61–89; Jervis(2010). 물론 9 · 11테러공격과 이라크 침공에서 드러난 정보실패는 미연 예방할 수 있었다는 연구가 주류를 이루고 있음.

19) Philip H. J. Davies, "Ideas of Intelligence: Divergent National Concepts and Institutions," *Harvard International Review*, Vol.24, No.3(Fall 2002), pp.62–66.

깝다. 그러나 미국에서는 정보의 역할을 두고 (B)와 (C)유형 사이에서 논의가 있어왔다. 최근 부시 행정부 하에서는 (A)유형에 가까웠고, 9 · 11 테러공격 이후 미국의 정치지도자와 정보기관 모두가 (A)유형을 수용하려는 경향을 보여주고 있다. 한국의 경우, 정보와 정책의 관계 유형은 대통령의 성향과 안보이슈에 따라 (A)유형 혹은 (C)유형에 가까운 것으로 보인다. 긴급한 대북 현안에 대해 (A)유형의 관계가 나타날 가능성이 있고, 안보정책의 우선순위에서 밀려난 위협에 대해서는 (C)유형의 특징이 등장할 수 있다.

2. 정책결정과정과 정보의 역할

국가정보와 정책의 관계를 파악하기 위해서 시스템이론을 적용하여 설명하면 정보의 역할과 기능을 이해할 수 있다.[20] 투입, 정책결정과정, 산출, 환류를 기본 요소로 구성하고 있는 정치시스템에서 정책결정과정의 단계마다 정보가 정책에 제공하는 영향을 파악할 수 있다. 네 가지 요소가 정치시스템을 이루고 있지만, 이는 4단계 연속과정을 반복하고 있는 것을 의미한다. 정보순환에서 정보활동의 순환별 특징을 정치시스템에 적용하면, 정책결정의 전 과정에서 정보의 기능을 명확하게 볼 수 있다.

(1) 정책수립과 정보

정책결정과정에서 가장 우선적으로 이루어지는 작업은 안보와 국익을 위협하는 요인을 찾아내고 안보환경 변화의 구체적 특성을 파악하는 것이다. 이런 요인들은 대체로 대외적으로 쉽게 관찰될 수 있지만, 암암리에 진행되기도 하기 때문에 적극적으로 알아내려는 정부의 노력이 요구된다. 이러한 노력의 과정은 정치시스템에서 투입단계(input)에 해당하며, 이 과정에서 관련 정보가 필요하다. 장단기 국가안보나 국익과 직결되는 요소를 사전에 감지하고 준비해야 하는 정책담당자의 입장에서, 정보는 정책을 추진할 것인지 여부를 판단하는 합리적이고 객관적인 근거가 된다.

정보순환의 분석틀에서는 정책담당자가 정보생산자에게 특정 이슈에 대해 정보를 요구하는 것으로 전제하였다. 정책이 정보를 주도하는 관계를 상정하고 있는 것이

20) David Easton, "An Approach to the Analysis of Political Systems," *World Politics*, Vol.9, No.3(1957), pp.383–400.

다. 따라서 정책담당자는 국가안보 위협에 대한 폭넓은 식견과 비전을 갖추고 있어야 한다. 대통령의 적극적인 정보요구는 정치지도자의 태도와 연관성이 있다. 예컨대, 미국의 경우, 클린턴 대통령은 재임 8년 기간 중에 단 한차례만 정보기관에 정보요구를 했으나, 부시(George Walker Bush) 행정부에서는 6개월마다 정보요구를 검토하였다.[21] 정보공동체는 정책담당자들이 정보활동의 우선순위에 대한 지침을 내려 주기를 원한다. 그래야만 정보수집의 방향을 설정하고 기획하여 정책을 최대한 지원할 수 있기 때문이다. 이것이 정보의 정책적 효율성을 높이는 지름길이다.

정보생산자는 정책수요자의 구체적인 요구와 관계없이 안보이슈와 국익 관련 주요 현안에 대한 정보를 수집하고 분석된 자료를 준비하고 있어야 한다. 일반적으로 정보수요자는 모든 안보 이슈를 파악할 수 있을 만큼 전문성을 갖추기 어렵고, 관심을 항상 집중하고 있지도 않다. 그러나 정보수요자는 정보기관이 새로운 문제들을 예상하고 필요한 정보를 제공할 준비가 되어 있다고 기대한다. 이런 시각에서 미국 CIA의 정보국은 정책담당자에게 전통적으로 다음의 네 가지 역할을 수행한다.[22] ① 전 세계에서 혹은 특정한 관심대상 지역에서 벌어지고 있는 일들에 대해 정보를 제공한다. ② 어떤 사건이 지니고 있는 의미를 파악하는 데 도움이 되는 정보를 제공한다. ③ 어떤 사건에 대해 CIA만이 제공할 수 있는 정보를 전달한다. ④ CIA 정보분석가들은 이런 사건들의 전개가 내포하고 있는 의미를 특별히 깊이 있게 파악한다. 결국은 정책담당자가 주도적인 역할을 담당한다면 정책결정의 흐름에서 투입은 정책의 효율성을 높이는 데 바람직하다.

(2) 정책결정과 정보

정책결정과정에서 정보의 역할 문제는 흔히 "블랙박스(black box)"로 불리는 것으로 시스템이론이 많은 설명력을 제공하지 못하는 취약한 부분이다.[23] 국가안보정책을 결정하는 핵심 구성원의 하나로서 정보운영자는 정보생산자를 대표하여 정치지도자

21) Lowenthal(2006), p.181.

22) Carmen A. Median, "What To Do When Traditional Models Fail," in Roger Z. George and Robert D. Kline, eds., *Intelligence and the National Security Strategist*, (Lanham, MD: Rowman & Littlefield Pub. Inc., 2006), p.418.

23) James E. Anderson, *Public Policymaking: An Introduction*, 7th ed., (Boston, MA: Wadsworth, 2011), pp.19–20.

들을 지원하게 된다. 정보관리자는 정보수집과 분석을 담당하는 정보요원들을 관리하고 업무를 조정 통제하면서, 정책결정자에게 정보를 전달하고 설명하면서 정책결정의 구성원으로서 중심적인 역할을 담당한다.

정책담당자는 정책을 결정하는 과정에서 정보수집원이나 분석과정에 대한 세부 내용에 대해서는 알지 못한다.[24] 만약 정책담당자의 정보요구가 사전에 있었거나, 특정 지역이나 이슈가 장기간 위협 요소로 파악되고 있었다면 정보 분석과 예측은 더욱 심도 있는 것이 될 수 있다. 하지만 정보수요자는 정보기관이 정책적 우선순위가 높지 않은 이슈에 대해서도 어떤 상황에서든지 정보를 충실히 수집하고 있고, 빠른 정부요구에 대해서도 신속하게 기대에 부응할 것으로 과도한 기대를 한다. 또한 정보 분석의 결과가 정책담당자가 선호한 정책을 지지하는 것이 아니라 정치적으로 반대의 입장을 강화시키는 것이라면 정보수요자가 이를 거부하거나 정보기관의 필요성에 대해 회의감을 가질 수도 있다. 그리고 정책담당자는 정보에 대해 근본적인 불신하거나 제한된 효용성만을 인정하는 경향이 있다.[25] 이는 정보생산자와 정보수요자 간 활동의 구조적 특성이 다르다는 데에서 기인한다. 정보생산자는 어떤 사건과 상황의 발전 방향에 대해 명료하게 제시하는 경우가 많지 않다. 정책담당자는 이러한 정보가 정치적으로나 심리적으로 국내정치에서 국민의 신뢰와 정치적 지지를 확보하는 데 도움이 되기보다는 오히려 약화시키는 데 일조한다고 믿는 경향이 있다. 이와 같은 정책담당자들의 인식은 정보생산자의 정보활동을 직간접적으로 압박함으로써 정보생산자가 정보수요자의 의도를 지지하는 정보를 제공하게 하는 요인으로 작용한다.[26]

정보생산자는 정책담당자가 정보를 합리적이거나 객관적으로 다루지 않고, 정보의 기능과 성격을 충분히 이해하지 못한다고 비판하는 경향이 있다. 정보생산자는 정책담당자에 대해 다음과 같은 이유에서 실망하고 때로는 절망감을 느낄 수 있다.[27] 그 이유는 ① 정책담당자가 복잡한 정보 분석을 회피하려는 경향이 있다. ② 정책담당자는 불확실성을 극복하기 어렵다. 정보 분석의 근본적인 한계로 명확한 예측이나 설명

24) Hulnick(2011), pp.750−751.

25) Jervis(2010), pp.203−204.

26) 2003년 부시 행정부는 이라크 침공의 정당성을 확보하기 위해 정보기관을 적극적으로 활용하면서 정보의 정치화를 유도하는 사례가 되었다. 장노순, “정보와 정책: 정보 정치화를 중심으로”, 『국가전략』, 제13권 3호(2007), pp.89−112.

27) Robert Jervis, “Why Intelligence and Policymakers Clash,” *Political Science Quarterly*, Vol.125, No.2(2010), pp.185−204.

이 어렵다는 것을 정책담당자가 쉽게 받아들이지 못하기 때문이다. ③ 정책담당자는 정보보고서를 제대로 읽지 않는다. 정책담당자는 국내정치적 지지와 유권자의 신뢰를 확보하려는 정치적 고려를 해야 하는 등 바쁜 자신들의 일정에서 정보의 심각성과 중요성을 깨닫지 못한다. ④ 정책담당자들은 정보생산자가 제공한 정보를 기억하지 못하는 경우가 많다. 당장 심각한 문제로 등장하지 않는다면, 정책담당자들은 사건이나 특정한 지역의 상황과 배경에 대해 사전적 지식을 갖추지 못한다. ⑤ 정책담당자는 정책이 실패하면 정보생산자에게 책임을 전가한다.

(3) 정책집행과 정보

정책결정과 선택이 이루어지면, 정책을 집행하는 단계로 넘어간다. 정책집행은 정책 산출(output)과 결과(outcome)로 구성된다. 국가안보를 확보하고 국가이익을 증대하기 위해 정책을 집행하는 데 조직, 제도, 인력이 뒷받침되어야 하고, 사안에 따라서는 비밀공작을 통해 상대국가의 여론을 조절하고 상대국가의 정책 수정을 유도해야 한다. 합리적이고 객관적인 정보를 바탕으로 정책이 결정된다고 할지라도 실제 정책을 집행하는 과정에서는 대내외로부터 직면할 수 있는 문제들이 있다. 정책의 직접적인 대상이 되는 국가와 집단은 상대 국가의 안보정책을 안보 위협으로 인식할 수 있기 때문에 즉각적으로 혹은 은밀하게 대응책을 마련한다. 정책을 집행하는 과정은 사전에 예측한 상황 전개와 비교하면서 지속적으로 정책과 전략을 수정할 수 있다. 예컨대, 자국의 군사 방어력 증대를 위한 군사훈련과 군비도입이 주변국가의 반발과 군비경쟁을 유발하는 등 외교적 반발과 갈등이 파생될 수 있다. 또한 국내적으로는 안보 차원에서 도입되는 보안절차는 국민 개개인의 사생활을 침해할 수 있다는 측면에서 거센 반발을 일으킬 수 있다. 따라서 정보는 정책을 결정하기 위해서 뿐만 아니라 정책을 집행하는 과정에서 예상치 못한 상황을 극복하기 위해서도 필요하다.

정책이 의도대로 집행되고 있는지는 정책담당자의 관심사항이다. 물론 정보기관은 정책 집행이 정책담당자의 의도대로 이루어지고 목표를 달성하도록 효율적인 전술과 행동에 필요한 정보를 제공해야 한다. 하지만 정책을 결정하고 집행하는 단계는 다른 단계와 달리 정보의 영향이 적다. 정책이 이미 집행되고 있는 상황에서 정책을 중단하기 어렵고, 수정하는 과정도 많은 절차와 정치적 비용이 요구된다. 결국 정보기관이 정책 집행에서 차지하는 역할의 중요성이 축소되는 것이 아니지만, 정책 변화의 방법에서는 영향력이 줄어들 수 있다. 정보기관이 정책 집행에 직접 관여하는 방식은 비밀공작이지만, 공작의 범위와 실행은 매우 제한적이다.

(4) 정책평가와 정보

다양한 전략적 수단을 동원하여 정책을 집행한 결과와 정책 산출은 정치지도자와 고위관료가 정치적 혹은 윤리적 책임을 짊어져야 하는 기준이 된다. 따라서 정치지도자는 정책의 성공을 통해 권력 유지의 정당성을 유지하고 싶어 하고, 고위관료는 개인과 조직의 영향력을 확대하는 기회로 삼고자 한다. 그러나 만일 정책이 실패했다면 향후에라도 제기될 수 있는 정치적 심판과 행정적 책임에 대처하기 위해서 그 원인을 파악해야 한다. 정책의 실패와 정책의 비효율적인 결과는 국민의 비판과 저항을 불러일으킬 수 있기에 이에 대한 냉정한 평가가 요구되는 것이다. 정책의 결과에 대한 평가는 재투입의 요소가 된다는 점에서 중요하다. 정책평가는 비용, 효과, 부작용, 국민 여론 등을 종합해야 하는 정보를 바탕으로 이루어진다. 정책 집행으로 얻은 성과는 정책 산출(policy output)과 정책 결과(policy outcome)로 구분이 된다. 전자는 안보기관이 정책을 집행한 이후 나타난 산출물이다.[28] 예컨대, 미국이 무인항공기 드론(drone)을 통해 알 카에다 지도부를 공격하는 군사전략을 채택하였다면, 이런 정책 집행의 성과로 알 카에다 지도자들이 제거된 전체 수를 의미하는 것이다. 이와 반대로 정책 결과는 정책이 의도했건 의도하지 않았건 사회에 미친 영향을 의미한다. 드론을 이용해 알 카에다 지도자들의 암살은 알 카에다 조직, 파키스탄이나 아프가니스탄 주민의 반응, 혹은 미국정부의 군사작전에 대한 미국 국민의 여론에 영향을 미칠 것이다. 정책 집행의 성과를 측정하는 데 정책 산출은 정보수집 기술이 발전함으로 인해 정책 결과에 비해 상대적으로 용이하다고 할 수 있다.

정치지도자는 정책의 성공을 통해 권력을 유지하려고 하기 때문에, 정책 산출을 기준으로 정책의 효과를 강조할 가능성이 높다. 그러나 정책 결과, 즉 대외적으로 공표된 정책 목표뿐만 아니라 국내외 사회에서 나타날 수 있는 다양한 반응을 파악하고 분석하는 기준은 복잡하고 애매하다. 국민의 여론과 사회 분위기에 편승하거나 정치적

28) Anderson(2011), pp.271-272.

목적에서 이루어지는 안보정책과 전략채택은 외견상 성공을 거두고 국민의 지지를 받았다고 하더라도, 실리적 득실 계산에서는 반드시 그렇지 않을 수도 있다. 9 · 11테러 이후 부시 행정부의 이라크 공격에 대한 평가가 대표적이다. 이라크 전쟁 초기의 성공적인 군사작전에도 불구하고, 미국은 전후 이라크 정치와 사회 불안으로 엄청난 비용을 지불해야 했다. 한편 안보정책의 집행을 담당한 조직은 대부분 정보기능을 담당하는 조직을 보유하고 있기 때문에, 정책 집행의 산출과 결과를 자신들에게 유리하게 과장하거나 왜곡할 가능성이 매우 높다.[29] 그렇게 함으로써 예산을 증액하고 조직을 확대하는 명분으로 삼을 수 있기 때문이다.

제3절 국가정보와 국가안보

탈냉전 이후 안보위협의 특징은 보복과 응징의 수단으로 군사력에 기초한 군사억지전략이 효력을 보장받기 어렵다는 점이다. 또 다른 점은 위협의 행위자와 위협 수단이 다양하고 복잡하게 연계되어 있기 때문에 안보위협의 불확실성과 애매한 경계가 일반화되어 있다. 국가안보에서 개인의 복지와 생존 그리고 인간적 권리를 보호하려는 인간안보 수준으로 확대되었다. 이와 같이 안보위협이 전통적인 위협과 비교해서 대전환을 맞이하게 된 것은 세계화와 정보화 혁명에 기인한다. 새로운 환경의 변화로 안보위협의 특징은 초국가적 위협의 부상, 정보화에 따른 사이버 안보, 안보와 국가이익의 확대, 전통적 군사안보수단의 확산(대량살상무기의 확산), 환경과 자원의 확보 등 다섯 가지로 구분할 수 있다.

1. 새로운 안보요소와 국가정보

(1) 초국가적 위협의 부상

과거 국가안보의 가장 위협적인 행위자는 국가였으나, 9 · 11 테러가 잘 상징해

29) Micah Zenko and Michael A. Cohen, "Clear and Present Safety: The United States Is More Secure Than Washington Thinks," *Foreign Affairs*, Vol.91, No.2(2012), pp.79–93.

주듯이 오늘날에는 매우 위협적인 초국가적 행위자들이 부상하고 있다. 냉전시기처럼 국가 행위자에 의한 안보 도전은 여전히 심각하지만, 일부 지역을 제외하면 과거에 비해 국가 간 무력 충돌의 가능성은 현저히 줄었다. 그러나 초국가적 행위자로부터 비롯된 국가안보의 위협은 증가되고 있다.[30)] 테러조직, 국제조직범죄 등은 국가안보와 국익을 저해하는 폭력과 파괴의 수단을 이용한다. 이들 초국가적 행위자가 안보를 위협하는 주요 행위자로 등장하게 된 데에는 다음의 두 가지 요인이 있다.[31)] 한 가지는 정부 차원보다는 집단이 효과적으로 조직될 수 있고 다른 국가를 직접적으로 위협하는 것이 더욱 용이하다. 정보통신의 발전으로 세계 도처에 있는 사람들을 신속하고 손쉽게 연결하고, 동일한 목적을 위해 결합하는 것이 가능해 졌다. 이에 대한 정부의 대응은 기술적으로 거의 불가능한 수준이다. 또 다른 요인은 국가에 비해 집단이 행위자로 협력하기에 훨씬 많은 유인 동기가 있는 반면, 그것을 단념시키는 억제 요소는 더 적어졌다. 냉전시기에는 이념적 요인과 군사적 적대국가의 존재로 국내의 정치적 불안과 사회적 불만을 억누를 수 있었다. 그러나 국제안보질서의 주변지역에 위치해 있던 국가들의 소련과 미국에 의존할 필요성이 약화되었고, 국내사회의 불만과 갈등이 표면화되었다.

테러의 영향력과 파괴력은 9 · 11 테러로 확실하게 드러났다. 그렇지만 영국 지하철테러와 스페인 열차테러 등 서구 국가에서 테러로 인해 엄청난 인명 살상과 사회적 혼란이 일어나기 전에 이미 테러의 살상과 파괴의 수준이 증대하고 있었다.[32)] 테러의 목적이 전 세계의 관심을 유도하여 자신들의 정치적 요구가 이슈화되도록 하는 것이지만, 최근의 경향은 언론과 대중의 관심을 이끌기 위해 더욱 파괴적인 폭력을 실행하고 있다. 테러의 각종 수단은 과거에 비해 파괴력이 높아졌고 그것을 획득하는 과정도 쉬워졌다. 또한 종교적 배경이 결합된 테러는 테러의 희생자를 증가시키는 경향을 보여주고 있다.

조직범죄는 그 자체로 국가안보, 개인 혹은 사회 안보, 그리고 국제안보에 위협이

---

30) William J. Lahneman, "The Need for a New Intelligence Paradigm," *International Journal of Intelligence and Counterintelligence*, Vol.23(2010), pp.201−225.

31) Bkruce D. Berkowitz and Allan E. Goodman, *Best Truth: Intelligence in the Information Age*, (New Haven, CT: Yale University Press, 2000), pp.8−10.

32) Bruce Hoffman, "Terrorism Trends and Prospects," in I. Lesser, et. al., eds., *Countering the New Terrorism*, (Santa Monica, CA: RAND, 1999), pp.10−13.

되고 있다. 국가의 지배력을 약화시키고, 사회적 요인을 복잡하게 하며, 부패와 혼란을 촉진시키고, 국제시스템을 취약하게 한다.[33] 테러조직과 조직범죄집단은 추구하는 목적이 다르고, 조직의 구조와 활동 방식에도 차이가 있다. 테러조직은 정치적 목적을 위해 민간인에게 무차별적으로 폭력을 사용하지만, 조직범죄는 금전적 목적을 갖고 있을 뿐 정부를 상대로 공식적인 요구와 협상 조건을 제시하지는 않는다. 최근에는 조직범죄와 국가가 연합하여 국가이익과 조직범죄 이익 간 경계가 모호해지고, 국가의 합법적 정책과 조직범죄의 활동이 혼재함으로써 위협의 성격을 파악하고 대처하는 일이 훨씬 복잡하고 어려워졌다.[34]

(2) 정보화에 따른 사이버 안보[35]

사이버 공간은 국가안보의 핵심적인 영역의 하나로서 군사, 경제, 사회, 정보활동 등 대부분의 정부 조직과 활동이 여기에 의존하고 있다. 2000년과 2010년 사이 전 세계 인터넷 이용자 수는 3억 6천만 명에서 20억 명으로 증가하였으며 계속해서 증가하고 있다. 미국 국방부는 국가안보의 개념이 사이버 공간으로 재정의되고 있다고 지적한 바 있다.[36] 국가의 군사력뿐만 아니라 경제 및 사회활동이 사이버 공간에 의존하고 있는 상황에서, 사이버 공간에 대한 공격으로 국가의 정상적인 활동이 마비되는 피해가 발생할 수 있다. 국가 혹은 초국가적 행위자는 정부와 민간 영역의 사이버 공간을 공격하여 극비 정보를 절취하거나 정보시스템을 마비시킬 수 있다. 한편 정보를 절취하거나 정보시스템을 파괴하는 활동은 사이버 공격의 전형적인 방법이지만, 좀 더 넓은 의미에서 사이버 공간은 이념을 전파하고 상대국가 국민들의 심리적 불안을 자극하기도 하고, 자국 정부에 대한 불만과 저항을 부추기는 정치 선전의 공간이 되기도 한다. '정보 전술'(information operation), '인식 관리'(perception management), 혹은 '소

33) Robert Mandel, *Dark Logic: Transnational Criminal Tactics and Global Security*, (Stanford, CA: Stanford University Press, 2011), pp.31–32.

34) Moises Naim, "Mafia States: Organized Crime Takes Office," *Foreign Affairs*, Vol.91, No.3(2012), pp.100–111.

35) 장노순, "초국가적 행위자의 사이버공격과 핵공격에 관한 비교연구: 국제안보질서의 안정성을 중심으로," 『한국정치학회보』, 제39집 5호(2005).

36) U.S. Department of Defense, *Department of Defense Strategy for Operating in Cyberspace*, (July 2011).

프트 파워'(soft power) 등으로 언급되듯이, 자신들의 지지세력뿐만 아니라 상대국가에 대해 사회와 정부 문제를 인식하는 방법에 영향을 미침으로써 국가안보 전략에서 우위를 점하려는 것이다.[37)]

사이버 공간에서의 갈등은 정부와 개인 혹은 특정 집단 간에서 정부 사이의 상호작용으로 발전하고 있다. 사이버 공격과 안보를 둘러싼 미국과 중국의 갈등은 정부와 집단 혹은 개인의 활동을 구분하는 경계가 애매할 뿐만 아니라, 이를 해결하기 위해서는 정부 간 마찰이 불가피함을 보여주고 있다. 중국은 사이버스파이 활동을 통해 해외 첨단기술을 습득하여 값싼 공산품을 생산하는 산업기반을 혁신하여 산업 구조를 전환하려고 한다.[38)] 사이버 공간에서 기밀정보와 첨단기술정보를 훔치는 정도를 넘어서 사이버 무기를 이용해 상대방의 기간시설을 파괴하려는 적극적인 시도가 나타나고 있다. 미국은 이란의 핵개발을 저지하기 위해 사이버 무기를 활용하여 공격함으로써 군사작전과 같은 효과를 거두었음을 정부차원에서 처음으로 인정하였다.[39)]

(3) 국가이익의 확대에 따른 비군사적 안보위협

냉전시기에는 군사와 외교적 대립에 따른 국가안보가 최우선적 고려 대상이었다. 적대국가의 범주가 비교적 분명하게 나누어져 있었기 때문에 적대국가의 군사력에 대한 정보 수집과 분석에 정보활동이 집중되었다. 그러나 미국과 소련의 군사대결 구도에 의해 결정되었던 안보환경의 구조적 원인이 소멸되면서, 국가안보전략의 우선순위에 대한 재고가 불가피해졌다.[40)] 미국은 9 · 11 테러 공격 이후, 대간첩(counterespionage) 활동예산과 인력을 대테러 분야로 전환하였을 정도로 정보활동의 대상은 대내외 안보환경과 사건에 민감하게 반응하고 있다. 미국과 영국 등 일부 서구 국가들은 테러를 예방하기 위해 대테러 정보활동을 강화하는 제도를 마련하고, 조직

37) John Arquilla, David Ronfeldt, and Michele Zanini, "Networks, Netwar, and Information-Age Terrorism," in I. Lesser, et. al., eds., *Countering the New Terrorism*, (Santa Monica, CA: RAND, 1999), pp.45–47.

38) Adam Segal, "Chinese Computer Games: Keeping Safe in Cyberspace," *Foreign Affairs*, Vol.91, No.2(2012), pp.16–17.

39) David E. Sanger, "Obama Order Sped Up Wave of Cyberattacks Against Iran," *New York Times*, June 2, 2012.

40) Carole A. Foryst, "Rethinking National Security Strategy Priorities," *International Journal of Intelligence and Counterintelligence*, Vol.23(2010), pp.399–425.

과 예산을 집중적으로 재편하고 있다.

그러나 국제사회는 경제력을 국가의 부를 축적하고 국가의 위상을 결정하는 확실한 요소로 여기면서 국가이익의 핵심 영역으로 간주하고 있다. 군사안보의 중요성이 여전히 중요하지만, 경제력의 우위를 점하고 정보화 시스템을 기반으로 작동하는 사회를 보호해야 하는 환경에 놓여있다. 미국의 사례는 이를 잘 보여준다. 1993년에서 1995년 사이, 미국 산업계는 경제스파이에 의해 630억 달러의 손실을 보았다고 평가했다. 1996년 미국은 「경제간첩법」(Economic Espionage Act)을 입법화하여, 산업기밀 누설로부터 경제적 국익을 보호하려는 제도적 조치를 강구하였다. 심지어 2008년 당시 미국의 방첩부국장은 미국을 대상으로 활동하고 있는 산업스파이 수가 냉전시기의 스파이 수보다 더 많다고 지적하였다.[41] 그에 따르면, 194개국에서 미국의 기술에 관심을 갖고 있고, 이 중에 3,000개 정도의 중국기업이 미국에서 활동하고 있다. 이들 기업은 미국의 기술과 과학정보를 수집하려는 것으로 추정되고 있다. 러시아 또한 냉전이 절정에 달했을 때보다 더 많은 요원을 미국에 산업정보를 얻기 위해 파견시키고 있다.

(4) 대량살상무기 확산에 따른 안보위협

초국가적 행위자에 의한 군사적 위협은 많은 첨단기술을 포함해서 군사기술이 광범위하게 이용될 수 있기 때문에 가능해졌다.[42] 9 · 11 테러에 따른 참혹한 결과는 '재앙적 테러'(catastrophic terror)가 국제안보질서의 근간을 훼손할 수 있다는 위기의식을 가져왔다. 미국은 테러리스트들이 장기간의 계획에 따라 미국을 공격했고, 안보 위협이 현실로 나타났다는 점에서 이보다 높은 수준의 위협이 가능하다고 우려했다. 부시 행정부는 공식적인 정책 선언에서 대량살상무기(WMD)를 이용한 테러의 심각함을 언급하면서 이에 대응하는 안보전략의 전환을 구체화 하였다.[43] 테러단체가 대량살상무기를 획득하는 방법의 하나는 국제 무기암시장이나 핵보유국으로부터 구매, 혹은 핵보유국에서 직접 절도 하거나 기술을 습득하여 핵무기를 직접 제조하는 경우이다. 그

41) Foryst(2010), p.402.

42) Berkowitz and Goodman(2000), pp.11–12.

43) The White House, *The National Security Strategy of the United States of America*, (September 2002); *National Strategy to Combat Weapons of Mass Destruction*, (December 2002); *National Strategy for Combating Terrorism*, (February 2003); *National Military Strategic Plan for the War on Terrorism*, (2006).

러나 핵무기 제조는 일정 수준의 기술이 필요하기 때문에 현실성이 다소 떨어진다. 상대적으로 손쉬운 방법은 핵을 구매하거나 훔치는 것이다. 구매를 위해서는 핵보유국가가 핵물질을 이전시켜 주어야 한다. 핵보유국이 금전적 목적에서 테러단체에 핵물질을 건네줄 가능성은 높지 않지만 이를 완전히 배제하기도 어렵다. 현실적인 시나리오는 정부의 통제와 감독이 제대로 이루어지지 않는 여건에서 일부 핵관련 인사들이 불법적으로 금전적 이익을 위해 핵물질을 국제암시장에 유출하거나 테러단체에 전달하는 것이다. 실제로 소련의 해체로 인해 구소련 지역에 산재해 있는 핵물질과 핵관련 과학자들에 대한 관리와 통제가 제대로 이루어지지 못한 것이 현실이다.[44]

초국가적 행위자와 약소국의 WMD 획득 및 이를 테러에 사용하는 것을 억제하려는 군사 안보전략은 냉전시기처럼 효과를 거두기 어렵다.[45] 약소국과 테러단체는 국제안보질서에서 중요한 행위자이지만 서로 다른 특성을 지니고 있기 때문이다. 약소국에는 보복과 응징의 대상이 될 수 있는 분명한 영토, 시설 혹은 정권이 존재한다. 반면에 테러단체는 테러행위에 따른 보복을 행할 대상이나 시설 등이 불분명하다. 경우에 따라서는 행위자의 정체도 파악하기 어렵다. 억지전략은 강력한 응징 역량과 응징 의지를 전제로 공격하는 대상에 대해 그와 비슷한 수준 혹은 그 이상의 보복을 가하겠다는 전략이다. 따라서 응징의 대상과 활동 지역에 대해 분명한 정보를 갖고 있지 못한다면, 억지전략의 실행성은 크게 약화된다. 또한 위협 행위에 대해 그 이상의 피해를 입히는 보복의 의지가 분명하고 보복의 역량이 확실하다고 하더라도, 행위자가 공격의 가치를 가장 높게 여긴다면 억지전략 역시 효과를 전혀 기대할 수 없다. 종교 혹은 이념으로 무장한 테러리스트들이 자살폭탄과 같은 수단에 의존하는 것에서 알 수 있듯이 보복 살해라는 응징으로 이들의 행동을 억제하기 어렵다.

(5) 자연재해와 환경 파괴에 따른 안보위협

지난 20여 년간 국제사회는 지구온난화와 환경파괴로 인해 발생하는 많은 피해와

44) William J. Broad and Mark Mazzetti, "Yet Another Photo of Site in Syria, Yet More Questions," *New York Times*, October 27, 2007.

45) Robert Gallucci, "Averting Nuclear Catastrophe: Contemplating Extreme Responses to U.S. Vulnerability," *Annals of the American Academy of Political and Social Sciences*, No.607(September 2006), pp.51–58; Lawrence Freedman, "Prevention, Not Preemption," *The Washington Quarterly*, Vol.26, No.2(Spring 2004), pp.105–114.

위협을 경험해오고 있다. 실제로 1992년 유엔 기후변화협약(UN Framework Convention on Climate Change),[46] 1997년 교토의정서 체결, 2011년 남아공 더반에서 개최된 유엔 기후변화회의(UN Climate Change Conference) 등에서 볼 수 있듯이 전 세계는 기후변화에 따라 점증하는 위협의 심각성에 직면해 있다. 기온 이상은 가뭄과 홍수를 일으키고 농작물의 수확이 급감함으로써 이재민과 기아를 만연하게 한다. 북극지역의 빙하가 계속해서 녹아 해수면이 상승하여 태평양 저지대 도서들과 각국의 해안선이 침식과 침수의 위험에 노출되고 있다. 예컨대, 기온의 급격한 상승으로 고지대의 눈이 녹아서 홍수가 유발되거나 결국에는 강과 호수의 수자원 고갈로 이어진다. 야생에서 발생한 화재의 빈도수가 증가하고 강우에 의한 자연 진화가 되지 않아 엄청난 공기 오염을 만들어 낸다. 유엔의 한 조사는 지구온난화의 피해를 역설적으로 주장하고 있다. 2030년까지 인간이 배출한 메탄가스의 40%를 줄이고 탄소배출의 75%를 줄인다면 매년 500만 명의 희생자를 살릴 수 있고, 1억 4천만 톤의 옥수수, 쌀, 콩을 더 수확할 수 있다는 것이다.[47]

기후변화에 따른 식량생산의 감소와 부족은 외교수단으로 활용되고 있다. 미국 의회는 행정부가 대북협상의 지렛대로 활용하던 대북식량지원을 제한하려는 농업법 개정을 시도하려고 했고, 다만 예외조항으로 대통령이 국가이익을 위해 필요하다고 판단하면 관련 상원 상임위원회에 이를 보증하고 북한에 식량지원을 할 수 있도록 했다.[48] 식량과 자원 부족은 외교력의 취약점으로 작용할 수 있기 때문에, 다른 국가와의 외교 협상에서 협상력의 제약으로 작용한다. 다른 한편, 자연재해와 환경 파괴의 피해는 한 국가에 국한되는 것이 아니라 주변 국가와 국제사회에 영향을 미칠 수 있다.[49] 가뭄과 홍수로 인한 기근은 한 사회의 불안 요인과 정권에 대한 불만의 촉매제가 될

46) 지구의 온난화를 방지하기 위해 국제사회의 대부분 국가가 참여한 국제협약으로써 이산화탄소를 비롯한 온실가스 방출을 제한하여 지구온난화를 방지하고자 1992년 브라질 리우데자네이루에서 개최되었고, 흔히 리우환경협약이라고도 한다.

47) David G. Victor, Charles F. Kennel, and Veerabhadran Ramanathan, "The Climate Threat We Can Beat: What It Is and How to Deal With It," *Foreign Affairs*, Vol.91, No,3(2012), p.118.

48) 대북식량지원을 금지하려는 유사한 법안이 하원에 제출되었다. 『한국일보』, 2012.6.22.

49) 아직 가뭄에 따른 식량부족으로 국가 간 무력분쟁의 요인으로 작용할 것인지는 아직 확답을 내리기 어렵다. 아프리카 지역의 분쟁을 조사한 결과, 식량부족보다는 지정학 혹은 사회정치적 요인이 국제분쟁의 원인이라는 주장이 있다. Ole Magnus Theisen, Helge Hltermann, and Halvard Buhaug, "Climate Wars: Assessing the Claim That Drought Breads Conflict," *International Security*, Vol.36, No.3(2011/12), pp.79-106.

수 있으며, 그 여파는 이웃 국가에 환경과 사회적 문제로 전이될 수 있다.

2. 국가안보정책을 위한 국가정보 조직과 활동

냉전시기 군사위협을 최우선시 하고 기술정보(TECHINT)의 역할을 강조하던 정보활동은 국외 정보기관과 군사정보기관를 중심으로 안보정책을 지원하는 수단이었다. 그러나 안보위협과 국내안보구조의 변화로 국가정보가 국가안보에 영향을 미치는 범위와 대상은 군사안보에서 경제, 사회, 환경, 자원 등으로 확대되고 있다.[50] 국가정보의 수집 대상이 다양해지고 수단과 방법이 폭넓어지면서 정보기관의 역할도 과거에 비해 훨씬 복잡하고 불분명한 위협에 대처해야 하게 되었다. 전통적인 모델이 전제하고 있는 정보조직의 기능과 역할은 새롭게 조성된 국내외 안보환경과 특징의 변화를 반영해서 개혁되고 있으며 조직의 변화도 꾸준히 이루어지고 있다. 냉전대결 구도의 해체, 세계화에 따른 인적 물적 교류의 증대, 정보혁명으로 사이버 공간에 대한 국가와 사회의 의존성 강화, 그리고 전 세계적으로 확산되고 있는 민주화 등으로 정보조직과 활동에서 과거 방식을 고집하는 것은 비효율적이다. 안보위협이 달라졌다면, 안보정책이 바뀌어야 하고, 안보정책의 효율적 수립과 집행을 위해서는 정보의 역할이 변화해야 하는 것이다.

정보와 정책의 관계에서 정보의 조직과 활동은 정보조직의 개혁, 초국가적 위협에 대한 예방 활동, 정보감독의 강화, 국내와 국외 정보의 상호의존성 강화의 방향으로 바뀌고 있다.

(1) 정보조직의 개혁

군사안보 위협 중심에서 초국가적 행위자의 활동, 국가와 민간영역의 사이버 공간 의존성 증대, 대량살상무기의 확산과 초국가적 행위자의 활용 가능성, 국가와 개인 및 사회차원에서 제기되는 자연재해와 환경의 위협 등으로 전통적인 모델의 정보조직은 변화가 불가피하다. 정보조직의 개혁은 다음과 같은 다섯 가지의 특징을 안고 있다.

---

50) 문정인, "국가안보와 국가정보: 바람직한 정보기구 모색을 위하여", 『국가전략』, 제2권 1호(1996); 전웅, "국가정보와 안보정책", 『한국국제정치논총』, 제36권 3호(1997), pp.207-236.

첫째, 정보화에 따른 정보조직은 과거 모델에서 정보화의 모델로 바뀌어야 한다.[51] 정보기관은 폭넓은 분야의 비전을 가질 필요가 있다. 탈냉전 이후의 위협은 많은 원인으로부터 갑작스럽게 제기될 수 있기 때문이다. 따라서 정보기관은 테러, 조직범죄, 금융위기, 전염병 등으로부터의 위협을 파악할 수 있어야 한다. 안보위협의 확대에 따라 기술정보 수단에 의한 정보수집이 한계가 있기 때문에, 정보 수집을 효율적으로 수행하기 위해서는 공개출처정보의 중요성이 강조되고 있다. 테러조직과 조직범죄 집단에 정보원을 침투하여 정보를 수집할 수 있겠지만, 조직원의 인적 연계가 강하게 이루어지고 있기 때문에 조직 침투가 결코 용이하지 않을 뿐만 아니라 위험하기까지 하다. 이들 초국가적 행위자는 자신들의 활동과 목적을 사이버 공간을 통해 전파하고 있고, 잠재적 지지자들을 동원하려고 한다. 이에 대처하기 위해 정보수집이 기밀 첩보를 수집하는 것이기 보다는 공개적으로 드러난 첩보를 획득하려는데 집중하고 있다. 정보 수집에서 공개출처정보를 활용하려는 노력이 가속화되고 있다.

둘째, 현대 정보조직은 신속성과 유연성을 가져야 한다. 오늘날 제기되는 위협은 매우 다양한 형태로 나타나기 때문에, 정보기관은 임무수행을 위해 효과적이고 통합적인 팀을 구성해야 하며, 이를 위해 요구되는 어떤 형태의 전문성이라도 결집할 수 있어야 한다.[52] 안보를 확보하기 위한 정보활동은 국내에서 정부와 기업 간의 협력을 요구하고 있다. 그리고 국가 간 정보협력의 중요성이 강조되고 있다. 위협 행위자들의 활동과 계획에 대해 해당 국가의 법집행기관이 가장 많은 정보를 수집하고 추적할 수 있기 때문에 정부 차원에서의 정보협력을 우방국뿐만 아니라 과거 적대적 관계에 있던 국가들과도 추진해야 한다.[53] 예컨대, 조직범죄 활동이 세계화의 여파로 국경선을 넘나들고 있는 상황에서 국가 간 정보협력이 절대적으로 요구 되고 있다. 범죄 조직의

51) Bruce Berkowitz, "Better Ways to Fix U.S. Intelligence," *Orbis*, Vol.45, No.4(Fall 2001), pp.609–610.

52) 정보는 크게 "알려진 사실(known facts)", "기밀(secrets)", "불가사의(mysteries)" 등 세 가지로 나누어진다. 알려진 사실은 쉽게 관찰될 수 있는 정보이다. 기밀은 실제로 존재하지만 적대세력이 파악하기 어려운 정보이다. 불가사의는 원칙적으로 파악할 수 없고 미래에 발생 여부를 결정하는 변인도 많은 정보이다. 알려진 사실과 기밀은 분석(analysis)할 수 있지만, 불가사의에 대한 평가는 '판단(judgement)'에 달려있다. 자연재해, 전염병 발생, 국가의 경제 혹은 군사활동의 전개 방향 등은 불가사의의 예들이고, 이런 영역은 해당 분야의 전문가들의 판단이 요구된다. Berkowitz and Goodman(2000), pp.74–75.

53) Reveron(2010), pp.27–32; DNI, *The National Intelligence Strategy of the United States of America* (October 2005), p.15.

목표, 계획, 의도 그리고 정부 대응전략에 대한 이들의 대처 방향을 파악하기 위해서 조직에 침투하거나 정보원의 활동에 의존하는 인간정보(HUMINT)가 가장 중요하다. 초국가적 범죄조직과 테러집단의 활동이 은밀하게 이루어지기 때문에 첨단 장비를 통한 추적에는 한계가 있다.[54)]

셋째, 정보기관의 역량을 위해 효율성과 집중성이 필요하다. 제한된 재원과 인력의 한계를 뛰어넘기 위해서 정보기관은 산업계와 비정부 단체의 전문성과 정보를 활용해야 한다. 특히 정보관리자(intelligence manager)은 민간영역에서 다룰 수 없는 임무에 정부의 재원을 집중할 수 있어야 한다. 국가이익의 확대로 민간부분의 경제활동이 국가이익 차원에서 보호되어야 하고, 국가는 민간기업과의 보안 협력을 강화해야 하는 상황이다.[55)]

넷째, 정보생산자와 정보수요자 간 의사소통의 채널을 다양화시켜야 한다. 정보조직은 정보흐름을 방해하는 요인을 최소화해야 한다. 한 가지 채널이 적절하게 작동하지 않더라도 정책담당자가 정보를 활용할 수 있는 여러 보고체계를 갖추어야 한다. 여러 채널이 존재한다고 하더라도 정책담당자가 선호하고 의도하는 정책과 전략이 있다고 한다면, 그와 반대되는 정보생산물이 수용될 것인지는 여전히 미지수이다. 일반적으로 정책담당자는 자신의 의도와 선호를 지지하지 않은 정보에 대해 무시하거나 정보기관의 활동에 대해 부정적인 인식을 나타낼 가능성이 있기 때문이다.

다섯째, 정보조직은 직접적인 상호작용과 투명성을 잃지 않도록 해야 한다. 정보생산자와 정보수요자는 중립성과 객관성을 유지하면서도 정책적 효율성을 높이기 위해 상호 긴장과 협력 관계를 유지할 수 있어야 한다. 정보수집과 분석이 정치지도자들로부터 압력을 받지 않고, 정보처리 과정이 외부의 정치적 의도와 관료적 조직 이기주의로부터 영향을 받지 않도록 하기 위해 정보기관의 조직 문화와 정보생산자의 전문성과 역량을 제고할 필요성이 있다. 한편 정보수요자인 정치지도자들은 정보조직의 특성과 정보의 한계를 인식하여야 한다. 정보수요자는 안보정책에 필요한 판단의 근거를 정확하게 파악하기 위해서 정보생산자와의 상호 교류를 꾸준히 유지해야 하고,

---

54) Robert Mandel, *Dark Logic: Transnational Criminal Tactics and Global Security*, (Stanford, CA: Stanford University Press, 2011), pp.179–180.

55) Justin R. Harber, "Unconventional Spies: The Counterintelligence Threat from Non-State Actors," *International Journal of Intelligence and Counterintelligence*, Vol.22(2009), pp.221–236.

정보생산자는 안보위협의 상황을 적시에 인지하기 위해 정보수요자와의 의사소통 채널을 유지해야 한다. 정보생산자의 이런 노력은 행정부의 정책담당자에게만 국한되는 것이 아니라 정보통제의 또 다른 축인 입법부가 판단할 수 있도록 정보공유의 폭을 넓히고 객관적인 이해를 돕는 것도 포함한다.

(2) 초국가적 위협에 대한 예방적 조치

세계화로 국경선의 장벽이 허물어지면서 인적 · 물적 교류가 크게 증대하였다. 정보 교류가 증대하고 인적 및 물적 이동이 자유롭게 되면서 비국가적 행위자들의 활동 공간과 영향력이 증대하였다. 초국가적 행위자가 가하는 안보위협은 테러와 조직범죄가 대표적이다. 이 두 조직은 연계 가능성이 높고, 이들의 안보위협은 9 · 11 테러와 런던 테러, 스페인 열차테러 등으로 확인된 바 있다. 따라서 테러에 대한 정보활동의 중요성은 절대적이다.[56] 잠재적인 테러공격자와 이들의 계획을 사전에 파악하고, 이를 바탕으로 테러공격자의 핵심인물과 구체적인 계획을 포착하는 "점들을 연결(connecting the dots)"하는 작업이 정보의 역할이다.

새로운 테러 위협의 특징은 전통적인 안보위협과 비교해서 크게 세 가지로 요약될 수 있다.[57] 첫째, 과거에는 테러 조직이 위계적이고 중앙통제적인 조직이었다면, 새로운 테러 조직은 네트워크로 연계되어 있고 분산되어 활동한다. 이런 특징 때문에 활동 공간이 특정 적대국가의 영토에 국한되어 있지 않다. 인적 교류의 확대는 잠재적인 테러리스트들의 활동 공간을 전 지구 차원으로 확대시킨 결과를 가져왔다. 국내와 국외의 지리적 경계선이 허물어졌고, 이들의 활동을 감시하기가 그만큼 어려워졌다.

또 하나의 특징으로 새로운 테러 조직은 정보통신의 발전으로 인터넷을 통해 세계 도처에 정치적 선전과 주장을 확산시키고, 테러 조직과 직접적으로 연결되어 있지 않은 잠재적 동조자들을 자발적으로 테러 활동에 참여하도록 유도한다. 이들은 중앙조직의 직접적인 명령과 지시를 따르는 것이 아니기 때문에, 설령 해당 국가의 법집행기관에 의해 체포된다고 하더라도 테러 조직의 중앙 지도부를 위태롭게 할 위험성이

56) Philip B. Heymann, *Terrorism Freedom and Security: Winning without War*, (Cambridge: The MIT Press, 2003), pp.61–65.

57) Eresel Aydinli, "Statist-Transnationalism for a Security Cooperation Regime" in Aydinli, ed., *Emerging Transnational (In)Security Governance*, (Abingdon, OX: Routledge, 2010), pp.5–6.

적다.

새로운 테러 조직의 마지막 특징으로 테러에 대한 군사적 대응전략의 효과가 제한적이라는 점이다. 적대국가의 가시적인 군사력과 군비태세를 감시하고, 이를 바탕으로 군사력을 준비하는 정책과 전략은 안보를 확보하는데 효과적인 대비책이다. 그러나 테러 조직은 가시적이고 방대한 시설과 군사전력을 고정적으로 배치할 필요성이 크지 않기 때문에 압도적인 군사력으로 이들을 보복하고 점령하는 것은 효과적이지 않다. 일단 테러 조직이 활동하고 있거나 후원하고 있는 국가가 주권을 내세워 국제사회의 군사적 공격을 수용하지 않을 가능성이 높고, 또 이 같은 공격은 주권 침해와 부당한 군사 공격으로 평가될 수 있다. 또한 군사 보복 공격이 이루어진다고 하더라도, 테러 조직이 무력화될 가능성은 높지 않다.

그러므로 테러를 예방하기 위한 전략은 정보의 억지전략에 의해야 한다. 이는 테러리스트들이 자신들의 테러공격 성공 가능성이 매우 낮다고 평가하여 테러공격을 포기하도록 하기 위한 방법이다. 정보의 억지전략은 정보역량을 강화하여 테러 용의자들을 감시하고 이들의 활동 계획과 공격 수단에 관한 첩보를 사전에 수집하여 테러를 미연에 방지하는 것이다. 정보의 억지전략은 군사력의 억지전략과는 전혀 다른 성격을 지닌다. 정보의 억지전략은 테러 조직이 테러를 사전에 단념토록 하는 전략이 되기에는 한계가 있다. 왜냐하면 정보의 억지전략은 보복과 응징을 수단으로 활용하는 것이 아니고, 테러 계획을 사전에 파악하여 테러용의자들을 검거하여 구체적인 행동으로 옮기지 못하도록 하는 것이다. 결국 정보의 억지전략은 테러리스트를 궁극적으로 체포하여 사법적 심판을 통해 처벌하는 법집행의 절차를 밟는다. 따라서 정보의 억지전략은 테러리스트의 테러 공격을 자발적으로 단념시키는 것이 아니라 공격 행위를 중단시키기 위해 용의자를 체포하고 구금하는 것이다.

군사력은 테러리스트의 대량살상무기 공격에 대응하는 효과적인 억지수단이 되지 못하므로 테러를 방지하기 위한 대안이 필요하다.[58] 정보의 억지전략은 군사력 강화나 국력의 신장을 통해서 이루어지는 것이 아니고, 시의 적절하게 필요한 정보를 수집하여 분석할 수 있는 역량에 달려 있다. 이런 정보 역량으로 필요한 첩보를 수집하고 이를 필요로 하는 기관에 제공되어야 하며, 첩보의 의미를 정확하게 분석해야 한다. 가장 기본적인 작업은 정보 공유이다. 국내 정보기관과 국외 정보기관은 관할 영역이

58) Lahneman(2011), p.42.

다르고 상호 경쟁적인 관계로 인해 협력보다는 대립과 갈등적인 요소가 많다. 두 기관 간 관계를 재조정하여 협력관계로 전환할 수 있는 환경과 제도는 정보의 억지전략을 성공적으로 수행하는 관건이 된다. 다른 영역의 정보기관들 사이에 제도화된 정보공유와 협력은 미국과 서구 국가들이 추진하고 있는 개혁의 방향이다. 정보의 억지력은 적어도 9 · 11 테러 공격 이후 미국에서 심각한 테러 공격을 예방할 수 있었던 하나의 요인으로 작용하고 있다.[59)]

(3) 정보감독의 강화

최근 국가안보정책에 대한 의회의 역할이 증대하였다. 국가안보정책은 대통령을 중심으로 소수의 안보정책담당자들이 결정하고, 국가안보 특성상 정책결정과정과 정책에 관한 세부 사항은 비밀로 유지되기 때문에 상대적으로 행정부의 자율성이 크게 인정받는 영역이다. 그러나 안보정책의 실패는 의회의 감독을 강화시키고 있다. 정보기관은 때로 권력의 도구로 사용되어 국민의 자유를 제한하면서 정권을 위한 정보활동을 수행하는 경우도 있다. 특히 많은 권위주의 국가들의 정보기관은 불법 사찰과 억압의 도구로서 기능하는 경향이 있다. 이는 비민주국가에만 국한된 것이 아니며 민주주의 정치제도를 갖고 있는 국가에서도 정도의 차이가 있을 뿐, 탈법적인 정보활동에 깊이 관여한 역사적 경험들이 있다. 이때문에 민주화 과정에서 정보기구의 통제와 감시를 제도화하려는 민주적 통제의 문제가 항상 제기된다. 미국처럼 민주국가에서도 정보기관들의 불법과 탈법적 활동이 공개되면서 이들 기관의 개혁을 통해 활동을 통제하기 위한 의회의 다양한 입법과 제도화가 강화되어 왔다.[60)]

정보기관의 정보수집과 정보분석과정을 입법부의 감시와 통제를 받게 함으로써 정보조직의 관료적 장벽, 불법 활동, 정보의 정치화 가능성을 줄일 수 있다. 입법부는 정보기관의 활동에 필요한 재정적 뒷받침, 제도적 환경, 그리고 인적 구성 등을 확보하는데 통제와 지원을 제공해야 한다.[61)] 정보기관은 행정부의 일부분으로 행정부의 다른

---

59) Micah Zenko and Michael A. Cohen, "Clear and Present Safety: The United States Is More Secure Than Washington Thinks," *Foreign Affairs*, Vol.91, No.2(2012), p.86.

60) Hans Born and Marina Caparini, eds., *Democratic Control of Intelligence Services: Containing Rogue Elephants*, (Burlington, VT: Ashgate, 2007); Hans Born, Loch K. Johnson, and Ian Leigh, eds., *Who's Watching the Spies?* (Washington, DC: Potomac Books, Inc., 2005).

61) Norman J. Ornstein and Thomas E. Mann. "When Congress Checks Out," *Foreign Affairs*,

부처와 마찬가지로 의회의 감독과 통제를 받아야 한다는 제도와 문화가 현재 일반화되어 있다. 하지만 1970년대 중반까지 설령 민주주의 국가라 하더라도 정보기관을 감독하는 의회 상임위원회가 없었던 것은 정보기관의 특수성에서 기인한다. 정보기관은 기밀정보의 수집을 핵심적인 활동으로 삼고 있고 정보수집의 방법도 기밀이다.

미국에서는 CIA의 해외 불법공작 활동과 FBI의 국내사찰 행위에 대한 언론의 폭로와 여론의 비판 속에서 의회의 진상조사가 있었다. 그 결과 1976년 상원 정보위원회, 1977년 하원 정보위원회가 설치되었으며, 정보기관의 활동을 상시적으로 감독하고 통제하려는 의회의 정보감독 기능이 지속적으로 강화되어 발전해오고 있다. 한국은 문민정부가 들어서고 정보기관에 대한 감독을 강화하는 법과 제도를 획기적으로 도입하면서 1994년 국회에 정보상임위원회가 설치되어 운영되고 있다. 그러나 일반적으로 기밀을 다루는 의회의 정보감독 활동은 언론이나 유권자의 주목을 받지 못하지만, 정보실패 혹은 정보기관의 권력남용을 조사하는 경우에는 평소에는 주목받지 못하는 정보위원회의 활동이 공개되고 언론과 대중의 열띤 논쟁을 유도하는 비중 있는 상임위원회가 된다. 정보기관의 기능 미비나 권한 남용에서 비롯된 행위를 조사하는 의회와 진상조사단은 정보기관의 은밀성과 민감성을 뛰어넘는 활동을 전개하는 것이다.

(4) 국내 정보와 국외 정보의 협동성 강화

위협을 가하는 방식이 불확실하고 활동의 지리적 공간이 세계화로 애매해진 상황에서 위협 행위자와 이들의 위협 행위를 파악하는 정보 수집은 가장 근본적인 대응책이 된다.[62] 위협의 속성이 변화하면서 정보공유 체제가 강화되고 있다. 국외 정보의 역할이 강조되었지만, 탈냉전 이후 국내 정보활동의 역할도 그 이전에 비해 더욱 강조되고 있다. 미국, 영국, 캐나다 등의 서구 민주국가들은 1970년대에 국제 혹은 국내 정치적 환경 변화에 따라 정보공동체의 활동에 대해 국민의 비판과 입법부의 감독을 적극적으로 실행하였다. 이 시기를 계기로 국외 정보 혹은 국내 정보기관들의 활동에 대한 법률적인 제약이 훨씬 명확하게 제시되었고, 이들 기관도 시민권(civil rights) 혹은 사생

Vol.85, No.6(November/December 2006), pp.67–82.

62) Derek S. Reveron, "Beyond the State? The Impact of Transnational Terrorist Threats on Security Cooperation," in Ersel Aydinli, ed., *Emerging Transnational (In)Security Governance*, (Abingdon, OX: Routledge, 2010), p.25.

활(privacy) 권리 등을 침해하지 않도록 제도와 조직 및 활동의 범위를 조정하였다. 가장 기본적인 기준은 국외 정보와 국내 정보 담당 기관이 구분되었고, 국외 정보기관은 국내 정보를 관여하지 못하도록 하였다. 더욱이 국내 정보기관은 특정 위협 요인에 집중되어 있을 뿐, 사회 전반에 대해서 지속적인 정보수집 및 분석활동을 추진하지 않았다. 특히 이들 서구 민주국가에서 치안을 담당하는 경찰기관은 국내 정보 기능과 조직을 거의 갖추지 않았거나, 있다하더라도 극히 미미한 영역으로 남겨져 있었다.[63]

국외 정보활동과 국내 정보활동을 구분하려는 이유는 정부의 한 부처에 과도하게 권력이 집중되는 것이 민주정치 제도에 위험하기 때문이다. 따라서 국외 정보를 전담하는 정보기관이 법집행기관이 행하는 수사 및 체포권한을 갖지 못하는 경우가 일반적이다. 국외 정보활동에서 용인되는 수단이나 활동의 범위는 국내 정보활동에 비해 제한되지 않고 폭이 넓다. 그러나 국내 정보활동은 인권과 사생활보호 등 국내법에 의해 불법화되는 부분에서 정보활동을 하기가 어렵고, 정보공개 등 정부의 활동을 감시하고 감독하려는 국내 규범적 요소로 인해 활동이 더욱 어렵게 된다. 안보위협의 행위자와 수단이 바뀌면서 전통적으로 국외에서 발생하는 안보위협이 국내에서도 발생할 가능성이 항상 열려있기 때문에 안보와 치안의 경계선이 허물어지고 상호 협력과 공조 체제가 요구되고 있다.

과거에는 초국가적 위협이 범죄 차원에 머물러 있을 경우 법집행기관은 사후 대응을 통해 처벌하는 데 역점을 두었다. 하지만 단순한 초국가적 범죄 행위가 다른 위협 요소와 결합됨으로써 파생되는 파괴의 심각성이 크게 증대되었다. 법집행기관의 활동만으로 국경선을 넘어서 연계된 사건을 처리하는 것이 불충분하고, 적절하게 대응하는 것에도 한계가 있다. 하나의 초국가적 사건은 하나로 그치지 않고, 다른 위협과 연계되어 있으며, 이에 대처하기 위해서는 방대한 정보가 필수적이다.[64] 예컨대, 대량살상무기 거래, 불법 밀입국, 자금세탁, 국제범죄 등이 테러단체와 연계되어 나타나는 파괴력은 단순한 테러와는 비교할 수 없을 만큼 광범위하다. 생화학 혹은 핵물질을 이용한 테러는 가공할 만한 피해와 심리적 불안감을 조성할 수 있다. 따라서 안보 위협에 해당하는 초국가적 위협을 사전에 차단하고 예방하는 조치가 필요하다. 선제적 대

63) 9 · 11 이전에는 국외 정보(안보)와 국내 정보(치안)가 비교적 엄격하게 구분되는 경향이 있었다. 한국의 경우, 국가정보원은 공안 및 대공 사범에 대한 수사 및 심문권한을 갖고 있는 정보의 통합적 조직을 갖추고 있다.

64) Shulsky and Schmitt(2002), pp.4-5.

응은 정보의 역할에 달려있다. 테러 공격의 기획과 행위자들의 정체에 관한 정보는 적대세력의 위협 행위가 실현되기 이전에 방지하는 것이 절대적인 조건이다.[65] 결국 국외 정보와 국내 정보 조직 간 통합은 아니더라도 정보 공유의 체계를 강화하는 방향으로 나아가는 것이 중요하다.

>> 참고문헌

National Intelligence Studies

문정인. "국가안보와 국가정보: 바람직한 정보기구 모색을 위하여". 『국가전략』. 제2권 1호(1996).

장노순. "정보와 정책: 정보 정치화를 중심으로". 『국가전략』. 제13권 3호(2007).

장노순. "초국가적 행위자의 사이버공격과 핵공격에 관한 비교연구: 국제안보질서의 안정성을 중심으로". 『한국정치학회보』. 제39집 5호(2005).

전웅. "국가정보와 안보정책". 『한국국제정치논총』. 제36권 3호(1997).

Anderson, James E. *Public Policymaking: An Introduction*, 7th ed. Boston, MA: Wadsworth. 2011.

Andrew, Christopher M. "American Presidents and Their Intelligence Communities." in R. George and R. Kline, eds. *Intelligence and the National Security Strategist.* Lanham, MD: Rowman & Littlefield Publishers, Inc., 2006.

Arquilla, John. David Ronfeldt, and Michele Zanini. "Networks, Netwar, and Information-Age Terrorism." in I. Lesser, et. al.. eds. *Countering the New Terrorism.* Santa Monica, CA: RAND, 1999.

Aydinli, Eresel. "Statist-Transnationalism for a Security Cooperation Regime." in Aydinli, ed. *Emerging Transnational (In)Security Governance*. Abingdon, OX: Routledge, 2010.

Berkowitz, Bkruce D. and Allan E. Goodman. *Best Truth: Intelligence in the Information Age.* New Haven, CT: Yale University Press, 2000.

Berkowitz, Bruce. "Better Ways to Fix U.S. Intelligence." *Orbis.* Vol.45. No.4(Fall 2001).

65) Gregory F. Treverton, "Terrorism, Intelligence and Law Enforcement: Learning the Right Lessons," Intelligence and National Security, Vol.18, No.4(Winter 2003), pp.36–48.

Betts, Richard K. "Analysis, War, and Decision: Why Intelligence Failure Are Inevitable." *World Politics*. Vol.31. No.1.(Oct. 1978).

Betts, Richard K. *Enemies of Intelligence: Knowledge and Power in American National Security*. New York: Columbia University Press. 2007.

Biersteker, Thomas J. and Sue E. Eckert. *Countering the Financing of Terrorism*. Abingdon, OX: Routledge, 2008.

Born, Hans and Marina Caparini, eds. *Democratic Control of Intelligence Services: Containing Rogue Elephants*. Burlington, VT: Ashgate, 2007.

Born, Hans, Loch K. Johnson, and Ian Leigh, eds. *Who's Watching the Spies?* Washington, DC: Potomac Books, Inc., 2005.

Broad, William J. and Mark Mazzetti. "Yet Another Photo of Site in Syria, Yet More Questions." *New York Times*. 27 October 2007.

Broder, John M. "Climate Change as Threat to U.S. Security." *New York Times*. 10 August 2009.

Davies, Philip H. J. "Ideas of Intelligence: Divergent National Concepts and Institutions." *Harvard International Review*. Vol.24, No.3(Fall 2002).

DNI. *The National Intelligence Strategy of the United States of America*. October 2005.

Easton, David. "An Approach to the Analysis of Political Systems." *World Politics*. Vol.9, No.3(1957).

Falkenrath, Richard A., Robert D. Newman, and Bradley A. Thayer. *America's Achilles' Heel: Nuclear, Chemical Terrorism and Covert Attack*. MA: The MIT Press, 1998.

Foryst, Carole A. "Rethinking National Security Strategy Priorities." *International Journal of Intelligence and Counterintelligence*. Vol.23(2010).

Freedman, Lawrence. "Prevention, Not Preemption." *The Washington Quarterly*. Vol.26, No.2(Spring 2004).

Gallucci, Robert. "Averting Nuclear Catastrophe: Contemplating Extreme Responses to U.S. Vulnerability." *Annals of the American Academy of Political and Social Sciences*. No.607(September 2006).

Gill, Peter and Mark Phythian. I*ntelligence in an Insecure World*. Cambridge, UK: Polity Press, 2006.

Harber, Justin R. "Unconventional Spies: The Counterintelligence Threat from Non-

State Actors." *International Journal of Intelligence and Counterintelligence*. Vol.22(2009).

Herman, Michael. *Intelligence Power in Peace and War*. Cambridge University Press, 1996.

Heymann, Philip B. *Terrorism Freedom and Security: Winning without War*. Cambridge: The MIT Press, 2003.

Hoffman, Bruce. "Terrorism Trends and Prospects." in I. Lesser, et. al., eds., *Countering the New Terrorism*. Santa Monica, CA: RAND, 1999.

Hulnick, Arthur S. "Intelligence Producer-Consumer Relations in the Electronic Era." *International Journal of Intelligence and Counterintelligence*. Vo.24, No.4(2011).

Jackson, Brian A., ed. *Considering the Creation of a Domestic Intelligence Agency in the United Sates*. Santa Monica, CA: RAND, 2009.

Jervis, Robert. "Why Intelligence and Policymakers Clash." *Political Science Quarterly*. Vol.125, No.2(2010).

Kent, Sherman. *Strategic Intelligence for American Foreign Policy*. Princeton, NJ: Princeton University Press, 1949.

Kent, Sherman. *Strategic Intelligence for American World Policy*. Princeton University Press, 1949.

Lahneman, William J. "The Need for a New Intelligence Paradigm." *International Journal of Intelligence and Counterintelligence*. Vol.23(2010).

Lowenthal, Mark M. *Intelligence: From Secrets to Policy*, 3rd. Washington, DC: CQ Press, 2006.

Mandel, Robert. *Dark Logic: Transnational Criminal Tactics and Global Security*. Stanford, CA: Stanford University Press, 2011.

Marrin, Stephen. "At Arm's Length or At the Elbow?: Explaining the Distance between Analysts and Decisionmakers." *International Journal of Intelligence and Counterintelligence*. Vol.20, No.3(2007).

Median, Carmen A. "What To Do When Traditional Models Fail." in Roger Z. George and Robert D. Kline, eds. *Intelligence and the National Security Strategist*. Lanham, MD: Rowman & Littlefield Pub., 2006.

Naim, Moises. "Mafia States: Organized Crime Takes Office." *Foreign Affairs*. Vol.91, No.3(2012).

Ornstein, Norman J. and Thomas E. Mann. "When Congress Checks Out." *Foreign*

Affairs. Vol.85, No.6(November/December 2006).

Reveron, Derek S. "Beyond the State? The Impact of Transnational Terrorist Threats on Security Cooperation." in Ersel Aydinli, ed. *Emerging Transnational (In) Security Governance*. Abingdon, OX: Routledge, 2010.

Richelson, Jeffrey T. *The US Intelligence Community*, 5th. Westview, 2008.

Sanger, David E. "Obama Order Sped Up Wave of Cyberattacks Against Iran." *New York Times*. 2 June 2, 2012.

Segal, Adam. "Chinese Computer Games: Keeping Safe in Cyberspace." *Foreign Affairs*. Vol.91, No.2(2012).

Steinberg, James B. "The Policymaker's Perspective: Transparency and Partnership." in R. George and J. Bruce, eds. *Analyzing Intelligence: Origins, Obstacles, and Innovations*. Washington, DC: Georgetown University Press, 2008.

The Cox Commission. *The Final Report of the Select Committee on U.S. National Security and Military/Commercial with the People's Republic of China*(so-called the Cox Report)(1999).

The Department of Defense. *The Quadrennial Defense Report Review*. February 2010.

The White House. *National Military Strategic Plan for the War on Terrorism*. 2006.

The White House. *National Strategy for Combating Terrorism*. February 2003.

The White House. *National Strategy to Combat Weapons of Mass Destruction*. December 2002.

The White House. *The National Security Strategy of the United States of America*. September 2002.

Theisen, Ole Magnus, Helge Hltermann, and Halvard Buhaug. "Climate Wars: Assessing the Claim That Drought Breads Conflict." *International Security*. Vol.36, No.3(2011/12).

Treverton, Gregory F. "Terrorism, Intelligence and Law Enforcement: Learning the Right Lessons." *Intelligence and National Security*. Vol.18, No.4(Winter 2003).

U.S. Department of Defense. *Department of Defense Strategy for Operating in Cyberspace*. (July 2011).

Victor, David G., Charles F. Kennel, and Veerabhadran Ramanathan. "The Climate Threat We Can Beat: What It Is and How to Deal With It." *Foreign Affairs*. Vol.91, No,3(2012).

Warner, Michael. "Wanted: A Definition of 'Intelligence'." *Studies in Intelligence*. Vol.46, No.3(2002).

Zenko, Micah and Michael A. Cohen. "Clear and Present Safety: The United States Is More Secure Than Washington Thinks." *Foreign Affairs*. Vol.91, No.2(2012).

|제2장| 국가정보의 통제

제1절 국가정보와 정보통제

1. 국가정보활동과 민주주의

대부분의 현대 국가는 국가안보와 국가이익을 위해 활동하는 국가정보기구를 설치하여 운용하고 있다. 오늘날 민주주의 국가에서는 대부분의 시민들이 국가안보와 국가이익을 위해서는 국가정보기구의 정보활동이 필요하다는 것에 동감하고 있다. 그러나 정보활동과 민주주의 사이에는 긴장관계가 존재한다. 정보활동을 규율하는 기본원리와 민주주의 원칙이 서로 충돌하기 때문이다. 이렇게 서로 충돌하는 민주주의와 정보활동의 원리를 비교해 보면 다음과 같다[1].

첫째, 민주주의와 정보활동 간에는 투명성과 비밀성이 충돌하는 경우가 있다. 민주주의는 국가의 리더십과 광의의 정책 방향에 대해 합리적 선택을 할 수 있도록 정보에 밝은 유권자의 존재를 상정한다. 이를 위해서는 대중매체의 자유로운 활동, 정부의 활동과 정책결정과정에 있어서의 높은 투명성 그리고 정보와 사상의 자유로운 흐름 등이 필요하다. 그러나 정보활동은 비밀성이 요구될 뿐만 아니라 비밀의 수준에 따라 접근이 제한된다.

둘째, 민주주의와 정보활동은 분산과 집중의 원리로 서로 충돌한다. 민주주의는 전형적으로 권력이 집중되는 것을 의심의 눈초리로 바라보기 때문에 권력을 분산시키려는 경향성을 보인다. 그러나 정보기구들은 비밀에 대한 권한과 접근 모두를 한곳으로 집중시킨다.

1) Marvin C. Ott, "Partisanship and the Decline of Intelligence Oversight," *International Journal of Intelligence and Counterintelligence*, Vol.16, No.1(2010), pp.71–72.

셋째, 민주주의와 정보활동은 법의 지배 원리 문제로 서로 충돌한다. 민주주의는 개인이 아니라 법의 지배에 근거하고 있으며, 근거가 되고 있는 법은 사회 구성원 대다수가 갖고 있는 가치에 기반하고 있다. 반면에 정보활동은 때에 따라 국내법의 적용을 배제시킬 것이 요구되며, 때로 다른 나라의 법률을 위반하는 경우도 발생한다.

넷째, 민주주의와 정보활동은 사생활 보호 문제로 서로 충돌한다. 민주주의는 사생활의 비밀을 인간의 기본권에 속하는 사항으로 간주하고 보호한다. 그러나 정보활동에 종사하는 인사들의 사생활은 상당 부분 보호되지 않는다. 정보기구에 충원될 때에도 개인적 행동이나 태도 등 사생활에 대한 전면적인 조사가 이루어지며, 근무 기간 중에도 조사 대상이 될 경우에서는 수시로 거짓말 탐지기에 의한 조사나 개인 생활에 대한 전방위적 조사가 이루어진다.

다섯째, 민주주의와 정보활동 간에는 신뢰의 문제로 서로 충돌한다. 민주주의는 근본적으로 시민 간에, 그리고 시민과 정부 간에 어느 정도의 상호 신뢰가 요구된다. 그러나 정보활동의 세계에서는 항상 경계 태세를 유지하는 것이 중요하다. 정보기구에서 같이 종사하고 있는 인사에 대해서도 끊임없이 경계하고 감시하는 것이 요구된다.

민주주의와 정보활동 간에는 이러한 상충관계가 존재하기 때문에 국가정보기구의 정보활동은 민주주의의 근본규범, 과정 그리고 제도를 제약할 위험성을 내포하고 있는 것이다. 따라서 민주주의 체제 하에서의 정보활동의 근본 과제는 정보활동을 효과적으로 수행하면서도 어떻게 민주주의의 근본규범, 그리고 민주적 과정과 제도를 훼손하지 않고 유지 · 발전시킬 수 있는가 하는 것이다.

2. 국가정보기구에 대한 통제의 필요성

국가정보기구의 정보활동이 비록 국가안보나 국가이익이라는 국가의 핵심가치 수호를 목적으로 하고 있지만, 국가정보기구는 정보를 독점하면서 전문성을 바탕으로 하여 비밀리에 활동하기 때문에 민주주의를 훼손시킬 수 있는 위험도 존재한다. 따라서 민주주의 체제의 발전을 위하여 국가정보기구에 대한 민주적 통제와 감시가 필요하다. 국가정보기구에 대한 통제의 필요성을 정리하면 다음과 같다.

첫째, 정보기구에 대한 통제는 민주주의를 보존하고 강화시키기 위하여 필요하다. 국가정보기구에 대한 민주적 통제의 필요성은 일찍이 플라톤의 수호자주의에 대한 비판으로 제기된 "수호자는 누가 감시할 것인가?" 하는 문제로 귀결된다. 국가정보기구는 정보를 독점하고 있고, 비밀리에 행동하며 또 목적 달성을 위해 다양한 방법과 수단을 사용하는 것이 허용되기 때문에 권력 남용이 이루어질 수 있고, 부패할 가능성도 있다. 따라서 민주주의의 보존과 발전을 위하여 정보기구에 대한 통제와 감시가 필요하다. 국가정보기구에 대한 민주적 통제와 감시가 결여되었을 경우에도 민주주의가 위협을 받지만 정보기구가 특정 정치지도자에 예속되어 정권안보에 전념할 때에도 민주주의는 역시 위험에 처하게 된다.

둘째, 정보기구에 대한 민주적 통제는 정보기구의 활동에 대한 정당성을 부여한다. 국가정보기구의 활동은 국가안보와 국가이익의 수호를 위해 비밀활동을 수행하는 과정에서 때에 따라서는 국내법이나 국제규범을 위반하는 행위를 하기도 한다. 그런데 적법한 권한과 책임을 갖고 있는 기구에 의한 정보기구에 대한 감시와 통제는 국가정보기구로 하여금 일정한 행동 규범하에 정보활동을 수행하도록 만든다. 이렇게 감시와 통제를 통해 설정된 행동 기준하에 이루어지는 정보활동은 정당한 행위로 간주된다. 이 점에서 정보기구에 대한 감시와 통제는 정보활동에 대한 객관적 정당성을 부여한다고 할 수 있다.

셋째, 정보기구에 대한 민주적 통제는 정보기구의 활동에 대한 책임과 한계를 분명히 한다. 국가정보기구에 대한 감시와 통제는 법적 근거와 통제기구에 의해 활동 범위의 준거 틀 및 행동의 수단과 방법 등을 분명히 규정하기 때문에 정보활동에 대한 책임 소재와 책임의 한계 또한 분명해진다. 이에 따라 정보활동의 책임 소재와 책임의 한계를 둘러싼 불필요한 논쟁으로부터 정보기구가 보다 자유로워질 수 있다. 따라서 통제와 감시가 정보기구의 활동을 제약하는 측면도 있지만 자유로운 정보활동을 보장한다는 점에서 통제와 감시는 정보기구의 활동에 긍정적으로 작용한다. 예를 들어 1975년 이후 미국의 역대 중앙정보장(DCI) 대다수는 정보활동에서 야기되는 부담스러운 책임을 분담시킬 수 있다는 점에서 의회의 통제와 감시를 환영하는 입장을 취하고 있다.[2)]

---

2) Loch K. Johnson, "The CIA and the question of accountability," *Intelligence and Counterintelligence*, Vol.12, No.1(1977), p.188.

3. 국가정보 통제의 개념

행정학자 셔윈(D. S. Sherwin)은 통제란 "미리 정해진 기준에 모든 활동을 조절시키는 행위로서 계획이 잘 집행되고 있는지 또는 목표를 성취시키기 위한 적절한 절차가 마련되어 있는지의 여부를 검증하고 필요에 따라 그 일탈을 교정하는 기능"으로 정의한다.[3] 한편 정보는 켄트가 정의하는 것처럼 지식으로서의 정보, 조직으로서의 정보, 활동으로서의 정보를 모두 포함하는 개념으로 이해된다.[4] 따라서 정보통제란 정보기구가 목적에 부합되는 활동을 하도록 지배와 책임성이 보장되도록 하는 것으로 정의될 수 있다.

정보통제의 개념을 이렇게 이해하게 되면 정보통제가 초점을 맞추어야 할 핵심사항은 두 가지 차원으로 나뉜다.[5] 통제가 우선적으로 초점을 맞추어야 할 핵심 사항은 국가정보기구가 국가안보와 국가이익의 수호에 적합한 기능과 활동을 수행하고 있는가에 있다. 구체적으로 초점을 맞추어야 할 핵심 사항으로 다음과 같이 열거할 수 있다.

1) 활동의 방향과 목표가 적절히 계획되고 적절히 수행되고 있는가?
2) 정책결정자들의 요구에 대응하여 정보수요를 충족시키고 있는가?
3) 정보수집이나 비밀공작 등을 수행할 충분한 활동 능력을 보유하고 있는가?
4) 정보 분석의 능력과 질은 충분한가?

국가정보기구를 통제하는 데 있어 초점을 맞추어야 할 또 다른 핵심사항은 국가정보기구의 활동이 법적 근거하에 이루어지고 있으며, 또한 책임성이 담보되고 있는가 하는 것이다. 다음은 초점을 맞추어야 할 핵심 사항들이다.

---

3) 국가정보포럼, 『국가정보학』, (서울: 박영사, 2006). p.358 재인용.

4) Sherman Kent, *Strategic Intelligence for American World Policy*, (Princeton, N.J.: Princeton University Press, 1965), pp.3–4.

5) 국가정보기구 활동에 대한 통제가 초점을 맞추어야 할 핵심사항은 기본적으로 Mark Lowenthal, *Intelligence: From Secrets to Policy*, 김계동 역, 『국가정보: 비밀에서 정책까지』, (서울: 명인문화사, 2008), p.270의 내용을 수정 · 보완한 것이다.

1) 정보활동이 법적으로 부여된 권한과 범위 내에서 이루어지고 있는가?
2) 정보활동을 수행함에 있어 책임과 한계는 명확히 이루어지고 있는가?
3) 정보활동을 위하여 허가되고 승인된 예산의 집행이 적절히 이루어졌는가?

제2절 국가정보의 통제 수단

민주주의 국가에서의 국가정보기구에 대한 통제는 일반적으로 법적으로 부여된 권한을 갖고 있는 공식적인 기구뿐만 아니라 여타의 사회 제도에 의해서도 이루어진다. 정보통제의 주체로 최고정책결정자인 대통령, 의회와 언론, 시민단체나 시민 개인이 주로 거론된다.[6] 국가정보기구에 대한 민주적 통제는 이러한 통제주체들에 의해 다차원적으로 이루어지는 것이 일반적이다.[7] 첫째, 국가정보기구는 행정부 소속 기관이기 때문에 최고 통치권자인 대통령이나 총리의 통제를 받는다. 둘째, 민주주의 국가에서 행정부는 삼권분립에 기초한 견제와 균형의 정신에 따라 입법부의 감시와 통제를 받게 되어 있으므로 행정부의 일부인 국가정보기구 역시 의회의 통제를 받는다. 셋째, 민주주의 국가에서는 국가 기관이 언론이나 시민으로부터 감시를 받는 것이 당연한 것으로 받아들여지고 있기 때문에 국가정보기구 또한 언론이나 시민에 의한 감시를 벗어날 수 없다.

1. 최고 통치권자에 의한 통제

국가정보기구의 핵심기능 중의 하나는 국가의 최고 통치권자가 정책을 결정할 때

6) Pat M. Holt, *Secret Intelligence and Public Policy: A Dilemma of Democracy,* (Washington, D.C.: CQ, Press, 1995), p.8.

7) Lowenthal은 국가정보기구에 대한 감시와 통제의 주체를 행정부와 의회로 나누어 설명하고 있다. Lowenthal(2008), pp.269-304. 문정인 · 배종윤은 대통령과 입법부로 나누어 설명한다. 문정인 · 배종윤, "정보기관과 민주적 통제", 문정인 편저, 『국가정보론』, (서울: 박영사, 2002), p.293-302. 이들과는 다르게 여기서는 최고 통치권자와 의회의 통제로 나누고, 최고 통치권자에 의한 통제는 직접적인 통제와 행정기구를 통한 간접적인 통제로 나누어 설명한다. 의회에 의한 통제는 의회의 통제 권한을 먼저 설명하고 통제기구들을 설명한다.

필요한 정보를 수집하고 분석하여 제공하는 것이다. 국가정보기구가 비록 정보의 우선적 수요자인 최고 통치권자를 위해 봉사하는 기관이기는 하지만, 양자 간에는 어느 정도의 긴장관계가 형성되는 것이 일반적이다. 최고 통치권자는 국가정책결정의 판단 자료가 되는 국내외의 필요한 객관적 정보를 제공받기를 바랄 뿐만 아니라 자신의 정책적 선호에 부합되는 정보 역시 적절한 시기에 충분히 제공하는 정보기구가 되기를 바란다. 그러나 최고 통치권자의 정책결정에 필요한 정보의 요구에 즉각적으로 부응해야 한다는 점에 대해서는 이견의 여지가 없다고 할지라도 국가안보나 국가이익에 필요한 정책 정보의 수집, 분석, 평가와 관련하여 국가정보기구의 조직적 관점과 최고 통치권자의 정책적 방향과는 다를 수도 있다.

최고 통치권자의 정책 방향과 국가정보기구의 조직적 관점 간에 발생할 수 있는 이러한 긴장관계는 때로는 심각한 문제를 자아내는 경우도 있다. 정보기구의 조직적 관점과 최고 통치권자의 정책방향이 충돌할 때 정보기구들이 중요 정보를 선별적으로 제공하여 최고 통치권자를 좌지우지할 수 있는 위험성이 발생할 경우도 있다.[8)]

국가의 최고 통치권자에 의한 정보기구에 대한 통제는 크게 두 가지 방법을 통하여 이루어진다. 즉 최고 통치권자인 대통령이나 총리는 법적으로 자신에게 부여된 권한 행사를 통해 국가정보기구에 대해 직접적인 통제를 할 수 있으며, 또한 행정부 내의 다른 기관을 통하여 정보기구를 간접적으로 통제할 수 있다. 직접적 통제 수단으로 최고 통치권자는 정보기구 책임자에 대한 인사권, 행정명령, 그리고 정보기구에 대한 조직 개편 권한을 지닌다.[9)] 간접적 통제수단으로는 정부 내 정보 감시 기관과 정보기구의 활동에 대한 특별 감사 실시를 위해 설치하는 외부 특별조사위원회가 있다.

(1) 최고 통치권자에 의한 직접적 통제

최고 통치권자가 정보기구를 통제하는 직접적인 방법에는 크게 다음의 세 가지가 있다.

첫째, 국가의 최고 통치권자인 대통령이나 수상은 정보기구 책임자에 대한 인사

8) 관료들의 조직적 이익이 정책결정에 영향을 준다는 대표적 연구는 Graham T. Allison, *Essence of Decision: Explaining Cuban Missile Crisis*, (Boston: Little, Brown, 1971).

9) 최고정책결정권자의 직접적인 통제는 문정인 · 배종윤의 논의(위의 글, pp.291-296)에 기초하여 보완한 것임.

권의 행사를 통하여 국가정보기구의 활동을 통제할 수 있다. 대부분의 민주국가에서는 최고통치권자인 대통령이나 수상이 자신이 추구하는 정책 방향으로 국가를 이끌어 나아가기 위해서 행정조직의 고위 책임자를 자신의 정책 노선에 따라 움직일 수 있는 인사로 충원하는 것이 일반화 되어 있다. 따라서 최고 통치권자는 국가정보기구 역시 인사권을 통하여 통제할 수 있다. 최고 통치권자는 자신이 신뢰할 수 있는 인사를 충원함으로써 국가정보기구가 자체의 조직적 이익을 염두에 두는 것이 아니라 최고 통치권자 입장에서 정책 방향에 부합되는 정보를 수집하고, 평가하여 적절한 시기에 제공하도록 할 수 있는 것이다. 이 점에서 인사권은 국가정보기구를 통제할 수 있는 가장 유효한 수단 중의 하나라 할 수 있다.

둘째, 국가의 최고 통치권자는 행정명령을 통하여 국가정보기구를 통제할 수 있다. 행정명령은 법령에 근거하여 이루어지는 행정행위로서 명령의 상대방에게 의무를 발생시키는 법규의 성격을 갖고 있다. 따라서 최고 통치권자는 국가정보기구를 규율하는 행정명령으로 국가정보기구를 통제할 수 있다.

한국의 경우 헌법 제37조 2항 그리고 국가정보원법 제3조 2항에 근거하여 대통령령으로 「보안업무규정」, 「정보 및 보안업무 기획조정규정」, 그리고 「방첩업무규정」을 시행함으로써 정보기구의 활동을 통제하고 있다.

미국의 경우 역시 미국 연방헌법 제2조 1항과 3항에 근거하여 법적 효력을 갖는 대통령 명령(executive order)을 통하여 국가정보기구를 통제하고 있다. 미국 정보공동체를 규율하는 주요한 대통령 명령으로 포드 대통령 명령, 카터 대통령 명령, 레이건 대통령 명령 그리고 부시 대통령 명령 등이 있다.

행정명령은 변화하는 정보요구에 대응하여 최고 통치권자의 판단에 따라 정보기구를 어떻게 운영할 것인지 그리고 어떻게 활동을 제한할 것인지 등 정보기구를 유연하게 변화시킬 수 있는 장점이 있다. 그러나 행정명령은 최고 통치권자의 판단에 따라 변화될 수 있기 때문에 영속적이지 않고, 법령이 아니기 때문에 집행이 쉽지 않으며, 의회의 입법관련 역할을 제한할 수도 있다는 점을 유의해야 한다.[10)]

셋째, 최고 통치권자는 기구의 개편이나 재조직을 통하여 국가정보기구를 통제할 수 있다. 우선 국가의 최고 통치권자는 기존의 정보기구를 폐지하거나 축소함으로써, 또는 새로운 정보조직을 신설하거나 확대함으로써 국가정보기구를 직접적으로 통제

---

10) Lowenthal(2008), pp.290-291.

할 수 있다. 특히 새로이 정권을 담당하게 되는 최고 통치권자는 이 수단을 통하여 정보기구를 장악하려 한다. 정보기구의 개편이나 재조직으로 통하여 국가정보기구를 통제하려는 또 다른 수단은 국가정보기구를 기능에 따라 여러 기관으로 분리함으로써 통제력을 강화하는 방식이 있다. 단일의 정보기구가 정보를 독점할 때 정보기구는 속성상 정보기구의 기본 임무로부터 일탈하기 쉽기 때문에 정보기능을 여러 기관에 분리시킴으로써 통제력을 강화할 수 있다. 정보기관의 분산은 군 정보기관이나 경찰 정보기관을 각각 따로 분리하여 존속시키거나 국내보안과 해외정보기관으로 분리하는 등 여러 가지 방법이 있을 수 있다. 물론 정보기구를 분산시킬 경우 정보기구들끼리 서로 경쟁할 가능성이 높아지기 때문에 정보의 효율성은 떨어질 수도 있다. 그러나 정보가 단일의 정보기구에 의해 독점되는 것을 막을 수 있기 때문에 최고 통치권자의 정보기구에 대한 통제는 증가될 수 있다.[11)]

(2) 행정기구를 통한 간접적 통제

최고 통치권자는 다음과 같이 행정기구를 통하여 정보기구를 간접적으로 통제할 수 있다.

첫째, 행정부 내 정보 감시 기구를 통하여 국가정보기구를 통제할 수 있다. 국가정보기구에 대한 통제가 반드시 필요하고 중요한 것이라 하더라도 최고 통치권자인 대통령이나 총리를 포함하여 고위정책결정자들이 국가정보기구에 대해 지속적인 통제를 유지할 수는 없다. 따라서 대부분의 국가에서는 행정부 내에 국가정보기구를 통제하는 정보 감시 기구를 가지고 있다.

미국의 경우 국가안전보장회의(National Security Council), 대통령정보자문단(President's Intelligence Advisory Board), 합동정보공동체회의(Joint Intelligence Community Council), 정보감독자문단(Intelligence Oversight Board), 그리고 예산관리처(Office of Management and Budget) 등을 통하여 정보기구를 통제한다.

둘째, 국가 최고 통치권자는 필요에 따라 외부 특별조사위원회를 설치하여 정보활동을 조사 및 감독함으로써 국가정보기구를 통제한다. 국가 최고 통치권자는 국가안보에 심각한 영향을 미친 정보실패가 발생하거나, 정보기구 본연의 기능을 벗어난

11) Thomas C. Bruneau, "Controlling Intelligence in New Democracy," *International Journal of Intelligence and Counterintelligence*, Vol.14, No.3(2001), p.331.

심각한 직무일탈이 발생할 경우 정부 내에 특별조사위원회를 설치하여 정보활동을 조사한다. 이란-콘트라 사건을 조사하기 위한 타워위원회, 2003년 이라크 전쟁의 실마리가 된 이라크의 대량살상무기 보유 여부를 조사하기 위한 대량살상무기위원회 등이 그 예라 할 수 있다.

그러나 외부 특별조사위원회에 의한 정보기구에 대한 조사는 몇 가지 고려해야 할 점이 있다.[12] 첫째, 특별조사위원회는 행정부가 어떤 정치적 이익을 얻기 위해서 또는 정치적 압력에 굴복하여 설치되기 때문에 특별조사위원회는 본질적으로 정치적이라는 점을 고려해야 한다. 둘째, 다양한 정치적 견해나 배경을 갖고 있는 위원들을 지명함으로써 어느 정도 해결할 수 있는 문제이긴 하지만 특별조사위원회는 집권 정부에 의해 만들어지기 때문에 항상 객관성의 문제가 제기될 수 있음을 고려해야 한다. 셋째, 위원회에 지명되는 위원들이 어느 정도의 전문적 지식을 갖고 있는가에 따라 지나치게 편향적이 될 수도 있고, 통찰력 있는 조사가 이루어지지 못할 수도 있음을 고려해야 한다. 넷째, 위원회의 조사 결과에 만족하지 못하는 위원회 내의 일부 그룹이 결과를 조작할 수 있음을 고려해야 한다.

2. 의회에 의한 통제

의회가 국가정보기구를 통제할 수 있는 근거는 민주주의 국가의 핵심 통치 원리라 할 수 있는 국가권력의 분립과 상호 간의 견제와 균형의 원칙에 입각한 것이다. 일반적으로 오늘날 정보는 권력으로 간주되고 있어 최고 통치권자에게 정보가 집중된다는 것은 곧 권력이 행정부에 집중된 것을 의미하기 때문에 견제와 균형을 통한 민주주의 추구라는 관점에서 의회의 정보기구에 대한 통제는 정당화되고 있다.

(1) 의회의 국가정보기구 통제 수단

의회가 정보기구를 통제하는 방법은 다음과 같다.

첫째, 의회는 입법권을 통해 정보기구를 통제한다. 삼권분립과 견제와 균형의 원칙이 존중되는 민주주의 국가에서 의회의 가장 주요한 권한 중의 하나가 입법권이다.

12) Lowenthal, 위의 책, pp.274–275.

의회는 자신에게 부여된 입법권의 행사를 통해 필요한 권한을 스스로 창출할 수 있기 때문에 정보기구에 대해서도 필요하다면 법률 제정을 통하여 합법적으로 통제할 수 있다. 의회는 입법권을 통해 정보기구 활동의 법적 근거를 마련해주기도 하지만 정보기구를 통제할 수 있는 수단과 방법을 입법화하여 통제할 수도 있다.

역사적으로 볼 때 의회의 정보기구 통제 입법은 대체적으로 정보기구의 심각한 직무일탈이나 권력남용이 일반 대중에 공개적으로 알려졌을 때 집중적으로 이루어지는 경향이 있다. 또 의회가 어떻게 법률을 제정하는가에 따라 정보기구에 대한 통제의 수단이나 방법 그리고 내용이 다양화된다.

미국의 경우 1970년대 초에 발생한 정보기구의 직무일탈과 권력남용에 직면하여 정보기구를 통제하기 위한 입법이 활발히 이루어져 왔다. 1974년 휴즈-라이언(Hughes-Ryan)법이 입법화 된 이후 정보기구에 대한 각종 통제 입법이 이루어졌다. 한국의 경우도 민주화 이후 정보기구에 대한 통제 입법이 이루어졌다. 국가정보기구 통제를 목적으로 하는 별도의 통제 입법은 이루어지지 않았으나 국가정보원법 개정을 통하여 정치개입과 권력남용을 방지할 수 있는 법적 근거가 마련되었다.

둘째, 의회는 예결산권을 통해 정보기구를 통제한다. 의회의 예결산권은 의회가 행정부를 통제할 수 있는 가장 효과적인 수단이라 할 수 있다. 예결산권이 가장 효과적이라고 할 수 있는 이유는 행정부가 제출한 예산안은 의회의 승인이 이루어져야만 집행될 수 있고, 결산안 또한 의회의 승인을 얻어야만 하기 때문이다. 국가정보기구 역시 정보활동을 위한 예산안은 의회의 승인을 얻어야하며, 결산안도 승인을 받아야만 한다. 결산안의 승인을 얻기 위해 정보기구의 활동에 대한 의회의 감시 절차를 거쳐야만 하기 때문에 예결산권은 의회가 정보기구를 통제하는 가장 강력한 수단이라 할 수 있다.

미국 연방 헌법 제1조 9절 7항은 모든 국고금은 법률에 따른 의회의 지출 승인에 의해서만 인출할 수 있으며, 모든 공공자금의 수납 및 지출에 관한 정규적인 보고서와 회계 상황을 수시로 공표하여야 한다고 규정하고 있어[13] 의회가 예결산권을 통해 행정부 활동을 통제할 수 있도록 하고 있다. 미국의 정보기구도 의회의 예산 승인이 없이

13) 미국 헌법 제1조 9절 7항. "No Money shall be drawn from the Treasury, but in Consequence of Appropriations made by the Law; and a regular Statement and Account of the Receipts and Expenditures of all public Money shall be published from time to time."

는 어떠한 정보활동도 수행할 수 없기 때문에, 예결산권은 의회가 정보기구를 통제할 수 있는 유효한 수단이 된다. 미국 의회가 예산 통제를 통해 정보활동을 제한하는 경우도 종종 있다. 이를테면 1980년대 미국 의회는 레이건 행정부가 니카라과 반정부 세력인 콘트라에 대한 전투 자금의 지원 관련 정보 예산을 삭감함으로써 정보활동을 제한한 바 있다.[14)]

한국의 경우도 "국회정보위원회는 국가정보원 소관 예산안과 결산, 국가정보원법 제3조 제1항 5호에 규정된 정보 및 보안업무의 기획조정 대상부처 소관의 정보예산안과 결산에 대한 심사를 하여 그 결과를 해당 부처별 총액으로 하여 의장에게 보고하고, 의장은 정보위원회에서 심사한 예산안과 결산에 대하여 총액으로 예산결산특별위원회에 통보한다"고 국회법에 규정되어 있어[15)] 예결산권을 통해 국회가 국가정보원의 활동을 통제할 수 있도록 하고 있다.

셋째, 의회에 부여된 제반의 일반적 정부감시권한을 통해서도 정보기구를 통제할 수 있다. 의회는 공직 지명자에 대한 임명동의권, 대정부 질문권, 국정조사권 및 국정감사권 등 통상적인 정부 감시권한을 통해서도 정보기구를 통제한다.

우선 의회는 정보기구 최고 책임자에 대한 임명동의권을 통하여 정보기구를 통제할 수 있다. 행정부서 책임자에 대한 의회의 임명동의권은 다분히 정치성이 강한 권한이다. 이에 따라 정보기구 최고 책임자에 대한 의회의 임명동의 절차 역시 정치적인 색채가 강하게 나타날 때가 있다. 즉 국가정보기구 최고 책임자에 대한 의회의 지명 절차가 때로는 지명된 후보자가 해당 직위에 적합한 자질과 능력을 갖고 있는지를 탐구하는 것이 아니라 정치적인 고려와 개인적 공격으로 이용되는 경우도 있다. 그러나 의회의 임명 동의권을 옹호하는 사람들은 정보기구를 이끌어갈 최고 책임자가 정책이나 개인적 성향에 대한 세심한 조사 절차를 통해 임명될 경우 대체적으로 의회의 기대에 크게 벗어나는 행동을 하지 않을 것이라고 주장한다.[16)]

미국 의회는 대통령이 지명한 국가정보장(DNI)에 대해 임명을 확정하거나 거부할 수 있는 구속력 있는 권한을 갖고 있다. 대통령이 지명한 후보자의 경우 의회가 동의하는 경우가 일반적이나, 때로는 의회가 동의하지 않아 정보기구의 최고 책임자로

---

14) Lowenthal, 김계동 역(2008), p.279.

15) 국회법 제84조 제 4항.

16) Lowenthal, 김계동 역(2008), p.281.

임명되지 못한 경우도 종종 발생한다. 이를테면 1987년과 1991년에 로버트 게이츠(Robert M. Gates)나 1997년에 레이크(Anthony Lake)는 의회가 동의하지 않아 중앙정보장(DCI)에 임명되지 못했다.

한국의 경우 대한민국 헌법은 대통령이 지명한 정보기구 최고 책임자에 대한 임명동의권을 국회에 부여하지 않고 있다.[17] 대신 국가정보원장의 임명은 국회의 인사검증 절차를 반드시 거치도록 되어 있다.[18] 국회가 인사검증의 권한을 갖는다고 할지라도 국회는 단지 국가정보원장 후보자에 대한 적격 여부에 대한 의견만을 제시할 뿐이다. 즉 국회는 청문회 절차를 거쳐 지명된 후보자에 대한 인사청문경과보고서를 제시하지만 국회의 권고 사항이 구속력을 갖는 것은 아니다.[19]

의회가 갖고 있는 대정부 질문권 역시 의회가 정보기구를 통제하는 주요 수단 중의 하나이다. 의회는 대정부 질문을 통하여 국가정보의 구체적 사안들의 잘못을 추궁하고, 이 과정을 통하여 정보활동의 잘못을 바로 잡을 수 있다는 점에서 정보 통제 수단이 된다.

의회는 정기적으로 행정부의 직무 수행을 감사할 수 있는 권한을 갖고 있는데, 의회는 이러한 국정조사권이나 국정감사권을 통하여 국가정보활동을 통제할 수 있다. 미국의 경우 정보기관에 대한 조사를 실시하고, 필요한 경우 결과보고서를 공개함으로써 조사권한을 정보기관에 대한 효율적 수단으로 활용하기도 하고, 결과보고서를 정책 대안으로 제시함으로써 정보기관의 활동방향을 제시하기도 한다.[20] 한국의 경우도 국정감사 및 조사에 관한 법률에 의거하여 1994년부터 국가정보원에 대한 국정감사가 진행되고 있다. 국가정보활동에 대한 결과보고서는 비록 완전히 공개되지 않지만 국회의 국정감사는 국가정보원 활동의 상당 부분이 감사의 대상이 되기 때문에 유효한 통제 수단이 된다.

---

17) 헌법 제 87조 및 94조.

18) 국가정보원법 제 7조 1항은 "원장은 국회의 인사청문을 거쳐 대통령이 임명"하는 것으로 규정하고 있다.

19) 2003년에 처음으로 실시된 국가정보원장에 대한 인사 청문 과정에서 국회 정보위원회는 후보자에 대한 거부의사를 담은 경과 보고서를 채택했으나 대통령은 이와 관계없이 임명을 확정한 바 있다. 정상화, "고위공직후보자 인사청문회 제도의 현황과 의의", 한국정치학회 엮음, 『한국 의회정치와 제도개혁』, (서울: 한울 아카데미, 2004), p.302.

20) 문정인 편(2002), p.299.

(2) 의회의 국가정보 통제 체제

의회 내에 국가정보를 통제하는 기능을 제도화한 것이 바로 의회의 정보위원회이다. 대부분의 민주 국가에서는 정보위원회를 통하여 정보 통제가 이루어지고 있기 때문에 정보위원회는 의회의 대표적 정보통제 체제라 할 수 있다.

미국의 경우 상원과 하원에 각각 별도의 정보위원회를 설치하여 정보활동을 통제하고 있다. 상원에는 특별위원회 성격을 갖는 상원정보특별위원회(the Senate Select Committee on Intelligence)를, 그리고 하원에는 상임위원회로서 하원상임정보특별위원회(the House Permanent Select Committee on Intelligence)를 설치하여 정보기구에 대한 통제를 하고 있다. 한국의 경우도 국회 정보위원회가 정보를 통제한다.

정보위원회의 정보통제는 대체적으로 청문회의 형식을 빌려 이루어진다. 청문회는 일반적으로 의회가 중요한 안건 심사의 경우 필요한 증인이나 참고인으로부터 증언 및 진술청취와 증거채택을 위하여 소집하는 위원회의 회의를 말한다. 청문회를 통하여 의회는 정보 책임자로부터 정보활동에 대한 증언을 요청할 수 있으며, 또 외부 전문가들로부터 정보활동에 대한 대안적인 시각을 청취할 수 있기 때문에[21] 청문회는 의회가 정보활동을 감시할 수 있는 주요 수단으로 활용된다.

미국 의회의 청문회는 보통 감독청문회(Oversight Hearing), 조사청문회(Investigative Hearing), 예산청문회(Budget Hearing), 그리고 인사청문회(Nomination Hearing)의 네 가지 형태의 청문회로 구분되는데, 미국 의회는 이 네 가지 형식의 청문회를 통하여 정보기구를 통제한다. 한국 국회 역시 조사청문회, 입법청문회, 그리고 인사청문회를 통하여 정보기구를 통제한다.[22]

3. 언론과 시민단체에 의한 통제

정부기구에 대한 통제는 일반적으로 법적으로 부여된 권한을 갖고 있는 공식적인 정부기구에서 주로 이루어진다. 그러나 민주주의 국가에서는 공식적인 정부기구뿐만 아니라 사회제도에 의해서도 정부기구에 대한 효과적인 통제가 이루어진다. 민주주의 국가에서는 국민들의 '알 권리'가 국민의 기본권으로 자리 잡고 있다. 따라서 국민

21) Lowenthal, 김계동 역(2008), pp.279-280.

22) 김현우, 『한국 국회론』, (서울: 을유문화사, 2001), p.449.

의 알 권리를 충족시켜주는 기능을 수행하는 언론과 자발적인 행동을 통하여 알 권리를 스스로 충족하려는 시민단체는 정부활동의 적법성과 효율성에 대하여 끊임없이 문제제기를 함으로써 정부활동을 통제한다. 국가정보기구의 활동 역시 국민들의 알 권리의 대상에서 벗어날 수 없다. 따라서 언론이나 시민단체가 국민들의 알 권리 충족을 위해 활동하는 가운데 정보기구에 대한 통제가 이루어진다.

(1) 언론에 의한 통제

정보기구의 정보활동은 비밀성을 기반으로 수행된다. 이에 반하여 언론은 국민의 알 권리 충족을 위해 모든 정보를 공표하려는 속성을 가지고 움직인다. 이렇게 상충되는 활동 원칙 때문에 언론과 정보기구 간에는 갈등 관계가 존재한다.[23] 언론은 국민에 대한 책임의 일환으로 안보 관련 정보를 공개하려는 노력을 하는 반면, 정보기구는 비밀성에 기반하여 활동하고, 자신들의 정보활동이나 정보출처가 공개되는 것을 막으려 하기 때문에 갈등관계에 있을 수밖에 없다. 그러나 이들 간에 항상 갈등만이 존재하는 것은 아니다. 언론이나 정보기구 모두 기본적으로 "정보"가 필요한 조직이기 때문에 때에 따라서 이 두기관은 서로의 안보이익이나 활동능력을 훼손함 없이 서로 협력할 수 있다. 협력의 가능성은 정보의 비밀유지와 공개 어느 것이 국가안보에 더 기여할 수 있는가에 대한 판단에 달려 있다.

우선 언론의 기본적인 입장은 설사 정보활동에 방해가 된다고 할지라도 언론보도를 통하여 정보들을 공개하여 국민들의 알 권리를 충족시켜주는 것이 보다 국가이익에 기여한다는 것이다.[24] 언론의 정보공개는 국가이익에 기여한다는 것을 전제로 하고 있으나, 언론의 정보공개는 다양한 동기에서 이루어진다.[25] 첫째, 언론이 정보공개를 하는 것은 기본적으로 정보기관의 공식적인 잘못을 규명해야 하는 책임감 때문이라는 것이다. 정보기구의 활동은 근본적으로 비밀리에 수행되기 때문에, 언론은 정보기관의 비밀 뒤에 가려진 불법과 권력남용을 찾아내야 한다는 것이다. 둘째, 정보의 비밀성에 대한 언론의 호기심 때문에 정보활동에 대한 보도를 한다는 것이다. 젊은 언론인들은

---

23) Shlomo Shpiro, "The Media Strategies of Intelligence Services," *International Journal of Intelligence and Counterintelligence*, Vol.14, No.4(2001), p.485.

24) Holt(1995), p. 169–188.

25) Shlomo Shpiro(2001), pp.485–486.

일반에 알려지지 않은 비밀 사항을 밝혀내 공개하는 것을 매력적인 도전으로 생각하기 때문에 정보활동 보도가 많이 있다는 것이다. 셋째, 언론이 정보활동에 관해 보도를 통해 자주 공개하는 것은 상업성이 있기 때문에 그렇다는 것이다. 대부분의 전문가들이 말하듯이 정보활동 보도는 언론보도물의 판매량을 올려준다. 넷째, 많은 사람들이 정보활동과 관련된 이야기에 매료되어 있기 때문에 이를 충족시켜주기 위해 정보활동 보도를 많이 하게 된다는 것이다. 정보활동에는 돈, 섹스, 모험 등 많은 이야기가 담겨 있다고 생각하는 이미지 때문에 정보관련 이슈는 결코 언론이 간과할 수 없는 좋은 소재라는 것이다. 정보활동 관련 정보를 공개하는 동기야 어떻든 간에 언론은 정보활동 관련 정보를 수집하여 공개하는 과정을 통하여 자연스럽게 정보기구의 활동을 통제하게 된다.

언론의 정보통제는 대체적으로 두 가지 방법을 통하여 이루어진다.[26] 하나는 직접적인 보도를 통하여 정보활동 관련 정보를 공개하는 것이다. 언론이 객관적인 판단력과 정보 분석력을 갖고 정보활동 사항을 공개할 경우 효과적인 정보통제가 가능하다. 불법적이거나 인권유린 가능성이 있는 정보활동을 중단시키거나, 적법한 정보활동을 유도할 수 있다는 점에서 그러하다. 그러나 정보에 대한 판단력이나 정보분석이 미흡한 상태에서 정보공개가 이루어질 때에는 국가안보를 훼손시킬 수 있는 중대한 정보실패를 초래할 가능성이 있다. 이 점을 감안하여 언론의 정보공개는 신중히 이루어져야 한다.

다른 하나는 언론기관이 수집한 정보를 의회와 같은 정보통제 권한을 갖고 있는 공식적인 정보통제 기구에 제공함으로써 간접적으로 해당 정보기관을 통제하는 방법이 있다. 이러한 방법은 언론기관의 부주의한 정보공개로 인한 정보실패의 위험으로부터 피할 수 있다. 또한 높은 수준의 정보 판단력과 분석력을 가동할 수 있는 의회나 정보통제 기구가 제공된 정보를 바탕으로 하여 보다 효과적으로 통제하도록 할 수 있다.

언론은 본질적으로 정보공개의 성향을 보이지만, 때에 따라서는 정보기구에 협조하는 경우도 있다. 그것은 언론이 정보기구가 제시하는 국가안보의 필요성에 동감하는 경우이다. 냉전 기간 동안 언론이 공산세력과 대치하고 있는 상태에서 국가안보의 가치를 높이 평가하고 정보기구의 비밀활동에 협조한 것은 그 대표적 예라 할 수 있다.

정보기구도 언론의 정보공개로부터 정보활동을 보호하기 위한 보호 수단이 있다.

---

26) 문정인(2006), pp. 305-306.

이른바 "방어적 정보공개(defensive openness)정책[27]"을 활용하는 것이다. 방어적 정보공개정책은 정보기구가 자신에게 유리한 정보를 제공하는 수단으로 언론을 활용하는 것이다. 정보기관에 적대적인 정보가 공개되는 것을 방지하기 위해 유리한 정보를 제공하는 적극적인 정책인 것이다.

(2) 시민단체에 의한 통제

시민사회의 성장에 힘입어 등장한 시민단체는 일반적으로 정부정책에 영향을 미침으로써 공동체의 공동이익을 달성하려는 시민들의 자발적인 결사체로 이해된다. 오늘날 시민단체로 통칭되는 비정부기구(NGO)들은 환경보호, 소비자 이익보호, 정치개혁 등 다양한 목적을 갖고 여러 분야에서 정부의 활동을 감시하고 있다. 이들은 정부활동의 다양한 측면을 감시하고 비판할 뿐만 아니라, 정책의 대안까지 제시함으로써 정부활동을 통제한다.

정보기구 역시 정부부처의 일부이기 때문에 시민단체의 감시를 받게 된다. 시민단체들은 국민들의 알 권리의 중요 요소의 하나인 정보공개청구권을 활용하여 정보활동의 제 측면들을 검토하고, 비판함과 동시에 때로는 정보활동에 대안 제안을 제시한다. 한국의 경우 민주화의 진전과 더불어 시민단체가 폭발적으로 증가했으며, 그에 따라 시민단체의 정보기구에 대한 감시도 증가되고 있는 추세에 있다. 한국에도 1994년 정보공개법이 제정되면서 시민단체의 정보기구 감시가 가능하게 되었다. 참여연대는 정보공개법 제정을 계기로 국가정보원을 상대로 정보공개청구를 하였고, 국가정보원은 이에 부응하여 정보수집활동에 관련된 문서 목록을 제출함으로써 시민단체의 정보기구 감시가 이루어진 바 있다.

시민단체의 정보활동에 대한 조사와 문제 제기는 정보기구로 하여금 정보활동을 되돌아 볼 수 있게 한다는 점에서 긍정적인 측면이 있다. 그러나 정보기구는 고도의 전문성을 갖고 비밀리에 활동하기 때문에 시민단체의 정보통제 실효성에 대해서는 의문이 있다. 다른 의문은[28] 차치하고라도 과연 시민단체가 정보기구의 활동을 조사하고, 비판할 수 있을 정도의 능력을 갖추고 있는가 하는 것이다. 대체로 시민단체는 정

---

27) Shlomo Shpiro(2001), pp.486–487.

28) 시민의 참여부족과 시민의식의 결여, 전문적인 직무의 교란, 시민참여 대표성의 어려움 등이 거론된다. 국가정보포럼(2006), p.374 참조.

의심과 열정은 갖고 있지만 정보활동에 대한 전문적인 식견이나 능력이 미흡한 것이 사실이다. 전문적 지식과 능력이 미흡한 시민단체가 섣불리 정보활동을 감시하는 과정에서 중요한 정보가 누설될 경우 예기치 못한 결과를 초래할 수도 있다. 때에 따라서는 부주의한 정보감시활동이 정보실패를 가져올 수도 있다. 때로는 시민단체가 정보기구를 감시하는 것이 아니라 역으로 정보기구에 의해 조종당할 가능성까지 있는 것이다. 또한 시민단체가 옹호하는 정책이 국가안보나 국가이익을 증진하는 것이라는 주장을 하지만 시민단체가 제시하는 정책이나 비판이 실제로 국가안보나 국가이익을 증진시키지 않을 수 있다는 점도 유의해야 한다.

언론이나 시민단체의 정보활동 감시와 관련하여 유의할 점이 있다. 알 권리의 신장이 무제한적으로 정보활동의 공개로 이어질 수는 없다는 점이다. 대부분의 민주주의 국가에서도 국민의 자유와 권리의 본질적 내용을 침해하지 않는 한 어느 정도 기본권을 제한할 수 있도록 하고 있다. 우리나라의 헌법도 국민의 기본권은 국가안전보장, 질서유지 또는 공공복리를 위하여 제한될 수 있다고 규정[29]하고 있다. 따라서 언론이나 시민단체에 의한 정보기구에 대한 감시는 헌법에 명시된 것처럼 국가안보, 질서유지 또는 공공복리를 위하여 제한될 수도 있다.

>> 참고문헌

National Intelligence Studies

국가정보포럼. 『국가정보학』. 서울: 박영사, 2006.

김현우. 『한국 국회론』. 서울: 을유문화사, 2001.

문정인 편. 『국가정보론』. 서울: 박영사, 2002.

정상화. "고위공직후보자 인사청문회 제도의 현황과 의의". 한국정치학회 엮음. 『한국의회정치와 제도개혁』. 서울: 한울 아카데미, 2004.

최평길. 『국가정보학』. 서울: 박영사, 2012.

Mark Lowenthal. 김계동 옮김. 『국가정보: 비밀에서 정책까지』. 서울: 명인문화사, 2008.

Allison, Graham T. *Essence of Decision: Explaining Cuban Missile Crisis*. Boston:

29) 헌법 제37조 2항.

Little, Brown, 1971.

Bar-Joseph, Uri. *Intelligence Intervention in the Politics of Democratic States.* University Park, Penn: The Pennsylvania State University Press, 1995.

Barrett, David M. "Glimpses of hidden history: sen. Richard Russell, congress, and oversight of the CIA." *International Journal of Intelligence and Counterintelligence.* Vol.11, No.3(1998).

Bruneau, Thomas C. "Controlling Intelligence in New Democracies." *International Journal of Intelligence and Counterintelligence.* Vol.14. No.3(2001).

Currie, James T. "Iran-contra and congressional oversight of the CIA." *International Journal of Intelligence and Counterintelligence.* Vol.11. No.2(1998).

Getz, Bill. "Covert board called crucial to presidents." *The Washington Times.* 16 June 2008.

Gill, Peter. "Intelligence, Threat, Risk and the Challenge of Oversight." *Intelligence and National Security.* Vol.27. No.2(2012).

Greenberg, Harold M. "The Doolittle commission of 1954." *Intelligence and National Security.* Vol.20. No.4(2006).

Holt, Pat M. *Intelligence and Public Policy: A Dilemma od Democracy.* Washington, D.C.: CQ Press, 1995.

Johnson, Loch K. "The CIA and the question of accountability." *Intelligence and National Security.* Vol.12, No.1(1997).

Johnson, Loch K. "The Church Committee Investigation of 1975 and the Evolution of Modern Intelligence Accountability." *Intelligence and National Security.* Vol.23, No.2 (2008).

Jeffrey-Jones, Rhodri. *The CIA and American Democracy.* New Haven: Yale University Press, 1989.

Kent, Sherman. *Strategic Intelligence for American World Policy.* Princeton, N.J.: Princeton University Press, 1965.

Keohane, Robert O. and Joseph S. Nye. *Power and Interdependence: World Politics in Transition.* Boston: Little, Brown and Company, 1977.

Kibbe, Jennifer. "Cogressional Oversight of Intelligence: Is the Solution Part of the Problem?" *Intelligence and National Security.* Vol.25. No.1(2010).

Nolan, Cynthia M. "Thje PFIAB Personality: Presidents and Their Foreign Inlligence Boards." *International Journal of Intelligence and Counterintelligence.* Vol.23.

No.1(2009).

Ransom, Harry Howe. *The Intelligence Establishment*. Cambridge: Harvard University Press, 1970.

O'Heffenan, Patrick. *Mass Media and American Foreign Policy*. Norwood, NJ: Ablex Publishing Corporation, 1991.

Ott, Marvin C. "Partisanship and the Decline of Intelligence Oversight." *International Journal of Intelligence and Counterintelligence*. Vol.16. No.1(2003).

Shpiro, Shlomo. "The Media Strategies of Intelligence Services." *International Journal of Intelligence and Counterintelligence*. Vol.14. No.4(2001).

Zegart, Amy and Julie Quinn. "Congressional Intelligence Oversight: The Electoral Disconnection." *Intelligence and National Security*. Vol.25. No.6(2010).

|제3장| 국가정보와 윤리

제1절 정보윤리 개관

1. 정보윤리의 대두

"도대체 윤리적 정보활동이라는 것이 있기는 한가?[1]"라는 뉴욕 타임즈(New York Times) 기사와 같이 한동안 정보활동에서 윤리를 따지는 것은 어처구니 없는 일로 여겨졌다. 정보와 윤리를 함께 논하는 것 자체가 모순되는 어법(oxymoron)[2]이라는 것이다. 그렇기 때문에 정보활동에 관여하고 있는 인사들은 물론 일반인들이나 언론인들 사이에서 조차도 정보활동에서 윤리를 따지는 것은 모순되는 것이라는 생각이 오랜 시간 지배적이었다. 더욱이 냉전체제하에서 수단을 불문하고 전 세계의 공산화를 꿈꾸고 있는 공산주의 세력과 대치하고 있는 상태에서는 정보활동의 수행은 윤리나 도덕적 규범을 따질 필요 없이 어떠한 수단이라도 구사해야 한다는 이른바 '마음 내키지 않는 철학'(repugnant philosophy)[3]이 지배한 바 있다. 1954년의 두리틀위원회(Doolittle Commission) 보고서의 결론은 이러한 입장을 극명하게 보여준다.

> *"지금 우리는 분명히 어떠한 수단을 사용해서라도 그리고 어떠한 대가를 치러서라도 세계를 지배하겠다는 공언된 목표를 가지고 있는 무자비한 적*

---

1) Scott Shane, "Outfitting Spies With New Tool: Moral Compass," *New york Times*, 28 January 2006, p.A1.

2) Allison M. Shelton, "Framing the Oxymoron: A New Paradigm for Intelligence Ethics," *Intelligence and National Security*, Vol.26, No.1(2011).

3) David Perry, "Repugnant Philosophy: Ethics, Espionage and Covert Action," *Journal of Conflict Studies*, (Spring 1995); Special Study Group, *The report on the Covert Activities of the Central Intelligence Agency, CIA* (1954), http://www.foia.cia.gov

과 대치하고 있다. 이러한 게임에는 규칙이라는 것이 없다. 지금까지는 받아들일 수 있었던 인간 행동의 규범 같은 것은 적용되지 않는다. 만약 미국이 살아남으려고 한다면, 오랫동안 간직해 왔던 '정정당당한 승부'라는 개념은 반드시 재고하여야 한다. 우리는 효과적인 첩보활동과 방첩활동 기구를 개발하여야 하며, 또 적들이 사용한 것보다 더 영악하고, 더 정교하고 효과적인 방법으로 적을 전복시키고, 사보타주(태업)하며, 파괴시키는 것을 배워야만 한다. 미국 국민들은 이렇게 근본적으로 마음 내키지 않는 철학에 익숙해져야 하고, 이를 이해해야 하며, 또 지원해야만 한다."[4]

전 CIA 요원이었던 브래든(Thomas W. Braden) 역시 신문 기고문에서 정보활동의 비도덕성을 밝힌 바 있다. "도덕적 순진함과 권력 둘 중에 하나를 선택하는 것은 매우 힘든 일이다. 그러나 적이 선한 일로 위장하면서 무기를 들고 공격할 때 도덕적 순진함을 선택하는 것은 패배를 선택하는 것이다." 그렇기 때문에 "나는 CIA가 비도덕적인 것이 기쁘다."[5] 이렇듯 국가안보를 이유로 정보활동에 대해는 한동안 느슨한 제약만이 지속되었다.

정보활동에 윤리문제가 논의되기 시작한 것은 1970년대 초에 미국 정보기관의 외국 국내 문제 개입, 그리고 자국의 국민에 대한 사찰 등 정보활동 관련 추문과 관계가 있다.[6] 이러한 추문과 연관된 정보활동과 관련하여 우선적으로 제기된 것은 정보활동을 통제하고 감시해야 한다는 것이었다. 이에 따라 휴즈-라이언법(Hughes-Ryan Act of 1974)을 시발점으로 일련의 정보활동 통제 법률이 입법화 되었다. 뿐만 아니라 의회 내에 정보통제체제로서 정보위원회가 설치되었다. 상원 정보특별위원회(the Senate Select Committee on Intelligence)와 하원상임정보특별위원회(the House Permanent Select Committee on Intelligence)의 설치로 의회의 정보 통제는 제도화되었다.

그러나 법적 통제만으로는 정보활동이 민주주의의 이상, 규범, 가치 등을 존중하

4) Harold M. Greenberg, "The Doolittle Commission of 1954," *Intelligence and National Security*, Vol.20, No.4(2005), p.690에서 재인용.

5) Thomas W. Braden, "I'm Glad the CIA is 'Immoral'" *The Saturday Evening Post*, 20 May 1967, pp.10–14, www.cambridgeclarion.org

6) Loch K. Johnson, "The Church Committee Investigation of 1975 and the Evolution of Modern Intelligence Accounterability," *Intelligence and National Security*, Vol.23, No.2(2008), p.208.

는 테두리 내에서 이루어질 것이라고 기대하기는 어렵다. 우선 정보활동의 범위는 너무나 광대하여 정보활동을 효과적으로 통제하기에는 입법화된 정보활동 통제 법률이 충분하지 않기 때문이다. 이러한 상황에서 법망을 피한 일탈행위나 권력남용이 이루어지는 경우가 많았다. 이러한 문제들 때문에 정보활동에 대한 법적 통제나 감시보다는 정보기구나 정보관들의 도덕적 규범이나 윤리적 가치에 초점을 맞추는 정보윤리가 대두된 것이다. 이 점에서 슈피로(Shlomo Shpiro)는 "성문화된 법률과 규칙이 끝나는 곳에서 윤리가 시작되며, 윤리는 정보관들의 활동을 이끌어주는 일련의 권고 사항들을 제공해 준다"[7]고 말한다.

2. 정보윤리의 중요성

정보활동을 수행함에 있어 정보윤리는 크게 세가지 점에서 중요하다. 첫째, 윤리는 정보활동 자체에 내재해 있는 요소이며, 모든 정보활동은 윤리적 제약 하에서 수행된다는 점에서 중요하다. 어크사인(Toni Erksine)은 아리스토텔레스(Aristotle)의 "인간은 윤리적 동물"이라는 철학적 언명의 연장선상에서 인간을 윤리적 추론을 이해하고 그에 반응하며, 또 도덕적 책임감을 갖고 있다는 점에서 도덕적 행위자로 본다.[8] 인간이 도덕적 행위자이기 때문에 정보활동을 수행할 때에도 인간은 자연적으로 윤리적 제약을 받게 된다. 법적 제제는 공적으로 나타난 행위의 결과에 초점을 맞추지만, 도덕적 인간은 남들이 보지 않더라도 행위를 함에 있어 윤리적 제약을 받는다.

둘째, 정보윤리는 정보활동에 필요할 뿐만 아니라 유익하기도 하다. 우선 윤리 기준이 명확히 제시될 때 정보활동에 관여하고 있는 행위자들을 업무에 충실하게 만들 수 있다는 것이다. 윤리 기준이 명확하지 않을 때는 정보 행위자들이 위험회피성향을 보이거나 스스로 행동을 자제하게 만들지만, 윤리적 기준을 명확하게 인식하고 있을 때는 그러한 행위를 하지 않게 된다는 것이다.[9] 따라서 정보윤리는 정보활동을 성공적

7) Shlomo Shpiro, "Intelligence Ethics in Israel: Why Do we Need Intelligence Ethics?" in "A Symposium on Intelligence Ethics," *Intelligence and national Security*, Vol.24, No.3(2009), p.369.

8) Toni Erksine, "'As Rays of Light to the Human Soul'? Moral Agents and Intelligence Gathering," *Intelligence and National Security*, Vol.19, No.2(2004), pp.359–381.

9) James M Olson, "Intelligence and the War on Terrorism: How Dirty Are We Willing to Get Our Hands?" *SAIS Review*, Vol.28, No.1(2008), p.41.

으로 이끈다는 점에서 유익하다. 또한 정보윤리가 수립되어 있을 경우 정보활동 행위자나 정보 수요자에게 조직의 목표가 무엇이며, 그 목표를 성취시키는 수단을 위해서 어떠한 의무나 헌신을 해야 하는지 등을 공개적으로 명확히 말할 수 있다는 점에서 유익하다.[10] 더 나아가 정보윤리의 존재는 자국에 대한 평판을 높인다는 점에서도 유익하다. 정보윤리의 존재는 정정당당한 정보활동을 하게 만들고, 인간으로서의 소중한 가치들을 포용하면서 정보활동을 수행하게 만들기 때문에 자국에 대한 국제적인 평판을 높이게 된다.[11]

셋째, 정보윤리는 우수한 인재들을 정보기구에서 근무하게 만든다. 정보윤리는 정보활동이라는 전문 직업에 방해가 되는 것이 아니고, 우수한 인재들을 국가를 위해 봉사하는 정보기구에 충원시키고 계속적으로 종사하게 만드는 촉진제의 역할을 한다는 점에서 중요하다.[12] 그렇기 때문에 윤리규정은 모든 전문 직업의 주요 구성 요소인 것이다.

정보윤리 논의는 대체적으로 두 가지 사항에 초점이 맞춰져 있다. 하나는 민주주의 규범이나 절차에 어긋나는 비밀활동을 어떻게 정당화시킬 수 있는가 하는 것이고, 다른 하나는 정보활동 수행의 지침이 되는 원칙과 기준, 즉 정보활동 관련 직업윤리 규범(professional code of ethics)을 어떻게 확립해야 하는 것인가이다.

미국에 있어 정보공동체가 준수하여야 할 직업윤리 규범으로 다음과 같은 항목이 논의된 바 있다.[13]

1) 헌법에 규정된 시민들의 권리에 대해 위해를 가하지 않는다.
2) 헌법과 법의 지배 원칙을 지지하며, 우리의 행위는 법의 정신과 규정들로 제한을 받는다.

---

10) Angela Gendron, "Just War, Just Intelligence: An Ethical Framework of Espionage," *International Journal of Intelligence and Counterintelligence*, Vol.18, No.3(2005), p 402.

11) Loch K. Johnson, "Ethical Intelligence: A Contradiction in Terms?" in "A Symposium on Intelligence Ethics," *Intelligence and National Security*, Vol.24, No.3(2009), p.367.

12) Jan Godman, "Ethics Phobia and the US Intelligence Community: Just Say 'No'." in "A Symposium on Intelligence Ethics," *Intelligence and National Security*, Vol.24, No.3(2009), p.374.

13) Brian Snow, "Intelligence Community 'Mission Ethics'," in "A Symposium on Intelligence Ethics," *Intelligence and National Security*, Vol.24, No.3(2009), p.385.

3) 편의성 때문에 불법행위를 했다는 변명은 절대로 안 된다.
4) 우리의 결정과 행위에 대해 책임을 지며, 책임을 묻는 과정은 원칙을 더욱 고수하게 만든다는 점을 지지한다.
5) 정보수요자, 동료, 정보감시자나 시민들에 대해서 우리가 언급한 것들은 진실이어야 하며, 어떠한 방법으로도 그들을 오도하거나 불필요하게 진실을 감추도록 해서는 안 된다.
6) 윤리적 선택에 직면했을 때 그 선택은 헌법적 요구, 진실 그리고 동료시민을 위하는 방향으로 이루어져야 한다.
7) 행동의 잠재적 결과, 특히 실패할 경우에 닥칠 결과, 그리고 행동이 성공했을 때 예견될 수 있는 결과 등을 사전에 고지하여야 한다.
8) 행동과 무관한 당사자에게 불필요한 위험을 가져올 결정을 하지 않는다.
9) 만약 행동이 시민들에게 위해를 가할 가능성이 있을 경우 소속 정보기관이 아닌 외부 국가기관의 허가를 받도록 한다.
10) 비록 비밀리에 활동하지만 행동이 외부에 알려질 경우에도 시민들이 우리와 우리의 행동에 대해 수치스럽게 생각하지 않도록 업무를 수행한다.
11) 국가가 비준한 모든 국제인권협약을 준수한다.

제2절 비밀정보활동과 정보윤리 논의

비밀정보 수집, 비밀공작 등과 같은 비밀정보활동을 수행할 때 많은 윤리적 딜레마가 발생한다.[14] 우선 정보수집과 관련하여 다음과 같은 윤리적 딜레마가 발생한다. 정보 수집을 위하여 포섭 대상이 되는 인사를 조종(manipulation)하는 것은 윤리적으로 문제가 없는 것인가? 포섭된 정보제공자에 대해 정부는 어느 정도 책임을 져야 하는가? 정보 수집을 위해 불법집단과 접촉하거나 접촉할 때 뇌물을 제공하는 것은 도덕적으로 문제가 없는 것인가? 다양한 불법 수단들을 동원하여 정보 수집을 하는 행위는

14) Mark Lowenthal, 김계동 옮김, 『국가정보: 비밀에서 정책까지』, (서울: 명인문화사, 2008), pp.362–370.

합법적 활동일 수 있는가? 또한 비밀공작을 수행함에 있어서도 많은 윤리적 딜레마에 봉착하게 된다. 타국에 대한 내정간섭이 이루어질 수도 있는 비밀공작은 정당한 활동인가? 준군사적 작전을 수행할 경우 많은 무고한 시민들이 위험에 처해질 가능성이 예상되는데 이것은 어떻게 정당화 될 수 있는가? 더 나아가 비밀정보활동을 수행할 경우 발생될 수 있는 암살이나 고문의 경우도 마찬가지로 윤리적 딜레마를 가져온다. 어느 정도의 범죄와 적대행위를 할 때 암살의 대상이 될 수 있는가?

민주주의 국가에서는 모든 국가 활동이 민주주의의 이상, 규범 그리고 가치를 보호하고 존중하면서 수행될 것으로 기대한다. 따라서 국가가 국가안보 또는 국가이익을 위하여 수행하게 되는 비밀정보활동도 민주주의의 이상, 규범, 가치 등과 조화되어야 한다. 즉 민주적 규범과 가치를 훼손시킬 수 있는 비밀활동의 수행을 정당화시킬 필요성이 대두되는 것이다. 이러한 딜레마를 해결하기 위한 논리로 제시되는 것이 바로 정의로운 정보활동론이다.

1. 의무론적 윤리관

정보활동 관련 윤리적 논의는 크게 두 가지의 논의로 대별된다.[15] 하나는 의무론적 윤리관이고 다른 하나는 목적론적 윤리관이다. 의무론적 윤리관은 칸트(Immanuel Kant)의 윤리관에 따른 것으로, 정보활동의 결과에 초점을 맞추는 것이 아니라 정보활동의 도덕성 그 자체에 초점을 맞추는 것이다. 이 윤리관은 결과에 관계없이 반드시 지켜야 할 원칙을 염두에 둔다.

의무론적 윤리관은 행동 그 자체에 초점을 맞춘다. 행동에 대한 윤리적 판단은 행동이 가져오는 결과에 관계없이 그 행동 자체의 '선함'과 '악함'에 근거하여 이루어져야 한다는 것이다. 의무론적 윤리관은 기본적으로 칸트의 '정언명령(categorical imperatives)'을 중심으로 전개된다. 정언명령은 두 가지 공식을 통해 윤리적 행동의 근본 원칙을 제시하고 있다.[16] 첫째 공식은 자신의 행동을 규율하는 법칙이 항상 보편적 법칙과 일치되는 방법으로 행동하라는 것이다. 이는 어떤 행동을 할 때에는 스스로 생각해 보아 다른 사람들도 모두 이런 행동을 할 것이라고 생각되는 행동을 하라는 것이

15) Shelton(2011), pp.28-31; Gendron(2005), pp.403-406; Erksine(2004), pp.363−374.
16) Erksine(2004), pp.371-372; Gendron(2005), p.404.

다. 둘째는 다른 사람을 대할 때 그 사람을 단지 목적을 위한 수단으로 대하지 말고, 그 사람 자체가 목적으로서의 가치를 갖고 있는 합리적 행위자로 대하라는 것이다. 이는 인간은 절대적 가치를 지닌 인격체로서 다른 목적을 위한 수단이 아니라 그 자체가 목적이며, 그에 합당한 대우를 받아야 한다는 것이다. 이와 같은 정언 명령에 따르면 비밀공작, 불법적인 정보수집, 기만 등과 같은 비밀정보활동들은 결코 용납되지 않는다.

2. 목적론적 윤리관

목적론적 윤리관은 국가안보로 대변되는 정보활동의 최종 목적에 초점을 맞추는 것으로, 정보활동과 관련하여 발생하는 모든 윤리적 딜레마를 국가안보에 어떤 결과를 가져올 수 있는가에 비추어 판단한다.

목적론적 윤리관의 범주에는 대체적으로 세 가지의 윤리론이 포함된다. 현실주의 윤리론(Realism), 결과주의 윤리론(Consequentialism), 그리고 정의전쟁론을 원용한 정의정보 윤리론(Just Intelligence Theory)이 그것이다.

(1) 현실주의 윤리론

현실주의 윤리론은 투키디데스(Thucydides) 이래 모겐소(Hans Morgenthau), 카(E. H. Carr) 등에 이르기까지 서양윤리전통에서 가장 오래되고, 가장 영향력이 컸던 정치철학인 현실주의에 기초한 윤리론이라 할 수 있다. 현실주의는 기본적으로 무정부적 상태에 놓여 있는 국제체제에서 국가를 가장 중요한 행위자로 간주하며, 국가는 권력과 국가생존을 포함하여 고유의 국가이익을 추구한다는 사고에 기초하고 있다. 현실주의가 국가이익의 추구를 강조한다고 해서 윤리 문제를 고려하지 않는 것은 아니다. 현실주의에 의하면 국가안보의 추구는 도덕적 원칙을 따르는 행동이며, 그 자체가 도덕적 행위인 것이다.[17] 국가이익의 수호는 국가의 도덕적 의무라는 홉스(Thomas Hobbes)의 주장은 이 입장을 대변하는 것이다. 또한 현실주의는 국가안보에 대한 국가긴의 의무와 국제사회의 여타 행위자와 맺는 국가의 관계를 구별하고, 국가안보의 확립을 강조한다. 국가안보가 확립되지 않고서는 여타의 주요 가치나 이익을 수호한다

17) Erksine(2004), p.364.

는 것이 가능하지 않기 때문이다.[18] 이 때문에 현실주의 윤리론에 의하면 국가안보를 위하는 정보활동은 어떠한 수단이나 방법을 구사하든지 간에 정당화 된다.

(2) 결과주의 윤리론

결과주의 윤리론은 아리스토텔레스(Aristotle), 벤담(Jeremy Bentham) 그리고 밀(John Stuart Mill)의 철학에 기반을 둔 윤리론이다. 결과주의 윤리론은 행동이 가져온 상대적인 선에 비추어 행동을 판단한다. 따라서 가장 좋은 행동은 다수의 선을 극대화 시키는 행동이다.[19] 결국 행동은 윤리 대차대조표에 나타난 결과에 따라 정당화 여부가 결정된다. 결과주의 윤리론은 정보활동의 정당성은 드러난 명백한 결과를 가지고 판단해야 한다[20]는 입장을 취한다. 따라서 정보활동을 위하여 채택된 방법과 수단이 가져오는 결과가 어떠하냐에 따라 정보활동의 정당성 여부가 결정된다. 결과주의 윤리론에 의하면 본질적으로 악한 행동을 한다고 할지라도 허가를 받을 필요는 없다. 다만 그 행동이 선을 극대화시킨다면 그 행동은 정당화 될 수 있다는 것이다.[21]

(3) 정의정보 윤리론

정보윤리를 연구하는 대다수의 학자[22]는 비밀정보활동에 대한 정당화 논리를 정의전쟁론을 바탕으로 하여 전개하고 있기 때문에, 여기서는 먼저 정의전쟁론에 대해서 소개하고자 한다.

---

18) 위의 논문; Gendron(2005), p.400.

19) Erksine(2004), p.366; Gendron(2005), p.405.

20) Michael Herman, *Intelligence Services in the Information Age*, (London: Frank Cass, 2001), p.202.

21) Erksine(2004), p.367.

22) Arthur Hulnick and Daniel W. Mattausch, "Ethics and Morality in United States Secret Intelligence," *Harvard Journal of Law and Public Policy*, (Spring 1989); James Barry, "Covert Action Can Be Just," Orbis(Summer 1993); Erksine(2004); Gendron(2005); Michael Quinlan, "Just Intelligence: Prolegomena the an ethical theory," Intelligence and National Security, Vol.22, No.1(2007); Shelto(2011); Ross Bellaby, "What's the Harm? The Ethics of Intelligence Collection," *Intelligence and National Security*, Vol.27, No.1(2012). 다른 학자들과는 달리 허만은 비밀활동의 정당화 논리를 결과론적 윤리관에 근거하여 전개시키는 대표적 학자라 할 수 있다. Herman(2001) 참조.

정의전쟁론은 4세기경 어거스틴으로부터 시작되어 13세기 아퀴나스에 이르러 오늘날과 같은 논리적 구조를 갖추었다. 정의전쟁론은 기본적으로 특수한 조건하에서 전쟁이 정당화될 수 있다는 논리이다. 정의전쟁론은 크게 두 부분으로 구성되어 있다. 하나는 전쟁을 개시하게 될 때 지켜야 할 도덕적 지침(jus ad bellium)에 관한 것이고, 다른 하나는 전쟁 수행에 있어서 지켜야 할 도덕적 지침(jus in bello)에 관한 것이다.[23)]

정의전쟁론의 이론 구조는 점진적으로 발전하여 왔다.[24)] 토마스 아퀴나스는 우선 전쟁 개시의 도덕적 조건으로 정의로운 전쟁이 되기 위해서는 ① 적절한 권한을 가진 권위체의 명령이 있어야 하고, ② 정당한 명분이 있어야 하며, ③ 선을 증진시키거나 악을 피하려는 의도가 있어야 한다고 주장하였다. 후에 보완되어 ① 평화적인 수단이 모두 소진되었거나 더 효과적이 아니라고 판단될 경우에 최후의 수단으로 사용되어야 하며, ② 성공 가능성이 충분히 예견되어야 하며, ③ 전쟁의 피해가 전쟁을 야기한 피해보다 더 커서는 안 된다는 조건이 추가되었다.

이러한 조건이 충족되었다 하더라도 정의로운 전쟁이 되기 위해서는 전쟁의 수행 또한 도덕적 지침을 따라야 한다. 정의로운 전쟁이 되기 위한 전쟁 수행의 조건은 ① 모든 행위는 무고한 양민을 대상으로 해서는 안 되고, 직접적으로 적을 대상으로 하여 이루어져야 하며, ② 전쟁의 모든 수단은 목적과 균형을 이루어야 하며, ③ 합법적인 기구의 통제 하에서 이루어져야 한다.

정의전쟁론은 도덕적 이슈가 떠오를 때마다 그에 대응하여 오랜 시간에 걸쳐 발전하여 온 이론이다. 따라서 정의전쟁론을 논의하는 학자에 따라 정의전쟁의 조건이 조금씩 다를 수 있다. 오늘날의 정의전쟁론은 적어도 다음과 같은 일곱 가지의 조건이 필수적으로 충족될 때 비로소 전쟁의 정당성이 인정된다고 본다.[25)] 첫째, 정의로운 명분(just cause)이 있어야 한다. 모든 침략전쟁은 비난을 받으며, 오로지 방어적 전쟁만이 정당성을 갖는다. 둘째, 전쟁은 정의로운 의도(just intention)하에 행해져야 한다. 모든 국가는 반드시 평화를 추구해야 하며, 복수나 정복을 위해서나 또는 경제적 이익이

23) Quinlan(2007), p.3.

24) Barry(1993), pp.376–377.

25) Hulnick and Mattausch(1989), pp.514–515. 베리는 정의로운 전쟁이 되기 위한 조건으로서 정당한 명분, 정당한 의도, 적절한 권위, 최후의 수단, 성공 가능성, 균형성, 차별과 통제를 제시하고 있다. Barry(1993) 참조. 학자마다 조건이 조금씩 다른 것은 정의전쟁론의 이론체계가 오랜 시간에 걸쳐, 그리고 전쟁에 대한 도덕적 이슈가 떠오를 때에 맞추어 발전한 것이기 때문으로 보인다.

나 이념적 우위를 점하기 위해서 전쟁을 해서는 안 된다. 셋째, 전쟁은 최후의 수단(last resort)으로 행해져야 한다. 전쟁은 가능한 한 모든 평화적인 수단을 다 동원하였으나 실패했을 경우에만 용인된다. 넷째, 전쟁은 반드시 공식적인 전쟁 개시 선언(formal declaration)을 통해 이루어져야 한다. 무력의 사용은 정부에 의해서만 가능하고, 정당한 권한을 갖고 있는 권위체에 의해 전쟁 개시가 공식적으로 선포되어야 한다. 다섯째, 전쟁은 제한된 목적(limited objectives) 하에 이루어져야 한다. 전쟁의 목적은 평화에 있다. 따라서 적을 무조건 항복시키거나 국가의 경제나 정치제도를 붕괴시키는 것을 목적으로 하는 전쟁은 부당하다. 여섯째, 전쟁에 동원되는 수단은 적절해야 한다. 전쟁 수행 시 모든 국가는 침략을 종식시키고 평화를 확고히 하는데 꼭 필요한 무기나 무력만 사용하도록 동원되는 전쟁 수단을 제한을 해야 한다. 일곱째, 비전투 요원에게는 피해를 입히지 말아야(Noncombatant Immunity) 한다. 정부의 공식 전투원만이 전쟁에 참가해야 하고, 전쟁에 적극적으로 개입하지 않은 사람들은 공격의 대상에서 제외되어야 한다.

정의전쟁론은 전쟁행위와 전쟁이 가져올 해악을 규율하고, 제한하기 위한 일련의 원칙들로 발전해 왔다. 동시에 이러한 원칙들은 국가의 안보를 위하여 또는 국제평화와 안정을 위하여 동원되는 무력 사용 능력을 보유하고 있는 공적 권위체가 가져야할 광범위한 의무들을 옹호해 왔다. 이러한 까닭에 정의전쟁론은 정보윤리 구축을 위한 적절한 시발점이 되어 왔다.[26] 즉 정의전쟁론은 정치공동체의 공공선을 위해 비밀활동이 언제, 어떠한 조건 하에서 정당화 될 수 있는지를 밝혀줄 수 있는 단서를 제공하기 때문에 이를 바탕으로 하여 정의로운 정보활동론이 발전된 것이다.

정의정보 윤리론은 비밀정보활동에서 야기되는 해악을 제한할 뿐만 아니라 언제, 어떤 조건 하에서 정당화될 수 있는가에 대하여 밝혀준다. 비밀정보활동이 정의로운 활동이 되기 위해서 다음과 같은 원칙을 충족시켜야 한다.[27]

① 정당한 명분(just cause)의 원칙: 비밀활동이 정당화되기 위해서는 국가와 국민에 대한 위협이 충분히 있어야만 한다. 비밀활동이 어느 정도 정당화 될 수 있는가 하는 것은 위협의 정도에 따라 다르다. 위협이 크면 클수록 비밀활동이 정당화될 가능성이 높아진다. 동시에 비밀활동으로 야기될 수 있는 해악을 용인하는 정도도 높아지

26) Bellaby(2012), pp.108–109.
27) 위의 논문, pp.109–110.

게 된다. 또한 위협이 실재한다는 것을 증명해야 하는 부담도 비밀활동이 야기하는 해악의 크기에 따라 다르다. 비밀활동이 야기할 해악의 정도가 크면 클수록 위협이 실재한다는 사실을 보여줄 수 있는 증거가 더욱 많이 요구된다.

② 정당한 권위(just authority)의 원칙: 비밀활동이 정당화되기 위해서는 비밀활동을 통제할 수 있는 정당한 권위체가 존재해야 한다. 비밀정보활동은 해악을 야기할 가능성이 크기 때문에 정치공동체의 의사를 대표하여 비밀활동을 통제할 수 있는 권위체가 필요하다. 정당한 권위체로부터 허가를 얻어야만 비밀활동이 가능할 때 정당화의 가능성은 높아진다.

③ 정당한 의도(just intention)의 원칙: 비밀활동은 의도된 목적만을 위해 수행되어야 하며, 다른 목적을 위해서 수행되어서는 안 된다. 비밀활동이 의도된 목적만을 위해서 수행되어야 한다는 것은 비밀활동의 수행을 정당화시킨 정당한 명분으로부터 유래하는 것이다. 따라서 정당한 명분과 부합되는 의도를 갖고 비밀활동이 수행되어야 한다. 비밀활동을 수행하려는 의도가 정당한 명분과 관계없는 행동을 할 수 있도록 하는 구실로 사용되어서는 안 된다. 비밀활동은 반드시 정당한 의도를 반영하는 행동이어야 한다.

④ 비례성(proportion)의 원칙: 비밀활동이 정당화되기 위해서는 비밀활동으로 획득할 수 있는 예상 이득이 비밀활동으로부터 야기되는 예상 해악보다 더 커야 한다는 원칙이다. 예상되는 해악과 예상되는 이득을 비교, 평가하여 예상되는 이득이 클 경우 비밀활동은 정당성을 갖게 된다.

⑤ 최후 수단(last resort)의 원칙: 비밀활동이 정당성을 갖기 위해서는 보다 덜 해롭거나 해가 되지 않는 수단이 모두 소진된 다음에 수행되어야 한다는 것이다. 어떠한 위협에 직면하더라도 그것에 대처하는 정보활동은 가장 덜 해로운 수단을 먼저 사용함으로써 보다 더 해로운 수단의 사용을 피할 수 있게 하자는 원칙이다. 또한 단지 편리하다는 이유 때문에 혹은 특별히 선호하는 것이 있기 때문에 보다 큰 해악을 야기할 수 있는 수단을 사용하는 것은 금지되어야 한다는 것이다.

⑥ 차별(discrimination)의 원칙: 비밀정보활동이 정당화되기 위해서는 위협행위에 가담한 인사들과 위협행위에 가담하지 않은 인사들을 구별하여 비밀활동을 수행해야 한다는 것이다. 즉 비밀활동은 적법한 대상과 적법하지 않는 대상으로 구별하여 수행해야 한다는 것이다. 비밀활동 대상 인물의 위협 가담 정도에 따라 비밀활동으로

야기될 수 있는 위협을 용인하는 정도가 달라지며, 그에 따라 정당화의 수준도 달라진다.

제3절 정보분석과 정보윤리 논의

1. 정보분석의 정치화

정보는 국가안보에 중요한 첩보들이 요구, 수집, 분석되어 정책결정자에게 제공되는 지식이다.[28] 이러한 과정에서 정보 분석관이 정보 분석을 수행하면서 직면하는 딜레마가 윤리적 문제를 자아낸다. 즉 정보 분석관들이 보고서를 준비하면서, 또 정책결정자들과 상대하면서 직면하게 되는 딜레마와 타협하게 되는 정보 분석의 정치화를 어떻게 해결할 수 있는가가 정보 분석 관련 윤리 문제의 핵심이다.

정보분석관들은 정보 분석과 관련하여 여러 가지 딜레마에 직면하게 된다. 정보분석관들이 직면하게 되는 대표적인 딜레마로서 다음과 같은 것이 있다.[29] 첫째, 정보분석관은 자신의 정보 분석이 진실이라는 확신을 갖고 있는데, 정책결정자가 받아들이지 않을 경우 '진실의 대변자'로서 어떻게 행동해야 하는가? 정보 분석관은 사퇴를 무릅쓰고 항의해야 하는가, 혹은 자신의 의견을 관철시키기 위하여 의견을 지속적으로 제기해야 하는가, 아니면 보다 상급자에게 보고해야 하는가 등의 딜레마에 빠지게 된다. 둘째, 정보분석 과정에서 정보분석관의 의견이 동료 분석관과 다를 때 어느 정도 타협해야 하는가? 셋째, 정보분석관은 정책결정자와 지속적으로 접근할 수 있는 기회를 확립하기 위하여 어느 정도 타협해야 하는가? 정책결정자와 의견이 배치될 경우 정보분석관은 자신의 주장을 완화시켜야 하는가? 정책결정자로부터 정책에 보다 부합하는 정보생산을 요구하는 압력을 받을 때 정보분석관은 어떻게 해야 하는가?

딜레마와 타협하는 정보분석의 정치화는 정보실패와 직결된다. 그 대표적인 예로 미국이 이라크와의 전쟁을 개시하게 되는 단초로서 제시된 이라크의 대량살상무기 능

28) Lowenthal, 김계동 역(2008), p.12.

29) 위의 책, pp.372–374.

력과 알 카에다와의 연결고리에 관련된 정보실패를 들 수 있다.

정보분석관이 직면하게 되는 딜레마와 타협하는 과정에서 발생하는 정치화의 문제는 정보활동 수행의 지침이 되는 원칙과 기준인 정보 직업윤리(professional ethic)를 명확히 수립하고, 정보 분석이 이러한 원칙에 충실하게 수행될 경우 해결될 수 있다.

2. 정보분석의 전문성

정보분석의 정치화 문제가 정보활동의 직업윤리에 충실함으로써 해결이 가능하다면, 그 해결의 관건은 우선 정보활동이 전문직업의 범주에 포함되느냐의 여부에서 시작된다.

헌팅턴(Samuel P. Huntington)은 어떤 직업이 전문직업(profession)으로 분류되기 위해서는 전문기술(expertise), 사회적 책임(social responsibility), 그리고 집단의식(corporateness)이라는 세 가지 요소를 갖추고 있어야 한다고 주장한다.[30] 정보활동에 관여하고 있는 인사들 가운데 정보분석관은 헌팅턴이 말하는 전문 직업 구성요소를 골고루 갖추고 있다는 점에서 분명 전문직업인으로 분류된다.[31] 첫째, 정보분석관은 전문기술을 보유하고 있다. 정보분석관은 의사나 변호사처럼 정보분석전문 학위는 가지고 있지 않지만 그에 버금하는 전문기술을 보유하고 있다. 정보분석관은 적어도 대학 교육 이상을 받은 인사들로 충원되며, 정보분석 업무 수행에 필요한 지적이며 정신적인 자격을 갖추도록 하기 위한 일련의 과정을 거친 인사들이다. 정보기구에 들어오게 되면 이들은 정보활동 관련 일반 교육뿐만 아니라 정보분석 관련 특별 교육을 받는다. 또한 정보분석 관련 지식과 경험을 쌓아감에 따라 고위직으로 승진한다. 이 점에서 정보 분석관은 전문기술을 충분히 갖추고 있다고 간주된다. 둘째, 정보분석관은 대내외적 위협으로부터 국가를 보호하고, 다른 어느 기관에서도 할 수 없는 비밀정보를 국가에 제공한다는 점에서 사회적 책임을 다하고 있다. 또한 국가안보 이슈가 정치적 논쟁에 휘말려 있을 때 정보분석관의 사회적 책임은 더욱 빛을 발하게 된다. 국가안보가 정치적 논쟁에 휘말려 있을 때에 국민들은 일반적으로 정치인들의 주장보다 정보 분

30) Samuel P. Huntington, *The Soldier and the State: The Theory and Politics of Civil-Military Relations*, (Cambridge, MA: Harvard University Press, 1959), pp.9–10.

31) Uri Bar-Joseph, "The Professional Ethics of Intelligence Analysis," *International Journal of Intelligence and counterintelligence*, Vol.24, No.1(2010), pp.32–34.

석관의 분석을 더욱 신뢰하기 때문이다. 셋째, 정보분석관은 자신들만의 배타적 집단 의식을 가지고 있다. 비록 몇몇 민간 기관이 정보분석 업무에 종사하고 있다 할지라도 정보분석관은 국가의 비밀정보를 분석하는 배타적 특권을 누리고 있다. 국가 비밀을 자신만이 다룬다는 사실은 정보분석관이 배타적으로 집단적 동류의식을 갖게 만드는 중요 원천이 된다. 정보분석관은 이 세 가지 요소를 골고루 갖추고 있다는 점에서 정보전문 직업인이라는 것은 분명하다.

3. 정보분석관의 직업윤리

정보분석관은 분명 정보 관련 전문직업인이기 때문에, 정보분석의 성공을 위하여 정보분석관은 직업윤리 규정에 따라 과업을 수행할 것이 요구된다. 직업윤리 규정에 따라 정보분석관이 정보분석 업무를 수행할 때 정보분석 딜레마를 해결하기 위해 타협하는 정치화의 문제가 해결되고, 이에 따라 정보실패의 가능성을 줄일 수 있는 것이다.

바 조셉(Uri Bar-Joseph)은 정보 분석관이 준수해야 할 직업윤리 규정(professional code of ethics)에 대해 탁월한 제안을 하고 있다. 정보실패의 중요 원천이 정보분석 단계에 있는 것으로 파악하고, 정보실패를 방지하기 위하여 정보 분석관을 정보활동 전문인으로 만들어야 한다는 것이다. 태초로부터 최근의 9 · 11 테러 사건에 이르기까지 정보실패의 원천은 정보분석과 관련하여 두 가지 형태의 인간행동에서 비롯된다.[32] 즉 동기 없는 편견(unmotivated bias)으로 정의되는 정보처리 과정에서 나타나는 의도하지 않은 실수, 그리고 동기 있는 편견(motivated bias)으로 정의되는 것으로서 영향력 행사를 위해서나 처벌을 피하기 위해서 정보자료를 분석하는 적절한 방법으로부터 고의적으로 일탈하는 행위에서 비롯된다. 따라서 정보분석 직업윤리는 이러한 분석의 약점을 피할 수 있는 원칙으로 구성되어야 한다.

정보분석 직업윤리는 정보 분석관이 정보 수요자에게 정보 현실에 대한 최근의 정확한, 그리고 적절한 실상을 제공하는 데 헌신하도록 하는 일반적인 원칙들로 구성되는데, 바 조셉에 의하면 다음 두 가지 기본 원칙이 정보분석 윤리의 핵심이 되어야 한다.[33]

32) 위의 논문, p.35.
33) 위의 논문, pp.35-39.

첫 번째 원칙은 모르는 것을 안다고 생각하지 말라는 원칙(the principle of 'I Do Not Think That I Know What I Do Not Know')이다. 정보분석 실패 사례를 살펴보면 대다수 경우 분석이 틀렸음에도 불구하고 분석관이 옳다고 생각하는 지나친 자기 확신에서 온다. 이를 해결하기 위하여 두 가지의 방법이 제시된다. 하나는 확증 편견이나 집단사고와 같은 것들이 정보분석에 걸림돌이 된다는 것을 정보분석관들이 깊이 깨달아야 한다는 것이다. 다른 하나는 정보 분석관들 사이에 일치된 견해와는 모순되는 의견이나 평가를 분석과정에 인위적으로 도입하여 정보 분석을 재검토하는 소위 '악마의 변론 기법(devil's advocate)'을 제도화 시키는 방법이다. 이와 같이 우리가 안다고 생각하는 모든 것에 의문을 품는 소크라테스적 방법, 즉 분석과정을 지배하고 있는 근본적인 확신에 대해 지속적으로 도전함으로써 분석관 자신들만의 사고방식에 매달리거나 자신들의 분석이 타당하다는데 의문을 제기하는 정보를 무시하는 경향을 감소시킬 수 있다.

두 번째 원칙은 오로지 진실만을 말하라(principle of reporting 'The Truth, the Whole Truth, and Nothing but the Truth')는 원칙이다. CIA의 모토가 "진리를 알지니, 진리가 너희를 자유케 하리라(Ye shall know the truth and the truth shall set you free.)"라고 할지라도 대부분의 정보기구는 이러한 지침을 그대로 따르지는 않는다. 비밀정보와 그것을 다루는 전문기술은 권력의 원천이기 때문에 정보는 쉽게 정치화된다. 정보활동에 종사하는 대부분의 사람들은 정보분석 결과는 정치적 영향으로부터 자유로워야 한다고 생각하지만 실제로 그렇지 않은 것이 현실이다. 실제로 정보공동체에는 두 가지 상반된 주장이 경쟁하고 있다. 정보의 '객관성'보다는 정책결정과정에 부합되는 정보분석이 더 중요하다는 생각과 어떠한 희생을 감수하더라도 정보분석은 '객관성'을 유지해야 한다는 주장이 대립하고 있는 것이 현실이다. 이렇게 두 가지의 상반된 주장이 서로 경쟁하고 있다는 사실만 보더라도 '정책결정에 영합하는 정보(intelligence to please)'의 제공이 광범위하게 이루어지고 있음을 알 수 있다. 그러나 분명한 것은 정치적 요구에 영합하는 정보분석은 그것이 아무리 부분적으로 일어난다고 할지라도, 진실을 우선시 하는 사법적 원칙에서 중대하게 일탈하는 것이다. 그 결과 중대한 국가적 손실을 가져올 수 있는 정보 분석의 실패를 초래한다. 따라서 정보분석관이 오로지 진실만을 이야기할 수 있도록 하는 직업윤리를 확립해야 한다. 정보는 직업윤리 기준에

따라 수행될 때 정당화되는 것이다.[34)]

제4절 과제와 전망

비밀정보활동에 대한 정당화 기준이나 정보활동의 성공 가능성을 향상시키기 위한 정보활동의 직업윤리 확립을 위한 노력은 꾸준히 이어져 왔고, 앞으로도 계속 이어질 것으로 전망된다. 첫째, 비밀정보활동에 대한 정당화 논의는 정의로운 정보활동론이 주류를 이루고 있다. 즉 정의전쟁론의 논리를 정보활동에 적용한 정의정보 윤리론 틀 안에서 비밀활동에 대한 정당화 논의가 이루어져왔다. 그런데 최근에는 정의정보 윤리론 논의를 정교화하여 보다 설득력 있는 이론을 만들어 내려는 시도가 이어지고 있다. 셀톤(Allison Shelton)은 정의정보 윤리론에 콜버그(Lawrence Kohlberg)의 도덕 발전 단계론을 접목시켜 기존의 윤리에 관한 논의를 보다 상세하고, 점진적이고, 인지이론에 바탕을 둔 정보윤리 패러다임으로 통합시키려는 시도를 한 바 있다.[35)] 이와 같은 정보활동에 대한 새로운 차원의 윤리적 논의는 바람직한 것이라 평가된다. 셀톤은 자신이 개발한 새로운 패러다임을 주로 암살에 적용시켰지만 이 패러다임을 정보의 다른 영역에서 확대, 발전시키는 시도도 가능할 것으로 판단된다.

둘째, 정보 직업윤리에 대한 논의의 세련화 역시 정보윤리가 발전시켜야 할 부분이다. 기존의 직업윤리에 대한 논의는 정보분석 영역에만 정교한 논의가 이루어졌을 뿐 다른 정보활동 영역의 직업윤리에 대한 논의는 별로 이루어져 있지 않다. 국가안보를 위한 활동을 전개하는 정보관이나 정보기구가 성공적으로 과업을 수행할 수 있도록 하는 행동원칙이나 지침은 정보활동의 모든 영역에 필요한 것이다. 따라서 정보활동의 모든 영역에 적용될 수 있는 직업윤리의 개발이 시급히 요청된다. 물론 정보 직업윤리에 대한 포괄적인 윤리규정이 없는 것은 아니다.[36)] 다만 포괄적인 윤리 규정을

34) Michael Herman, “Why Should Intelligence Professionals Attend to Intelligence Ethics?” in “A Symposium on Intelligence Ethics,” *Intelligence and National Security*, Vol.24, No.3(2009), p.384.

35) Allison M. Shelton (2011), pp.23–45.

36) 대표적인 것으로 위에서 언급한 Snow(2009)의 직무윤리(Mission Ethics)를 들 수 있다.

정당화시킬 수 있는 논리구조의 개발이 요청되는 것이다.

셋째, 정보활동 자체의 윤리기준이나 직업윤리의 문제가 아니고 정보통제의 딜레마와 관련된 논리의 개발도 필요하다. 엄밀히 말하면 정보통제의 주체, 즉 의회 의원이나 언론인들이 겪는 딜레마에 대한 판단기준은 의원이나 언론인들의 직무윤리에 관련된 것으로 정보활동 수행 시 정보관이나 정보기구가 지켜야 할 원칙이나 기준, 또는 과업 수행의 지침이 되는 원칙이나 기준과는 직접적인 관련이 없어 보인다. 다만 헬름즈 딜레마에서 보듯이 정보활동에 대한 증언 의무와 정보보호의 딜레마, 그리고 토리첼리 사건에서 보듯이 정보누설과 관련하여 정부의 고결함을 보전해야 할 의무와 비밀정보 수호의 의무 사이에 나타나는 딜레마[37] 등과 같이, 정보와 정보통제라는 특수 연결고리에서 나타나는 딜레마를 해결하기 위한 윤리의 개발은 필요하다. 이른바 정보활동 직업윤리와 의회활동 직업윤리가 조화될 수 있는 이른바 독자적인 '통제윤리'의 개발 가능성을 염두에 둘 수 있다. 언론통제 영역 역시 이른바 수사 저널리즘의 발전과 더불어 대두된 취재정보의 공개와 정보보호의 딜레마[38]를 해결할 수 있는 윤리의 개발이 필요하다.

>> 참고문헌

National Intelligence Studies

Lowenthal, Mark. 김계동 옮김. 『국가정보: 비밀에서 정책까지』, 서울: 명인문화사, 2008.

Shulsky, Abram and Gary Smitt. 신유섭 옮김. 『국가정보의 이해: 소리 없는 전쟁』, 서울: 명인문화사, 2007.

"A Symposium on Intelligence Ethics." *Intelligence and national Security*. Vol.24. No.3(2009).

Bar-Joseph, Uri. "The Professional Ethics of Intelligence Analysis." *International Journal of Intelligence and Counterintelligence*. Vol.24. No.1(2010).

Barry, James. "Covert Action Can Be Just." *Orbis*. Summer 1993.

Bellaby, Ross. "What's the Harm? The Ethics of Intelligence Collection?" *Intelligence*

37) Lowenthal, 김계동 옮김(2008), pp.376–378.

38) 위의 책, pp.378–379.

and National Security. Vol.27. No.1(2012).

Canon, David. "Intelligence and Ethics: The CIA's Covert Operations." *The Journal of Libertarian Studies*. Vol.IV. No.2(Spring 1980).

Chapman, Robert D. "A Review of: 'Lies, Toture, and Humanity'." *International Journal of Intelligence and Counterintelligence*. Vol.20. No.1(2007).

Erksine, Toni. "'As Rays of Light to the Human Soul'? Moral Agents and Intelligence Gathering." *Intelligence and National Security*. Vol.19. No.2(2004).

Gendron, Angela. "Just War, Just Intelligence: An Ethical Framework for Foreign Espionage." *International Journal of Intelligence and Counterintelligence*. Vol.18. No.3(2005).

Gill, Peter. "Security Intelligence and Human Rights: Illuminating the 'Heart of Darkness'?" *Intelligence and National security*. Vol.234. No.1(2009).

Godfrey, J. E. Drexel. "Ethics and Intelligence." *Foreign Affairs*. Vol.56. No.3(1978).

Goldman, Jan. ed. *Ethics of Spying*. Lanham, Maryland: The Scarecrow Press, Inc., 2006.

Greenberg, Harold M. "The Doolittle commission of 1954." *Intelligence and National Security*. Vol.20. No.4(2005).

Herman, Michael. "Ethics and Intelligence after September 2001." *Intelligence and National Security*. Vol.19. No.2(2004).

Herman, Michael. *Intelligence Services in the Information Age*. London: Frank Cass, 2001.

Hulnick, Arthur and Daniel W. Mattausch. "Ethics and Morality in United States Secret Intelligence." *Harvard Journal of Law and Public Policy*. Spring 1989.

Johnson, Loch K. "The Church Committee Investigation of 1975 and the Evolution of Modern Intelligence Accounterbility." *Intelligence and National Security*. Vol.23. No.2(2008).

Newbery, Samantha, Bob Brecher, Philippe Sands and Brian Stewart. "Interrogation, Intelligence and the Issue of Human Rights." *Intelligence and National Security*. Vol.24. No.5(2009).

Perry, David. "Repugnant Philosophy: Ethics, Espionage and Covert Action." *Journal of Conflict Studies*. Spring 1995.

Pritchard, Matthew C. and Michael S. Goodman. "Intelligence: The Loss of Innocence." *International Journal of Intelligence and Counterintelligence*. Vol.22.

No.1(2007).

Quinlan, Michael. "Just Intelligence: Prolegomena to an ethical theory." *International Journal of Intelligence and Counterintelligence* Vol.22. No.1(2007).

Shelton, Alliso M. "Framing the Oxymoron: A New Paradigm for Intelligence Ethics." *Intelligence and National Security*. Vol.26. No.1(2011).

| 제5편 |

국가정보의 향후 과제

|제1장| 세계 정보환경의 변화와 국가정보의 대응

탈냉전 이후 가속화되고 있는 세계화, 정보화 그리고 민주화의 확산은 세계안보 및 정보환경 자체를 급격히 변화시키고 있다. 정보목표의 우선순위는 물론 정보영역과 대상, 정보기구의 기능에 이르기까지 정보생태계 자체를 변화시키고 있다. 국가안보차원에서 나타나는 안보위협요소와 주체가 다양해지고 그에 따른 정보활동대상과 영역도 다양해지면서 각국의 정보기구들에 대한 새로운 변화와 적응이 요구되고 있다. 소위 '포괄안보'라는 안보확장추세에 따라 국가안보영역이 전통적 군사안보에서 산업보안과 국제테러, 보건 · 환경 위기까지 다양하게 확장되면서 정보대상과 영역도 다양하게 변하고 있으며 국내 · 국외 정보의 분리도 어려워 지고 있다.

이처럼 급격히 변하는 국내외 정보환경의 변화에도 불구하고 아직도 우리사회의 국가정보에 대한 인식은 과거의 냉전식 사고와 권위주의 시대의 이미지를 탈피하지 못하고 있다. 2012년 5월 대통령령으로 제정 · 공표된 「국가방첩업무규정」의 경우처럼 정보환경변화에 대응한 국가정보차원의 노력이 없었던 것은 아니다. 하지만 이러한 노력도 급속히 변하는 21세기 정보환경의 변화에 대응한 국가정보의 근본적인 개혁에는 미치지 못하고 있다. 특히 우리 사회 저변에 만연된 국가정보기관에 대한 부정적인 선입관과 정보의 정치화 현상으로 인하여 '국민과 함께 하는 선진 정보기관으로서의 위상확립'에는 아직 도달하지 못하고 있다.

21세기 새로운 정보환경의 변화에 대하여 선진국 정보기구들은 국가정보역량 강화를 위한 다양한 노력을 기울이고 있다. 우리 국가정보체계도 세계 정보환경의 변화에 선제적으로 대응하고 국가위기에 대비한 정보역량의 강화를 위해서 이제 과거의 이미지에서 탈피하여 '국민과 함께하는 선진 국가정보체계'의 구축에 나서야 한다. 이러한 문제인식하에 이 장에서는 21세기 정보환경변화에 대응한 국가정보의 과제와 함께 한국 정보기구가 직면한 핵심과제들을 살펴본다.

제1절 정보환경변화의 주요 요인

탈냉전 이후 세계 안보 및 정보환경은 전통적 안보위협요소로부터 산업보안, 국제테러, 환경오염 및 보건위기까지 새로운 위협요소를 부각시키면서 정보활동의 대상과 영역을 확장시키고 있다. 냉전이 종식되면서 강대국 간에 군사적 긴장과 대립은 사라졌지만 탈냉전상황에서 국가정보의 정보목표와 우선순위가 바뀌고 있다. 냉전 시에는 서구 자유민주주의 국가들의 정보목표의 우선순위가 적대적인 공산권 국가의 군사위협에 있었다. 그러나 탈냉전 이후 새로운 정보환경에서는 그러한 명확한 정보목표가 사라지고 정보목표우선순위도 경제, 테러, 환경과 같은 다양한 이슈들이 경합되고 있다.[1] 이처럼 냉전의 종식은 정보환경에 있어서 정보목표의 불확실성과 정보의제의 다양화를 초래하였으며 정보기구로 하여금 효율적인 정보활동을 어렵게 하고 있다. 게다가 탈냉전 이후 기존보다 훨씬 다양하고 복잡한 정보의제가 나타나면서 이러한 여러 분야의 정보를 종합해서 판단해야 하는 정보수집의 종합성이 필요해졌으며 복잡하고 전문적인 지식이 요구됨에 따라 분석의 전문성을 요하게 되었다.[2]

또한 탈냉전의 안보위협상황은 특정 적대국의 군사안보 위협에 대한 관심으로부터 국제테러리즘과 같이 국내로 파급되는 국내 안보위협 요소에 더 집중하게 만들면서 정보공동체 내에 정보활동의 영역과 책임에 대한 혼선을 야기하기도 하였다. 예를 들면, 미국의 경우 FBI와 CIA, 국토안보부(DHS) 간에 대테러문제와 관련 상호 정보활동의 범위와 경계문제를 야기하면서 정보기구들 간에 정보공유 및 정보협력문제를 중요한 정보과제로 부각시켰다.[3] 이처럼 탈냉전 이후 정보환경변화는 각국의 정보기관으로 하여금 새로운 시대적 변화와 적응을 요구하고 있다.

이러한 탈냉전 상황과 함께 세계 정보환경의 변화를 초래하는 또 다른 요인으로는 세계화, 정보화, 민주화 등의 요인이 있다.[4] 이들은 그 자체로도 정보환경의 지형

---

1) Mark Lowenthal(2005) 저, 김계동 옮김, 『국가정보: 비밀에서 정책까지』, (서울: 명인문화사, 2008), p.325.

2) 위의 책, p.325.

3) 위의 책, pp.325-326.

4) 허태회, "대내외 정보환경의 변화와 국가방첩의 새로운 방향 모색", 『국제문제연구』, 제10권 4호 (2010), pp.77-110.

도–안보위협요소 및 위협주체의 변화, 위협대상 및 정보의제의 변화, 정보활동과 정보수단의 변화–를 변화시키지만, 다른 요인들과 복합적으로 작용하여 국가정보환경에 큰 영향을 미치고 있다.

그 중에서도 가장 심층적인 영향을 미치는 것이 세계화의 과정이다. 세계화는 사람은 물론, 재화와 용역, 자본, 기술에 이르기까지 모든 요소를 광범위하게 하나로 상호 연결되어 확장시켜 나가는 일련의 자본주의 심화과정이다. 물론 이러한 세계화과정의 주체인 국가나 비국가 행위자들이-예를 들면 민간기업과 NGO- 자신들의 존재를 지속적으로 자리매김해 나가고 활동해 나갈 것이므로 이러한 과정이 어떻게 진행되어 나갈지는 알 수 없다. 과거 19세기나 20세기처럼 갑자기 세계전쟁이 발발하거나 세계대공황과 같은 사태가 발생하여 급속하게 진행되던 세계화 과정이 그냥 정체될지도 모른다. 다만 최근에 들어 IT 기술혁명에 의해 더욱 탄력을 받고 있는 세계화과정이 이미 대세를 거스를 수 없을 정도로 심층적이며 광범위하게 전개되고 있어서 쉽게 멈추지는 않을 것이다.

문제는 이처럼 세계화 과정이 전 세계적으로 일어나고 전 세계적으로 파장을 미치더라도 그 세계화로 인한 혜택은 공평하게 분배되지 않고 특정지역에 편중되어 경제성장과 분배문제를 야기한다는 것이다. 단일시장으로 가속화되고 있는 세계 자본주의 시장체제하에서 어떤 국가들은 자신들의 비교우위와 경쟁력을 바탕으로 지속적인 경제적 부를 축적해 나갈 것이다. 반면에 어떤 국가들은 오히려 치열한 세계시장에서 경쟁력상실로 인하여 상대적 국력쇠퇴를 감수해야만 할 것이다. 특히 중국, 인도와 같은 신흥 강대국들은 세계무대 위에서의 자신의 강력한 위상을 확인하는 방법으로서 세계시장이 제공하는 가장 유리한 기회와 이익을 향유하려 할 것이다.[5] 반면에 기득권 세력인 서방 선진국들은 강대국 지위를 유지하면서도 신흥강대국들의 급속한 경제성장에 불안감을 느낄 것이다. 미국 또한 여전히 강대국의 위상을 유지하긴 하겠지만 중국과 신흥 경제대국들의 급부상으로 인한 역학관계변화와 자신의 위상약화에 불안감을 느끼거나 초조해할 수 있다.

이렇게 국제질서가 새로 재편되고 세계안보지형에 변화가 일어나게 되면 이러한 새로운 세계안보지형은 과거 20세기 초에 그러하였듯이 또 다시 한반도에 심각한 안

5) National Intelligence Council(2006), "Mapping the Global Future," *Report of the National Intelligence Council's 2020 Project*, Honolulu, Hawaii: University Press of the Pacific, pp.3–45.

보도전이 될 것이다. 해방 이후 우리의 최대 우방국이자 동맹국이었던 미국과의 관계를 계속 유지하면서도 G2이자 경제 강대국으로 부상하여 미국의 견제를 받게 될 중국과의 관계설정이 한국에게는 심각한 외교문제가 될 것이다.[6]

물론 미국의 쇠퇴와 이에 따른 국제질서의 재편과정으로 인하여 이제 더 이상 과거처럼 미국이 중심이 된 동맹관계나 연합체제가 국제질서의 축이 되는 '팍스 아메리카나'의 세계질서는 상정하기 어렵다. 탈냉전 이후 유일한 초강대국으로서 미국이 독자적 이해관계나 일방적인 수단에 의해 국제문제를 해결한다는 것이 이제 점점 어렵게 되어가고 있다. 미국은 유럽과 아시아, 그리고 중동국가들과의 관계를 다루고 관리하는 데 있어서 점점 더 힘든 도전에 직면하게 될 것이며 이러한 도전들은 시간이 지날수록 더 어렵고 힘들게 될 것이다. 당분간 그 어떤 국가도 미국과 대등하게 맞설 국가는 없을 것이므로 여전히 미국이 국제문제 해결에 중추적인 역할을 하겠지만 이제 미국이 독자적으로 세계문제를 관리하고 해결하는 것이 어려운 시대가 되었다.[7]

따라서 이러한 거시적 변화가 향후 어떤 국제안보지형도를 그려낼 것이며 우리에게 어떤 안보과제를 제기하는지 분석하고 전망하는 것이 중요한 정보과제가 될 것이다. 세계 10위권의 중진국으로서 선진 통일한국을 지향해야 하는 우리로서는 한반도 주변의 국제질서재편에 따른 강대국 역학관계의 변화를 분석하고, 이것이 변화된 국제질서 안에서 우리의 동맹관계 및 신흥 강대국들과의 관계설정 문제로부터 시작하여 북한급변사태 및 북한핵문제 그리고 통일문제에 이르기까지 어떤 파급효과를 미치는지 종합적으로 판단하고 대비하는 것이 중요한 정보과제가 될 것이다.[8]

이러한 정보과제가 세계화과정의 심화에 따른 국가별 경제성장 차이와 역학관계에 대한 것이라면 세계화 과정은 또한 세계 노동시장의 변화에 영향을 미치면서 국내 사회적 파장을 미칠 것이다. 무엇보다 세계화 과정의 심화는 세계 노동시장의 변화에 큰 영향을 미치면서 새로운 국내안보 · 국내정보 문제를 야기할 수 있다. 먼저, 세계화 과정이 심화되어 중국과 인도, 그리고 몇몇 신흥국가들이 세계 자본주의시장에 편입되면서 수백만의 새로운 노동력(교육을 받은 양질의 노동력이면서 동시에 저렴한 노동력)

---

6) 허태회 · 정준현, "미래 세계안보 및 정보환경의 변화와 한국의 정보개혁방향", 『국가정보연구』, 제2권 2호(2009), pp.41–93.

7) National Intelligence Council(2006), pp.10-45.

8) 허태회 · 정준현, "미래 세계안보 및 정보환경의 변화와 한국의 정보개혁방향", pp.41–93.

이 세계 고용시장에 유입되는 상황을 가져온다.[9] 문제는 이러한 고용시장의 변화가 기술의 혁신과 발전으로 인해 세계적인 노동의 이동과 아웃소싱의 증대를 야기하면서 결국 서방 선진국들의 노동시장과 중산층에 큰 타격을 주게 된다는 데에 있다. 즉 세계노동시장의 변화로 인한 대규모 아웃소싱의 증가와 서구 노동시장의 취약성으로 인하여 이미 고령화사회로 접어든 선진국사회에 문화적 배경이 다른 노동력이 유입된다. 이렇게 되면 저렴한 해외이주 노동력에 대한 국내 노동의 반발과 저항, 반 세계화의 움직임 등이 내부적으로 거세지면서 국내 압력에 직면한 선진사회로 하여금 배타적인 반 이민정책을 채택하거나 극단적인 자민족주의로 나아가게 만든다.[10]

결국 이러한 사회갈등을 겪는 선진 중심부에서는 다문화사회로의 진입에 따른 해외 노동의 적응문제와 내부포용문제로 인하여 뉴테러리즘이라는 새로운 형태의 자생적 테러리즘이 활성화되는 사회환경이 배태된다.[11] 반면에 해외로 젊은 노동력이 빠져나간 주변부지역에서는 나약한 정부, 침체된 경제, 종교적 극단주의, 중심부에 대한 저항의식 등이 복합적으로 맞물려 심각한 내부분열과 사회 불안정을 야기하면서 인근지역에 정치적 불안정을 확산시키게 된다. 이러한 내부갈등 중에 특히 국경을 가로 지르는 인종단체들이 개입된 경우에는 내부분쟁이 인근지역, 인근국가로 확산되어 지역분쟁화를 초래한다. 극단적인 형태로 인구와 영토는 있되 효과적인 통치능력이 부재한 "실패국가"(Failed States)들이 나타나게 되는 경우가 그것이다. 이러한 실패국가 지역들은 아프간의 알 카에다, 콜롬비아의 마약 카르텔처럼 테러주의자들이나 국제범죄자의 도피처나 은신처로 전락하여 심각한 국제테러문제가 된다.[12]

최근 국제 테러리즘을 발생시킨 요인들이 향후 10년 동안 더 약화될 가능성은 별로 없다. 오히려 전 세계적인 정보통신기술의 발달과 이슬람 정체성의 부활 등으로 인하여 과거에는 종교적 정체성이 강하지 않았던 서구 유럽과 중앙아시아, 동남아시아로 급진적인 이슬람사상이 확산되고 있다. 이러한 이슬람 정체성의 부활은 태국 남부, 필리핀 민다노, 카시미르, 이라크, 체첸, 팔레스타인과 같은 지역분리 · 독립투쟁에 전념하고 있는 무슬림들 간의 결속을 강화하고 있으며 현지 정부의 탄압과 부패, 무능에 의해 이슬람 급진주의가 더 강화되는 실정이다. 하울라스와 같은 비공식 이슬람 금

9) National Intelligence Council(2006), pp.15-45.
10) 위의 글.
11) 위의 글.
12) 위의 글, pp.15-55.

융기관들과 비공식 자선단체들이 계속 급진주의자들에 의해 이용되고 있으며 점점 증가세에 있는 청년 실업자들의 소외감과 불만이 이들을 잠재적인 테러주의자로 만들고 있다.[13)]

지난 10년간 미국의 강력한 대테러 전쟁으로 인하여 알 카에다 조직이 많이 약화되긴 하였지만 앞으로는 이와 유사한 형태의 이슬람 급진주의 단체들이 알 카에다 보다 훨씬 더 많은 활동을 펼치면서 지역 분리주의자들과 결합하여 심각한 테러 양상을 전개할 것이다. 즉각적인 현장연결과 통신, 온라인 학습 등으로 인하여 이제 테러주의자 위협이 더 분산화 되고 있으며 세포단위(cell unit)로 나누어 일을 분산 · 수행할 수 있게 되었다. 정보통신의 기술혁신으로 인하여 테러공격을 기획하고 감행하는 데 있어서 이제 더 이상 지휘사령부가 한 곳에서 작전을 기획하고 지휘할 필요가 없게 되었다. 훈련자료의 구입, 대상 목표의 안내, 무기 사용 노하우 전달, 자금 모집 등에 이르기까지 이제 모든 것이 다 온 라인 상으로 가능해지고 있다. 테러주의자들이 더 이상 만나거나 직접 대면할 필요가 없이 각자 역할만 수행하면 되는 것이다.[14)]

당분간은 테러 공격자들이 기존의 재래식 무기를 사용하겠지만 그들 또한 새로운 기술의 변화와 대테러 진압노력에 빠르게 적응해 나갈 것이다. 비록 테러주의자들이 그들이 사용하는 무기나 기술에 있어서 국가안보기관보다 더 창의적인 능력을 보여주기는 어렵겠지만 9 · 11 테러가 보여주듯이 새로운 테러작전과 전략을 기획하는 데 있어서는 충분히 창의적인 면을 보여줄 수 있다. 더구나 최근 생화학무기와 방사능 무기의 구입에 대한 테러주의자들의 강력한 관심과 집착은 WMD와 같은 대량살상 공격의 가능성을 증대시키고 있다. 향후 국제테러의 위협과 관련하여 가장 심각한 위험은 테러주의자들이 이처럼 대량 인명살상을 노리는 핵무기나 생화학무기의 구입 가능성이다. 특히 생화학 테러는 약간의 지식이 축적된 작은 규모의 소집단에 의해서도 가능하기 때문에 매우 우려되는 상황이다.[15)] 이제 테러주의자들은 중요한 국가정보기간망을 파괴하기 위해 사이버 공격을 감행하거나 심지어는 국가기반시설에 물리적인 공격을 감행하여 전체 사회를 극도의 혼란과 불안에 빠뜨릴 수 있게 되었다.

여기에 세계화의 심화로 인하여 나타나는 초국가적인 현상(Transnational

13) 위의 글 참조.

14) 위의 글 참조.

15) 허태회, “대내외 정보환경의 변화와 국가방첩의 새로운 방향 모색”, 『국제문제연구』, 제10권 4호(2010), pp.77−110.

Relations)은 초국가적 위협의 등장과 함께 위협의 주체, 대상과 범위, 대응방식 등에서 기존의 국가중심적인 정보활동과는 다른 양상을 보여준다. 즉 과거에는 주로 국가들이 적대국을 대상으로 정보활동을 하였지만 안보위협의 주체가 개인, 이익집단, 기업, 테러리스트 등으로 다양하게 변하면서 정보활동대상과 범위가 다양화 · 다층화 되었으며 이에 대한 대응방식도 기존의 군사안보적 대응형태와는 다른 방식이 효과적이게 되었다.[16] 즉 기존의 전통적 안보위협에 대한 대응은 주로 전쟁이나 군사적 위협에 대한 것으로서 우방국과의 동맹관계 이용이나 세력균형, 집단안보 등의 전통적 현실주의 접근방식이 주효하였다. 그러나 최근의 국제테러, 마약, 전염병확산, 환경오염과 같은 새로운 안보위협들은 초국가적인 형태로 발생되기 때문에 그 대응방식도 국가행위자들 간의 상호 이해와 협력을 바탕으로 긴밀한 협조체제를 구축하는 것이 더 효과적이게 되었다. 이러한 변화된 위협상황은 각국의 정보기관으로 하여금 정보활동에 있어서 국가 간 정보협력 또는 부문 정보기구 간 정보공유의 필요성을 증대시켜 놓았다.[17]

정보통신기술의 혁명적인 발전으로 인하여 가속화되고 있는 정보화의 확산은 국내사회는 물론 국제사회에 다원주의와 민주화를 촉진시키면서 해외정보 환경은 물론 국내 정보활동에도 심각한 파급영향을 미치고 있다. 2011년 초 중동에서 발생한 '아랍의 봄' 사태가 극명하게 보여주듯이 정보통신기술의 혁신으로 인한 새로운 정보화 환경은 국내외 시민여론 형성은 물론 국내 거버넌스의 취약성에도 엄청난 영향을 미치고 있다. 2011년 초 튀니지의 민주화운동으로 시작된 쟈스민 혁명이 이집트, 이란, 리비아지역으로 확산되면서 독재정권의 붕괴와 민주화의 확산에 기여하였다. 소셜 미디어와 스마트폰을 통해 실시간으로 보이는 현장의 충격적인 장면과 시위군중들의 항거모습들이 급기야 세계여론과 국제사회를 자극하면서 소통과 협상을 부정하던 현지의 장기독재자들을 몰락하게 만들었다.

과거에는 타국의 내정간섭이라고 하여 쉽게 관여할 수 없었던 다른 국가의 인권탄압문제에 UN을 포함한 국제사회가 적극개입하게 된 배경(HI and R2P: Humanitarian Intervention and Responsibility to Protect)에는 정보기술의 발달과 민주화확산에 따른 새로운 정치사회적 변화가 중요한 요인이다.[18] 세계적인 정보화혁명과 민주화 확산으

16) 허태회(2010), pp.77–110.

17) 국가정보포럼, 『국가정보학』, (서울: 박영사, 2006), pp.387–389.

18) 인도주의적 개입과 보호책임(HI and R2P: Humanitarian Intervention and Responsibility to

로 인한 정치사회적 변화는 제3세계 권위주의 정권의 통치 및 국내 거버넌스의 취약성을 증대시키면서 개발도상국 사회의 정치적 불안정을 야기하기도 한다. 또한 이러한 정보화와 민주화과정의 확산은 선진 국가일지라도 국내사회 여론형성과 정치의제 형성에 있어서 일반 제도권 정치보다는 시민사회의 영향력 확대 및 국내 거버넌스 약화를 초래하면서 국내안보문제에 주목하게 만들고 있다.[19]

IT 기술의 발전으로 인하여 소위 "유비쿼터스 사회"가 도래하면서 그만큼 개인이나 사회 · 국가 모두 인터넷과 같은 가상공간에 대한 의존도가 심화되고 있다. 이러한 상황에서 소위 "전장도 없고 소리도 없는" 사이버전쟁의 시대가 도래하여 사이버테러, 사이버전쟁에 대비한 온라인 사이버안보가 새로운 안보문제로 부각되고 있는 것이다.[20] 요컨대 정보기술이 사회전반에 사용됨으로 인하여 다양한 새로운 분야에서 취약성이 발생하고 있으며 "불법접근, 바이러스확산, 서비스거부 공격, 사회 공학적 공격" 등과 같은 정보시스템에 대한 사전에 계획된 악의적 공격행위가 다양한 형태로 대상과 장소에 상관없이 발생할 수 있어 새로운 보안문제이자 정보문제로 등장하게 된 것이다.[21] 특히 스마트 폰 및 소셜 미디어의 등장과 같은 새로운 정보통신매체의 개발과 융합은 단순히 정보통신기술과 무기체계간의 융합을 넘어서서 테러리즘이나 전쟁과 같은 위협의 속성, 범위와 강도의 혁신적 변화를 초래, 이에 대비한 정보역량 강화를 중요한 정보과제로 부각시키고 있다.[22]

또한 정보화의 진전에 따라 인터넷을 이용하거나 다른 통신매체를 이용하여 수많은 공개자료를 활용할 수 있게 되면서 공개정보의 효용성이 높아지고 정보기관의 자료보다도 다른 민간 전문연구기관의 자료나 정보가 더 신빙성이 있게 되고 유용하기도 하다. 과거처럼 정보독점의 시대에 국가정보기관만이 향유할 수 있었던 유리한 이점이나 혜택은 줄어든 반면에 전문성을 갖춘 전문연구기관의 등장으로 인하여 일반

Protect)

19) 앞의 글, pp.67−73.

20) 권문택, "유비쿼터스 시대의 사이버안전대책", 『제5회 사이버테러정보전 컨퍼런스 2004 논문집』; 위의 글 참조.

21) 국가의 안보영역이 군사 및 외교적 측면뿐만 아니라 정치, 경제, 과학기술, 사회문화 분야로 확대되고 안보역량이 국가 경제력에 크게 좌우되며 국가 경제력을 뒷받침하는 것이 과학기술과 정보기술이라고 볼 때 사이버 공격의 위협은 국가안보에 직접적인 영향을 줄 수 있다.

22) 허태회 · 이상호 · 장노순, "21세기 현대 정보전의 실체와 한국의 전략과제", 『국가전략』, 제10권 2호(성남: 세종연구소, 2004), pp.73−100.

국민들도 고급정보와 전문적인 정보를 접할 수 있게 되었다. 수많은 공개정보의 획득과 정보공유의 활성화는 이제 정보기구들의 정보생산능력에 필적하는 전문연구기관들의 등장으로 이들과 상호 경합상태에 놓이게 만들었으며 정보의 신뢰성과 타당성을 놓고 정보소비자들의 비판과 평가를 의식하여야만 하는 상황에 놓이게 만들었다.[23] 더 이상 관성적으로 정보를 수집하거나 관성적으로 정보를 분석 · 배포하는 방식은 고도의 정보화환경에서 까다롭게 발전된 정보소비자들의 구미와 요구를 만족시킬 수가 없게 되었다.[24]

정보화의 진전은 정보공간의 보호를 주요한 안보과제로 부각시킨 반면에 정보기술과 통신기술의 발전을 이용한 새로운 형태의 전쟁, 즉 정보전 · 사이버 심리전 영역을 발전시키고 있다.[25] 즉 인터넷 공간을 이용한 공격과 위협이 사이버 범죄수준에서부터 사이버테러, 그리고 사이버전쟁의 수준에 이르기까지 다양한 요소와 범위에 존재하지만 최근의 정보화기술과 통신매체의 융합은 소위 정보전의 한 분야로서 '사이버 심리전'의 문제를 대두시키고 있다.

첨단 IT기술의 개발과 통신매체의 융합에 따른 정보파괴력의 증가에 따라 이제 개인 한 명이 수만 명을 대상으로 대규모 사이버 심리전의 수행이 가능하게 만들었다. 과거 전통적 심리전이 전단 제작과 살포, 언론게재 등 상대적으로 많은 비용과 인력, 시간 등이 필요한 수단이었다면 최근의 사이버전 · 정보전은 그 특성상 소수의 인원과 적은 비용으로도 소기의 목적달성이 가능하게 되었다. 최근 국내에서 발생한 대중시위나 정치 프로파간다에서 보듯이 인터넷과 연결된 개인 PC 또는 스마트폰 하나만으로도 컨텐츠 여하에 따라서는 전 세계적 폭발력을 지닌 '사이버 심리전'이 가능하게 된 것이다.[26] 특히 인력과 조직, 예산이 부족한 테러단체와 같은 비국가 행위자들(Non-

23) 국가정보포럼(2006), pp.392-393.

24) 국가정보포럼(2006), pp.392-393.

25) 허태회 · 이상호 · 장노순, "21세기 현대 정보전의 실체와 한국의 전략과제", 『국가전략』, 제10권 2호(2004), pp.73-100.

26) 최근 북한이 이런 사이버 상의 새로운 트렌드를 잘 이해하고 활용하는 경향이 있다. 각종 사이버전 수단을 동원하여 자체 체제선전 및 북한 지원세력 규합 등을 위해 대남 심리전을 강화하고 있다. 물론 북한의 사이버 심리전양태는 국내 자생적 좌익세력의 사이버 공간 활용능력에는 뒤지는 모습을 보이고 있다. 그러나 한국사회 내에 정치적 혼란이 심각하거나 정정이 불안한 상황에서 북한정보기관들이 대남전략의 일환으로 사이버 심리전을 이용할 개연성이 크다. 이에 대해서는 허태회(2010), pp.73-110을 참조.

State Actors)에게는 이러한 사이버 심리전의 방식이 매우 효율적인 비대칭 공격무기가 될 수 있다.[27] 따라서 이러한 새로운 정보문제를 적극적으로 국민들에게 인지시켜 국민들의 공감대위에서 새로운 정보활동의 방향을 제시하고 효율적인 국가정보체계를 구축해 나가는 것이 중요한 과제가 되고 있다.

탈냉전의 새로운 국제상황변화와 전 지구적으로 확산되는 세계화 및 정보화의 확산, 그리고 민주화의 확산과정에 기인하여 이제 세계 정보환경은 경제, 사회, 환경, 에너지자원, 사이버안보 등을 아우르는 포괄안보(Comprehensive Security)의 차원에서 다양하게 확장되고 있으며 이에 따른 효율적인 정보활동과 제도개혁의 시급성도 점점 더 증대되고 있다. 정보환경의 변화로 인하여 정보활동의 영역과 대상도 확대되고 있으며 이에 따른 정보의제의 변화와 정보기관의 기능 및 역할까지 변하고 있다. 이와 같이 급속히 변화하는 대내외 정보환경의 변화에 대응하여 국가정보의 패러다임도 바뀌고 있으며 각국의 정보기관도 새로운 정보과제에 직면하게 되었다.

제2절 정보환경의 변화와 국가정보의 대응

1. 21세기 정보환경의 특징과 정보패러다임의 변화

세계 정보환경변화의 특징은 먼저 안보위협요소 및 주체의 다양화, 위협요소의 초국가화, 위협수단 및 방법의 첨단화 · 지능화, 국내정보의 위기심화 등이다. 즉 세계 안보 및 정보환경의 변화에 따라 안보위협요소가 다양해지고 있으며 그 유형도 다양하게 나타나고 있고 공격방식도 첨단화 · 지능화되어 가고 있다. 이것은 안보의 범위와 개념자체가 포괄적으로 확대되고 안보위협요소가 다양해지면서 더 이상 전통적 군사분야의 위협만을 위협요소로 고집할 수가 없게 되었으며 군사안보이상으로 경제 · 민생 같은 비군사분야의 중요성이 커지고 있음을 의미한다. 또한 다양한 위협주체들이 공격수단을 다양화하고 지능적인 방식으로 수행하기 때문에 국가정보의 효율성을

27) Libicki, Martin, *What is Information Warfare?* (Washington, DC: National Defense University, 1995). and *Cyberdeterrence and Cyberwar,* (Santa Monica, CA: Rand, 2009).

제고하는 것이 시급함을 의미한다.

이제 정보기관의 역할이나 정보활동의 영역을 기존의 전통적 안보영역에 제한시키거나 기존의 대응방식만을 고수하는 것은 시대착오적일 수 있다.[28] 세계화와 정보화 그리고 민주화과정의 확산으로 인하여 이러한 위협요소들이 초국가적인 연계망과 다양한 행위주체들을 통해 전 세계적으로 상호 연결되고 서로 영향을 미치고 있는 상황에서 과거와 같이 정보대상을 특정국가나 적대적 단체에만 한정시키는 것은 너무 단순하고 구시대적인 생각이다. 기존의 적대적인 국가단체의 위협을 넘어서 이제 우방국 스파이의 산업비밀활동을 탐지해야 하고 국가핵심기반시설에 대한 무작위 테러문제가 심각한 국내 안보위협으로 등장하고 있으며 물리적 공간이상으로 사이버공간의 보호가 중요해지고 있다. 이러한 변화된 상황에서 정보대상을 특정 국가 · 단체에만 제한한다거나 정보활동영역을 국내정보와 국외정보로 분리, 경계를 짓는 것은 자칫 심각한 정보실패의 위험을 초래할 수 있다. 정보환경의 변화에 따라 다양한 위협세력이 등장하고 새로운 정보수단과 대응방식이 요구되는 상황에서 이제 국가정보 패러다임도 전통적 패러다임에서 벗어나 새로운 패러다임으로 전환될 필요가 있다.[29]

안보위협이 초국가적으로 발생하고 사건사고가 국경을 가로질러 발생하고 있는 상황에서 이제 더 이상 국내안보와 국제안보를 구별하거나 해외정보와 국내정보를 분리하여 수행하는 것이 어렵게 되어가고 있다.[30] 최근 사회환경의 급속한 변화는 “국내정보의 위기”(Crisis in Domestic Intelligence)를 야기하고 있으며 외부의 위협보다 잠재적 불만세력이나 불특정 테러리스트에 의한 내부공격의 위험을 점점 더 심각한 위협으로 만들고 있다. 소위 ‘뉴테러리즘’이라는 형태의 국내 불만세력에 의한 자생적 테러가 해외 급진적인 테러단체나 종교단체와 연계되어 국내 안보에 치명적인 위협으로 등장하고 있다. 런던 지하철 사건이나 스페인 마드리드의 열차테러 사건, 일본의 사린가스 사건, 국내에서 발생한 대구 지하철 방화사건 등은 발생 경위나 시점은 다르지만 국내에서 자생적으로 조직된 단체나 불만세력에 의해 저질러진 무작위적이며 무차별적인 대량살상테러라는 점에서 공통점이 있다. 문제는 이러한 자생테러의 문제가 국내 안보차원에서는 말할 것도 없거니와 정보활동에서도 매우 어렵다는 것이다.

---

28) 허태회(2010), pp.77–110.

29) 전웅, “방첩개념의 재조명: 목적, 범위, 활동유형을 중심으로”, 『국가정보연구』, 제2권 2호(2009), pp.7–41.

30) 허태회(2010), 앞의 글.

오클라호마 연방청사 폭파사건 이후 2001년 9 · 11 사태라는 사상초유의 국제테러사건을 겪은 미국은 국내 안보강화차원에서 국토안보부를 설치하고 애국법을 통과시키는 등 적극적인 국내 정보역량강화 노력을 기울이고 있다. 이러한 것은 이제 우리에게도 마찬가지여서 북한의 끊임없는 군사위협과 함께 국내 안보위협요소가 다양해지고 확대되는 상황에서 국내정보의 위기는 점점 더 심각한 안보도전이 될 것이다.[31]

이처럼 국내 안보의 위험이 심각해지고 있고 국내 정보활동이 절박해지고 있는 상황에서 아직까지 우리는 국내 정보활동을 위한 감시제도 및 법령이 미비하여 적절하고 효율적인 정보활동이 이루어지지 못하고 있다. 이러한 것은 자칫 우리의 국가안보 및 대내정보역량을 심각하게 약화시킬 수 있다.[32] 이제 국가정보는 해외정보뿐만 아니라 국내 정보와 관련하여서도 보다 적극적이고 능동적으로 대응해 나갈 필요가 있다. 하나의 잘못된 정보실패가 9 · 11과 같은 국가적 재앙사태를 초래할 수 있기 때문이다. 기존의 수동적이며 방어적인 정보패러다임에서 벗어나 적극적이며 능동적인 정보패러다임으로 진화될 필요가 있는 것이다.[33]

2. 정보환경의 변화와 국가정보역량 강화

앞에서 살펴본 것처럼 세계적 안보위협요소의 확대와 국내 안보의 취약성증대로 인해 국내 정보활동이 더 활성화되고 강화되어야 할 상황이다. 우리 사회가 국내 정보활동을 과거처럼 정치사찰의 일환으로 폄훼하거나 정보활동에 필요한 감시제도 및 법령의 미비로 인하여 국내 정보역량을 약화시킨다면 심각한 국가정보위기가 초래될 수 있다.[34] 국내외 각종사건 사고들이 국경을 가로질러 연결되고 서로 영향을 미치는 초국가적인 상황에서 이에 대비한 국내 정보역량강화에 소홀하여 국가재앙적인 정보위

31) 앞의 글, pp.77–110.

32) 최근 FBI와 CIA로 나누어 국내외 정보를 분담하고 있는 미국마저 일각에서는 독립된 국내 안보담당 정보기구의 창설을 주장하고 있는 실정이다. 이미 FBI가 국내 분야를 담당하고 있지만 FBI의 범죄 및 마약부문에 치중된 기능이 국내 안보에 치명적인 대테러 및 확산문제, 방첩문제를 다루는 데 미흡하다고 생각하기 때문이다. 이에 대해서는 Richard Posner, *Uncertain Shield: The U.S. Intelligence System in the Throes of Reform*, (Lanham, MD: Rowman and Littlefield Publishers, Inc. 2006). pp.87–139를 참조할 것.

33) 전웅(2009), pp.7–41.

34) Richard Posner(2006), pp.87–139.

기를 초래한다면 그로 인한 피해는 온 국민이 다 겪어야 한다.

우리의 국내 정보활동은 초기에 주로 대북(對北) 등 안보문제 위주로 활동해 왔다. 그러나 최근 우리 대내정보활동 요소는 외교공관 · 대표부 · 영사관 · 언론사 · NGO · 기업체 등 기하급수적으로 증가하였으며 각국 정보활동의 주체도 외교관 등 백색요원뿐만 아니라 유학생, 기자 등 다양하게 위장한 흑색요원도 증가하는 등 우리의 정보환경도 급변하였다. 또한, 정보목표도 외교 · 안보에서 경제 · 통상 · 과학기술 · 에너지 등 사실상 사회 전분야로 확대되는 등 국익을 위협하는 외국의 한국에 대한 정보활동이 다변화되고 있는 추세이다. 그럼에도 불구하고, 우리나라는 남북 대치라는 특수상황에 따라, '대북문제'에만 정보활동 초점이 맞추어져 다른 분야는 상대적으로 미흡하였으며 외국인의 대 한국 정보활동에 대한 방비도 미비한 점이 많았다.[35)]

이러한 가운데 2012년 5월 대통령령으로 제정된 「국가방첩업무규정」은 늦은 감이 있지만 현행 제도의 한계를 극복하기위한 국가정보차원의 자구적인 노력의 성과이다. "기존의 법령 및 제도적 대응체계 미흡과 외국으로의 잦은 국가기밀 유출사고, 국가위상의 향상에 따른 외국인들의 대한국 정보활동 강화" 등이 이 규정제정의 배경으로 적시되었으며 이 규정안에는 방첩의 명확한 개념정의와 범주 그리고 몇 개의 실질적인 업무지침이 포함되어 있다. 이것은 비록 때 늦은 감이 있지만 그래도 최근의 정보환경변화에 대응하여 국가정보가 정보활동업무기반을 명확하게 하려고 한 최소한의 입법조치라고 하겠다. 얼마 전에 전 세계적인 반향을 일으킨 위키 리크스 사건에서 보듯이 주한 미대사관의 보고전문이 빈번하게 유출되어 우리의 국익을 크게 손상시킨 점을 고려한다면 미국이나 일본과 같은 국가들의 사례처럼 이에 대한 명확한 업무지침과 관리제도가 필요한 상황이라고 하겠다.[36)]

그러나 현재 우리가 처한 정보환경의 현실에 비해 국가정보의 활동에 대한 제도적 · 법적 근거는 과거 권위주의시대에서 크게 벗어나지 못한 상태로서 '국민과 함께하는 선진 국가정보체계'의 구축에는 미흡한 점이 많다. 사실상 정보활동의 목적이나 정보대상의 차이가 정보수단이나 정보활동방향까지 파급영향을 미치는 변화의 추세를 반영하여 효율적인 정보활동이 이루어져야 함에도 불구하고 정보환경변화에 대

35) 이 문제에 대한 자세한 논의를 위해서는 문경환 · 이창무, "국정원 국내정보활동의 법적 근거 및 활동방향연구", 『국가정보연구』, 제2권 2호(2009)를 참고.

36) 위의 글.

한 국가정보의 제도적 · 법적 대응은 아직도 충분하지 않다. 그 이유는 첫째, 우리사회가 아직도 정보대상이나 방첩의 대상을 무의식적으로 전통적 적대세력이나 단체에만 한정시켜 놓고 있기 때문에 제도적으로 원활한 정보활동의 어려운 측면이 있으며, 또 하나는 대부분의 비전통 적대세력의 영역이나 활동범위가 국내와 국외 경계에 걸쳐 있어 수사기관 간의 명확한 업무분장이 없는 상황이 허점으로 쉽게 이용되기 때문이다.[37] 게다가 우리 사회의 국가정보혁신에 대한 인식은 아직도 냉전시대와 권위주의 시대의 선입견에 갇혀 있어서 정보환경변화에 대비한 국가정보체계의 개선이나 제도적 개혁을 어렵게 하고 있다. 최근 외국 이주민이 120만 명이 넘어가고 있고 단일문화에서 점차 다문화 사회로 이행하고 있는 변화된 상황에서 우리 사회도 점차 비국가행위자들의 위협의 변화에 효율적인 정보활동으로 대응해 나갈 때이다.

물론 이러한 새로운 정보활동의 확대나 기능강화의 노력이 잘못하면 정보활동확대로 인한 국민들의 기본권침해와 인권탄압 소지 논란을 야기할 수 있다. 일방적으로 국가정보의 제도적 개혁을 시도하다가는 국민들의 국가정보에 대한 부정적인 인식 때문에 국가정보에 대한 민주적 통제 및 감시강화의 요구로 나타날 수도 있다. 시민들의 정보기관에 대한 국내 정보활동의 규제강화 및 통제강화의 요구가 강력하게 나타나면 정보기관들의 정치적 중립성 및 자율성문제가 불거지면서 논란에 휩싸일 수 있다.[38]

새로운 안보위협과 도전들이 우리 정보기관으로 하여금 새로운 정보혁신을 요구하지만 이러한 정보개혁의 시도는 정보기관에 대한 우리 국민들의 오랜 불신감과 부정적인 인식 때문에 쉽지 않을 것이다. 이것은 결국 우리 국가정보가 국민의 신뢰회복을 위하여 끊임없는 자성과 각고의 노력이 요구됨을 의미한다. 국가정보가 국민의 신뢰와 지지를 얻기 위해서는 이미지의 쇄신부터 시작하여 국가정보의 중립화 · 자율화, 민주화에 이르기까지 각고의 노력이 필요하다. 21세기 세계 안보 및 정보환경의 변화에 부응하여 국가정보의 효율성과 자율성, 민주성을 제고하고 21세기 '국민과 함께하는 선진 국가정보기관으로서의 위상과 역량'을 갖추어 나가기 위해서는 어떤 노력이 필요한지 향후 국가정보의 주요 과제를 살펴본다.

---

37) Aden Magee(2010), "Countering Nontraditional HUMINT Collection Threats," *International Journal of Intelligence and Counterintelligence*. Vol.23. No.3(2010), pp.509–520.

38) 지금 한국의 심각한 대내안보위협요소로 우리 내부의 심각한 이념갈등과 이로 인한 정치적 혼란 및 불안정이 될 수 있다. 특히, 이념갈등과 노사문제, 정치문제가 서로 연계되거나 확장되어 정치적 폭력사태를 빚을 경우에는 심각한 대내안보 위협이 될 수 있다.

|제2장| 한국 국가정보의 향후 과제

우리는 비록 짧은 기간에 산업화와 민주화를 달성하여 세계적인 찬사를 받고 있지만 선진통일한국이라는 무거운 과제를 지니고 있다. 따라서 '국민과 함께하는 선진 국가정보체계의 구축'은 중요한 정보개혁의 목표가 되고 있다. 이러한 정보개혁을 위해 우리 국가정보기구가 직면하고 있는 국가정보의 핵심과제를 살펴보면 첫째, 국가정보체계의 효율성 제고문제, 둘째, 국가정보의 자율화 문제, 마지막으로 국가정보에 대한 국민적 신뢰증진 문제 등이 있다.

그 중에서도 제도개혁에 앞서서 선행되어야 할 중요한 과제는 정보환경의 변화에 대한 범국민적 · 범사회적 인식의 전환이다. 즉 모든 국민역량을 결집하여 선진 정보체계를 구축해 나가는 과정에 있어서 먼저 정보환경의 변화와 기존 정보패러다임의 한계를 국민들이 함께 인식하고 공감대를 갖는 것이다. 탈냉전의 변화된 상황에서 이제 전통적 패러다임에 근거한 국가정보체계의 문제점과 제도적 미비점 등을 인식하여 모든 국민들이 국가정보의 개혁에 하나의 공감대를 형성해야 한다.

이러한 것은 결국 우리 정보기구로 하여금 ① 정보개혁에 대한 국민적 공감대형성과 국가정보에 대한 국민적 신뢰증진, ② 범국민적 지지와 신뢰를 토대로 국가정보체계의 효율성을 제고하고 정보역량을 강화시키는 제도개혁문제, ③ 선진 국가정보체계로 발전하는 데 필요한 정보인프라의 기반구축 등이라고 하겠다.[1] 따라서 국가정보는 먼저 새로운 정보패러다임에 근거한 정보개혁의 필요성에 대하여 국민적 공감대를 이루고 이러한 국민적 지지와 신뢰를 토대로 국가정보의 비효율적인 관행 및 불합리한 제도를 개선하여 국가정보의 효율성과 대응능력을 제고해 나가야 한다.

먼저 세계 정보환경변화에 대응한 국가정보의 효율성과 대응능력의 향상을 위해서 필요한 주요 정보과제들을 살펴본다.

---

1) 허태회(2010), pp.77–110.

제1절 국가정보의 효율성 및 대응능력 제고

1. 정보목표 우선순위(PNIO) 조정과 조직개편

세계안보 및 정보환경변화로 인한 새로운 안보위협요소와 이런 안보위협들이 우리 국가정보환경에 어떤 파장과 의미를 갖는지 살펴보았다. 이제 대내외 정보환경의 변화에 따라 우리의 우선적 '정보목표와 정보활동영역'들을 선별하여 선택과 집중을 통한 효율적인 정보체계를 구축해나가는 것이 중요하다. 기존의 안보위협에 대비한 정보활동도 중요하지만 정보환경변화에 기인한 '새로운 안보위협'이자 우선적 '정보영역'을 대상으로 정보목표의 우선순위가 재조정되고 집중화될 필요가 있다. 21세기 정보환경의 특징 중에 하나는 국가안보위협의 다양화 및 위협요소의 초국가화이다.

기존보다 위협요소가 훨씬 더 다양해지고 있으며 이들이 초국가적으로 상호 연결되고 영향을 미치고 있어 복잡한 형태로 발전하고 있다. 과거와 같이 안보위협이 국가만을 상대로 하는 것이 아니라 일반 민간인이나 불특정 다수를 대상으로 하기 때문에 사전 예측이 어렵고 피해범위가 훨씬 커지는 경향이다. 여기에 군사분야의 위협이나 위기 이상으로 경제, 민생 같은 비군사분야의 중요성도 안보비중에서 커지고 있기 때문에 과거처럼 군사와 비군사의 이분법적 논리로 분리시킬 수 없다.

따라서 향후 세계 정보환경의 변화에 대응하여 우리 국가정보가 우선적으로 고려해야 할 정보과제는 정보환경의 변화에 부응하여 국가정보목표우선순위(PNIO)를 재검토하고 조정하는 것이다. 세계적으로 일어나는 거시적인 문제뿐만 아니라 한반도 주변에서 발생하고 있는 다양한 안보위협들이 있다. 세계 10위권의 중위권 국가로서 분단의 현실과 주변 강대국의 존재로 인하여 우리의 지정학적 위치는 어느 국가보다도 치밀하고 유연한 대외전략과 강력한 안보역량을 필요로 한다. 이러한 상황에서 우리 국가정보의 기능과 역할은 가장 중요하고 시급한 문제에 집중되어 효율적으로 개선되고 합리적으로 조정되어야 하겠다. 강대국의 역학관계변화에 따른 국제질서의 재편과 이에 따른 주변국들의 정세파악문제를 비롯하여 북한급변사태와 이에 따른 한반도 상황변화 대비, 초국가적 테러확산과 국내정보위기 대비, 해외 금융시장 및 외환시장의 동향과 산업보안 대비, 국가기반시설 및 다중이용시설 테러 대비, 사이버테러 및 사이버안보 대응 등 다양한 문제가 제기된다. 이들 간에 가장 중요하고 시급한 문제를 중심으로 정보목표의 우선순위와 대응방향을 설정하여 합리적이고 효율적인 정보활동을 펼쳐나가야 한다. 따라서 이러한 차원에서 국가정보의 체계와 조직이 합리적이고 효율적인 방향으로 개선될 필요가 있다. 안보위협의 다양화 및 초국가화 그리고 국내정보위기의 심화와 같은 정보환경의 특징을 고려한다면 사회일각에서 제기되는 국내정보기능의 축소는 그리 바람직하지 않은 것으로 판단된다. 또한 한반도 주변 국제질서의 재편과정과 안보파장 그리고 최근 더 심각해지는 북한 핵문제와 체제안정문제를 고려한다면 해외정보 및 대북정보도 축소 또는 위축시키기보다는 오히려 더 강화해 나가는 것이 바람직할 것이다.

2. 전문성 · 분석력 제고 및 정보협력 강화

세계안보 및 정보환경이 급변함에 따라 정보활동에 있어서도 다양한 전문영역과 심층적인 지식이 요구되고 있으며 종합적이고 통합적인 정보판단과 분석이 요구되고 있다. 영역과 분야별로 나뉘어져 부문정보기구들이 수행하는 기능과 역할도 점점 더 다양해지고 전문화되고 있다. 특히 고도의 정보통신기술과 위성 및 영상기술의 발전으로 국가정보에 대한 국민들의 기대감이 커지면서 첨단 정보수집능력은 물론 뛰어난 정보분석과 예측능력이 기대되고 있다. 그러나 국민들의 국가정보에 대한 기대감은 커진데 비하여 국가위기를 사전에 탐지하고 막을 수 있는 국가정보의 분석과 예측능력은 그 기대수준에 따르지 못하고 있다.

세계화 및 정보화시대에 대응하는 데 필요한 고도의 정보기술 및 인프라가 우리에게는 부족하고 전략정보생산에 필요한 치밀한 정보분석능력이 미흡한 것이 사실이다. 그리고 급속한 과학기술의 발전과 함께 나타나는 IT, BT 등 새로운 전문기술 분야에 대한 국가정보차원의 심층적인 전문지식 및 전문인력의 결여로 독자적이며 자율적인 고급정보의 생산에도 한계가 있다. 따라서 이러한 정보분석 능력 제고를 위해서는 국가 정보기관들이 자체적으로 취약분야(IT, BT, CT 와 같은 전문분야 및 마약 · 테러와 같은 해외 정보문제)에 대한 전문인력을 보완 · 확충할 필요가 있다. 정보수요분야에 대한 신진 전문인력들의 충원을 통해 국가정보의 정보분석능력을 향상시켜 나가는 한편 열악한 정보인프라를 개선하여 과학적 분석능력을 확충해 나가는 것이 중요하다. 갈

수록 전문화되고 다양화되는 정보환경의 변화와 정보수요에 대해 국가정보기구들이 폐쇄적이고 배타적인 방식으로 전문인력을 관리하거나 적절하게 수급하지 못할 경우 전문성의 부족과 분석능력 저하로 양질의 정보생산에 어려움을 겪을 수 있다.

또한 마약 · 테러 같은 초국가적 문제의 대응에 있어서는 해외 정보네트워크의 강화 및 국제 정보협력체제의 개발이 중요하다. 최근 국가 간의 정보협력은 단순한 정보의 교환에 그치지 않고 사안별로는 정책집행부분에까지 협력하는 형태로 발전되고 있다. 이라크 전쟁이나 아프간 전쟁의 수행에 있어서 파견부대 간에는 합동작전뿐만 아니라 자국부대의 안전을 도모하기 위하여 정보협력을 하고 있으며 북한이나 이란핵개발의 저지를 위한 협력부분에서는 금융거래상의 정보공조가 실시간으로 이루어지고 있기도 하다. 세계화의 진전에 따른 다양한 안보위협의 등장으로 개별 정보기관의 독자적인 정보능력만으로는 한계가 있기 때문에 국제테러와 마약과 같은 공동위협에 대해서는 국가 간 정보협력이 활성화되는 추세이다.

영국과 미국은 1947년 정보협력협정을 맺은 이래로 통신정보와 신호정보에 있어 공동수집 및 분석체제를 구축해 왔으며 캐나다와 호주, 뉴질랜드를 포함한 영연방권 국가들과 미국이 국가안보국(NSA)의 주도로 에셜론(ECHELON)이라는 전 세계적인 통신감청체계를 구축한 것은 잘 알려진 사실이다. 물론 이러한 정보협력의 형태는 단순한 정보의 교환, 수집 및 감시활동의 분담, 지역수집기지의 공동운용 등 다양하게 이루어질 수 있다. 세계정보환경의 변화에 따라 발생한 새로운 안보위협요소와 대상에 대하여 단일 국가의 정보역량으로 가능하지 않은 부분을 우방국가와 협력을 통하여 정보활동의 효율성을 제고하고 정보역량의 외연을 확대하는 것이 중요하다. 게다가 이러한 정보협력이 외교안보정책의 수행에 필요한 정책판단의 근거를 제시해 줄 수 있으며 행정적으로는 예산절감과 조직의 효율성을 기할 수 있어서 유리한 점도 많다. 물론 이러한 정보협력이 자칫 국가주권의 약화 및 정보의 예속화문제를 초래할 수 있으므로 이에 대한 적절한 대비책도 마련해야 하겠다. 정보협력 실무부서의 자율성을 유지하면서 동시에 장기적으로 전문성을 강화해 나가는 방향으로 정보협력을 도모할 필요가 있다.[2)]

---

2) 국가정보포럼(2006), pp.388-389.

제2절 국가정보의 자율성 제고

1. 선진 정보인프라의 구축

세계안보 및 정보환경은 급변하고 있으며 국가정보기구들이 수행해야 할 안보역할도 어느 때보다 중요해지고 확대되는 추세이다. 이러한 세계화의 시대, 정보화시대의 변화에 대응하는 데 필요한 고도의 정보기술 및 인프라가 우리에게는 부족한 것이 사실이다.[3] 특히 우리 국가정보는 그동안 한미동맹의 틀에서 동맹국인 미국의 기술정보에 많이 의존해 왔기 때문에 우리 기술정보의 발전을 늦추는 역효과를 낳았다.

한국의 정보기구들은 그동안 주로 인간정보(HUMINT)에 치중해 왔기 때문에 아직도 신호정보(SIGINT)와 지리공간정보(GEOINT)로 대변되는 기술정보(TECHINT)분야는 낙후되어 있는 것이 사실이다. 인간정보중심의 정보수집이 불필요하다는 것이 아니라 낙후된 기술정보분야를 더 발전시켜 양자 간의 균형 있는 연계가 필요하다. 정보의 자주화를 위해서 장기적인 시각에서 지금부터 기술정보분야의 정보인프라를 발전시키는 데 과감한 투자와 노력이 필요하다.[4] 우리 주변에 강대국들이 포진하고 있고 이들 강대국 간에 끊임없이 각축전이 벌어지고 자국을 위한 정보활동이 강화되는 상황에서 우리도 언제까지 우방국의 정보력에만 의존할 수는 없다. 물론 우리도 금강사업이나 비조사업, 백두사업과 같이 기술정보의 인프라개발에 노력을 한 적이 있지만 향후 우리 국가정보체계의 선진화를 위해서는 독자적인 기술정보능력의 함양이 필요하다.[5] 가시화되고 있는 미·중간 견제와 대립의 심화, 북한핵문제를 비롯한 한반도 비상상황의 발생가능성, 해양영토분쟁의 증가, 북한체제의 변화추이 및 내부안정 동향 등 향후 우리 한국이 직면한 안보도전과 위협들은 많다. 특정 우방국에 대한 정보예속을 탈피하고 독자적 정보능력의 향상을 통하여 국가정보의 자주성을 도모하고 선진 정보인프라의 기반을 구축하는 것이 중요하다. 아리랑 위성사업과 같은 상업용 위성사업도 중요하지만 차제에 첩보위성 및 무인정찰기의 개발 등 정보수집 인프라의 구축에 박

3) 문정인, "21세기 정보기관의 역할과 새로운 비전", 이철우 의원 개최, 『21세기정보기관의 역할과 바람직한 국정원법 개정을 위한 정책토론회(논문집)』(2008.12.8, 국회도서관 강당).

4) 문정인(2009).

5) 위의 책.

차를 가하여야 할 것이다.

국가정보 연구의 활성화를 통하여 정보 인프라의 학문적 기반을 구축해 나가는 것도 중요하다. 국가정보 및 전문분야에 민간연구의 활성화를 통하여 독자적으로 고급정보를 생산할 수 있는 체계와 역량을 갖추어 나가야 한다. 정보인프라의 학문적 · 이론적 토대를 구축하고 강화한다는 차원에서 선행 작업으로서 '민간부문의 국가정보 연구 활성화'작업이 중요하다.[6] 우리나라는 아직도 민간부문의 정보연구가 활성화되어 있지 않다. 일부 사립대학 학부과정에 정보학관련 강좌가 개설이 되어있기는 하지만 아직 체계적인 정규학과 프로그램은 설치되어 있지 않다.

2007년 "한국국가정보학회"가 창립되어 500여 명의 회원들이 학술활동을 하고 있기는 하지만 현재로서는 국가정보학이라는 학문의 정체성을 모색하는 수준이다. 미국이나 영국의 경우에는 정보학 연구가 1980년대 중반 이후 활성화되기 시작하였는데,[7] 미국의 경우 1990년대 초 정보학 관심이 급증하면서 국제학 학회(ISA) 내에 정보학분야가 추가되어[8] 1999년쯤에는 대략 300개의 정보학관련 강의가 개설되었다.[9]

정보학의 학문적 정착에 가장 앞장서있는 미국의 경우 2005년 미 정보공동체가 "우등생 프로그램(honor program)"을 대학에 지원하였고 이것은 미국 대학들로 하여금 정보학관련 프로그램의 개발에 나서게 할 목적과 함께 정보기관에서 일할 우수한 인적자원을 확보하는데 목적이 있었다.[10] 대학 내 정보학 연구를 활성화시키는 것은 대학으로 하여금 정보관련 지식에 대한 사회적 요구를 수용하게 하여 정보인프라의 기반을 구축하는 것이 중요하기 때문이다. 정보기관에서 일할 뛰어난 자원들의 수급확보에 대학과 같은 전문교육기관이 활용될 수 있고 IT, BT, CT 등 전문성이 요구되는 분야에 민간연구를 활성화시켜 정보인프라의 기반을 구축하는 것이 장기적으로 필요하다.

이러한 학문적 인프라의 구축에 필요한 것이 국가정보학이란 학문적 역량강화(Capacity-Building in Intelligence Studies)사업이다. 다른 학문들이 그러하듯이 국가정보

6) 허태회(2010), pp.77-110.

7) Martin Rudner(2009), "Intelligence Studies in Higher Education: Capacity-Building to Meet Societal Demand," *International Journal of Intelligence and Counterintelligence*, Vol.22, No.1, pp.110-130.

8) 위의 글.

9) 위의 글.

10) 위의 글.

학의 학문적 기반을 강화하기 위해서는 세 가지 사업이 동시에 추진될 필요가 있다.[11] 첫째는 교과목개설 등 학문 프로그램 개발사업, 둘째는 연구지원을 통한 연구분위기 진작, 셋째는 학생들에 대한 장학지원사업이다. 국가정보학 프로그램개발은 교수충원, 도서관 확충, 교과목 개발, 행정조직 및 인력충원 등과 관련되며, 연구지원사업은 학술회의 개최, 연구용역과제 지원, 출판사업 지원 등과 같은 것이다. 영국의 경우에는 고등교육 연구지원위원회에서 정보학과목을 "전략적으로 중요한 과목"이라고 지정하여 연구역량개발에 주력하고 있다.[12]

역사적으로 사회가 필요로 하는 분야에 전문적 지식이나 기술이 요구될 경우 항상 대학과 같은 민간교육기관들이 중요한 인프라의 역할을 담당해 왔다. 외교안보분야의 학문적 · 이론적 토대가 되고 있는 국제정치학이 정치학의 분야에서 파생되어 독자적 학문영역을 구축한 것이 1세기가 채 안 되고, 현대 행정학은 그보다도 출발연원이 더 짧다. 그럼에도 불구하고 이들 신생학문들이 사회과학의 한 분야로서 학문적 위상을 발전시켜 나가면서 국가사회가 직면한 현안문제의 해결에 일익을 담당해 왔다. 국가정보학도 새로운 시대 상황에 맞게 독자적 학문영역을 발전시켜 나가면서 신생학문으로서의 역할뿐만 아니라 그 사회의 국가정보체계가 발전하는 데 필요한 학술적 인프라의 기반을 구축하는 데 기여할 수 있을 것이다.

2. 국가정보의 정치적 중립화 및 자율화

21세기 세계질서의 재편 및 정보환경 변화에 대응하여 우리 국가정보체계의 효율성을 제고하기 위한 정보과제들을 살펴보았다. 국가정보목표의 재조정이나 정보기구간의 정보공유 및 정보협력강화와 같은 주제들이 각국의 정보기구들이 직면한 보편적인 정보과제들이라면 우리 한국만이 처한 당면한 정보과제는 '국가정보의 자율화 및 민주화' 문제라고 하겠다. 우리 한국이 당면한 안보위협으로 미중간의 역학관계변화와 이에 대응하는 문제를 비롯하여 북한급변사태 및 한반도위기 대응문제, 신흥경제대국들의 급부상에 따른 한국의 경쟁력 제고 및 산업보안 문제, 북핵문제의 해결과 북한군사위협의 억지력 증대문제, 핵심기반시설에 대한 테러 또는 사이버 안보 문제 등 많은

11) 위의 글, p.124.
12) 위의 글.

안보과제와 도전들이 제기된다.

이러한 새로운 안보위협과 도전과제는 이제 우리 정보기관으로 하여금 새로운 정보활동의 방향에 따라 기능과 역할을 강화하고 선진국가정보체계로 나가기 위한 지속적인 정보혁신과 변화를 요구하고 있다. 그러나 이러한 정보개혁의 시도는 정보기관에 대한 우리 국민들의 오랜 불신과 부정적인 인식 때문에 그리 쉽지 않다. 정보화와 민주화로 인하여 국내외 정치사회적 환경도 변화하고 있으며 새로운 정보수요와 정보활동의 확대필요성 때문에 정보환경변화에 부응한 정보제도의 개선이 시급하지만 이러한 국가정보의 제도개편문제는 국민들의 전폭적인 지지와 신뢰가 없이는 불가능하다.

권위주의 시대의 핵심권력기관으로 출발한 부정적인 이미지와 선입관 때문에 아직도 우리 국민들이 정보개혁이나 제도혁신에 대해 갖고 있는 인식은 그렇게 관용적이거나 수용적이지 않다. 이것은 결국 우리 국가정보가 국민적 신뢰회복을 위하여 끊임없는 자성과 각고의 노력이 필요함을 의미한다. 범국민적 신뢰와 협력을 얻기 위해서 국가정보기구 스스로가 먼저 중립성과 자율성을 유지하려는 노력이 필요하다. 물론 이러한 국가정보의 중립성 및 자율성 확보문제는 근본적으로 제도개혁이 수반되어야 하는 문제이다.

우리 정보기관의 정보기관으로서 기능강화 및 효율성 제고의 문제는 근본적으로 제도개혁과 맞물려 있기 때문에 국민적 신뢰회복 및 협력의 문제이며 이것은 또한 국가정보의 자율성이 확보되어야 가능하기 때문에 이들은 서로 밀접하게 연결되어 있다. 새로운 정보활동 영역의 확대나 정보활동 개혁노력은 자칫 잘못하면 국가정보활동의 범위확대 및 권한증대로 오해되어 시민의 기본권침해와 인권탄압 소지의 논란을 야기할 수 있다. 정보개혁도 좋지만 사전에 국민 기본권침해 및 인권탄압에 대한 논란이나 오해의 소지를 피할 수 있도록 투명하고도 민주적인 방식으로 추진하려는 소통의 노력이 필요하다. 따라서 이러한 제도혁신의 노력은 국가정보의 민주적 통제 및 여론의 감시기능을 활성화시키는 노력과 병행되어 추진될 필요가 있다. 정보활동을 약화시키거나 정보역량의 심각한 훼손이 발생하지 않는 선에서 국가정보의 예산에 대한 통제부터 비밀활동에 대한 감찰기능까지 의회와 국민에 의한 통제와 언론의 감시기능을 민주적이고 투명한 방식으로 활성화시켜 나감으로써 정치적 의혹과 불신을 해소하려는 노력이 필요하다.

지난 날 권위주의시대에 핵심기관이었으나 문민정부로 들어서면서 국민에게 봉사하는 정보기관으로서 새롭게 탄생한 '국가정보원'이나 기타 국방부 산하 부문정보기관들도 여러 가지 시대환경이나 사회적 변화에 적응하기 위해 끊임없이 혁신의 노력을 기울여 왔다. 또 이들이 최근에도 대내외 안보 및 정보환경의 변화에 대응하기 위해 지속적으로 변화와 혁신의 노력을 기울이고 있는 것도 사실이다. 그러나 이러한 정보기관들의 자구적인 노력에도 불구하고 우리 사회의 구조적인 한계와 제약으로 인하여 기대한 성과를 거두는 것이 어려운 측면도 있다. 특히 우리 정보기관이 갖고 있는 태생적인 문제와 부정적인 선입관 때문에 어떤 정보개혁조치도 합리적인 판단이 없이 일방적으로 왜곡되는 경향이 있어 왔다. 국가정보의 개혁이나 혁신에 대한 필요성을 제대로 평가하거나 이해하기보다는 정권차원의 권력 강화 시도로 인식되거나 왜곡되어버리는 경향이 많았다.

또 한편으로는 지금까지 정권교체마다 있어온 정보기구의 조직개편이 국가정보의 기능보완이나 역량강화를 위한 개혁적 시도로 이해되기 어려운 측면이 있던 것도 사실이다. 정권초기 정보기구의 개편작업이 정보역량강화의 시도로 보이기보다는 정권교체에 따른 정치적 구조조정으로 이용되는 경향이 많았다. 근본적으로 국가 정보기관의 정치적 중립성이나 자율성이 제도적 · 법적으로 보장되지 않는 한 어떤 정보조직개편이나 개혁의 시도도 그 취지에 맞게 성공하기는 어렵다.[13)]

제3절 '국민의 정보기관'으로서의 신뢰 증진

한국의 주요 정보과제로 국가정보체계의 효율성 향상과 정보역량강화를 위한 정보인프라 구축방안 등에 대하여 살펴보았다. 이제 시대적 상황의 변화나 정보환경의 변화를 고려하여 정보활동의 목표를 재조정하고 정보개혁방향을 정립해 나가는 한편 정보기능 및 역할강화에 대한 국민적 인식도 시대적 변화에 맞게 전환될 필요가 있다. 물론 정보활동영역을 증대시킬 필요성으로 정보활동이나 정보업무를 확장시키는 것

13) 송은희, "외국의 입법사례를 통해본 바람직한 국가정보원법의 개정방향", 이철우 의원 개최, 『21세기정보기관의 역할과 바람직한 국정원법 개정을 위한 정책토론회(논문집)』(서울 국회도서관, 2008.12.8). pp.46-49 참조.

이 국민기본권 침해의 소지 및 정보의 정치화 가능성 등등 우리사회에 민감한 문제들을 야기할 수 있으므로 이에 대한 오해를 불식시키고 중립성을 확보하려는 노력도 뒤따라야 하겠다.[14] 그러나 이러한 정보개혁의 합리성과 투명성이 담보되고 실질적인 추동력을 갖기 위해서는 우선 국민들의 적극적인 지지와 신뢰가 필요하며 국민과 소통하고 공감하는 일이 중요하다.

현대 민주주의 국가에서 새로운 제도개혁이나 법령의 제정은 국민의 지지와 신뢰가 절대적으로 필요하다. 그러한 의미에서 국가정보가 정보개혁이나 혁신에 앞서서 국민과 소통하고 지지와 협력을 구하는 것은 매우 중요하다. 국가정보차원에서 새로운 정보패러다임의 방향으로 나아가고 진화해 나가기 위해서는 무엇보다 국민들과 소통하고 설득하여 선진 정보체계의 필요성을 국민들에게 알리는 것이 중요하다. 새로운 정보환경의 변화와 제도개선의 필요성에 대해 대국민 홍보를 지속하는 한편 여론주도층인 전문가집단부터 정보개혁의 필요성을 인지시킬 필요가 있다. 정보개혁에 대한 부정적 인식을 해소하며 국가정보 혁신의 중요성을 인지시키기 위해서는 일반적인 홍보 이외에도 이미지 홍보에도 적극적으로 나설 필요가 있다.

우리의 안보현실과 시급한 정보개혁의 필요성을 감안한 방안 중에 국방부의 『국방백서』 발표와 유사한 형태의 『국가방첩백서』를 발표하는 방안도 검토할 필요가 있다.[15] 즉 안보위기와 위협에 대하여 유난히 둔감하고 보안의식이 취약한 우리 국민들에게 국가정보의 중요성과 정보혁신의 시급성을 인식시키면서 여론의 환기를 통해 국가정보목표의 명확한 방향을 제시하는 것이다. 더구나 최근의 정보환경변화에 대한 국민적 인식이 미흡하고 새로운 정보패러다임으로의 전환에 대한 필요성을 잘 인지 못하고 있는 상황에서는 우리의 정보현실과 실상에 대한 주기적 발표가 국민적 이해와 공감대형성에 도움이 될 것이다.[16] 전 세계적으로 군사적 · 물리적 투사능력과 상상을 초월하는 정보력을 갖고 있음에도 불구하고 미국은 주기적으로 『국가전략』과 『국가방첩전략』을 발표하여 모든 국민들과 공직자들이 공유해야 할 국가안보목표와 방향을 제시하고 있다. 이러한 것은 최근 방첩업무규정 제정의 시점에 있어서 우리의 정보요원은 물론 모든 공직자들의 보안의식 및 방첩의식을 점검하고 강화하기 위한 적극

14) 송은희(2008).

15) 허태회(2010), pp.77-110.

16) 위의 글.

적인 조치로서도 필요하다.[17)]

아울러 안보위협의 요소와 주체가 다양해지고 국내 안보의 위기가 고조되어 국내 정보활동이 절실해지고 있는 상황에서 아직까지 우리 사회는 과거의 구태의연한 정보 용어와 개념을 사용하고 있어 합리적인 정보활동의 근거가 미약한 점이 있다.[18)] 예를 들어 일부 정보관련 용어가 너무 구시대적인 느낌이 강하여 적절한 개념으로 대체될 필요가 있음에도 불구하고 시대변화와 우리 국민들의 정서에 맞는 개념이 아직 개발되지 않고 있다.

지금까지 세계 안보 및 정보환경의 변화에 따른 새로운 국가정보의 과제들과 개혁방향에 대하여 살펴보았다. 비록 짧은 기간에 산업화와 민주화를 달성한 국가로서 세계적인 찬사를 받고 있긴 하지만 아직도 통일한국, 선진한국으로 나가는 데 있어서 갈 길이 먼 우리로서는 '국민과 함께하는 선진국가정보체계의 구축'이 중요한 정보개혁의 목표이다.

이러한 정보개혁을 위해 현재 우리 국가정보기구가 직면하고 있는 새로운 정보환경의 지형도를 바탕으로 국가정보의 과제를 살펴보았다. 물론 그 중에서도 제도개혁이나 혁신에 앞서서 선행되어야 할 과제는 정보환경의 변화에 대한 범국민적 · 범사회적 인식의 전환이다. 탈냉전의 변화된 상황에서 세계화, 정보화, 민주화로 인한 정보환경의 변화에 대하여 전통적 정보패러다임에 근거한 기존 정보체계의 문제점과 제도적 미비점 등을 인식하여 모든 국민들이 정보환경변화에 대응하기 위한 국가정보의 개혁방향에 하나의 공감대를 형성해야 한다. 이러한 것은 결국 우리 정보기구로 하여금 국가정보체계의 효율성을 제고하고 정보역량강화를 위해 선진 정보인프라를 구축해 나가는 한편 무엇보다 정보패러다임의 변화에 부응한 정보개혁의 필요성과 시급성에 대하여 범국민적 신뢰와 지지를 구하는 것이 가장 중요하다고 하겠다. 21세기 세계 안보 및 정보환경의 변화에 대응하여 국가정보역량을 제고하고 국가위기관리의 파수꾼으로서의 정보기구 본연의 역할과 기능을 효율적이고 합리적으로 수행해 나가기 위해서

---

17) 송종환, "국가안보개념의 변화와 국가정보기관 개혁방향", (http://web.sungshin.ac.kr/~youngho/data/academy/3-030821Forum.pdf).

18) 앞에서 살펴보았듯이 최근 정보환경변화의 특징이 안보위협요소의 다양화, 방첩 대상 및 수단의 다양화, 국외 · 국내정보의 초국가적 연계성, 국내 정보의 위기심화 등이다. 그러나 이러한 정보환경의 현실에 비해 기존의 방첩개념과 범위는 매우 제한적이며 시대에 맞지 않게 되어 있다. 전웅(2009)을 참조할 것.

는 이제 정보의 정치화를 피하고 정치적 의혹과 불신을 극복하려는 정보기관들의 자성과 각고의 노력이 필요하며 국민들의 지지와 신뢰를 얻기 위한 끊임없는 이미지 쇄신의 노력이 필요하다.

>> 참고문헌

National Intelligence Studies

국가정보포럼. 『국가정보학』. 서울: 박영사, 2006.

Mark Lowenthal. 김계동 옮김. 『국가정보: 비밀에서 정책까지』. 서울: 명인문화사, 2008.

김윤덕. 『국가정보학: 이론과 실제의 이해』. 서울: 박영사, 2006.

김호정. "외국 스파이 처벌유형 · 적용법규 비교연구와 우리의 스파이 규제법 정비방안". 『국가정보연구』. 제2권 2호(2009).

문경환 · 이창무. "국정원 국내정보활동의 법적 근거 및 활동방향연구". 『국가정보연구』. 제2권 2호(2009).

문정인. 『국가정보론』. 서울: 박영사, 2009.

______. "21세기 정보기관의 역할과 새로운 비젼". 이철우 의원 개최. 『21세기정보기관의 역할과 바람직한 국정원법 개정을 위한 정책토론회(논문집)』. 서울 국회도서관. 2008.12.8.

박영일 편저. 『강대국의 정보기구』. 서울: 현대문예사, 1994.

송종환. "국가안보개념의 변화와 국가정보기관 개혁방향". (http://web.sungshin.ac.kr/~youngho/data/academy/3-030821Forum).

송은희. "외국의 입법사례를 통해본 바람직한 국가정보원법의 개정방향". 이철우 의원 개최. 『21세기정보기관의 역할과 바람직한 국정원법 개정을 위한 정책토론회(논문집)』. 서울 국회도서관. 2008.12.8.

신유섭. "ODNI 창설을 통해본 미국 정보계 개혁의 성격과 전망". 『국제정치논총』. 제45집 3호(2005).

신의기. "국제환경의 변화와 간첩죄 규정정비방안". 『국제문제연구』. 제10권 4호(2010).

우정. "한미 안보체계 및 정보협력의이론과 실제". 『국가정보연구』. 제2권 1호(2009).

장노순. "초국가적 행위자의 사이버공격과 핵공격에 관한 연구". 『한국정치학회보』. 제39집 5호(2005).

______. "9 · 11이후 미국의 방첩전략과 조직에 관한 연구: ODNI와 국방부를 중심으

로." 『국가정보연구』. 제2권 2호(2009).

_____. "정보기관의 민주적 통제." 『2010 한국국가정보학회 학술회의 자료집』.

전웅. "방첩개념의 재조명: 목적, 범위, 활동유형을 중심으로". 『국가정보연구』. 제2권 2호(2009).

_____. "초국가안보위협과 정보활동의 방향". 『2010 한국국가정보학회 학술회의 자료집』.

정경영. "북한급변사태와 우리의 외교안보전략". 『국제정치학회 연례학술회의』. 한국외국어대학교. 2008.12.15.

최대석 · 김진환 · 박희진 · 조은희. "북한 정체체제변화와 국가정보기관의 역할". 『국가정보연구』. 제3권 1호(2010).

최평길. 『국가정보학』. 서울: 박영사, 2012.

한정택. "대중문화와 정보활동". 『2010 한국국가정보학회 학술회의 자료집』.

_____. "국가정보환경변화에 따른 안보의식조사 결과분석". 『국제문제연구』. 제10권 4호(2010).

한희원. "국가안보와 국민의 알권리에 대한 법리적 해석". 『2010 한국국가정보학회 학술회의 자료집』.

허태회 · 정준현. "미래 세계안보 및 정보환경의 변화와 한국의 정보개혁방향". 국가정보연구』. 제2권 2호(2009).

허태회. "대내외 정보환경의 변화와 국가방첩의 새로운 방향 모색". 『국제문제연구』. 제10권 4호(2010).

허태회 · 이상호. "커뮤니케이션 융합시대의 국가안보: 전망과 과제". 『국제문제연구』. 제11권 1호(2011).

허태회 · 이상호 · 장노순. "21세기 현대 정보전의 실체와 한국의 전략과제." 『국가전략』. 제10권 2호. 성남: 세종연구소, 2004.

Aden Magee. "Countering Nontraditional HUMINT Collection Threats." *International Journal of Intelligence and Counterintelligence*. Vol.23. No.3(2010).

Charles Kegley & Eugene Wittkopf. *World Politics: Trend and Transformations*. 10th edition. Boston, MA: Bedfor/St. Martin's Press, 2006.

Gaetano Joe Ilardi. "Al-Qaeda's Counterintelligence Doctrine: The Pursuit of Operational Certainty and Control." *International Journal of Intelligence and Counterintelligence*. Vol.22. No.2(2009).

Gregory Treverton. *Reshaping National Intelligence for an Age of Information.*

Cambridge: Cambridge University Press, 2003

Jennifer Sims and Burton Gerber. *Transforming U.S. Intelligence*. Washington, DC: Georgetown University Press, 2007.

Jeffrey Richelson. *The U.S. Intelligence Community*. 4th ed. Boulder, CO: Westview Press, 1999

John Baylis and James Wirtz. *Strategy in th Contemporary World*. Oxford University Press, 2003.

Justin Harber. "Unconventional Spies: The Counterintelligence Threat from Non-State Actors." *International Journal of Intelligence and Counterintelligence*. Vol.22. No.2(2009).

Martin Rudner. "Intelligence Studies in Higher Education: Capacity-Building to Meet Societal Demand." *International Journal of Intelligence and Counterintelligence*. Vol.22. No.1(2009).

National Commission on Terrorist Attacks, *the 9/11 Commission Report: Final Report of the National Commissionon Terrorist Attacks upon the United States*. W.W. Norton Company. 2004.

National Intelligence Council. "Mapping the Global Future." *Report of the National Intelligence Council's 2020 Project*. Honolulu, Hawaii: Unversity Press of the Pacific, 2006.

Paul Maddrell. "Failing Intelligence: U.S. Intelligence in the Age of Transnational Threats." *International Journal of Intelligence and Counterintelligence*. Vol.22. No.2(2009).

Richard Posner. *Uncertain Shield: The U.S. Intelligence System in the Throes of Reform*. Lanham, MD: Rowman and Littlefield Publishers, Inc., 2006.

Richard Posner. *Not a Suicidal Pact: The Constitution in a Time of National Emergency*. Oxford University Press, 2006.

Roger George & Robert Kline. ed. *Intelligence and the National Security Strategist*. Lanham, MD: Rowman and Littlefield Publishers, Inc., 2006.

Sundri Khalsa. *Forcasting Terrorism: Indicators and Proven Analytic Techniques*. Lanham, MD: The Scarecrow Press, Inc., 2004.

William E Odom. *Fixing Intelligence: For a More Secure America*. 2nd Edition. MA: Yale University. 2004.

부 록
국가정보 관련 법령

1. 국가정보원법

[시행 2011.11.22] [법률 제11104호, 2011.11.22, 일부개정]

제1조(목적) 이 법은 국가정보원의 조직 및 직무범위와 국가안전보장 업무의 효율적인 수행을 위하여 필요한 사항을 규정함을 목적으로 한다.

[전문개정 2011.11.22]

제2조(지위) 국가정보원(이하 "국정원"이라 한다)은 대통령 소속으로 두며, 대통령의 지시와 감독을 받는다.

[전문개정 2011.11.22]

제3조(직무) ① 국정원은 다음 각 호의 직무를 수행한다.

1. 국외 정보 및 국내 보안정보[대공(對共), 대정부전복(對政府顚覆), 방첩(防諜), 대테러 및 국제범죄조직]의 수집 · 작성 및 배포
2. 국가 기밀에 속하는 문서 · 자재 · 시설 및 지역에 대한 보안 업무. 다만, 각급 기관에 대한 보안감사는 제외한다.
3. 「형법」 중 내란(內亂)의 죄, 외환(外患)의 죄, 「군형법」 중 반란의 죄, 암호 부정사용의 죄, 「군사기밀 보호법」에 규정된 죄, 「국가보안법」에 규정된 죄에 대한 수사
4. 국정원 직원의 직무와 관련된 범죄에 대한 수사
5. 정보 및 보안 업무의 기획 · 조정

② 제1항제1호 및 제2호의 직무 수행을 위하여 필요한 사항과 같은 항 제5호에 따른 기획 · 조정의 범위와 대상 기관 및 절차 등에 관한 사항은 대통령령으로 정한다.

[전문개정 2011.11.22]

제4조(조직) ① 국정원의 조직은 국가정보원장(이하 "원장"이라 한다)이 대통령의 승인을 받아 정한다.

② 국정원은 직무 수행상 특히 필요한 경우에는 대통령의 승인을 받아 특별시 · 광역시 · 도 또는 특별자치도에 지부(支部)를 둘 수 있다.

[전문개정 2011.11.22]

제5조(직원) ① 국정원에 원장 · 차장 및 기획조정실장과 그 밖에 필요한 직원을 둔다. 다만, 특히 필요한 경우에는 차장을 2명 이상 둘 수 있다.

② 직원의 정원은 예산의 범위에서 대통령의 승인을 받아 원장이 정한다.

[전문개정 2011.11.22]

제6조(조직 등의 비공개) 국정원의 조직 · 소재지 및 정원은 국가안전보장을 위하여 필요한 경우에는 그 내용을 공개하지 아니할 수 있다.

[전문개정 2011.11.22]

제7조(원장 · 차장 · 기획조정실장) ① 원장은 국회의 인사청문을 거쳐 대통령이 임명하며, 차장 및 기획조정실장은 원장의 제청으로 대통령이 임명한다.

② 원장은 정무직으로 하며, 국정원의 업무를 총괄하고 소속 직원을 지휘 · 감독한다.

③ 차장은 정무직으로 하고 원장을 보좌하며, 원장이 부득이한 사유로 직무를 수행할 수 없을 때에는 그 직무를 대행한다.

④ 기획조정실장은 별정직으로 하고 원장과 차장을 보좌하며, 위임된 사무를 처리한다.

⑤ 원장 · 차장 및 기획조정실장 외의 직원 인사에 관한 사항은 따로 법률로 정한다.

[전문개정 2011.11.22]

제8조(겸직 금지) 원장 · 차장 및 기획조정실장은 다른 직(職)을 겸할 수 없다.

[전문개정 2011.11.22]

제9조(정치 관여 금지) ① 원장 · 차장과 그 밖의 직원은 정당이나 정치단체에 가입하거나 정치활동에 관여하는 행위를 하여서는 아니 된다.

② 제1항에서 정치활동에 관여하는 행위란 다음 각 호의 어느 하나에 해당하는 행위를 말한다.

1. 정당이나 정치단체의 결성 또는 가입을 지원하거나 방해하는 행위
2. 그 직위를 이용하여 특정 정당이나 특정 정치인에 대하여 지지 또는 반대 의견을 유포하거나, 그러한 여론을 조성할 목적으로 특정 정당이나 특정 정치인에 대하여 찬양하거나 비방하는 내용의 의견 또는 사실을 유포하는 행위
3. 특정 정당이나 특정 정치인을 위하여 기부금 모집을 지원하거나 방해하는 행위 또는 국가 · 지방자치단체 및 「공공기관의 운영에 관한 법률」에 따른 공공기관의 자금을 이용하거나 이용하게 하는 행위
4. 특정 정당이나 특정인의 선거운동을 하거나 선거 관련 대책회의에 관여하는 행위
5. 소속 직원이나 다른 공무원에 대하여 제1호부터 제4호까지의 행위를 하도록 요구하거나 그 행위와 관련한 보상 또는 보복으로서 이익 또는 불이익을 주거나 이를 약속 또는 고지(告知)하는 행위

[전문개정 2011.11.22]

제10조(겸직 직원) ① 원장은 현역 군인 또는 필요한 공무원의 파견근무를 관계 기관의 장에게 요청할 수 있다.

② 겸직 직원의 원(原) 소속 기관의 장은 겸직 직원의 모든 신분상의 권익과 보수를 보장하여야 하며, 겸직 직원을 전보(轉補) 발령하려면 미리 원장의 동의를 받아야 한다.

③ 겸직 직원은 겸직 기간 중 원 소속 기관의 장의 지시 또는 감독을 받지 아니한다.

④ 겸직 직원의 정원은 관계 기관의 장과 협의하여 대통령의 승인을 받아 원장이 정한다.

[전문개정 2011.11.22]

제11조(직권 남용의 금지) ① 원장 · 차장과 그 밖의 직원은 그 직권을 남용하여 법률에 따른 절차를 거치지 아니하고 사람을 체포 또는 감금하거나 다른 기관 · 단체 또는 사람으로 하

여금 의무 없는 일을 하게 하거나 사람의 권리 행사를 방해하여서는 아니 된다.

② 국정원 직원으로서 제16조에 따라 사법경찰관리(군사법경찰관리를 포함한다)의 직무를 수행하는 사람은 그 직무를 수행할 때에 다음 각 호의 규정을 포함하여 범죄수사에 관한 적법절차를 준수하여야 한다.

1. 「형사소송법」 제34조[피고인 · 피의자와의 접견 · 교통 · 수진(受診)]와 같은 법 제209조에 따라 수사에 준용되는 같은 법 제87조(구속의 통지), 제89조(구속된 피고인과의 접견 · 수진), 제90조(변호인의 의뢰)
2. 「군사법원법」 제63조(피고인 · 피의자와의 접견 등)와 같은 법 제232조의6에 따라 수사에 준용되는 같은 법 제127조(구속의 통지), 제129조(구속된 피고인과의 접견 등) 및 제130조(변호인의 의뢰)

[전문개정 2011.11.22]

제12조(예산회계) ① 국정원은 「국가재정법」 제40조에 따른 독립기관으로 한다.

② 국정원은 세출예산을 요구할 때 관(款) · 항(項)을 국가정보원비와 정보비로 하여 총액으로 요구하며, 그 산출내역과 「국가재정법」 제34조에 따른 예산안의 첨부서류는 제출하지 아니할 수 있다.

③ 국정원의 예산 중 미리 기획하거나 예견할 수 없는 비밀활동비는 총액으로 다른 기관의 예산에 계상할 수 있다.

④ 국정원은 제2항 및 제3항에도 불구하고 국회 정보위원회에 국정원의 모든 예산에 관하여 실질심사에 필요한 세부 자료를 제출하여야 한다.

⑤ 국회 정보위원회는 국정원의 예산심의를 비공개로 하며, 국회 정보위원회의 위원은 국정원의 예산 내역을 공개하거나 누설하여서는 아니 된다.

[전문개정 2011.11.22]

제13조(국회에서의 증언 등) ① 원장은 국회 예산결산 심사 및 안건 심사와 감사원의 감사가 있을 때에 국가의 안전보장에 중대한 영향을 미치는 국가 기밀 사항에 대하여는 그 사유를 밝히고 자료의 제출 또는 답변을 거부할 수 있다.

② 원장은 제1항에도 불구하고 국회 정보위원회에서 자료의 제출, 증언 또는 답변을 요구받은 경우와 「국회에서의 증언 · 감정 등에 관한 법률」에 따라 자료의 제출 또는 증언을 요구받은 경우에는 군사 · 외교 · 대북관계의 국가 기밀에 관한 사항으로서 그 발표로 인하여 국가 안위(安危)에 중대한 영향을 미치는 사항에 대하여는 그 사유를 밝히고 자료의 제출, 증언 또는 답변을 거부할 수 있다. 이 경우 국회 정보위원회 등은 그 의결로써 국무총리의 소명을 요구할 수 있으며, 소명을 요구받은 날부터 7일 이내에 국무총리의 소명이 없는 경우에는 자료의 제출, 증언 또는 답변을 거부할 수 없다.

③ 원장은 국가 기밀에 속하는 사항에 관한 자료와 증언 또는 답변에 대하여 이를 공개하지 아니할 것을 요청할 수 있다.

④ 이 법에서 "국가 기밀"이란 국가의 안전에 대한 중대한 불이익을 피하기 위하여 한정된

인원만이 알 수 있도록 허용되고 다른 국가 또는 집단에 대하여 비밀로 할 사실 · 물건 또는 지식으로서 국가 기밀로 분류된 사항만을 말한다.

[전문개정 2011.11.22]

제14조(회계검사 및 직무감찰의 보고) 원장은 그 책임하에 소관 예산에 대한 회계검사와 직원의 직무 수행에 대한 감찰을 하고, 그 결과를 대통령과 국회 정보위원회에 보고하여야 한다.

[전문개정 2011.11.22]

제15조(국가기관 등에 대한 협조 요청) 원장은 이 법에서 정하는 직무를 수행할 때 필요한 협조와 지원을 관계 국가기관 및 공공단체의 장에게 요청할 수 있다.

[전문개정 2011.11.22]

제16조(사법경찰권) 국정원 직원으로서 원장이 지명하는 사람은 제3조제1항제3호 및 제4호에 규정된 죄에 관하여 「사법경찰관리의 직무를 수행할 자와 그 직무범위에 관한 법률」 및 「군사법원법」의 규정에 따라 사법경찰관리와 군사법경찰관리의 직무를 수행한다.

[전문개정 2011.11.22]

제17조(무기의 사용) ① 원장은 직무를 수행하기 위하여 필요하다고 인정할 때에는 소속 직원에게 무기를 휴대하게 할 수 있다.

② 제1항의 무기 사용에 관하여는 「경찰관직무집행법」 제10조의4를 준용한다.

[전문개정 2011.11.22]

제18조(정치 관여죄) ① 제9조를 위반하여 정당이나 그 밖의 정치단체에 가입하거나 정치활동에 관여하는 행위를 한 사람은 5년 이하의 징역과 5년 이하의 자격정지에 처한다.

② 제1항에 규정된 죄의 미수범은 처벌한다.

[전문개정 2011.11.22]

제19조(직권남용죄) ① 제11조제1항을 위반하여 사람을 체포 또는 감금하거나 다른 기관 · 단체 또는 사람으로 하여금 의무 없는 일을 하게 하거나 사람의 권리 행사를 방해한 사람은 7년 이하의 징역과 7년 이하의 자격정지에 처한다.

② 제11조제2항을 위반하여 국정원 직원으로서 사법경찰관리(군사법경찰관리를 포함한다)의 직무를 수행하는 사람이 변호인의 피의자 접견 · 교통 · 수진, 구속의 통지, 변호인 아닌 자의 피의자 접견 · 수진, 변호인의 의뢰에 관한 「형사소송법」의 규정을 준수하지 아니하여 피의자, 변호인 또는 관계인의 권리를 침해한 사람은 1년 이하의 징역 또는 500만원 이하의 벌금에 처한다.

③ 제1항에 규정된 죄의 미수범은 처벌한다.

[전문개정 2011.11.22]

부칙 〈제11104호, 2011.11.22〉

이 법은 공포한 날부터 시행한다.

2. 국가정보원직원법

[시행 2012.7.1] [법률 제11042호, 2011.9.15, 타법개정]

제1장 총칙

제1조(목적) 이 법은 국가정보원직원의 책임 및 직무의 중요성과 신분 및 근무 조건의 특수성에 비추어 그 자격, 임용, 교육훈련, 복무, 보수 등에 관하여 「국가공무원법」에 대한 특례를 규정함을 목적으로 한다.
[전문개정 2011.11.22]

제2조(계급 구분 등) ① 국가정보원직원(이하 "직원"이라 한다)은 1급부터 9급까지의 직원과 기능직직원으로 구분한다.
② 특별한 전문지식과 경험이 필요한 분야에 근무하는 직원(이하 "전문관"이라 한다)에 대하여는 제1항에 따른 계급 구분을 적용하지 아니할 수 있다.
③ 제1항의 각 계급의 직무 종류별 명칭과 제2항의 전문관의 직무 분야, 대우 등에 관하여는 대통령령으로 정한다.
[전문개정 2011.11.22]

제3조(계약직직원) ① 국가정보원의 직무의 내용과 특수성 등을 고려하여 필요한 경우에는 계약직직원을 둘 수 있다.
② 계약직직원은 「국가공무원법」 제2조제3항제3호에 따른 계약직공무원으로 본다. 다만, 채용 조건 및 절차와 그 밖에 필요한 사항은 대통령령으로 정한다.
[전문개정 2011.11.22]

제4조(적용 범위) ① 국가정보원의 원장(이하 "원장"이라 한다) · 차장 및 기획조정실장에 대하여는 이 법에 특별한 규정이 없으면 제5장(복무)을 제외하고는 이 법을 적용하지 아니한다.
② 국가정보원 외의 기관이나 단체에 소속된 사람으로서 국가정보원에 파견되어 근무하는 사람에 대하여는 이 법에 특별한 규정이 없으면 제13조, 제14조, 제5장(복무), 제23조 및 제9장(벌칙)을 제외하고는 이 법을 적용하지 아니한다.
③ 계약직직원에 대하여는 이 법에 특별한 규정이 없으면 제8조, 제13조, 제14조, 제5장(복무), 제20조, 제23조, 제7장(징계) 및 제9장(벌칙)을 제외하고는 이 법을 적용하지 아니한다.
[전문개정 2011.11.22]

제5조(정의) 이 법에서 사용하는 용어의 뜻은 다음과 같다.

1. "임용"이란 신규채용 · 승진임용 · 승급 · 전직 · 전보 · 파견 · 강임(降任) · 휴직 · 정직 · 강등 · 복직 · 면직 · 해임 및 파면을 말한다.

2. “강임”이란 같은 직렬 내에서의 하위 계급에 임명하거나 하위 계급이 없어 다른 직렬의 하위 계급으로 임명하는 것을 말한다.
3. “전직”이란 직렬을 달리하는 임명을 말한다.
4. “전보”란 같은 계급 내에서의 보직 변경을 말한다.
5. “복직”이란 휴직 · 정직 중이거나 강등으로 직무에 종사하지 못한 직원을 직위에 복귀시키는 것을 말한다.
[전문개정 2011.11.22]

제2장 임용과 시험

제6조(임용의 원칙) ① 직원의 임용은 학력 · 자격 · 경력 · 나이를 기초로 하며, 시험성적 · 근무성적과 그 밖의 능력의 실증(實證)에 따라 한다.
② 제1항에 따른 임용의 구체적인 범위, 방법, 절차 등은 대통령령으로 정한다.
[전문개정 2011.11.22]

제7조(임용권자) ① 5급 이상 직원 및 전문관은 원장의 제청으로 대통령이 임용한다. 다만, 대통령은 원장에게 다음 각 호의 임용권을 제외한 5급 이상 직원 및 전문관의 임용권을 위임한다.
1. 1급 직원의 전보, 휴직, 정직 및 복직
2. 1급부터 3급까지 직원의 신규채용, 승진임용, 강임, 강등, 면직, 해임 및 파면
② 6급 이하 직원 및 기능직직원은 원장이 임용한다.
[전문개정 2011.11.22]

제8조(임용자격 및 결격사유) ① 직원은 사상(思想)이 건전하고, 품행이 단정하며, 신체가 건강한 사람 중에서 임용한다.
② 다음 각 호의 어느 하나에 해당하는 사람은 직원으로 임용될 수 없다.
1. 대한민국 국적을 가지지 아니한 사람
2. 대한민국 국적과 외국 국적을 함께 가지고 있는 사람
3. 금치산자 또는 한정치산자
4. 파산선고를 받고 복권되지 아니한 사람
5. 자격정지 이상의 형을 선고받은 사람
6. 금고 이상의 형의 선고유예를 받고 그 선고유예기간 중에 있는 사람
7. 징계에 의하여 면직처분을 받은 사람
[전문개정 2011.11.22]

제8조의2(신원조사) ① 원장은 임용 대상자에 대하여 제8조제1항과 관련된 사항과 애국심, 성실성, 신뢰성, 보안성 등을 확인하기 위하여 신원조사를 한다.
② 제1항에 따른 신원조사의 구체적인 범위, 방법, 절차 등은 대통령령으로 정한다.
[전문개정 2011.11.22]

제9조(신규채용) 직원은 공개경쟁 채용시험으로 신규채용한다. 다만, 직무에 관하여 특별한 학식 · 경험이나 기술 또는 연구 실적이 있는 사람을 신규채용하는 경우에는 특별채용시험으로 할 수 있다.
[전문개정 2011.11.22]

제10조(승진) ① 직원의 승진은 바로 하위 계급에 있는 직원 중에서 근무성적 및 경력평정과 그 밖의 능력의 실증에 의하여 한다. 다만, 6급 직원을 5급 직원으로 승진임용하는 경우에는 승진시험을 병행한다.
② 제1항 단서에 따라 승진시험을 병행하는 경우에 특별한 임무수행으로 인하여 시험에 응할 수 없거나 직무수행에 현저한 공로가 있는 직원에 대하여는 시험을 면제할 수 있다.
[전문개정 2011.11.22]

제11조(임용시험) 직원의 임용시험은 원장이 실시 · 관리한다.
[전문개정 2011.11.22]

제3장 보수

제12조(보수) 직원의 보수는 대통령령으로 정하는 바에 따른다.
[전문개정 2011.11.22]

제13조(보상) 직원으로서 간첩체포 및 이에 준하는 국가안전보장업무의 수행과 관련하여 부상을 입고 퇴직한 사람과 그 가족 및 사망(부상으로 인하여 사망한 경우를 포함한다)한 사람의 유족은 대통령령으로 정하는 바에 따라 「국가유공자 등 예우 및 지원에 관한 법률」 또는 「보훈보상대상자 지원에 관한 법률」에 따른 보상 대상자로 한다. <개정 2011.9.15>
[전문개정 2011.11.22]

제4장 교육

제14조(교육훈련) ① 원장은 직원에 대하여 직무의 능률증진을 위한 교육훈련을 실시한다.
② 원장은 필요하다고 인정하는 경우에는 직원을 국내외의 교육기관 또는 연구기관에 위탁하여 교육훈련을 받게 할 수 있다.
③ 교육훈련성적은 인사관리에 반영한다.
[전문개정 2011.11.22]

제5장 복무

제15조(선서) 직원은 취임할 때에 원장 앞에서 다음의 선서를 하여야 한다. “본인은 국가안전보장업무를 수행하는 공무원으로서 투철한 애국심과 사명감을 발휘하여 국가에 봉사할 것을 맹세하고, 법령 및 직무상의 명령을 준수 · 복종하며, 창의와 성실로써 맡은 바 책무를 다할 것을 엄숙히 선서합니다.”

[전문개정 2011.11.22]

제16조(직무이탈 금지) 직원은 소속 상관의 허가 또는 정당한 사유가 없으면 직무를 이탈하여서는 아니 된다.

[전문개정 2011.11.22]

제17조(비밀의 엄수) ① 직원은 재직 중은 물론 퇴직한 후에도 직무상 알게 된 비밀을 누설하여서는 아니 된다.

② 직원(퇴직한 사람을 포함한다. 이하 이 조에서 같다)이 법령에 따른 증인, 참고인, 감정인 또는 사건 당사자로서 직무상의 비밀에 관한 사항을 증언하거나 진술하려는 경우에는 미리 원장의 허가를 받아야 한다.

③ 직원을 증인, 참고인, 감정인으로 신청한 법률상 이해관계가 있는 사건 관계인은 해당 직원이 제2항에 따른 허가를 신청하지 아니하여 불이익을 받을 우려가 있을 때에는 법원의 허가를 받아 원장에게 증언 또는 진술의 허가를 신청할 수 있다.

④ 원장은 제2항 또는 제3항에 따라 허가 여부를 결정할 때 국가의 중대한 이익을 해치거나 군사, 외교, 대북관계 등 국가안위에 중대한 영향을 미치는 경우를 제외하고는 허가를 거부하지 못한다.

⑤ 직원이 국가정보원의 직무와 관련된 사항을 발간하거나 그 밖의 방법으로 공표하려는 경우에는 미리 원장의 허가를 받아야 한다. 이 경우 제4항을 준용한다.

⑥ 원장이 제2항 또는 제3항에 따른 증언 또는 진술을 허가한 경우 법원은 공무상 비밀 보호 등을 위한 비공개 증언 등 적절한 조치를 할 수 있다.

[전문개정 2011.11.22]

제18조(영리업무 및 겸직 금지) ① 직원은 직무 외의 영리를 목적으로 하는 업무에 종사하지 못하며, 원장의 허가 없이 다른 업무를 겸할 수 없다.

② 제1항에 따른 영리를 목적으로 하는 업무의 한계는 원장이 정한다.

[전문개정 2011.11.22]

제6장 신분보장

제19조(의사에 반한 신분 조치) 직원은 형의 선고, 징계처분 또는 법률에서 정하는 사유에 해당하는 경우를 제외하고는 그 의사에 반하여 강임 · 휴직 또는 면직되지 아니한다. 다만, 1급 직원은 그러하지 아니하다.

[전문개정 2011.11.22]

제20조(당연 퇴직) 직원이 제8조제2항 각 호(제6호는 제외한다)의 어느 하나에 해당할 때에는 당연히 퇴직한다.

[전문개정 2011.11.22]

제21조(직권 면직) ① 임명권자는 직원이 다음 각 호의 어느 하나에 해당할 때에는 직권으로 면직시킬 수 있다.

1. 신체상 · 정신상의 장애로 직무를 감당하지 못할 만한 지장이 있을 때
2. 직무수행 능력이 현저하게 부족하거나 근무태도가 극히 불량하여 직원으로 부적합하다고 인정될 때
3. 직제(職制) 또는 정원(定員)의 개정 · 폐지나 예산의 감소 등으로 직위가 없어지거나 정원이 초과될 때
4. 휴직기간이 끝난 후 또는 휴직 사유가 소멸된 후에도 정당한 사유 없이 직무에 복귀하지 아니하거나 직무를 감당할 수 없을 때
5. 제21조의2에 따른 적격심사 결과 부적격 판정을 받았을 때

② 제1항제2호에 따라 직원을 면직시킬 때에는 징계위원회의 동의를 받아야 한다.

③ 제1항제3호에 따라 직원을 면직시킬 때에는 임용형태, 업무실적, 직무수행 능력, 징계처분 사실 등을 고려하여 면직기준을 정하여야 한다.

④ 제3항의 면직기준을 정하거나 제1항제3호에 따라 면직 대상자를 결정할 때에는 심사위원회를 구성하여 그 심사위원회의 심의 · 의결을 거쳐야 한다.

⑤ 제4항에 따른 심사위원회의 위원장은 차장 또는 기획조정실장 중에서 원장이 지명하며, 위원은 면직 대상자보다 상위 직급자 중에서 원장이 지명하는 5명 이상 7명 이하의 위원으로 구성하되 상위 직급자가 부족한 경우에는 4명 이내로 구성할 수 있다.

⑥ 제1항제3호에 따라 면직된 직원은 결원이 생겼을 때에는 우선하여 재임용될 수 있다.

[전문개정 2011.11.22]

제21조의2(적격심사) ① 직원이 근무성적평정 결과 2회 연속 또는 10년 이내에 3회 이상 최하위 등급을 받은 경우에는 적격심사를 받아야 한다.

② 적격심사를 하기 위하여 국가정보원에 적격심사위원회를 둔다.

③ 적격심사위원회는 국가정보원의 2급 이상 직원 중 원장이 지명하는 5명 이상 7명 이하의 위원으로 구성하며, 위원장은 차장 또는 기획조정실장 중 원장이 지명하는 사람으로 한다.

④ 적격심사는 근무성적평정에 따르되, 직원의 직무를 계속 수행하는 것이 곤란하다고 판단되는 사람을 부적격자로 판정한다.

⑤ 적격심사위원회의 구성과 운영 및 심사 · 처리기준에 관하여 필요한 사항은 대통령령으로 정한다.

[전문개정 2011.11.22]

제22조(정년) ① 직원의 정년은 다음과 같다.

1. 연령 정년
   가. 1급부터 9급까지의 직원 및 전문관: 60세
   나. 기능직직원: 40세부터 57세까지
2. 계급 정년
   가. 2급 직원: 5년

나. 3급 직원: 7년

다. 4급 직원: 12년

라. 5급 직원: 18년

② 제1항제1호나목에 따른 기능직직원의 직무 종류별 정년은 대통령령으로 정한다.

③ 징계로 인하여 강등(6급으로 강등된 경우를 포함한다)된 직원의 계급 정년은 제1항제2호에도 불구하고 다음 각 호에 따른다.

1. 강등된 계급의 계급 정년은 강등되기 전 계급 중 가장 높은 계급의 계급 정년으로 한다. 다만, 1급 직원이 강등처분을 받은 경우에는 면직할 수 있다.
2. 계급 정년을 산정할 때에는 강등되기 전 계급의 근무연수와 강등된 이후의 근무연수를 합산한다.

④ 직원은 정년이 되는 날이 1월부터 6월 사이에 있는 경우에는 6월 30일에 당연히 퇴직되고, 7월부터 12월 사이에 있는 경우에는 12월 31일에 당연히 퇴직된다.

[전문개정 2011.11.22]

제23조(직원에 대한 수사 등) ① 수사기관이 직원을 구속하려면 미리 원장에게 통보하여야 한다. 다만, 현행범인 경우에는 그러하지 아니하다.

② 수사기관이 현행범인 직원을 구속하였을 때에는 지체 없이 원장에게 그 사실을 통보하여야 한다.

③ 수사기관이 직원에 대하여 수사를 시작한 때와 수사를 마친 때에는 지체 없이 원장에게 그 사실과 결과를 통보하여야 한다.

[전문개정 2011.11.22]

제7장 징계

제24조(징계 사유) 직원이 다음 각 호의 어느 하나에 해당하는 경우에는 징계의결을 거쳐 징계처분을 할 수 있다.

1. 이 법 및 「국가공무원법」과 이 법 및 「국가공무원법」에 따른 명령을 위반한 경우
2. 직무상의 의무를 위반하거나 직무를 게을리한 경우
3. 직무 관련 여부에 상관없이 직원으로서의 품위나 위신을 손상하는 행위를 한 경우

[전문개정 2011.11.22]

제25조(징계위원회의 설치) ① 직원의 징계사건을 심사 · 의결하기 위하여 국가정보원에 징계위원회를 둔다.

② 징계위원회의 구성, 종류, 권한, 심사 절차, 그 밖에 필요한 사항은 대통령령으로 정한다.

[전문개정 2011.11.22]

제26조(징계 절차) 직원의 징계는 징계위원회의 의결을 거쳐 원장이 한다. 다만, 3급 이상 직원에 대한 강등 · 해임 · 파면은 징계위원회의 의결을 거쳐 원장의 제청으로 대통령이 한다.

[전문개정 2011.11.22]

제27조(징계 대상자의 진술권) ① 징계위원회에 계속(係屬) 중인 직원은 구술심사를 요청하여 구술변론을 할 수 있다.

② 제1항의 경우 그 직원은 다른 직원 중에서 보좌인을 선정하여 변론하게 할 수 있다.

③ 징계 대상자에게 제1항 및 제2항에 따른 진술의 기회를 주지 아니한 징계의결은 그 징계 대상자가 외국에 있는 경우를 제외하고는 무효로 한다.

[전문개정 2011.11.22]

제28조(징계 절차의 정지) 징계에 회부하여야 할 사건이 형사사건으로 수사 중인 경우에는 그 사건에 대하여 제23조제3항에 따른 수사 시작의 통보를 받은 날부터 징계의결 요구나 그 밖의 징계 절차를 진행하지 아니할 수 있다.

[전문개정 2011.11.22]

제29조(징계 사유의 시효) ① 징계의결 요구는 징계 사유가 발생한 날부터 2년[금품 및 향응 수수(授受), 공금의 횡령(橫領)·유용(流用), 비밀누설, 정치 관여, 직권남용의 경우에는 5년]이 지나면 할 수 없다.

② 제28조에 따라 징계 절차를 밟지 못하여 제1항의 기간이 지나거나 남은 기간이 1개월 미만인 경우 제1항의 기간은 제23조제3항에 따른 수사 종료의 통보를 받은 날부터 1개월이 지난 날에 만료되는 것으로 본다.

③ 징계위원회의 구성, 징계의결의 결함, 그 밖의 절차상의 결함이나 징계 정도의 과다(過多)를 이유로 소청심사위원회나 법원에서 징계처분의 무효 또는 취소 결정이나 판결을 한 경우에는 제1항에도 불구하고 그 결정 또는 판결이 확정된 날부터 3개월 이내에는 다시 징계의결을 요구할 수 있다.

[전문개정 2011.11.22]

제8장 보칙

제30조(「국가공무원법」의 준용) 직원에 대하여는 이 법에 특별한 규정이 있는 경우를 제외하고는 「국가공무원법」에 따른 일반직공무원에 관한 규정을 준용한다. 다만, 「국가공무원법」 제17조·제18조 및 제73조의3은 그러하지 아니하다.

[전문개정 2011.11.22]

제31조 삭제 <2005.5.26>

제9장 벌칙

제32조(벌칙) 제17조를 위반한 사람은 10년 이하의 징역 또는 1천만원 이하의 벌금에 처한다.

[전문개정 2011.11.22]

부칙 〈제11103호, 2011.11.22〉

제1조(시행일) 이 법은 공포한 날부터 시행한다. 다만, 부칙 제3조는 2012년 7월 1일부터 시행한다.

제2조(징계처분을 받고 재직 중인 자에 대한 적용례) 제22조의 개정규정은 2009년 4월 1일 이후 강등처분을 받고 재직 중인 자에 대하여도 적용한다.

제3조(다른 법률의 개정) 법률 제11042호 보훈보상대상자 지원에 관한 법률 일부를 다음과 같이 개정한다.

법률 제11042호 보훈보상대상자 지원에 관한 법률 부칙 제2조제6항 중 "의한"을 "따른"으로 한다.

3. 국가보안법

[시행 2012.7.1] [법률 제11042호, 2011.9.15, 타법개정]

제1장 총칙

제1조(목적등) ① 이 법은 국가의 안전을 위태롭게 하는 반국가활동을 규제함으로써 국가의 안전과 국민의 생존 및 자유를 확보함을 목적으로 한다.

② 이 법을 해석적용함에 있어서는 제1항의 목적달성을 위하여 필요한 최소한도에 그쳐야 하며, 이를 확대해석하거나 헌법상 보장된 국민의 기본적 인권을 부당하게 제한하는 일이 있어서는 아니된다. <신설 1991 · 5 · 31>

[제목개정 1991.5.31]

제2조(정의) ① 이 법에서 "반국가단체"라 함은 정부를 참칭하거나 국가를 변란할 것을 목적으로 하는 국내외의 결사 또는 집단으로서 지휘통솔체제를 갖춘 단체를 말한다. <개정 1991 · 5 · 31>

② 삭제 <1991 · 5 · 31>

[제목개정 1991.5.31]

제2장 죄와 형

제3조(반국가단체의 구성등) ① 반국가단체를 구성하거나 이에 가입한 자는 다음의 구별에 따라 처벌한다.

1. 수괴의 임무에 종사한 자는 사형 또는 무기징역에 처한다.
2. 간부 기타 지도적 임무에 종사한 자는 사형 · 무기 또는 5년 이상의 징역에 처한다.
3. 그 이외의 자는 2년 이상의 유기징역에 처한다.

② 타인에게 반국가단체에 가입할 것을 권유한 자는 2년 이상의 유기징역에 처한다.

③ 제1항 및 제2항의 미수범은 처벌한다.

④ 제1항제1호 및 제2호의 죄를 범할 목적으로 예비 또는 음모한 자는 2년 이상의 유기징역에 처한다.

⑤ 제1항제3호의 죄를 범할 목적으로 예비 또는 음모한 자는 10년 이하의 징역에 처한다. <개정 1991 · 5 · 31>

제4조(목적수행) ① 반국가단체의 구성원 또는 그 지령을 받은 자가 그 목적수행을 위한 행위를 한 때에는 다음의 구별에 따라 처벌한다. <개정 1991 · 5 · 31>

1. 형법 제92조 내지 제97조 · 제99조 · 제250조제2항 · 제338조 또는 제340조제3항에 규정된 행위를 한 때에는 그 각조에 정한 형에 처한다.

2. 형법 제98조에 규정된 행위를 하거나 국가기밀을 탐지 · 수집 · 누설 · 전달하거나 중개한 때에는 다음의 구별에 따라 처벌한다.
   가. 군사상 기밀 또는 국가기밀이 국가안전에 대한 중대한 불이익을 회피하기 위하여 한정된 사람에게만 지득이 허용되고 적국 또는 반국가단체에 비밀로 하여야 할 사실, 물건 또는 지식인 경우에는 사형 또는 무기징역에 처한다.
   나. 가목외의 군사상 기밀 또는 국가기밀의 경우에는 사형 · 무기 또는 7년 이상의 징역에 처한다.
3. 형법 제115조 · 제119조제1항 · 제147조 · 제148조 · 제164조 내지 제169조 · 제177조 내지 제180조 · 제192조 내지 제195조 · 제207조 · 제208조 · 제210조 · 제250조제1항 · 제252조 · 제253조 · 제333조 내지 제337조 · 제339조 또는 제340조제1항 및 제2항에 규정된 행위를 한 때에는 사형 · 무기 또는 10년 이상의 징역에 처한다.
4. 교통 · 통신, 국가 또는 공공단체가 사용하는 건조물 기타 중요시설을 파괴하거나 사람을 약취 · 유인하거나 함선 · 항공기 · 자동차 · 무기 기타 물건을 이동 · 취거한 때에는 사형 · 무기 또는 5년 이상의 징역에 처한다.
5. 형법 제214조 내지 제217조 · 제257조 내지 제259조 또는 제262조에 규정된 행위를 하거나 국가기밀에 속하는 서류 또는 물품을 손괴 · 은닉 · 위조 · 변조한 때에는 3년 이상의 유기징역에 처한다.
6. 제1호 내지 제5호의 행위를 선동 · 선전하거나 사회질서의 혼란을 조성할 우려가 있는 사항에 관하여 허위사실을 날조하거나 유포한 때에는 2년 이상의 유기징역에 처한다.

② 제1항의 미수범은 처벌한다.

③ 제1항제1호 내지 제4호의 죄를 범할 목적으로 예비 또는 음모한 자는 2년 이상의 유기징역에 처한다.

④ 제1항제5호 및 제6호의 죄를 범할 목적으로 예비 또는 음모한 자는 10년 이하의 징역에 처한다.

제5조(자진지원 · 금품수수) ① 반국가단체나 그 구성원 또는 그 지령을 받은 자를 지원할 목적으로 자진하여 제4조제1항 각호에 규정된 행위를 한 자는 제4조제1항의 예에 의하여 처벌한다.

② 국가의 존립 · 안전이나 자유민주적 기본질서를 위태롭게 한다는 정을 알면서 반국가단체의 구성원 또는 그 지령을 받은 자로부터 금품을 수수한 자는 7년 이하의 징역에 처한다. <개정 1991 · 5 · 31>

③ 제1항 및 제2항의 미수범은 처벌한다.

④ 제1항의 죄를 범할 목적으로 예비 또는 음모한 자는 10년 이하의 징역에 처한다.

⑤ 삭제 <1991 · 5 · 31>

제6조(잠입 · 탈출) ① 국가의 존립 · 안전이나 자유민주적 기본질서를 위태롭게 한다는 정을 알면서 반국가단체의 지배하에 있는 지역으로부터 잠입하거나 그 지역으로 탈출한 자는 10년 이하의 징역에 처한다. <개정 1991 · 5 · 31>

② 반국가단체나 그 구성원의 지령을 받거나 받기 위하여 또는 그 목적수행을 협의하거나 협의하기 위하여 잠입하거나 탈출한 자는 사형 · 무기또는 5년 이상의 징역에 처한다.

③ 삭제 <1991 · 5 · 31>

④ 제1항 및 제2항의 미수범은 처벌한다. <개정 1991 · 5 · 31>

⑤ 제1항의 죄를 범할 목적으로 예비 또는 음모한 자는 7년 이하의 징역에 처한다.

⑥ 제2항의 죄를 범할 목적으로 예비 또는 음모한 자는 2년 이상의 유기징역에 처한다. <개정 1991 · 5 · 31>

제7조(찬양 · 고무등) ① 국가의 존립 · 안전이나 자유민주적 기본질서를 위태롭게 한다는 정을 알면서 반국가단체나 그 구성원 또는 그 지령을 받은 자의 활동을 찬양 · 고무 · 선전 또는 이에 동조하거나 국가변란을 선전 · 선동한 자는 7년 이하의 징역에 처한다. <개정 1991 · 5 · 31>

② 삭제 <1991 · 5 · 31>

③ 제1항의 행위를 목적으로 하는 단체를 구성하거나 이에 가입한 자는 1년 이상의 유기징역에 처한다. <개정 1991 · 5 · 31>

④ 제3항에 규정된 단체의 구성원으로서 사회질서의 혼란을 조성할 우려가 있는 사항에 관하여 허위사실을 날조하거나 유포한 자는 2년 이상의 유기징역에 처한다. <개정 1991 · 5 · 31>

⑤ 제1항 · 제3항 또는 제4항의 행위를 할 목적으로 문서 · 도화 기타의 표현물을 제작 · 수입 · 복사 · 소지 · 운반 · 반포 · 판매 또는 취득한 자는 그 각항에 정한 형에 처한다. <개정 1991 · 5 · 31>

⑥ 제1항 또는 제3항 내지 제5항의 미수범은 처벌한다. <개정 1991 · 5 · 31>

⑦ 제3항의 죄를 범할 목적으로 예비 또는 음모한 자는 5년 이하의 징역에 처한다. <개정 1991 · 5 · 31>

제8조(회합 · 통신등) ① 국가의 존립 · 안전이나 자유민주적 기본질서를 위태롭게 한다는 정을 알면서 반국가단체의 구성원 또는 그 지령을 받은 자와 회합 · 통신 기타의 방법으로 연락을 한 자는 10년 이하의 징역에 처한다. <개정 1991 · 5 · 31>

② 삭제 <1991 · 5 · 31>

③ 제1항의 미수범은 처벌한다. <개정 1991 · 5 · 31>

④ 삭제 <1991 · 5 · 31>

제9조(편의제공) ① 이 법 제3조 내지 제8조의 죄를 범하거나 범하려는 자라는 정을 알면서 총포 · 탄약 · 화약 기타 무기를 제공한 자는 5년 이상의 유기징역에 처한다. <개정 1991 · 5 · 31>

② 이 법 제3조 내지 제8조의 죄를 범하거나 범하려는 자라는 정을 알면서 금품 기타 재산상의 이익을 제공하거나 잠복 · 회합 · 통신 · 연락을 위한 장소를 제공하거나 기타의 방법으로 편의를 제공한 자는 10년 이하의 징역에 처한다. 다만, 본범과 친족관계가 있는 때에는 그 형을 감경 또는 면제할 수 있다. <개정 1991 · 5 · 31>

③ 제1항 및 제2항의 미수범은 처벌한다.
④ 제1항의 죄를 범할 목적으로 예비 또는 음모한 자는 1년 이상의 유기징역에 처한다.
⑤ 삭제 <1991 · 5 · 31>

제10조(불고지) 제3조, 제4조, 제5조제1항 · 제3항(제1항의 미수범에 한한다) · 제4항의 죄를 범한 자라는 정을 알면서 수사기관 또는 정보기관에 고지하지 아니한 자는 5년 이하의 징역 또는 200만원 이하의 벌금에 처한다. 다만, 본범과 친족관계가 있는 때에는 그 형을 감경 또는 면제한다.
[전문개정 1991 · 5 · 31]

제11조(특수직무유기) 범죄수사 또는 정보의 직무에 종사하는 공무원이 이 법의 죄를 범한 자라는 정을 알면서 그 직무를 유기한 때에는 10년 이하의 징역에 처한다. 다만, 본범과 친족관계가 있는 때에는 그 형을 감경 또는 면제할 수 있다.

제12조(무고, 날조) ① 타인으로 하여금 형사처분을 받게 할 목적으로 이 법의 죄에 대하여 무고 또는 위증을 하거나 증거를 날조 · 인멸 · 은닉한 자는 그 각조에 정한 형에 처한다.
② 범죄수사 또는 정보의 직무에 종사하는 공무원이나 이를 보조하는 자 또는 이를 지휘하는 자가 직권을 남용하여 제1항의 행위를 한 때에도 제1항의 형과 같다. 다만, 그 법정형의 최저가 2년미만일 때에는 이를 2년으로 한다.

제13조(특수가중) 이 법, 군형법 제13조 · 제15조 또는 형법 제2편제1장 내란의 죄 · 제2장 외환의 죄를 범하여 금고 이상의 형의 선고를 받고 그 형의 집행을 종료하지 아니한 자 또는 그 집행을 종료하거나 집행을 받지 아니하기로 확정된 후 5년이 경과하지 아니한 자가 제3조제1항제3호 및 제2항 내지 제5항, 제4조제1항제1호중 형법 제94조제2항 · 제97조 및 제99조, 동항제5호 및 제6호, 제2항 내지 제4항, 제5조, 제6조제1항 및 제4항 내지 제6항, 제7조 내지 제9조의 죄를 범한 때에는 그 죄에 대한 법정형의 최고를 사형으로 한다.

제14조(자격정지의 병과) 이 법의 죄에 관하여 유기징역형을 선고할 때에는 그 형의 장기 이하의 자격정지를 병과할 수 있다. <개정 1991 · 5 · 31>

제15조(몰수 · 추징) ① 이 법의 죄를 범하고 그 보수를 받은 때에는 이를 몰수한다. 다만, 이를 몰수할 수 없을 때에는 그 가액을 추징한다.
② 검사는 이 법의 죄를 범한 자에 대하여 소추를 하지 아니할 때에는 압수물의 폐기 또는 국고귀속을 명할 수 있다.

제16조(형의 감면) 다음 각호의 1에 해당한 때에는 그 형을 감경 또는 면제한다.
1. 이 법의 죄를 범한 후 자수한 때
2. 이 법의 죄를 범한 자가 이 법의 죄를 범한 타인을 고발하거나 타인이 이 법의 죄를 범하는 것을 방해한 때
3. 삭제 <1991 · 5 · 31>

제17조(타법적용의 배제) 이 법의 죄를 범한 자에 대하여는 노동조합및노동관계조정법 제39조의 규정을 적용하지 아니한다. <개정 1997 · 12 · 13>

제3장 특별형사소송규정

제18조(참고인의 구인 · 유치) ① 검사 또는 사법경찰관으로부터 이 법에 정한 죄의 참고인으로 출석을 요구받은 자가 정당한 이유없이 2회 이상 출석요구에 불응한 때에는관할법원판사의 구속영장을 발부받아 구인할 수 있다.

② 구속영장에 의하여 참고인을 구인하는 경우에 필요한 때에는 근접한 경찰서 기타 적당한 장소에 임시로 유치할 수 있다.

제19조(구속기간의 연장) ① 지방법원판사는 제3조 내지 제10조의 죄로서 사법경찰관이 검사에게 신청하여 검사의 청구가 있는 경우에 수사를 계속함에 상당한 이유가 있다고 인정한 때에는 형사소송법 제202조의 구속기간의 연장을 1차에 한하여 허가할 수 있다.

② 지방법원판사는 제1항의 죄로서 검사의 청구에 의하여 수사를 계속함에 상당한 이유가 있다고 인정한 때에는 형사소송법 제203조의 구속기간의 연장을 2차에 한하여 허가할 수 있다.

③ 제1항 및 제2항의 기간의 연장은 각 10일 이내로 한다.

[단순위헌, 90헌마82, 1992.4.14. 국가보안법(1980. 12. 31. 법률제3318호, 개정 1991. 5. 31. 법률제4373호) 제19조중 제7조 및 제10조의 죄에 관한 구속기간 연장부분은 헌법에 위반된다.]

제20조(공소보류) ① 검사는 이 법의 죄를 범한 자에 대하여 형법 제51조의 사항을 참작하여 공소제기를 보류할 수 있다.

② 제1항에 의하여 공소보류를 받은 자가 공소의 제기없이 2년을 경과한 때에는 소추할 수 없다.

③ 공소보류를 받은 자가 법무부장관이 정한 감시 · 보도에 관한 규칙에 위반한 때에는 공소보류를 취소할 수 있다.

④ 제3항에 의하여 공소보류가 취소된 경우에는 형사소송법 제208조의 규정에 불구하고 동일한 범죄사실로 재구속할 수 있다.

제4장 보상과 원호

제21조(상금) ① 이 법의 죄를 범한 자를 수사기관 또는 정보기관에 통보하거나 체포한 자에게는 대통령령이 정하는 바에 따라 상금을 지급한다.

② 이 법의 죄를 범한 자를 인지하여 체포한 수사기관 또는 정보기관에 종사하는 자에 대하여도 제1항과 같다.

③ 이 법의 죄를 범한 자를 체포할 때 반항 또는 교전상태하에서 부득이한 사유로 살해하거나 자살하게 한 경우에는 제1항에 준하여 상금을 지급할 수 있다.

제22조(보로금) ① 제21조의 경우에 압수물이 있는 때에는 상금을 지급하는 경우에 한하여 그 압수물 가액의 2분의 1에 상당하는 범위안에서 보로금을 지급할 수 있다.

② 반국가단체나 그 구성원 또는 그 지령을 받은 자로부터 금품을 취득하여 수사기관 또는

정보기관에 제공한 자에게는 그 가액의 2분의 1에 상당하는 범위안에서 보로금을 지급할 수 있다. 반국가단체의 구성원 또는 그 지령을 받은 자가 제공한 때에도 또한 같다.

③ 보로금의 청구 및 지급에 관하여 필요한 사항은 대통령령으로 정한다.

제23조(보상) 이 법의 죄를 범한 자를 신고 또는 체포하거나 이에 관련하여 상이를 입은 자와 사망한 자의 유족은 대통령령이 정하는 바에 따라 「국가유공자 등 예우 및 지원에 관한 법률」에 따른 공상군경 또는 순직군경의 유족이나 「보훈보상대상자 지원에 관한 법률」에 따른 재해부상군경 또는 재해사망군경의 유족으로 보아 보상할 수 있다. <개정 1997 · 1 · 13, 2011.9.15>

[전문개정 1991 · 5 · 31]

제24조(국가보안유공자 심사위원회) ① 이 법에 의한 상금과 보로금의 지급 및 제23조에 의한 보상대상자를 심의 · 결정하기 위하여 법무부장관소속하에 국가보안유공자 심사위원회(이하 "위원회"라 한다)를 둔다. <개정 1991 · 5 · 31>

② 위원회는 심의상 필요한 때에는 관계자의 출석을 요구하거나 조사할 수 있으며, 국가기관 기타 공 · 사단체에 조회하여 필요한 사항의 보고를 요구할 수 있다.

③ 위원회의 조직과 운영에 관하여 필요한 사항은 대통령령으로 정한다.

제25조(군법 피적용자에 대한 준용규정) 이 법의 죄를 범한 자가 군사법원법 제2조제1항 각호의 1에 해당하는 자인 때에는 이 법의 규정중 판사는 군사법원군판사로, 검사는 군검찰부검찰관으로, 사법경찰관은 군사법경찰관으로 본다. <개정 1987 · 12 · 4, 1994 · 1 · 5>

부칙〈제11042호, 2011.9.15〉(보훈보상대상자 지원에 관한 법률)

제1조(시행일) 이 법은 2012년 7월 1일부터 시행한다.

제2조(다른 법률의 개정) ①부터 ④까지 생략

⑤ 국가보안법 일부를 다음과 같이 개정한다.

제23조 중 "국가유공자등예우및지원에관한법률에 의한 공상군경 또는 순직군경의 유족"을 "「국가유공자 등 예우 및 지원에 관한 법률」에 따른 공상군경 또는 순직군경의 유족이나 「보훈보상대상자 지원에 관한 법률」에 따른 재해부상군경 또는 재해사망군경의 유족"으로 한다.

⑥부터 <27>까지 생략

4. 정보및보안업무기획 · 조정규정

[시행 2008.12.31] [대통령령 제21214호, 2008.12.31, 타법개정]

제1조 (목적) 이 영은 국가정보원법 제3조제2항의 규정에 의하여 정보 및 보안업무의 기획 · 조정에 관하여 필요한 사항을 규정함을 목적으로 한다. <개정 1999.3.31>

제2조 (정의) 이 영에서 사용하는 용어의 정의는 다음과 같다.

1. "국외정보"라 함은 외국의 정치 · 경제 · 사회 · 문화 · 군사 · 과학 및 지지등 각 부문에 관한 정보를 말한다.
2. "국내보안정보"라 함은 간첩 기타 반국가활동세력과 그 추종분자의 국가에 대한 위해 행위로부터 국가의 안전을 보장하기 위하여 취급되는 정보를 말한다.
3. "통신정보"라 함은 전기통신수단에 의하여 발신되는 통신을 수신 · 분석하여 산출하는 정보를 말한다.
4. "통신보안"이라 함은 통신수단에 의하여 비밀이 직접 또는 간접으로 누설되는 것을 미리 방지하거나 지연시키기 위한 방책을 말한다.
5. "정보사범 등"이라 함은 형법 제2편제1장 및 제2장의 죄, 군형법 제2편제1장 및 제2장의 죄, 동법 제80조 및 제81조의 죄, 군사기밀보호법 및 국가보안법에 규정된 죄를 범한 자와 그 혐의를 받는 자를 말한다.
6. "정보수사기관"이라 함은 제1호 내지 제5호에 규정된 정보 및 보안업무와 정보사범등의 수사업무를 취급하는 각급 국가기관을 말한다.

제3조(정보 및 보안업무의 기획 · 조정) 국가정보원장(이하 "국정원장"이라 한다)은 국가정보 및 보안업무에 관한 정책의 수립등 기획업무를 수행하며, 동 정보 및 보안업무의 통합기능 수행을 위하여 필요한 합리적 범위내에서 각 정보수사기관의 업무와 행정기관의 정보 및 보안업무를 조정한다. <개정 1999.3.31>

제4조(기획업무의 범위) 국정원장이 정보 및 보안업무에 관하여 행하는 기획업무의 범위는 다음과 같다. <개정 1999.3.31>

1. 국가 기본정보정책의 수립
2. 국가 정보의 중 · 장기 판단
3. 국가 정보목표 우선순위의 작성
4. 국가 보안방책의 수립
5. 정보예산의 편성
6. 정보 및 보안업무의 기본지침 수립

제5조 (조정업무의 범위) 국정원장이 정보 및 보안업무에 관하여 행하는 조정 대상기관과 업무의 범위는 다음과 같다. <개정 1990 · 1 · 3, 1991 · 2 · 1, 1993 · 3 · 6, 1996 · 8 · 8,

1999.3.31, 2008.12.31>

1. 통일부
  가. 통일에 관한 국내외 정세의 조사 · 분석 및 평가에 관한 사항
  나. 남북대화에 관한 사항
  다. 이북5도의 실정에 관한 조사 · 분석 및 평가에 관한 사항
  라. 통일교육에 관한 사항
2. 외교통상부
  가. 국외정보의 수집에 관한 사항.
  나. 출입국자의 보안에 관한 사항
  다. 재외국민의 실태에 관한 사항.
  라. 통신보안에 관한 사항.
3. 행정안전부
  가. 국내 보안정보(외사정보 포함)의 수집 · 작성에 관한 사항
  나. 정보사범등의 내사 · 수사 및 시찰에 관한 사항
  다. 신원조사업무에 관한 사항.
  라. 통신정보 및 통신보안업무에 관한 사항.
4. 법무부
  가. 국내 보안정보의 수집 · 작성에 관한 사항.
  나. 정보사범등에 대한 검찰정보의 처리에 관한 사항.
  다. 공소보류된 자의 신병처리에 관한 사항.
  라. 적성압수금품등의 처리에 관한 사항.
  마. 정보사범등의 보도 및 교도에 관한 사항.
  바. 출입국자의 보안에 관한 사항.
  사. 통신보안에 관한 사항.
5. 국방부
  가. 국외정보 · 국내보안정보 · 통신정보 및 통신보안업무에 관한 사항.
  나. 제4호나목 내지 마목에 규정된 사항.
  다. 군인 및 군무원의 신원조사업무지침에 관한 사항.
  라. 정보사범등의 내사 · 수사 및 시찰에 관한 사항.

5의2. 문화체육관광부
  가. 공연물 및 영화의 검열 · 조사 · 분석 및 평가에 관한 사항
  나. 신문 · 통신 그 밖의 정기간행물과 방송 등 대중전달매체의 활동 조사 · 분석 및 평가에 관한 사항
  다. 대공심리전에 관한 사항
  라. 대공민간활동에 관한 사항

6. 지식경제부

우편검열 및 정보자료의 수집에 관한 사항

6의2. 방송통신위원회

가. 전파감시에 관한 사항

나. 그 밖에 통신정보 및 통신보안업무에 관한 사항

7. 국토해양부

가. 국내 보안정보(외사정보 포함)의 수집 · 작성에 관한 사항

나. 정보사범등의 내사 · 수사 및 시찰에 관한 사항

다. 통신정보 및 통신보안 업무에 관한 사항

8. 과학기술부

북한 및 공산국가의 과학기술 정보 및 자료의 수집관리와 활용에 관한 사항

8의2. 삭제 <2008.12.31>

9. 기타 정보 및 보안업무 관련 기관

정보 및 보안관련업무에 관한 사항

제6조(조정의 절차) 국정원장은 제5조의 조정을 행함에 있어 국가안보에 중대한 영향을 미치는 주요사안에 관하여는 직접 조정하고, 기타 사안에 관하여는 일반지침에 의하여 조정한다. <개정 1999.3.31>

제7조(정보사범 등의 내사등) ① 정보수사기관이 정보사범등의 내사 · 수사에 착수하거나 이를 검거한 때와 관할 검찰기관(군검찰기관을 포함한다. 이하 같다)에 송치한 때에는 즉시 이를 국정원장에게 통보하여야 한다. <개정 1999.3.31>

② 관할 검찰기관의 장은 정보사범 등에 대하여 검사의 처분이 있을 때에는 즉시 이를 국정원장에게 통보하여야 한다. <개정 1999.3.31>

③ 관할 검찰기관의 장은 정보사범 등의 재판에 대하여 각 심급별로 그 재판결과를 국정원장에게 통보하여야 한다. <개정 1999.3.31>

제8조(정보사범 등의 신병처리 등) ① 정보수사기관의 장은 주요 정보사범 등의 신병처리에 대하여 국정원장의 조정을 받아야 한다. <개정 1999.3.31>

② 정보수사기관이 주요정보사범등 · 귀순자 · 불온문건 투입자 · 납북귀환자 · 망명자 및 피난사민에 대하여 신문등을 하고자 할 때에는 국정원장의 조정을 받아야 한다. <개정 1999.3.31>

제9조(공소보류 등) ① 정보수사기관(검사를 제외한다)의 장이 주요 정보사범 등에 대하여 공소보류 의견을 붙일 필요가 있다고 인정할 때에는 국정원장에게 통보하여 조정을 받아야 한다. <개정 1999.3.31>

② 검사는 주요 정보사범 등에 대하여 공소보류 또는 불기소 의견으로 송치된 사건을 소추하거나 기소의견으로 송치된 사건을 공소보류 또는 불기소 처분할 때에는 국정원장과 협의하여야 한다. <개정 1999.3.31>

제10조(적성압수금품 등의 처리) 정보수사기관이 주요 적성장비 또는 불온문건 기타 금품을 압수하거나 취득한 때에는 즉시 이를 국정원장에게 통보하고 정보수집에 필요한 조정을 받아야 한다. <개정 1999.3.31>

제11조(정보사업 · 예산 및 보안업무의 감사) ① 국정원장은 제5조에 규정된 각급기관에 대하여 연 1회이상 정보사업 및 그에 따른 예산과 보안업무 감사를 실시한다. 다만, 보안업무 감사는 중앙단위 기관에 한한다. <개정 1999.3.31>

② 국정원장은 제1항의 감사를 실시함에 있어서 정책자료 발굴에 중점을 둔다. <개정 1999.3.31>

③ 국정원장은 제1항의 규정에 의한 감사 결과를 대통령에게 보고하고 피감사기관에 통보한다. <개정 1999.3.31>

④ 제3항의 규정에 의하여 감사결과를 통보받은 피감사기관의 장은 감사결과에 대하여 필요한 조치를 강구하여야 한다.

제12조(시행규칙) 이 영 시행에 관하여 필요한 규칙은 정보조정협의회의 의결을 거쳐 국정원장이 정한다. <개정 1999.3.31>

부칙 〈제21214호, 2008.12.31〉 (행정안전부와 그 소속기관 직제)

제1조(시행일) 이 영은 공포한 날부터 시행한다. <단서 생략>

제2조부터 제4조까지 생략

제5조(다른 법령의 개정) ① 부터 <89> 까지 생략

<90> 정보및보안업무기획 · 조정규정 일부를 다음과 같이 개정한다.

제5조제3호 중 "행정자치부"를 "행정안전부"로 하고, 같은 조 제5호의2를 다음과 같이 하며, 같은 조 제6호를 다음과 같이 하고, 같은 조에 제6호의2를 다음과 같이 신설하며, 같은 조 제7호 각 목 외의 부분 중 "해양수산부"를 "국토해양부"로 하고, 같은 조 제8호의2를 삭제한다.

5의2. 문화체육관광부

가. 공연물 및 영화의 검열 · 조사 · 분석 및 평가에 관한 사항

나. 신문 · 통신 그 밖의 정기간행물과 방송 등 대중전달매체의 활동 조사 · 분석 및 평가에 관한 사항

다. 대공심리전에 관한 사항

라. 대공민간활동에 관한 사항

6. 지식경제부

우편검열 및 정보자료의 수집에 관한 사항

6의2. 방송통신위원회

가. 전파감시에 관한 사항

나. 그 밖에 통신정보 및 통신보안업무에 관한 사항

<91> 부터 <175> 까지 생략

5. 방첩업무 규정

[시행 2012.5.14] [대통령령 제23780호, 2012.5.14, 제정]

제1조(목적) 이 영은 「국가정보원법」 제3조에 따른 방첩(防諜)에 관한 업무의 수행과 이를 위한 기관 간 협조 등에 관한 사항을 규정하여 국가안보에 이바지함을 목적으로 한다.

제2조(정의) 이 영에서 사용하는 용어의 뜻은 다음과 같다.

1. "방첩"이란 국가안보와 국익에 반하는 외국의 정보활동을 찾아내고 그 정보활동을 견제 · 차단하기 위하여 하는 정보의 수집 · 작성 및 배포 등을 포함한 모든 대응활동을 말한다.
2. "외국의 정보활동"이란 외국 정부 · 단체 또는 외국인이 직접 하거나 내국인을 이용하여 하는 정보 수집활동과 그 밖의 활동으로서 대한민국의 국가안보와 국익에 영향을 미칠 수 있는 모든 활동을 말한다.
3. "방첩기관"이란 방첩에 관한 업무를 수행하는 다음 각 목의 기관을 말한다.
   가. 국가정보원
   나. 경찰청
   다. 해양경찰청
   라. 국군기무사령부
4. "관계기관"이란 방첩기관 외의 기관으로서 다음 각 목의 기관을 말한다.
   가. 「정부조직법」 또는 그 밖의 법령에 따라 설치된 국가기관
   나. 지방자치단체 중 국가정보원장이 제10조에 따른 국가방첩전략회의의 심의를 거쳐 지정하는 지방자치단체
   다. 「공공기관의 운영에 관한 법률」 제4조에 따른 공공기관 중 국가정보원장이제10조에 따른 국가방첩전략회의의 심의를 거쳐 지정하는 기관

제3조(방첩업무의 범위) 이 영에 따라 방첩기관이 수행하는 업무(이하 "방첩업무"라 한다)의 범위는 다음 각 호와 같다.

1. 외국의 정보활동에 대한 정보 수집 및 색출
2. 외국의 정보활동에 대한 견제 및 차단
3. 외국의 정보활동에 대응하기 위한 기법 개발 및 제도 개선
4. 다른 방첩기관 및 관계기관에 대한 방첩 관련 정보 제공
5. 그 밖에 외국의 정보활동으로부터 국가안보 및 국익을 지키기 위한 활동

제4조(기관 간 협조) ① 방첩기관의 장은 방첩업무 수행을 위하여 필요한 경우 다른 방첩기관의 장이나 관계기관의 장에게 협조를 요청할 수 있다.

② 제1항에 따라 협조 요청을 받은 기관의 장은 협조 요청에 따르지 못할 특별한 사유가 있

는 경우를 제외하고는 협조하여야 한다.

제5조(방첩업무의 기획 · 조정) ① 국가정보원장은 방첩업무에 관한 정책을 기획하고, 방첩업무를 통합적으로 수행하기 위하여 필요한 경우 이 영 및 관계 법령으로 정한 범위에서 방첩기관 및 관계기관(이하 "방첩기관등"이라 한다)의 방첩업무를 합리적으로 조정한다.

② 국가정보원장은 제1항에 따라 방첩업무를 조정하는 경우에 국가안보에 중대한 영향을 미치는 주요 사안에 대해서는 직접 조정하고, 그 밖의 사안에 대해서는 제6조에 따른 지침으로 정하는 바에 따라 조정한다.

제6조(국가방첩업무 지침의 수립 등) ① 국가정보원장은 국가의 방첩업무를 효율적으로 수행하기 위하여 국가방첩업무 기본지침(이하 "기본지침"이라 한다)을 수립하여 방첩기관등의 장에게 송부하여야 한다.

② 기본지침에는 다음 각 호의 사항이 포함되어야 한다.

1. 방첩업무의 기본 목표 및 전략에 관한 사항
2. 방첩기관등의 방첩업무 협조에 관한 사항
3. 그 밖에 국가 방첩업무의 원활한 수행을 위하여 필요한 사항

③ 국가정보원장은 매년 12월 20일까지 기본지침에 따라 다음 연도의 방첩업무 수행에 관한 지침(이하 "연도별 지침"이라 한다)을 수립하여 방첩기관등의 장에게 송부하여야 한다.

④ 제3항에 따라 국가정보원장으로부터 연도별 지침을 받은 방첩기관의 장은 연도별 지침에 따라 그 기관의 해당 연도 방첩업무계획을 수립 · 시행하여야 한다.

제7조(외국인 접촉 시 국가기밀등의 보호) ① 방첩기관등의 구성원은 외국을 방문하거나 외국인을 접촉할 때에는 국가기밀, 산업기술 또는 국가안보 · 국익 관련 중요 정책사항(이하 "국가기밀등"이라 한다)이 유출되지 않도록 유의하여야 한다.

② 방첩기관등의 장은 그 기관의 업무 성격을 고려하여 소속 구성원이 외국인을 접촉하는 경우에 발생할 수 있는 국가기밀등의 유출 위험을 방지하기 위하여 필요한 사항에 관한 규정을 마련 · 시행하여야 한다.

제8조(외국인 접촉 시 특이사항의 신고 등) ① 방첩기관등의 구성원이 외국인을 접촉한 경우에 그 외국인이 다음 각 호의 어느 하나에 해당한다고 의심할 만한 상당한 이유가 있을 경우에는 지체 없이 그 사실을 소속 방첩기관등의 장에게 신고하여야 하며, 해당 방첩기관등의 장은 그 신고 내용을 국가정보원장에게 통보하여야 한다.

1. 접촉한 외국인이 국가기밀등이나 그 밖의 국가안보 및 국익 관련 정보를 탐지 · 수집하려고 하는 경우
2. 접촉한 외국인이 방첩기관등의 구성원을 정보활동에 이용하려고 하는 경우
3. 접촉한 외국인이 그 밖의 국가안보 또는 국익을 침해하는 활동을 하는 사람인 경우

② 제1항에도 불구하고 방첩기관의 장은 법령에 따른 직무 수행과 관련하여 필요하다고 판단하는 경우에는 통보하지 아니할 수 있다.

③ 제1항에 따른 통보를 받은 국가정보원장은 효율적인 방첩업무 수행을 위하여 필요하다

고 인정하는 경우에는 통보받은 사실이나 관련 분석 자료를 작성하여 방첩기관등의 장에게 배포하여야 한다.

④ 국가정보원장은 제1항에 따른 신고 내용이 국가안보와 방첩업무에 이바지하였다고 인정되는 경우에는 신고자를 「정부표창규정」 등에 따라 포상할 수 있다.

제9조(외국 정보기관 구성원 접촉절차) 방첩기관등의 구성원이 법령에 따른 직무 수행 외의 목적으로 외국 정보기관(특정국가에서 다른 국가에 대한 정보 수집을 주된 목적으로 설치된 그 국가의 기관을 말한다)의 구성원을 접촉하려는 경우 소속 방첩기관등의 장에게 미리 보고하여야 하며, 해당 방첩기관등의 장은 그 내용을 국가정보원장에게 통보하여야 한다.

제10조(국가방첩전략회의의 설치 및 운영 등) ① 국가방첩전략의 수립 등 국가 방첩업무에 관한 중요 사항을 심의하기 위하여 국가정보원장 소속으로 국가방첩전략회의(이하 "전략회의"라 한다)를 둔다.

② 전략회의는 의장 1명을 포함한 15명 이내의 위원으로 구성한다.

③ 전략회의의 의장은 국가정보원장이 되고, 위원은 다음 각 호의 공무원이 된다.

1. 외교통상부, 통일부, 법무부, 행정안전부 및 국무총리실의 차관급 공무원(차관급 공무원이 2명 이상인 경우 해당 기관의 장이 지정하는 차관급 공무원을 말한다)
2. 경찰청 및 해양경찰청의 차장
3. 국방정보본부 본부장 및 국군기무사령부 사령관
4. 전략회의의 의장이 지명하는 국가정보원 소속 공무원
5. 전략회의의 의장이 관계기관의 장과 협의하여 지명하는 관계기관 소속 공무원

④ 전략회의의 의장은 회의를 소집하고 그 회의를 주재한다.

⑤ 전략회의의 회의는 재적위원 과반수의 출석과 출석위원 과반수의 찬성으로 의결한다.

⑥ 제1항부터 제5항까지에서 규정한 사항 외에 전략회의의 운영에 필요한 사항은 국가정보원장이 정한다.

제11조(국가방첩전략실무회의의 설치 및 운영 등) ① 전략회의를 효율적으로 운영하기 위하여 전략회의에 국가방첩전략실무회의(이하 "실무회의"라 한다)를 둔다.

② 실무회의는 의장 1명을 포함한 15명 이내의 위원으로 구성한다.

③ 실무회의의 의장은 국가정보원의 방첩업무를 담당하는 실장급 또는 국장급 부서의 장이 되고, 위원은 전략회의의 위원이 소속된 기관의 고위공무원단에 속하는 공무원 또는 이에 상당하는 공무원이 된다.

④ 실무회의는 전략회의에서 심의할 의안(議案)을 미리 검토·조정하고, 다음 각 호의 사항을 심의하여 그 결과를 전략회의에 보고할 수 있다.

1. 국가 방첩업무 현안에 대한 대책의 수립 및 시행에 관한 사항
2. 전략회의의 심의·의결을 거쳐 정해진 정책 등에 대한 시행 방안
3. 전략회의로부터 위임받은 심의사항
4. 그 밖에 실무회의의 의장이 회의에 부치는 방첩업무에 관한 사항

⑤ 제1항부터 제4항까지에서 규정한 사항 외에 실무회의의 운영에 필요한 사항은 국가정보원장이 정한다.

제12조(지역방첩협의회의 설치 및 운영 등) ① 국가정보원장은 필요한 경우 방첩기관의 장과 협의하여 특별시 · 광역시 · 특별자치시 · 도 또는 특별자치도별로 방첩업무를 협의하기 위한 지역방첩협의회를 구성 · 운영할 수 있다.

② 제1항에 따른 지역방첩협의회의 운영 등에 필요한 사항은 국가정보원장이 지역방첩협의회의 심의 · 의결을 거쳐 정한다.

[시행일:2012.7.1] 제12조제1항 중 특별자치시에 관한 부분

제13조(방첩교육) ① 방첩기관등의 장은 해당 기관의 업무 수행과 관련하여 그 기관 소속 구성원이 외국의 정보활동에 효율적으로 대응하기 위하여 필요한 자체 방첩교육에 관한 계획을 수립하여 시행하여야 한다.

② 방첩기관등의 장은 필요한 경우 제1항에 따른 소속 구성원에 대한 방첩교육을 국가정보원장에게 위탁하여 실시할 수 있다.

제14조(외국인 접촉의 부당한 제한 금지) 방첩기관등의 장은 이 영의 목적이 외국의 정보활동으로부터 대한민국의 국가안보와 국익을 보호하기 위한 것임을 고려하여 소속 구성원의 외국인과의 접촉을 부당하게 제한하여서는 아니 된다.

제15조(홍보) 방첩기관의 장은 홍보를 통하여 소관 방첩업무에 대한 국민의 이해를 증진시키기 위하여 노력하여야 한다.

부칙 〈제23780호, 2012.5.14〉

제1조(시행일) 이 영은 공포한 날부터 시행한다. 다만, 제12조제1항 중 특별자치시에 관한 부분은 2012년 7월 1일부터 시행한다.

제2조(기본지침 등의 수립에 관한 경과조치) ① 이 영 시행 당시 국가정보원장이 수립하여 다른 방첩기관등의 장에게 송부한 기본지침 및 2012년도 방첩업무 지침은 제6조제1항 및 제3항에 따른 기본지침 및 연도별 지침으로 본다.

② 이 영 시행 당시 제1항에 따른 기본지침 및 2012년 방첩업무 지침에 따라 방첩기관이 수립한 2012년도 방첩업무계획은 제6조제4항에 따라 수립된 방첩업무계획으로 본다.

6. 보안업무규정

[시행 2008.12.31] [대통령령 제21214호, 2008.12.31, 타법개정]

제1장 총칙

제1조(목적) 이 영은 국가정보원법 제3조제2항의 규정에 의하여 보안업무 수행에 필요한 사항을 규정함을 목적으로 한다. <개정 1981.10.7, 1999.3.31>

제2조(정의) 이 영에서 사용되는 용어의 정의는 다음과 같다. <개정 1981.10.7>

1. "비밀"이라 함은 그 내용이 누설되는 경우 국가안전보장에 유해로운 결과를 초래할 우려가 있는 국가 기밀로서 이 영에 의하여 비밀로 분류된 것을 말한다.
2. "각급기관"이라 함은 헌법 · 정부조직법 기타 법령에 의하여 설치된 국가기관(군기관 및 교육기관을 포함한다)과 지방자치단체 및 공공단체를 말한다.
3. "암호자재"라 함은 통신보안을 위하여 통신문의 내용을 보호할 목적으로 문자 · 숫자 · 기호등의 암호로 만들어진 문서나 기구를 말한다.

제3조(보안책임) 국가안전보장에 관련되는 인원 · 문서 · 자재 · 시설 및 지역을 관리하는 자와 관계기관의 장은 이에 대한 보안책임을 진다.

제2장 비밀보호

제4조(비밀의 구분) 비밀은 그 중요성과 가치의 정도에 따라 다음 각호에 의하여 이를 Ⅰ급비밀 · Ⅱ급비밀 및 Ⅲ급비밀로 구분한다.

1. 누설되는 경우 대한민국과 외교관계가 단절되고 전쟁을 유발하며, 국가의 방위계획 · 정보활동 및 국가방위상 필요불가결한 과학과 기술의 개발을 위태롭게 하는등의 우려가 있는 비밀은 이를 Ⅰ급비밀로 한다.
2. 누설되는 경우 국가안전보장에 막대한 지장을 초래할 우려가 있는 비밀은 이를 Ⅱ급비밀로 한다.
3. 누설되는 경우 국가안전보장에 손해를 끼칠 우려가 있는 비밀은 이를 Ⅲ급비밀로 한다.

제5조(암호자재의 제작공급 및 반납) ① 암호자재는 국가정보원장(이하 "국정원장"이라 한다)이 제작하여 필요한 기관에 공급한다. 다만, 국정원장이 필요하다고 인정할 때에는 암호자재의 사용기관으로 하여금 국정원장이 인가하는 암호체계의 범위안에서 암호자재를 제작하게 할 수 있다. <개정 1981.10.7, 1999.3.31>

② 사용기간이 만료된 암호자재는 지체없이 그 제작기관의 장에게 반납하여야 한다.

제6조(비밀의 취급) 비밀은 해당등급의 비밀 취급인가를 받은 자에 한하여 취급할 수 있다.

제7조(비밀취급인가권자) ① Ⅰ급비밀 및 암호 자재취급인가권자는 다음과 같다. <개정

1981.10.7, 1999.3.31, 2001.1.29, 2002.2.9, 2008.12.31>

1. 대통령
2. 국무총리
3. 감사원장

3의2. 국가인권위원회위원장

4. 각 부 · 처의 장
5. 국정원장
6. 삭제 <2008.12.31>
7. 국무총리실장 · 방송통신위원회위원장 · 공정거래위원회위원장 · 금융위원회위원장 및 국민권익위원회위원장
8. 대통령실장
9. 대통령 경호처장
10. 검찰총장
11. 합동참모의장, 각군 참모총장 및 육군의 1,2,3군 사령관
12. 국방부장관이 지정하는 각군 부대장

② Ⅱ급 및 Ⅲ급비밀취급 인가권자는 다음과 같다. <개정 1981.10.7, 1999.3.31, 2006.3.29, 2008.12.31>

1. Ⅰ급비밀취급 인가권자
2. 중앙행정기관인 청의 장
3. 특별시장 · 광역시장 · 도지사 및 특별자치도지사
4. 특별시 · 광역시 · 도 및 특별자치도의 교육감
5. 제1호부터 제4호까지의 사람이 지정한 기관의 장

제8조(비밀취급인가 및 해제) ① 비밀취급 인가권자는 비밀을 취급 또는 비밀에 접근할 직원에 대하여 해당등급의 비밀취급을 인가한다.

② 비밀취급의 인가는 대상자의 직책에 따라 필요한 최소한의 인원으로 제한하여야 한다.

③ 비밀취급의 인가를 받은 자가 다음 각호의 1에 해당하는 경우에는 그 취급의 인가를 해제하여야 한다.

1. 고의 또는 중대한 과실로 보안사고를 범하였거나 이 영에 위반하여 보안업무에 지장을 초래한 때
2. 비밀취급이 불필요하게 된 때

④ 비밀취급의 인가 및 해제와 인가등급의 변경은 문서로써 하여야 하며, 직원의 인사기록사항에 이를 기록하여야 한다.

제9조(비밀의 분류) ① 비밀취급인가를 받은 자는 인가받은 비밀 및 그 이하등급비밀의 분류권을 가진다.

② 동등이상의 비밀취급인가를 받은 자로서 직속 상급직위에 있는 자는 그 하위직위에 있

는 자가 분류한 비밀등급을 조정할 수 있다.

③ 비밀을 생산 또는 관리하는 자는 그 비밀을 분류 또는 재분류할 책임이 있다.

제10조(분류원칙) ① 비밀은 적절히 보호할 수 있는 최저등급으로 분류하되, 과도 또는 과소하게 분류하여서는 아니된다. 다만, 암호자재는 제4조의 규정에 불구하고 Ⅱ급이상으로 분류하여야 한다.

② 비밀은 그 자체의 내용과 가치의 정도에 따라 분류하여야 하며, 다른 비밀과 관련하여 분류하여서는 아니된다.

③ 외국정부 또는 국제기구로부터 접수한 비밀은 그 발행기관이 필요로 하는 정도로 보호할 수 있도록 분류하여야 한다.

제11조(분류지침) 각급 기관의 장은 비밀분류의 통일성과 적절한 분류를 위하여 세부분류지침을 작성 시행하여야 한다.

제12조(예고문) 분류된 비밀에는 보호기간을 명시하기 위하여 예고문을 기재하여야 한다.

제13조(재분류) ① 비밀은 그 효율적인 보호를 위하여 등급의 변경 또는 파기등의 재분류를 실시한다.

② 비밀의 재분류는 그 비밀의 예고문 또는 발행자의 직권에 의하여 실시한다. 다만, 다음 각호의 경우에는 예고문에 불구하고 이를 파기할 수 있다. <개정 1981.10.7, 1999.3.31>

1. 긴급 부득이 한 사정으로 비밀을 계속 보관하거나 안전하게 지출할 수 없을 때
2. 국정원장의 요청이 있을 때
3. 보안유지를 위하여 예고문의 파기시기까지 계속 보관할 필요가 없을 때. 이 경우에는 당해 소속비밀취급인가권자의 사전승인을 얻어야 한다.

③ 외국정부 또는 국제기구로부터 접수된 비밀 중 예고문이 없거나 기재된 예고문이 비밀관리상 부적당하다고 인정되는 것은 접수한 기관의 장이 그 비밀을 최대한으로 보호할 수 있는 범위안에서 재분류할 수 있다.

④ 비밀을 존안하고자 할 때에는 그 예고문이나 비밀등급을 변경하여서는 아니되며, 존안된 비밀자료는 존안기간중 이를 재분류하지 아니한다. 다만, 일반문서로 재분류하거나 공공기관의기록물관리에관한법률 및 동법시행령이 정하는 바에 따라 기록물전문관리기관의 장이 존안중의 비밀을 재분류하는 때에는 그러하지 아니하다. <개정 1999.12.7>

제14조(표지) 비밀은 그 취급자 또는 관리자에게 경고하고 비밀취급비인가자의 접근을 방지하기 위하여 분류(재분류를 포함한다. 이하같다)와 동시에 등급에 따라 구분된 표지를 하여야 한다.

제15조(비밀의 수발) 비밀을 수발함에 있어서는 그 비밀을 최대한으로 보호할 수 있는 방법을 이용하여야 한다.

제16조(통신수단에 의한 비밀수발 제한) 비밀은 전신 · 전화등의 통신수단에 의하여 평문으로 수발하여서는 아니된다.

[전문개정 1981.10.7]

제17조(영수증) Ⅰ급비밀 및 Ⅱ급비밀을 수발할 때에는 이를 확인하기 위하여 영수증을 사용한다.

제18조(보관) 비밀은 도난 · 화재 또는 파괴로부터 보호하고 비밀취급비인가자의 접근을 방지할 수 있는 적절한 시설에 보관하여야 한다.

제19조(여행중의 비밀보관) 비밀을 휴대하고 출장 또는 여행하는 자는 비밀의 안전한 보호를 위하여 국내경찰기관 또는 국외주재공관에 위탁 보관할 수 있으며, 위탁받은 기관은 이를 보관하여야 한다.

제20조(보관책임자) 각급 기관의 장은 비밀의 보관을 위하여 필요한 인원을 보관책임자로 임명하여야 한다.

제21조(비밀관리기록부) ① 각급 기관의 장은 비밀의 작성 · 분류 · 수발 및 취급등에 관한 일체의 관리사항을 기록하기 위하여 비밀관리기록부를 작성 · 비치하여야 한다. 다만, Ⅰ급비밀관리기록부는 따로 작성 · 비치하여야 하며, 암호 및 음어자재는 암호자재기록부에 의하여 관리한다.

② 비밀관리기록부 및 암호자재기록부에는 모든 비밀과 암호자재에 대한 보안책임 및 보안관리 사항이 정확히 기록 · 보존되어야 한다.

제22조(비밀의 복제 · 복사의 제한) ① 비밀의 일부 또는 전부를 모필 · 타자 · 인쇄 · 조각 · 녹음 · 촬영 · 인화 · 확대등 비밀의 원형의 재현은 다음 각호의 1에 해당하는 경우를 제외하고는 이를 할 수 없다. 다만, 암호 및 음어자재는 어떠한 경우를 막론하고 복제 또는 복사하지 못한다.

1. Ⅰ급비밀은 그 발행자의 허가를 얻은 때
2. Ⅱ급 및 Ⅲ급비밀은 당해 발행자의 특정한 제한이 없는 것으로서 해당 등급의 비밀 취급인가를 받은 자가 공용으로 사용할 때

② 비밀을 복제 또는 복사한 경우에는 그 원본과 동일한 비밀등급과 예고문을 명시하고, 사본번호를 부여하여야 한다.

③ 제2항의 예고문의 경우 재분류구분이 "파기"로 되어 있는 때에는 원본의 파기시기보다 그 시기를 줄일 수 있다. <개정 1981.10.7>

제23조(비밀의 열람) ① 비밀은 해당등급의 비밀취급인가를 받은 자로서 그 비밀과 업무상 직접 관계가 있는 자에 한하여 열람할 수 있다.

② 비밀취급 비인가 자에게 비밀을 열람 · 공개 또는 취급하게 할 때에는 미리 국정원장의 보안조치를 받아야 한다. 다만, 비밀이 군사에 관한 사항인 경우에는 국방부장관의 보안조치를 받아야 한다. <개정 1981.10.7, 1999.3.31>

제24조(비밀의 공개) 공무원 또는 공무원이었던 자는 법률이 정하는 경우를 제외하고는 소속 또는 소속되었던 기관의 장의 승인없이 비밀을 공개하지 못한다.

제25조(비밀의 지출) 비밀은 보관하고 있는 시설밖으로 지출하여서는 아니된다. 다만, 공무상 지출이 필요할 때에는 그 소속기관의 장의 승인을 얻어 지출할 수 있다.

제26조(안전지출 및 파기계획) 각급 기관의 장은 비상시에 대비하여 비밀을 안전하게 지출 또는 파기할 수 있는 계획을 수립하고 소속직원에게 주지시켜야 한다.

제27조(비밀문서의 통제) 각급 기관의 장은 비밀문서의 통제를 위한 규정을 따로 작성 · 운영할 수 있다.

제28조(비밀의 이관) 비밀은 일반문서보관소에 이관하여서는 아니된다. 다만, 공공기관의기록물관리에관한법률 및 동법시행령이 정하는 바에 따라 비밀원본을 기록물전문관리기관에 이관하는 경우에 는 그러하지 아니하다.

[전문개정 1999.12.7]

제29조 (비밀소유현황통보) 각급 기관의 장은 연2회 비밀소유현황을 조사하여 국정원장에게 통보하여야 한다. <개정 1981.10.7, 1999.3.31>

제30조(보호구역) ① 각급 기관의 장과 국가중요시설 · 장비 및 자재를 관리하는 자는 국가비밀의 보호와 국가중요시설장비 및 자재의 보호를 위하여 필요한 장소에 일정한 범위를 정하여 보호구역을 설정할 수 있다.

② 제1항의 보호구역은 그 중요도에 따라 이를 제한지역, 제한구역 및 통제구역으로 나눈다. <개정 1981.10.7>

③ 보호구역설정자는 제1항의 보호구역에 보안상 불필요한 인원의 접근 또는 출입을 제한하거나 금지시킬 수 있다. <개정 1981.10.7>

제3장 신원조사

제31조(신원조사) ① 국가보안을 위하여 국가에 대한 충성심 · 성실성 및 신뢰성을 조사하기 위하여 신원조사를 행한다.

② 신원조사의 대상이 되는 자는 다음과 같다.

1. 공무원임용예정자
2. 비밀취급인가예정자
3. 해외여행을 하고자 하는 자(입국하는 교포를 포함한다)
4. 국가중요시설 · 장비 및 자재등의 관리자와 기타 각급기관의 장이 국가보안상 필요하다고 인정하는 자
5. 공공단체의 직원과 임원의 임명에 있어서 정부의 승인이나 동의를 요하는 법인의 임원 및 직원
6. 기타 법령이 정하는 자

제32조(조사의 실시) 신원조사는 국정원장이 그 직권 또는 관계기관의 장의 요청에 의하여 이를 실시한다. <개정 1981.10.7, 1999.3.31>

제33조(권한의 위임) 국정원장은 신원조사에 관한 권한의 일부를 국방부장관과 경찰청장에게 위임할 수 있다. 다만, 국방부장관에 대한 위임은 군인 · 군무원 · 「방위사업법」 에 규정된 방위산업체 및 연구기관의 종사자와 기타 군사보안에 관련된 인원의 신원조사의 경우에 한

한다. <개정 1981.10.7, 1999.3.31, 2006.2.8>

제34조(조사결과의 처리) ① 각 조사기관의 장은 신원조사의 결과 국가안전보장상 유해로운 정보가 있음이 확인된 자에 대하여는 관계기관의 장에게 그 사실을 통보하여야 한다.

② 제1항의 통보를 받은 관계기관의 장은 신원조사의 결과에 따라 필요한 보안대책을 강구하여야 한다. <개정 1981.10.7>

제4장 보안조사

제35조(보안측정) 국정원장은 국가보안에 관련된 시설 · 자재 또는 지역을 파괴 · 태업 또는 비밀누설로부터 보호하기 위하여 보안측정을 실시한다. <개정 1981.10.7, 1999.3.31>

제36조(측정대상) 보안측정은 파괴 · 태업 또는 비밀누설로 인하여 전략적 또는 군사적으로 막대한 손해를 초래하거나 국가안전보장에 연쇄적 혼란을 초래할 우려가 있는 시설 또는 지역(이하 "보안목표시설"이라 한다)과 선박 · 항공기등 중요장비(이하 "보호장비"라 한다)에 대하여 실시한다. <개정 1981.10.7>

제37조(측정의 실시) ① 보안측정은 국정원장이 그 직권으로 실시하는 경우를 제외하고는 보안목표시설 및 보호장비의 관리자 또는 관계 감독기관의 장의 요청에 따라 이를 실시한다. <개정 1981.10.7, 1999.3.31>

② 보안목표시설 및 보호장비의 관리자와 그 감독기관의 장은 국정원장이 그 시설 및 장비의 보호를 위하여 요구하는 보안대책을 성실히 이행하여야 한다. <개정 1981.10.7, 1999.3.31>

③ 국정원장은 관계기관에 대하여 보안측정상 필요한 협조를 요구할 수 있다. <신설 1981.10.7, 1999.3.31>

제38조(전말조사) 국정원장은 비밀의 누설 또는 분실과 국가중요시설 및 장비의 파괴, 보호구역에 대한 불법침입등 보안사고에 대하여 전말조사를 실시한다. <개정 1981.10.7, 1999.3.31>

제39조(보안감사) 이 영에서 정한 인원 · 문서 · 자재 · 시설 · 지역 및 장비등의 모든 보안관리상태와 그 적정여부를 조사하기 위하여 중앙행정기관의 장은 보안감사를 실시한다. <개정 1981.10.7, 1999.3.31>

제40조(통신보안감사) 통신수단에 의한 비밀의 누설방지와 모든 통신시설의 보안상태를 조사하기 위하여 중앙행정기관의 장은 통신보안감사를 실시한다. <개정 1981.10.7, 1999.3.31>

제41조(감사의 실시) ① 보안감사 및 통신보안감사는 정기감사와 수시감사로 구분하여 실시한다. <개정 1981.10.7>

② 정기감사는 연1회, 수시감사는 필요에 따라 수시로 이를 실시한다.

③ 보안감사 및 통신보안감사를 실시함에 있어서는 정책자료의 발굴에 중점을 둔다. <신설 1981.10.7>

제42조 (조사결과의 처리) ① 중앙행정기관의 장은 보안감사 및 통신보안감사의 결과를 국정

원장에게 통보한다. <개정 1999.3.31>

② 국정원장은 보안조사의 결과를 해당기관의 장에게 통보한다. <개정 1999.3.31>

③ 제2항의 규정에 의하여 조사결과를 통보받은 기관의 장은 조사결과에 대하여 필요한 조치를 하여야 한다.

[전문개정 1981.10.7]

제43조(권한의 위임) ① 국정원장은 필요하다고 인정할 때에는 관계기관의 장에게 보안조사에 관한 권한의 일부를 위임할 수 있다. 다만, 국방부장관에 대한 위임은 국방부 본부를 제외한 합동참모본부, 국방부 직할부대 및 기관, 각군, 「방위사업법」에 규정된 방위산업체 및 연구기관 기타 군사보안대상의 보안조사의 경우에 한한다. <개정 1999.3.31, 2006.2.8>

② 국정원장은 필요하다고 인정할 때에는 제1항의 규정에 의하여 권한을 위임받은 관계기관의 장에 대하여 조사결과의 통보를 요구할 수 있다. <개정 1999.3.31>

[전문개정 1981.10.7]

제5장 보직

제44조(보안담당관) 각급 기관의 장은 이 영에 의한 보안업무를 담당하게 하기 위하여 소속직원중에서 보안담당관을 임명하여야 한다.

제45조(계엄지역의 보안) ① 계엄이 선포된 지역의 보안을 위하여 계엄사령관은 이 영의 규정에 불구하고 특별한 보안조치를 할 수 있다. <개정 1981.10.7>

② 제1항의 경우에 계엄사령관은 평상시의 보안업무와의 연계성을 고려하여 필요하다고 인정할 때에는 미리 국정원장과 협의한다. <신설 1981.10.7, 1999.3.31>

부칙 〈제21214호, 2008.12.31〉 (행정안전부와 그 소속기관 직제)

제1조(시행일) 이 영은 공포한 날부터 시행한다. <단서 생략>

제2조부터 제4조까지 생략

제5조(다른 법령의 개정) ① 부터 <88> 까지 생략

<89> 보안업무규정 일부를 다음과 같이 개정한다.

제7조제1항제6호를 삭제한다.

제7조제1항제7호부터 제9호까지를 각각 다음과 같이 한다.

7. 국무총리실장 · 방송통신위원회위원장 · 공정거래위원회위원장 · 금융위원회위원장 및 국민권익위원회위원장
8. 대통령실장
9. 대통령 경호처장

제7조제2항제2호부터 제5호까지를 각각 다음과 같이 한다.

2. 중앙행정기관인 청의 장
3. 도지사 및 특별자치도지사

4. 도 및 특별자치도의 교육감
5. 제1호부터 제4호까지의 사람이 지정한 기관의 장

<90> 부터 <175> 까지 생략

7. 국가사이버안전관리규정

[일부개정 2010.4.16 대통령훈령 제267호]

제1조 (목적) 이 훈령은 국가사이버안전에 관한 조직체계 및 운영에 대한 사항을 규정하고 사이버안전업무를 수행하는 기관간의 협력을 강화함으로써 국가안보를 위협하는 사이버공격으로부터 국가정보통신망을 보호함을 목적으로 한다.

제2조 (정의) 이 훈령에서 사용하는 용어의 정의는 다음과 같다.<개정 2008.8.18>

1. "정보통신망"이라 함은 「전기통신기본법」 제2조제2호의 규정에 의한 전기통신설비를 활용하거나 전기통신설비와 컴퓨터 및 컴퓨터의 이용기술을 활용하여 정보를 수집 · 가공 · 저장 · 검색 · 송신 또는 수신하는 정보통신체제를 말한다.
2. "사이버공격"이라 함은 해킹 · 컴퓨터바이러스 · 논리폭탄 · 메일폭탄 · 서비스방해 등 전자적 수단에 의하여 국가정보통신망을 불법침입 · 교란 · 마비 · 파괴하거나 정보를 절취 · 훼손하는 일체의 공격행위를 말한다.
3. "사이버안전"이라 함은 사이버공격으로부터 국가정보통신망을 보호함으로써 국가정보통신망과 정보의 기밀성 · 무결성 · 가용성 등 안전성을 유지하는 상태를 말한다.
4. "공공기관"이라 함은 다음 각목의 기관을 말한다.
   가. 「공공기관의 운영에 관한 법률」 제5조에 따라 지정된 공기업 또는 준정부기관인 공공기관
   나. 「공공기관의 운영에 관한 법률」 제5조에 따라 지정된 기타공공기관 중 「정부출연연구기 등의 설립 · 운영 및 육성에 관한 법률」 제8조제1항 및 「과학기술분야 정부출연연구기관 등의 설립 · 운영 및 육성에 관한 법률」 제8조제1항에 따른 연구기관
   다. 「초 · 중등교육법」 및 「고등교육법」에 따른 국 · 공립학교
   라. 그 밖에 다른 법령의 규정에 의하여 설립된 공공기관 중 제6조의 규정에 의한 국가사이버안전전략회의에서 정보통신망의 안전성 확보가 필요하다고 지정한 기관

제3조 (적용범위) 이 훈령은 중앙행정기관, 지방자치단체 및 공공기관의 정보통신망에 대하여 이를 적용한다. 다만, 「정보통신기반보호법」 제8조의 규정에 의하여 지정된 주요정보통신기반시설에 대하여는 적용하지 아니한다.

제4조 (사이버안전 확보의 책무) ① 중앙행정기관의 장은 소관 정보통신망에 대하여 안전성을 확보할 책임이 있으며 이를 위하여 사이버안전업무를 전담하는 전문인력을 확보하는 등 필요한 조치를 강구하여야 한다.

② 관계 중앙행정기관의 장은 소관 공공기관 및 지방자치단체의 장으로 하여금 제1항의 규정에 의한 전문인력의 확보 등 필요한 조치를 강구하도록 하여야 한다.

제5조 (국가사이버안전정책 및 관리) 국가사이버안전과 관련된 정책 및 관리에 대하여는 국가

정보원장이 관계 중앙행정기관의 장과 협의하여 이를 총괄 · 조정한다.

제6조 (국가사이버안전전략회의) ① 국가사이버안전에 관한 중요사항을 심의하기 위하여 국가정보원장 소속하에 국가사이버안전전략회의(이하 "전략회의"라 한다)를 둔다.

② 전략회의의 의장은 국가정보원장이 된다.

③ 전략회의의 위원은 교육과학기술부차관 · 외교통상부차관 · 법무부차관 · 국방부차관 · 행정안전부차관 · 지식경제부차관 · 보건복지부차관 · 국토해양부차관 · 대통령실 외교안보수석비서관 · 방송통신위원회 상임위원 · 금융위원회 부위원장 및 전략회의 의장이 지명하는 관계 중앙행정기관의 차관급 공무원으로 한다.<개정 2008.8.18, 2010.4.16>

④ 전략회의는 다음 각호의 사항을 심의한다.

1. 국가사이버안전체계의 수립 및 개선에 관한 사항
2. 국가사이버안전 관련 정책 및 기관간 역할조정에 관한 사항
3. 국가사이버안전 관련 대통령 지시사항에 대한 조치방안
4. 그 밖에 전략회의 의장이 부의하는 사항

⑤ 전략회의의 구성 · 운영 등에 관하여 필요한 사항은 전략회의의 의장이 따로 정한다.

제7조 (국가사이버안전대책회의) ① 전략회의의 효율적인 운영을 위하여 전략회의에 국가사이버안전대책회의(이하 "대책회의"라 한다)를 둔다.

② 대책회의의 의장은 국가정보원의 사이버안전업무를 담당하는 차장이 되며, 위원은 전략회의의 위원이 속하는 기관의 실 · 국장급 공무원으로 한다.

③ 대책회의는 다음 각호의 사항을 심의한다.

1. 국가사이버안전 관리 및 대책방안
2. 전략회의의 결정사항에 대한 시행방안
3. 전략회의로부터 위임받거나 전략회의의 의장으로부터 지시받은 사항
4. 그 밖에 대책회의의 의장이 부의하는 사항

④ 대책회의의 구성 · 운영 등에 관하여 필요한 사항은 대책회의의 의장이 따로 정한다.

제8조 (국가사이버안전센터) ① 사이버공격에 대한 국가차원의 종합적이고 체계적인 대응을 위하여 국가정보원장 소속하에 국가사이버안전센터(이하 "사이버안전센터"라 한다)를 둔다.

② 사이버안전센터는 다음 각호의 업무를 수행한다.

1. 국가사이버안전정책의 수립
2. 전략회의 및 대책회의의 운영에 대한 지원
3. 사이버위협 관련 정보의 수집 · 분석 · 전파
4. 국가정보통신망의 안전성 확인
5. 국가사이버안전매뉴얼의 작성 · 배포
6. 사이버공격으로 인하여 발생한 사고의 조사 및 복구 지원
7. 외국과의 사이버위협 관련 정보의 협력

③ 국가정보원장은 사이버안전센터의 업무 수행과 관련하여 필요하다고 인정하는 경우에는 관계 중앙행정기관의 장에게 소속 공무원 및 전문요원의 파견을 요청할 수 있다.

제9조 (사이버안전대책의 수립 · 시행 등) ① 중앙행정기관의 장은 소관 정보통신망을 보호하기 위하여 사이버안전대책을 수립 · 시행하고, 이를 지도 · 감독하여야 한다.

② 관계 중앙행정기관의 장은 공공기관의 장 및 지방자치단체의 장으로 하여금 제1항의 규정에 의한 사이버안전대책을 수립 · 시행하도록 할 수 있다.

③ 국가정보원장은 제1항 내지 제2항의 규정에 의한 사이버안전대책의 수립에 필요한 국가사이버안전매뉴얼을 작성 배포할 수 있다. 다만, 국가사이버안전매뉴얼을 작성하는 경우에는 미리 관계 중앙행정기관의 장과 협의하여야 한다.

④ 국가정보원장은 제1항 내지 제2항의 규정에 의한 사이버안전대책의 이행여부 등 정보통신망에 대한 안전성을 확인할 수 있으며 필요하다고 인정하는 경우에는 해당 중앙행정기관의 장에게 시정 등 필요한 조치를 권고할 수 있다. 다만, 지방자치단체 및 공공기관의 정보통신망에 대한 안전성 확인은 관계 중앙행정기관의 장과 협의하여 수행한다.

제10조 (사이버공격과 관련한 정보의 협력) ① 중앙행정기관의 장, 지방자치단체의 장 및 공공기관의 장은 국가정보통신망에 대한 사이버 공격의 계획 또는 공격사실, 사이버안전에 위협을 초래할 수 있는 정보를 입수한 경우에는 지체없이 그 사실을 국가정보원장에게 통보하여야 한다. 다만, 수사사항에 대하여는 수사기관의 장이 국가기밀의 유출 · 훼손 등 국가안보의 위협을 초래한다고 판단되는 경우에 입수한 정보를 국가정보원장에게 통보하여야 한다.

② 국가정보원장은 제1항의 규정에 의하여 관련 정보를 제공받은 경우에는 대응에 필요한 조치를 강구하고 그 결과를 정보를 제공한 해당기관의 장에게 통지한다.

제10조의2 (보안관제센터의 설치 · 운영) ① 중앙행정기관의 장, 지방자치단체의 장 및 공공기관의 장은 사이버공격 정보를 탐지 · 분석하여 즉시 대응 조치를 할 수 있는 기구(이하 "보안관제센터"라 한다)를 설치 · 운영하여야 한다. 다만, 보안관제센터를 설치 · 운영하지 못하는 경우에는 다른 중앙행정기관(국가정보원을 포함한다)의 장, 지방자치단체의 장 및 관계 공공기관의 장이 설치 · 운영하는 보안관제센터에 그 업무를 위탁할 수 있다.

② 보안관제센터를 설치 · 운영하는 기관의 장은 수집 · 탐지한 사이버공격 정보를 국가정보원장 및 관계 기관의 장에게 제공하여야 한다.

③ 보안관제센터를 설치 · 운영하는 기관의 장은 보안관제센터의 운영에 필요한 전담직원을 상시 배치하여야 한다.

④ 보안관제센터를 운영하는 기관의 장은 필요한 경우에는 지식경제부장관이 지정하는 보안관제전문업체의 인원을 파견받아 보안관제업무를 수행하도록 할 수 있다. 이 경우 보안관제전문업체의 지정 · 관리 등에 필요한 사항은 지식경제부장관이 국가정보원장과 협의하여 정한다.

⑤ 제1항의 보안관제센터의 설치 · 운영 및 제2항의 사이버공격 정보의 제공 범위, 절차 및

방법 등 세부사항은 국가정보원장이 관계 중앙행정기관의 장과 협의하여 정한다.
[본조신설 2010.4.16]

제11조 (경보 발령) ① 국가정보원장은 사이버공격에 대한 체계적인 대응 및 대비를 위하여 사이버공격의 파급영향, 피해규모 등을 고려하여 관심 · 주의 · 경계 · 심각 등 수준별 경보를 발령할 수 있다. 다만, 민간분야에 대하여는 방송통신위원회위원장이 경보를 발령하며, 국가정보원장과 방송통신위원회위원장관은 국가차원에서의 효율적인 경보 업무를 수행하기 위하여 경보 관련 정보를 발령 전에 상호 교환하여야 한다.<개정 2008.8.18>

② 제1항의 규정에 의하여 경보를 발령하였을 때에는 관계 중앙행정기관의 장은 공공기관의 장 및 지방자치단체의 장에게 이를 신속히 전파하고 적절한 조치를 취하여야 한다.

③ 국가정보원장은 사이버공격이 국가안보에 중대한 위해를 초래할 것으로 판단되는 경우에는 대통령실의 국가위기상황업무를 담당하는 수석비서관과 협의하여 심각 수준의 경보를 발령할 수 있다.<개정 2008.8.18>

④ 국가정보원장은 제1항의 규정에 의한 경보 발령에 필요한 정보를 관계 중앙행정기관의 장에게 요청할 수 있다. 이 경우 관계 중앙행정기관의 장은 특별한 사유가 없는 한 이에 협조하여야 한다.

제12조 (사고통보 및 복구) ① 중앙행정기관의 장은 사이버공격으로 인한 사고의 발생 또는 징후를 발견한 경우에는 피해를 최소화하는 조치를 취하고 지체없이 그 사실을 국가정보원장에게 통보하여야 한다.

② 공공기관 및 지방자치단체의 장은 사이버공격으로 인한 사고의 발생 또는 징후를 발견한 경우에는 피해를 최소화하는 조치를 취한 후 그 사실을 관계 중앙행정기관의 장에게 통보하고, 관계 중앙행정기관의 장은 이를 지체없이 국가정보원장에게 통보하여야 한다.

③ 국가정보원장은 사이버공격으로 인한 사고의 발생 또는 징후를 발견하거나 제1항 및 제2항의 규정에 의한 통보를 받은 때에는 관계 중앙행정기관의 장에게 사고복구 및 피해의 확산방지에 필요한 조치를 요청할 수 있으며, 요청받은 관계 중앙행정기관의 장은 특별한 사유가 없는 한 이에 협조하여야 한다.

제13조 (사고조사 및 처리) ① 국가정보원장은 사이버공격으로 인하여 발생한 사고에 대하여 그 원인 분석을 위한 조사를 실시할 수 있다. 다만, 경미한 사고라고 판단되는 경우에는 해당 기관의 장이 자체적으로 조사하게 할 수 있으며, 이 경우 해당 기관의 장은 사고개요 및 조치내용 등 관련 사항을 국가정보원장에게 통보하여야 한다.

② 국가정보원장은 제1항의 규정에 의하여 조사한 결과 범죄혐의가 있다고 판단되는 경우에는 해당 기관의 장과 협의하여 수사기관의 장에게 그 내용을 통보할 수 있다.

③ 국가정보원장은 사이버공격으로 인하여 그 피해가 심각하다고 판단되는 경우나 주의 수준 이상의 경보가 발령된 경우에는 관계 중앙행정기관의 장과 협의하여 범정부적 사이버위기 대책본부(이하 "대책본부"라 한다)를 구성 · 운영할 수 있다.<개정 2010.4.16>

④ 사이버공격에 대한 원인분석, 사고조사, 긴급대응 및 피해복구 등의 조치를 취하기 위

하여 대책본부 내에 합동조사팀 등 필요한 하부기구를 둘 수 있다. 이 경우 하부기구의 구성 · 운영 등에 필요한 사항은 국가정보원장이 관계 중앙행정기관의 장과 협의하여 정한다.<신설 2010.4.16>

⑤ 국가정보원장은 제4항에 따른 사고조사 및 피해복구 등의 조치를 위하여 관계 중앙행정기관의 장에게 필요한 인력 · 장비 및 관련 자료의 지원을 요청할 수 있다.<개정 2010.4.16>

제14조 (전문기관간 협력) ① 사이버안전업무를 전담하는 전문기구를 운영하는 기관은 국가사이버안전업무를 효율적으로 수행하기 위하여 다음 각호의 사항을 상호 긴밀히 협력하여야 한다.

1. 사이버위협 관련 정보의 탐지 및 정보공유체계의 구축 · 운영
2. 사이버안전 관련 정보의 분석 · 전파
3. 사이버안전 위해 요소에 대한 조치방안
4. 공격기법 분석 및 공격차단 등 대응방안
5. 그 밖에 경보의 수준별 세부 대응조치 등 필요한 사항

② 사이버안전센터장은 제1항의 규정에 의한 전문기구를 운영하는 기관간 협력을 원할하게 하기 위하여 관계전문가 회의를 소집할 수 있다.

제15조 (연구개발) ① 국가정보원장은 국가사이버안전에 필요한 기술개발과 기술수준의 향상을 위하여 필요한 시책을 추진할 수 있다.

② 중앙행정기관의 장은 공공분야의 사이버안전 관련 기술의 확보를 위하여 「과학기술분야 정부출연연구기관 등의 설립 · 운영 및 육성에 관한 법률」 제8조제1항의 규정에 의하여 설립된 한국전자통신연구원의 국가보안기술 연구 · 개발을 전담하는 부설연구소로 하여금 관련 연구개발을 수행(연구개발을 위하여 보안관제업무를 수행하는 것을 포함한다)하게 할 수 있다.<개정 2010.4.16>

③ 제2항의 규정에 의한 사이버안전에 필요한 기술의 연구개발에 관한 세부사항은 국가정보원장이 따로 정한다.

제16조 (인력양성 및 교육홍보) ① 관계 중앙행정기관의 장은 사이버안전의 기반 조성에 필요한 기술인력을 양성하고 국민의 인식제고를 위하여 다음 각호의 시책을 강구하여야 한다.

1. 사이버안전 관련 전문기술인력의 확보 및 양성
2. 사이버안전 교육프로그램의 개발 및 투자
3. 그 밖에 전문인력 양성, 교육 및 홍보 등에 관하여 필요한 사항

② 국가정보원장은 관계 중앙행정기관의 장이 사이버안전과 관련한 전문인력의 양성, 교육 및 홍보를 위하여 필요한 지원을 요청하는 경우 이에 대하여 지원할 수 있다.

제17조 (예산) 중앙행정기관의 장은 소관분야와 관련된 사이버안전대책의 수립 · 시행에 필요한 재정상의 조치를 강구하여야 한다.

제18조 (안전성 확인 등에 대한 특례) ① 제9조, 제11조 내지 제13조의 규정에 불구하고 국방분야의 사이버안전과 관련한 다음 각호에 대하여는 국방부장관이 그 업무를 수행한다.

1. 제9조제4항의 규정에 의한 안전성 확인
2. 제11조제1항의 규정에 의한 경보 발령
3. 제12조제1항의 규정에 의한 사고통보
4. 제13조제1항의 규정에 의한 사고조사

② 국방부장관은 제1항의 규정에 의한 업무를 수행함에 있어 국가안보에 필요하다고 판단되는 경우에는 관련 내용을 국가정보원장에게 통보하여야 한다.

부칙 〈제141호, 2005.1.31〉

이 훈령은 발령한 날부터 시행한다.

부칙 〈제222호, 2008.8.18〉

이 규정은 발령한 날부터 시행한다.

부칙 〈제267호, 2010.4.16〉

이 훈령은 발령한 날부터 시행한다.

찾아보기

ㄱ

ㅅ

ㅇ

ㅈ

ㅊ

▶▷ 집필진 약력

저 자	약 력
강형석	한양대학교 이학사 및 공학석사, 일본 요코하마국립대학대학원에서 공학박사, 현재 국가정보보안교육원 교수
김광린	서강대학교 정치학박사, 신아시아연구소 연구실장 및 아태평화재단 연구위원 역임, 현재 국제뇌교육종합대학원대학교 평화학과 교수
김권혁	미국 퍼듀대학교 위성측지학 석사(MS) 및 영상해석학 박사, 고려대학교 건축 · 사회환경공학부 겸임교수, 서강대학교 국제대학원 연구교수 역임
김선미	이화여대 정치외교학과 석사 및 동대학원 사회교육과 박사, 일본 게이오대학 방문연구원 역임, 현재 국제뇌교육종합대학원 평화학과 교수
김왕식	연세대학교 정치외교학과 학사, 미국 미주리대학 정치학 박사, 현재 이화여자대학교 교수, 한국국가정보학회 회장 및 대한민국 역사박물관 관장
김일기	건국대학교 정치외교학과 학사 및 석사 동대학원 정치학 박사, 현재 국가안보전략연구소 연구위원
김호정	한국외국어대학교 법학학사 및 석/박사, 국가공무원과 변호사를 거쳐 현재 한국외국어대학교 법학전문대학원 교수
남창희	연세대학교 정치학사 및 미 캔사스대학교 정치학 석/박사, 국방부 군사편찬연구소와 한국국방연구원 선임연구원 역임, 현재 인하대학교 교수
송은희	숙명여자대학교 정치학 학사 및 석사, 경희대학교 정치학 박사, 현재 국가안보전략연구소 수석연구위원
신유섭	연세대학교 학사 및 미국 조지아 대학 석/박사, 한국국가정보학회 연구이사 및 국제정치학회 총무이사 역임, 현재 연세대학교 교수
이기덕	영남대 행정학 학사 및 서울대 계획학 석사, 영국 런던대학교 정책학 박사, 주오스트리아 대사관 외교관과 국가정보포럼 회장 역임, 현재 국가안보전략연구소 연구조정실장
이길규	한양대학교 법학 학사 및 석사, 동 대학원 정치학 박사, 서울과학종합대학원 부교수 및 한양대학교 특임교수 역임, 현재 성균관대학교 국가전략대학원 겸임교수
이상호	영국 런던 킹스칼리지 전략학박사, 세종연구소 안보연구실 연구위원, 영국 방위문제연구소(CDS) 연구위원 역임, 현재 대전대학교 군사학과 교수
이호철	미국 럿거스 대학교 정치학 석사 및 박사, 현재 인천대학교 정치외교학과 교수 겸 한국국제정치학회 회장
장노순	미국 플로리다주립대학교 정치학 석사 및 박사, 국정홍보처 해외홍보원 전문위원 역임, 현재 한라대학교 교수
정상화	연세대 정치학 학사 및 석사, 미국 미주리대 정치학 박사, 통일신문 논설위원 및 한국북방학회 회장 역임, 현재 세종연구소 연구위원
조성권	한국외국어대학교 문학사, 미국 뉴멕시코대학교 지역학 석사 및 정치학 박사(국제범죄 전공), 국가안보정책연구소 선임연구원 역임, 현재 한성대학교 행정대학원 부교수
천상범	한양대학교 법학학사 및 연세대학교에서 행정학석사, 한양대학교 법학박사, 고려대 및 건국대에서 산업보안 강의, 현재 경기대학교 대우교수
허태회	미국 워싱턴 주립대 석사 및 덴버대학 국제대학원 국제정치학 박사, 국제정치학회 이사 및 사회통합위원회 위원 역임, 현재 선문대학교 국제관계학과 교수 겸 중앙도서관장

국가정보학

초판발행 2013년 7월 25일
중판발행 2024년 8월 10일

엮은이 한국국가정보학회
펴낸이 안종만 · 안상준

편 집 우석진 · 이재홍
기획/마케팅 오치웅
표지디자인 김지은
제 작 고철민 · 김원표

펴낸곳 (주) 박영사
서울특별시 금천구 가산디지털2로 53, 210호(가산동, 한라시그마밸리)
등록 1959. 3. 11. 제300-1959-1호(倫)
전 화 02)733-6771
f a x 02)736-4818
e-mail pys@pybook.co.kr
homepage www.pybook.co.kr
ISBN 978-89-6454-386-3 93350

정 가 30,000원